Ulrich Krieter

Für die Menschen bestellt in schwerer Zeit

Karl-Andreas Krieter Pfarrer der Kirchengemeinde St. Bonifatius in Hbg. – Wilhelmsburg von 1934 bis 1961

disserta
Verlag

Krieter, Ulrich: Für die Menschen bestellt in schwerer Zeit: Karl-Andreas Krieter Pfarrer der Kirchengemeinde St. Bonifatius in Hbg. – Wilhelmsburg von 1934 bis 1961, Hamburg, disserta Verlag, 2014

Buch-ISBN: 978-3-95425-728-7
PDF-eBook-ISBN: 978-3-95425-729-4
Druck/Herstellung: disserta Verlag, Hamburg, 2014
Covermotiv: © laurine45 – Fotolia.com

Bibliografische Information der Deutschen Nationalbibliothek:
Die Deutsche Nationalbibliothek verzeichnet diese Publikation in der Deutschen Nationalbibliografie; detaillierte bibliografische Daten sind im Internet über http://dnb.d-nb.de abrufbar.

© disserta Verlag, Imprint der Diplomica Verlag GmbH
Hermannstal 119k, 22119 Hamburg
http://www.disserta-verlag.de, Hamburg 2014
Printed in Germany

Für die Menschen bestellt
in schwerer Zeit

Karl - Andreas Krieter

**Pfarrer der Kirchengemeinde St. Bonifatius in Hbg. – Wilhelmsburg
von 1934 bis 1961**

Dieses Werk widme ich meiner lieben Frau, Ingrid Krieter.

Das Titelblatt zeigt Pfarrer Karl-Andreas Krieter, etwa 65 Jahre alt.

Danksagung

Ich bedanke mich herzlich bei Herrn Heribert Brodmann, Domkapitular des Erzbistums Hamburg und Dechant im Ruhestand. Er hat mich vor Jahren ermutigt, das Leben des Pfarrers Karl-Andreas Krieter zu beschreiben. Er verschaffte mir Zugang zu der Chronik der Katholischen Kirchengemeinde St. Maria in Harburg und zeigte sich am Fortgang meiner Arbeit immer wieder interessiert.

Herr Pfarrer Peter Wohs ermöglichte mir den Zugang zur Chronik der Katholischen Kirchengemeinde St. Franz-Josef in Harburg-Wilstorf. Pfarrer Burkhard Göcke stellte mir die Chronik der Katholischen Kirchengemeinde St. Bonifatius in Wilhelmsburg zur Verfügung. Sein Nachfolger, Pfarrer Dr. Jürgen Wätjer, gewährte mir Einsicht in die Akten des Archivs der Kirchengemeinde St. Bonifatius. Allen drei Herren danke ich herzlich.

Den Leitern der katholischen Grund-, Haupt- und Realschulen in Harburg und Wilhelmsburg, den Herren Michael Pfennig und Erhard Porten, danke ich, weil sie mir Material zur Geschichte ihrer Schulen zur Verfügung gestellt haben.

Ich danke den Damen und Herren im Bistumsarchiv Hildesheim und Herrn Dr. Clemens Brodkorb, dem Leiter des Archivs der deutschen Provinz der Jesuiten. Sie haben mir geholfen, indem sie ebenfalls Quellen bereit stellten.

Mein Dank gilt schließlich den Herren Dr. Günter Dörnte und Monsignore Peter Schmidt-Eppendorf. Dr. Dörnte hat mir zu Beginn meiner Arbeit durch Anregungen hinsichtlich der Konzeption und durch die Bereitstellung von Büchern aus seiner Privatbibliothek geholfen. Monsignore Schmidt-Eppendorf war am Fortschritt meiner Arbeit immer besonders interessiert. Auch er stellte mir Bücher zur Verfügung.

Zuletzt danke ich Herrn Adolf Cramer. Er war bereit, mehrmals Teile meines Manuskripts und schließlich das gesamte Buch zu lesen und hinsichtlich der Orthografie zu überprüfen.

Ulrich Krieter, im August 2014

Vorwort

Am 4. Februar des Jahres 1969 gab der Senat der Freien und Hansestadt Hamburg im „Amtlichen Anzeiger" bekannt, dass eine Straße auf der Elbinsel Wilhelmsburg den Namen „Krieterstraße" erhalten habe.[1] Die Straße liegt im Bahnhofsviertel von Wilhelmsburg und zweigt in nördlicher Richtung von der Neuenfelder Straße ab. Die Benennung der „Krieterstraße" erfolgte zu Ehren des Pfarrers der katholischen Kirchengemeinde St. Bonifatius, Karl-Andreas Krieter, auf einstimmigen Vorschlag des Ortsausschusses Wilhelmsburg. Pfarrer Krieter war sechs Jahre vorher, am 24. Februar des Jahres 1963, verstorben. Er galt vielen Menschen seiner Zeit als bedeutende und liebenswerte Persönlichkeit. Damit Karl-Andreas Krieter nicht in Vergessenheit gerät, habe ich mir schon vor Jahren das Ziel gesetzt, sein Leben und Wirken zu beschreiben.

Karl-Andreas Krieter wurde im Jahre 1890 geboren. Er starb im Jahre 1963. Von 1923 bis 1934 wirkte er in Harburg-Wilstorf als Pastor der katholischen Kirchengemeinde St. Franz-Josef.

Vom Oktober 1934 bis zum August des Jahres 1961 war Karl-Andreas Krieter Pfarrer in Hamburg-Wilhelmsburg. Der hier vorgelegte zweite Teil der Biografie des Pfarrers Krieter beschreibt dessen Leben und Wirken in der Kirchengemeinde St. Bonifatius und im Dekanat Lüneburg / Harburg während der Vorkriegsjahre der nationalsozialistischen Diktatur, während des Zweiten Weltkrieges, während der ersten Nachkriegsjahre und während der Aufbaujahre der Bundesrepublik Deutschland. Weil Pfarrer Krieter in diesen für Deutschland so wichtigen Epochen gelebt hat, können in seiner Biografie zugleich die überpersönlichen Umstände, die Sorgen, Nöte und die positiven Möglichkeiten des jeweiligen Zeitabschnittes verdeutlicht werden. Zugunsten dieses Ziels und zugunsten einer möglichst hohen Anschaulichkeit der Darstellung kommen in diesem Buch die historischen Quellen selbst so oft wie irgend möglich zu Wort.

Bis zum Jahre 1995 - dem Jahr der Wiederbelebung des Erzbistums Hamburg - nahmen die katholischen Kirchengemeinden in Wilhelmsburg und Harburg eine Sonderstellung ein. Sie unterstanden dem Bischof von Hildesheim, während die Mehrheit der katholischen Kirchengemeinden auf dem Gebiet der Freien und Hansestadt zum Bistum Osnabrück gehörte. Bis 1995 gab es zwischen den beiden katholisch-kirchlichen Teilen Hamburgs wenig Kontakt. Aus diesem Grund ist die Geschichte der ehemals Hildesheimer Gemeinden bei den Katholiken Hamburgs, die nördlich der Elbe wohnen, fast unbekannt. Das vorliegende Werk kann somit eine Wissenslücke schließen.

Gleichzeitig werden einige neue Forschungsergebnisse und noch nicht beschriebene Einzelheiten der allgemeinen Ortsgeschichte Wilhelmsburgs und Harburgs bekannt und zugänglich gemacht. Deswegen sollte das Buch nicht nur bei Katholiken Interesse finden.

Ulrich Krieter, im August 2014

---

[1] Amtlicher Anzeiger, Teil II des Hamburger Gesetz- und Verordnungsblattes; herausgegeben vom Senat der Freien und Hansestadt Hamburg, Staatliche Pressestelle, Nr. 26, Donnerstag, den 6. Februar 1969

Inhaltsverzeichnis

1. Pastor Krieter wird Pfarrer der Gemeinde St. Bonifatius in Harburg-Wilhelmsburg.

Seit dem 1. Oktober 1923 war Karl-Andreas Krieter Pastor der Gemeinde St. Franz-Josef in Harburg-Wilstorf.

Im Jahre 1931 bat er den damaligen Bischof von Hildesheim, Dr. Nikolaus Bares, zum ersten Mal um Versetzung und um Zuteilung einer Pfarrerstelle - am liebsten in seiner Heimat, auf dem Eichsfeld.[2] Bischof Nikolaus bot ihm eine Pfarrvikar-Stelle in Groß-Ilsede an. Diese Stelle - zwischen den Städten Hildesheim und Peine gelegen - wollte und konnte er nicht annehmen. Seine weiteren Bitten um Versetzung, die er im Januar und August 1933 schriftlich[3] und im September 1933 sogar mündlich seinem Bischof vortrug, wurden nicht erhört. [4]

Abb.1: Karl-Andreas Krieter im Alter von 45 Jahren ; ein Foto aus dem Jahre 1935

Am 16. Dezember 1933 wurde Dr. Bares von Papst Pius XI. zum Bischof von Berlin ernannt.[5] Der Bischofssitz in Hildesheim war vorerst vakant. Deswegen wandte sich Karl-Andreas Krieter mit dem nächsten Schreiben, das den Wunsch nach Versetzung aussprach, an den Generalvikar des Bistums, an Dr. Otto Seelmeyer. Sein Schreiben ist auf Montag, den 4. Juni 1934, datiert. Dieses Mal erklärte Pastor Krieter sich bereit, jede Pfarrei anzunehmen, „für die man ihn geeignet halte."[6] Die Hoffnung, eine Pfarrstelle auf dem Eichsfeld zu bekommen, hatte er also aufgegeben.

Generalvikar Dr. Seelmeyer antwortete schon am nächsten Tag. Er forderte Pastor Krieter auf, seinen Versetzungswunsch zu wiederholen, sobald der Hildesheimer Bischofsstuhl wieder besetzt sei.[7]

Am 22. 6. 1934 wurde Dr. Josef-Godehard Machens von Papst Pius XI. zum Bischof von Hildesheim ernannt. Karl-Andreas Krieter konnte sich aber nicht umgehend an den neuen Bischof wenden, denn in den Tagen vom 30. Juni bis zum 2. Juli 1934 geschah in Deutschland Ungeheuerliches. Der Führer der NSDAP, Reichskanzler Hitler, verhaftete persönlich den obersten SA-Führer, Ernst Röhm, und einige andere Personen der SA-Führung.

---

[2]   Bistumsarchiv Hildesheim, Personalakte K.-A. Krieter, Bischöfliches Generalvikariat, Eingang 19. 1. 1931

[3]   Briefe vom 16. 1. 1933 und 16. 8. 1933 an das Bischöfliche Generalvikariat, Bistumsarchiv Hildesheim, Personalakte Karl- Andreas Krieter

[4]   Anlässlich des Besuches von Bischof Dr. Bares im Pfarrhaus von St. Franz-Josef, Reeseberg 16, am 4. 9. 1933, hatte K.-A. Krieter Gelegenheit, seinem Bischof den Wunsch nach Versetzung mündlich vorzutragen. Vgl. Chronik der Kirchengemeinde St. Maria, Seite 103

[5]   Das Bistum Berlin war am 13. 8. 1930 neu gegründet worden. Der erste Bischof, Dr. Christian Schreiber, war am 1. 9. 1933 verstorben. Am 16. 12. 1933 wurde Dr. Nikolaus Bares zum Bischof von Berlin ernannt. Vgl. Kluck, A. und Sauermost B., 75 Jahre Bistum Berlin, Glaube für die Zukunft - Spuren der Geschichte - Konturen des Lebens, SERVI -Verlag, Berlin 2005, S. 78 ff.

[6]   Bistumsarchiv Hildesheim, Personalakte Karl-Andreas Krieter

[7]   Bistumsarchiv Hildesheim, Personalakte Karl-Andreas Krieter

Hitler ließ diese Männer ohne Gerichtsprozess erschießen, weil sie nicht mehr in sein politisches Konzept passten. Gleichzeitig nutzte er die günstige Gelegenheit, die Ermordung weiterer Personen, die ihm unliebsam waren, in Auftrag zu geben. Pastor Krieter erfuhr sehr bald, dass unter den unschuldigen Opfern der „Reichsmordwoche" prominente Vertreter des katholischen Vereinswesens waren, so Adelbert Probst, der Reichsführer der katholischen Sportvereinigung „Deutsche Jugendkraft", und Dr. Erich Klausener, der Führer der „Katholischen Aktion" im Bistum Berlin.[8] In den folgenden Tagen und Wochen schwiegen die deutschen Bischöfe, obwohl sie über die Mordaktionen Hitlers gut informiert waren. Sie hatten Sorge, ein klares Wort gegen die Regierung könne für die Katholiken ein Blutbad zur Folge haben. Vor allem aber standen die Bischöfe zu diesem Zeitpunkt mit der Hitler-Regierung in Verhandlungen wegen des Konkordatsartikels 31 (katholisches Vereinswesen). Eventuell positive Ergebnisse sollten nicht gefährdet werden. Karl-Andreas Krieter musste einsehen, dass es in diesen Tagen wenig Sinn machte, seinen Versetzungswunsch zu wiederholen.

Am 23. Juli 1934 vereidigte Reichserziehungsminister Rust - in seiner Funktion als Reichskultusminister - den neuen Bischof von Hildesheim. Das Konkordat, das der Vatikan am 20. Juli 1933 mit dem Deutschen Reich abgeschlossen hatte, schrieb die staatliche Vereidigung jedes neu inthronisierten Bischofs vor.

Abb.2 : Dr. Joseph-Godehard Machens, vom 22. 6. 1934 bis zum 14. 8 1956 Bischof von Hildesheim

---

[8] Die „Katholische Aktion" wurde 1922 von Papst Pius XI. als Form des katholischen Laienapostolats gegründet.

Auch die folgenden Wochen erschienen Pastor Krieter nicht geeignet, sich um eine Pfarrstelle zu bewerben. Wieder stand ihm die „große Politik" im Wege: Zwei Tage nach der Vereidigung des Bischofs Joseph-Godehard war Europa durch einen Putsch der NSDAP Österreichs, die dort illegal war, erschreckt worden. Die Putschisten hatten in Wien den Bundeskanzler Österreichs, Engelbert Dollfuß, am 25. Juli 1934 niedergeschossen. Sie hatten dem streng gläubigen Katholiken, als er im Sterben lag, weder ärztliche Hilfe noch die kirchlichen Sakramente gewährt. Am Abend desselben Tages war der Putsch zusammengebrochen. Alle Welt sah damals Adolf Hitler als Drahtzieher des schändlichen Mordes. Papst Pius XI. verkündete öffentlich, Dollfuß sei eine bedeutende christliche Persönlichkeit gewesen, der treueste Sohn der Kirche. Hitler bestritt jede Teilhabe an den Vorgängen in Österreich und sprach in Erklärungen und Telegrammen das Bedauern Deutschlands aus.

Den deutschen Botschafter, der sich von den Putschisten nicht eindeutig distanziert hatte, setzte Hitler scheinheilig ab. Nachfolger sollte Vizekanzler Franz von Papen werden. Der folgte dem Willen Adolf Hitlers, obwohl er genug Gründe gehabt hätte, sich zu verweigern.

Pastor Krieter, der als Mitglied der katholischen Zentrumspartei [9] die Politik aufmerksam verfolgte, erlebte eine Wiederholung, die ihn traurig stimmen musste: Wie bei der so genannten Röhm-Revolte erschien Adolf Hitler - der Kanzler des Deutschen Reiches - in einem denkbar ungünstigen Licht, und wie die Bischöfe sich am Monatsbeginn opportunistisch gefügt hatten, so fügte sich am Monatsende der prominente Katholik, Franz von Papen. Wenige Tage nach den Ereignissen in Wien las Pastor Krieter in den „Harburger Anzeigen und Nachrichten",[10] Reichspräsident von Hindenburg läge auf seinem Gut Neudeck im Sterben. Aus derselben Zeitung erfuhr Pastor Krieter, dass Hitler nach Neudeck gefahren sei, um sich den Segen des sterbenden Reichspräsidenten zu holen. Als er sich diese anrührende Szene vorgestellt hat, mag Pastor Krieter eine andere Nachricht der Zeitung nicht so ernst bewertet haben wie es notwendig gewesen wäre: Noch vor seiner Abreise hatte Adolf Hitler ein Gesetz über die Nachfolge des Reichspräsidenten durch das Reichskabinett beschließen lassen. Das Gesetz vereinte das Amt des Reichskanzlers mit dem Amt des Reichspräsidenten. Damit war Adolf Hitler uneingeschränkter Herrscher über das Deutsche Reich, Diktator auf Lebenszeit. Zur Abrundung seiner Alleinherrschaft ließ Hitler erst die Soldaten der Reichswehr und wenige Tage danach alle Beamten auf sich vereidigen.[11] Die Soldaten der Reichswehr hatten am 2. August 1934 - also am Todestag Paul von Hindenburgs - zu sprechen: „Ich schöre bei Gott diesen heiligen Eid, dass ich dem Führer des Deutschen Reiches und Volkes, Adolf Hitler, dem Oberbefehlshaber der Wehrmacht, unbedingten Gehorsam leisten und als deutscher Soldat bereit sein will, jederzeit für diesen Eid mein Leben einzusetzen." Es gibt keine Gewissheit, dass Pastor Krieter im August 1934 das zielbewusste Machtstreben Hitlers sofort und vollständig durchschaut hat. Wenn man politisch gutgläubig war, konnte man annehmen, der Reichskanzler bürde sich die zusätzliche Arbeitslast nur auf, um Deutschland wohlzutun. Im Übrigen sollte das Gesetz nur Bestand haben, wenn das Deutsche Volk sein Einverständnis gäbe. Hitler ließ am Sonntag, den 19. August 134, eine „Volksabstimmung über das Staatsoberhaupt" durchführen.

---

[9] Vgl. Bistumsarchiv Hildesheim, Personalakte Karl-Andreas Krieter

[10] Harburger Anzeigen und Nachrichten vom 1. und 2. August 1934

[11] Das „Gesetz zum Neuaufbau des Reiches" vom 30. Januar 1934 hob in Artikel 1 die Länderparlamente auf, in Artikel 3 wurden alle Länderregierungen der Reichsregierung unterstellt, damit auch alle Beamten. Sie wurden am 22. 8. 1934 verpflichtet, ihren Treue-Schwur auf den „Führer des Deutschen Reiches und Volkes, Adolf Hitler" zu leisten.

89,9% der Deutschen stimmten an diesem Tag dafür, dass in der Person Adolf Hitler die Ämter Reichskanzler und Reichspräsident vereinigt würden.

4,3 Millionen Deutsche stimmten dagegen. Unter diesen Deutschen befand sich vielleicht auch Pastor Krieter. Falls er sich gegen Adolf Hitler entschieden haben sollte, dann war Pastor Krieter kein „treuer" Deutscher, dann gehörte er nicht zur „einigen Nation". Dann war er einer der „Miesmacher und Kritikaster", gegen die seit Wochen in der Presse und von Rednern bei Großveranstaltungen Beleidigungen und Drohungen ausgesprochen wurden.[12]

Abb.3: „Harburger Anzeigen und Nachrichten" vom 20. August 1934

1.1 Das Angebot des Bischofs

Von Dienstag, den 4. September, bis Montag, den 10. September 1934, fand in Nürnberg der Sechste Reichsparteitag der NSDAP statt. Die Festtage der Nationalsozialisten standen in diesem Jahr unter dem Motto „Triumph des Willens". Alle Deutschen und auch das Ausland sollten sehen, dass „Führer und Volk" eine unzertrennliche Einheit und bereit zu großen Taten seien. In diesen Hochtagen nationalsozialistischer Propaganda erhielt Pastor Krieter ein Telegramm aus Hildesheim. Am Donnerstag, den 6. September 1934, las er: „ Bischof beabsichtigt, Ihnen Wilhelmsburg, Bonifatius, zu übertragen; erbitten Drahtantwort, Generalvikariat" [13] Karl-Andreas Krieter war überrascht. Weil der damalige Pfarrer von St. Bonifatius, Friedrich Schmidts, sein Duz-Freund war, wusste er gewiss, dass „Fritze" die Pfarrei in Wilhelmsburg verlassen wollte, aber Pastor Krieter war dennoch erstaunt.

Es war verwunderlich, dass der Bischof ausgerechnet ihm die große Pfarrei St. Bonifatius übertragen wollte, denn bis dahin hatte Karl-Andreas Krieter auf einer Stelle gesessen, die recht unbedeutend war. Als Pastor der Tochtergemeinde St. Franz-Josef war er rechtlich nur Hilfsgeistlicher bzw. Kaplan des Pfarrers Wüstefeld von der Muttergemeinde St. Maria.[14]

---

[12] Vgl. die Ausgaben der „HAN" vom 14. 4. 1934, vom 2. 5. 1934 und vom 12. 5. 1934
[13] Das Telegramm findet sich im Archiv der Kirchengemeinde St. Bonifatius in Wilhelmsburg, Akte „Personalia"
[14] Die Duzfreundschaft mit Pfarrer Schmidts und einige Passagen im Brief des Bischofs Josef-Godehard an den Kirchenvorsteher Born (siehe unten) legen die Vermutung nahe, dass Pfarrer Schmidts dem Bischof vorgeschlagen hat, Karl-Andreas Krieter als Nachfolger in St. Bonifatius einzusetzen.

Es gab einige Gesichtspunkte, die das Angebot des Bischofs sehr verlockend machten. Karl-Andreas Krieter fand es reizvoll, dass er auf bekanntem Terrain bliebe, falls er sich für Wilhelmsburg entscheiden sollte. Während seiner elf Dienstjahre als Pastor in St. Franz-Josef war er oft in Wilhelmsburg zu Besuch gewesen. Mehrmals hatten die Geistlichen der Harburger Gemeinden St. Maria und St. Franz-Josef Gemeinsschaftsaktionen mit der Wilhelmsburger Gemeinde durchgeführt.[15] Mit Pfarrer Schmidts und dessen Vorgänger, Dr. Wilhelm Offenstein, war Karl-Andreas Krieter gut befreundet. Den Kaplan Konrad Dorenkamp, der seit 1920 in St. Bonifatius tätig war, kannte Pastor Krieter seit zehn Jahren.

Abb.4: Konrad Dorenkamp, Kaplan in St. Bonifatius von 1920 bis 1935, in der Jugendgruppe der Marianischen Kongregation. Die erwachsene Frau ist Paula Pachowiak

Den zweiten Kaplan in St. Bonifatius, Bernhard Bank, kannte er ebenfalls recht gut.Dessen Bruder, Johannes Bank, war seit 1932 Kaplan an St. Maria in Harburg. Karl-Andreas Krieter mochte die robuste, zupackende Art der beiden „Bänke" gern.

Abb. 5: Bernard Bank, Kaplan in St. Bonifatius von 1934 bis 1937

Auch mit Laien der Pfarrgemeinde St. Bonifatius war Pastor Krieter oft zusammengetroffen. Er dachte jetzt an Josef Krebs, den stellvertretenden Vorsitzenden des Kirchenvorstandes in St. Bonifatius, der lange Jahre Bürgervorsteher der Stadt Harburg-Wilhelmsburg gewesen war. Im letzten Jahr hatten die Nationalsozialisten auf den Abgeordneten der Zentrumspartei das „Gesetz zur Wiederherstellung des Berufsbeamtentums" angewandt, Krebs aus dem Amt des Bürgervorstehers gejagt und ihn zwangspensioniert. Pastor Krieter war sich gewiss, mit Josef Krebs gut zusammenarbeiten zu können, ebenso wie mit dem Stadtinspektor Paul Ulitzka. Dieser arbeitete hauptamtlich im Finanzamt der Stadt Harburg-Wilhelmsburg. Nebenamtlich zog er in der Gemeinde St. Bonifatius die Kirchensteuer ein.

---

[15] Ein Beispiel für die Zusammenarbeit der Gemeinden ist der Postversand der als Gemeindezeitung gedachten 4000 „Blätter für die Katholiken von Harburg und Wilhelmsburg zum Weihnachtsfest 1926", Vgl.: Chronik der Kirchengemeinde St. Maria, S. 93.

Abb. 6: Der „Wilhelmsburger Vatikan"; eine Postkarte aus dem Jahre 1914

Als Karl-Andreas Krieter die Vorteile eines Dienstantritts in Wilhelmsburg bedachte, war er gewiss auch von der stattlichen äußeren Gestalt der Gemeinde St. Bonifatius beeindruckt. Die Kirche und das Pfarrhaus in Wilhelmsburg waren im Vergleich zur Kirche und zum Pastoratshaus in Harburg-Wilstorf geradezu prächtig.

Die Katholiken Wilhelmsburgs bezeichneten das große Areal am südlichen Ende der Veringstraße scherzhaft mit dem Namen „Wilhelmsburger Vatikan".

Das Kirchengelände war bebaut mit der Bonifatiuskirche, mit dem Pfarrhaus und mit dem älteren der beiden Gebäude der Katholischen Volksschule. Dieses Gebäude hieß in der Bonifatiusgemeinde „Alte Schule". Eine Mauer mit aufgesetztem Zaun grenzte den „Vatikan" von der nichtkatholischen Umgebung ab.

Abb.7: Die „Alte Schule" auf einem Foto aus dem Jahre 1933. Das Gebäude wurde 2014 abgerissen, damit ein Erweiterungsbau des Krankenhauses „Groß-Sand" auf dem Grundstück errichtet werden konnte.

Die katholische Schule Wilhelmsburgs, die ihr Hauptgebäude seit 1903 gegenüber der Kirche hatte - an der Bonifatiusstraße (früher Karlstraße) -, benutzte die „Alte Schule" weiterhin für Unterrichtszwecke. Rechtlich gehörten beide Gebäude dem Staat Preußen. Weil die

katholische Schule aber von der Bonifatiusgemeinde gegründet worden war, empfanden die Mitglieder beide Schulgebäude als ihr Eigentum. Die Lehrkräfte waren sowieso katholisch. Der Hausmeister hieß Siegfried Lisiewicz und war dem Pastor Krieter als sehr treuer und eifriger Katholik bekannt. Er wohnte mit seiner Familie in der „Neuen Schule".[16]

Abb.8: Siegfried Liesiewicz

Ein besonderer Schatz der Kirchengemeinde St. Bonifatius war das Gemeindehaus. Pastor Krieter kannte es unter dem Namen „Stift St. Willehad". Im Dachgeschoss des Gemeindehauses wohnten sieben „Barmherzige

Schwestern des heiligen Vinzenz von Paul". Seit sechs Jahren war Pastor Krieter ihr „außerordentlicher Beichtvater". In regelmäßigen Abständen war er zum „Beichtehören" in die Kapelle des Stiftes „St. Willehad" gekommen.[17] So wusste er, dass die Schwestern eine Kindertagesstätte betrieben, einen Kindergarten und für junge Frauen eine „Näh- und Kochschule". Zwei Schwestern waren in Wilhelmsburg als ambulante Krankenpflegerinnen tätig, sowohl für Katholiken als auch für Nichtkatholiken.

Abb.9: „Barmherzige Schwestern des heilgen Vinzenz von Paul" in der Eingangstür zum „Stift St. Willehad".

---

[16] Die preußische Bezirksregierung hatte im Jahre 1893 die Einrichtung einer katholischen Volksschule bewilligt. In diesem Jahr mussten 84 Kinder in einer Klasse unterrichtet werden, im nächsten Jahr waren zwei Klassen mit 116 Kindern vorhanden. Am 1. Oktober 1893 war der Bau der Alten Schule fertig gestellt. Vgl. Festschrift: Wedig, E, Die katholische Volksschule Wilhelmsburgs in den ersten 25 Jahren ihres Bestehens - 1. Oktober 1893 bis 1. Oktober 1918.

[17] Bischof Dr. Nikolaus Bares hatte K.-A. Krieter mit Schreiben Nr. 4955 vom 22. 5. 1925 bis zum 1. 6. 1928 zum „Confessarius extraordinarius" der Ordensfrauen in Wilhelmsburg bestimmt.
Mit Schreiben Nr. 5870 verlängerte Bischof Bares diesen Auftrag bis zum 1. Juli 1934. Beide Schreiben finden sich im Archiv der Kirchengemeinde St. Bonifatius, Akte „Personalia".

Pastor Krieter schätzte die Tätigkeit der Schwestern hoch ein. Auch in seiner St. Franz-Josef-Gemeinde in Wilstorf arbeiteten „Barmherzige Schwestern des Heiligen Vinzenz von Paul" erfolgreich zum Wohl der katholischen Gemeinde und zum Wohl der nichtkatholischen Allgemeinheit. Dass ihn „Barmherzige Schwestern" unterstützen würden, durfte Pastor Krieter also als ein weiteres Plus der Pfarrstelle St. Bonifatius verbuchen.

Schon das Gemeindehaus selbst machte die Übernahme der Pfarrei St. Bonifatius attraktiv. Oft genug hatten die Geistlichen der Harburger Gemeinden - etwas neidisch - erlebt, welche pastoralen Möglichkeiten dieses Haus den Mitbrüdern in Wilhelmsburg eröffnete.[18] Eine Küche im Erdgeschoss erleichterte die Durchführung von Einkehrtagen. Zwei große Säle - davon einer mit einer Theaterbühne - und mehrere kleine Räume konnten von den kirchlichen Vereinen genutzt werden. Die umfangreiche Pfarrbücherei war in einem eigenen Raum untergebracht.

Abb. 10: Die Vorderfront des Gemeindehauses „Stift St. Willehad" im Jahre 1934

Es gab noch einen weiteren Besitz, den Pastor Krieter als Pluspunkt der Bonifatiusgemeinde einschätzen konnte: Die Gemeinde hatte im Jahre 1932 eine große Wiese von 4620 Quadratmetern am Stadtrand von Harburg erworben.[19] Sie lag im „Höpen", einem Waldgebiet zwischen den Ortschaften Sinstorf, Meckelfeld und Fleestedt und war von der Bonifatiusgemeinde „hauptsächlich für Zwecke der katholischen Schule" gekauft worden.[20]

---

[18] Beide katholische Gemeinden in Harburg besaßen zu dieser Zeit kein Gemeindehaus. Die kirchlichen Vereine von St. Maria benutzten notgedrungen Räume im Kinder- und Waisenhaus Maria-Hilf. Die kirchlichen Vereine von St. Franz-Josef benutzten Räume im Vinzenzhaus und im Pastoratshaus Reeseberg 16. Vgl. Chronik der Kirchengemeinde St. Maria, Bd. 1, S. 105.

[19] Grundbuch von Hamburg-Sinstorf, Bd. 4. Blatt 127, Flurstücke 314 / 16 und 315 / 14 in der Gemarkung Sinstorf. Vgl. Nr. 27 des Urkundenregisters der Hansestadt Hamburg für 1947, Tauschvertrag vom 11. 7. 1947, in: Archiv der Kirchengemeinde St Bonifatius, Akte „Schriftwechsel zum Bau des Krankenhauses".

[20] Vgl. Krebs, Josef, Chronik. Die Aufzeichnung bemerkenswerter Ereignisse der kath. Bonifatiusgemeinde Wilhelmsburg, 1938, unveröffentlicht, S. 18, Archiv der Kirchengemeinde St. Bonifatius.

Als Karl-Andreas Krieter das Telegramm aus Hildesheim in den Händen hielt, konnte er der Pfarrstelle in Wilhelmsburg also viel Verlockendes abgewinnen. Es gab aber auch Gründe für Bedenken und Zweifel. Die Seelsorgearbeit und die Verwaltung der Pfarrei würden deutlich mehr Anstrengung verlangen als die Pastorenarbeit in Wilstorf. Immerhin hatte die Gemeinde 7330 Mitglieder.[21] Damit hatte sie mehr als doppelt so viele Mitglieder wie St. Franz-Josef. Vor Mehrarbeit fürchtete sich Karl-Andreas Krieter gewiss nicht. Ein Grund für Bedenken und Zweifel war für ihn eher die Tatsache, dass er keine Erfahrung in der Leitung geistlicher und weltlicher Mitarbeiter hatte. Im Fall des nur zwei Jahre jüngeren Konrad Dorenkamp würde es möglicherweise problematisch werden, dessen Vorgesetzter zu sein.

Wenn er an das Kollegium der katholischen Volksschule Wilhelmsburgs dachte, bedrängte ihn eine weitere Sorge. Pastor Krieter wusste, dass sich der Rektor der Schule, Heinrich Hupe, seit Januar 1933 mehr als Nationalsozialist denn als Katholik zeigte. Vielleicht würde es bei diesem Rektor schwierig werden, die Belange der Kirche zu wahren.[22] Unangenehme Erinnerungen verband Pastor Krieter mit dem Lehrer Riediger. Mit ihm war er heftig zusammengestoßen, als Herr Riediger im April 1933 für die Rektorenstelle an der Katholischen Volksschule II in Harburg-Wilstorf kandidiert hatte. Pastor Krieter hatte sich damals - wie er selbst es einschätzte - mit guten Gründen gegen Herrn Riediger gestellt. Als dessen Bewerbung erfolglos geblieben war, hatte der Lehrer Riediger behauptet, die gesamte katholische Geistlichkeit der Stadt Harburg-Wilhelmsburg habe gegen ihn intrigiert. Pastor Krieter war von ihm sogar schriftlich als Lügner und Verleumder beschimpft worden.[23]

1.2   Die Zusage

Karl-Andreas Krieter hatte am 6. 9. 1934 nicht die Zeit, das Für und Wider der Pfarrstelle St. Bonifatius noch gründlicher zu bedenken. Das Generalvikariat erwartete seine umgehende Antwort. Nachdem er bereits das Angebot der Vikarstelle in Groß-Ilsede abgelehnt hatte, wäre eine weitere Eigenwilligkeit unerhört gewesen. Pastor Krieter stimmte also der Übernahme von St. Bonifatius zu.

In Hildesheim hatten Bischof Joseph-Godehard und Generalvikar Dr. Seelmeyer nichts anderes von ihm erwartet. Noch am selben Tage stellte der Bischof die Übertragungsurkunde aus. In seinem Begleitbrief wünschte er dem neuen Pfarrer von Wilhelmsburg „Gottes reichsten Segen bei seinen Arbeiten in der ihm anvertrauten Gemeinde."[24]

---

[21] Am 1. 2. 1933 hatte die Gemeinde St. Bonifatius 7330 Mitglieder, am 1. 1 .1935 waren es 7187 Mitglieder. Vgl. handschriftliche Notizen zum Schreiben des Bischöflichen Generalvikariates, Nr. 5076 vom 1. 6. 1933 im Archiv der Kirchengemeinde St. Bonifatius, Akte „Diözesansteuer / Kriegsabgabe" .

[22] Vgl. zu den Aktivitäten des Rektors Hupe zugunsten des nationalsozialismus auch: Krieter, U., Karl - Andreas Krieter, Pastor der katholischen Kirchengemeinde St. Franz- Josef in Harburg- Wilstorf. ... a. a. O., S. 163, Bearbeitung 2012

[23] Die katholischen Geistlichen in Harburg und Wilhelmsburg warfen dem Lehrer Riediger seine jahrelange Nähe zum Kollegium der freigeistigen Sammelschule Wilhelmsburgs vor. Damit stand Herr Riediger nach Ansicht der Geistlichkeit nicht eindeutig genug „auf dem Boden der katholischen Weltanschauung". Vgl. im Archiv der Kirchengemeinde St. Bonifatius die Akte: „Schule 1904 bis 1940"

[24] Vgl. im Archiv der Kirchengemeinde St. Bonifatius, Akte „Personalia", Brief des Bischofs vom 6. 9. 1934

Die Urkunde zur Übertragung der Pfarrei St. Bonifatius an Karl-Andreas Krieter war lateinisch geschrieben. Die deutsche Übersetzung des Textes lautet:

„Joseph Godehard durch Gottes Erbarmung und des Apostolischen Stuhles Gnade Bischof von Hildesheim, Doktor der heiligen Theologie, entbietet unserem in Christus geliebten Priester, Carl Krieter, Pastor in Harburg-Wilhelmsburg, Gruß und Segen im Herrn. Da die Pfarrstelle der katholischen Pfarrkirche St. Bonifatius in Harburg-Wilhelmsburg durch die Versetzung des Hochwürdigen Herrn Pastors Schmidts, des derzeitigen Pfarrers, auf eine andere Pfarrei vom 1. Oktober ab frei wird und da die Leitung und die Neubesetzung der Pfarrei uns zusteht, und du für würdig befunden bist, die Pfarrei zu verwalten, haben wir angeordnet, die Pfarrei St. Bonifatius Dir zum 1. November 1934 zu übertragen. Wir übertragen sie Dir hiermit mit allen Rechten, Früchten und Einkünften. Und so übertragen wir Dir die Pfarrei mit all ihren Pflichten und Lasten in der Erwartung, dass Du Gott dem Allerhöchsten und uns darüber stets Rechenschaft geben kannst. Mit deiner Einführung in das Pfarramt ist der Hochwürdige Herr Dechant Kopp in Celle beauftragt. Hildesheim, den 6. September 1934, Joseph Godehard, Bischof von Hildesheim" [25]

Mit seinen Segenswünschen gab Bischof Joseph-Godehard im Begleitbrief Pastor Krieter zugleich den Befehl: „Vor Ihrer Einführung haben Sie die Professio fidei (das Glaubenbekenntnis) und das Juramentum Pianum (das Gehorsamsgelöbnis) in meine Hände abzulegen. Sie wollen zu diesem Zwecke an einem Werktage nach vorheriger schriftlicher Anmeldung in der Bischöflichen Hauskapelle sich einfinden." [26]

Gehorsam fuhr Karl-Andreas Krieter an einem der nächsten Werktage mit der Eisenbahn nach Hildesheim. Er fand sich pünktlich in der Hauskapelle des Bischofs ein, sprach das Glaubenbekenntnis und sein Gehorsamsgelöbnis, und der Bischof setzte ihm das Zeichen der Pfarrerwürde, das Birett, aufs Haupt. [27] Nach der in dieser Form üblichen Zeremonie teilte der Bischof dem neuen Pfarrer von St. Bonifatius vermutlich einige Gründe mit, die seine Versetzung nach Wilhelmsburg bewirkt hatten.

1.3 Die Unterschriftensammlung des Kirchenvorstehers Born

Als ihm bekannt geworden war, dass Pfarrer Schmidts in Kürze aus der Bonifatiusgemeinde versetzt werde, wollte der Kirchenvorsteher Kurt Born den Verbleib des Pfarrers durch eine Unterschriftensammlung erzwingen. Ohne Pfarrer Schmidts informiert zu haben, wurde Kirchenvorsteher Born aktiv. Die gesammelten Unterschriften und einen Begleitbrief sandte er an Bischof Joseph-Godehard. Dieser antwortete ihm am 25. 9. 1934:

„Sehr geehrter Herr Born, es ist mir eine Freude, durch zahllose Unterschriften katholischer Wilhelmsburger über die große Liebe und Verehrung belehrt zu werden, die Herr Pastor Schmidts, der mir seit meiner Jugend nicht bloß bekannt, sondern auch befreundet ist, in der dortigen Gemeinde genießt. Ihr Schreiben und verschiedene andere Briefe, die ich erhielt, sind mir liebe Beweise dafür, dass Hirt und Herde in Wilhelmsburg in Treue und herzlicher Liebe verbunden sind. Kein Wunder, dass sich beim Abschied die Anhänglichkeit besonders stürmisch kundtut. Wenn Ihr verehrter Pfarrer von Ihnen geht, um in Osterode (Harz, Anm. d. Verf.), auf kleinem, aber schwierigen Arbeitsfelde zu wirken, so geschieht es nur - und zwar in vollem Einverständnis und auf gänzlich freies Ersuchen Ihres Seelsorgers - um ihm

---

[25] Archiv der Kirchengemeinde St. Bonifatius, Akte „Personalia".

[26] Archiv der Kirchengemeinde St. Bonifatius, Akte „Personalia".

[27] Seit der Liturgiereform des 2. Vatikanischen Konzils - es tagte von 1962 bis 1965 in 4 Sitzungsperioden - ist der Gebrauch des Biretts freigestellt und kaum noch üblich.

ein wenig Abspannung nach der aufreibenden Großstadtseelsorge zu verschaffen, damit er später - hoffentlich recht bald - einen größeren Weinberg des Herrn zu bestellen in der Lage ist. Machen Sie darum dem scheidenden Pfarrer das Herz nicht noch schwerer. Seien Sie überzeugt, dass er und die Gemeinde Wilhelmsburg das besondere Wohlwollen des Bischofs besitzen. Gehen Sie mit vollem Vertrauen dem neuen Seelenhirten entgegen, der bald bei Ihnen Einzug halten wird und schon seit Wochen als ernannter Pfarrer von Wilhelmsburg ein Recht nicht so sehr auf die Pfarrei als auf die Herzen der Pfarrkinder hat. Im Sinne von Pastor Schmidts bereiten Sie ihm einen herzlichen Empfang, der der Auftakt treuen Zusammenarbeitens des neuen Pfarrers und seiner Gemeinde zu Gottes Ehre und zum Heil der Seelen sein soll. Pastor Schmidts aber wird, wenn auch in Osterode fern dem Körper nach, dem Geiste nach auch ferner unter Ihnen wohnen. Getrennt dem Orte nach, werden Pastor Schmidts und St. Bonifatius in Wilhelmsburg in Gebetsgemeinschaft treu verbunden bleiben. Und als Dritter in diesem geistigen Bunde des Gebetes und der Christusliebe möchte ich dabei sein, ich, Euer Bischof, gez. Joseph Godehard" [28]

Kirchenvorsteher Born ließ sich durch den Brief seines Bischofs überzeugen, dass die Versetzung zum Wohle des Pfarrers Schmidts geschehe. Er blieb Mitglied des Kirchenvorstandes.

Abb. 11: Friedrich Schmidts, vom 1. 3. 1928 bis zum 1. 9. 1934 Pfarrer von St. Bonifatius in Wilhelmsburg. Das Foto zeigt ihn vor der „Lourdes-Grotte" im Garten des Gemeindehauses von St. Bonifatius.

1.4   Unangenehme Hinterlassenschaften

Schon einen Monat vor seiner Amtseinführung in Wilhelmsburg verpflichtete ein Brief des Generalvikars, Dr. Seelmeyer den designierten Pfarrer Krieter dazu, sich einen Überblick über die finanzielle Situation seiner neuen Gemeinde zu verschaffen. Der Generalvikar schrieb am 29. September 1934:

---

[28] Der Brief des Bischofs Joseph-Godehard vom 25. September 1934 an den Kirchenvorsteher Born findet sich im Archiv der Kirchengemeinde St. Bonifatius in Wilhelmsburg, Akte „Personalia".

„Wir bestellen Sie hiermit für die Zeit vom 1. Oktober bis 31. Oktober 1934 zum Administrator (vicarius oeconomus) der Pfarrei ad Sanctum Bonifatium in Harburg-Wilhelmsburg. Ihre Befugnisse und Obliegenheiten regeln sich nach Can. 473, C.J.C.. Als Pfarradministrator leiten Sie die kirchliche Vermögensverwaltung und führen den Vorsitz im Kirchenvorstand." [29]

Im Oktober 1934 sah sich Karl-Andreas Krieter also vor zwei Aufgaben gestellt. In Harburg-Wilstorf hatte er seine Pastorenstelle korrekt an den Nachfolger, Leonard Mock, zu übergeben. In Wilhelmsburg sollte er sich innerhalb von nur 27 Tagen einen Überblick über die finanzielle Lage der Kirchengemeinde verschaffen.

Die erste Aufgabe bereitete ihm keine besonderen Schwierigkeiten. Leonard Mock schrieb später in die Chronik der Kirchengemeinde St. Franz-Josef: „Am 1. November 1934 trat ich, Leonard Mock, die Stelle in St. Franz-Josef, Harburg-Wilstorf, an. Ein guter, von allen geachteter und geliebter Priester hatte hier gewirkt. Da brauchte ich nur - mit den Ratschlägen meines Freundes Karl-Andreas Krieter unterstützt - weiter zu arbeiten." [30]

In Wilhelmsburg dagegen stieß Karl-Andreas Krieter auf eine Reihe unerwarteter Probleme: Als er die Jahresabrechnungen der Kirchengemeinde einsah, stellte er fest, dass die Kirchenkasse für das Abrechnungsjahr 1932 / 33 ein Defizit von 456,74 Reichsmark aufwies und für 1933 / 34 einen Fehlbetrag von 836,75 RM. Zusätzlich war die Diözesansteuer nicht gezahlt. Für das Jahr 1933 betrugen die Rückstände 933,- Reichsmark. Für das Jahr 1934 waren noch 733,- Reichsmark zu zahlen. Ein Schreiben des Generalvikariates, das dieses Geld einforderte, lag bereits vor.[31] Karl-Andreas Krieter hat die Schuld an der schwierigen Finanzlage von St. Bonifatius gewiss nicht allein seinem Freund Friedrich Schmidts zugeschrieben. Er wusste, dass die unerfreulichen Zahlen ihren hauptsächlichen Grund in der Erwerbslosigkeit vieler Gemeindemitglieder hatten. Anfang 1934 gab es im Deutschen Reich keine Stadt, die so viele Erwerbslose hatte wie Harburg-Wilhelmsburg. [32] Es war aber Besserung zu erwarten. Die Erwerbslosenziffer im Deutschen Reich war im Sommer 1934 drastisch gesunken. Im nächsten Rechnungsjahr würden die Steuereinnahmen der Gemeinde vermutlich höher sein.

Pfarrer Schmidts hatte nach Auswegen aus der Finanzmisere von St. Bonifatius gesucht. Dabei war ihm eingefallen, das Gehalt aller Kirchenangestellten um 20% zu kürzen. Dieser Sparmaßnahme hatte der Kirchenvorstand in den Sitzungen vom 25. und 29. Mai 1933 zugestimmt. Als Karl-Andreas Krieter sich mit den zugehörigen Akten näher beschäftigte, wurden ihm zwangsläufig die Konflikte bekannt, die Pfarrer Schmidts mit seinen Kirchenangestellten Franzikowski, Rhein und Wucherpfennig im Jahre 1933 ausgefochten hatte. Die negativen Folgen dieser Konflikte belasteten die Bonifatiusgemeinde auch jetzt noch, im Oktober 1934.

---

[29] Bistumsarchiv Hildesheim, BGV, Seelmeyer, Nr. 9676. Die letzte Sitzung des Kirchenvorstandes von St. Bonifatius unter Vorsitz von Pfarrer Schmidts fand am 30. 4. 1934 statt. Archiv der Kirchengemeinde St. Bonifatius, Akte „Protokolle über Kirchenvorstandsitzungen 1911-1959".

[30] Chronik der Kirchengemeinde St. Franz-Josef, Bd.1, S. 41.

[31] Schreiben des Bischöflichen Generalvikariates Nr. 5076, Archiv der Kirchengemeinde St. Bonifatius, Akte „Jahresrechnungen" und Akte „Diözesansteuer".

[32] Vgl. Stegmann, Dirk, Die industrielle Entwicklung Harburgs von 1900 bis 1937, in: Harburg, Von der Burg zur Industriestadt, S. 334 /335., Veröffentlichung des Helms-Museums, Nr.52, 1987 = Veröffentlichungen des Vereins für Hamburgische Geschichte , Band XXXIII.

Der Küster Franzikowski war sehr unzufrieden, dass sein ohnehin schon schmales Einkommen um 20 Prozent gekürzt wurde. Abgesehen davon war er über Pfarrer Schmidts persönlich verärgert, weil dieser ihn - angeblich - schickaniere. Nachdem Pfarrer Schmidts wieder einmal an der Arbeit des Küsters gemäkelt hatte, nahm Herr Franzikowski das zum Anlass, sich bei den Kirchenvorstehern Ballhausen und Josch zu beschweren. Diese fassten die Klagen des Küsters schriftlich in neun Punkten zusammen. Sie hatten dieses Schreiben an Pfarrer Schmidts in der Erwartung übergeben, die Angelegenheit werde im Kirchenvorstand besprochen. Doch Pfarrer Schmidts hatte am 1. 4. 1934 einen neuen Küster angestellt. Es war der Lokomotivführer a. D., Stanislaus Zagorski. Dessen Dienstbezüge waren geringer als die seines Vorgängers. Karl-Andreas Krieter fand auf dem Schreiben der Herren Ballhausen und Josch die handschriftliche Notiz des Pfarrers Schmidts: „Sämtliche neun Punkte stehen nicht zur Diskussion. Das Schreiben ist voller Unsinn und Irrtümer. Die Besprechungen mit dem Küster sind abgelaufen, weil man mit ihm nicht verhandeln kann." [33]

Die Auseinandersetzungen zwischen Pfarrer Schmidts und dem Organisten Rhein waren für die Gemeinde von größerer Bedeutung. Ausgangspunkt waren ebenfalls die Sparbeschlüsse vom Mai 1933. Herr Rhein, seit 35 Jahren Organist, Konrektor der katholischen Schule Wilhelmsburgs und selbst Mitglied des Kirchenvorstandes, hatte sich mit der Einbuße von 20% seines Organistenhonorars einverstanden erklärt. Er war dem Kirchenvorstand sogar noch weiter entgegengekommen. Herr Rhein hatte dem Kirchenvorstand geschrieben, er erwarte den baldigen „Abschluss eines neuen Vertrages auf der Grundlage von 325 Mark".[34] Weiter hieß es in dem Schreiben: „Damit verzichte ich freiwillig auf 50 % meines bisherigen Gehaltes. Für das Resthalbjahr vom 1. 10. 1933 bis 31. 3. 1934 bin ich entgegenkommenderweise mit 120 Mark netto zufrieden. Steuern trägt die Kirchenkasse. Sollten diese beiden Wünsche nicht erfüllt werden können, so bin ich leider gezwungen, ab 1. November meine Tätigkeit als Organist einzustellen."

Wie Karl-Andreas Krieter durch Nachfragen erfuhr, hatte Pfarrer Schmidts diesen Brief des Oragnisten im Kirchenvorstand vorgelesen. Er hatte anschließend ausgeführt, Herr Rhein habe von der Kirchenkasse seit 35 Jahren regelmäßig sein Gehalt bekommen, zusätzlich zu seinem Gehalt als Lehrer der katholischen Schule. Seit jüngster Zeit sei Herr Rhein Konrektor. In Anbetracht der für die Kirchenkasse so schlechten Zeiten solle Herr Rhein doch mit einem geringeren Organistengehalt zufrieden sein. Allerdings habe sich bereits ein anderer Herr bereit erklärt, das Organistenamt - für geringere Bezahlung - zu übernehmen. Schließlich forderte Pfarrer Schmidts den Kirchenvorstand auf, dem Organisten Rhein die Kündigung auszusprechen. Er, Pfarrer Schmidts, werde an das Generalvikariat in Hildesheim schreiben und um Richtlinien für einen neuen Organistenvertrag bitten. Er werde darauf hinweisen, dass der neue Vertrag die Weiterzahlung des Gehaltes bei Urlaub und bei Krankheit des Organisten ausschließen und die Honorierung für das Orgelspiel bei Trauungen weit unter 10 Mark ansetzen müsse.[35] Wie Pfarrer Krieter aus den Akten ersah, war der Organistenvertrag mit Herrn Rhein von Seiten des Kirchenvorstandes tatsächlich zum 1. 10. 1933 gekündigt worden. In den folgenden Tagen hatte es zwischen Pfarrer Schmidts und Herrn Rhein peinliche Auseinandersetzungen gegeben. Sie hatten auch schriftlichen Niederschlag gefunden.

---

[33] Der Brief der Kirchenvorsteher Ballhausen und Josch findet sich im Archiv der Kirchengemeinde St. Bonifatius, Akte „Schriftwechsel bis 1968" .

[34] Die genannten Geldbeträge sind keine monatlichen, sondern jährliche Einkünfte.

[35] Vgl. im Archiv der Kirchengemeinde St. Bonifatius, Akte „Schriftwechsel bis 1968" das Schreiben von Pfarrer Schmidts an das Bischöfliche Generalvikariat vom 15. 6. 1933

Nachdem er diese Schriftstücke gelesen hatte, konnte Karl-Andreas Krieter sich nicht an die Seite seines Duzfreundes Schmidts stellen. Konrektor Rhein war durch Pfarrer Schmidts schwer brüskiert worden. Herr Rhein war daraufhin aus dem Kirchenvorstand ausgetreten. Besonders die letztgenannte Entwicklung der Streitigkeiten bedauerte Pfarrer Krieter. Als höchst unbedacht musste er die Entscheidung seines Vorgängers bewerten, am 1. 4. 1934 ausgerechnet Herrn Heinrich Mecke als neuen Organisten anzustellen. Herr Mecke war - wie Herr Rhein - Lehrkraft der katholischen Schule Wilhelmsburgs. Vermutlich hatte die leidige Organistenangelegenheit das Kollegium in mindestens zwei Parteien gespalten. Das würde die Arbeit in der Schule für Pfarrer Krieter erschweren. Die weiteren Nachforschungen, die Pfarrer Krieter im Oktober 1934 zum Konflikt zwischen Pfarrer Schmidts und dem Organisten Rhein anstellte, kamen zu dem Ergebnis, dass neben der menschlich so unangenehmen Situation auch ein finanzieller Schaden entstanden war. Weder der impulsive Pfarrer Schmidts noch seine Kirchenvorsteher hatten durchschaut, welche Folgen die Kündigung des Herrn Rhein hinter sich herziehen werde.

Das Amt des Organisten der katholischen Kirchengemeinde St. Bonifatius war nämlich nach staatlichem Recht „organisch verbunden" mit der Stelle „Zweiter Lehrer der katholischen Volksschule". Inhaber dieser Stelle war seit dem Jahre 1919 Herr Rhein.[36] Herr Rhein erhielt deswegen zu seinem Lehrer-Grundgehalt eine Zulage für den Organistendienst, die zu drei Viertel von der staatlichen Gemeinde und zu einem Viertel von der Kirchengemeinde bezahlt wurde. Solange Herr Rhein Inhaber der Stelle „Zweiter Lehrer" war, so lange war die Kirchengemeinde St. Bonifatius verpflichtet, ihn als Organisten zu beschäftigen. Pfarrer Krieter kam zu einer bitteren Einsicht: Falls die Kündigung des Herrn Rhein nicht rückgängig zu machen war, hatte die Gemeinde das Gehalt des Herrn Mecke zu zahlen und zusätzlich ein Viertel der Kirchenamtszulage des Herrn Rhein. Nach den hässlichen Auseinandersetzungen zwischen „Fritze" Schmidts und dem Organisten hatte Karl-Andreas Krieter aber keinerlei Hoffnung, Herrn Rhein zur Rückkehr in das Organistenamt bewegen zu können. Bis zu dessen Pensionierung - im Jahre 1941 - würde die Kirchenkasse also eine unnötige Ausgabe zu tragen haben.[37]

Als „Vicarius oeconomus" hatte Karl-Andreas Krieter sich schließlich auch mit dem Fall der Pfarrhelferin Kunigunde Wucherpfennig zu beschäftigen. Frl. Wucherpfennig war am 1. 10. 1929 durch Pfarrer Schmidts eingestellt worden. Zum 1. 4. 1934 hatte er ihr das Arbeitsverhältnis gekündigt. Zwei Tage vorher, am 31. 3. 1934, hatte Pfarrer Schmidts im Namen des Kirchenvorstandes dem Frl. Wuchenpfennig geschrieben: „Wie bereits mündlich mitgeteilt, wiederholen wir hiermit Ihre Kündigung zum 1. 4. 1934. Der schlechten finanziellen Verhältnisse der Kirchenkasse wegen ist es uns leider nicht mehr möglich, das Gehalt einer Pfarrhelferin aufzubringen. Daher müssen wir vorläufig die Stelle einer Pfarrhelferin in unserer Gemeinde aufheben".

---

[36] In den „Anlagen zum Haushaltsplan der Gemeinde Wilhelmsburg für das Rechnungsjahr 1919" findet sich auf Seite 10 ein Eintrag zum Lehrer Rhein "Das Grundgehalt Rheins beträgt 1600 Mark (Jährlich, Anm. d. Verf.) anstatt 1400 Mark; es gelten 200 Mark für den Organistendienst. Hierzu gibt die Gemeinde 150 Mark, die Kirche 50 Mark."

[37] Die Zahlung der „Kirchenamtszulage für den Konrektor Rhein" durch die Bonifatiusgemeinde hatte erst ein Ende, als Herr Rhein im Jahre 1941 das Ruhestandsalter erreichte. Vgl. das Schreiben der Gemeindeverwaltung der Hansestadt Hamburg - Schulverwaltung B II a, vom 20. 2. 1941 an den Kirchenvorstand der Katholischen Kirchengemeinde Hamburg-Wilhelmsburg., Archiv der Kirchengemeinde St. Bonifatius, Akte „Schriftwechsel bis 1968".
Wegen des kriegsbedingten Lehrermangels ging der Konrektor Rhein erst am 31. 12. 1944 in den Ruhestand. Vgl. Chronik der Schule Bonifatiusstraße, S. 132.

In Wahrheit hatte Pfarrer Schmidts sich jedoch schon im Februar 1934 beim Katholischen Fürsorgeverein um eine andere Pfarrhelferin bemüht. Karl-Andreas Krieter bedauerte dieses Schreiben. Es war unehrlich und eines Priesters nicht würdig. Zum 1. September 1934 - also fünf Tage vor der Übertragung der Pfarrei St. Bonifatius an Pfarrer Krieter - hatte Pfarrer Schmidts eine neue Pfarrhelferin angestellt: Frl. Frieda Kayser. Pfarrer Krieter wusste nicht, was er von diesem „Geschenk seines Freundes" halten sollte. Ihm würde nun die Aufgabe zufallen, Frl. Kayser baldmöglichst zu entlassen, denn die miserable Lage der Kirchenkasse ließ die Anstellung einer Pfarrhelferin wahrhaftig nicht zu.

Das war aber nicht die einzige Unannehmlichkeit. Wie allgemein bekannt war, brachte Frl. Wucherpfennig seit ihrer Entlassung Unruhe in die Gemeinde.[38] Sie erzählte jedem, der es hören wollte, dass sie gegen Pfarrer Schmidts - ihren Verwandten - gerichtlich vorgehen werde, weil dieser zu wenige Beiträge für ihre Versicherung gezahlt habe. Karl-Andreas Krieter konnte aus dem diesbezüglichen Aktenstudium ersehen, dass Frl. Wucherpfennig vor Gericht gewinnen würde.

1.5 Die Geschichte und die soziale Struktur der Gemeinde St. Bonifatius

Um seinen zukünftigen Arbeitsplatz noch besser kennen zu lernen, informierte sich Pfarrer Krieter eingehend über die Geschichte und soziale Struktur der Bonifatiusgemeinde. Mündliche und schriftliche Auskunft konnte ihm Kaplan Dorenkamp geben, der bereits zwei Aufsätze zum Thema verfasst hatte. Auch ein Aufsatz des Dr. Offenstein lag im Archiv.[39] Am Ende seiner Recherchen hatte Pfarrer Krieter das folgende Wissen erworben:

Die Anfänge der St. Bonifatiusgemeinde in Wilhelmsburg sind eng verbunden mit der Gründung der Fabrik „Norddeutsche Wollkämmerei und Kammgarnspinnerei zu Reiherstieg - AG". Das geschah im Jahre 1889. Die „Wollkämmerei" war über viele Jahre die größte Fabrik der Elbinsel.

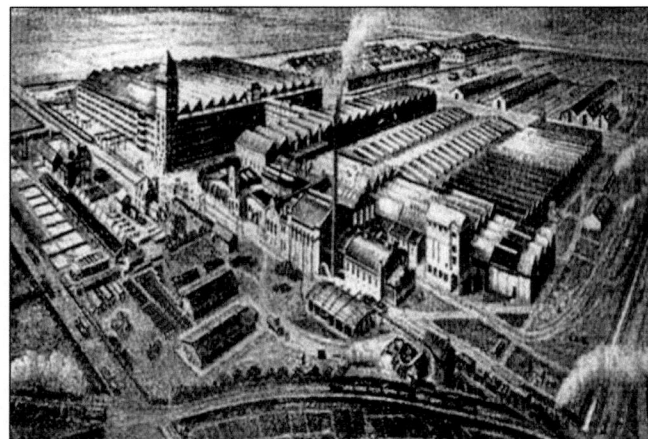

Abb.12: Die „Norddeutsche Wollkämmerei und Kammgarnspinnerei zu Reiherstieg- AG"; eine Abbildung aus den 20er Jahren des 20. Jahrhunderts

---

[38] Fräulein Kunigunde Wucherpfennig wohnte in der Wollkämmereistraße, Nummer 47.

[39] Der folgende Text über die Gemeindegeschichte basiert auf den genannten Arbeiten.

Wilhelmsburg hatte damals für die Bedürfnisse der Industrie zu wenige Einwohner. Deshalb warb die Direktion der „Wollkämmerei" in Westpreußen, Posen und Schlesien Arbeitskräfte an. Die meisten der Arbeiter und Arbeiterinnen, die nun nach Wilhelmsburg kamen, waren polnisch sprechende Katholiken. Sie wollten in Wilhelmsburg auf Dauer leben, und deswegen wurde unter ihnen bald der Wunsch laut, in Wilhelmsburg eine katholische Kirche zu haben und eine Gemeinde zu bilden. Diesen Wunsch griff die Direktion der „Wollkämmerei" auf. Sie wandte sich im Juli 1891 an den Bischof von Hildesheim und machte das Angebot, auf dem Fabrikgelände einen Raum für den katholischen Gottesdienst einzurichten. Zusätzlich sollte ein katholischer Geistlicher von der „Wollkämmerei" freie Wohnung und die eine Hälfte seines Gehaltes bekommen - jährlich 600 Mark. Die andere Hälfte solle die Arbeiterschaft aufbringen. Der für die Angelegenheit damals zuständige Dechant und Pfarrer von St. Maria in Harburg, Meyer, befragte in einem Versammlungsraum der „Wollkämmerei" die katholische Arbeiterschaft, ob sie mit diesem Angebot einverstanden sei. Die Männer und Frauen erklärten sich bereit, pro Person vierteljährlich eine Mark zum Gehalt eines Geistlichen beizusteuern. In einem Saal des so genannten Mädchenheimes der „Wollkämmerei" wurde daraufhin eine Kapelle eingerichtet. Am Heiligen Abend des Jahres 1891 weihte der Religionslehrer Stysinski - ein polnischer Geistlicher aus Krakau - im Auftrag des Bischofs von Hildesheim die Kapelle ein. Die heilige Messe am selben Tage war der erste katholische Gottesdienst nach Einführung der lutherischen Reformation auf der Elbinsel Wilhelmsburg.[40] Der Religionslehrer Stysinki hielt

sich allerdings nur während der Weihnachtstage des Jahres 1891 in Wilhelmsburg auf. Erst im Frühjahr 1892 bekamen die Katholiken Wilhelmsburgs einen eigenen Geistlichen. Es war der Kaplan von St. Maria in Harburg, Gustav Töttcher, der zum „Missionsvikar" von Wilhelmsburg ernannt worden war. Er wohnte in einem Haus, das die „Wollkämmerei" zur Verfügung gestellt hatte. Gustav Töttcher erreichte bei der Direktion das Zugeständnis, dass auch Katholiken, die nicht in der „Wollkämmerei" beschäftigt waren, die Kapelle benutzen durften.

Abb.13: Gustav Töttcher, „Missionsvikar" in St. Bonifatius von 1892 bis 1897

Diese Kapelle besaß keine Kirchenbänke. Nur deswegen konnten bei einem Gottesdienst etwa 500 Personen darin Platz finden. Die Errichtung eines größeren und würdigeren Gotteshauses war also dringend nötig. Nicht nur die Direktoren der Wollkämmerei, sondern auch andere Unternehmer in Wilhelmsburg sahen gegen Ende des 19. Jahrhunderts die katholische und die evangelisch-lutherische Kirche als mächtige Verbündete gegen den Einfluss des Sozialismus / Kommunismus. So war es eine ebenso politisch motivierte wie moralisch edle Tat, dass der Bauunternehmer Hermann Vering im Jahre 1893 der Bischöflichen Behörde in Hildesheim ein 4.500 Quadratmeter großes Grundstück und 10.000 Mark zum Bau einer Kirche und eines Pfarrhauses schenkte. Ein weiteres Grundstück von

---

[40] Die Einführung der lutherischen Reformation erfolgte in Wilhelmsburg im Jahre 1527.

1142 Quadratmetern schenkte er für den Bau eines Schulgebäudes.[41] Pfarrer Krieter staunte, als er bei seinem Studium der Gemeindegeschichte las, dass die Bonifatiusgemeinde zuerst das Schulgebäude errichtet hatte. Es war am Sonntag, den 30. September 1893, von Vikar Töttcher eingeweiht worden. Am folgenden Montag, den 1. 10. 1893, hatte der Kreisschulinspektor den ersten Lehrer, Edmund Wedig, in sein Amt eingeführt. 82 Jungen und Mädchen besuchten die Katholische Schule im ersten Jahr. Im zweiten Jahr unterrichtete die Katholische Schule - in zwei Klassen - schon 116 Schülerinnen und Schüler. Am 26. Juni 1898 wurde die Bonifatiuskirche eingeweiht. Die Gemeinde hatte für den Bau einen Betrag von 9.000 Mark aufgebracht. Den Hauptanteil der Baukosten hatte der Bonifatiusverein übernommen.[42] Das Pfarrhaus der Bonifatiusgemeinde war 1899 bezugsfertig.

Abb. 14: Dieses Foto - wahrscheinlich im Juni 1898 entstanden - zeigt links die Bonifatiuskirche, rechts das erste Gebäude der katholischen Schule.

---

[41] Hermann Vering wurde am 4. 11. 1846 zu Ahlen in Westfalen geboren. Nach dem Besuch der Hochschule in Hannover trat er in die Baufirma seines Bruder ein, die dieser in Hamburg führte. Die Firma Vering war beim Bau des Nord-Ostsee-Kanals, des Elbe-Lübeck-Kanals und beim Ausbau der Häfen Hamburg, Breslau und Stettin tätig. Hermann Vering machte sich auch als Erfinder einen Namen. Die Technische Hochschule Hannover ernannte ihn zum Ehrendoktor. In Wilhelmsburg war er jahrelang Mitglied des Gemeinderates. Er starb am 6. 1. 1922. Vgl. Reinstorf, E., Geschichte der Elbinsel Wilhelmsburg, Verlag Buchhaus Romanowski, Hamburg, 1955, Seite 272.
Die Firma Vering hatte nach der Gründung des Hamburger Freihafens (1888) den Auftrag übernommen, für die Stadt Hamburg das Hansa-Hafenbecken zu bauen. Um die ausgehobenen Erdmassen ablagern zu können, hatte die Firma im Westen der preußischen Elbinsel Wilhelmsburg große Grundstücksflächen aufgekauft. Dieses Gelände wurde mit dem Aushub bis zur Deichhöhe aufgefüllt und damit für Wohn- und Industriebauten baureif gemacht. Die so gewonnenen Grundstücke wurden an Baugenossenschaften, Privatleute und Industriebetriebe verkauft.
Die Firma Vering schenkte auch der evangelisch-lutherischen Kirche in Wilhelmsburg ein Grundstück für den Bau einer neuen Kirche und eines neuen Pfarrhauses, im Reiherstiegviertel. Außerdem übernahm sie kostenlos die Straßenbauten, die nach dem Kirchbau notwendig waren. Der Grundstein zum Bau der Reiherstiegkirche wurde am 7. Juni 1895 gelegt. Die Einweihung erfolgte am 25. Oktober 1896.
Die Gründung der evangelisch-lutherischen Reiherstieggemeinde weist viele Ähnlichkeiten mit der Gründung der katholischen St. Bonifatiusgemeinde auf. Vgl. Henatsch, Hildebrand, Zwischen Industrie und grünen Wiesen - Hundert Jahre Kirchengemeinde im Reiherstieg auf der Elbinsel Hamburg - Wilhelmsburg, 1896 bis 1996, E.B.-Verlag, Hamburg, 1996.
[42] Der Bonifatiusverein = „Verein zur Förderung der Katholischen Kirche in der Diaspora mittels Gründung und Unterhalt von Kirchen und Schulen" wurde 1849 gegründet.

Abb. 15: Diese Postkarte aus dem Jahre 1906 zeigt den Übergang der Veringstraße in die Bonifatiusstraße. In der Mitte des Fotos sind die Bonifatiuskirche und - rechts davor - ein Teil des ersten Gebäudes der katholischen Schule Wilhelmsburgs zu sehen. Das Gebäude links neben der Kirche ist das Pfarrhaus.

Die Bonifatiusgemeinde bestand zur Zeit dieser Bauten nicht mehr allein aus der Belegschaft der „Wollkämmerei". Die Zahl der Gemeindemitglieder war - entsprechend dem weiteren Ausbau der Industrie und der zugehörigen Infrastruktur auf der Elbinsel Wilhelmsburg - kontinuierlich gewachsen. Im Jahre 1892 war der Verschiebebahnhof Wilhelmsburg in Betrieb gegangen. Das hatte für Wilhelmsburg einen Zuzug von 1.500 Eisenbahnern bedeutet. Die große Mehrheit dieser Eisenbahner war katholisch und fand in der Nähe des Bahnhofs Wohnung. Weiteren starken Zuwachs hatte die Bonifatiusgemeinde bekommen, nachdem der westfälische Unternehmer Georg Plange im Jahre 1897 eine Walzenmühle eröffnet hatte.

Abb. 16: Eine Postkarte aus dem Jahre 1898

Von den 16.640 Einwohnern Wilhelmsburgs im Jahre 1900 waren 4.000 katholisch. Mit dieser Zahl an Gemeindemitgliedern und nach dem Bau der Kirche und des Pfarrhauses waren eigentlich die Voraussetzungen für eine Selbständigkeit der Bonifatiusgemeinde gegeben. Dennoch blieb St. Bonifatius zunächst noch eine Pfarrvikarie, die von der Muttergemeinde, St. Maria in Harburg, abhängig war.

Abb.17 : Franz Klaus, Pfarrvikar in St. Bonifatius von 1897 bis 1909

Im Jahre 1897 verließ Vikar Töttcher auf eigenen Wunsch die Bonifatiusgemeinde. Sein Nachfolger wurde Franz Klaus. Als Pfarrvikar war er dem Pfarrer der Muttergemeinde, St. Maria, unterstellt. Genau diese Abhängigkeit einer Tochter- zur Muttergemeinde hatte Karl-Andreas Krieter in Harburg-Wilstorf jahrelang erlebt. Er war mit dieser Situation oft unzufrieden gewesen und hatte dagegen gekämpft.

Erst im Jahre 1909 wurde die Gemeinde St. Bonifatius von Bischof Adolf Bertram zur selbständigen Pfarrei erhoben. Gleichzeitig genehmigte Bischof Adolf Bertram der Bonifatiusgemeinde eine erste Kaplanstelle. Seit diesem Jahre waren die jeweiligen Geistlichen der Bonifatiusgemeinde nicht mehr von der Muttergemeinde St. Maria abhängig, vor allem aber nicht mehr abhängig von einem Industriebetrieb, der „Wollkämmerei".[43]

Der erste Pfarrer in St. Bonifatius wurde Franz Algermissen. Sein Kaplan war Konrad Dorenkamp. Nachdem Karl-Andreas Krieter im Jahre 1923 die Pastorenstelle in Harburg-Wilstorf angetreten hatte, war er dem Pfarrer Algermissen das erste Mal begegnet. Er bewunderte Pfarrer Algermissen, weil dieser das Gemeindehaus von St. Bonifatius gebaut hatte. Franz Algermissen hatte die Baupläne, die seit 1914 vorlagen, unter größten Schwierigkeiten sofort nach dem Ende des Weltkrieges verwirklicht (1919).

Die Nachfolger des Pfarrers Algermissen - Dr. Wilhelm Offenstein[44] und Friedrich Schmidts - waren Personen der jüngsten Gemeindegeschichte. Beide waren mit Karl-Andreas Krieter befreundet. Mit ihrem Wirken in der Bonifatiusgemeinde war er vertraut.

---

[43] Kaplan Töttcher und Pfarrvikar Klaus mussten den Zuschuss zu ihrem Gehalt, den die „Wollkämmerei" zahlte, zusammen mit den Arbeitern an der Firmenkasse abholen, „damit die Direktion den Zahltag dazu nutzen konnte, bei ihnen Auskünfte über die Arbeiter einzuholen. Dieser `Agentenstatus´ der Geistlichen bestand bis zum Jahre 1909..." Zitat aus: Hauschildt, Elke, Polen und Katholische Kirche in Wilhelmsburg 1890 - 1914 , in: Harburg, Von der Burg zur Industriestadt, Beiträge zur Geschichte Harburgs 1288 – 1938, Christians-Verlag, Veröffentlichung des Helms-Museums Nr. 52, 1987, S. 254

[44] Der spätere Generalvikar des Bistums Hildesheim, Dr. Offenstein, war vom September 1930 bis zum November 1933 Abgeordneter der katholischen Zentrumspartei im Deutschen Reichstag.

Abb. 18: Franz Algermissen, Pfarrer in St. Bonifatius von 1909 bis 1925

Abb. 19: Dr. Offenstein, von 1925 bis 1928 Pfarrer in St. Bonifatius.

Schon zur Zeit des Pfarres Algermissen arbeiteten die Mitglieder der Bonifatiusgemeinde nicht mehr nur „in der Wollkämmerei", „bei Plange" oder als Eisenbahner. Kaplan Dorenkamp konnte Karl-Andreas Krieter viele andere Betriebe Wilhelmsburgs nennen, in denen Katholiken ihren Lebensunterhalt verdienten. Da waren die Betriebe der Erdölindustrie: Deutsche Erdölwerke Wilhelmsburg; die Benzinwerke Wilhelmsburg = Rhenania-Ossag = Shell; der Benzo -Vertrieb, die Tank-Anlage Köhlbrand = BP und die Ölwerke Julius Schindler. Da waren große Lack- und Farbenfabriken: Carstens, Höveling, Mankiewitz, Schülcke. Da waren - ganz in der Nähe der Bonifatiuskirche - die Kokerei und Teerkocherei Haltermann und die Firma Schlobach. Letztere verarbeitete Hölzer aus aller Welt zu Furnierholz. Da waren die Firma „Chemische Werke Reiherstieg-AG", die Palminwerke (Schlink & Co.) und die Werften Wolkau und Oelkers; dazu die Baufirmen Harriefeld, Holst, Rieckmann und Klimek. Alle diese Firmen hatten ihren Sitz im Westen Wilhelmsburgs.[45] Entsprechend viele katholische Familien wohnten jetzt im Westen der Insel. Im Jahre 1914 wohnten im Westen - im „Reiherstiegviertel" - schon so viele Katholiken, dass der Kirchenvorstand von St. Bonifatius unter Pfarrer Algermissen geplant hatte, dort eine zweite katholische Kirche zu bauen. Der Plan war wegen des Kriegsbeginns 1914 aufgegeben worden.

1926 / 27 wollte Pfarrer Dr. Offenstein an der Lessingstraße (später Rotenhäuser Damm) einen Schul-Neubau errichten. In das Gebäude dieser zweiten katholischen Schule sollten ein Gottesdienst-Raum und Räume für die Gemeindearbeit integriert sein. Das Grundstück war 1927 bereits ausgesucht und vermessen worden, die Baupläne lagen vor. Der damalige Oberbürgermeister von Harburg-Wilhelmsburg, Dr. Walter Dudek, hatte den Katholiken

---

[45] Vgl. zu diesen Angaben das Kapitel „Wilhelmsburger Betriebe" in: Reinstorf, E. , Geschichte der Elbinsel Wilhelmsburg, Verlag Buchhaus Wilhelmsburg, Georg Romanowski, Wilhelmsburg, 1955, S. 355 ff.

seine Unterstützung beim Grundstückskauf zugesagt und ein privates Urteil zu den Bauplänen abgegeben. (Er fand sie unmodern und unpraktisch.) [46]

Nachdem Dr. Offenstein im Jahre 1928 in die Gemeinde St. Benno in Hannover-Linden versetzt worden war, hatte Pfarrer Schmidts die angefangene Sache vorangetrieben. Die Stadtsparkasse zu Harburg-Wilhelmsburg hatte ihm ein Darlehen über 30.000, - Reichsmark angeboten. Die Zinsen über zunächst fünf Jahre sollten 9,5 % betragen, die Darlehen-Beschaffungsgebühr 150,- Reichsmark.[47] Pfarrer Schmidts hatte jedoch bei der „Hilfsgemeinschaft für Katholische Wohlfahrts- und Kulturpflege, G.m.b.H." in Berlin ein Angebot eingeholt, das um einen Prozentpunkt günstiger lag. Im Jahre 1930 hatte das Bischöfliche Generalvikariat der Kirchengemeinde St. Bonifatius die Genehmigung gegeben, ein Darlehen in Höhe von 20.000 Reichsmark - höchstens 22.000 Reichsmark - aufzunehmen. Am 4. März 1930 hatte der Kirchenvorstand St. Bonifatius schließlich mit der Stadt Harburg-Wilhelmsburg einen Kaufvertrag über das Grundstück an der Lessingstraße abgeschlossen. Die endgültigen Kauf-Formalitäten und der Baubeginn hatten sich verzögert, als die Wirtschaftskrise die finanziellen Möglichkeiten der Gemeinde in den Jahren 1930 bis 1934 erheblich geschwächt hatte. Daraufhin hatte der Magistrat der Stadt Harburg-Wilhelmsburg vor einem halben Jahr - am 7. April 1934 - bei der Kirchengemeinde angefragt, ob sie auf dem Grundstück Lessingstrasse überhaupt noch bauen wolle. In diesem Schreiben las Karl-Andreas Krieter: „Sollte die Ausführung des Bauprojektes nicht mehr beabsichtigt sein, so würde einer Aufhebung des Kaufvertrages stadtseitig voraussichtlich nichts im Wege stehen."

Pfarrer Schmidts hatte am 9. April 1934 - ohne Einberufung des Kirchenvorstandes - auf dieses Schreiben geantwortet, die Gemeinde habe weiterhin die Absicht zu bauen. Karl-Andreas Krieter war wegen dieser Antwort entsetzt, denn die Kirchenkasse seiner neuen Gemeinde war schon damals leer. Es drückten sogar Schulden! An einen Neubau war gar nicht zu denken. Selbst wenn die wirtschaftliche Lage im Deutschen Reich und in Wilhelmsburg besser werden sollte, waren keine Steuereinnahmen zu erwarten, die eine Darlehensaufnahme in großer Höhe zugelassen hätten. In der Kirchengemeinde St. Bonifatius gab es nur wenige selbständige Handwerker, einige Besitzer kleinerer Geschäfte und einige Beamte. Niemand aus diesen Gruppen konnte als besonders steuerträchtig angesehen werden, schon gar nicht die weitaus größte Gruppe der Bonifatiusgemeinde, die einkommensschwachen Arbeiter. Folglich musste Karl-Andreas Krieter den Kirchenvorstand in nächster Zeit zur Rücknahme des Kaufvertrages bewegen. Das war eine weitere Sorge, die ihm sein Vorgänger hinterlassen hatte.

Nachdem Karl-Andreas Krieter über die finanzielle Situation und die Geschichte von St. Bonifatius ausreichend informiert war, stand noch immer eine Frage im Raum: Wie bedeutsam waren die polnischen Ursprünge für das jetzige Leben der Bonifatiusgemeinde? Seit die Nationalsozialisten an der Macht waren, hatten sich deutsche Ressentiments gegen Polen auch in Wilhelmsburg verstärkt. Sie waren von deutschnational gesinnten Zeitungen seit Jahren artikuliert worden. Im Archiv der Bonifatiusgemeinde fand Pfarrer Krieter einen Artikel der „Hamburger Nachrichten" aus dem Jahre 1925. Seine Überschrift lautete: „Das Polenparadies Wilhelmsburg". Pfarrer Algermissen hatte sich damals mit aller Macht gegen die Ansichten und polenfeindlichen Kommentare des Artikelschreibers geäußert.

---

[46] Schreiben des Oberbürgermeisters Dr. Dudek an Pfarrer Dr. Offenstein vom 5. 12. 1927, Archiv der Kirchengemeinde St. Bonifatius Akte „Kirchbau, Grundstücksache, Kirchplatz ab 1894".

[47] Schreiben der Stadtsparkasse zu Harburg-Wilhelmsburg an das Katholische Pfarramt vom 7. 5. 1929.

Aber wie bedeutend war der polnische Einfluss jetzt, im Jahre 1934? Pfarrer Algermissen und Kaplan Dorenkamp hatten die polnische Sprache erlernt, um ihre seelsorgerlichen Aufgaben gut erfüllen zu können. Sollte Pfarrer Krieter sich dieser Mühsal auch unterziehen müssen? Recht genaue statistische Angaben zum polnischen Einfluss in der Bonifatiusgemeinde hatte Pfarrer Schmidts am 1. 10. 1930 gemacht. Damals hatte er dem Generalvikariat Hildesheim eine Anfrage betreffs „Pastoration in Orten mit dauernd ansässiger polnisch sprechender Bevölkerung" beantwortet. 1930 gab es in St. Bonifatius bei einer Gesamtzahl von 7200 Gemeindemitgliedern 500 Personen, die nur ihre Muttersprache Polnisch verstanden. 250 bis 300 dieser Gemeindemitglieder besuchten regelmäßig die polnischen Sonntagsgottesdienste. Ein Angebot, in polnischer Sprache zu beichten, bestand dauernd, weil Kaplan Dorenkamp die polnische Sprache beherrschte. Beicht- und Kommunionunterricht für Kinder in polnischer Sprache wurde von den Eltern nicht gewünscht. Schulplanmäßig erteilter Religionsunterricht fand nur in deutscher Sprache statt. Es gab drei polnische Vereine: den Stanislaus-, den Josef- und den Hedwigverein. Die beiden Vereine für Männer hatten ihren „Sitz" in den Gaststätten Bachmann, Fährstraße 17, und Mayer, Veringstraße 164. Der Hedwigverein der Frauen hatte seinen „Sitz" im Gemeindehaus „St. Willehadstift". Einem vierten polnischen Verein hatte Pfarrer Schmidts im Jahre 1930 die kirchliche Anerkennung verweigert.[48]

Abb. 20:
Pfarrvikar Franz Klaus und Mitglieder des Josefvereins vor dem Pfarrhaus im Jahre 1908

---

[48] Im Februar 1930 hatte der polnische Gesangverein „Cäcilia" um die kirchliche Anerkennung gebeten. Pfarrer Schmidts hielt es damals für richtig, dem Verein die kirchliche Anerkennung zu verweigern. In einem Schreiben an den Vereinsvorsitzenden zählte Pfarrer Schmidts die Gründe für seine Weigerung auf: „ 1. Nach den Statuten können in den Verein Jugendliche beiderlei Geschlechtes - von der Schulentlassung ab – aufgenommen werden. 2. Die Gründung des Vereins ist vorgenommen, ohne dass ein Geistlicher zu Rate gezogen ist und ohne dass ich davon unterrichtet bin. 3. Der Verein hat in letzter Zeit drei Maskeraden veranstaltet mit dem Hinweis darauf, solange die Fahne nicht kirchlich geweiht sei, könne der Verein derartige Vergnügen veranstalten. Ich möchte Ihnen dazu mitteilen, dass es keine katholischen kirchlichen Vereine gibt – mit Jugendlichen beiderlei Geschlechtes vom 14. Lebensjahre ab -, die Vergnügen veranstalten und dazu noch durch öffentlichen Anschlag jeden beliebigen Menschen einladen." Akte „Polen- Pastoration" im Archiv der Kirchengemeinde St. Bonifatius.

Zusammenfassend ließ sich sagen: Ein starker polnischer Einfluss war in der Gemeinde St. Bonifatius auch im Jahre 1934 noch vorhanden. Deswegen waren Schwierigkeiten mit den Nationalsozialisten in dieser Pfarrei eher zu erwarten als anderswo, aber Karl-Andreas Krieter bereute es dennoch nicht, die Pfarrstelle St. Bonifatius angenommen zu haben. Er hatte bereits gute Erfahrungen mit katholischen Polen gemacht. Jahrelang hatte er der polnischen Minderheit in Harburg die St. Franz-Josef-Kirche zur Verfügung gestellt. Dadurch hatten die Polen Harburgs die Möglichkeit gehabt, einmal pro Monat in einer eigenen Messe polnische Lieder zu singen und eine Predigt in polnischer Sprache zu hören.[49]

1.6   Die Amtseinführung

Am „Christkönigsfest" des Jahres 1934 - am   Sonntag, den 28. 10. 1934 - traf Karl-Andreas Krieter gegen 9 Uhr morgens vor dem Pfarrhaus der Gemeinde St. Bonifatius ein. Ein Herr namens Dr. Dopfer hatte ihn mit seinem Privatauto vom Pastoratshaus in Harburg-Wilstorf zum Pfarrhaus in Wilhelmsburg gefahren. Vor dem Pfarrhaus war eine große Menschenmenge versammelt. Ein Mädchen aus der Abschlussklasse der katholischen Volksschule - Maria Cybulla - trug ein Gedicht vor. Es gefiel Karl-Andreas Krieter so sehr, dass er das Gedicht im Pfarrarchiv aufbewahrte.

„Sei willkommen deiner Herde, schau, sie eilt entgegen dir;
dass durch dich uns Segen werde, steht sie auf der Schwelle hier.
Horch, es tönen schon die Glocken von den Höh'n des Hirten Nah'n,
und der Herzen hehr' Frohlocken kündet froh dein Kommen an.
Deinem Eingang schenk' Gott Segen von dem ew'gen Zion aus!
Segen sei auf deinen Wegen, Segen folge dir ins Haus!
Und nun komm zu deiner Herde, komm ins schöne Gotteshaus!
Dass uns allen Segen werde, macht auch deine Freude aus.
Engel mögen dich geleiten in das schöne Heiligtum,
finde Trost zu allen Zeiten, wirke dort zu Gottes Ruhm!
Mög'st in unser'n heil'gen Hallen deine Herde glücklich seh'n!
Zu des Ew'gen Wohlgefallen mög' kein Schäflein irre geh'n!
Und so möge Gott es walten: lang sei unser Pfarrer hier!
Gott mög' dich gesund erhalten, seine Gnade ruh' auf dir!"

Im Pfarrhaus wartete schon Dechant Carl Kopp aus Celle auf den neuen Pfarrer. Karl-Andreas Krieter legte im Pfarrhaus die Amtstracht an. Danach - genau um 9 Uhr 15 - wurde er in feierlicher Prozession in die Bonifatiuskirche geführt. Dort verlas Dechant Kopp die bischöfliche Anstellungsurkunde und hielt „vor der zahlreich versammelten Gemeinde eine Predigt über das Verhältnis des Pfarrers zur Gemeinde und der Gemeinde zum Pfarrer, in Anknüpfung an das Wort Johannes 10,14: `Ich bin der gute Hirt und kenne meine Schafe und meine Schafe kennen mich'. Alsdann wurde der neue Pfarrer in die Pflichten seines Berufes in Anlehnung an den im Dekanate üblichen Ritus eingewiesen, nahm das Versprechen des Gehorsams durch den Kirchenvorstand entgegen und gelobte selbst, alle seine Pfarrerpflichten gewissenhaft zu erfüllen.

---

[49]   Durch die „Harburger Anzeigen und Nachrichten" (HAN) vom 15. Dezember 1931 ist belegt, dass Pastor Krieter seine St. Franz-Josef-Kirche der polnischen Minderheit Harburgs einmal pro Monat zur Verfügung stellte.

Darauf hielt der neue Pfarrer ein feierliches Amt, bei dem die Kapläne Dorenkamp und Bank levitierten und dessen Schluss das „Tedeum" bildete." [50]

Nach der kirchlichen Einführungsfeier fand im Gemeindehaus „Stift St. Willehad" eine weltliche Feier statt. Über die Teilnehmer und über den Ablauf dieses Festes gibt keine Quelle Auskunft. Nur eine Notiz in der Jahresabrechnung der Kirchengemeinde von 1934 / 35 meldet: „Kosten anlässlich der Einführung des Pastors, 28. 10. 1934, sechsundzwanzig Reichsmark".

Abb. 21: Dechant Carl Kopp, von 1910 bis 1940 Pfarrer an St. Ludwig in Celle, gestorben am 9. 4. 1940 in Celle.

2. Pfarrer Krieter richtet sich in St. Bonifatius ein.

Am Montag, den 29. Oktober 1934, zogen Pfarrer Krieter und seine Haushälterin, Therese Krieter, in das Pfarrhaus Bonifatiusstraße 1. Die Umzugsarbeiten hatten die Geschwister an die in Wilhelmsburg alteingesessene Speditionsfirma Sievers vergeben. Therese Krieter wußte, dass sie bezüglich des Haushaltes auch in Wilhelmsburg völlig freie Hand haben werde. In den nächsten Tagen und Wochen traf sie Entscheidungen, die von 1934 bis zum August 1961 das alltägliche Leben der jeweiligen Pfarrhausbewohner bestimmten.

2.1 Alltag im Pfarrhaus

Therese Krieter war zunächst unzufrieden gewesen, als ihr Bruder sich entschieden hatte, die Pfarrstelle in Wilhelmsburg zu übernehmen. Sie hatte sich - mehr noch als ihr Bruder - gewünscht, in die Heimat ziehen zu können, auf das Eichsfeld. Während des zurückliegenden Monats hatte sie aber Argumente gefunden, der Entscheidung, die nun einmal gefallen war, Gutes abzugewinnen: Die private finanzielle Situation der Geschwister Krieter war seit 1930 schwierig. Im Jahre 1930 hatten die Geschwister in Harburg das Haus Reeseberg 16 gebaut. Durch den Beginn der Weltwirtschaftskrise im selben Jahr waren die Geschwister Krieter in große finanzielle Schwierigkeiten geraten. Da war es von Bedeutung, dass St. Bonifatius so viele „Seelen" zählte.

---

[50] Das Zitat stammt aus der „Niederschrift über die Einführung des Pastors Carl-Andreas Krieter in Harburg-Wilhelmsburg, St. Bonifatius", Archiv der Kirchengemeinde St. Bonifatius, Akte „Personalia". „Amt" bedeutet hier eine besonders feierliche katholische Messfeier. Man nennt solch eine feierliche Messe auch „Hochamt". In einem „Levitenamt" wird die Messe von drei Geistlichen gefeiert, von einem Hauptzelebranten und zwei Assistenten, den Leviten. Das „Tedeum" wurde damals lateinisch gesungen. Die deutsche Übersetzung dieses Liedes beginnt: „Großer Gott, wir loben dich ...".

Das „Reichseinkommenssteuersoll" der Gemeinde berechnete sich nämlich nach der Anzahl der Gemeindemitglieder. Das „Reichseinkommenssteuersoll" wiederum war Grundlage des

„Pfarrbesoldungszuschuss", der vom Staat gezahlt wurde. Therese Krieter hatte sich von ihrem Bruder vorrechnen lassen, welche Einkünfte er in Wilhelmsburg haben werde: Das von der Diözese Hildesheim zu zahlende jährliche Gehalt würde 3.472 Reichsmark betragen, der Staatszuschuss 1.628 RM. Das waren 5.100 RM. Davon waren 255,- RM für die Ruhevorsorge und für die Diasporahilfe abzuziehen. Es blieb also ein Jahresgehalt von 4.845 Reichsmark zur Verfügung.[51] Das war gegenüber dem Pastorengehalt, das Karl-Andreas Krieter bisher bezogen hatte, ein finanzieller Fortschritt. Außerdem würde der Umzug von Harburg nach Wilhelmsburg geringere Kosten verursachen als ein Umzug ins Eichsfeld.

Während ihr Bruder als Administrator tätig war, hatte sich Therese Krieter vergewissert, dass die räumliche Enge und die Unruhe, unter der die Geschwister im Pastoratshaus von St. Franz-Josef zu leiden hatten, mit dem Einzug in das große Pfarrhaus von St. Bonifatius beendet wären.[52]

Abb. 22: K.-A. Krieter und seine Schester Therese im Jahre 1935

Im Wilhelmsburger Pfarrhaus würde sie auch problemlos Besucher aus der Verwandtschaft unterbringen können.[53] Als Therese Krieter die Möglichkeiten zur Versorgung des Pfarr-Haushaltes mit Eigenprodukten erkannte, die der Garten, der Vorgarten und eine brachliegende Fläche hinter dem Pfarrhaus boten, wurde ihre positive Einschätzung der Pfarrstelle in Wilhelmsburg noch verstärkt. Der Vorgarten des Pfarrhauses in Wilhelmsburg grenzte mit einem Teil an die Bonifatiusstraße und an das Nachbargrundstück Bonifatiusstraße 3. Das andere Teilstück grenzte an den Kirchplatz. Im Vorgarten fanden sich Blumenbeete, und es gab dort - das war wichtiger - einen Bestand alter Birnbäume.

---

[51] Archiv der Kirchengemeinde St. Bonifatius, Akte „Pfarrbesoldung".

[52] Die Geschwister Krieter hatten das Haus Reeseberg 16 in Harburg-Wilstorf an die St. Franz-Josef-Gemeinde zur Nutzung als Pastoratshaus vermietet. Folglich wurde es auch für Gruppenstunden der Vereine genutzt. Auch das Gemeindebüro befand sich im Haus Reeseberg 16.

[53] Nach Auskunft der Nichten von K.-A. Krieter - Marianne Müller und Hedwig Wollersen, beide geborene Krieter - besuchten sie Karl-Andreas und Therese Krieter alljährlich, oft wochenlang. Die Nichten betätigten sich dann im Pfarrhaus als Haushaltshilfen. Vgl. die Gespräche mit Marianne Müller und Hedwig Wollersen am 31. 3. 2004. Diese beiden Gespräche sind - wie alle Gespräche mit Zeitzeugen, auf die im Folgenden verwiesen wird - veröffentlicht in: Krieter, Ulrich, Ja, so war das damals, Die St. Bonifatius-Gemeinde in Hbg.-Wilhelmsburg zu Zeiten des Pfarrers Krieter, 35 Zeitzeugen berichten aus den Jahren 1934 bis 1963, Diplomica Verlag

Abb. 23 : Das Pfarrhaus von St. Bonifatius mit seinem Anbau im Jahre 1909. Als Karl-Andreas Krieter im Jahre 1934 Pfarrer von St. Bonifatius wurde, war am äußeren Zustand des Hauses kaum eine Veränderung erfolgt.

Der Garten des Pfarrhauses lag parallel zum Langhaus der Kirche. Die gesamte Fläche war eingezäunt. Sie umrahmte hufeisenförmig einen Anbau des Pfarrhauses, der schon zu Zeiten von Pfarrvikar Klaus erbaut worden war. Der Anbau diente links mit einem größeren Raum als Waschküche und mit einem kleineren Raum zur Aufbewahrung von Gartengeräten. Der rechte Teil des Anbaues hatte ein Fenster, das den Blick auf das Kirchengelände ermöglichte. Dieser Teil wurde von den Geistlichen in der warmen Jahreszeit gern als kühler Aufenthaltsraum genutzt. Man konnte dort in Gartenmöbeln sitzen, hatte aber auch einen Zugang zum Pfarrhausgarten.[54] Im Garten standen in einer Reihe - nahe dem Haus - vier Apfelbäume, darunter Beerenobststräucher. Die anschließende Fläche konnte zum Anbau von Kartoffeln und Gemüse genutzt werden. Hinter dem Pfarrhaus lag eine schmale, aber lang gestreckte Fläche ungenutzt. Sie musste nur eingezäunt werden, dann eignete sie sich für die Hühnerhaltung. Als Hühnerhaus konnte der Raum des Anbaues dienen, in dem zu dieser Zeit nur Gartengeräte standen.[55]

---

[54] Viele Kapläne liebten es, im Pfarrhausgarten von St. Bonifatius hin und her zu gehen, während sie das „Brevier" beteten. (Das Brevier ist ein Gebetsbuch, das die Texte zum kirchlichen Stundengebet enthält. Katholische Priester sind verpflichtet, das Brevier täglich zu beten.)

[55] Um diesen Raum des Anbaues besonders gut nutzen zu können, ließ Therese Krieter ihn später durch eine Holzdecke zweiteilen. Der obere Teil diente danach als Hühnerstall. Die Hühner erreichten ihren Stall durch ein Loch in der Außenwand des Anbaues. Zu dem Loch hinauf kamen sie über ein Brett, das als Hühnerleiter diente. Im unteren Teil des Raumes standen Gartengeräte und Behälter für Hühnerfutter.

Natürlich wusste Therese Krieter, dass alle Tätigkeiten im Garten und auf dem Hühnerhof auf sie selbst warteten. Die Aussicht auf vermehrte Arbeit störte sie aber nicht. Von Kindesbeinen an war sie mit Garten- und Feldarbeit und mit Kleintierhaltung vertraut. Sie kam „vom Dorfe", und das empfand sie nicht als Makel. Schon in der St. Franz-Josef-Gemeinde in Harburg-Wilstorf hatte Therese Krieter ein kleines Stück Gartenland bewirtschaftet. Sie freute sich, dass ihr in Wilhelmsburg „ein bisschen Landwirtschaft" erhalten blieb.[56]

Therese Krieter war auch froh, dass sie die Freundschaften weiter pflegen konnte, die sie während der vergangenen elf Jahre in der St. Franz-Josef-Gemeinde aufgebaut hatte. Wilhelmsburg war „nicht aus der Welt". Die Straßenbahnlinie 33 bot eine bequeme Möglichkeit, nach Harburg-Wilstorf zu kommen. So war es auch leicht, regelmäßig im Haus Reeseberg 16 - dem Pastoratshaus von St. Franz-Josef - „als Besitzerin nach dem Rechten zu sehen". Die Straßenbahnlinie 33 - mit der Haltestelle „Alte Schleuse" ganz in der Nähe der Bonifatiuskirche - verband Wilhelmsburg nicht nur mit Harburg, sondern auch mit Hamburg. So konnte Therese Krieter Gewohnheiten beibehalten, die ihr in den letzten Jahren sehr lieb geworden waren: den wöchentlichen Besuch der Hamburger Innenstadt, das Bummeln durch die großen Kaufhäuser, den Einkauf auf dem Großmarkt und den gelegentlichen Besuch im „Café Wilms" - gegenüber dem Thalia-Theater - wo sie sogar Zigaretten rauchte.[57]

Vor Jahren war Therese Krieter „Hausdame" der katholischen Adelsfamilie „zur Kettenburg" in der Lüneburger Heide gewesen (bei Visselhövede). Seitdem hatte sie den Wunsch einen „großen Haushalt" führen zu dürfen. Das war nun in Wilhelmsburg möglich, denn im Pfarrhaus von St. Bonifatius waren drei „geistliche Herren" zu umsorgen.

Mit dem Wechsel von Harburg nach Wilhelmsburg versöhnt, machte sich Therese Krieter an die Arbeit. Hinsichtlich der Nutzung der Räume des Pfarrhauses übernahm sie natürlich einige Vorgaben aus der Zeit von Pfarrer Schmidts, im Übrigen lag aber alle Entscheidungsgewalt bei ihr.

Zwischen der äußeren und der inneren Haustür des Pfarrhauses befand sich ein kleiner Vorraum. Dort ließ Therese Krieter eine Holzbank aufstellen, damit fahrende Gesellen oder Bettler sich hinsetzen und Butterbrote und ein Getränk oder eine warme Mahlzeit zu sich nehmen konnten.[58] Therese Krieter neigte dazu, Bettler von ihrem Bruder fern zu halten. Sie meinte, er sei zu gutmütig und werde eines Tages „noch sein letztes Hemd" weggeben. In diesem Fall ließ Karl-Andreas Krieter seiner Schwester nicht ihren Willen. Er bestand nachdrücklich darauf, dass er jedes Mal gerufen werde, wenn ein Bettler an der Tür vorspreche. Soweit es möglich war, half er dann dem Bittsteller, oft nach Ausmaß und Art der Hilfe in recht ungewöhnlicher Weise.[59]

---

[56] Bis in die Mitte der 50er Jahre betrieb Therese Krieter hinter dem Pfarrhaus die Hühnerhaltung und im Pfarrhausgarten den Kartoffel- und Gemüseanbau.

[57] Davon berichtete die Zeitzeugin, Gertrud Matzat, geborene Grytka, im Gespräch am 7. 2. 2005.

[58] In den jährlichen Abrechnungen der Kirchengemeinde St. Bonifatius für den Caritas-Verband wurden Bettler und fahrende Gesellen „Wanderer" genannt. Im Jahre 1936 kamen 365 „Wanderer" an die Tür des Pfarrhauses von St. Bonifatius. Archiv der Kirchengemeinde St. Bonifatius, Akte „Caritas; Korrespondenz 1925 bis 1958".

[59] Davon berichten viele Zeitzeugen, zum Beispiel Hilde Mlotek und Militärpfarrer Hölsken. Der Autor des vorliegenden Werkes erlebte selbst mehrmals, wie K.-A. Krieter persönlich bemüht war, Bittstellern zu helfen.

Den Raum rechts hinter der Eingangstür richtete Therese Krieter mit spärlichem Mobiliar als „Empfangszimmer" ein. Dort sollte der jeweils gewünschte „geistliche Herr" seinen Besuch empfangen, nachdem er durch die Türöffnerin des Hauses - Frl. Therese - mit einem Klingelzeichen herbeigerufen war. Die Klingel und das einzige Telefon im Hause befanden sich im Erdgeschoss auf dem Flur. Meistens blieben die Kapläne aber- auch Pfarrer Krieter - mit ihrem Besuch nicht im „Empfangszimmer", sondern sie führten den Besuch die Treppe hinauf in die erste Etage. Dort hatte jeder der drei Geistlichen ein Wohn- bzw. Arbeitszimmer und daran anschließend sein Schlafzimmer. Die Waschgelegenheit in den Schlafzimmern war nur durch eine Waschschüssel und eine Wasserkanne gegeben, die auf einer Waschkommode standen. Erst Anfang der 50er Jahre des 20. Jahrhunderts wurde für die drei Schlafzimmer der „geistlichen Herren" ein Wasseranschluss installiert.

Bei Dienstantritt des Pfarrers Krieter gab es im Pfarrhaus nur eine einzige Toilette. Diese befand sich auf dem Treppenabsatz zwischen Erdgeschoss und erster Etage. In der „Jahresrechnung 1934 / 35 der Kirchengemeinde findet sich unter der Rubrik „Bau-, Reparatur- und Unterhaltungskosten" der Vermerk: „Einbau einer zweiten Toilette im Pfarrhaus; Klempnerarbeiten, Schlosserarbeiten, Tischlerarbeiten, Malerarbeiten, Elektrikerarbeiten; Kosten: 490,75 RM".[60] Diese Toilette wurde auf dem Treppenabsatz zwischen erster und zweiter Etage eingebaut.

Ihr Arbeits- bzw. Wohnzimmer richteten die jeweiligen Kapläne mit Mobiliar aus ihrem Privatbesitz ein - sofern sie privates Mobiliar besaßen. Pfarrer Krieter bestückte sein Arbeitszimmer mit dem Mobiliar, das er bereits im Pastoratshaus Reeseberg 16 besessen hatte. Besonders wichtig waren ihm sein Schreibtisch, der dazu passende Sessel und zwei große Regale für die Bücher seiner privaten Bibliothek. Abgesehen vom Herder-Lexikon hatten alle Bücher seiner Sammlung religiöse Inhalte. Er hatte die meisten dieser Bücher während seiner Studienzeit erworben. Sein ganzer Stolz war die „Bibliothek der Kirchenväter". Sie umfasste mehr als 50 Bände. Außerdem befand sich im Arbeitszimmer ein großes Sofa. Es diente Besuchern als Sitzplatz. Schließlich gab es in seinem Arbeitszimmer noch ein kleines Möbelstück, das Pfarrer Krieter besonders liebte: ein „Rauchertischchen". Darauf standen ein Kerzenhalter aus Messing, ein Behälter aus Messing für Streichhölzer und eine Kiste - ebenfalls aus Messing - zur Aufbewahrung von Zigarren. Schon während seiner Pastorenzeit in St. Franz-Josef hatte Pfarrer Krieter eine Vorliebe „für eine gute Zigarre" entwickelt.

In der zweiten Etage des Pfarrhauses war während einiger Jahre das Pfarrbüro untergebracht.[61] Dort bewohnte vom Sommer 1935 bis 1946 die Pfarrsekretärin, Hedwig Spiegel, einen großen Raum mit einer daneben befindlichen Küche. Zwei weitere Räume in der zweiten Etage standen als Gästezimmer zur Verfügung.

Alle Räume des Hauses wurden bis spät in die 50er Jahre des 20. Jahrhunderts durch Kohleöfen beheizt. Die Kohle lagerte im Keller des Hauses. Während der Heizperiode war es eine mühsame Arbeit, die Kohleschütten, die in allen Zimmern neben den Öfen standen, mit Kohle zu füllen und aus dem Keller in die Zimmer zu tragen.

---

[60] Vgl. Archiv der Kirchengemeinde St. Bonifatius, Akte „Jahresrechnungen".

[61] Nach 1945 wohnte die Pfarrsekretärin Hedwig Spiegel in der ehemaligen „Alten Schule". Dort wurde auch das Pfarrbüro untergebracht.

Solange sie keine Haushaltshilfe hatte, erledigte Therese Krieter das Kohletragen allein. Im Keller lagerte Therese Krieter auch das Obst und das Gemüse, das sie im Pfarrhausgarten geerntet hatte. [62]

Das Gemeinschaftsleben aller Hausbewohner spielte sich im Erdgeschoss des Pfarrhauses ab. Deswegen lohnt es für die Beschreibung des Alltags, in das Erdgeschoss zurückzukehren. Auf der linken Seite des Flurs waren zwei Türen. Die erste Tür war der Zugang zum Wohn- und zum Schlafzimmer von Therese Krieter. Im Wohnzimmer seiner Schwester fand sich nachmittags gelegentlich auch Pfarrer Krieter ein. Dann hatte er mit seiner Schwester private Dinge zu besprechen oder er nahm sich die Zeit für eine Unterhaltung mit Verwandten, wenn diese im Pfarrhaus zu Besuch waren. Die zweite Tür im Erdgeschoss links war der Zugang zum Esszimmer. Die große Küche des Pfarrhauses befand sich ebenfalls im Erdgeschoss. Man musste auf dem Flur nur geradeaus gehen, dann stand man vor der Tür zur Küche. In der Küche selbst gab es ebenfalls einen Zugang zum Esszimmer. Durch diese Tür wurden die Speisen in das Esszimmer gebracht.

Im Esszimmer verwirklichte Therese Krieter ihre Vorstellung von gehobener Lebensart. Das Mobiliar zur Einrichtung dieses hohen Raumes, der mit einer schlichten Stuckdecke und einer geschmackvollen Wandtapete geschmückt war, wurde in seinen wichtigsten Teilen mit privatem Geld in den Jahren 1934 und 1935 angeschafft. Als sie das Esszimmer ausstattete, nahm Therese Krieter keine Rücksicht auf die entstehenden Kosten und auf die angespannte finanzielle Situation der Geschwister. In die Mitte des Raumes platzierte sie einen großen Esstisch. Er war umstellt von Stühlen, deren Sitzfläche mit Lederpolstern versehen und deren Lehnen mit Schnitzwerk im Stil der 30er Jahre geschmückt waren. Über dem Tisch hing eine hölzerne, vierarmige Lampe. An der rückwärtigen Schmalwand des Zimmers - zwischen den Türen zum Flur und zur Küche - prunkte ein großes Ölgemälde in einem vergoldeten Holzrahmen. Das Originalgemälde eines mäßig begabten Künstlers stellte das „letzte Abendmahl" dar. Unter diesem Gemälde stand eine schlichte Anrichte. Darin wurden das Alltagsgeschirr und die Alltagsbestecke aufbewahrt.

In der rechten Längswand des Esszimmers befand sich - nahe der Tür zur Küche - ein Fenster. Es gab den Blick auf den Hühnerhof frei. Zu diesem Zweck musste man allerdings die Gardine wegziehen, die den unpassenden Anblick ansonsten verdeckte. Neben diesem Fenster stand eine große Geschirrkommode mit Schauaufsatz - ein so genanntes Büfett. Im unteren Teil der Geschirrkommode wurden die Silberbestecke und „das teure" Porzellangeschirr aufbewahrt. Sie kamen nur an Sonn- und an Festtagen auf den Tisch. Hinter den Glastüren des Schauaufsatzes der Geschirrkommode standen Gläser aus geschliffenem Kristall.

Zum Vorgarten hin befand sich in der Wand des Esszimmers ein zweites Fenster. Es gestattete den Blick auf die Birnbäume und Blumenbeete. Neben diesem Fenster - in der rechten Ecke des Zimmers - stand eine große Uhr. Das Gehäuse der Standuhr war mit Schnitzwerk verziert. Das Ziffernblatt, das Pendel und die zwei Gewichte, die an Ketten hingen, schimmerten golden hinter der verglasten Tür des Uhrwerkes. Links neben dem Fenster war ein „Raucher-Tischchen" mit runder Tischplatte aufgestellt. In die Tischplatte - sie war aus Messing - waren ägyptische Motive gepunzt.

---

[62] Auf einem Zettel, der als Stichwörtersammlung für Josef Krebs, den Autor der Pfarrchronik von St. Bonifatius, gedacht war, hat Karl-Andreas Krieter handschriftlich notiert:„Im Jahre 1936 wurden Verbesserungen im Pfarrhause immer notwendiger. Die Kachelöfen waren fast alle gebrauchsunfähig und … wurden durch Esch-Öfen ersetzt." Der Zettel befindet sich in der Chronik der Kirchengemeinde St. Bonifatius.

Die Platte des Tischchens ruhte auf einem Fuß aus Mahagoniholz. Vor der linken Längswand des Esszimmers stand ein gemütliches Sofa neben einer schmalen Schauvitrine. Hinter dem Glas dieser Schauvitrine stellte Therese Krieter ihre Sammeltassen aus. Diese Kostbarkeiten wurden nur gebraucht, wenn der Bischof zu Gast war. Während einiger Jahre standen vor der linken Längswand des Esszimmers ein Klavier und der zugehörige Klavierschemel.

In dieser Umgebung kamen die Kapläne, Pfarrer Krieter und seine Schwester zum gemeinsamen Mittagessen zusammen. Therese Krieter legte höchsten Wert auf pünktliches Erscheinen der „Herren". Irgendwann hatte sie einen kleinen Gong geschenkt bekommen. Seitdem wurden die „Herren" nicht mehr durch die schrille elektrische Klingel zu Tisch gerufen, sondern durch drei Schläge auf den „wohltönenden" Gong. Während der Mahlzeit hatten Therese und Karl-Andreas Krieter ihren Platz an den beiden Stirnseiten des großen Esszimmertisches. Die Kapläne saßen an den Längsseiten. Dort fanden auch Verwandte Platz, wenn sie im Pfarrhaus zu Besuch waren. Auch Kinder oder Jugendliche aus der Verwandtschaft durften am Mittagessen der „Herrschaften" teilnehmen. Sie hatten vorher unter der Anleitung von „Tante Therese" den gesitteten Umgang mit Messer und Gabel und „manierliches Sitzen" geübt. Auch in weitere „Regeln des guten Tons" waren sie von ihrer Tante eingewiesen worden. Bei Tisch unterhielten sich „die Herren" nicht über dienstliche Angelegenheiten. Pfarrer Krieter liebte es, die Tischgäste ins Gespräch zu ziehen.

Die Nichte Marianne berichtete später über diese Situation: „Ach, ich bekam immer einen hochroten Kopf, wenn einer der „Herren" mich angesprochen hat. Satt gegessen habe ich mich immer erst nach dem gemeinsamen Mittagessen, in der Küche. Diese Teilnahme am gemeinsamen Mittagessen war mir wirklich peinlich. Tante Therese hat mir zwar immer gesagt: `Du musst dir immer denken, dass das alles nur Kohlköpfe sind´, aber das war für mich ja nicht so leicht. Eigentlich waren alle Kapläne, die ich damals kennen gelernt habe, wirklich nette Herren!" [63]

Zum Frühstück, nachmittags und zum Abendbrot kamen „die Herren" nicht gemeinsam zusammen, weil ihre Arbeitstermine zu unterschiedlich waren. Therese Krieter stellte die notwendigen Getränke, dazu - für nachmittags Kekse oder Kuchen und - für abends - Brot, Wurst und Käse bereit. Die zuletzt genannten Lebensmittel waren bedeckt von „Glocken" aus Glas. Jeder der „Herren" fand sein Gedeck an seinem Stammplatz vor und konnte zu beliebiger Zeit essen und trinken.

Die großen Festtage des Kirchenjahres waren für die Geistlichen besonders arbeitsreich. Folglich gab es außer dem Festessen zu Mittag keine gemeinsamen Feierlichkeiten. Zu Weihnachten wurden im Esszimmer ein festlich geschmückter Baum und eine kleine Krippe aufgestellt. Die Krippenfiguren waren aus Gips und farbig bemalt. Tannenbaum und Krippe wurden von Therese Krieter frühestens am Tag nach dem 6. Januar abgebaut, nach dem „Fest der Erscheinung des Herrn".[64]

2.2 Die Organisation der pastoralen Arbeit

Es war gewiss ungerecht, dass Pfarrer Krieter nur sehr beiläufig zur Kenntnis nahm, wie sehr seine Schwester Therese sich um eine „gehobene Lebensart" im Pfarrhaus mühte. Sie beschwerte sich darüber nur selten. Ihr war klar, dass ihrem Bruder die Seelsorge, die Verwaltungsarbeit und die pastoral-soziale Betreuung der Gemeindemitglieder viel näher am Herzen lagen.

---

[63] Zitat aus dem Gespräch mit der Zeitzeugin Marianne Müller, geborene Krieter, vom 31. 3. 2004
[64] Der katholische Volksmund nennt dieses Fest das „Fest der Heiligen drei Könige".

Pfarrer Krieter war es zunächst wichtig, sich baldmöglichst mit seinen Kaplänen über die Ziele und die sinnvolle Verteilung der Arbeit abzustimmen. Dabei beanspruchte er selbstverständlich für sich die entscheidende Rolle unter den Geistlichen von St. Bonifatius, wie es ihm als Pfarrer der Gemeinde zustand. [65] Er legte als Vorgesetzter aber Wert darauf, die seelsorgerlichen Vorstellungen und die praktischen Vorschläge seiner Kapläne, ihre persönlichen Fähigkeiten und auch ihre privaten Wünsche so weit wie möglich zu berücksichtigen. [66]

In seiner persönlichen Frömmigkeit war Pfarrer Krieter weder theologisch-wissenschaftlich orientiert, noch hielt er es für notwendig, dass man Liturgie „erleben" müsse. Alle „Schwärmerei" lehnte er ab. Er wollte bei seiner Gemeinde das Verständnis für den Glauben und für die Liturgie fördern. Pfarrer Krieter machte es sich zur Gewohnheit, den Gläubigen während der Messe eine „Betrachtung" aus einem Buch vorzulesen, auch in der Werktagsmesse. Das Buch hieß „Gottes Wort im Kirchenjahr". [67] Er ließ das Evangelium und die Lesung durch einen „Vorbeter" auf Deutsch vortragen. Im Schul-Gottesdienst übernahmen Mädchen aus den älteren Jahrgängen diese Aufgabe. [68]

Erste Anregungen zu liturgischen Neuerungen dieser Art hatte Karl-Andreas Krieter in seinem Heimatdorf Hilkerode bekommen. In den vergangenen Jahren hatte er mehrmals einige Urlaubstage, die er im Hause seines Bruders Otto verbracht hatte, mit so genannten „Bettelpredigten" in der Hilkeröder Dorfkirche verbunden. Die an die „Bettelpredigt" anschließende Sonderkollekte in der Pfarrgemeinde Hilkerode war seiner eigenen Gemeinde in Harburg-Wilstorf zu Gute gekommen. Seitdem bestand mit dem damaligen Pfarrer von Hilkerode - Karl Voß - eine herzliche Verbindung. Karl Voß war ein Vorkämpfer der „liturgischen Erneuerung". Ein Zeitzeuge aus Hilkerode berichtete über Pfarrer Voß: „Karl Voß hat dafür gesorgt, dass man in Hilkerode von der alten Form der „stillen Messfeier" abgekommen ist, die vom Geistlichen lateinisch gehalten wurde, während die Gläubigen still den Rosenkranz beteten. Er hat die Gemeinschaftsmesse [69] und den „Schott" - ein Messbuch für die Hand der Gläubigen, mit deutscher Übersetzung der lateinischen Messtexte - in Hilkerode eingeführt. So war Hilkerode - das haben wir als Kinder schon empfunden - in dieser Beziehung den Nachbardörfern Rhumspringe und Rüdershausen weit voraus. Bei uns wurden in diesen Gemeinschaftsmessen die „Wandlungsworte" schon laut auf Deutsch gesprochen - während der Geistliche sie leise lateinisch betete. Meistens war es ein Mädchen, das als Vorbeterin fungieren durfte. Die Mädchen hatten eine bessere Stimme und eine bessere Aussprache als die Jungen.

---

[65] Vgl. dazu das Verhalten von K.-A. Krieter, als ihm im Jahre 1951 ein Kaplan zugewiesen wurde (Albert Goedde) , der bereits das Pfarrexamen abgelegt hatte und darum Wert auf den Titel „Pfarrer" legte. Gespräch mit Militärpfarrer i. R., Herbert Hölsken, vom 27. 7. 2004.

[66] Auch diese Aussage beruft sich auf das Gespräch mit Militärpfarrer i. R., Herbert Hölsken, vom 27. 7. 2004.

[67] Der Zeitzeuge, Pfarrer i. R. , Joachim Ernst, berichtete von dieser Angewohnheit des Pfarrers Krieter in dem Gespräch vom 1. 4. 2004. Erst nach der vierten Sitzungsperiode des 2. Vatikanischen Konzils - 1965 – hat der Wortgottesdienst im Rahmen des katholischen Gottesdienstes seine heutige Bedeutung erhalten. Vor dem Konzil wurden die liturgischen Texte vom Priester lateinisch gesprochen. Der Priester las die Messe mit den Gesicht zum Altar gewendet, also war sein Rücken den Gläubigen zugewandt. Der Wortgottesdienst galt als „Vormesse". Nach Auffassung der damaligen Moraltheologie hatten die Gläubigen die Pflicht, an der Sonntagsmesse teilzunehmen, schon dann erfüllt, wenn sie nach der Predigt in die Kirche kamen und die Kirche nach der Kommunion wieder verließen.

[68] Die Zeitzeugin Erna Nowacki berichtete am 12. 3. 2008, dass sie „Vorbeterin" war.

[69] Der Begriff „Gemeinschaftsmesse" benennt die liturgische Neuerung, dass Priester und Gemeinde nun während der Messfeier insofern eine „Gemeinschaft" bildeten, als die Gläubigen die liturgischen Gebete, die der Priester weiterhin lateinisch sprach, nun auf Deutsch mitbeten und verstehen konnten.

Die sprachen dann laut während der Wandlung: „ Am Abend vor seinem Leiden nahm er Brot in seine heiligen und ehrwürdigen Hände ...". Sie sehen daran, wie modern der Pfarrer Voß schon gewesen ist. Pfarrer Voß rief zur damaligen Zeit auch die so genannten „Standessonntage" - für Kinder, Jugendliche, Männer und Frauen - ins Leben." [70]

Anregungen für die „liturgische Erneuerung" empfing Karl-Andreas Krieter auch von Pfarrer Wüstefeld in St. Maria und von Leonard Mock, seinem Freund und Nachfolger in St. Franz-Josef. [71] Was Leonard Mock im Jahre 1935 in die Chronik seiner Kirchengemeinde schrieb, hätte Pfarrer Krieter von sich und der Bonifatiusgemeinde ebenso berichten können: „Eines habe ich mir besonders vorgenommen: Die mir anvertrauten Gläubigen sollen mehr und immer mehr zur hl. Kommunion kommen. Deshalb habe ich - laut bischöflichem Wunsch - die Monatssonntage den vier Ständen zugewiesen. ... Ist uns draußen die Betätigung fast unmöglich, [72] so bietet das Gotteshaus noch viele Möglichkeiten, `Pfarrfamilie´ zu pflegen. Der Mensch, und besonders der Mensch von heute, sieht auf Äußerlichkeiten. Ein `schöner Gottesdienst´ zieht die Menschen noch immer an. So haben wir vor allem die Gemeinschaft beim Gottesdienst gepflegt: Gemeinschaftsmesse, Bet- Singmesse, feierliche Andachten, Feierstunden mit Prozession (Lichterprozession) ... Uraltes Brauchtum, nur wieder neu erschlossen." [73]

Es waren kaum eigene Ideen, die Pfarrer Krieter unter dem Stichwort „liturgische Erneuerung" in die Tat umsetzte. Er griff vielmehr Ideen und Praktiken auf, die ihm Freunde - und auch seine Kapläne - nahe gebracht hatten. Bezeichnenderweise hat er über sein eigenes Verdienst notiert: „Die Liturgie wurde durch ihn sehr gefördert, zumal er seinen Kaplänen Konrad Dorenkamp und Bernard Bank völlig freie Hand gab in der Einführung der Gemeinschaftsmesse und des gemeinschaftlichen liturgischen Betens." [74]

In der Ordnung der Gottesdienste führte Pfarrer Krieter keine Neuerungen ein. An Sonn- und Festtagen gab es in St. Bonifatius weiterhin um 6 Uhr morgens eine stille heilige Messe ohne Gesang der Gemeinde und ohne Predigt. Da Pfarrer Krieter ein Frühaufsteher war, machte es ihm nichts aus, diese Sonntagsmesse zu übernehmen. Um 7 Uhr fand die zweite „stille Messe" statt. Diese Messe hatte Kaplan Bank zu lesen, denn die nächste Messe um 8.15 Uhr war Kaplan Dorenkamp vorbehalten, weil er die polnische Sprache beherrschte. An jedem 2. und 4. Sonntag im Monat feierte Kaplan Dorenkamp um 8.15 Uhr ein Hochamt mit Orgelbegleitung und Predigt in polnischer Sprache. An den anderen Sonntagen des Monats las Kaplan Dorenkamp um 8.15 Uhr eine stille Messe mit Predigt in deutscher Sprache. Den Schulgottesdienst am Sonntag - mit Orgelbegleitung und Predigt bzw. „Christenlehre" - um halb zehn Uhr hielt Kaplan Bank. Einmal im Monat waren im sonntäglichen Schulgottesdienst das Gemeinschaftsgebet und die feierliche Gemeinschaftskommunion der Schulkinder vorgesehen. Das sonntägliche Hochamt um 10 Uhr 30 mit Orgelbegleitung und Predigt behielt Pfarrer Krieter sich selbst vor. Dieser Gottesdienst hatte die höchsten Teilnehmerzahlen.

---

[70] Das Zitat stammt aus dem Gespräch mit Herrn Rudolf Diedrich, Hilkerode, vom 31. 3. 2004.

[71] Pfarrer Alban Wüstefeld war ein großer Förderer der musikalischen Ausgestaltung der Messfeier. Im Herbst 1943 wurde er von Bischof Dr. Josef-Godehard Machens zum Domkapitular in Hildesheim ernannt und als Leiter des neu gebildeten Dezernates für das gesamte Kirchenmusikwesen der Diözese Hildesheim eingesetzt. Vgl. Chronik der Kirchengemeinde St. Maria, Bd.1, S.269

[72] Hier spricht Pastor Mock die nationalsozialistischen Verordnungen an, durch die Betätigungen der Katholiken im außerreligiösen Bereich verboten wurden.

[73] Chronik der Kirchengemeinde St. Franz-Josef, Bd.1, S. 41

[74] Karl-Andreas Krieter gab dieses Urteil über sich selbst auf dem oben bereits erwähnten Notizzettel ab, der als Stichwörtersammlung für die Chronik der Kirchengemeinde von St. Bonifatius gedacht war.

Auch die Abendandacht, die im Sommer um 20 Uhr und im Winter um 18 Uhr stattfand, hielt Pfarrer Krieter selbst. Er wusste, dass viele Besucher sich nach der Andacht gern zum Gespräch vor der Kirche versammelten oder sich im Gemeindehaus zum gemütlichen Beisammensein trafen. Bei dieser Gelegenheit konnte er viele Gemeindemitglieder ansprechen und näher kennen lernen.

Die Gottesdienste an Werktagen fanden um 6 Uhr morgens in der Kapelle des Gemeindehauses und in der Kirche um 6 Uhr 30 und um 7 Uhr 15 statt. Für die Schulmesse an den Werktagen - vor Schulbeginn - gab es für die Kinder einen festen Wochenplan, den Pfarrer Krieter ebenfalls übernahm. Dienstags und donnerstags hatten die Klassen 1a, 1b, 3a, 3b, 4a, 4b und 4c Schulmesse. Für die Klassen 7 und 8 war die Schulmesse noch nicht verpflichtend. Diese Kinder waren zu jung.[75] Mittwochs und freitags waren die Klassen 2a und 2b, 5a und 5b und 6a und 6b an der Reihe. Für die beiden 6. Klassen war die Teilnahme an der Schulmesse freitags freiwillig. Dienstags und freitags begleitete der Organist den Gesang der Schulkinder mit der Orgel. Die Texte der Lieder und Messgebete fanden die Kinder im Gesangbuch. Mittwochs wurde die „kleine Gemeinschaftsmesse" gebetet. Die Texte zur „kleinen Gemeinschaftsmesse" fanden die Schulkinder in Heften, die der Pfarrgemeinde gehörten. Sie wurden vor der Messe vom Küster ausgeteilt. Donnerstags wurde die „richtige, eigentliche Gemeinschaftsmesse" gebetet, „aus dem Büchlein `Kirchengebet´ - im roten Umschlag für 25 Pfennig zu haben".

Weil die „richtige Gemeinschaftsmesse" länger dauerte, begann die Schulmesse am Donnerstag bereits um 7.05 Uhr, „damit niemand zu spät in die Schule kommt."[76] Während der Schulmesse waren die ersten acht Bänke in der Kirche - rechts und links - für die Schulklassen reserviert. Die jüngeren Schulkinder benutzten die vorderen, die älteren Kinder die hinteren Bänke. Die Aufsicht führten die Lehrkräfte der katholischen Schule Wilhelmsburgs. Ihre Anwesenheit während der Schulmesse war eine Selbstverständlichkeit.[77]

Taufen, Trauungen mit dem vorhergehenden „Brautunterricht" und Beerdigungen übernahm Pfarrer Krieter in möglichst großer Zahl selbst, nicht nur um seine Kapläne zu entlasten, sondern um bald möglichst vielen Gemeindemitgliedern nahe zu kommen. Aus demselben Grund griff er auch in Wilhelmsburg die Gewohnheit auf, die ihm schon in Harburg-Wilstorf die Herzen der Gläubigen erschlossen hatte: Er besuchte die Familien in ihrem Zuhause.[78] Diese Hausbesuche unternahm er zu Fuß, auch dann, wenn die Familien weit entfernt wohnten. Seine Kapläne schätzten den Wert von Hausbesuchen ebenso hoch ein wie Pfarrer Krieter, allerdings bestand Pfarrer Krieter darauf, dass er informiert wurde, bevor seine Kapläne sich auf den Weg machten. Da die beiden Herren, Bernhard Bank und - ab Oktober 1935 - Johannes Wosnitza Fahrrad bzw. Motorrad fahren konnten, ergab es sich von alleine, dass die Kapläne die weiter entfernt wohnenden Familien der Pfarrei betreuten.

---

[75] Die Schuljahre wurden anders als heute gezählt. Die Schulanfänger begannen in Klasse 8, das letzte Schuljahr verbrachte man in Klasse 1.

[76] Vgl. Antwort auf das Schreiben des Bischöflichen Generalvikariates, in Vertretung Seeland, Nr. 7677 vom 25. 7. 1935 und die Akte „ Schule 1904 bis 1940" im Archiv der Kirchengemeinde St. Bonifatius.

[77] Reichskultusminister Rust hob durch Erlass vom 22. August 1935 den Schulgottesdienst als verpflichtende Veranstaltung der Schulen auf. Vgl. Das 20. Jahrhundert in Wort, Bild, Film und Ton, Die 30er Jahre, Coron Verlagsgesellschaft, Stuttgart 2004, S. 63.

[78] Vgl. die Gespräche mit den Zeitzeugen Hilde Mlotek vom 9. 12. 2003 und Anton Stryakowski vom 17. 2. 2003.

Einer besuchte die Familien im Bahnhofsviertel, der andere Kaplan die Familien im Reiherstiegviertel und in Neuhof.[79] Pfarrer Krieter selbst betreute den Umkreis der Bonifatiuskirche, in dem außerordentlich viele Katholiken wohnten. Diese räumliche Aufteilung der Arbeitsgebiete galt auch für die so genannten „Versehgänge" bei Kranken und Sterbenden.[80]

Allerdings war es Kaplan Dorenkamp (später Kaplan Wosnitza) vorbehalten, Kranke und Sterbende zu betreuen, die ausschließlich polnisch sprachen und verstanden. Kaplan Dorenkamp war - so sagten die Mitglieder von St. Bonifatius - der „Krankenpastor der Polen".

Das kirchliche Vereinsleben erforderte ebenfalls eine Aufteilung der Arbeitsgebiete. Für Pfarrer Krieter war es eine Selbstverständlichkeit, dass er den Vorsitz im Elisabethverein übernahm. Schon während seiner Zeit als Pastor in St. Franz-Josef war dieser Frauenverein für ihn das wirksamste Instrument gewesen, sowohl seelsorgerliche Anliegen in die Familien zu tragen - zum Beispiel den häufigeren Empfang der heiligen Kommunion - als auch hilfsbedürftige Gemeindemitglieder ausfindig zu machen und praktische Hilfe zu organisieren. Selbstverständlich musste Pfarrer Krieter auch engste Verbindung zu den beiden Vereinen halten, die neben dem Elisabethverein das karitative Wirken in der Bonifatiusgemeinde trugen. Das waren der „Katholische Fürsorgeverein für Mädchen, Frauen und Kinder"[81] und der „Caritasverein".[82] Fast alle Frauen, die sich im „Fürsorgeverein" engagierten, waren gleichzeitig Mitglieder im Elisabethverein. Dagegen waren die 20 Mitglieder des Caritasvereins - mit wenigen Ausnahmen - männlich. Schließlich übernahm Pfarrer Krieter auch die Betreuung der Marianischen Kongregation. Das war die Gruppe der jungen, unverheirateten Frauen. (Der früher übliche Name für diese kirchliche Gruppe - „Jungfrauenkongregation" - war nicht mehr modern.)

---

[79]   Neuhof war damals noch dicht besiedelt. Es wohnten dort auch viele Katholiken.

[80]   „Versehgang" wurde der Hausbesuch der Geistlichen bei Kranken und Sterbenden genannt, bei dem die Geistlichen das Sakrament der Krankensalbung" spendeten, das heißt, sie „versahen" den Kranken mit Der Hostie (= mit dem „Leib des Herrn") und salbten seine Stirn mit geweihtem Öl.

[81]   Der „Katholische Fürsorgeverein für Mädchen, Frauen und Kinder" übernahm folgende Aufgaben:
1. Stützung erziehungsschwacher Familien,
2. Hilfe für Kinder aus zerrütteten und geschiedenen Ehen,
3. Hilfe für uneheliche Kinder und Mütter,
4. Zusammenarbeit mit den zuständigen staatlichen Stellen,
5. Übernahme von „Schutzaufsichten", Pflegschaften und Vormundschaften,
6. Beschaffung und Kontrolle von Pflegestellen, Aufnahme in Erziehungsheimen, Adoptionsvermittlung,
7. Jugendgerichtshilfe, Gefährdetenfürsorge,
8. Fürsorge für straffällig gewordene weibliche Jugendliche und Frauen, besonders nach Verbüßung der Strafe (Haft).
Die Ortsgruppe des Fürsorgevereins in der Bonifatiusgemeinde arbeitete - nach den Quellen im Archiv der Kirchengemeinde St. Bonifatius, Akte „Fürsorgefälle" - auch in der NS-Zeit mit den zuständigen Beamten der Stadt Harburg-Wilhelmsburg (ab 1937 Hamburg) zusammen. Der Verein bestand - auch in der Bonifatiusgemeinde - nach 1945 weiter. 1968 erfolgte die Umbenennung in „Sozialdienst katholischer Frauen". Der Verein ist heute ein Fachverband im Deutschen Caritas-Verband.

[82]   Wenn die Bonifatiusgemeinde finanzielle Hilfen vom Deutschen Caritas-Verband in Anspruch nehmen wollte, dann musste in St. Bonifatius ein „Caritasverein" bestehen. Die Aktivitäten der Mitglieder bestanden
1. in der monatlichen Beitragszahlung (die Beitragshöhe lag 1935 zwischen 0,15 RM und 5,- RM monatlich; die Beitragseinnahmen wurden an den Caritas-Verband abgeführt),
2. in der Organisation und persönlichen Teilnahme an der alljährlichen Haus- und Straßensammlung der Deutschen Caritas,
3. in der Aufstellung und Kontrolle des Berichtes über die caritative Arbeit in der Bonifatiusgemeinde, der alljährlich an den Caritas-Verband der Diözese Hildesheim geschickt werden musste.

Der Männergesangverein „Winfridia" und der Männerverein bedurften keiner besonderen Betreuung durch einen der drei Geistlichen. Pfarrer Krieter hielt losen Kontakt zu den Vorsitzenden, die auch Mitglieder des Kirchenvorstandes waren. Dem Kaplan Dorenkamp überließ Pfarrer Krieter die Betreuung der polnischen Vereine und die Betreuung der Gruppe „Lioba". Das war die Mädchengruppe der Gemeinde.

Kaplan Bank sollte die Messdiener ausbilden und Verbindung zu dem Lehrer Alfred Beirowski halten. Herr Beirowski sammelte in der katholischen Schule Wilhelmsburgs die „ganz kleinen" Jungen und führte sie in der Gruppe „Jung-Winfried" an die älteren kirchlichen Jungengruppen heran.[83] Zu dieser Zeit trugen die Gruppen „Lioba" und „Jung-Winfried" noch stolz eine Art Uniform, nämlich Blusen bzw. Hemden in gleicher Farbe. Sie hatten 1934 auch noch einen „eigenen kleinen Wimpel".[84] Kaplan Bank hatte außerdem die „Jungschar" (etwa 12 bis 15 Jahre alte Jungen) und die „Sturmschar" zu betreuen. In der Sturmschar waren junge Männer, die noch ihre berufliche Lehre machten oder die Lehre vor kurzer Zeit erst abgeschlossen hatten. Vor allem hatte Kaplan Bank aber die Aufgabe, Präses des Gesellenvereins zu sein. Dieser Verein hieß seit dem Jahre 1933 offiziell „Kolpingfamilie". [85]

Der „Bund Neudeutschland", in dem sich die wenigen Gymnasiasten der Gemeinde sammelten, sah sich selbst in einer elitären Sonderstellung.[86] Sie bedurften nur gelegentlich der Betreuung durch einen Geistlichen. Die Mitglieder der „Gemeinschaft für Sport und Leibesübung" in der Bonifatiusgemeinde - die Mitglieder der DJK-Wilhelmsburg - waren fast ausnahmslos gleichzeitig Mitglied in den vorher genannten kirchlichen Vereinen. Deswegen hielten die Geistlichen eine regelmäßige Betreuung dieser Sportgruppe ebenfalls für nicht erforderlich. Nur bei größeren Veranstaltungen - zum Beispiel bei einem Treffen aller DJK-Sportlerinnen und DJK-Sportler, die es in Harburg und in Wilhelmsburg gab - war Kaplan Bank anwesend. [87]

2.3   Die weltlichen Mitarbeiter

Bei seinem Dienstantritt in Wilhelmsburg fand Pfarrer Krieter seine weltlichen Mitarbeiter in der Seelsorge- und in der Verwaltungsarbeit bereits vor: den Küster, den Organisten, die Pfarrsekretärin, den „Steuer-Erheber" Paul Ulitzka und auch den „Kirchenheizer" Tomolek.
Der Küster Stanislaus Zagorski - ein pensionierter Lokomotivführer - war ein schweigsamer Mann, der absolut zuverlässig seine Arbeit machte. Genauso zuverlässig arbeitete der Lehrer Heinrich Mecke als Organist. Herr Mecke und Herr Zagorski fügten sich unauffällig in die kirchlichen Arbeitsabläufe ein und finden deswegen im Folgenden - so ungerecht das auch ist - keine weitere Erwähnung. Dagegen soll von dem „Kirchenheizer" Tomolek ausführlich berichtet werden, weil durch den Umgang mit diesem Angestellten einige Charakterzüge des Pfarrers Krieter erkennbar werden.

---

[83] So formulierte der Zeitzeuge Albin Lisiewicz in dem Gespräch vom 27. 1. 2004

[84] Vgl. die Gespräche mit den Zeitzeugen Albin Lisiewicz und Erna Nowacki.

[85] Vgl. Stichwort „Kolpingfamilie" im Lexikon für Theologie und Kirche, Bd. 6, 1961. Im September 1933 war der Katholische Gesellenverein nach dem Führerprinzip zur Deutschen Kolpingfamilie umgestaltet worden. Reichspräses war 1934 und in den folgenden Jahren Albert Büttner. Vgl. Besier, G., Die Kirchen und das Dritte Reich, a. a. O., S. 712

[86] Vgl. Gespräch mit Pfarrer i. R., Joachim Ernst, vom 1. 4. 2004

[87] Vgl. Gespräch mit Anton Stryakowski vom 17. 12. 2003

Abbildung 24: Der Küster Stanislaus Zagorski im Jahre 1940.

Die Bonifatiuskirche wurde damals noch mit Kohlenruß beheizt.[88] Der Heizer Tomolek, den alle Gemeindemitglieder nur „Tomek" nannten, bediente die Heizung, entschlackte sie und fuhr das Material. Ein Zeitzeuge berichtete über den Heizer Tomolek: „Er hatte keine feste Arbeitszeit, aber er war tagsüber wohl drei- bis viermal im Heizungsraum zu Gange. Manchmal hat er nachts im Heizungsraum gearbeitet und da auch geschlafen. Tomolek hat auch den Blasebalg der Orgel getreten. Da flog er jedes Mal mit dem Blasebalg in die Luft, weil er so ein Leichtgewicht war. … Wenn die Kinder ihn ärgerten, jagte er mit dem Krückstock hinterher. Vor dem Pfarrhaus war eine kleine Wiese. Wenn die Kinder auf diese Wiese gingen, kam Tomolek angelaufen und schrie: `Wollt ihr wohl von heilige Wiese´!" Karl-Andreas Krieter konnte sich manches Mal ein Lächeln über diese Jagden nicht verkneifen, doch wenn es die Kinder zu bunt trieben, schritt er ein. Der Zeitzeuge, der als Sohn des Schulhausmeisters in der Bonifatiusstraße 2 - also gegenüber der Bonifatiuskirche - wohnte, berichtete weiter: „Pfarrer Krieter hat mir, als ich Jugendlicher war, auch mal` gesagt: `Du, Albin, hör´ ´mal zu! Der Tomolek wird von den Kindern immer so geärgert. Versuch doch ´mal, dass dieses Ärgern durch die Kinder aufhört´. Na ja, das habe ich dann - so gut ich konnte - versucht. Aber ich war ja auch nicht erwachsen, dass ich da ein Machtwort hätte sprechen können. Außerdem hat der Tomolek selbst dafür gesorgt, dass er etwas hochgenommen wurde. … Er war ein bisschen verwahrlost. Eigentlich hat er in einem Haus an der „Alten Schleuse" gewohnt. Dem mussten sie zweimal die Bude ausmisten, unter Krieter. Der Tomolek hatte so hoch den Dreck in der Wohnung (Herr L. macht ein Handzeichen). Der hat alles da liegen gelassen. Da hatten sich die Nachbarn wohl beschwert, und Krieter hat dann einen Großangriff auf seine Wohnung gemacht. Von der Gemeinde waren die Leute da und haben mit Forken den Dreck aus dem Fenster geworfen und weggeräumt. Das war eine tolle Aktion! … Ja, Krieter hat auch dafür gesorgt, dass Tomolek sein Mittagessen kriegte. Da war damals die Gastwirtschaft an der Ecke Rotenhäuser Straße / Veringstraße. Mit dem Wirt - zuerst Odsche Meier, dann ein anderer - hatte Krieter abgesprochen, dass Tomolek da sein Mittagessen gekriegt hat und einen Schnaps. Den hat der Tomolek gekriegt, und Andreas (Karl-Andreas Krieter) hat das Mittagessen und den Schnaps bezahlt. So hat er dafür gesorgt, dass Tomolek überhaupt etwas Warmes in den Bauch kriegte."[89]

Pfarrer Krieter fand schließlich eine erfolgreiche Beschützerin für den „Kirchenheizer", nämlich seine Schwester Therese. In der entsprechenden Jahreszeit half der „Kirchenheizer" der Schwester des Pfarrers bei der Gartenarbeit. Von ihr bekam er fortan auch täglich ein warmes Mittagessen. Allerdings bestand Therese Krieter darauf, dass der Kirchenheizer das Mittagessen im Anbau des Pfarrhauses einnahm, weil er so ungepflegt war.

---

[88] Vgl. Krebs, Josef, Chronik … , a. a. O., S. 28. Dort ist zu lesen: „Im Jahre 1928 wurde unter Herrn Pastor Schmidts die Warmluftheizung eingebaut. … Die Gesamtkosten konnten aus der Kirchenkasse gedeckt werden, sie betrugen 5.231,85 Reichsmark."

[89] Vgl. das Gespräch mit Albin Lisiewicz vom 27.1. 2004 und das Gespräch mit Hilde Mlotek vom 9.12. 2003.

Wie oben dargestellt, musste Karl-Andreas Krieter auf die Mitarbeit der Pfarrsekretärin Frieda Kayser wegen der Notlage seiner Kirchenkasse möglichst bald verzichten. Schon während seiner Tätigkeit als Administrator hatte er sich bemüht, eine andere Stelle für Frl. Kayser zu finden. Seine Bemühungen waren erfolgreich. Bereits am 20. September 1934 erhielt er ein Schreiben des Arbeitsamtes Hamburg, dass Frieda Kayser zum 31. 8. 1935 als Fürsorgerin und Wohlfahrtspflegerin eingestellt werden könne. Pfarrer Krieter gab Frl. Kayser folgende Zeugnis: „Ihr Arbeitsgebiet waren alle Zweige der Seelsorgehilfe: Führung der Pfarrkartothek und der Kirchenbücher, Mithilfe bei Erledigung des pastoralen Schriftwechsels, Besuch der zugezogenen und gefährdeten Gemeindemitglieder, vor allem auch Neuordnung des Pfarrarchivs und die Gebiete der Fürsorge und der Caritas. Bei der Aufstellung des Voranschlages der Kirchenrechnung für die Zeit vom 1. 4. 1935 bis 31. 3. 1936 hat sich der Kirchenvorstand zu meinem großen Leidwesen genötigt gesehen, die Stelle der Pfarrhelferin zum 31. 3. 1935 aufzuheben" [90]

Abb. 25: Frl. Hedwig Spiegel, Pfarrsekretärin vom Sommer 1935 bis zum 31.12. 1961

In der Bonifatiusgemeinde war aber so viel Verwaltungsarbeit zu erledigen, dass die Stelle der Pfarrsekretärin wieder besetzt wurde, sobald sich die Lage der Kirchenkasse verbessert hatte. Schon im Sommer 1935 stellte der Kirchenvorstand - natürlich unter Vorsitz des Pfarrers Krieter - Frl. Hedwig Spiegel ein. Sie wohnte fortan kostenfrei im Pfarrhaus von St. Bonifatius und bezog zunächst ein deutlich geringeres Gehalt als ihre Vorgängerin, monatlich 110,- Reichsmark.[91] Mit Hedwig Spiegel gewann Pfarrer Krieter eine Mitarbeiterin, die ihm bis zu seinem Eintritt in den Ruhestand eine unersetzliche Helferin war.

Paul Ulitzka hatte schon zu Zeiten der Pfarrer Dr. Offenstein und Schmidts die Kirchensteuer in der Bonifatiusgemeinde erhoben. Für diese nebenamtliche Tätigkeit hatte er sich ein Büro im Gemeindehaus eingerichtet. Dort konnten die Gemeindemitglieder ihre Kirchensteuer einzahlen.[92] Pfarrer Krieter schätzte die Fähigkeiten des damaligen Stadtinspektors beim Finanzamt so hoch ein, dass er Paul Ulitzka bat, sich noch stärker zu engagieren und Rechnungsführer (Rendant) der Bonifatiusgemeinde zu werden. In der ersten Sitzung des Kirchenvorstandes nach der Wahl am 24. Februar 1935 wurde Paul Ulitzka zum Rechnungsführer der Gemeinde ernannt.[93] Damit war der enge Kreis der weltlichen Mitarbeiter des Pfarrers Krieter geschlossen.

---

[90] Vgl. Archiv der Kirchengemeinde St. Bonifatius, Akte „Schriftwechsel bis 1968".

[91] Ende 1936 bezog Hedwig Spiegel ein monatliches Gehalt von 250,- RM. Archiv der Kirchengemeinde St. Bonifatius, Akte „Jahresrechnungen"

[92] Durch einen Vertrag der katholischen Kirchengemeinden St. Maria in Harburg und St. Bonifatius in Wilhelmsburg mit der Stadt Harburg-Wilhelmsburg vom 27. 9. 1934 wurden die beiden städtischen Beamten Rudolf Schröder und Paul Ulitzka mit der Eintreibung von Kirchensteuer - Rückständen beauftragt. Die Leitung und Anordnung des Zwangseinzugsverfahrens lag bei Paul Ulitzka. Die praktische Zwangseinziehung führte der Vollzugsbeamte a. D., Rudolf Schröder, aus. Vgl. Archiv der Kirchengemeinde St. Bonifatius, Akte „Kirchensteuer". (Die evangelisch-lutherischen Kirchengemeinden der Stadt Harburg-Wilhelmsburg hatten gleiche Verträge mit der Stadt).

[93] Vgl. Mitteilung des Pfarrers Krieter an das Bischöfliche Generalvikariat vom 23. 3. 1935 betr. „Neuwahl der Hälfte der Kirchenvorsteher". Archiv der Kirchengemeinde St. Bonifatius, Akte „Kirchenvorstandswahlen".

Zum erweiterten Kreis gehörten die Kirchenvorsteher. Nach Kirchenrecht war die Hälfte aller Mitglieder des Kirchenvorstandes in einem Rhythmus von vier Jahren neu zu wählen. Der erste Wahltermin unter Pfarrer Krieter war der 24. Januar 1935. Sowohl die Liste der Kandidaten als auch das Formblatt mit dem Ergebnis der Kirchenvorstandswahl sind erhalten. Beide sind abgebildet. Die Kandidatenliste gibt auch die Berufe der Kandidaten an. Unter den Kandidaten befindet sich nur eine Frau, die „Hausfrau" Hedwig Tomczak. Am 24. Februar 1935 wählten die Mitglieder des Kirchenvorstandes aus ihrem Kreis den Reichsbahnsekretär a. D., Josef Krebs, erneut zum Stellvertretenden Vorsitzenden.[94]

Abb. 26: Vorschlagsliste zur Wahl einer Hälfte der Kirchenvorsteher am 24.2.1935

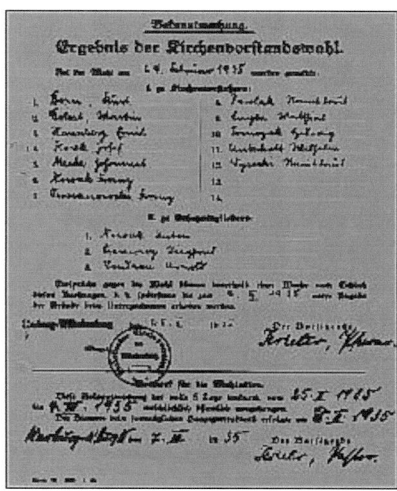

Abb. 27 : Ergebnis der Wahl zum Kirchenvorstand am 24. 2. 1935

3.   Das erste Jahr im Amt des Pfarrers von St. Bonifatius

Nach seinem Dienstbeginn in St. Bonifatius blieben Pfarrer Krieter noch neun Wochen bis zum nächsten großen Festtag im Kirchenjahr, Weihnachten. Das war wenig Zeit, sich in die neue Aufgabe hineinzufinden.

3.1   Nationalsozialistischer Geist in der katholischen Schule

Gar keine Anlaufzeit blieb Pfarrer Krieter bis zu seinem Dienstantritt in der katholischen Schule Wilhelmsburgs. Dort hatte er den Katechismusunterricht zu erteilen. In den Quellen findet sich kein Hinweis, dass Rektor Hupe und sein Kollegium eine offizielle Begrüßung des neuen Pfarrers in ihrer Schule vorgenommen hätten.

---

[94] Vorsitzender des Kirchenvorstandes ist immer der Pfarrer der Kirchengemeinde.

Karl-Andreas Krieter war es ganz recht, dass um seine Person nicht Aufhebens gemacht wurde, zumal er den Rektor und die meisten anderen Mitglieder des Kollegiums seit Jahren kannte. Andererseits wurde ihm durch die mangelnde Aufmerksamkeit verdeutlicht, dass der Einfluss der Geistlichkeit auf die katholische Bekenntnisschule im Schwinden war. Es dauerte nur wenige Wochen, bis Pfarrer Krieter genug Hinweise gesammelt hatte: Die nationalsozialistische Weltanschauung war in der katholischen Schule Wilhelmsburgs dabei, dem katholischen Erziehungsideal den ersten Platz streitig zu machen.[95] Der Rektor zeigte sich in der Schule in nationalsozialistischer Uniform. Flaggenappelle waren für die Schulkinder selbstverständlich. Damit alle Schüler und Schülerinnen der oberen Klassen Ansprachen der NS-Elite gemeinsam hören konnten, wurden die Radioübertragungen durch eine Lautsprechanlage verstärkt. Im Schulgebäude - auf den Stufen des Treppenhauses sitzend - lauschten die Kinder andächtig dem Wortschwall Adolf Hitlers oder anderer NS-Größen. Durch Gespräche mit Lehrkräften, die im Kirchenvorstand waren, und durch die Konferenzprotokolle erfuhr Pfarrer Krieter, dass der Schulleiter seine Kolleginnen und Kollegen regelmäßig bedrängte, in den Nationalsozialistischen Lehrerbund einzutreten. Referate in den Lehrerkonferenzen dienten dazu, das Kollegium nationalsozialistisch zu schulen.[96] Mehrmals fand Pfarrer Krieter in den Konferenzberichten den Hinweis, dass der Unterricht mit dem Hitler-Gruß zu beginnen habe. Im Turnunterricht sollte die Sprache der „SA" „Kommandosprache" sein.

Das Protokoll der Lehrerkonferenz vom 29. August 1934 enthielt eine Eintragung, die Pfarrer Krieter noch mehr von der wachsenden Konkurrenz der nationalsozialistischen Jugendverbände zu den kirchlichen Jugendgruppen überzeugte: „Herr Hoffmann ist zum Mittelsmann zwischen Schule und DJ (Deutsche Jugend; Anm. d. Verf.) ernannt. Es soll darauf hingewiesen werden, dass die Kinder mehr denn bisher den (nationalsozialistischen; Anm. d. Verf.) Jugendverbänden beitreten. Für die Oberstufe wird der Unterricht im Turnen, Zeichnen und in der Musik um eine Stunde gekürzt."

---

[95] Vgl. „Konferenzberichte (der Katholischen Schule Wilhelmsburg) von 1927 bis 1960" und das Kapitel „Nationalsozialistischer Geist zieht in die katholischen Schulen der Stadt Harburg-Wilhelmsburg ein." in: Krieter, U., Karl-Andreas Krieter, Pastor der Katholischen Kirchengemeinde St. Franz-Josef in Harburg - Wilstorf; … a. a. O., S. 159 ff. Bearbeitung 2012

[96] Vgl. Protokollbuch der Bonifatiusschule „Konferenzberichte 1927 bis 1960", S. 154 / 155 . Der Lehrer Richard Rhein referierte in der Lehrerkonferenz vom 3. September 1935 zum Thema „Die Richtlinien für die rassenpolitische Erziehungsarbeit". Er legte seinem Vortrag folgende Gliederung zugrunde:
I Einleitung:
Die Gedanken der Erblehre und Rassenkunde sind ein wesentlicher Bestandteil der nationalsozialistischen Weltanschauung; darum der Erlass des Reichsministers für Erziehung und Volksbildung vom 15. 1. 1935, der Richtlinien für die rassenpolitische Erziehungsarbeit gibt.
II Abhandlung:
A: Zweck und Ziel der Vererbungslehre und Rassenkunde:
Es gilt, Einsicht zu gewinnen, Verständnis zu wecken, Verantwortungsgefühl zu stärken für alle Fragen, die mit Vererbung, Rasse und Volk zusammenhängen.
B: Fächerung des rassenpolitischen Unterrichts: a) Vererbungslehre (Grundlagen der Rassenkunde; Mendel- Züchtung der Haustiere und Kulturpflanzen) b) Familienkunde (Ahnen- und Sippschaftstafeln) c) Erbpflege und Rassenkunde (Folgen rassenpflegerischen Leichtsinns, Gesetz zur Verhütung erbkranken Nachwuchses) d) Bevölkerungspolitik.
C: Heranziehen der Unterrichtsfächer zur volkspolitischen Erziehung :
Biologie, Erdkunde, Geschichte, Deutsches Singen, Kunstgeschichte und Leibesübungen
III Schluss: Nicht Belehrung, sondern politische Willensbildung ist das Hauptziel allen rassenpolitischen Unterrichts.

Pfarrer Krieter wusste, dass diese Stundenkürzung Freiraum für den „Staatsjugendtag" schaffen sollte, an dem Übungen oder Veranstaltungen der Deutschen Jugend und der Hitlerjugend stattfanden.[97] Im Konferenzbericht vom 29. August 1934 las Pfarrer Krieter weiter: „Die Teilnahme am `Staatsjugendtag´ wird im Handbuch durch Eintragen eines `H´ vermerkt. ... Für die Nichtteilnehmer am Staatsjugendtag sind am Sonnabend zwei Stunden politische Schulung vorgesehen. Diese zwei Stunden sollen für die Kinder ein Erlebnis und keine Paukerei sein. Sie sollen Plauder- und Heimstunden sein, in denen Stoffe gelesen werden, die dem Zeitgeist entsprechen und eine Zugabe bedeuten, also nicht aus dem Stoffgebiet für die Gesamtklasse genommen sind. Die Besprechung des Gelesenen hat in Form einer Unterhaltung zu geschehen. An Stelle der zweiten Schulungsstunde kann auch eine Turnstunde eingelegt werden. In jedem Monat findet an einem Sonnabend eine Wanderung im Klassenverband statt." [98]

Gegenüber dem Wachsen des nationalsozialistischen Geistes in der katholischen Bekenntnisschule waren Pfarrer Krieter und seine Kapläne machtlos. Sie erteilten ihren Katechismusunterricht und waren froh, dass wenigstens an der Tradition der Schulgottesdienste während der Woche und am gemeinschaftlichen Beichten der Schulklassen vorerst nicht gerüttelt wurde.[99] Im Übrigen vertrauten die Geistlichen zu Recht darauf, dass die Mehrzahl der Lehrkräfte an ihrer katholischen Grundüberzeugung festhielt. Diese Lehrkräfte widersetzten sich zwar nicht dem „neuen Geist", aber sie erteilten weiter „gut katholischen" Unterricht in „Biblischer Geschichte". Einzelne Lehrkräfte waren sogar weiterhin bereit, in der Gemeinde an führender Stelle mitzuarbeiten.

So war denn Pfarrer Krieter mit der Situation in der katholischen Schule Wilhelmsburgs gegen Ende des Jahres 1934 leidlich zufrieden. Eine besondere Freude hatte er außerdem: Der ehemalige Organist, Konrektor Rhein, und der Lehrer Riediger feindeten ihn nicht an.

3.2   Die Nutzung der „Höpenwiese"

Laut Protokoll der Lehrerkonferenz der katholischen Schule Wilhelmsburgs vom 17. 12. 1934 erfuhren die Lehrkräfte an diesem Tag: „Es soll eine erhöhte Werbung für die DJ (= Deutsche Jugend) in den Klassen stattfinden, da unsere Schule (in Harburg-Wilhelmsburg; Anm. d. Verf.) prozentual am geringsten in der DJ vertreten ist." Pfarrer Krieter reagierte mit verstärkten kirchlichen Bemühungen um die Jugend der Bonifatiusgemeinde. Als er die „Sturmschar" besuchte, trugen ihm die jungen Männer die Bitte vor, auf der Gemeindewiese im „Höpen" ein Holzhaus bauen zu dürfen. Es sollte Wohn- und Übernachtungsmöglichkeiten bieten und eine Kochgelegenheit. Die „Sturmschar" wollte ihr bisheriges Gruppenheim - eine Holzhütte, die neben dem Gemeindehaus stand - abbrechen. Das so gewonnene Baumaterial sollte auf der „Höpenwiese" Verwendung finden. Natürlich würden sie noch weiteres Material benötigen.

---

[97]   Am 20. September 1935 ordnete Reichsinnenminister Frick an, dass in allen mittleren und höheren Schulen die Gesamtzahl der Unterrichtsstunden von 40 auf 33 Stunden herabzusetzen sei, damit auch für diese Schüler und Schülerinnen der „Staatsjugendtag" eingerichtet werden könne. Am „Staatsjugendtag" sollten Übungen und Veranstaltungen der HJ stattfinden. Vgl. Das 20. Jahrhundert, Die Dreißiger Jahre, a. a., O. S. 67 Der Staatsjugendtag wurde 1936 wieder abgeschafft. Schließlich standen der HJ wöchentlich zwei aufgabenfreie Nachmittage (mittwochs und samstags) zur Verfügung. Außerdem war an jedem 1. und 3. Sonntagmorgen HJ-Dienst angesetzt. Vgl. Hamburg im Dritten Reich, a. a., O., S. 270.

[98]   Das Zitat stammt aus dem Protokollbuch der Bonifatiusschule „Konferenzberichte 1927 bis 1960", S. 139.

[99]   Erst am 22. 8. 1935 hob Reichskultusminister Rust durch Erlass den Schulgottesdienst als verpflichtende Veranstaltung der Schulen auf. Vgl. Das 20. Jahrhundert. Die 30er Jahre. a., a., O., S. 63.

Pfarrer Krieter konnte angesichts der finanziellen Probleme der Gemeinde den Plänen der jungen Männer nicht sofort zustimmen, aber grundsätzlich befürwortete er den Plan. Schon im Frühjahr 1935 wurde der Plan in die Tat umgesetzt. Ab 1935 listete Pfarrer Krieter in den Jahresabrechnungen der Kirchengemeinde Aufwendungen für die „Höpenwiese" auf. Sie betrugen im jährlichen Durchschnitt rund 100 Reichsmark, im Jahre 1935 die erstaunlich hohe Summe von 179, 08 RM. Sehr wahrscheinlich entstanden diese hohen Ausgaben durch die Anschaffung des Baumaterials für das Holzhaus.[100]

Die Wiese und das Holzhaus fanden in der Gemeinde großen Anklang. Die folgenden Aussagen von Zeitzeugen verdeutlichen, wie wichtig ihnen die „Höpenwiese" war. Jonny Swoboda erzählte: „Was haben wir für schöne Zeiten im „Höpen" erlebt! Das kann man gar nicht richtig erzählen, wie schön das war! Auf der Wiese stand ein Holzhaus, in dem wir übernachten konnten. Dieses Haus haben wir als Mitglieder der `Sturmschar´ gebaut. Viele Jugendliche waren ja zu Beginn der dreißiger Jahre arbeitslos und hatten Zeit. …

Abb.28: einige Jugendliche aus der "Sturmschar" vor dem Holzhaus auf der „Höpenwiese" (und „als Gast" ein Mädchen)

Wir waren jedes Wochenende da draußen. Wir sind mit dem Fahrrad hingefahren. … von da aus haben wir dann weitere Radtouren gemacht, bis nach Buchholz und noch weiter. Das waren so schöne Stunden! Geld hatten wir ja damals nicht! Heute fliegen ja alle Leute mit dem Flugzeug in den Urlaub, aber für uns war das Urlaubsziel der Höpen!"[101]

Franz Lota berichtete: „Im Höpen war unser „Heim". Da sind wir zu Fuß hinmarschiert, von Wilhelmsburg aus! Im Winter haben wir Schlitten mitgenommen. Früher war es ja richtig Winter, mit viel Schnee, nicht so wie die Winter heute. Wir sind fast jeden Sonntag in den Wald marschiert, mit allen Mann. Wir hatten hellblaue Hemden und graue Kniehosen aus Manchester-Stoff, schwarze Strümpfe und Wanderschuhe. Wir waren da meistens zu den Festtagen, auch einmal Weihnachten. Nachher, als die Nazis da waren, war das schwieriger.

---

[100] Vgl. Archiv der Kirchengemeinde St. Bonifatius, Akte „Jahresrechnungen".

[101] Gespräch mit Jonny Swoboda vom 22. 1. 2004.

Ich glaube, da haben wir noch ein Jahr das so gemacht, und dann haben sie uns aufgelöst. Da durften wir nicht mehr zusammen auftreten." [102] Der Zeitzeuge Karl-Heinz Wellner erzählte: „Nachdem wir auf dem „Höpen", eine „feste Bude" mit Übernachtungsmöglichkeit hatten, haben wir natürlich nicht mehr die Wanderungen in den Harburger Bergen gemacht, sondern sind zum „Höpen" gegangen. Das war ja viel bequemer. Wir sind an Samstagen abends hingegangen, haben uns vom Bauern Stroh geholt, haben die ganze Bude ausgelegt und dann da geschlafen. Kochen konnte man da auch. Wasser war am Ende des Grundstückes, da war eine Pumpe." [103]

Abb. 29: Reigentanz der Gruppe „Lioba" auf der „Höpenwiese"; Hinten ist der Wimpel der Gruppe zu sehen.

Auch die Mädchengruppen der Gemeinde nutzten die Höpenwiese zu Freizeitaktivitäten. Erna Nowacki berichtete: „Ja, der „Höpen" war eine wunderbare Sache für die Jugend. Davon will ich gern erzählen. Als Kinder waren wir ja in „Lioba". Wir sind manchmal zu Fuß

Abb. 30: Der Findling, der heute neben der St. Bonifatiuskirche liegt, stammt von der „Höpenwiese". Eingemeißelt ist der Text: „Fronleichnam 1935".

zum „Höpen" gezogen. Wir hatten ja damals die Vinzentinerinnen in der Gemeinde. Eine von denen ist mit uns zu Fuß dahin gezogen. Später sind wir alle mit dem Fahrrad gefahren. Mit der Straßenbahn konnte man auch hinfahren, bis Rönneburg. Man ging dann anschließend durch die Felder. Das war ein wunderschöner Weg. ... Auf der Wiese stand eine schöne Holzbude mit allem Drum und Dran. Es wurde ja damals mit diesen einfachen Knipps-Apparaten viel fotografiert. Ich habe da noch viele Bilder. Es gab doch diese „Lioba"- Uniform; giftgrüne Trägerröcke haben die Mädchen getragen, aber wirklich giftgrün, und eine Bluse dazu. Ich selbst habe leider keine Uniform gehabt.

---

[102] Gespräch mit Franz Lota vom 23.11. 2004.
[103] Gespräch mit Karl-Heinz Wellner vom 22. 11. 2004.

In unserer Lioba-Gruppe haben wir Reigen getanzt und so weiter. Das war richtig schön. Luzie Thielmann - die war ein paar Jahre älter als wir - die hat das mit uns gemacht. Ach, einen Wimpel hatten wir auch! Den mussten wir dann bis zum „Höpen" tragen. ..."[104]

Die spätere Pfarrhelferin in der Bonifatiusgemeinde, Karla Pachowiak, berichtete von der „Höpenwiese": „Wir konnten da übernachten, allerdings zu zweit in einem Bett. Übers Wochenende sind wir oft da gewesen und am Sonntagmorgen sind wir nach Wilstorf marschiert, zur Messe in die St. Franz-Josef-Kirche. Für mich persönlich war der „Höpen" besonders günstig, weil mein Onkel in Fleestedt ein Haus besaß, ein schönes, großes Haus. ... Es war so in der Nähe, dass ich aus dem Gemüsegarten dort für meine Gruppe leicht etwas zum Essen holen konnte. ... Ich bin mit meiner „Lioba"-Gruppe per Straßenbahn von Wilhelmsburg nach Rönneburg gefahren. Danach ging es zu Fuß durch Feld und Wald, in Uniform und mit Wimpel. Im Dritten Reich war so etwas ja eigentlich verboten. Aber wir haben „Maria zu lieben" und andere Kirchenlieder gesungen. Wir sind mit unserem Wimpel von Rönneburg losgezogen und haben dabei Kirchenlieder gesungen. Das muss in den Jahren 1935 / 1936 gewesen sein. Wir hätten schon Ärger bekommen können, denn die Kirchengemeinden durften mit Gemeindegruppen nur religiös arbeiten. Aber wir waren ja ein `Betklub'. Damit konnten wir uns herausreden. ..."[105]
Die Mädchengruppen waren im Normalfall in Begleitung einer erwachsenen Person auf der „Höpenwiese". Das berichtete Martha Swoboda: „ ... wir waren von der „Lioba" als Gruppe da; immer mit einer Älteren, z.B. Frau Plass. Und unter Aufsicht durften wir Mädchen da auch übernachten. Ich selbst durfte das aber nie! Das haben mir meine Eltern nicht erlaubt. Abends musste ich immer nach Wilhelmsburg zurückfahren. Morgens bin ich dann für 15 Pfennig mit der Straßenbahn bis Rönneburg gefahren und dann zu Fuß da hingegangen."[106]
An kirchlichen Festtagen während der warmen Jahreszeit war die „Höpenwiese" Treffpunkt für die ganze Gemeinde. Der Zeitzeuge Albin Lisiewicz berichtete: „Da war die Wiese voll! Die Kinder haben Fußball oder Völkerball gespielt. Die Eltern konnten im Wald spazieren gehen. Da wurden Klapptische und Klappstühle aufgebaut und man aß und trank. Kaffee und Kuchen wurden von zu Hause mitgebracht. Später konnten die erwachsenen Gemeindemitglieder auch Tanzen gehen, nebenan in der Gastwirtschaft `Waldquelle'. Also, das war schon eine tolle Sache! Die Wiese war sehr beliebt!"[107]
Die Zeitzeugin Martha Swoboda sagte zur „Höpenwiese": „Wir haben uns da so wohl gefühlt, im Freien, im Grünen, Wälder rund herum! Für mich ist der „Höpen" der Himmel gewesen! Und für mich ist der „Höpen" immer mit dem Namen Krieter verbunden."[108]
Pfarrer Krieter wusste, dass die „Höpenwiese" im Jahre 1932 von Pfarrer Schmidts „hauptsächlich für Zwecke der Katholischen Schule" gekauft worden war.[109] Nachdem die Übernachtungs- und Verpflegungsmöglichkeiten von den Jugendgruppen erprobt waren, bot Pfarrer Krieter die „Höpenwiese" deswegen der katholischen Schule Wilhelmsburgs für Aufenthalte von Schulklassen an.

---

[104] Gespräch mit Erna Nowacki vom 5. 2. 2004.

[105] Gespräch mit Karla Pachowiak vom 2. 3. 2004.

[106] Gespräch mit Martha Swoboda vom 22. 1. 2004.

[107] Gespräch mit Alban Lisiewicz vom 27. 1. 2004

[108] Gespräch mit Alban Lisiewicz vom 22. 1. 2004

[109] Vgl. Krebs, Josef, Chronik. Die Aufzeichnung bemerkenswerter Ereignisse der kath. Bonifatiusgemeinde Wilhelmsburg, 1938, unveröffentlicht, S. 18, Archiv der Kirchengemeinde St. Bonifatius.

Die Lehrerin Kraushaar, die sich im Leben der Kirchengemeinde stark engagierte[110], nahm als einzige Lehrkraft dieses Angebot an. Die Zeitzeugin Hilde Mlotek erzählte: „Unsere ganze Klasse ist `mal mit Frl. Kraushaar `im Höpen` gewesen. … Da war so ein schönes Holzhaus. Es lag am Wald. Wir haben uns selbst verpflegt, gekocht. Da haben wir auch geschlafen, in Etagenbetten. Das war wunderschön." [111] Die übrigen Lehrkräfte der katholischen Schule Wilhelmsburgs nutzten das Angebot nicht. Möglicherweise befürchteten sie, bei Rektor Hupe missliebig zu werden, wenn sie mit einer Klassenfahrt der „Deutschen Jugend" Konkurrenz machten. Als die katholische Schule an einer Nutzung der „Höpenwiese" nicht interessiert war, hatte Pfarrer Krieter den Einfall, Wiese und Holzhaus den Familien seiner Gemeinde zum Erholungsaufenthalt bereitzustellen. Dieses Angebot wurde freudig aufgegriffen.[112] Im Bericht an den Caritas-Verband für das Jahr 1936 schrieb Pfarrer Krieter: „Die Gemeinde besitzt außerhalb der Stadt eine größere Wiese mit Gartenhaus, wo mittellose - besonders kinderreiche - Familien gegen geringes Entgelt Erholung finden." [113]

Nachdem das Holzhaus auf der „Höpenwiese" gebaut war und intensiv genutzt wurde, tat sich ein großes Problem auf: Die Wiese musste gepflegt werden, die Unterkunft musste regelmäßig gesäubert und Grundstück und Holzhaus mussten überwacht werden. Es musste also ein „Wiesenmeister" gefunden werden, der bereit war, diese Arbeiten - möglichst ehrenamtlich - zu erledigen.

Der Zeitzeuge Albin Lisiewicz, dessen Vater neben der „Höpenwiese" ein eigenes Grundstück besaß, erinnerte sich an „einen alten, erwerbslosen Polen, der von Pfarrer Krieter als Wiesenmeister eingesetzt war". Wie Albin Lisiewicz erzählte, hatte dieser „Wiesenmeister" die Aufsicht und die Schlüsselgewalt über das Gelände. Er war auch für die Vermietung des Holzhauses zuständig. Vermutlich war der „alte, erwerbslose Pole" der ehemalige Kirchenvorsteher Wilhelm Kolodziej. Für diese Vermutung gibt es Anhaltspunkte: Am 22. Februar 1935 erhielt Pfarrer Krieter einen Brief des Kirchenvorstehers Wilhelm Kolodziej.[114] Er gehörte zu derjenigen Hälfte der Kirchenvorsteher, die am 24. 2. 1935 neu gewählt werden oder aus dem Amt ausscheiden musste. In seinem Brief zeigte sich Herr Kolodziej sehr enttäuscht, dass sein Name für die anstehende Wahl nicht auf die Kandidatenliste gesetzt worden war. Er wäre gern Mitglied des Kirchenvorstandes geblieben. Nun äußerte er schriftlich seine Enttäuschung, „dass man alte erwerbslose Arbeiter, die für die Allgemeinheit doch nur als Last empfunden werden, auch von Ehrenämtern abdrängt". Er schrieb weiter: „Ich sehe es ein, dass, wenn unser Herr und Meister sozial zurückgesetzt wurde und auch heute noch in der Welt überall zurückgesetzt wird, wir uns nicht beklagen dürfen, wenn wir selbst Zurücksetzung erfahren, da wir doch alle seine Jünger sein wollen." Zum Abschluss seines Briefes bat Wilhelm Kolodziej den Pfarrer Krieter, ihm Gelegenheit zu einer Aussprache zu gewähren. Er wolle „einige noch ungeklärte Fragen, die Spielwiese am Höpen betreffend", besprechen und „zu einer Regelung kommen".
Es ist recht wahrscheinlich, dass Wilhelm Kolodziej von Pfarrer Krieter überredet worden ist, das Ehrenamt „Wiesenmeister im Höpen" zu übernehmen.

---

[110] Frl. Kraushaar war Vorsitzende der Ortsgruppe Wilhelmsburg des „ Katholischer Fürsorgeverein für Mädchen, Frauen und Kinder" . Vgl. Akte „Fürsorgefälle" im Archiv der Kirchengemeinde St. Bonifatius.
[111] Gespräch mit Hilde Mlotek vom 9. 12. 2003
[112] Vgl. die Gespräche mit Bernhard Kinne vom 2. 2. 2005 und Anton Stryakowski vom 17. 2. 2003
[113] Archiv der Kirchengemeinde St. Bonifatius, Akte „Caritas; Korrespondenz 1925 bis 1958"
[114] Archiv der Kirchengemeinde St. Bonifatius, Akte „Kirchenvorstandwahlen"

3.3 Bauliche Mängel an der Bonifatiuskirche, am Kirchplatz und am Pfarrhaus

Als Karl-Andreas Krieter sich zur Annahme der Pfarrstelle in Wilhelmsburg entschlossen hatte, war er von der äußeren Gestalt seiner neuen Pfarrei positiv beeindruckt gewesen. Bei genauerem Hinsehen fand er jetzt eine Reihe von baulichen Mängeln an Kirche, Kirchplatz und Pfarrhaus.

Auf dem Hochaltar der Kirche waren Priester und Messdiener dauernd in Gefahr auszurutschen, weil sich die Altarstufen schräg nach hinten abgesenkt hatten. Die roten Fliesen im Raum rund um den Altar waren eingesackt. Priester und Messdiener mussten deswegen sehr auf ihre Schritte achten. Die Fläche vor dem Hochaltar erschien Pfarrer Krieter außerdem zu klein. Seine Kapläne und er selbst wünschten sich für die Liturgie an Festtagen ausreichend Platz für drei Priester und etwa zwölf Messdiener.

Abb.31: Ein Foto aus dem Jahre 1932 zeigt das dreiteilige Fenster in der Wand hinter dem Hauptaltar der Bonifatiuskirche und den Girlandenschmuck, der an Festtagen üblich war.

Außerdem sollten sich die Fahnen- und Bannerträger der kirchlichen Vereine im Altarraum aufstellen können. Unter diesem Aspekt war die Kommunionbank zu nahe an den Hochaltar gerückt. Sie sollte zurückgesetzt und der Altarraum mit neuen Fußbodenplatten ausgelegt werden. Es war zu überlegen, ob die Kommunionbank im Zuge dieser Arbeiten vielleicht insgesamt erneuert werden sollte. Sie erschien vielen Gläubigen als zu niedrig. Zum Weihnachtsfest 1934 musste der Zustand des Altarraumes aber noch unverändert bleiben. Am kostenträchtigsten schätzte Pfarrer Krieter die Bauschäden an der Wand hinter dem Hauptaltar der Bonifatiuskirche ein. Durch das dort befindliche dreiteilige Fenster waren Wasser und Salpeter in die Wand eingedrungen. Die Wand war fleckig, und die Wandbilder waren unkenntlich geworden.

Nur wenn an hohen kirchlichen Festtagen in der Kirche Girlanden aus Laub oder Tannen aufgehängt wurden, ließen sich diese Schäden notdürftig verdecken. Pfarrer Krieter holte sich Rat bei Fachleuten. Als vernünftigste Lösung für die Beseitigung der Bauschäden hinter dem Hauptaltar wurden ihm die Schließung des dreiteiligen Fensters und die künstlerische Ausmalung der so entstehenden Wandfläche angeboten. Er entschied sich für diese Lösung, wobei ihm klar war, dass er Geduld haben musste.

In der Chronik der Kirchengemeinde St. Bonifatius liest man: „Sehr schadhaft war der Fußboden in den Seitengängen der Kirche. Die Fliesen lagen an einigen Stellen lose, so dass sie beim Überschreiten klapperten, was besonders während des Gottesdienstes als sehr störend empfunden wurde. An anderen Stellen, besonders unter der Orgelbühne, bestanden Unebenheiten bis zu 10 Zentimetern. Es ist wiederholt vorgekommen, dass Personen an diesen Stellen stolperten und auch zu Fall gekommen sind. Die Instandsetzung des Fußbodens war daher eine dringende Notwendigkeit." [115]

Schließlich waren auch auf dem Kirchplatz Baumaßnahmen nötig. Als die Gemeinde im Jahre 1925 die im Weltkrieg abgelieferten Glocken durch neue Glocken ersetzt hatte, waren viele Gehwegplatten auf dem Kirchplatz - wegen des Gewichtes der darüber transportierten Glocken - in Stücke gebrochen und in den Boden gedrückt worden. Bei Regenwetter bildeten sich jetzt - im Jahre 1934 - Schlammpfützen. Der Vorplatz war oft vollständig verschmutzt und zum Teil nicht zu begehen. Doch zu Ende des Jahres 1934 fehlte auch für dieses Bauvorhaben das Geld. Pfarrer Krieter hat im Zusammenhang mit seinen späteren Bautätigkeiten in der Bonifatiusgemeinde eine Bemerkung über sich selbst aufgeschrieben: „Es war immer das Bestreben des Pastors, nach Maßgabe der vorhandenen Mittel der Kirchenkasse nur schrittweise Reparaturen an Kirche und Pfarrhaus vorzunehmen." [116] Dementsprechend stellte er auch die dringend erforderlichen Baumaßnahmen im Pfarrhaus zurück: die Aufstellung neuer Öfen und den Einbau einer zweiten Toilette.

3.4 Advent und Weihnachten 1934

Am 2. Dezember 1934 war der 1. Adventssonntag. Pfarrer Krieter und seine Kapläne wollten die Adventszeit besonders nachdrücklich als Besinnungs- und Vorbereitungszeit auf den christlichen Inhalt des Weihnachtsfestes nutzen. Sie stellten sich damit gegen die neuheidnischen Bemühungen der NSDAP. Die Nationalsozialisten wollten das christliche Fest Weihnachten zur „Volksweihnacht" machen. Sie wollten germanisches, „arteigenes Brauchtum" gegen das christliche Brauchtum setzen. Sie nannten den „Heiligen Abend" „Baldurs Lichtgeburt" und den Drei-Königs-Tag den „Drei-Asen-Tag". [117] Die Hitlerjugend versuchte, das Christentum und die katholische Geistlichkeit zu diffamieren. Ein Beispiel für solche Versuche ist das folgende „Gedicht". Es wurde in der Adventszeit 1934 als Flugblatt in Breslau verteilt, ausgerechnet am Sitz des Vorsitzenden der deutschen Bischofskonferenz, des Kardinals Adolf Bertram.

---

[115] Krebs, Josef, Chronik. Die Aufzeichnung bemerkenswerter Ereignisse der katholischen
St. Bonifatiusgemeinde Wilhelmsburg, S. 31, Archiv der Kirchengemeinde St. Bonifatius.
[116] Mit der Hand geschriebener Text, aufbewahrt in der Chronik der Kirchengemeinde St. Bonifatius.
[117] Vgl. Besier, Gerhard, Die Kirchen und das Dritte Reich. Spaltungen und Abwehrkämpfe 1934 -1937,
Propyläen, Econ Ullstein List Verlag, Berlin-München, 2001, S. 142 ff.

„Hitler ist unser Gott. Zu ihm wollen wir beten.
Die Religion ist Lug und Trug, von Pfaffen und Juden vertreten.
Juden, Pfaffen, Jesuiten und Katholiken
sind Deutschlands Aasgeier und Bolschewiken.
Von Schirach, Rosenberg, Goebbels und Darré [118]
sind die Verkünder der neuen Idee.
Lehre von ihnen ist Religion und Balsam,
unsere künftige Religion ist Wallhalla und Wotan.
Die Hitlerjugend bricht sich Bahn,
dafür spricht am 17. Mai Ammerlahn." [119]

Pfarrer Krieter und seine Kapläne gestalteten an den vier Sonntagen des Advents feierliche Abendandachten. Außerordentlich viele Gläubige nahmen daran teil. Die Kirche war nicht von elektrischem Licht, sondern nur von Wachskerzen erleuchtet, die auf den Kirchenbänken standen. Messdiener hatten die Kerzen vor den Türen der Kirche an die Gläubigen verteilt. In der Adventszeit war der Elisabethverein besonders aktiv.[120] Pfarrer Krieter erlebte jetzt, wie effektiv dieser Verein der verheirateten Frauen arbeitete und organisiert war. Die Vorsitzende - Frau Paula Pachowiak - hatte die Pfarrei in mehrere Bezirke aufgeteilt. Entsprechend viele Bezirksvorsitzende hatte sie als Ansprechpartnerinnen. Die Frauen kannten die katholischen Familien ihres Bezirkes namentlich. Wenn der Eindruck entstand, dass eine Familie in Gefahr sei, den Kontakt zur Gemeinde zu verlieren, wurde sie von einer Bezirksvorsitzenden selbst oder - in deren Auftrag - von einer anderen Frau des Vereins besucht. Die Frauen des Elisabethvereins kümmerten sich auch um allein stehende Alte und Kranke. Sie überbrachten Nachrichten aus der Pfarrei und hatten ein offenes Ohr für menschliche und finanzielle Probleme. So war es im Advent nicht schwierig, die Einzelpersonen und Familien zu benennen, denen der Elisabethverein eine Weihnachtsfreude bereiten sollte. Pfarrer Krieter erfuhr, dass der Bäcker Franz Ballhausen - Mitglied des Kirchenvorstandes - traditionell zu Weihnachten „Weihnachtsklöben" zum Selbstkostenpreis herstellte. Bei ihren Treffen im Gemeindehaus „St. Willehad-Stift" sorgten die Frauen für die weihnachtliche Verpackung und fügten - je nach Situation der zu beschenkenden Gemeindemitglieder - weitere Geschenke hinzu, ebenso einen Weihnachtsgruß der Gemeinde und einen Hinweis auf die Gottesdiensttermine. Normalerweise überbrachten die Frauen des Elisabethvereins ihre Weihnachtsgeschenke persönlich. Am frühen Nachmittag des 24. Dezember 1934 stellten sich aber die Kindergruppen „Jung-Winfried" und „Lioba" in den Dienst des Elisabethvereins. Sie besuchten mit ihren Gruppenleitern Alte und Kranke, übergaben das Geschenk der Gemeinde, sangen Weihnachtslieder und lasen das Weihnachtsevangelium vor. Einige ältere Männer der Kolpingfamilie übernahmen am letzten Tag vor Weihnachten traditionell das Aufhängen von Tannenzweig-Girlanden über dem Altarraum und das Aufstellen einer großen „Weihnachtskrippe" im rechten Kreuzschiff der Kirche.

---

[118] Vgl. Wistrich, Robert, Wer war Wer im Dritten Reich, Harnack -Verlag, München 1983,
Baldur von Schirach = Reichsjugendführer; Alfred Rosenberg = Autor der „ 2. Bibel" des
Nationalsozialismus „Der Mythus des zwanzigsten Jahrhunderts." Ab 1934 war Rosenberg
Hitlers „Beauftragter für die Überwachung der gesamten geistigen und weltanschaulichen Schulung";
Josef Goebbels = Minister für Volksaufklärung und Propaganda;
Richard Walter Darré = Reichsbauernführer, Reichsminister für Ernährung und Landwirtschaft.

[119] zitiert nach Besier, Gerhard, a. a .O. S. 136

[120] Vgl. zum Folgenden das Gespräch mit Karla Pachowiak vom 2. 3. 2004

Die bunt bemalten Gipsfiguren der „Weihnachtskrippe" - die heilige Familie, Ochs und Esel, der „Stern zu Bethlehem" und die Hirten und Engel - mussten vom Dachboden des Pfarrhauses in die Kirche getragen werden. Die Figur des heiligen Josef auf dem Josefaltar wurde mit einem grünen Vorhang verdeckt. Auf dem Altartisch und seitlich neben dem Altar wurde mit Pappmaché eine höhlenartige Landschaft als Hintergrund des „Stalles von Bethlehem" gebildet. Im Stall und in der umgebenden Landschaft fanden die Krippenfiguren ihren Platz. Schließlich mussten als seitliche Begrenzung noch Tannenbäume aufgestellt werden, die mit ihren elektrischen Kerzen das gesamte Kunstwerk der „Weihnachtskrippe" in ein schummeriges, aber sehr stimmungsvolles Licht tauchten. Diese Krippe war bei den Gläubigen sehr beliebt, vor allem bei Eltern von Kleinkindern.

Im Zusammenhang mit der „Weihnachtskrippe" soll auch von dem so genannten „Nickneger" berichtet werden. Mit diesem Namen belegten die Gläubigen damals die Gipsfigur eines „hübsch anzusehenden" afrikanischen Kindes. Die Figur wurde - gut erreichbar für opferfreudige Kinderhände - vor der „Weihnachtskrippe" aufgestellt. Zu Füßen des afrikanischen Kindes befand sich ein Sammelkasten für Münzgeld. Wurde eine Münze in den Schlitz des Sammelkastens gesteckt, sorgte ein Mechanismus für ein Kopfnicken der Figur. Das so gesammelte Geld kam der „christlichen Heidenmission" zu Gute.[121] Die Figur des „armen Negerkindes" - besonders wohl das mechanische Kopfnicken - beeindruckte die Kinder der damaligen Zeit zutiefst.

Alle Zeitzeugen, die der Autor des vorliegenden Werkes viele Jahre später auf ihre Kindheitserinnerungen angesprochen hat, berichteten im Zusammenhang mit Weihnachten vom „Nickneger".

Die „Mitternachtsmesse" am Heiligen Abend, der 1934 auf einen Montag fiel, gestalteten Pfarrer Krieter und seine Kapläne als ein feierliches Levitenamt. Zum ersten Mal hielt Pfarrer Krieter in der festlich erleuchteten Bonifatiuskirche eine Weihnachtspredigt. Er sah am

ersten und am zweiten Weihnachtstag mit großer Freude, wie zahlreich die Mitglieder seiner Gemeinde zur Kirche kamen und die Heilige Kommunion empfingen. Bei dieser Glaubensfestigkeit seiner „Herde" machte sich der „Seelenhirt" keine Sorgen um den Bestand seiner Gemeinde. Mochten die Nationalsozialisten das „Neuheidentum" auch noch so sehr fördern, sie würden die Katholische Kirche nicht ernsthaft gefährden können. Es gab sogar Menschen, die sich entschlossen, katholisch zu werden. Drei Tage vor dem Weihnachtsfest, am 21. 12. 1934, hatte Pfarrer Krieter die große Freude erlebt, dass Wanda Ulitzka den katholischen Glauben angenommen hatte.

Abb. 32 : Paul Ulizka und seine Frau Wanda auf einem Foto aus dem Jahre 1923. Die beiden hatten am 6. 1. 1923 geheiratet. Zum Zeitpunkt der Aufnahme dieses Fotos waren Paul Ulitzka 22 Jahre und seine Frau 24 Jahre alt. Im Jahre 1934 hatte das Paar zwei Töchter.

---

[121] Das Aufstellen der Figur eines afrikanischen Kindes zum Zwecke der Spendensammlung für die christliche „Heidenmission" war damals und bis Ende der fünfziger Jahre des 20. Jahrhunderts in den meisten katholischen Kirchen Deutschlands üblich.

Ihre Konversion vertiefte die Verbundenheit des Pfarrers Krieter mit dem Ehepaar Ulitzka. Wanda und Paul Ulitzka verbrachten später mit Karl-Andreas und Therese Krieter sogar gemeinsame Urlaubstage in Hilkerode. [122]

Die Weihnachtstage des Jahres 1934 brachten Pfarrer Krieter aber nicht nur Freude, sondern auch Trauer. Einen Tag vor Weihnachten hatten Therese und Karl-Andreas Krieter eine Postkarte ihres Bruders, Otto Krieter, erhalten. Er schrieb, das Befinden der Mutter habe sich verschlechtert.[123] Anna Krieter war seit Wochen krank, aber seit einigen Tagen war es gewiss, dass sie sich nicht mehr erholen werde. Falls die Geschwister ihre Mutter noch lebend antreffen wollten, mussten sie sofort nach Hilkerode reisen. Pfarrer Krieter liebte seine Mutter sehr, doch angesichts der Weihnachtsfestlichkeiten und der vielen drängenden Aufgaben in der neu übernommenen Pfarrei bat er seine Schwester Therese, nach den Weihnachtstagen allein nach Hilkerode zu reisen. Therese Krieter unternahm die Reise, doch allzu lange Zeit konnte auch sie nicht in Hilkerode bleiben, denn im Pfarrhaus von St. Bonifatius war sie nicht zu entbehren. So waren weder Therese noch Karl-Andreas Krieter in Hilkerode, als ihre Mutter am 16. Februar 1935 starb.

Abb. 33: Das letzte Bild der Mutter des Pfarrers Krieter. Auf dem Foto sind abgebildet (aus Sicht des Betrachters von links): Therese Krieter; die Nichte Hedwig; die Schwägerin des Pfarrers Krieter, „Mariechen" Krieter; die Mutter des Pfarrers Krieter; der Bruder Otto Krieter und die Nichte Marianne

3.5 Die „Kindersegnung" am Fest der unschuldigen Kinder

Am 28. Dezember wird in der Katholischen Kirche alljährlich der „Tag der unschuldigen Kinder" begangen. Der Festtag erinnert an den „Kindermord in Bethlehem", von dem das Neue Testament bei Matthäus 2,16 ff. berichtet.

---

[122] Vgl. das Gespräch mit der Zeitzeugin Hedwig Wollersen vom 31. 3. 2004

[123] Postkarte des Otto Krieter vom 22. 12. 1935, Privatarchiv Ulrich Krieter

Am Nachmittag des 28. Dezember 1934 - an einem Freitag - fand in der Bonifatiuskirche zum ersten Mal mit Pfarrer Krieter „die Kindersegnung" statt. Die „Kindersegnung" war ein Brauchtum, das in der Bonifatiusgemeinde eine lange Tradition hatte. Pfarrer Krieter hielt diesen Brauch in der Bonifatiusgemende bis zu seinem Eintritt in den Ruhestand lebendig. Die Zeitzeugin Renate Bergmann berichtete: „Bevor ich auf die `Kindersegnung´ genau eingehe, muss ich noch etwas vorweg erzählen: Meine Brüder - Dieter und Georg - waren Messdiener, und ein Messdiener durfte immer den hölzernen `Tritt´ bereitstellen, wenn auf dem Hochaltar über dem Tabernakel die Monstranz aufgestellt werden sollte oder wenn die Monstranz nach der Anbetung aus dem Sakramentshäuschen wieder herunter geholt werden musste. Pfarrer Krieter war ja verhältnismäßig klein. Wenn die Monstranz da oben auf dem Hochaltar stand, konnte er die Monstranz gar nicht herunterheben, ohne den `Tritt´ zu benutzen. Der `Tritt´ hatte zwei Stufen. Auf die musste Pfarrer Krieter steigen, wenn er an die Monstranz heranreichen wollte. Wir als Kinder haben immer ganz gespannt beobachtet, ob wohl alles gut gehen würde; ob der Pfarrer wohl einmal mitsamt der Monstranz vom `Tritt´ herunterfallen würde. Er ist nie gefallen! Aber nun zur `Kindersegnung´! Bei der `Kindersegnung´ war in dem Sakramentshäuschen über dem Tabernakel statt der Monstranz ein rotes Samtkissen ausgelegt. Darauf lag in einem weißen Hemdchen ein `Jesuskind´ mit ausgebreiteten Armen. Dieses `Jesuskind´ - eine Puppe - sollte in einer Prozession der Kinder durch die Kirche getragen werden. Ja, und mein Bruder Georg musste nun auf den `Tritt´ und dann noch mit einem Knie auf den Altar steigen, um das `Jesuskind´ samt Kissen für die Prozession aus dem Sakramentshäuschen herunter zu holen. Das war spannend! Nachdem das gelungen war, setzte sich eine ganz große Prozession in Bewegung. Stellen Sie sich das einmal vor! Die ganze Kirche war gefüllt mit Kindern! Es gab ja so viele Kinder! Die ganz kleinen Kinder waren natürlich in Begleitung ihrer Mütter da. Aber, wie gesagt, zur `Kindersegnung´, am 28. Dezember, war die Kirche immer total voller Kinder! Bei der Prozession waren die Prozessionsfahnen dabei, große und kleine, alle Messdiener gingen mit und - das war das Schönste - auch alle Kinder gingen hinter dem `Jesuskind´ her. Man musste als Kind nicht in der Bank sitzen bleiben, sondern konnte mitgehen, konnte sich bewegen. Bei der Prozession wurde natürlich auch gesungen. Ich weiß noch heute das Lied:

> Bei deiner Fahn`, o Jesulein, da wünsch` ich mir, Soldat zu sein.
> Möcht` retten gar so gerne, die Kindlein in der Ferne.
> Die Heidenkinder arm und klein, dass sie doch nicht verloren sei´ n!
> Die Heidenkinder, arm und klen,
> dass sie doch nicht verloren sei` n´!

Schön, nicht? Das haben wir ganz laut gesungen, ja richtig voller Inbrunst und aus voller Kehle. Es gibt auch noch eine zweite Strophe:
> „Und bist du auch noch jung und klein, kannst doch du schon Apostel sein,
> Gebet und Opfer spenden, der Heiden hin zu senden,
> damit manch` armes Heidenkind den Weg zum schönen Himmel find`!
> Damit manch` armes Heidenkind den Weg zum schönen Himmel find`!

Die Prozession kam an dem `Negerkind´ vorbei. Die Figur stand ja vor der Krippe. Da wurde gespendet, und das `Negerkind´ bedankte sich durch Kopfnicken. Nach der Prozession folgte die eigentliche `Kindersegnung´. Die Kinder mussten sich an der Kommunionbank in Reihen nebeneinander aufstellen und dann wurden sie durch Handauflegen auf den Kopf und ein Kreuzzeichen auf der Stirn `abgesegnet´.

Den Segen erteilten Pfarrer Krieter und auch die beiden Kapläne. Die Geistlichen waren also zu dritt tätig. So viele Kinder waren in der Kirche! …" [124]

3.6 Anordnungen zum Gebet, zum Glockenläuten und zum Beflaggen der Bonifatiuskirche

Am 1. Januar 1935 hörte Pfarrer Krieter im Rundfunk die Neujahrsbotschaft Adolf Hitlers an das deutsche Volk. Hitler forderte für 1935 die „Heimkehr" des Saargebietes in das Deutsche Reich. Das „Saarbeckengebiet" - bestehend aus dem südlichen Teil der preußischen Rheinprovinz sowie dem Westen der bayerischen Pfalz - war nach der Niederlage des Deutschen Kaiserreiches vom Deutschen Reich abgetrennt worden. Im Januar 1935 sollte laut Friedensvertrag von Versailles eine Volksabstimmung entscheiden, ob die Saarländer den Status quo (Völkerbundsregierung) beibehalten wollten, ob sie den Anschluss des Saargebietes an Frankreich wünschten oder aber den Anschluss an das Deutsche Reich. Das Datum der Volksabstimmung war auf den 13. Januar 1935 festgelegt worden.

So selbstverständlich, wie Hitler es in seiner Rede dargestellt hatte, war die „Heimkehr" des Saarlandes nicht! Pfarrer Krieter wusste, dass der Ausgang der Volksabstimmung am 13. Januar 1935 entscheidend von der Haltung der Katholiken im Saarland abhing, denn fast alle Bewohner des Saargebietes waren katholisch. Die Kirchengemeinden des Saargebietes unterstanden dem Bistum Trier, zu einem kleinen Teil dem Bistum Speyer. Mittlerweile gab es für Katholiken hinreichend Gründe, die Hitler-Regierung und die NSDAP äußerst kritisch zu sehen. Sogar Bischof Wilhelm Berning, der für seine loyale Haltung zum Hitler-Regime bekannt war, bezog Stellung gegen die nationalsozialistische Ideologie.

Am Sylvesterabend 1934 sagte er in seiner Predigt vor 4.000 Gläubigen im Dom zu Osnabrück: „Man fordert einen deutschen Gott, der im deutschen Volk zu Geburt und zum Selbstbewusstsein kommt, einen Gott, der gar nicht existiert, sondern als leere Idee aus Blut und Rasse konstruiert wird. Hier steht Credo gegen Credo. Wem wollt ihr glauben? Den modernen Propheten oder der ewigen Wahrheit, Jesus Christus?"[125]

Die saarländischen Katholiken standen also vor der Gewissensfrage, ob sie dem patriotischen Wunsch den Vorzug geben durften, mit Deutschland wieder vereinigt zu sein, oder ob sie ihrer religiösen Überzeugung folgen mussten. Viele katholische Priester des niederen Klerus sprachen mehr oder weniger offen gegen „die modernen Propheten" und damit gegen die Wiedervereinigung.

Dagegen unterstützten die deutschen Bischöfe nachdrücklich den Anschluss des Saarlandes an das Deutsche Reich. Am 26. Dezember 1934 wandten sich die Bischöfe der Kölner Kirchenprovinz in einem „Hirtenwort zur Saarwahl" an ihre Gläubigen. Der Text wurde von allen deutschen Bischöfen übernommen und zur Verlesung bestimmt. Auch Pfarrer Krieter musste dieses Hirtenwort verlesen: „Geliebte Diözesanen. Sonntag, den 13. Januar 1935, wird im Saargebiet die Volksabstimmung stattfinden über die Frage, ob dieses deutsche Land und seine Bewohner in der durch den Versailler Gewaltfrieden aufgezwungenen Trennung vom Deutschen Reich verbleiben sollen oder nicht. Der für die Zukunft unseres Vaterlandes so folgenschweren Entscheidung, die in einigen Tagen an der Saar fallen wird, kann kein wahrhaft Deutscher gleichgültig gegenüberstehen.

---

[124] Vgl. Gespräch mit Renate Bergmann, geb. Deinert, vom 28. 11 .2006. Die Zeitzeugin erlebte die Kindersegnung in den 50er Jahren. Es ist aber sehr wahrscheinlich, dass die „Kindersegnung" im Jahre 1935 genauso ablief. Einige ältere Zeitzeugen bestätigten mir meine Vermutung.

[125] Recker, K.-A., Wem wollt ihr glauben? Bischof Berning im Dritten Reich, Paderborn 1998, S. 118

Als deutsche Katholiken sind wir verpflichtet, für die Größe, die Wohlfahrt und den Frieden unseres Vaterlandes uns einzusetzen. Unsere wirksamste Hilfe ist das Gebet. Deshalb verordnen wir, dass am genannten Sonntag in allen Kirchen nach dem allgemeinen Gebet drei Vaterunser und Ave-Maria mit den Gläubigen gebetet werden, um einen für unser deutsches Volk segensreichen Ausgang der Saarabstimmung zu erflehen." [126]

Pfarrer Krieter hatte in den Wochen vor der Herausgabe des Hirtenwortes mit besonderem Interesse das Verhalten der Bischöfe von Trier und Speyer verfolgt. Bischof Franz-Rudolf Bornewasser und Bischof Ludwig Sebastian befürchteten bei einem Anschluss des Saargebietes an Frankreich einen Verlust ihrer saarländischen Gemeinden an ein „Saarbistum", das die Franzosen planten. [127]

Für das Bistum Trier hätte das den Verlust von zwei Dritteln seiner Gläubigen bedeutet. Deswegen verlangten die beiden Bischöfe von ihrer Geistlichkeit politischen Gehorsam im Sinne des Anschlusses an Deutschland.

Abb.34: Ludwig Sebastian, Bischof von Speyer von 1917 bis 1943

Abb.35: Franz-Rudolf Bornewasser, Bischof von Trier von 1922 bis 1951

Am 14. Januar 1935 erfuhr Pfarrer Krieter das Ergebnis der Saarabstimmung aus Rundfunk und Presse. 90,73 Prozent der Wähler hatten für eine Vereinigung des Saarlandes mit Deutschland gestimmt, 8,86 Prozent für die Beibehaltung des Status quo und nur 0,4 Prozent der Wähler wünschten sich eine Vereinigung des Saargebietes mit Frankreich.

Pfarrer Krieter freute er sich über die „Heimkehr" des Saarlandes. Als Patriot und als treuer Diener der Kirchenoberen befolgte gern die Anordnung aus Hildesheim, die für Dienstag, den 15. Januar 1935, ein einstündiges Glockenläuten in allen Pfarr- und Filialkirchen" befohlen hatte. [128]

---

[126] Der Text ist veröffentlicht bei Müller, Hans (Herausgeber) Katholische Kirche und Nationalsozialismus, dtv, Dokumente, München 1965, Dokument Nr. 124

[127] Vgl. Besier, G., Die Kirchen und das Dritte Reich, a. a. O., S. 126

[128] Dokument Nr. 129 in Müller, Hans, Katholische Kirche und Nationalsozialismus, a. a. O., S. 316.

Abb. 36: Propagandabriefmarke der Deutschen Reichspost aus dem Jahre 1935: Die Saar kehrt heim.

Im Februar 1935 ordnete das Bischöfliche Generalvikariat Hildesheim an: „Aus Anlass der Übernahme der Regierungsgeschäfte im Saarland sind am Freitag, den 1. März, die kirchlichen Gebäude zu beflaggen. An diesem Tage sind ferner von dem Augenblicke ab, an welchem die Regierungsgeschäfte im Saarland an den Saarbeauftragten des Reiches übergeben werden, auf sämtlichen Kirchen der Diözese die Glocken eine Stunde lang zu läuten." [129] Wie angeordnet, feierten am 1. März die Glocken der Bonifatiuskirche in Harburg-Wilhelmsburg eine ganze Stunde lang die Übernahme der Regierungsgeschäfte durch den Saarbeauftragten des Deutschen Reiches. Sehr wahrscheinlich wurden die Bonifatiuskirche und das Pfarrhaus am 1. März 1935 durch Fahnen in den kirchlichen Farben geschmückt, blau-weiß für das Bistum Hildesheim und gelb-weiß für den Vatikan. Nationalsozialistische Stellen waren aber seit langem verärgert, dass die meisten katholischen Gemeinden im Deutschen Reich ihre Gebäude an Staatsfeiertagen noch immer in den Kirchenfarben beflaggten. Die Nationalsozialisten argumentierten, auch Kirchen seien Gebäude auf deutschen Boden, von deutschen Menschen und deutschem Geld für die religiösen Bedürfnisse deutscher Menschen gebaut und vom deutschen Staat in ihrem Bestand geschützt. Solange die Kirchen an öffentlichen Feiertagen auf das Hissen der Staatsflagge verzichteten, solange würden sie sich außerhalb der Volksgemeinschaft stellen. Notfalls müssten die Kirchen eben gezwungen werden, sich durch das Hissen der Hakenkreuzfahne zur Volksgemeinschaft zu bekennen.

Pfarrer Krieter konnte im Frühjahr 1935 also absehen, dass Innenminister Frick in nächster Zeit die Beflaggung kirchlicher Gebäude mit der Hakenkreuzfahne anordnen werde. Tatsächlich geschah das am 24. Oktober 1935. Zuwiderhandlungen wurden mit einer Gefängnis- und zugleich mit einer Geldstrafe bedroht.[130] Für diesen Fall meinte Pfarrer Krieter vorgesorgt zu haben. Er hatte in dem Teil des Pfarrhaus-Vorgartens, der an den Kirchplatz grenzte, einen Fahnenmast aufstellen lassen. Hinter dieser Aktion stand bauernschlaue Absicht. Wenn die Hakenkreuzfahne an diesem Fahnenmast aufgezogen würde, dachte Pfarrer Krieter, sei die Beflaggung des Kirchengebäudes selbst zu umgehen. Diese Maßnahme hatte ihm der Polizeichef von Wilhelmsburg, Paul Fittkau, nahe gelegt. Paul Fittkau war Katholik. In der Öffentlichkeit hielt er sein Bekenntnis allerdings geheim. Dennoch hatte Paul Fittkau guten Kontakt zum Pfarrer Krieter. Der Sohn des damaligen Revierführers der Schutzpolizei in Wilhelmsburg berichtete: „Wie Vater erzählt hat, war das so, dass man sich von Seiten der Partei im Pfarrhaus beschwert hatte.

[129] Schreiben des Bischöflichen Generalvikariates, Seelmeyer, vom 27. 2. 1935, Nr. 2254, Archiv der Kirchengemeinde St. Bonifatius, Akte „Rundschreiben kirchlicher Behörden 1920 bis 1944"

[130] Innerhalb des „Parteitages der Freiheit" (Beginn: Dienstag, 10. 9. 1935)) - stimmte der Reichstag am 14. 9. 1935 in Nürnberg dem Flaggengesetz zu. Die Hakenkreuzflagge wurde Reichs- und Nationalflagge. Vgl. Besier, G., Die Kirchen und das Dritte Reich, a. a. O. , S. 658 ff.

Die Kirche sei zu den Terminen, die von der Partei gewünscht waren, nicht richtig beflaggt gewesen. Solche Termine gab es ja reichlich. Ich weiß nicht, ob der Pfarrer Krieter zu Vater gegangen ist, oder ob sie sich zufällig getroffen haben. Die kannten sich privat, aber auch dienstlich. Das war ja früher so, dass Polizeichef, Pastor, Lehrer und so weiter die Honoratioren waren. Man kannte sich. Ein Pastor war eine herausragende Figur. Natürlich galt das auch für die evangelischen Pastoren. Als die beiden zusammengekommen sind, stellte Pfarrer Krieter meinem Vater die Frage: `Was soll ich machen? Ich kann doch nicht an die Kirche die Hakenkreuzfahne hängen´. Da war der Rat meines Vaters: `Stellt einen Fahnenmast zwischen Kirche und dem Pfarrhaus auf. Hängt da die Fahne auf. Das stört niemanden, auch den lieben Gott nicht! Aber hängt die Fahne auf, bevor die SA kommt und euch die Hakenkreuzfahne an den Kirchturm hängt´. Der Fahnenmast wurde dann auch aufgestellt. Er war umklappbar. Der war noch lange vorhanden, ich glaube, bis zum Umbau der Kirche in den letzten Jahren." [131]

In der Jahresrechnung der Kirchengemeinde St. Bonifatius für das Rechnungsjahr 1935 / 1936 sind die Kosten für die Anschaffung einer Fahne angegeben. Das genaue Datum der Anschaffung und ein Hinweis, welcher Art diese Fahne war, fehlen.[132] Es war gewiss eine Hakenkreuzfahne, die von Pfarrer Krieter angeschafft wurde. Am 29. Oktober 1935 schrieb nämlich das Bischöfliche Generalvikariat Hildesheim den Pfarrern der Diözese: „Eilt Sehr! Wenn von einer Regierungsstelle eine Anordnung zum Flaggen erfolgt, haben die kirchlichen Gebäude, darunter auch die Kirchen selber, zu flaggen, und zwar nur mit der Hakenkreuzflagge. Wir ersuchen, da eine neue Anweisung zum Flaggen wahrscheinlich in Kürze zu erwarten ist, sofort Hakenkreuzfahnen in hinreichender Zahl zu beschaffen. Wir machen dabei ausdrücklich auf die durch Zeitungen bekannt gegebenen Strafbestimmungen aufmerksam."[133]
Möglicherweise wurde die Absicht des Pfarrers Krieter, die Beflaggung der Kirche zu vermeiden, durch die Anordnung aus Hildesheim unterlaufen. Allerdings kann sich keiner der vielen vom Autor dieses Werkes befragten Zeitzeugen daran erinnern, die Bonifatiuskirche jemals im „Schmuck der Hakenkreuzfahne" gesehen zu haben. Dass der Fahnenmast im Vorgarten des Pfarrhauses vorhanden war, ist dagegen außerhalb jeden Zweifels.

3.7   Karitatives Wirken

Am 2. Februar des Jahres 1935 hielt Pfarrer Krieter den folgenden Brief des Generalvikars Dr. Seelmeyer in den Händen: „Unter den obwaltenden Umständen ist es von größter Bedeutung, die von der Kirche und den katholischen Organisationen geleisteten karitativen Arbeiten in vollem Umfange und möglichst genau zu übersehen. Ew. Hochwürden wollen Sich daher der Mühe unterziehen, den anliegenden Fragebogen für Ihren Seelsorgebezirk mit Sorgfalt auszufüllen. Falls genaue Zahlen nicht zu ermitteln sind, mögen <u>schätzungsweise</u> Angaben eingetragen werden.

---

[131]   Zitat aus dem Gespräch mit Uwe Fittkau am 20.3. 2004. Mit dem „Umbau der Kirche in den letzten Jahren" ist die Restaurierung der Bonifatiuskirche im Jahre 1966 gemeint.

[132]   Akte „Jahresrechnungen" im Archiv der Kirchengemeinde St. Bonifatius.

[133]   Schreiben des Bischöflichen Generalvikariates, i. V. Seeland, Nr. 10806, 29. 10. 1935 in: Archiv der Kirchengemeinde St. Bonifatius, Akte „Rundschreiben kirchlicher Behörden 1920 bis 1944".

In jedem Falle ersuchen wir angesichts der Wichtigkeit der Erhebung dringend, den Bericht nach bester Möglichkeit zu bearbeiten und bis zum 15. Februar 1935 uns einzusenden. Seelmeyer" [134]

Pfarrer Krieter verstand sehr wohl, was sich hinter der einleitenden Formulierung „unter den obwaltenden Umständen" verbarg. Die NSDAP versuchte, den Einfluss der Kirche auf die Wohlfahrtspflege zurückzudrängen.[135] Im Archiv der Bonifatiusgemeinde lag ein Schreiben des Wohlfahrtsamtes der Stadt Harburg-Wilhelmsburg vom 6. Juni 1934, das Pfarrer Krieter Sorge machte. Die Finanzierung der karitativen Arbeit der Barmherzigen Schwestern im „St. Willehadstift" schien gefährdet zu sein.

Das Schreiben hatte folgenden Inhalt:

„In den letzten Jahren sind Ihnen regelmäßig aus öffentlichen Mitteln zur Unterstützung der `Katholischen Diakonissenstation´ Beträge durch das Wohlfahrtsamt überwiesen worden. Da im vorigen Jahre die Nationalsozialistische Volkswohlfahrt für das ganze Deutsche Reich eingerichtet worden ist, ist es erforderlich, dass in Zukunft eine Verteilung sämtlicher für die freie Wohlfahrtspflege zur Verfügung stehenden Mittel nach den Richtlinien der Reichsleitung der N.S. V. und nach nationalsozialistisch planwirtschaftlichen Gesichtspunkten erfolgt. Die Mittel, die früher den einzelnen Verbänden pp. direkt überwiesen worden sind, erhält jetzt die N.S.-Volkswohlfahrt, Kreisgeschäftsstelle Harburg-Wilhelmsburg I, Großer Schippsee, Nr. 35 I. Ich gebe Ihnen anheim, sich mit dieser Stelle zwecks Gewährung von Zuschüssen für die `Katholische Diakonissenstation´ für die Zeit vom 1. April 1934 bis 31. März 1935 in Verbindung setzen zu wollen."

Das war also der Weg, auf dem die Nationalsozialisten sich das Monopol in der Wohlfahrtspflege verschaffen wollten: Sie allein übernahmen die Verwaltung der finanziellen Mittel, die der Staat für die Wohlfahrtspflege zur Verfügung stellte, und sie allein bestimmten, wieviel Geld Caritas, Innere Mission und das Deutsche Rote Kreuz bekamen. Als sein Vorgänger - Pfarrer Schmidts - sich zu Beginn des Jahres 1934 an die N.S.V. gewandt und den bisher üblichen Zuschuss für das „St. Willehadstift" beantragt hatte, war die Reaktion so negativ gewesen wie zu befürchten war. Der Parteigenosse Brumm hatte den Zuschuss für das „St. Willehadstift" um fünfzig Prozent gekürzt und gleichzeitig deutlich gemacht, dass er sich weitere Kürzungen vorbehalte. Mit einer Erhöhung des gewährten Betrages - achthundert Reichsmark in vierteljährlichen Raten - sei „auf keinen Fall zu rechnen." [136]

Pfarrer Krieter nahm sich sein Schreiben vor, das er am 29. Oktober 1934 an die N.S.V. geschickt hatte. Er las noch einmal, was er wegen des Zuschusses für das Gemeindehaus „St. Willehadstift" geschrieben hatte: „Das katholische Gemeindehaus `St. Willehadstift´ im Stadtteil Wilhelmsburg erhält seit etwa 10 Jahren von der Stadtgemeinde einen laufenden Zuschuss zu den Kosten der Unterhaltung.

---

[134] Bistumsarchiv Hildesheim, Generalvikariat, Nr.1089, 29. 1. 1935.

[135] Die drei Spitzenverbände - Centralausschuss der Inneren Mission, Deutscher Caritasverband und Deutsches Rotes Kreuz - hatten sich 1933 mit der Nationalsozialistischen Volkswohlfahrt (NSV) zur „Reichsarbeitsgemeinschaft der freien Wohlfahrtspflege" zusammenschließen müssen. Die Führung der Arbeitsgemeinschaft lag beim Leiter des „Amt für Volkswohlfahrt bei der Obersten Leitung der Parteiorganisation der NSDAP, Berlin." Als Ziel der Reichsarbeitsgemeinschaft war im März 1934 „die Sicherstellung der einheitlichen und planwirtschaftlichen Gestaltung der gesamten Wohlfahrtsausgaben im Sinne des nationalsozialistischen Staates" festgelegt worden. Vgl. Akte „Caritas" im Archiv der Kirchengemeinde St. Bonifatius und Engfer, Hermann, Caritas, Kollekten und kirchliche Sammlungen", in: Das Bistum Hildesheim 1933-1945. Eine Dokumentation, a. a. O. , S. 489 ff.

[136] Schreiben der NSDAP, Gauleitung Ost-Hannover, Amt für Volkswohlfahrt, Kreis Harburg - Wilhelmsburg, Stadt, vom 6.Oktober 1934 , Archiv der Kirchengemeinde St. Bonifatius, Akte „Gemeindehaus 192 -1949".

Dieser Zuschuss wurde in den letzten Jahren infolge der ungünstigen Finanzlage der Stadt ständig herabgesetzt und betrug im abgelaufenen Rechnungsjahr noch 1600 RM. Für das Rechnungsjahr 1934 sind dem `St. Willehadstift´ laut Schreiben der N.S.V. vom 6. 10. 1934 aus den von der Stadtgemeinde zur Unterstützung der freien Wohlfahrtspflege überwiesenen Mitteln nur 800 RM in Aussicht gestellt und bisher 400 RM gezahlt worden. Das `St. Willehadstift´ ist eine gemeinnützige und wohltätige Einrichtung und besteht aus Kindergarten und Hort. Es wird von Barmherzigen Schwestern, die sich - alter Tradition folgend - schon immer in den Dienst des ganzen Volkes ohne Unterschied der Konfession gestellt haben, geleitet. Im Durchschnitt sind in dem Stift täglich 70 Kinder untergebracht, die von den Schwestern beaufsichtigt, verpflegt und betreut werden. Diese Kinder, die der ärmsten Volksschicht angehören, wären ohne die fürsorgerische und erzieherische Tätigkeit der Schwestern der Gefahr der Verwahrlosung ausgesetzt. Für diese Arbeiten erhält das Stift nur ein ganz geringes Entgelt, teilweise sogar gar keine Entschädigung, da es sich - wie bereits erwähnt - um Leute handelt, die zu den Ärmsten der Armen zählen. Die Schwestern machen auch viele Besuche bei Kranken, halten bei diesen Nachtwachen, besorgen zeitweise in den Familien der Kranken den gesamten Haushalt und dergleichen, wodurch die Stadt nicht unerhebliche Beträge an Krankenhauskosten spart. Dem `St. Willehadstift´, das auf allen Gebieten äußerst sparsam wirtschaftet, stehen nur ganz geringe Mittel zur Verfügung. Durch die Reduzierung des Stadtzuschusses auf jährlich 800 RM werden die Schwestern in eine äußerst schwierige Notlage versetzt. Da es der Wille der Reichsregierung ist, dass den Organisationen der freien Wohlfahrtspflege mehr als bisher geholfen wird, bitte ich ergebenst, dem `St. Willehadstift´ für 1934 einen Zuschuss von mindestens 1600 RM wie im Vorjahre zu gewähren. Heil Hitler! Krieter, Pastor."

Damit die Nationalsozialisten sich selbst auf die Finger guckten, hatte Pfarrer Krieter eine Abschrift dieses Schreibens und ein Begleitschreiben an den Parteigenossen Prellwitz geschickt. Der früher unbedeutende Justizsekretär Paul Prellwitz - seit 1924 Mitglied der NSDAP - war jetzt Stadtrat von Harburg-Wilhelmsburg.[137] Pfarrer Krieter hatte ihm geschrieben: „Hiermit übersende ich ergebenst Abschrift eines an die N. S. V. gerichteten Schreibens vom 29. 11. 1934 mit der Bitte, dafür eintreten zu wollen, dass ein Zuschuss an das `St. Willehadstift´ (Katholisches Gemeindehaus, Bonifatiusstraße 6) wie im Vorjahr von mindestens 1600 RM gewährt wird.

Heil Hitler! Krieter, Pastor." [138]

Noch hatte Pfarrer Krieter keine Antwort von der N.S.V. erhalten. Als er nun das Schreiben des Generalvikars Dr. Seelmeyer in den Händen hielt, war ihm der Sinn der diözesanweiten Erhebung klar. Eine Verdrängung des Caritasverbandes durch die N.S.V. war möglicherweise zu vermeiden, wenn das gesamte Ausmaß katholischer Wohlfahrtstätigkeit den Nationalsozialisten bewusst würde. Entsprechende Mühe gab sich Pfarrer Krieter bei der Beantwortung des Fragebogens.[139] Er machte folgende Mitteilungen:

45 Familien und 22 Einzelpersonen wurden in St. Bonifatius regelmäßig betreut. 25 Personen wurden einmalig unterstützt. 365 „Wanderer", das heißt, nicht zur Gemeinde gehörige Bettler, bekamen Hilfe. 64 Kinder bekamen im „St. Willehadstift" ihr Essen. Insgesamt wurden 1.600 „Speisungsportionen" unentgeltlich abgegeben. 15 Kinder wurden anlässlich ihrer Erstkommunion ganz und 23 Kinder teilweise eingekleidet.

---

[137] Vgl. Stegmann, Dirk, Aufstieg und Herrschaft der NSDAP in Harburg, 1922- 1937, in: Harburg. Von der Burg zur Industriestadt, a. a. O., S. 449 ff.

[138] Archiv der Kirchengemeinde St. Bonifatius, Akte „Gemeindehaus 1928 -1949"

[139] Eine Abschrift des beantworteten Fragebogens befindet sich im Archiv der Kirchengemeinde St. Bonifatius, Akte „Caritas, Korrespondenzen 1925-1958"

Die beiden im Krankendienst tätigen Ehrwürdigen Schwestern machten 1496 Krankenbesuche, pflegten 375 Personen und hielten 349 Nachtwachen. Der „Katholische Fürsorgeverein für Mädchen, Frauen und Kinder" hatte die Vormundschaft für 10 Personen und führte über sie „die Schutzaufsicht". Eine Lehrstelle wurde vermittelt. Ein Student wurde mit einem einmaligen Betrag von 50,- RM unterstützt. Der Gesamtaufwand der katholischen Armen- und Familienfürsorge betrug 1.229, 41 RM, davon wurden 118, 81 RM für Lebensmittel ausgegeben, 870, 53 RM für Bekleidung und 60, 57 RM für Brennstoffe. An Spenden erhielt die Gemeinde 179, 50 RM.

Schon am 4. Februar sandte Pfarrer Krieter den beantworteten Fragebogen nach Hildesheim. Selbstverständlich sah er im Caritas-Verband den Träger der Wohlfahrtspflege, der für seine Gemeinde am wichtigsten war. Dennoch bemühte er sich in den nächsten Jahren um persönliche Kontakte zum Amt für Volkswohlfahrt der NSDAP, Abteilung Wilhelmsburg. Ein Ergebnis seiner Bemühungen war die Berufung von Heinrich Dormeier in den „Landesausschuss der deutschen Zentrale für freie Jugendwohlfahrt".[140] Herr Dormeier war Lehrer der katholischen Schule Wilhelmsburgs. Seine Kandidatur für dieses Ehrenamt war mit Pfarrer Krieter abgesprochen. Die Bemühungen um gute Kontakte zur N.S.V. brachten im Jahre 1936 ein angenehmes Ergebnis: Die N.S.V. stellte für bedürftige Kinder der Bonifatiusgemeinde zur Erstkommunionfeier Schuhe, Kleider und Kommunionanzüge zur Verfügung.[141]

3.8 Der erste Besuch des Bischofs Joseph-Godehard in Harburg-Wilhelmsburg

Am 10. Februar 1935 feierte Papst Pius XI. seinen 13. Krönungstag. Für die katholischen Gemeinden der Stadt Harburg-Wilhelmsburg gab es an diesem Tag einen weiteren Anlass zur Freude. Ausgerechnet für Sonntag, den 10. Februar 1935, hatte der neue Bischof von Hildesheim seinen ersten Besuch in der Stadt angekündigt, um „Treuekundgebung und Treuegelöbnis" der katholischen Jugend entgegenzunehmen. In Wilhelmsburg entfalteten der Elisabethverein und der Gesellenverein eine eifrige Betriebsamkeit. Tannengirlanden wurden geflochten und zum Schmuck der Türen von Kirche, Pfarrhaus und Gemeindehaus aufgehängt.

Die männliche Jugend der Bonifatiusgemeinde arbeitete einen Plan aus, wie die Begrüßung des Bischofs auf seinem Weg von den Harburger Elbbrücken bis zur Bonifatiuskirche erfolgen solle. Die Jugendlichen wollten im Abstand von einigen hundert Metern Posten aufstellen. Diese sollten dem Bischof zuwinken, wenn sein Auto an ihnen vorbeifuhr, und das Nahen des Bischofs an den nächsten Posten weitermelden. So sollte die Gemeinde, die sich vor der Bonifatiuskirche und auf beiden Seiten der Bonifatiusstraße versammeln würde, rechtzeitig über das baldige Eintreffen des Bischofs informiert sein.[142]

Nachmittags am Samstag, den 9. Februar, trafen Bischof Joseph-Godehard und sein Sekretär - Michael Engels - in Harburg ein. Sie nahmen bei Pfarrer Wüstefeld, im Pfarrhaus der Gemeinde St. Maria, Wohnung. Am Sonntagmorgen feierte der Bischof in der Marienkirche um 7 Uhr 15 die heilige Messe.

---

[140] Archiv der Kirchengemeinde St. Bonifatius, Akte „Caritas, Korrespondenzen 1925-1958"

[141] Schreiben des Pfarrers Krieter an die NSV, Ortsgruppe Kirchdorf, vom 3. 4. 1936. Akte „Caritas, Korrespondenzen 1925 -1958"

[142] Von den Vorbereitungen, die bei einem Bischofsbesuch üblich waren, berichteten die Zeitzeugen Martha und Jonny Swoboda in den Gesprächen vom 22. 1. und 6. 3. 2004

In der Schulmesse um 8 Uhr 45, die von Bischofssekretär Michael Engels zelebriert wurde, hielt der Bischof eine Predigt, die sich an die Schulkinder, aber vor allem an die Eltern wandte.[143] Er wollte die Gläubigen von dem unschätzbar hohen Wert der katholischen Bekenntnisschule überzeugen. Wie alle deutschen Bischöfe war auch Joseph-Godehard Machens in großer Sorge. Er hatte am 25. Januar 1935 erfahren, dass in seiner Diözese an mehreren Standorten die Auflösung katholischer Bekenntnisschulen geplant oder sogar schon vollzogen war. Die Bekenntnisschule sollte dort durch die Schulart ersetzt werden, die von der NS-Regierung mit aller Macht gefördert wurde: durch die Gemeinschaftsschule.

Abb. 37: Alban Wüstefeld, von 1932 bis 1943 Pfarrer von St. Maria in Harburg

Im Anschluss an die Schulmesse besuchte der Bischof das katholische Krankenhaus Maria-Hilf, die St. Franz-Josef-Kirche in Wilstorf, die „Barmherzigen Schwestern" im dortigen St. Vinzenzhaus und Pastor Leonard Mock im Pastoratshaus Reeseberg 16. Wahrscheinlich war der Bischof schon vor seinem Besuch in Harburg-Wilhelmsburg darüber informiert worden, dass Pfarrer Krieter und seine Schwester Therese die Besitzer des Pastoratshauses waren. Wenn er es nicht gewusst haben sollte, so wurde der Bischof an diesem Tag gewiss von Pastor Mock über diesen erstaunlichen Sachverhalt unterrichtet.[144]

Der Nachmittag des 10. Februar 1935 brachte für die katholischen Jugendlichen der Stadt Harburg-Wilhelmsburg den Höhepunkt des Bischofsbesuches. Zur Schilderung der Ereignisse muss die Chronik der Harburger Mariengemeinde herangezogen werden, denn im Jahre 1935 wurde in der Bonifatiusgemeinde keine Chronik geführt. Es besteht aber kein Zweifel daran, dass die Jugendkundgebung in Wilhelmsburg ebenso verlaufen ist wie die Feier in Harburg. In der Chronik von St. Maria wird berichtet: „Nachmittags war Festfeier für beide Gemeinden (Harburgs; Anm. d. Verf.) in der festlich geschmückten Marienkirche. Um 3 Uhr zog der Bischof unter Vorantritt der Vereinsfahnen und Banner in Cappa magna[145] und Hermelin in die festlich geschmückte Kirche und hielt die Festpredigt über St. Bernward als Beispiel für das Leben eines katholischen Christen. Anwesend waren laut Zählung 1350 Personen, davon die Hälfte Jugendliche. Nach der Predigt `Treuekundgebung und Gelöbnis der Jugend´. Die Feier dauerte 1 ½ Stunden.

---

[143] Vgl. zum Bischofsbesuch die Chronik der Katholischen Kirchengemeinde St. Maria, S. 112 ff.

[144] Vgl. Krieter, U., Karl-Andreas Krieter, Pastor der katholischen Kirchengemeinde St. Franz-Josef in Harburg - Wilstorf ... a. a. O. , Bearbeitung 2012, S. 81 ff.

[145] Die „Cappa magna" ist ein Mantel mit langer Schleppe und großer Kapuze. Die „Cappa magna" wurde früher von Bischöfen und Kardinälen beim feierlichen Einzug in die Kirche und beim Auszug getragen. Heute ist die „Cappa magna" nur noch selten in Gebrauch.

Nach Schluss der imposanten Feier zogen die Teilnehmer in die Marienstraße vor das Pfarrhaus und riefen: `Wir wollen unseren Bischof sehen´. Vom Fenster aus sprach der Bischof herzliche Abschiedsworte und forderte die Menge auf zu einer öffentlichen Treuekundgebung gegenüber den Trägern der höchsten kirchlichen und staatlichen Gewalt. Begeistert stimmte die Menge ein.Darauf fuhr der Bischof nach Wilhelmsburg, wo abends um sechs Uhr eine zweite Jugendkundgebung war."

Dieser Bericht lohnt eine nähere Betrachtung. Der Leser möge sich intensiv das Bild vor Augen führen: Die Banner und Fahnen der kirchlichen Vereine werden von jungen Männern feierlich in die Kirche getragen. Der Bischof - geschmückt mit allen Zeichen seiner Würde - zieht ein. Vor ihm schreiten würdevoll sein Sekretär, alle Geistlichen Harburgs und eine große Schar festlich gewandeter Messdiener.

Weder die geistlichen Würdenträger noch die einfachen Gläubigen, die bei dieser Feier anwesend waren, werden in diesen anderthalb Stunden daran gedacht haben, dass die Nationalsozialisten einen sehr ähnlichen Aufwand betrieben. Ähnlichkeit zeigte sich vor

Abb. 38: Ein Werbeplakat der NSDAP aus dem Jahre 1935

allem im Anliegen dieser kirchlichen Feier, dem „Treuegelöbnis" der Jugend. Treue war die Tugend, die auch die Nationalsozialisten bei jeder Gelegenheit von der Jugend forderten. Die Katholische Kirche störte sich an solchen Ähnlichkeiten nicht. Sie war sich bewusst, dass die Nationalsozialisten „abkupferten". Doch die Ähnlichkeit erschwerte den Gläubigen „die Unterscheidung der Geister". Vollends schwierig wurde die Unterscheidung, als der Bischof selbst die Einheit zwischen Kirche und nationalsozialistischem Staat unterstrich. Bischof Joseph-Godehard, der später so engagiert gegen die Nationalsozialisten auftrat, hielt es bei seinem ersten Besuch in Harburg-Wilhelmsburg für angebracht, am Fenster des Pfarrhauses stehend „seine Schafe" zu einem „Hoch" auf den Papst und zugleich auf Adolf Hitler anzuleiten. Im Frühjahr 1935 glaubte Bischof Joseph-Godehard noch daran, die Katholiken könnten ihre Rechte umso erfolgreicher verteidigen, je häufiger sie sich als „gute Deutsche" zeigten.

Große Hoffnungen ruhten bei diesem Irrglauben auf Adolf Hitler. Man nahm an, der „Führer" würde gegen untergeordnete Stellen einschreiten, wenn er von den Unrechtstaten nur wüsste. „Wenn das der Führer wüsste, dann ...", war eine Redewendung, mit der nicht nur Katholiken ihrem Glauben an das Gute in Adolf Hitler Ausdruck verliehen.

3.9 Sorgen um das Weiterleben der Bekenntnisschule

Während seines Besuches nutzte Bischof Joseph-Godehard gewiss die Gelegenheit, seine Geistlichen über den verschärften „Schulkampf" in Bayern, Baden-Württemberg und Hessen zu informieren.[146]

---

[146] Vgl. Krebs, Maria, Der Kampf um die konfessionelle Schule. in: Das Bistum Hildesheim 1933-1945, Eine Dokumentation, a., a., O., S. 152 und Besier, G. Die Kirchen und das Dritte Reich, a. a. O., S. 144 ff.

In Hessen waren bereits 27 katholische und 26 evangelische Bekenntnisschulen aufgehoben worden. In München war ein Versammlungsverbot für katholische Elternvereinigungen erlassen worden. Das Verbot sollte vor dem Tag der Anmeldung für die Schulanfänger - dem 13. Februar - jede Werbung für die Konfessionsschule unterbinden. Gleichzeitig aber durfte der Stadtoberschuldirektor Münchens in der Stadt Elternversammlungen zugunsten der Gemeinschaftsschule organisieren. Die katholische Kirche hatte protestiert. In einer viel beachteten Predigt hatte Kardinal Michael von Faulhaber die Erhaltung der Bekenntnisschule gefordert. Kardinalstaatssekretär Pacelli hatte den deutschen Botschafter beim Vatikan am 11. Februar zu sich bestellt und ihm ein Protestschreiben überreicht gegen die „umfassende Kampfbewegung gegen die Konfessionsschule und für die Simultanschule".

Als der Bischof sie über die Lage im „Schulkampf" informierte, konnten die katholischen Geistlichen in Harburg-Wilhelmsburg bereits von eigenen Erlebnissen berichten. Im Mai 1933 hatte das Schulamt in Lüneburg bekannt gegeben, es wolle die beiden Hilfsschulklassen in der katholischen Schule Wilhelmsburgs schließen. Pfarrer Alban Wüstefeld hatte in der Schuldeputation der Stadt Harburg-Wilhelmsburg am 8. August 1933 energisch protestiert. Das Ende der katholisch-konfessionellen Hilfsschule hatte er nicht verhindern können. Das Schulamt hatte den Plan verwirklicht und die betroffenen Kinder in eine Simultan-Hilfsschule in Neuhof umgeschult.[147]

Im Juli 1935 erhielt Pfarrer Krieter - wie alle selbständigen Seelsorgegeistlichen des Bistums Hildesheim - einen Fragebogen zugeschickt. Die Antworten sollten Auskunft über die derzeitige Situation des Religionsunterrichts in den Bekenntnisschulen geben.[148] Pfarrer Krieter antwortete:

„Statistik des katholischen Religionsunterrichts 1935:

Katholische Volksschule: 811 Kinder; 19 Klassen;

Seit Ostern 1933 ist keine Kürzung der wöchentlichen Stundenzahl eingetreten.
Den religiösen Unterricht erteilen die Pfarrgeistlichen und Lehrer und Lehrerinnen; wöchentlich 72 Religionsstunden, davon 8 Stunden Katechismus (Pastor), 8 Stunden Katechismus (Kaplan Dorenkamp) 12 Stunden Katechismus (Kaplan Bank) 44 Stunden Biblische Geschichte (Lehrer und Lehrerinnen).

Besonderer Unterricht besteht zur Vorbereitung auf die erste hl. Kommunion; nicht auf die monatliche Beichte und Kommunion, da in Verbindung mit dem planmäßigen Unterricht. Es besteht ein religiöser Schulentlassungsunterricht.

Religionsunterricht für kath. Kinder nichtkatholischer Schulen:
Im Lyzeum 2, im Realgymnasium 8 Kinder; wöchentlich 5 Stunden durch Pfarrgeistliche, davon 4 Stunden im Lyzeum, 1 Stunde im Pfarrhaus; 400 RM Vergütung für den Unterricht aus öffentlichen Kassen.

Volksschüler an nichtkatholischen Schulen:
24 Kinder erhalten wöchentlich 2 Stunden Religionsunterricht (amtlich) in der Hilfsschule (simultan) durch einen Pfarrgeistlichen und einen kath. Lehrer; es gibt keine Vergütung.

---

[147] Archiv der katholischen Kirchengemeinde St. Bonifatius, Akte „Schule 1904 bis 1940". Als Simultanschule bezeichnete man eine Schule, in der Kinder sowohl katholischen als auch evangelischen Bekenntnisses und auch Kinder ohne religiöse Bindung unterrichtet wurden.

[148] Bistumsarchiv Hildesheim, Schreiben des BGV, in Vertretung Seeland, Nr. 7677, vom 25. Juli 1935.

In Niedergeorgswerder erhalten 10 Kinder in der evangelischen Schule wöchentlich 2 Stunden Religionsunterricht (amtlich; montags und mittwochs von 11 bis 12 Uhr; keine Unterrichtsvergütung)" [149]

Pfarrer Krieter war mit der Situation des Religionsunterrichts in der katholischen Schule Wilhelmsburgs im Jahre 1935 noch zufrieden. In diesen Tagen hatte er eher den Eindruck, die kirchliche Jugendarbeit sei gefährdet.

3.10   Nur „rein-religiöse" Jugendarbeit ist noch erlaubt.

Mit bösen Ahnungen für die Zukunft erinnerte sich Pfarrer Krieter immer wieder an den 1. Juli 1933. An diesem Samstag hatten zwei Kriminalbeamte um 10 Uhr 30 an der Tür seines Pastoratshauses, Reeseberg 16, geklingelt. Sie hatten einen schriftlichen Auftrag vorgewiesen: Die kirchlichen Vereine der Gemeinde seien eventuell aufzulösen und eventuelles Vermögen sei zu beschlagnahmen. Die Beamten hatten damals genau gewusst, welche Vereine in der Gemeinde existierten. Sie hatten ihre Fragen sehr zielsicher gestellt und sich das Konferenzzimmer und die Borromäus-Bibliothek zeigen lassen. Sie hatten einige Bücher durchblättert, hatten gedroht, die Bibliothek zu beschlagnahmen und hatten dann doch nur die „Westdeutsche Arbeiterzeitung" mitgenommen, von der 25 Exemplare in der Bibliothek ausgelegen hatten. Auf die Beschlagnahme des „Vermögens" von 50 Pfennig, das sich damals in der Vereinskasse befand, hatten die Beamten verzichtet. Sie waren schließlich zu ihrer Dienststelle zurückgekehrt. Eine Dreiviertelstunde später hatten sie telefonisch mitgeteilt, die Angelegenheit habe sich vorläufig erledigt. Pfarrer Krieter war damals von der Hausdurchsuchung sehr beeindruckt gewesen. Noch am selben Tag hatte er den Vorfall schriftlich der Bischöflichen Behörde gemeldet. [150]   Seit diesem Erlebnis fürchtete Pfarrer Krieter, Beamte der Staatspolizei würden eines Tages in das Pfarrhaus kommen, die Mitgliederlisten der kirchlichen Gruppen und Vereine beschlagnahmen und anschließend gegen Vereinsmitglieder oder gegen ihn selbst vorgehen. Was Pfarrer Krieter unternahm, berichtete die Zeitzeugin Martha Swoboda: „Mein Vater und mein Bruder haben im Gemeindehaus und im Pfarrhaus immer `mal geholfen, wenn es für Handwerker etwas zu tun gab. ... Wir wohnten ja auch ganz in der Nähe des Pfarrhauses. Da hat der Pastor einmal zu meinem Vater gesagt: `Können die Kapläne nicht `mal zu euch kommen?´ Dann sind die zu uns gekommen und haben alle Papiere der Gemeinde, die für die Nazis wichtig sein konnten, bei uns in der Heizung - im Keller - verbrannt. Einen ganzen Tag lang waren die Kapläne hier zu Gange, hier im Heizungskeller! Das sollte ja geheim bleiben." Jonny Swoboda bemerkte zu diesem Bericht: „Ich kann bestätigen, dass das so war. Eines Tages kam nämlich einer von den beiden Kaplänen zu uns in die `Sturmschar´ und sagte: `Ihr braucht keine Sorge zu haben, dass das (= eure Mitgliedschaft in einer katholischen Gruppe; Anm. d. Verf.) herauskommt, denn wir haben alles vernichtet, alle Karteikarten usw., alles.

---

[149]   Archiv der Kirchengemeinde St. Bonifatius, Akte „Rundschreiben kirchlicher Behörden 1920 bis 1944"

[150]   Der Wortlaut dieses Briefes ist erhalten. Bistumsarchiv - Zn VI 5 (Abschrift von Originalschreiben) X 3, veröffentlicht in: Das Bistum Hildesheim 1933-1945. Eine Dokumentation, a. a. O., S. 465 Hintergrund des Geschehens war ein Befehl der geheimen Staatspolizei an alle preußischen Staatspolizeistellen. Danach sollten am 1. 7. 1933 die Geschäftsstellen bestimmter katholischer Verbände geschlossen werden. Außerdem sollte in allen Kirchengemeinden dem Verdacht strafbarer Handlungen - insbesondere „Vermögensschiebungen" - nachgegangen werden. Vgl. Haller, Winfried, Die Aufhebung der katholischen Organisationen, Vereine und Verbände. in: Das Bistum Hildesheim 1933-1945, Eine Dokumentation. a. a.O., S. 457- 460

Wenn hier in der Gemeinde eine Durchsuchung kommt, die werden nichts finden."[151] Pfarrer Krieter handelte früh und in eigener Verantwortung, als er die Mitgliederlisten vernichten ließ. Zwei Jahre später, im Jahre 1937, forderte Bischof Joseph-Godehard die Pfarrer und selbständigen Seelsorgegeistlichen des Bistums auf, alle Vereinsmitgliederlisten nach Hildesheim zu senden, damit sie dem Zugriff der Geheimen Staatspolizei entzogen seien.[152]

In Wilhelmsburg hatte es bis dahin keine Auseinandersetzungen zwischen Nationalsozialisten und katholischen Jugendlichen gegeben. Möglicherweise lag das an dem guten privaten Verhältnis, das Pfarrer Krieter zum Führer eines SA-Sturms unterhielt.[153] Dennoch war auch in Wilhelmsburg die Situation der kirchlichen Vereine gefährdet. Die intensive, einschüchternde Werbung für die Hitlerjugend, die in der katholischen Bekenntnisschule Wilhelmsburgs seit 1933 üblich war, wurde jetzt verschärft. Auch davon berichtete die Zeitzeugin Martha Swoboda: „Man wurde ja auch gefragt: 'Wer ist nicht im BDM (Bund Deutscher Mädel)? Warum gehst du da nicht hinein'? Jeder musste dann aufstehen und sagen, warum er nicht mitmachte. Meine Freundin hat gesagt: 'Meine Eltern erlauben das nicht'! Da habe ich sie noch angestoßen. Wie konnte sie das sagen! Das war doch gefährlich! Ich habe gesagt: 'Ich gehe lieber zu 'Glaube und Schönheit'. Das war auch ein Nazi-Verein, aber der war nicht so schlimm, dass man da dauernd hingehen und antreten musste. …"

Am 23. Juli 1935 gab Heinrich Himmler in seiner Funktion als stellvertretender Chef der Preußischen Geheimen Staatspolizei und als Polizeikommandeur der übrigen Länder eine Polizeiverordnung heraus. Sie präzisierte die Einzelheiten einer früheren Anordnung des Reichsinnenministers und nannte schärfere Strafen. Auf Grund des § 1 der Verordnung des Reichspräsidenten zum Schutz von Volk und Staat vom 28. Februar 1933 bestimmte Himmler:

„ Allen konfessionellen Jugendverbänden … ist jede Betätigung, die nicht rein kirchlich-religiöser Art ist, … untersagt. …

Es ist verboten:

1. Das Tragen von Uniformen … uniformähnlicher Kleidung und Uniformstücken, die auf die Zugehörigkeit zu einem konfessionellen Jugendverband schließen lassen. Hierunter fällt auch das Tragen von Uniformen oder zur Uniform gehöriger Teilstücke unter Verdeckung durch Zivilkleidungsstücke (z. B. Mäntel) sowie jede sonstige einheitliche Kleidung, die als Ersatz für die bisherige Uniform anzusehen ist.

2. Das Tragen von Abzeichen, welche die Zugehörigkeit zu einem konfessionellen Jugendverband kenntlich machen (PX, DJK-Abzeichen pp.).

3. Das geschlossene Aufmarschieren, Wandern und Zelten in der Öffentlichkeit, ferner die Unterhaltung eigener Musik- und Spielmannszüge.

4. Das öffentliche Mitführen oder Zeigen von Bannern, Fahnen und Wimpeln, ausgenommen bei Teilnahme an althergebrachten Prozessionen, Wallfahrten, Primiz- und anderen Kirchenfeiern sowie Begräbnissen.

5. Jegliche Ausübung und Anleitung zu Sport und Wehrsport aller Art.

---

[151] Die Berichte von Martha und Jonny Swoboda sind Zitate aus dem Gespräch vom 22. 1. 2004

[152] Vgl. Chronik der Kirchengemeinde St. Maria, Bd. 1, S. 155 / 156

[153] Der Zeitzeuge Albin Lisiewicz berichtete in dem Gespräch vom 27. 1. 2004 : „Es gab in Wilhelmsburg zwei SA-Stürme. Ein SA-Sturm hatte seinen Sitz bei (der Gastwirtschaft) Hintze, genau hinter der Brücke, die über den Veringkanal führt, da bei dem heutigen Krankenhaus, also ganz in der Nähe der Bonifatiuskirche. Der zweite SA-Sturm saß in der Rotenhäuser Straße, an der Kreuzung mit der Georg-Wilhelm-Straße. Das Gasthaus hieß Schulte… Ich weiß, dass er (Pfarrer Krieter; Anm. d. Verf.) einen guten Kontakt zu dem SA-Sturm bei Hintze hatte. Und zwar war der Sturmführer da ein „Auch-Katholik".

6. Wer dieser Verordnung zuwiderhandelt, oder wer zu einer solchen Zuwiderhandlung auffordert oder anreizt, wird ... mit Zwangsgeld oder Zwangshaft bestraft. Unerlaubt getragene Uniformstücke oder Abzeichen, unerlaubt mitgeführte Banner, Fahnen oder Wimpel sind einzuziehen." [154]

Himmlers Polizeiverordnung beendete für alle katholischen Jugendgruppen das Auftreten in der Öffentlichkeit. Für die katholische Sportbewegung Deutsche Jugendkraft (DJK), die im Jahre 1932 noch ca. 380.000 Mitglieder und 4.200 angeschlossene Vereine umfasste,[155] bedeutete die Polizeiverordnung das vollständige Ende, auch in Harburg-Wilhelmsburg.[156]

Abb.39 : Pfarrer Krieter (aus Sicht des Betrachters die 4. Person oben links) mit der Marianischen Kongregation auf der „Höpenwiese" im Sommer 1935.

Am 3. August 1935 erhielt Pfarrer Krieter ein Schreiben des Bischöflichen Generalvikariates „ ... Staatstreu und gehorsam, auch wenn es harte Opfer bringen heißt, rollen wir ... die geweihten Fahnen und Wimpel der katholischen Jugend-, Jungmänner- auch Gesellen- und Jungmädchenvereine ein und geben sie als ein Votivgeschenk der Katholischen Jugend in das Heiligtum der Kirche, so wie Krieger ihre Ehrenzeichen an Wallfahrtsorten u. ä. niederlegten. ... Die Pfarrer und selbständigen Seelsorger ersuchen wir, auch die ihnen unterstellten Hilfsgeistlichen, denen die Leitung der in Betracht kommenden Vereine obliegt, von diesem Schreiben in Kenntnis zu setzen. Das Schreiben ist nicht auf der Kanzel zu verlesen. In Vertretung, gez. Seeland"

---

[154] Vgl. Dokument 142 in Müller, Hans, Katholische Kirche und Nationalsozialismus, a., a., O., S. 336

[155] Vgl. www.bundesarchiv.de Bearbeiter Georg Eckes, BArch, R 8111 / ...

[156] In Harburg-Wilhelmsburg gab es wegen der vollständigen Auflösung der DJK-Vereine keine Äußerungen des Bedauerns, die schriftlich Niederschlag gefunden hätten. Das erklärt sich erstens dadurch, dass die damals in Harburg-Wilhelmsburg tätigen Geistlichen - auch Pfarrer Krieter - dem Sport emotional nicht verbunden waren. Zweitens waren viele DJK-Sportler gleichzeitig Mitglied in den so genannten „weltlichen Sportvereinen". Wie der Zeitzeuge Franz Lota in dem Gespräch vom 23. 11. 2004 berichtete, betrieben viele katholische Jugendliche in der DJK Ergänzungssport und im „weltlichen Sportverein" Leistungssport.

Mit diesem Schreiben kapitulierte die Bischöfliche Behörde endgültig vor dem Daueranriff der Nationalsozialisten auf katholische Jugendgruppen und Vereine.[157] Fortan konnte die „Höpenwiese" von den Jugendlichen der Bonifatiusgemeinde nicht mehr so genutzt werden wie früher. Tagesausflüge, gemeinsames Wandern, gemeinsames Übernachten, sogar der Reigentanz der Lioba-Mädchen hatten zu unterbleiben, und Pfarrer Krieter sah es nicht gern, wenn leichtsinnige Kapläne das Verbot - hin und wieder- missachteten.[158]

3.11   Die „Wandernde Kirche"

Adolf Hitler gab am Samstag, den 16. März 1935, die Wiedereinführung der allgemeinen Wehrpflicht bekannt, am 26. Juni 1935 wurde der Arbeitsdienst Pflicht für alle jungen Leute im Alter von 18 bis 25 Jahren. Sowohl in der Wehrpflicht als auch im Arbeitsdienst sah die Katholische Kirche eine Gefährdung ihres Einflusses auf die Jugend. Das galt ebenso für die freiwilligen Aufenthalte schulentlassener Kinder in „Landjahrheimen".[159]
Was die katholischen Geistlichen der Stadt Harburg-Wilhelmsburg über die Landjahraufenthalte dachten, fasste Pfarrer Wüstefeld in Worte. Er schrieb in die Chronik seiner Kirchengemeinde: „Ferner ist besonders Gefahr drohend die Unterbringung katholischer Kinder in Landjahrlagern, wo in den allermeisten Fällen für diese Kinder keine Erlaubnis erteilt wird zum Besuch des Gottesdienstes und zum Empfang der Sakramente. Was soll man dazu sagen, dass alle Jahre wieder `katholische' Eltern ihre Kinder in solche Lager schicken? Es ist ja so bequem, wenn den Eltern die Sorge und die Erziehung abgenommen werden!" [160] Die Deutsche Bischofskonferenz hatte als Reaktion schon 1934 die „Seelsorge für die Wandernde Kirche" eingerichtet. Die Bischöfe fassten unter dem Sammelbegriff „Wandernde Kirche" zunächst nur die jungen Menschen zusammen, die im Arbeitsdienst, in der Landhilfe und in Landjahrheimen waren. Später rechneten die Bischöfe auch alle erwachsenen Wanderarbeiter in Landwirtschaft und Industrie der „Wandernden Kirche" hinzu. „Binnen weniger Monate entstand 1934 / 35 eine zentrale kirchliche Instanz, die sich im Auftrag des Episkopats - über die Diözesan- und Verbandsebenen hinweg reichsweit operierend - mit den seelsorgerlichen Herausforderungen auseinandersetzen sollte, die aus der staatlich gelenkten Binnenwanderung resultierten.[161] Die Seelsorge für die „Wandernde Kirche" richtete ihre Geschäftsstelle in Berlin ein.
Für die „Wandernde Kirche" in der Umgebung Harburg-Wilhelmsburgs hatte das Generalvikariat Hildesheim zu Beginn des Jahres 1934 den Kaplan Freese abgestellt. Er war im Vinzenzhaus der St. Franz-Josef-Gemeinde einquartiert worden. Seine erste Aufgabe war, Kontakt zu den Leitungen der Landjahrheime in den Orten Schwiederstorf, Kakenstorf und Steinbeck herzustellen.

---

[157] Dieses Schreiben des Bischöflichen Generalvikariates Hildesheim ist veröffentlicht in: Das Bistum Hildesheim 1933-1945. Eine Dokumentation. a., a., O., S. 476
[158] Vgl. das Gespräch mit der Zeitzeugin Gertrud Matzat vom 7.2.2005
[159] Im Protokollbuch der Bonifatiusschule „Konferenzberichte 1927 bis 1960", S. 151 heißt es: „Jede 1. Klasse (= jede Abschlussklasse der Volksschule; Anm. d. Verf.) hat einmal im Jahr ein Landschulheim zu besichtigen." Die Besichtigung im Klassenverband sollte möglichst viele Kinder dazu bringen, nach der Schulentlassung einen freiwilligen „Landjahraufenthalt" anzutreten". Ein Landjahraufenthalt dauerte acht Monate. Die Belegung und Leitung der Heime lag bei der NSV.
[160] Chronik der Kirchengemeinde St. Maria, Bd. 1, S. 257 / 258.
[161] Zitat aus Flammer, Thomas, Migration und Milieu. Die Auswirkungen von Migration auf Kirche und Gläubige am Beispiel der Arbeit des `Katholischen Seelsorgedienstes für die Wandernde Kirche". In: Hummel, Karl- Joseph / Kösters, Christoph (Hrsg.) Kirchen im Krieg,. Europa 1939-1945, Schöningh, 2007 , ISBN 978-3-506-75688-6, S. 402.

Danach sollte er die religiöse Betreuung der rund 150 katholischen Jugendlichen in den Heimen organisieren. Solange er Pastor in Harburg-Wilstorf gewesen war, hatte Pfarrer Krieter an der Arbeit des Kaplans Freese lebhaft Anteil genommen. Als der Kaplan erreicht hatte, dass in den Landjahrheimen an jedem Sonntag und an mehreren Werktagen ein katholischer Gottesdienst stattfinden durfte, hatte Pastor Krieter sich über den Erfolg des jungen Mitbruders von Herzen gefreut. Weil die Landjahrheime während der Monate November, Dezember, Januar und Februar geschlossen blieben, hatte Kaplan Freese seine Arbeit im Winter 1934 beendet. Jetzt, im Jahre 1935, waren sogar zwei Kapläne zur Betreuung der Landjahrheime in der Umgebung Harburgs eingesetzt. Sie wohnten in Lüneburg und besuchten die Jugendlichen mit dem Motorrad bzw. Auto.[162] Zur selben Zeit wurde Kaplan Bernard Bank beauftragt, die katholischen Jugendlichen zu betreuen, die sich in den beiden Lagern des Arbeitsdienstes auf der Elbinsel Wilhelmsburg befanden. Zur An- und Rückfahrt benutzte Kaplan Bank sein privates Motorrad. Ab dem 6. Dezember 1935 mussten die Geistlichen der Bonifatiuskirche zusätzlich das Lager des Arbeitsdienstes in Tostedt versorgen. Wegen dieser sehr weiten, zusätzlichen Dienstwege beantragte Pfarrer Krieter die Bereitstellung eines Autos für die Bonifatiusgemeinde, doch sein Antrag wurde vom Generalvikariat abgelehnt.[163]

Nach ihrer Einberufung zur Wehrmacht konnte Pfarrer Krieter die jungen Männer der Bonifatiusgemeinde nicht mehr religiös betreuen. Deswegen richtete er „Besinnungstage für Rekruten" ein. Sie sollten den jungen Männern moralische Leitlinien und seelischen Halt für ihre Soldatenzeit mitgeben. Die ersten „Besinnungstage" fanden im November 1935 statt. Sie wurden von den Rekruten dankbar angenommen. Danach organisierte Pfarrer Krieter - bis in die Jahre des Zweiten Weltkrieges hinein - Jahr für Jahr „Besinnungstage für Rekruten".[164]

3.12 NS - Lügengeschichten über einen Bischof und einen Generalvikar

Im März 1935 wurde Pfarrer Krieter durch die Nachricht vom Tod des Berliner Bischofs Dr. Nikolaus Bares überrascht. Völlig unerwartet war der ehemalige Bischof von Hildesheim am 1. März 1935 gestorben. In den Tagen nach dem Tod des Bischofs litt Pfarrer Krieter unter der unverschämten Art, mit der die Nationalsozialisten den toten Bischof Bares als ihren Sympathisanten hinstellten. Höchste staatliche Stellen waren am 7. März 1935 beim Begräbnis des Bischofs anwesend. Der „Völkische Beobachter" widmete Bischof Dr. Bares einen wohlwollenden Gedenkartikel. Aber Pfarrer Krieter wusste es genau und dafür hätte er Beweise liefern können: Bischof Bares war schon vor dem 30. Januar 1933 kein Freund der Nationalsozialisten gewesen,[165] und in den Monaten unter der Herrschaft Adolf Hitlers war er es ganz gewiss nicht geworden.

---

[162] Vgl. Chronik der Kirchengemeinde St. Maria, Bd.1, S. 109 und 115.

[163] Archiv der Kirchengemeinde St. Bonifatius, Akte „Kapläne". Die Geistlichen sollten mit dem Mietauto nach Tostedt fahren. Die entstehenden Kosten wurden vom Generalvikariat Hildesheim ersetzt. Später übernahm ein namentlich nicht bekanntes Mitglied der Gemeinde St. Bonifatius kostengünstiger den Transport des jeweiligen Geistlichen nach Tostedt. Der Mann benutzte sein privates Auto.

[164] Der Zeitzeuge, Pfarrer i. R. Joachim Ernst, berichtete am 1.4. 2004: „Pfarrer Krieter hat - wie das damals wohl so üblich war - Patres besorgt, die für alle, die eingezogen werden sollten, `Besinnungstage´ machten."

[165] Vgl. Nowak, Josef, Katholische Situation zwischen 1931 und 1934, in: Das Bistum Hildesheim 1933-1945, a. a. O., S.62

Politisch wache Katholiken, zu denen man Pfarrer Krieter rechnen darf, erinnerten sich an das mutige Verhalten des Bischofs Dr. Bares in den Tagen der so genannten Röhm-Revolte. Der Bischof hatte damals für jedermann erkenntlich gemacht, dass Dr. Klausener - der Leiter der „Katholischen Aktion" in Berlin - Opfer eines Mordes geworden war.

Abb.40: Dr. Nikolaus Bares, Bischof von Hildesheim (1929 bis 1934) und Berlin (1934 bis 1935)

Die zweite Nachricht, die Pfarrer Krieter im März des Jahres 1935 bestürzt und traurig stimmte, war die Meldung, Dr. Otto Seelmeyer, der Generalvikar der Diözese Hildesheim, sei inhaftiert worden und werde vor Gericht gestellt. Angeblich habe Dr. Seelmeyer schwere Verbrechen gegen die Devisenbestimmungen des Deutschen Reiches begangen. Pfarrer Krieter glaubte nicht eine Sekunde an die Vorwürfe. Er kannte den Generalvikar seit dem Jahre 1929 als Inbegriff der Korrektheit. Es war völlig ausgeschlossen, dass sich Dr. Seelmeyer zu einem Devisenverbrecher gewandelt haben sollte. In den nächsten Monaten verfolgte Pfarrer Krieter voller Mitleid das weitere Schicksal seines verehrten Generalvikars. In einem ersten Prozess vor dem Sondergericht für Devisenverbrechen in Berlin-Moabit wurde Dr. Seelmeyer verurteilt zu einer Geldstrafe von 150.000 Reichsmark, viereinhalb Jahren Zuchthaus und zum Verlust der bürgerlichen Ehrenrechte auf Dauer von fünf Jahren. Das Urteil der Berufungsverhandlung im Jahre 1936 setzte die Zuchthausstrafe auf dreieinhalb Jahre herab. Als Dr. Seelmeyer im Sommer 1937 vorzeitig aus dem Zuchthaus Brandenburg-Göhrden entlassen wurde und nach Hildesheim zurückkehren durfte, durfte er selbstverständlich die Stellung des Generalvikars nicht wieder einnehmen.[166]

In der Folgezeit mußte Pfarrer Krieter erleben, wie immer mehr angesehene Männer und Frauen der Kirche vor das „Sondergericht für Devisenvergehen" gezerrt wurden. „In etwa 60 Strafverfahren wurden über einfache Nonnen und Priester bis hin zu Generaloberinnen und Bischöfen mehrjährige Zuchthausstrafen, hohe Geldbußen und die Aberkennung der bürgerlichen Ehrenrechte verhängt."[167] Natürlich durchschaute Pfarrer Krieter die Absicht der Devisenprozesse.

Abb. 41: Dr. Otto Seelmeyer, Generalvikar der Diözese Hildesheim von 1929 bis 1935; verstorben am 24. 1. 1942

Es ging einzig und allein darum, bei den Gläubigen das

---

[166] Bis zu seinem Tode - am 24. Januar 1942 - lebte Dr. Seelmeyer als seelisch gebrochener Mann verborgen in der Domdechanei Hildesheim. Erst 1971 wurden Beweise veröffentlicht, dass Dr. Seelmeyer unschuldig und ein Opfer nationalsozialistischer Politik geworden war. Vgl. Nowak, Josef, Der Devisenprozess Dr. Seelmeyer - Ein Generalvikar ging unschuldig ins Zuchthaus, in: Das Bistum Hildesheim 1933-1945, Eine Dokumentation, Verlagsbuchhandlung Lax, Hildesheim 1971, S. 507 ff.

[167] Zitat aus Besier, G. , Die Kirchen und das Dritte Reich, a., a., O., S. 160

hohe Ansehen des Klerus zu schmälern. Das traurige Geschehen um Dr. Seelmeyer hatte für Pfarrer Krieter allerdings eine Folge, die ihm lieb war: sein Duzfreund, Dr. Wilhelm Offenstein, wurde der neue Generalvikar der Diözese Hildesheim.

3.13 Kirchliche Feiern in Harburg-Wilhelmsburg

Im Archiv der Kirchengemeinde St. Bonifatius finden sich keine Quellen, die vom Ablauf der hohen kirchlichen Festtage in der Bonifatiuskirche, von der Gestaltung der Andachten im Jahreslauf, von den Erstkommunion- und Firmungsfeiern und vom sonstigen liturgisch-pastoralen Wirken des Pfarrers Krieter berichten. Es darf aber angenommen werden, dass die kirchlichen Feiern in Wilhelmsburg ähnlich verliefen wie die Feiern in Harburg. Hinter dieser Annahme stehen drei Tatsachen: Erstens waren Vorschriften zur Liturgie, die aus Rom und Hildesheim kamen, für alle Seelsorgestellen bindend. Zweitens standen die Geistlichen von St. Bonifatius mit den Geistlichen in Harburg in dauerndem Kontakt und Ideenaustausch. Drittens ließ sich Pfarrer Krieter hinsichtlich liturgischer Belange besonders gern von dem musisch hoch begabten Alban Wüstefeld anregen.

In der Chronik von St. Maria notierte Pfarrer Alban Wüstefeld zum Januar 1935: „Am Donnerstag, 3. Januar 1935, wurde die seit 1932 am Vorabend der Herz-Jesu-Freitage bestehende `Herz-Jesu-Sühneandacht´ aufgrund bischöflicher Verordnung zum 1. Male abends von 8 bis 9 Uhr als `stille Heilige Stunde´ gehalten. Es wird bei dieser Andacht keine Orgel gespielt! Zu Beginn exponiert der Priester das Allerheiligste und intoniert das Lied: `Wir beten an…´ Danach verlässt der Priester den Altar, um während der `stillen Heiligen Stunde´ Beichtgelegenheit zu geben. Während der `stillen Heiligen Stunde´ betet jeder Gläubige für sich. Gerade dieses stille Gebet hat die Gläubigen ergriffen. Ganz allgemein war man nachher der Ansicht, dass diese Art der stillen Andacht beibehalten werden möchte. …[168] Zur Vorbereitung auf das Osterfest fanden traditionell „Fastenpredigten" statt. Zum Prediger in St. Maria wurde Kaplan Bernard Bank aus Wilhelmsburg berufen. Aber Kaplan Bank erkrankte bald nach Beginn der Fastenzeit schwer. Pfarrer Wüstefeld musste selbst predigen. Wer in der Bonifatiuskirche die „Fastenpredigten" hielt, ist unbekannt. Vielleicht konnte Pfarrer Krieter einen der Pallottiner-Patres vom St. Raphaelsverein in Hamburg - Pater Dr. Max Groesser oder Pater Wilhelm Nathem - für diese Aufgabe gewinnen. Während seiner Zeit als Pastor von St. Franz-Josef hatte Pfarrer Krieter mehrfach auf die Hilfe der Pallottiner vertrauen können.[169]

---

[168] Chronik der Kirchengemeinde St. Maria, Bd. 1, S. 112

[169] Im Jahre 1930 wirkte Dr. Groesser bei einer „Missionserneuerung", das heißt bei einer religiösen Woche in der St. Franz-Josef-Gemeinde mit. Chronik der Kirchengemeinde St. Franz-Josef, Bd.1, S. 39 „Pallottiner" nennt sich eine vom Priester V. Pallotti 1834 / 35 gegründete Priestergemeinschaft ohne Gelübde, aber mit dem Versprechen zum gemeinsamen Leben nach den „evangelischen Räten" = in persönlicher Armut, Keuschheit (=Ehelosigkeit) und Gehorsam. Der St. Raphaelsverein betreute Personen, die aus Deutschland auswandern wollten. Von 1930 bis 1940 war der Pallottiner, Dr. Max-Joseph Groesser, Generalsekretär des St. Raphaelsvereins. Am 22. März 1935 gründete Bischof Wilhelm Berning, einen „Hilfsausschuss für katholische Nichtarier" gegründet. Der Hilfsausschuss hatte eine Arbeitsstelle in Berlin. Die zweite Arbeitsstelle befand sich beim St. Raphaelsverein in Hamburg. Sie stand unter der Leitung des Dr. Groesser und seines Assistenten, Wilhelm Nathem. Vgl. Reutter, Lutz-Eugen, Katholische Kirche als Fluchthelfer im Dritten Reich, Paulus-Verlag, Recklinghausen- Hamburg, 1971, S. 73 und Hermanns, Manfred, Weltweiter Dienst am Menschen unterwegs, Auswandererberatung und Auswandererfürsorge durch das Raphaels-Werk 1871 -2011, Palotti - Verlag,Friedberg (Bayern), 2011 S. 118 ff.

Abb. 42 : Ein Foto aus dem Jahre 1930 zeigt vor der katholischen Kapelle der Auswanderer-Hallen in Hamburg-Veddel unter anderen Persönlichkeiten den damaligen Nuntius Eugenio Pacelli - später Papst Pius XII. -, Bischof Berning von Osnabrück und die Patres Dr. Max Groesser und Wilhelm Nathem Die Patres sind die beiden - aus Sicht des Betrachters - rechts vorne stehenden Priester.

Aus der Chronik von St. Maria ist weiter zu erfahren, dass es 1935 eine neue Karfreitagsliturgie gab. Erstmalig war der Hochaltar „ganz in Schwarz gehüllt". Die „Auferstehungsfeier" fand in St. Maria am Morgen des Ostersonntags um 7 Uhr statt. Es war ein Levitenamt mit Predigt und Kommunion.[170] Vom Fronleichnamtag des Jahres 1935 wird in der Chronik von St. Maria berichtet, dass der Polizeipräsident und Staatsrat Stange die Bitte der Katholiken abschlug, bei der Fronleichnamsprozession die Marienstraße und die Wilhelmstraße zu benutzen. Er behauptete, dass bei einer öffentlichen Prozession der Katholiken „Unruhen zu befürchten" wären. Die Prozession durfte in Harburg also nur in der Kirche stattfinden. Dagegen durften die Gläubigen der Bonifatiusgemeinde ihre Prozession im Jahre 1935 - und auch 1936 - noch in der Öffentlichkeit durchführen. Die Fronleichnamsprozession nahm ihren traditionellen Weg von der Kirche über die Bonifatiusstraße hinweg zum Gemeindehaus und zum Schulhof der katholischen Schule. Dort waren zwei Altäre aufgebaut. Vom Schulhof zog die Prozession zur Kirche zurück.[171]

Am Nachmittag des Fronleichnamtages 1935 beging die Bonifatiusgemeinde auf der Gemeindewiese im Höpen zum letzten Mal während des Dritten Reiches eine „weltliche" Feier. Das geschah, obwohl Reichsinnenminister Frick am 12. 5. 1935 angeordnet hatte, „dass rein weltliche Feiern konfessioneller Vereine und Verbände ...in Zukunft zu verbieten sind, da sie mit Religion nichts zu tun haben."[172]

[170] Chronik der Kirchengemeinde St. Maria, Bd.1, S. 114

[171] Vgl. Chronik der Kirchengemeinde St. Bonifatius , Seite 38

[172] Vgl. Das Bistum Hildesheim 1933-1945. Eine Dokumentation. a. a. O., S. 332 ff.

Reichskirchenminister Hanns Kerrl verbot am 9. Juni 1936 „sämtliche weltliche Feiern, die gelegentlich des Fronleichnamfestes vorgesehen" waren. Das Generalvikariat Hildesheim forderte alle Pfarrer auf, diese Verfügung streng zu beachten.[173]

Abb.43: In Wilhelmsburg war die Fronleichnamsprozession im Jahre 1936 noch öffentlich. Das beweist ein Foto aus diesem Jahr. Es war die letzte Prozession, die während des Dritten Reiches außerhalb des „Wilhelmsburger Vatikans" stattfand. Vgl. Chronik der Kirchengemeinde St. Bonifatius, S. 38.

Ausführlich wird in der Chronik von St. Maria von der liturgischen Gestaltung des Festes „Christkönig" berichtet. Das besondere Ereignis an diesem Festtag war die Feier um 6 Uhr abends. Bei ihrer liturgischen Gestaltung spielte Kaplan Johannes Bank, der Bruder des Kaplans Bernard Bank, eine Hauptrolle. Es ist sehr wahrscheinlich, dass die Brüder Bank sich hinsichtlich der Feiergestaltung ausgetauscht haben. Deswegen wird die Abendfeier in Wilhelmsburg genauso verlaufen sein wie die Feier in Harburg:
Der Altarraum war so hell wie möglich beleuchtet. Weiß gekleidete, Blumen streuende Mädchen knieten rechts und links am Stufenaufgang zum Altar. Der Altar war aufs Festlichste mit vielen Kerzen und Blumen geschmückt. Dreißig größere Jungen der katholischen Schule und dreißig Mädchen standen mit brennenden Kerzen vor dem Josef- und vor dem Marienaltar. Nach längerem Geläute der Kirchenglocken hielten um 6 Uhr - unter leisem Orgelspiel - die Träger der Vereinsfahnen ihren Einzug.[174] Sie nahmen rechts und links vom Hochaltar Aufstellung. Darauf gingen zwölf Ministranten und die Priester zum Altar. Die Monstranz mit der geweihten Hostie wurde auf dem Hochaltar ausgestellt. Dann sang die Gemeinde alle Strophen des Liedes: „Kommt und lobet ohne End' das hochheil'ge Sakrament ...".

---

[173] Schreiben des Bischöflichen Generalvikariates, Offenstein, Nr. 5159, 9. Juni 1936 in Archiv der Kirchengemeinde St. Bonifatius, Akte „Rundschreiben kirchlicher Behörden 1929-1944"

[174] In der Kirche durften die Vereinsfahnen gezeigt werden, in der Öffentlichkeit nicht!

Während der letzten Strophen schritten die Schulkinder von den Seitenaltären her in die Mitte, vor die Altarraumstufen. Kaplan Bank sprach dann - von der Orgelempore herab - abwechselnd mit dem Kirchenchor: `Dem König der Ewigkeit, dem Unsterblichen und Unsichtbaren, dem alleinigen Gott sei Ehre und Preis von Ewigkeit zu Ewigkeit ...´ Alle Mitglieder des Chores entgegneten gemeinsam: `Heilig, heilig, Gott der Heerscharen ...´ Dann sang die Gemeinde alle Strophen des Liedes: `Schönster Herr Jesu ...´ Darauf sprachen die Jungen im Wechsel mit den Mädchen einen Huldigungssprechchor. Die Mädchen begannen: `Jesus Christus, mein ewiger König! Ich huldige Dir und rufe Dir zu ...´ Die Jungen sprachen weiter: `Es lebe Christus, der König! ´

Nach diesem gesprochenen Huldigungschor sangen alle Kinder drei Strophen des Liedes: `O Jesus, ich glaub´ an Dich! ´ Von der Orgelempore sprach danach Kaplan Johannes Bank abwechselnd mit dem Kirchenchor aus dem 2. Psalm: `Preiset unseren König ...´ Dann hatte der Kirchenchor seinen Gesangsauftritt mit einem Herz-Jesu-Lied.

Es folgte der Höhepunkt der Andacht: Die Männer und Jungmänner traten von ihren Plätzen - in den Bänken des Mittelschiffes der Kirche - heraus und zogen mit brennenden Kerzen durch den Mittelgang der Kirche um die Bänke des Mittelschiffes der Kirche herum, in die Gänge der beiden Seitenschiffe der Kirche und zurück zu ihren Plätzen. Während dieser Prozession sang die ganze Gemeinde: Kommt her, ihr Kreaturen all ...´ und `Herz-Jesu, mit Dornen umwunden ...´ Anschließend betete der Pfarrer der Gemeinde das `Weihegebet´. Es folgten die lateinisch gesungenen Lieder: `Te Deum ...´ und `Tantum ergo ...´. Als Schlusslied wurde das `Christkönigslied gesungen: ´ O, du mein Heiland ...´ Mit einem Orgelnachspiel und dem Auszug der Vereinsfahnen, der Jungen und Mädchen, der Messdiener und der Geistlichen endete die Christkönigsfeier." [175]

An diesem Beispiel wird deutlich, wie Kaplan Bank und Pfarrer Wüstefeld die Gestaltung der Gottesdienste in der Harburger Kirche St. Maria bis zu den letzten Kleinigkeiten durchplanten und ausfeilten. Als guter Orgelspieler, als Liederdichter und Liederkomponist hatte Pfarrer Wüstefeld große Freude an der musischen Seite des Priesterberufes. Pfarrer Krieter bewunderte seinen Mitbruder. Dankbar übernahm er dessen Gestaltungsvorlagen für die Gottesdienste und Andachten in der eigenen Gemeinde.

3.14   Pfarrer Krieter, ein pragmatischer Seelsorger

Pfarrer Krieter war musisch unbegabt. In allen Quellen findet sich von ihm nur ein einziger Satz, der sich auf festliche Liturgie bezieht: „Die Anzahl der Messdiener wurde erhöht."

Pfarrer Krieter konnte kein Musikinstrument spielen. Er hielt beim Singen der Messtexte nur mit Mühe den Ton. Seine Stimme war „dünn", nicht kräftig genug für einen großen Kirchenraum. Er beherrschte weder das geschriebene noch das gesprochene Wort besonders gut. Seine Predigten waren nüchtern bis langweilig, oft in einzelnen Formulierungen missglückt. Sein Verständnis für bildende Kunst war gering.

Pfarrer Krieter war anders begabt. Er war ein Mann der handgreiflichen, praktisch-nützlichen Tat. Er war nicht zögerlich und oft unkonventionell. Wie es für ihn typisch ist, notierte er zum Osterfest 1935 für das Archiv seiner Kirchengemeinde: „Im April 1935 erhielt der Raum vor dem Hochaltare ein neues Aussehen. Die Fliesen (rote) waren eingesackt, alles am Altar holperig und stolperig. Priester und Messdiener rutschten oft aus. Der neue Pfarrer handelte und schaffte (sic!) durch seine Tatkraft einen würdigen Raum für den Hochaltar.

---

[175]   Chronik der Kirchengemeinde St. Maria, Bd.1, S. 117 und 118

Auch die Kommunionbank wurde etwas nach rückwärts gesetzt, dadurch der Raum vor dem Hochaltare vergrößert. Die Arbeiten wurden ausgeführt vom 8. bis 17. April. (also vom Dienstag vor dem Palmsonntag bis zum Gründonnerstag ; Anm. d. Verf.) Zwei Nächte hindurch wurde sogar gearbeitet; freiwillige Helfer aus der Gemeinde waren eifrigst zur Stelle. Der Pastor selbst steht ermunternd und helfend dabei." [176]

Pfarrer Krieter schuf die Voraussetzung für einen würdigen Ablauf der Osterliturgie, den baulichen Rahmen. Die Osterliturgie selbst war ihm als Priester und Pfarrer einer großen Gemeinde natürlich wichtig, aber für erwähnenswert hielt er die baulichen Neuerungen im Altarraum. Darauf war er stolz. Im Archiv der Kirchengemeinde St. Bonifatius ist eine weitere Quelle aufbewahrt, die vom Nützlichkeitsdenken und zugleich von der Tatkraft des Pfarrers Krieter berichtet. Zur Erstkommunionfeier des Jahres 1935 schrieb Pfarrer Krieter am 18. März an die Caritas-Vorsorge in Hildesheim:

„Als Pfarrer der St. Bonifatiusgemeinde in Harburg-Wilhelmsburg-Nord bitte ich die Caritas-Vorsorge herzlichst, uns bei der Einkleidung hilfsbedürftiger Erstkommunikanten behilflich zu sein. Unsere Diaspora-Gemeinde zählt 7200 Katholiken, von denen der größte Teil aus Arbeitern besteht. Die Arbeitslosigkeit ist auch in diesem Jahre in unserer Gemeinde noch sehr groß, und viele Familienväter haben durch Kurzarbeit nur eine Einnahme in der Höhe der Wohlfahrtsunterstützung. Unter diesen Umständen ist es den Eltern nicht möglich, Nebenausgaben - wie sie die Einkleidung eines Kommunionkindes fordert - zu erübrigen. Der Elisabethverein unserer Gemeinde gibt sich schon die größte Mühe, kann aber leider der großen Not nicht Herr werden, da er fast durchweg aus Arbeiterfrauen besteht. Da gerade in diesem Jahre unter den 140 Kindern, die am Weißen Sonntag zum ersten Mal zum Tisch des Herrn gehen dürfen, viele Arme und Bedauernswerte sich befinden, muss ich versuchen, Hilfe zu schaffen. Ich kann als Seelsorger unmöglich zulassen, dass die Eltern ihre Kinder vom Empfang des Heilandes zurückhalten, nur weil es an der nötigen Kleidung fehlt. Deshalb wende ich mich an Sie mit der herzlichen Bitte, unseren Hilferuf nicht zu überhören, damit wir unsere Kinder am schönsten Tag ihres Lebens würdig einkleiden können. Ich hoffe, keine Fehlbitte zu tun und danke für Ihre gütige Hilfe schon im Voraus. Mit Caritasgruß, Krieter, Pastor"
Die Bitte um eine Sonderzuwendung der Caritas-Vorsorge für die Kommunionkinder des Jahres 1935 wurde am 26. März 1935 abgelehnt. Pfarrer Krieter musste also andere Wege gehen. Es blieb ihm nicht einmal ein ganzer Monat Zeit, um sein Ziel zu erreichen. Der Weiße Sonntag fiel 1935 auf den 28. April. Möglicherweise hat Pfarrer Krieter einen Bettelbrief an den Pfarrer seines Heimatdorfes Hilkerode geschrieben und ihn um eine Sonderkollekte für St. Bonifatius gebeten. Ganz gewiss hat sich Pfarrer Krieter aber auch an finanziell gut gestellte Mitglieder seiner Gemeinde gewandt. Er besaß eine Liste von Geschäftsleuten Wilhelmsburgs, die er immer wieder um Hilfe bat. [177] Noch vor dem Weißen Sonntag hatte er genug Geld beisammen, um 27 Anzüge, 32 Paar Schuhe, „diverse Wäsche" und 31 Gesangbücher anzuschaffen. Der Elisabethverein brachte 409,19 RM auf. 209, 95 RM bezahlte Pfarrer Krieter mit anderweitigem Spendengeld.

---

[176] Handschriftliche Notiz des Pfarrers Krieter in der Chronik der Kirchengemeinde St. Bonifatius. Die Notiz enthüllt typische sprachliche Schwächen des Pfarrers Krieter.

[177] Gespräch mit den Zeitzeugen Walter und Gertrud Chowanietz vom 8. 2. 2005 und mit dem Militärpfarrer i. R., Herbert Hölsken, vom 27. 7. 2004

Ein Betrag von 117,65 RM musste offen bleiben bis zum Abschluss der Haus- und Straßensammlung der Caritas vom 18. bis zum 24. Mai 1935.[178] In all den nächsten Jahren bereitete die Einkleidung der Kommunionkinder große Sorgen. Pfarrer Krieter fand aber Jahr für Jahr Wege, dieses Problem zu lösen. Während seine Kapläne freie Hand hatten, die liturgischen Abläufe der Erstkommunionfeier zu gestalten, mühte Pfarrer Krieter selbst sich um einzelne Kinder. Der Zeitzeuge Werner Jonek berichtete: „Meine erste Erinnerung an Pastor Krieter habe ich im Zusammenhang mit meiner Erstkommunion. Während der Vorbereitungszeit auf die Erstkommunion war ich nämlich schwer krank geworden. Am Samstag vor meiner Erstkommunion ist Pastor Krieter mit mir und mit meiner Mutter in die Kirche gegangen. Da hat er mit mir privat eine Probe des Ablaufs der Kommunionfeier durchgeführt. Das hat er wunderbar gemacht, ganz behutsam. Ich weiß noch ganz genau, wie er mit mir vorne am Altar gekniet hat und mir gesagt hat, was ich machen solle, wie man sich aufstellt und so weiter. Das war für mich sehr beruhigend, denn ich bin eigentlich ein eher schüchterner, zurückhaltender Mensch. ... Die Initiative zu dieser Einzelunterweisung ist wohl von Pastor Krieter selbst gekommen. Weil unsere Familie durch meinen Großvater mit Pastor Krieter gut bekannt war, wusste er, dass ich im Vorbereitungsunterricht aus gutem Grunde gefehlt hatte." [179]

Der Zeitzeuge Uwe Fittkau, der nicht die katholische Schule besuchte, berichtete: „Vater ... hat mit Pfarrer Krieter abgemacht, dass ich als einzelnes Kind Kommunionunterricht bekam. ... Das waren immer schöne Stunden nach der Schule, im Pfarrgarten oder in der Laube, die an das Pfarrhaus angebaut war. Der Pfarrer hat mir aufgegeben, still eine Stelle in der Bibel zu lesen. Währenddessen hat er sein Brevier gebetet oder Zeitung gelesen. Anschließend haben wir über die Stelle der Bibel, die ich gelesen hatte, diskutiert. Einmal hat er mir die Geschichte von einem anderen Kommunion-Jungen erzählt. Den hatte er gefragt, was er denn nach dem Empfang der Kommunion mit dem Herrgott gesprochen habe. Der Junge hatte auf diese Frage geantwortet: „ Erst wusste ich gar nichts, was ich sagen könnte. Dann habe ich nur gesagt: `Mein Herr und mein Gott`. Dem Pfarrer Krieter hat diese Antwort des Jungen so sehr gefallen, dass er mir davon erzählt hat. ... Der Kommunionunterricht fand oft statt, öfter als einmal pro Woche. Ich sollte ja an die Gruppe der Kommunionkinder, die schon länger und regelmäßig Kommunionunterricht gehabt hatten, herangeführt werden. Er hat sich sehr um mich bemüht! Und ich war kein Einzelfall! Der hat sich engagiert, wann immer er so ein Schäfchen einfangen konnte. Das Bild vom Einfangen gefällt mir allerdings nicht. Das hört sich so sehr nach Lasso und Trick an. Sagen wir so: Sowie er das Gefühl hatte, da ist jemand, der sucht, war sein Gedanke: `Dem zeige ich den Weg!` Ich glaube auch, dass Pfarrer Krieter ein Mann war, der mit den Menschen am besten umgehen konnte, wenn sie einzeln bei ihm waren. So hat er mich an die Gruppe der anderen Kommunionkinder herangeführt." [180]

In einem Gespräch mit dem Autor dieses Werkes bemängelte der Pfarrer i. R., Joachim Ernst, dass Pfarrer Krieter für liturgische Dinge „so gar kein Gespür gehabt" habe.

---

[178] Diese Sammlung brachte in Wilhelmsburg 1051,16 Reichsmark ein. 53 Mitglieder der Gemeinde hatten sich im Jahr 1935 bereit erklärt, auf der Straße zu sammeln. 27 Mitglieder der Gemeinde waren bereit gewesen, in den Häusern für die katholische Caritas zu sammeln. 40 Prozent des eingesammelten Betrages (=420,26RM) wurden an die Bistumskasse Hildesheim überwiesen. Vgl.: „Abrechnung über die Haus-und Straßensammlung des Deutschen Caritas-Verbandes vom 18.- 24. Mai 1935" im Archiv der Kirchengemeinde St. Bonifatius, Akte „Caritas, Korrespondenz 1925- 1959"

[179] Gespräch mit Werner Jonek vom 7. 2. 2005

[180] Gespräch mit Uwe Fittkau vom 20. 3. 2004

Als Beispiel führte Pfarrer Ernst an, dass Pfarrer Krieter es sich geleistet habe, die kirchliche Trauung eines jungen Paares ausgerechnet an einem Gründonnerstag vorzunehmen. Das sei liturgisch ein Unding. Die Kritik mag berechtigt sein, doch das Beispiel beleuchtet die Einstellung des Pfarrers Krieter zu seiner priesterlichen Arbeit: Ihm war es wichtig, dass ein junges Paar das Sakrament der Ehe empfing. Bevor das Paar auf eine kirchliche Trauung womöglich ganz verzichtet hätte, mussten Rücksichten auf die Liturgie der Passionswoche und traditionsgebundenes Priesterverhalten an die zweite Stelle treten.

Unkoventionell und typisch für seine nützlichkeitsorientierte Art hörte Pfarrer Krieter die Beichte. Es war zu seiner Zeit üblich, dass der Priester beim Spenden des Bußsakramentes im verdunkelten Beichtstuhl saß. Zusätzlich hielt er sich ein weißes Tuch vor die Augen. Das Beichtkind konnte deswegen glauben, es werde vom Seelsorger nicht erkannt. Pfarrer Krieter machte gar keinen Hehl daraus, dass er natürlich jeweils wusste, welches Beichtkind ihm gerade die Sünden gestand. Er sah sich als „Beichtvater", und als Vater kennt man selbstverständlich seine Kinder. Dieser sehr persönliche Umgang mit den „Beichtkindern" schadete dem „Beichtvater" Krieter nicht. Die meisten Gemeindemitglieder gingen sogar sehr gern „zu Krieter zum Beichten".

Jonny Swoboda, viele Jahre später ein Mitglieddes Kirchenvorstandes, war im Jahre 1935 ein Jugendlicher von 15 Jahren. Von einem Beichterlebnis in diesem Jahr berichtete er: „Pfarrer Krieter hat mir die Absolution von meinen Sünden erteilt, hat mir meine Bußgebete auferlegt und dann hat er gesagt: `Gut, Jonny, nun geh` ´mal in die Sakristei und zähl` das Klingelbeutelgeld! Wenn ich gleich nachkomme, sagst du mir, wieviel Geld die Kollekte gebracht hat." [181]

Waldemar von Wantoch erlebte Pfarrer Krieter als Beichtvater in den ersten Jahren nach dem 2. Weltkrieg. Er berichtete: „Die Vorbereitung auf die Erste Heilige Beichte hat Pfarrer Krieter ganz väterlich gemacht. Man hat als kleines Kind ja doch „gebibbert" vor der Ersten Beichte, aber diese Angst hat er einem genommen. Man hat da seine paar Sünden gebeichtet, und danach fragte er: `Na, wie geht es zu Hause? Wie geht es deiner Mutter? Was machen die anderen´? Das wollte er alles wissen. Damit hat er einem die Befangenheit, die Unsicherheit genommen. … Als ich 18 Jahre alt war (im Jahre 1956; Anm. des Verf.), hatte ich eine Freundin. Zu dieser Zeit hat mich der Dechant (=Pfarrer Krieter; Anm. d. Verf.) bei der Beichte `mal gefragt: `Sag `mal, ich habe gehört, dass du eine Freundin hast. Irgendwie seid ihr doch miteinander verwandt´? `Ja´, habe ich gesagt, `meine Mutter und die Mutter meiner Freundin sind Cousinen´. `Ach so´, hat Krieter dann gemeint, `dann könnt ihr heiraten´. Übrigens war die Buße, die er einem nach dem Beichten aufgab, immer sehr milde. Ich glaube, es waren immer drei `Vaterunser´ und drei `Gegrüßet seist du, Maria´."

In Bezug auf so genannte „Mischehen" oder „wilde Ehen" war Pfarrer Krieter ebenfalls pragmatisch orientiert. Drei Viertel der Bevölkerung Wilhelmsburgs war in den Dreißiger Jahren des 20. Jahrhunderts evangelisch oder religiös ungebunden, nur ein Viertel war katholisch. Da war es selbstverständlich, dass sich oft junge Paare zur Trauung meldeten, bei denen nicht beide Partner katholisch waren. Die Katholische Kirche lehnte „Mischehen" prinzipiell ab. Sie erwartete von ihren Geistlichen, dass diese dem heiratswilligen evangelischen oder ungläubigen Partner die Konversion zum katholischen Glauben nahe legten.

---

[181] Mit „Klingelbeutelgeld" sind die Münzen - das Kleingeld - gemeint, die von den Gläubigen während der hl. Messe - bei der Kollekte - in den „Klingelbeutel" geworfen wurden. Der „Klingelbeutel" war ein Beutel aus Leder oder festem Textilmaterial, an dessen oberen Rand eines oder mehrere Glöckchen befestigt waren.

Wurde die Konversion abgelehnt, musste sich der nichtkatholische Partner einverstanden erklären, dass die zu erwartenden Kinder katholisch getauft und erzogen würden. Ließ sich ein Katholik von einem evangelischen Pfarrer trauen, bedeutete dies den Ausschluss aus der Sakramenten-Gemeinschaft der Katholischen Kirche, die so genannte „Exkommunikation".

Natürlich rückte Pfarrer Krieter von dieser Stellung seiner Kirche zum Sakrament der Ehe nicht ab. Er betrieb die Bemühungen um die Konversion Andersgläubiger aber recht tolerant. Vor allem behandelte er Ehepartner, die nicht katholisch geworden waren, auch nach dieser Entscheidung noch achtungsvoll und freundlich. Dazu erzählte der 94 Jahre alte Zeitzeuge Peter Walczak ein Beispiel. Er konnte sich genau erinnern: „ ... bei Krieter haben wir geheiratet! Meine Frau war evangelisch! Das musste ich erst `mal zu Hause beichten!! Dann musste ich zu Krieter und erzählen, was los war: `Ich möchte heiraten, aber meine Frau ist evangelisch', sagte ich. Da sagte der: `Eine evangelische Dame? Da muss ich an den Bischof schreiben'. Das hat er dann getan. Er hat geschrieben, dass ich Messdiener war, die Eltern katholisch. Und er hat dann die Genehmigung gekriegt, dass wir katholisch heiraten konnten. Dann hat er dafür gesorgt, dass meine Frau Unterricht bekam, bevor wir heirateten. Sie musste ja Unterricht bekommen, wie das ist, wenn man einen Katholiken heiratet. Als wir dann geheiratet haben, war die Trauung natürlich katholisch! Und die Kinder natürlich auch: katholisch! Meine Frau ist aber nicht katholisch geworden! Sie ist evangelisch geblieben. Und da will ich weiter von einer Ausfahrt des Frauenvereins erzählen. Die haben damals ja auch schon Ausfahrten gemacht, so wie wir heute manchmal, mit dem Bus. Gut, zu so einem Ausflug hab` ich meine Frau angemeldet. Da ist sie auch mitgefahren. Als es losging, da haben die anderen Frauen gesagt: `Wie kann die mitfahren? Die ist doch gar nicht katholisch'! Da ist Krieter aufgestanden und hat gesagt: `Die hat den Peter geheiratet, der ist katholisch, und nun seid ruhig'! Siehst du, das war auch wieder Krieter! So hat er sich dann eingesetzt für mich! Das war damals etwas Besonderes." [182]

Wenn ein Gemeindemitglied nur standesamtlich verheiratet war - also nach katholischem Verständnis „in wilder Ehe" lebte - verhielt sich Pfarrer Krieter nicht abweisend. Er war froh, dass der Kontakt des Gemeindemitgliedes zur Kirche nicht verloren ging, und gab sich zurückhaltend Mühe, den „unhaltbaren Zustand" zu verändern. Die Zeitzeugin Hilde Mlotek berichtete: „Als ich meinen Mann geheiratet habe, da wollte der sich nicht kirchlich trauen lassen, obwohl er katholisch war, obwohl er zur katholischen Schule gegangen war und alles! Pastor Krieter wusste, dass wir nicht kirchlich getraut waren und dass ich darüber traurig war. Immer wenn ich mit Pastor Krieter sonntags nach der Kirche gesprochen habe, hat er zu mir gesagt: `Hilde, mach dir keine Gedanken, ich bete für dich'. Jedes Mal hat er das zu mir gesagt! Als mein Sohn neun Jahre alt war, sollte der zur Kommunion. Da habe ich meinen Mann so weit gekriegt, dass er sich bekehrt hat. Er wollte sich nun kirchlich trauen lassen. Wir sind dann beide zu Pastor Krieter gegangen. Der freute sich und hat zu mir lachend gesagt: `Hilde, du musst mir doch Recht geben. Meine Gebete haben geholfen! Aber wir wollen hier nicht viel herumreden'. Damit wollte er sagen, dass wir nicht zum „Brautunterricht" kommen müssten. Damals gab es doch vor der Heirat die „Brautstunde" für die Paare, die heiraten wollten. Das wollte er mit uns nicht machen. Na, aber kirchlich trauen, das wollte er uns natürlich. Damals gab es einmal im Monat die „Heilige Stunde". Und da habe ich gesagt: Ja, Herr Pastor, es würde mir gut passen, wenn wir beide nach der „Heiligen Stunde" getraut werden könnten'. Pastor Krieter war einverstanden. Mein Bruder und sein Sohn Michael sollten unsere Trauzeugen sein. Unsere Mutter wusste nichts davon, dass wir nun kirchlich heiraten wollten.

---

[182] Gespräch mit Peter Walczak vom 23. 1. 2004

Abends sind mein Mann und ich dann zur Trauung losgezogen - wir wohnten am Vogelhüttendeich. Und ich sagte zu meinem Mann: ´Du musst jetzt vor der Trauung zur Beichte gehen, da kommst du wohl nicht drum herum´! Auf dem ganzen Weg - vom Vogelhüttendeich bis zur Kirche - habe ich mit ihm gebetet und ihm erklärt, wie man beichtet. Zum Schluss habe ich ihn noch gefragt: ´Soll ich dir deine Sünden noch aufzählen´? Das habe ich nachher alles Pastor Krieter erzählt, und der hat gelacht. Aber - wie gesagt - nach der „Heiligen Stunde", zu der meine Mutter gekommen war, weil sie sowieso immer hinging, wurden wir getraut. Meine Mutter hat vielleicht gestaunt! Die hat vor Freude bald einen Herzschlag gekriegt!" [183]

Weil Pfarrer Krieter wenig Bedenken hatte, kirchliche Konvention zurückzustellen, sobald es für die praktische Seelsorge nützlich war, erhoffte er sich dieselbe Einstellung von seinem neuen Bischof. Er schrieb an Bischof Joseph-Godehard:

„Hochwürdigster Herr Bischof, es kommt hier nicht selten vor, dass Brautleute sich erst kurz vor oder nach der standesamtlichen Trauung beim zuständigen Pfarrer zur kirchlichen Trauung melden. Auch kommen solche Katholiken, die wegen Kirchensteuern oder aus irgendeiner Verärgerung oder dergleichen vor dem Amtsgericht ihren Austritt aus der Kirche erklärt haben, zum Pfarrer und bitten um Aufnahme in die Kirche und um Wieder-Annahme zu den heiligen Sakramenten. Bei der großen Seelenzahl der Gemeinde wäre meinen Mitarbeitern, Herrn Kaplan Konrad Dorenkamp und Herrn Kaplan Bernhard Bank, und mir während unserer hiesigen Amtstätigkeit eine Erweiterung der Absolutionsvollmachten auch nach Ablauf des Heiligen Jahres 1934 / 35 sehr erwünscht. Deshalb bitte ich um Übertragung der in genannten Fällen nötigen Vollmachten. Gehorsamst, Krieter, Pastor" [184]

Das Antwortschreiben des Bischofs war ablehnend. Pfarrer Krieter wurde belehrt, dass er sich an die kirchlichen Vorschriften zu halten habe und dass es in vielen Fällen nicht gut sei, wenn Pönitenten (= Beichtende, Büßende) zu eilig die Gnade der Kirche wiedererlangten.

Im Mai 1935 war ein Ehestreit zu schlichten. Nachdem es ihm gelungen war, zwischen den Ehepartnern zu vermitteln, ließ Pfarrer Krieter den Ehemann eine Erklärung unterschreiben. Der Ehemann unterzeichnete sie mit seinem Vor- und Nachnamen. Wahrscheinlich war er zu ungebildet, um nach Diktat den von Pfarrer Krieter verfassten Text selbst schreiben zu können. Also schrieb Pfarrer Krieter eigenhändig:

Harburg-Wilhelmsburg-Nord 5, Bonifatiusstraße 1, 28. 5. 1935
Erklärung: Hiermit verpflichte ich mich, dass ich meiner Frau für alle Zukunft ein guter, solider Ehemann sein will; vor allem, dass ich meine Frau nie wieder schlagen werde. Bei ernsten Ehestreitigkeiten werde ich mich in Zukunft nie wieder ohne Zustimmung meines Pfarrers trennen. Dagegen soll meine Frau Sophie das Recht haben, für sich allein zu leben, wenn ich meine Versprechen nicht halten werde. Karl Meyer" [185]

Pfarrer Krieter war also nicht immer milde, zu voreiliger Verzeihung bereit. Sein konsequentes Eintreten gegen Gewalt in der Ehe, für die Rechte der verheirateten Frau, war in der damaligen Zeit nicht selbstverständlich. Typisch für ihn sind die praktisch-nützlichen Auflagen, die dem Ehemann gemacht wurden.

---

[183] Gespräch mit Hilde Mlotek vom 9. 12. 2003
[184] Bistumsarchiv Hildesheim, Personalakte K.-A. Krieter, Schreiben vom 6. 12. 1934
[185] Die Erklärung findet sich im Archiv der Kirchengemeinde St. Bonifatius, Akte „Ehedispensen"

3.15 Pfarrer Krieter macht sich beliebt.

Im Juli 1935 konnte Karl-Andreas Krieter allmählich das Gefühl genießen, in der Bonifatiusgemeinde „angekommen" zu sein. Er kannte mittlerweile die Mitglieder der Gemeinde, die das Gemeindeleben trugen und dadurch im Vordergrund standen. Nun war es an der Zeit, sich auch um diejenigen zu mühen, die sich lieber im Hintergrund hielten. Jetzt taten ihm sein außergewöhnlich gutes „Personengedächtnis", aber auch sein Interesse und seine Merkfähigkeit für verwandtschaftliche Beziehungen gute Dienste. Die erwachsenen Mitglieder der Bonifatusgemeinde waren erfreut und zufrieden, wenn ihr Pfarrer sie persönlich ansprach und ihre Familienverhältnisse kannte. Die Kinder in der Gemeinde - erzogen zur Ehrfurcht gegenüber Eltern, Priestern, Lehrern und Polizisten - staunten und fühlten sich ernst genommen, wenn „ihr Herr Pastor" sie grüßte und ihre Namen wusste. Die Zeitzeugin Martha Swoboda berichtete: „Ich habe es immer als etwas Besonderes empfunden: Mich grüßt er! Er ist doch der Herr Pastor! Mich grüßt der! Er war immer so nett! Ach, das kann man gar nicht richtig erzählen! Seinen Schal hatte er immer um, einen schwarzen Schal mit einem Silberfaden ... und wo man war, er hat immer gegrüßt! Manchmal hat er uns eher gegrüßt als wir selbst ihn gegrüßt haben! Er war wie ein Vater! Wenn wir von „Lioba" zusammen waren, dann kam er auf einmal herein, guckte, und nahm sich die Zeit zu fragen: `Ist alles in Ordnung´? Er grüßte alle mit Handschlag und dann ging er wieder. Und so gab er uns das Gefühl: Er kennt uns. Er ist immer für uns da!" [186] Für Pfarrer Krieter waren die Mitglieder der Gemeinde seine Familie. Deswegen nahm er sich die Freiheit, auch erwachsene Gemeindemitglieder zu duzen. Niemand nahm ihm das Duzen übel.

Neben seinem herzlichen Auftreten brachte ihm seine materielle Hilfsbereitschaft anhängliche Freundschaft und Zuneigung. Er gewährte materielle Hilfe, sobald ihm Not bekannt wurde. Ohne Zweifel wurde Pfarrer Krieter besonders deswegen in der Gemeinde immer beliebter. Hier soll wieder die Zeitzeugin Hilde Mlotek zu Wort kommen: „Ich muss sagen, dass Pfarrer Krieter sich wirklich viel um die Familien in seiner Gemeinde gekümmert hat. Wie hat der uns beigestanden, als mein Vater gestorben war! Meine Mutter hat immer gesagt: `Wenn Pastor Krieter nicht gewesen wäre, dann wäre es uns ganz dreckig gegangen´!"[187]

Die Zeitzeugin Hilde Mlotek berichtete in demselben Gespräch weiter: „Wissen Sie, ich will Ihnen `mal `was erzählen! Früher ging man doch jeden Morgen zur Messe. Und eines Morgens kommt meine Mutter von der Messe zurück - wir waren gerade aufgestanden - und sagt zu uns: `Stellt euch das `mal vor! Pastor Krieter stand heute in Hausschuhen am Altar! Die Therese (gemeint ist Therese Krieter, die Schwester und Haushälterin von Pastor Krieter; Anm. d. Verf.) stand hinten in der Kirche und hat zu mir gesagt: `Nun gucken Sie sich das `mal an! Da hat er sein letztes Paar Schuhe verschenkt´! Ja, da hat Pastor Krieter keine Schuhe mehr gehabt! Er hat in Hausschuhen am Altar gestanden! Wie meine Mutter das erzählt hat, das vergesse ich nicht."

Mancher Leser mag geneigt sein, diesen Bericht in der Rubrik „Legendenbildung" abzulegen. Es gibt allerdings einen sehr ähnlichen Bericht aus der Zeit, als Karl-Andreas Krieter Pastor von St. Franz-Josef in Harburg-Wilstorf war. Franz Klimes - ein zum Zeitpunkt des Gespräches 96-jähriger Zeitzeuge - erzählte: „Es war Pfingsten. Therese Krieter suchte die „gute" schwarze Hose ihres Bruders. Er sollte sie zum Festtag anziehen.

---

[186] Gespräch mit Martha und Jonny Swoboda vom 22. 1. 2004.
[187] Gespräch mit Hilde Mlotek vom 9. 12. 2003.

Nachdem Therese längere Zeit gesucht hatte, fragte sie ihren Bruder: `Wo ist denn deine gute Hose´? Er antwortete: `Ach, da war vor ein paar Tagen ein Bettler an der Tür. Der hatte eine ganz kaputte Hose. Der arme Kerl konnte meine Hose ganz gut gebrauchen´." [188] Dass Karl-Andreas Krieter gelegentlich eigene Kleidungsstücke an arme Leute abgab, verbürgt auch seine Nichte, Hedwig Wollersen, geborene Krieter. Sie war oft im Pfarrhaus der Bonifatiusgemeinde zu Besuch und half dann im Haushalt. Sie erzählte: „Immer, jeden Mittag, kamen Bettler. Die saßen dann im Vorraum hinter der Eingangstür zum Pfarrhaus und bekamen etwas zu essen. Die Bettler wussten das schon, dass es da etwas gab. Wenn wir Nichten zu Besuch da waren, mussten wir den Bettlern das Essen bringen. Und dann kam auch Onkel Karl zu denen heraus. Er hat mit ihnen gesprochen und hat ihnen Geld zugesteckt. Manchmal hat er auch seine Kleidung verschenkt. Tante Therese hatte immer Angst. Sie hat immer gesagt: `Wenn ich nicht aufpasse, dann gibt er alles weg´. ..." [189]

Mögen die Berichte vom Kleiderverschenken nun glorifizierende Anekdoten sein oder nicht, im Grundsatz braucht an der außerordentlichen Hilfsbereitschaft des Pfarrers Krieter nicht gezweifelt zu werden. Selbstverständlich hat er den Großteil seiner Hilfeleistungen nicht durch den Einsatz privater Mittel bestritten. Sein Gehalt betrug monatlich 403,75 RM. Mit diesem Geld musste er die Bürgersteuer, die Altersvorsorge und den Lebensunterhalt für sich und seine Schwester bezahlen. Außerdem zog das Generalvikariat den Geistlichen monatlich einen Betrag für die „Diasporahilfe" der Diözese ab. [190] Deswegen wird Pfarrer Krieter im Normalfall auf die Mittel zurückgegriffen haben, die ihm durch die Kirchenkasse seiner Gemeinde, durch Spenden und durch Mittel des Caritasverbandes zur Verfügung standen. [191] Seine persönliche Leistung bestand also vor allem darin, dass er empfindsam war und seine Augen für die Not der Mitmenschen offen hielt.
Je beliebter Pfarrer Krieter in seiner Gemeinde wurde, desto häufiger wurde er zur Teilnahme an Familienfesten - Hochzeit, Taufe, Kommunion - eingeladen. Es ist belegt, dass er solchen Einladungen folgte, wann immer es ihm möglich war. Allerdings dauerten seine Besuche bei Familienfeiern nur kurze Zeit. Länger zu bleiben, verbot ihm sein Gefühl für Gerechtigkeit. Längeres Verweilen bei der einen Familie, hätte andere Familien benachteiligt.

Dieses Gerechtigkeitsproblem hatte Pfarrer Krieter nicht bei „weltlichen" Gemeindefesten oder wenn er zu Theateraufführungen der Kolpingfamilie eingeladen war. Er liebte diese Veranstaltungen und genoss sie meistens vom Anfang bis zum Ende. Auch in diesem Zusammenhang soll die Zeitzeugin Hilde Mlotek zu Wort kommen: „Meine Brüder waren im Gesellenverein (=Kolpingfamilie; Anm. d. Verf.). Die haben viel Theater gespielt. Im Gemeindehaus war eine Bühne. ... Die Bühne war oben im Saal. Wenn die Gesellen Theater spielten und wenn eine Kinderrolle im Stück vorkam, dann musste ich immer mitspielen. Ich war immer `mittenmang dazwischen´. ...

---

[188] Gespräch mit Franz Klimes vom 5. Mai 2007

[189] Gespräch mit Hedwig Wollersen, geb. Krieter, vom 31. 3. 2004

[190] Vgl. Akte „Pfarrbesoldung" im Archiv der Kirchengemeinde St. Bonifatius. Die Miete-Einnahmen aus dem Haus Reeseberg 16 in Harburg, das den Geschwistern Therese und Karl-Andreas Krieter gehörte, mussten zur Abtragung der aufgenommenen Baudarlehen eingesetzt werden.

[191] Die Ausgaben der Bonifatiusgemeinde, die für karitative Zwecke entstanden, waren jährlich aufzulisten Und mit dem Caritasverband - Hildesheim abzurechnen. Überschüssige Einnahmen aus der Caritaskollekte und aus der jährlich stattfindenden Haus- und Straßensammlung waren nach Hildesheim abzuführen.

Abb. 44: Schauspieler des Gesellenvereins bei einer Laienspiel-Aufführung.

Früher hatten wir in der Gemeinde ja auch Rosenmontagsfeste, schon vor dem Krieg. Nach dem Krieg hat Pastor Krieter das wieder eingeführt. Rosenmontag haben wir bei „Stüben" gefeiert. (Stüben war eine bekannte Gaststätte am Vogelhüttendeich. Anm. d. Verf.) Jedes Jahr am Rosenmontag war das! Und am Dienstag haben die Polen „Podka Schojek" gefeiert. Was das heißt, weiß ich auch nicht. Nur das Wort weiß ich noch! Ja, das mit den Festen war immer schön! Wir sind auch immer hingegangen. ... So lange wir Krieter als Pfarrer hatten, hat es die Feste immer gegeben." [192]

3.16   Die Sitzung des Kirchenvorstandes am 5. Juli 1935

Die Sitzung des Kirchenvorstandes vom 5. Juli 1935 nutzte Pfarrer Krieter dazu, einige Probleme, die ihm sein Vorgänger hinterlassen hatte, anzusprechen und den Blick der Kirchenvorsteher nach vorn zu richten. Zunächst teilte er den Kirchenvorstehern mit, dass für den 11. Juli 1935 der Gerichtstermin angesetzt sei, den die ehemalige Pfarrsekretärin Wucherpfennig gegen Pfarrer Schmidts angestrengt habe. Er beabsichtige nicht Pfarrer Schmidts bei Gericht zu vertreten, obwohl ihn dieser darum gebeten habe. Er wolle in „die Angelegenheit nicht hineingezogen werden und glaube auch, Pfarrer Schmidts werde vor Gericht am meisten erreichen, wenn er selbst während der Gerichtsverhandlung anwesend sei. Vor einigen Tagen habe er in diesem Sinne einen Brief an Pfarrer Schmidts geschrieben.

---

[192]   Gespräch mit Hilde Mlotek vom 9. 12. 2003

Außerdem müsse er am 10. Juli nach Hildesheim reisen. Seine jüngste Schwester - Agnes - sei der Kongregation der „Barmherzigen Schwestern des heiligen Vinzenz von Paul" beigetreten und werde an diesem Tage im Mutterhaus der Schwestern feierlich eingekleidet.[193]

Hiernach kam Pfarrer Krieter auf die derzeitige finanzielle Situation der Bonifatiusgemeinde zu sprechen. Er wies darauf hin, dass die Jahresrechnung 1934 / 35 abgeschlossen und von zwei Mitgliedern des Kirchenvorstandes - Johannes Mecke und Maria Engelhardt - geprüft sei.[194] Am nächsten Sonntag werde von der Kanzel bekannt gemacht, dass die Jahresrechnung über die Vermögensverwaltung der Gemeinde zwei Wochen lang zur Einsicht bereit läge. Am 25. Juli solle sie dem Bischöflichen Generalvikariat übersandt werden. Die Jahresrechnung 1934 / 35 weise ein Plus der Kirchenkasse von 27,66 RM auf. Zusätzlich sei am 13. Mai 1935 ein Betriebsfonds der Kirchenkasse in Höhe von 1.000,- RM angelegt worden. Die Rückstände an Diözesansteuer seien allerdings ein weiterhin ungelöstes Problem. Pfarrer Krieter las den Brief an das Generalvikariat vor, mit dem er am 23. 5. 1935 im Namen des Kirchenvorstandes um Erlass des Restbetrages von 933,- RM gebeten hatte:

„Die inzwischen abgeschlossene Kirchenrechnung für 1934 / 35 weist einen geringen Überschuss von 27, 66 RM auf. Hieraus bitten wir zu entnehmen, dass die Kirchenkasse zur Zahlung der rückständigen Diözesanabgabe über Mittel nicht verfügt. Wir bitten deshalb ganz ergebenst, uns den Rückstand an Diözesansteuer für 1933 von 933,- RM zu erlassen. Wir nehmen an, dass sich der Kirchensteuereingang im Jahre 1935 durch die weitere Abnahme der Erwerbslosenziffer bessern wird, und werden uns bemühen, die rückständige Diözesansteuer für 1934 von 1153,- RM im Laufe des Jahres durch ratenmäßige Zahlung abzudecken. Gehorsamst Krieter, Pastor, Vorsitzender des Kirchenvorstandes"[195]

Danach informierte Pfarrer Krieter den Kirchenvorstand über die Absicht des Bischöflichen Generalvikariates, den Kaplänen das Gehalt um monatlich 10,- RM zu kürzen. Er erreichte den folgenden einstimmigen Beschluss:

„Nach einer Verfügung des Generalvikariates vom 7. Mai 1935 sind die Gehälter für die Kapläne monatlich um je 10,- RM zu senken. Mit Rücksicht auf die schwierigen Verhältnisse - weite Wege und dergleichen - in der hiesigen Gemeinde, wodurch den Kaplänen besondere Ausgaben erwachsen, beschließt der Kirchenvorstand einstimmig, die Gehälter an die Kapläne in der bisherigen Höhe weiter zu zahlen."[196]

---

[193] Archiv der Kirchengemeinde St. Bonifatius, Akte „Schriftwechsel bis 1968". Briefwechsel Schmidts - Krieter - Bischöfliches Generalvikariat

[194] Johannes Mecke und Maria Engelhardt waren Lehrkräfte der katholischen Schule Wilhelmsburgs.

[195] Vgl. Archiv der Kirchengemeinde St. Bonifatius, Akte „Diözesansteuer / Kriegsabgabe". Das Bischöfliche Generalvikariat war zum Erlass der 933 RM nicht bereit. Bis zum Ende des Dezembers 1935 folgte in dieser Sache ein Briefwechsel, der letztendlich zu einem Erlass von 633 RM führte.

[196] Das Generalvikariat schrieb am 30. Juli 1935: „Wir bedauern es, dem Beschluss des Kirchenvorstandes vom 5. d. Mts. betreffend Weiterzahlung der bisherigen Kaplansgehälter unsere Genehmigung versagen zu müssen. Die Kassenlage der dortigen St. Bonifatiusgemeinde ist nach dem Berichte vom 23. Mai des Jahres so angespannt, dass sie nicht in der Lage ist, die Diözesansteuern für 1933 und 1934 zu zahlen, und durch die genannte Eingabe um Nachlass von 933,- RM und um Stundung von 1.153,- RM gebeten hat. Außerdem würde durch die Genehmigung der Weiterzahlung der bisherigen Kaplansgehälter ein Präzedenzfall für die übrigen Kirchengemeinden geschaffen, den wir bei der unbedingt notwendigen Sparsamkeit auf jeden Fall vermeiden wollen. In Vertretung, Seeland , Bischöfliches Generalvikariat Nr. 7760, vom 30. Juli 1935, Archiv der Kirchengemeinde St. Bonifatius, Akte „Gehalt der Kapläne"

Der nächste Punkt der Tagesordnung behandelte den Kaufvertrag für das Grundstück an der Lessingstraße, den Pfarrer Schmidts mit der Stadt Harburg-Wilhelmsburg abgeschlossen hatte und der unbedingt rückgängig gemacht werden musste. Pfarrer Krieter erhielt die Zustimmung aller Kirchenvorsteher, das folgende Schreiben an den Oberbürgermeister Bartels zu senden:

„Mit Rücksicht darauf, dass die Bevölkerung des Stadtteils Wilhelmsburg sich in letzter Zeit in großer Zahl im Osten von Wilhelmsburg ansiedelt, soll von der Errichtung eines Gemeindehauses an der Lessingstraße (heute Rotenhäuser Damm, Anm. d. Verf.) Abstand genommen werden. Der Kirchenvorstand hat deshalb in seiner Sitzung vom 5. Juli 1935 beschlossen, von dem Vertrag vom 4. März 1930 - betreffend den Ankauf einer Grundstücksfläche von 2500 qm der Lessingstraße - zurückzutreten. Wir bitten ergebenst hiervon Kenntnis zu nehmen und über das Grundstück anderweitig zu verfügen. Gleichzeitig erlauben wir uns die höfliche Anfrage, ob uns die Stadtgemeinde aus den eingangs genannten Gründen ein geeignetes Grundstück im Osten Wilhelmsburgs für den Bau einer Kapelle zu einem angemessenen Preis zur Verfügung stellen kann. Der Unterzeichnete steht auf fernmündlichen Anruf zur Besprechung dieser Angelegenheit jederzeit zur Verfügung. Mit deutschem Gruß (sic! Anm. d. Verf.), Krieter, Pastor." [197]

Jetzt konnte der Blick der Kirchenvorsteher nach vorn gerichtet werden. Zunächst berichtete Pfarrer Krieter, dass die Umbauarbeiten im Altarraum der Bonifatiuskirche, die zu Ostern vorgenommen worden waren, der Gemeinde nicht zwingend eine neue Schuldenlast bringen müssten. Der Kirchenvorstand müsse allerdings einverstanden sein, dass ein Fehlbetrag von 1.400 RM mit einer aufgewerteten Kriegsanleihe gedeckt werde, die im Besitz der Gemeinde sei. Der dann noch ausstehende Restbetrag von 836 RM könne mit einer Spende des Gemeindemitgliedes Otto Kalinowski - Lokomotivführer im Ruhestand - bezahlt werden. [198] Der Kirchenvorstand stimmte zu und zeigte sich über die Spende des Herrn Kalinowski hoch erfreut. Die Kirchenvorsteher erinnerten anschließend an den schlechten Zustand des Fußbodens in den Seitengängen der Kirche und an den noch schlechteren Zustand des Platzes vor der Kirche. Es wurde festgelegt, dass die Verbesserung des Kirchplatzes im Jahre 1936 erfolgen solle und die Renovierung des Fußbodens in den Seitengängen der Kirche Mitte des Jahres 1937.

Angesichts dieser Pläne für Bauvorhaben, deren finanzielle Absicherung noch ungewiss war, ist es erstaunlich, dass Pfarrer Krieter zum Abschluss der Sitzung auf ein Vorhaben zu sprechen kam, das er seit seinem Dienstantritt in St. Bonifatius im Kopf hatte. Das war die Neugestaltung des Innenraums der Bonifatiuskirche. Es war das kostenträchtigste aller Vorhaben! Pfarrer Krieter wies auf die Bauschäden an der Wand hinter dem Hauptaltar hin. Nach dem Rat von Fachleuten, den er mittlerweile eingeholt habe, sei es die vernünftigste Lösung, hinter dem Hauptaltar eine geschlossene Wandfläche zu schaffen und diese künstlerisch auszumalen. [199]

---

[197] Oberbürgermeister Bartels ließ am 23. 7. 1935 antworten: „Auf das Schreiben des 11. des Monats erwidere ich, dass ich mich mit der Aufhebung des Kaufvertrages vom 4. 3. 1930 betreffend den Verkauf eines Bauplatzes einverstanden erkläre. Ein Grundstück für die Errichtung einer Kapelle im Osten von Wilhelmsburg wird Ihnen demnächst in Vorschlag gebracht werden."

[198] Archiv der Kirchengemeinde St. Bonifatius, Krebs, Josef, Chronik. Die Aufzeichnung bemerkenswerter Ereignisse der katholischen St. Bonifatiusgemeinde Wilhelmsburg, S. 29 ff.

[199] In der Jahresabrechnung 1934 / 1935 findet sich ein Betrag von 20,- Reichsmark „ für die Anfertigung einer Zeichnung zur Ausmalung der Kirche", Archiv der Kirchengemeinde St. Bonifatius.

Im Zuge dieser Maßnahme sei es sinnvoll, den Innenraum der Kirche insgesamt neu zu gestalten. Wie es in der Sitzung des Kirchenvorstandes weiter ging, kann in der Chronik von St. Bonifatius nachgelesen werden: Pfarrer Krieter „erklärte, dass es sein liebstes Geschenk zu seinem Priesterjubiläum im Jahre 1939 wäre, wenn die Kirche bis dahin ein neues Gewand bekäme. Diese Anregung war jedem aus dem Herzen gesprochen, denn die Notwendigkeit auch dieser Arbeit lag auf der Hand. Da die Mittel hierzu in der Kirchenkasse nicht vorhanden waren, wurde beschlossen, einen Fonds aus freiwilligen Spenden anzusammeln. Die Sammlung musste auf Opfergaben in der Kirche beschränkt bleiben, weil Haussammlungen nicht gestattet waren.[200] Es wurden deshalb 4 Opferkästen in der Kirche ausgehängt und die Gemeindemitglieder auf ihren Zweck in der Kirche hingewiesen. Für die Verwaltung des angesammelten Fonds wurde ein Ausschuss gebildet, der aus den Kirchenvorstehern Mecke, Krebs und Nawrot bestand.[201] Herrn Mecke wurde die laufende Entleerung der Opferkästen übertragen."

4. Die Kapläne der Jahre 1935 bis 1940

Vom November 1934 bis zum Jahre 1940 wurde Pfarrer Krieter bei seiner Arbeit in St. Bonifatius von den Kaplänen Konrad Dorenkamp, Bernard Bank, Johannes Wosnitza, Joseph Krautscheidt und Antonius Holling unterstützt.

Kaplan Konrad Dorenkamp war seit dem Jahre 1920 in St. Bonifatius tätig. Obwohl er das Pfarrexamen längst bestanden hatte, war er in Wilhelmsburg geblieben. Er war für Pfarrer Krieter fast unersetzlich, weil er die polnische Sprache beherrschte. Dennoch hatte Pfarrer Krieter Verständnis, dass sich Kaplan Dorenkamp Anfang des Jahres 1935 an den Bischof gewandt und um die Zuweisung einer Pastoren- oder Pfarrstelle gebeten hatte. Am 23. September 1935 wurde Kaplan Dorenkamp mitgeteilt, dass ihm zum 16. Oktober die Kuratie in Aumund übertragen werde. Seine Amtsbezeichnung sei „Pastor". Mit einem Schreiben des Generalvikariates vom selben Tage erfuhr Pfarrer Krieter, dass der Geistliche Johannes Wosnitza zum 16. Oktober 1935 als Kaplan in St. Bonifatius eingesetzt werde. Johannes Wosnitza sei Mitglied im „Apostolat der Priester- und Ordensberufe":[202]

---

[200] Das Gesetz zur Regelung der öffentlichen Sammlungen und sammlungsähnlichen Veranstaltungen, Sammlungsgesetz vom 5. 11. 1934, ließ nur noch Sammlungen und Kollekten in der Kirche zu. Örtliche Polizeispitzel überwachten, ob „die im Interesse der öffentlichen Wohlfahrtspflege durchgeführten Sammlungen durch die Kollekten in der Kirche Abbruch erleiden." Das Zitat stammt aus einer Meldung des Polizeidirektors der Stadt Harburg-Wilhelmsburg an den Regierungspräsidenten in Lüneburg anlässlich der Bespitzelung der evangelischen und katholischen Kirchen von Harburg-Wilhelmsburg im Jahre 1936, abgedruckt in: Das Bistum Hildesheim 1933-1945. Eine Dokumentation. a. a. O. , S. 502

[201] Im Frühjahr 1938 waren bereits 2.400 RM an Spenden zusammengekommen. Die gesammelten Gelder wurden bei der Stadtsparkasse Wilhelmsburg auf ein Sparkassenbuch eingezahlt. Nachdem Harburg-Wilhelmsburg im Jahre 1937 nach Hamburg eingemeindet worden war, wurde die Stadtsparkasse von der Hamburger Sparkasse von 1827 übernommen. Archiv der Kirchengemeinde St. Bonifatius, Chronik. S. 32

[202] Schreiben des Bischöflichen Generalvikariates, in Vertretung Seeland, Nr. 9683 und Nr. 9684, 23. und 26. Sept.1935, Archiv der Kirchengemeinde St. Bonifatius, Akte „Kapläne". Das „Apostolat der Priester- und Ordensberufe" wurde 1913 von August Doerner gegründet. Zu Doerner vgl. den Artikel von Reimund Haas im Lexikon für Theologie und Kirche (2006) S. 28 ff. Der Text eines Merkblattes, das sich im Archiv der Kirchengemeinde St. Bonifatius, Akte „Kapläne" befindet, gibt über das Apostolat genaue Auskunft.

4.1   Kaplan Konrad Dorenkamp geht

Der 13. Oktober 1935 war der Tag der feierlichen Verabschiedung von Kaplan Dorenkamp. Die polnisch sprechenden Mitglieder der Bonifatiusgemeinde ließen es sich nicht nehmen, „ihrem Geistlichen" am Nachmittag eine gesonderte Abschiedsfeier zu gestalten. Die Abschiedsfeier der gesamten Gemeinde fand abends statt.[203] Drei Tage später wurde in der Zeitung von beiden Feiern berichtet. Den Bericht hat sehr wahrscheinlich Pfarrer Krieter geschrieben: „Wohl selten hat der große Saal des katholischen Gemeindehauses in Wilhelmsburg eine so große Zahl von Gemeindmitgliedern versammelt gesehen wie am vorigen Sonntag bei der Abschiedsfeier für Kaplan Dorenkamp, der nach mehr als 15jähriger segensreicher Tätigkeit aus unserer Mitte scheidet, um einem Rufe unseres Bischofs als Pastor nach Aumund bei Bremen Folge zu leisten. Schon die Abschiedsfeier der polnisch sprechenden Katholiken am Nachmittag brachte in beredter Weise zum Ausdruck, welche große Liebe und Anhänglichkeit der scheidende Seelsorger in ihrem Kreise sich erworben hatte. Das sprach aus den Dankesworten des Leiters dieser Feier, des Herrn Owsianowski, und der Vorsitzenden der polnischen Vereine, das klang aus Kindermund in zwei sinnvollen Gedichten, das zeigten auch die praktischen Geschenke, die als Abschiedsgabe überreicht wurden. Nach einer Ansprache des Pfarrers der Gemeinde wurden mit besonderer Aufmerksamkeit die Abschlussworte aufgenommen, die ihr Kaplan zum letzten Mal in ihrer Muttersprache an sie richtete. Gemeinsam gesungene Lieder und verschiedene Musikstücke trugen wesentlich zur Hebung der Feier bei. Abends um 7 Uhr schaute man ein ähnliches Bild. Der Saal vermochte die große Zahl der erschienenen Männer und Frauen und auch der Jugend nicht zu fassen, so dass Vorplatz und Nebenräume noch dazu genommen werden mussten. Alle wollten ihrem Religionslehrer, ihrem langjährigen Seelsorger und priesterlichen Freunde ihren Dank bekunden. Der Pfarrer der Gemeinde, Pastor Krieter, eröffnete die Feierstunde nach einem stimmungsvollen Musikstück mit Ausführungen über Wesen, Sendung und Aufgaben des Priestertums in unserer Zeit und schuf dadurch die Grundstimmung für die ganze Feier. Tiefen Eindruck machten Gedichte über die leiblichen Werke der Barmherzigkeit, die von Kindern verständnisvoll zum Vortrag gebracht wurden und die darauf besonders passende Geschenke verteilten. Beifällige Aufnahme fanden die anerkennenden Worte des Schulleiters, Rektor Hupe. Nach Abschiedsworten des Vorsitzenden des Männergesangvereins `Winfridia´ sprach Kaplan Bank in seiner launigen Art von dem herzlichen Einvernehmen, das ihn mit seinem bisherigen Mitkaplan verbunden habe. Tief bewegt sprach Herr Kaplan Dorenkamp Worte des Dankes für alle Liebe, die er hier gefunden und die zum Abschied noch ihren besonderen Ausdruck in einem würdigen Geschenk fand, und verband damit ernste Mahnungen und Bitten an die Gemeindemitglieder, auch in Zukunft ihren großen Zeitaufgaben immer eingedenk zu bleiben und ihnen gerecht zu werden. Musikstücke - vorgetragen von der Musikgruppe des Lehrerkollegiums - und Gesänge des Männergesangvereins schufen einen würdigen Rahmen für die ganze Feier. Über beiden Abschiedstunden lag eine gewisse Wehmut, die aber auch in packender Weise eine tiefe Verbundenheit zwischen Priester und Gemeinde voll aufzeigten."[204]

Vier Einzelheiten dieses Berichtes erscheinen bedenkenswert. Erstens wird deutlich, dass die Gruppe der polnisch sprechenden Mitglieder der Bonifatiusgemeinde ein Eigenleben führte.

---

[203]   Vgl. Archiv der Kirchengemeinde St. Bonifatius, Akte „Kapläne"

[204]   Archiv der Kirchengemeinde St. Bonifatius, Akte „Kapläne"

Zweitens erscheint es aus heutiger Sicht erstaunlich, dass der Rektor der katholischen Schule bei der Abschiedsfeier anwesend war. Herr Hupe war engagierter Nationalsozialist und dennoch sprach er dem Kaplan Dorenkamp Dankesworte für dessen Tätigkeit als Religionslehrer aus. Sowohl den Geistlichen als auch den Lehrkräften der katholischen Schule musste es längst bewusst sein, wie unvereinbar katholischer Glaube und nationalsozialistische Weltanschauung waren. Auf beiden Seiten wurde aber diese theoretisch gewiss vorhandene Erkenntnis noch immer nicht auf die Personen bezogen, die diese Gegensätze verkörperten.

Drittens und viertens: Pfarrer Krieter sprach in seiner Rede vom Wesen, von der Sendung und von den Aufgaben des Priestertums „in unserer Zeit". Kaplan Dorenkamp richtete zum Abschied ernste Mahnungen und Bitten an die Gemeindemitglieder, auch in Zukunft „ihren großen Zeitaufgaben" immer eingedenk zu bleiben und ihnen gerecht zu werden. Es ist schade, dass der genaue Wortlaut dieser Redepassagen nicht erhalten ist. Aus heutiger Sicht meint man gern, als „Erfordernis der Zeit", als „große Zeitaufgabe" hätte aus dem Munde katholischer Priester die Aufforderung kommen müssen, dem Neuheidentum der Nationalsozialisten und ihrer Politik entgegenzutreten.

Diese Meinung ist nahe liegend, wenn man bedenkt, was Pfarrer Krieter und Kaplan Dorenkamp in den Tagen und Wochen vor der Abschiedsfeier erlebt hatten: Generalvikar Dr. Seelmeyer war zu Zuchthaus und Ehrverlust verurteilt worden. Am 1. September hatten die Bischöfe in einem Gemeinsamen Hirtenwort „auf Einschränkungen der kirchlichen Freiheiten und Bedrückungen des christlichen Gewissens hingewiesen".[205] Am 15. September 1935 hatte der Reichsparteitag das bösartigste Instrument der Rassenideologie in Kraft gesetzt, das „Gesetz zum Schutz des deutschen Blutes und der deutschen Ehre". Am 6. Oktober war auf dem Bückeberg bei Hameln das neuheidnische Erntedankfest der NSDAP gefeiert worden. In Gegenwart Hitlers war ein blasphemisches Glaubensbekenntnis verkündet worden. Darin hieß es einleitend: „Ich glaube an die Gemeinschaft aller Deutschen, an ein Leben im Dienste dieser Gemeinschaft. Ich glaube an die Offenbarung der göttlichen Schöpferkraft im reinen Blut." Und abschließend hieß es: „So glaube ich an einen ewigen Gott, an ein ewiges Deutschland und an ein ewiges Leben." Schließlich hatte die seit März laufende Kampagne gegen die Katholische Kirche wegen angeblicher Devisenvergehen von Priestern und Ordensgeistlichen einen neuen Höhepunkt erreicht. Der Bischof von Meißen war am 9. Oktober verhaftet worden.[206]

Kaplan Dorenkamp und Pfarrer Krieter lasen Zeitung, sie hörten die Nachrichtensendungen im Radio und gelegentlich sahen sie wohl auch die „Wochenschau" im Kino. Das Hirtenwort der Bischöfe über die bedrückte Lage der Kirche hatten sie selbst von der Kanzel zu verlesen. Beide Herren konnten nicht vergessen haben, was sie im Namen der Bischöfe am 1. September laut ausgesprochen hatten: „Der christliche Glaube verkündet ein objektives, göttliches Sittengesetz. Wenn dieses verletzt wird, gilt der Satz: „Man muss Gott mehr gehorchen als den Menschen."

---

[205] Zum Hirtenbrief der Deutschen Bischöfe vom 20. August, der am 1. September 1935 in allen Kirchen verlesen wurde und großes Aufsehen erregte, vgl. Besier, G., Die Kirchen und das Dritte Reich. Spannungen und Abwehrkämpfe 1934- 1937. Econ Ullstein List-Verlag, München 2001, S. 164

[206] Vgl. Besier, G., Die Kirchen und das Dritte Reich. Spannungen und Abwehrkämpfe 1934 - 1937. a. a. O., S. 670 ff.

Wenn die beiden Geistlichen also „die Aufgaben der Katholiken in dieser Zeit" ernsthaft ansprechen wollten, dann mussten sie an diesem Abend nationalsozialistisches Denken und Tun verurteilen. Das hätte großen Mut verlangt, denn unter den vielen Menschen im Gemeindehaus konnten sich Denunzianten und Polizeispitzel befinden. Klare Worte zur Politik hätten wohl auch den Frieden und die Harmonie dieses Festabends getrübt.

Wahrscheinlich haben beide Geistliche Worte gefunden, die Nationalsozialisten nicht wehtaten. Die Bischöfe hatten es der beiden Geistlichen von St. Bonifatius ja vorgemacht. Im Widerspruch zu den klaren Äußerungen im ersten Teil des Gemeinsamen Hirtenwortes vom 20. August (verlesen am 1. September), hatten die Bischöfe gegen Ende des Hirtenwortes eingelenkt und die Gläubigen zur Loyalität gegenüber dem Staat aufgefordert. Sie hatten gesagt, die Gläubigen sollten „eine Wache an ihre Ohren setzen" und nicht auf die „wilden Gerüchte" hören, „die gegen staatliche Behörden verbreitet werden". Anschließend hatten die Bischöfe formuliert: „Das aber wird die beste Antwort auf alle Anklagen sein, wenn Katholiken durch Gewissenhaftigkeit im Beruf und durch Opfergeist sich hervortun und vorbildliche Familienväter und pflichttreue Staatsbeamte sind."[207]
Jedenfalls war nach Meinung des Pfarrers Krieter die Abschiedsfeier für Kaplan Dorenkamp ein gelungenes Fest. Die Kosten für die Feier und für ein Geschenk der Gemeinde an den scheidenden Kaplan - ein Marienbild - betrugen 107,03 RM. Diese Ausgaben konnten vollständig durch Spenden gedeckt werden.[208]

4.2 Kaplan Johannes Wosnitza kommt

Am 16. Oktober 1935 traf der Nachfolger des Kaplans Dorenkamp in Wilhelmsburg ein, Johannes Wosnitza. Mit seiner zierlichen Gestalt, seiner geringen Körpergröße und seinem kurzen Haarschnitt wirkte Kaplan Wosnitza außergewöhnlich jung. Tatsächlich war er genauso alt wie Kaplan Bank. Beide gehörten zum Jahrgang 1908.

Johannes Wosnitza war am 22. September 1934 zum Priester geweiht worden. Celle war seine erste Kaplanstelle. Als er an der Tür des Pfarrhauses von St. Bonifatius stand, hatte Kaplan Wosnitza sein gesamtes Eigentum bei sich: Seine Kleidung, einen Koffer mit Leibwäsche und einige Bücher. Pfarrer Krieter wusste, dass sein neuer Kaplan als Mitglied der Vereinigung „Apostolat der Priester- und Ordensberufe" persönliche Armut geschworen hatte. Der außergewöhnliche Haarschnitt, den der neue Kaplan bei seinem Eintreffen in St. Bonifatius trug, hatte ebenfalls mit seiner Mitgliedschaft in dieser Priestervereinigung zu tun. Sie hatte ihren Sitz in Bonn am Rhein, auf der Rosenburg.

Abb.45: Kaplan Johannes Wosnitza im Jahre 1937. Er war damals 29 Jahre alt.

---

[207] Das Hirtenwort ist veröffentlicht als Dokument Nr. 144 in: Müller, Hans, Katholische Kirche und Nationalsozialismus, dtv- dokumente, Deutscher Taschenbuch-Verlag, München, 1965
[208] Archiv der Kirchengemeinde St. Bonifatius, Akte „Kapläne"

4.2.1 Finanzielle Verhandlungen mit dem Generalvikariat wegen des Kaplans Wosnitza

In dem Schreiben Generalvikariates vom 23. 9. 1935, mit dem Pfarrer Krieter über die Mitgliedschaft des Kaplans Wosnitza in der Priestervereinigung unterrichtet worden war, hieß es: „Der Kaplan Wosnitza, der zum 16. Oktober 1935 als Kaplan dort (in Wilhelmsburg; Anm. d. Verf.) angestellt ist, hat nachstehende Naturalleistungen zu empfangen: Wohnung, Beköstigung, Licht und Heizung, Bedienung und Wäsche mit Ausnahme der Leibwäsche. Sollte es Ihnen nicht möglich sein, dem Kaplan Wosnitza die Einrichtung des Arbeits- und Schlafzimmers zu stellen, so obliegt die Verpflichtung der Beschaffung der dortigen Gemeinde. ... Eine Barbesoldung bezieht Kaplan Wosnitza nicht. Für diese sorgt das Apostolat der Priester und Ordensberufe in Bonn, dem Kaplan Wosnitza angehört ... Die durch diese Regelung eintretende Ersparnis der dortigen Kirchenkasse in Höhe der ... baren Besoldung - zur Zeit 60 RM monatlich - fällt ... der Besoldungskasse für die Diözesanmissionen zu. Wir ersuchen daher um laufende Einzahlungen dieser monatlichen Beträge an uns zur bestimmungsmäßigen Verwendung. In Vertretung, Seeland" [209]
Nachdem er dieses Schreiben erhalten hatte, sah Pfarrer Krieter seine Tatkraft gefordert. Er kaufte für das Arbeitszimmer seines neuen Kaplans ein Sofa, zwei Stühle, ein Kleiderregal und Fensterrollos. Die Kosten betrugen 130, 30 RM. [210] Sach- und Geldspenden aus der Gemeinde ermöglichten nach und nach die Anschaffung von Bettwäsche, Handtüchern und Gardinen. Mit der Aufforderung, monatlich 60 RM an die Besoldungskasse der Diözesanmissionen zu überweisen, war Pfarrer Krieter nicht einverstanden. Er schrieb im Dezember des Jahres 1935 an das Bischöfliche Generalvikariat:
„ ... Dass durch die Nichtbesoldung des Herrn Kaplan Wosnitza eine Ersparnis eintritt, wenn ich monatlich 60 RM an die Bistumskasse einzahlen soll, vermag ich nicht einzusehen. Nach Aussage des Herrn Kaplan Wosnitza müssten alle von ihm persolvierten Messen (Gebühren) nach Bonn abgeführt werden. Folglich muss ich auch für die Instandhaltung der Leibwäsche sorgen, Bürgersteuer bezahlen und was sonst noch an Kleinigkeiten gebraucht wird, auch Fahrgelder mit Eisen- und Straßenbahn und dergleichen aufbringen. Für die seelsorglichen Wege, die nicht mit der Bahn zu erreichen sind, sowie für den Religionsunterricht in Niedergeorgswerder war ich gezwungen, ein Fahrrad zu kaufen.Deshalb bitte ich das Bischöfliche Generalvikariat, mir entgegenzukommen und aus vorerwähnten Gründen den festgesetzten Betrag zu erlassen bzw. im Höchstfalle mit der Einsendung von 15,- RM bis 20,- RM monatlich zufrieden zu sein und zwar zahlbar ab 1. Januar 1936. Gehorsamst Krieter, Pastor" [211]
Schon sechs Tage darauf hielt Pfarrer Krieter die Antwort des Generalvikariates in den Händen:
„Sie wollen über die Ausgaben, die Ihnen aus der Beschaffung der Einrichtung der beiden Wohnräume des Kaplans Wosnitza erwachsen sind, eine genaue Aufstellung - mit Belegen - machen. Zur Bestreitung dieser Kosten sind die sonst nach hier abzuliefernden Monatsbeiträge von je 60,- RM bis zur völligen Ausgleichung zu verwenden. Die Abrechnung sowie ein Verzeichnis der Einrichtungsgegenstände sind uns einzureichen.

---

[209] Bischöfliches Generalvikariat in Hildesheim, i. V. Seeland, Nr. 9688, 23. 9. 35, im Archiv der Kirchengemeinde St. Bonifatius, Akte „Kapläne"

[210] Archiv der Kirchengemeinde St. Bonifatius, Jahresrechnung 1935/36, Akte „Jahresrechnungen"

[211] Schreiben vom 10. Dezember 1935 an das Bischöfliche Generalvikariat, Archiv der Kirchengemeinde St. Bonifatius, Akte „Kapläne"

Die so erworbenen Einrichtungsgegenstände sind als Eigentum des Bistums anzusehen, über das wir bei einer etwaigen Versetzung des Kaplans Wosnitza uns das Verfügungsrecht vorbehalten. Jene Ausgaben, die auch bei anderen Kaplänen aus der Kirchenkasse erstattet werden, z. B. für Benutzung der Eisen- und Straßenbahn, Fahrrad u. a., soweit solche Ausgaben im lokalen seelsorgerlichen Interesse notwendig sind, müssen auch dem Kaplan Wosnitza aus der Kirchenkasse erstattet werden. Da Kaplan Wosnitza ein Bargehalt nicht erhält, entspricht es Billigkeitsgründen, dass die für Leibwäsche und Bürgersteuer erforderlichen Beträge nicht von Kaplan Wosnitza getragen werden. Wir erklären uns damit einverstanden, dass die letzteren Beträge von der nach hier abzuführenden Monatsrate in Abzug gebracht werden. Ein weiterer Erlass ist uns bei dem Stande unserer Besoldungskasse nicht möglich.

In Vertretung, Seeland" [212]

Pfarrer Krieter gefiel es gar nicht, dass die Einrichtungsgegenstände im Zimmer des Kaplans Wosnitza Eigentum des Bistums sein sollten. Wie immer, wenn es um das finanzielle Wohl seiner Pfarrei ging, zeigte er sich als bauernschlauer Kämpfer gegen das Generalvikariat. Bei den Domkapitularen Seeland und Schneider, die wegen der Verhaftung des Generalvikars Seelmeyer die finanziellen Verhandlungen führten, machte sich Pfarrer Krieter mit diesem Verhalten nicht beliebt. Den Herren war noch gut in Erinnerung, wie Pfarrer Krieter um den Erlass der Diözesansteuer für 1933 gefeilscht und eine Ratenzahlung für die Diözesansteuer des Jahres 1934 angestrebt hatte. Noch immer waren sie empört, dass Pfarrer Krieter gleichzeitig versucht hatte, durch Beschluss seines Kirchenvorstandes den Kaplänen von St. Bonifatius eine Reduzierung ihres Gehaltes um 10 RM zu ersparen.

Die Verstimmung der Domkapitulare störte Pfarrer Krieter nicht. Beharrlich suchte er auch im Fall des Kaplans Wosnitza den Vorteil für St. Bonifatius. Er schrieb nach Hildesheim:

„Aufgrund des Schreibens des Bischöflichen Generalvikariates vom 23. September des Jahres hatte ich mich entschlossen, selbst für die Einrichtung der von Herrn Kaplan Wosnitza bewohnten Räume zu sorgen. Wie bereits mitgeteilt, wurden einige Gegenstände als Geschenk für die Kaplanei und für das Pfarrhaus zur Verfügung gestellt und müssen somit Eigentum der Kirchengemeinde bleiben. Belege für die Bettwäsche, Handtücher, Gardinen etc., die sämtlich neu sind, kann ich nicht mehr beibringen, da diese nach und nach angeschafft wurden. Die Haupteinrichtungsgegenstände sind zum Teil neu, gebraucht bzw. aufgearbeitet. Es ist deshalb schwierig, dafür eine Kostenrechnung aufzustellen. So ist es wohl die beste Lösung, wenn die Kirchengemeinde St. Bonifatius alleinige Besitzerin des Inventars der Kaplanei bleibt. Für Waschen und Instandhaltung der Leibwäsche etc. sowie für Entrichtung der Bürgersteuer bitte ich, monatlich den Betrag von 20,- RM in Abzug bringen zu dürfen. Für die Missionen der Diözese (Besoldungskasse) werde ich dann den Betrag von 40,- RM monatlich überweisen. Gehorsamst, Krieter, Pastor" [213]

Pfarrer Krieter hatte mit seiner Beharrlichkeit Erfolg.

4.2.2   Kaplan Wosnitza zu Beginn seiner Zeit in St. Bonifatius

Weil Kaplan Wosnitza in Oberschlesien aufgewachsen war, beherrschte er die polnische Sprache von Kindheit an. So war es selbstverständlich, dass er die Betreuung der polnisch sprechenden Gemeindemitglieder und der polnischen Vereine übernahm. In kürzester Zeit gewann er die Herzen „seiner Polen".

---

[212] Bischöfliches Generalvikariat, Nr. 12170, 16. 12. 1935 Archiv der Kirchengemeinde St. Bonifatius, Akte „Kapläne"

[213] Schreiben vom 14. Januar 1936 im Archiv der Kirchengemeinde St. Bonifatius, Akte „Kapläne"

Seinen Pfarrer und seinen Kollegen, Kaplan Bank, beeindruckte Johannes Wosnitza durch seine außergewöhnliche Frömmigkeit. Viele junge Frauen der Marianischen Kongregation waren von der Frömmigkeit des neuen Kaplans dagegen nicht so begeistert.

Die Zeitzeugin Erna Nowacki berichtete: „Zu Wosnitza! Da hatten wir ja die so genannte „Jungfrauenkongregation" und - nachdem vorher alles sehr locker gewesen war, wir haben Spiele gemacht, usw. - da war es bei Wosnitza mit einem Mal ganz anders. Es gab ja von den Nazis die Vorschrift, dass alle Vereinigungen in den katholischen Gemeinden nur noch existieren durften, wenn sich alles auf religiöser Basis abspielte. Da war der Kaplan Wosnitza der Richtige! Das war ja nun ein Superfrommer! Mit einem Mal war alles bei der Kongregation nur noch religiös, und ich weiß auch noch, dass mir das eigentlich gar nicht gefallen hat! Man konnte nicht mehr locker lachen. Man konnte nicht mehr fröhlich sein. Man hat nur da gesessen, und Wosnitza hat uns irgendwas vor... na ja, wir waren einfach zu jung, als dass uns das gefallen hätte." [214]

Kaplan Wosnitza war lernfähig. Schon bald hatte er begriffen, dass die katholischen Jugendgruppen auch außerreligiöse Aktivitäten anbieten mussten, wenn sie Bestand haben sollten. Wie Kaplan Bank, der sich oft leichtsinnig über nationalsozialistische Verbote hinwegsetzte,[215] ging später auch Kaplan Wosnitza Risiken ein. Er war allerdings viel vorsichtiger. Die Zeitzeugin Gertrud Matzat berichtete: „Einmal ist unsere Mädchengruppe mit den Kaplänen Wosnitza und Holling per Straßenbahn zum Höpen gefahren. Ich erinnere mich, dass Kaplan Wosnitza uns bei dieser Gelegenheit gemahnt hat, ihn nicht mit „Herr Kaplan" anzusprechen. Warum er das verlangt hat, weiß ich nicht mehr. ..." [216]

Besondere Schwierigkeiten hatte Kaplan Wosnitza zunächst beim Religionsunterricht in der katholischen Schule. Pfarrer Krieter beobachtete, dass die Schulkinder sich über den Haarschnitt des Kaplans lustig machten. Als er Johannes Wosnitza vorschlug, sich die Haare in Zukunft nicht mehr so kurz schneiden zu lassen, lehnte dieser das Ansinnen strikt ab. Er wollte auf das äußere Kennzeichen seiner Priestervereinigung nicht verzichten. Weil der Kaplan weiterhin verspottet wurde, schrieb Pfarrer Krieter schließlich einen Brief an den Direktor der Priestervereinigung, August Doerner:

„Sehr geehrter, Hochwürdiger Herr Direktor! Seit dem 16. Oktober vorigen Jahres ist Herr Kaplan Johannes Wosnitza hier in der St. Bonifatius-Gemeinde tätig. ... Mein neuer Kaplan, Johannes Wosnitza, ist selbst mir in vielen Punkten - besonders im Gebetsleben - ein Vorbild. Ich selbst habe hier ein recht schweres Kreuz als Seelsorger zu tragen. Ich trage mein Kreuz jedoch etwas leichter, da meine beiden Mitarbeiter im Weinberge des Herrn, Herr Kaplan Bernard Bank und der von Ihnen, sehr geehrter Herr Direktor, herangebildete junge Priester, Johannes Wosnitza, hilfsbereit und echt brüderlich mit mir zusammenarbeiten. Traditionsgemäß trägt Herr Kaplan Wosnitza - als Bonner Priester - sein Haar kurz. Wir haben hier 800 Schulkinder, denen wir drei Geistlichen schulplanmäßigen Katechismus-Unterricht erteilen. Gegen 300 Kinder hat Herr Kaplan Wosnitza zu unterrichten. Wie ich selbst beobachtet und es auch von Erwachsenen gehört habe, sind die hiesigen Kinder - besonders die recht lebhaften Knaben - kaum zu zügeln, und können das Lachen nicht verbergen, wenn unser neuer Herr Kaplan mit kurz geschnittenem Haar die Klassenzimmer betritt. ... Schon mehrfach habe ich Herrn Kaplan Wosnitza gebeten, doch sein Haar nicht immer ganz kurz schneiden zu lassen.

---

[214] Gespräch mit Erna Nowacki vom 5. 2. 2004
[215] Vgl. das Gespräch mit Jonny Swoboda vom 6. 3. 2004
[216] Gespräch mit Gertrud Matzat vom 7. 2. 2005

Jedoch will er sich nicht darauf einlassen, um sich nicht außerhalb der Bonner Gemeinschaft zu stellen. Er wird Ihnen, lieber Herr Direktor, niemals diese Bitte vortragen. So habe ich mich denn entschlossen, Ihnen zu schreiben und Sie herzlich zu bitten, dass Sie Ihrem und meinem Herrn Kaplan ausdrücklich erlauben, während seiner hiesigen Tätigkeit sein Haar nicht ganz kurz zu tragen, um ihn nicht unnütz dem Gespött der Kinder auszusetzen, da Herr Kaplan Wosnitza durch seinen kurzer Haarschnitt allzu jugendlich wirkt. ... C. a. fr. Krieter, Pfarrer" [217]

Wahrscheinlich hat der Direktor der Priestervereinigung dem Kaplan Wosnitza erlaubt, seine Haartracht zu ändern. Jedenfalls hat sich seine Frisur in den folgenden Jahren nicht mehr von der Frisur des Kaplans Bank unterschieden. Der Direktor der Priestervereinigung verlangte jedoch wenige Wochen später von Pfarrer Krieter ein so genanntes Sittenzeugnis über Kaplan Wosnitza. Das Bischöfliche Generalvikariat Hildesheim lehnte die Erteilung eines Zeugnisses ab, doch das entsprechende Schreiben erreichte den Pfarrer Krieter zu spät. Pfarrer Krieter hatte das nachfolgende Zeugnis bereits abgeschickt:

Sittenzeugnis

Der Hochwürdige Herr Kaplan Johannes Wosnitza, geboren am 20. September 1908 zu Kroschnitz, Oberschlesien, zum Priester geweiht am 22. September 1934, ist seit dem 16. Oktober 1935 als Kaplan in der Pfarrei St. Bonifatius zu Harburg-Wilhelmsburg Nord. Nach meinen Beobachtungen führt Herr Kaplan Wosnitza ein gutes, echt priesterliches Leben. In der Seelsorge und bei Erteilung von Religionsunterricht in der hiesigen katholischen Volksschule ist er sehr gewissenhaft und eifrig und ist - trotz seiner Jugend - ein mitfühlender und kluger Krankenseelsorger. Für seine in der Gemeinde in großer Zahl befindlichen oberschlesischen Landsleute und für polnisch sprechende Gemeindemitglieder ist er mir ein rechter, fast möchte ich sagen, ein unentbehrlicher Helfer. Den Anregungen und Anordnungen seines vorgesetzten Pfarrers leistet er stets willig und freudig Folge und behält das Ziel der Seelsorge, nämlich das Heil der Seelen, fest im Auge. Mit seinem Mitkaplan hat er sich bis heute in konfraterneller Weise stets gut vertragen. In der Gemeinde selbst wird sein priesterlicher Eifer von den Pfarrangehörigen gelobt und anerkannt." [218]

Schon einige Wochen vorher scheint das Bischöfliche Generalvikariat wegen des Kaplans Wosnitza mit Direktor Doerner verhandelt zu haben. Am 4. Mai 1936 erhielt Pfarrer Krieter ein Schreiben des neuen Generalvikars, Dr. Offenstein:
„Wir sehen uns veranlasst, dem an der dortigen St. Bonifatiuskirche angestellten Kaplan Wosnitza vom 1. April des Jahres an die den Hilfsgeistlichen ohne eigenen Haushalt zustehende Besoldung - freie Station und Bargehalt - zu gewähren. Für die Besoldung ist die hierneben angeschlossene Besoldungsordnung vom 12. Februar 1932 nebst Nachträgen vom 7. Mai 1935 bzw. 9. März 1936 maßgebend.[219] Den an unsere Bistumskasse eingesandten Betrag von 40,- RM für den Monat April des Jahres lassen wir der dortigen Kirchenkasse wieder zugehen." [220]

---

[217] Schreiben vom 16. März 1936 im Archiv der Kirchengemeinde St. Bonifatius, Akte „Kapläne"

[218] Schreiben vom 23. Juni 1936, Archiv der Kirchengemeinde St. Bonifatius, Akte „Kapläne".

[219] Der Nachtrag vom 7. 5. 1935 zur Besoldungsordnung für Hilfsgeistliche ohne eigenen Haushalt vom 12. 2. 1932 .Bischöfliches Generalvikariat, Nr. 5168 findet sich im Archiv der Kirchengemeinde St. Bonifatius, Akte „Kapläne".

[220] Bischöfliches Generalvikariat Hildesheim, Nummer 4263, Offenstein, 4. Mai 1936, Archiv der Kirchengemeinde St. Bonifatius, Akte „Kapläne".

Dieses Schreiben bedeutete, dass die Besoldung des Kaplans Wosnitza fortan aus der Kirchenkasse von St. Bonifatius zu bestreiten war. Jährlich 720,- RM bedeuteten eine erhebliche Belastung. Vielleicht hat sich Pfarrer Krieter gute Chancen ausgerechnet, bei seinem Duzfreund Offenstein in finanziellen Dingen mehr Unterstützung zu finden als bei Domkapitular Seeland. Jedenfalls schrieb er an den neuen Generalvikar, Dr. Offenstein.[221] Er wies auf die schlechte Lage seiner Kirchenkasse hin und auf seine Sorge, dass er persönlich für die Verpflegung und Wohnung des Kaplans Wosnitza aufkommen müsse. Er sei sich in Sachen Besoldung der Kapläne nicht sicher, wie der Kirchenvorstand zu verfahren habe. Im Nebensatz fragte er an, ob es nicht möglich sei, für seine Kapläne „Manualstipendien" auf die Besoldung anzurechnen. Insgesamt stellte er sich dümmer als er war und bat seinen lieben Freund um Hilfe. [222]

Er erhielt am 11. Mai 1936 einen Antwortbrief, der - freundlich und für das „Dummerchen" etwas herablassend formuliert - in der Sache kein Entgegenkommen zeigte:

„Carissime! (= Mein Teuerster!) Die Sache mit der Besoldung der Kapläne ist doch ganz einfach. Ihr könnt euch doch nach der Besoldungsordnung von 1932 richten und damit den Kaplänen das regelrechte Gehalt ohne Anrechnung von Manualstipendien auszahlen, wie ihr es auch richtig in den Voranschlag eingesetzt habt. Dann bleibt auch der Satz von 90 RM für die Pension. (= freie Wohnung, Verköstigung und Bedienung; Anm. d. Verf.) Die Gemeinde Wilhelmsburg kann das wohl schaffen! Die Regelung mit dem Anrechnen der Stipendien soll nur von den Gemeinden in Anspruch genommen werden, die die ordentliche Besoldung beim besten Willen nicht schaffen können. Alles Gute und besten Gruß an dein ganzes Haus! Dein Offenstein." [223]

In den nächsten Wochen scheint das Generalvikariat den Kaplan Wosnitza zum Austritt aus dem „Apostolat der Priester- und Ordensberufe" bewegt zu haben. Im Archiv der Kirchengemeinde St. Bonifatius findet sich dazu die Mitteilung an Pfarrer Krieter: „Herr Kaplan Wosnitza scheidet mit dem heutigen Tag aus der „Vereinigung von Weltpriester-Missionaren, Bonn, Rosenburg" aus. Er bleibt nach wie vor Priester der Diözese Hildesheim und Kaplan zu Harburg-Wilhelmsburg." [224]

4.3   Joseph Krautscheidt, Kaplan für die „Wandernde Kirche"

Im Frühjahr 1936 begann wieder die Saison für die „Jagdhunde des Herrn". So nannte der katholische „Seelsorgedienst für die Wandernde Kirche" seine Priester und Seelsorgehelferinnen.[225]

---

[221] Dieser Brief ist leider nicht erhalten. Der Inhalt kann aber aus dem Antwortbrief des Dr. Offenstein erschlossen werden.

[222] Die Bezeichnung „Manualstipendium" meint den Geldbetrag (Stipendium = finanzielle Unterstützung), den ein Geistlicher in die Hand bekommt (lat. manus = Hand) , wenn er von einem Gläubigen beauftragt wird, eine hl. Messe im Sinne des Gläubigen zu lesen, zum Beispiel für einen Verstorbenen, in „besonderer Meinung" usw.. Wie aus dem oben wiedergegebenen Schreiben des Generalvikariates hervorgeht, waren solche Geldbeträge damals nach Hildesheim in die Bistumskasse zu leiten.

[223] Bischöfliches Generalvikariat Hildesheim, ohne Nummer, Offenstein, 11. Mai 1936, Archiv der Kirchengemeinde St. Bonifatius, Akte „Kapläne"

[224] Bischöfliches Generalvikariat in Hildesheim, i. V. Schneider, Nr. 8349, 16. 9. 36, Archiv der Kirchengemeinde St. Bonifatius, Akte „Kapläne"

[225] Bericht über die Tagung des katholischen Seelsorgsdienstes für die Wandernde Kirche am 14. / 15. 12. 1937 im Exerzitienhaus zu Berlin – Biesdorf"; zitiert nach Flammer, Th, Migration und Milieu … a. a. O., S. 404

Auch Harburg-Wilhelmsburg sollte wieder Ausgangspunkt für die religiöse Betreuung der jungen Menschen sein, die fern von ihrer Heimatgemeinde lebten. Die verantwortlichen Geistlichen der drei Kirchengemeinden in der Stadt Harburg-Wilhelmsburg mussten sich einigen, wo ein Jagdhund „Pension" finden solle. Allen Beteiligten - Pfarrer Wüstefeld, Pastor Leonard Mock und Pfarrer Krieter - war es klar: Ein Kaplan für die „Wandernde Kirche" hatte seine eigenen Aufgaben! Zur Mitarbeit in der Gemeinde würde man ihn kaum einmal heranziehen können. Dagegen war zusätzliche Verwaltungsarbeit gewiss. Schlimmstenfalls konnte es auch menschliche Probleme geben, falls der „Jagdhund" einen bissigen Charakter haben sollte. Pfarrer Wüstefeld und Pfarrer Krieter einigten sich, dass der neue Mitbruder in Wilhelmsburg „Pension" finden werde.

Am 15. Mai 1936 traf der Kaplan für die „Wandernde Kirche", Joseph Krautscheidt, im Pfarrhaus von St. Bonifatius ein. Sein unkompliziertes, fröhliches Auftreten machte es ihm leicht, sich schnell einzuleben. Die Wege zu den Arbeitsdienstlagern, Landjahrheimen usw. legte er auf seinem Motorrad der Marke BMW zurück. Bei den Jungen der Bonifatiusgemeinde hieß Kaplan Krautscheidt deswegen bald „der Motorrad-Kaplan".[226] Für alle Menschen, die im Wilhelmsburger Pfarrhaus lebten, war Kaplan Krautscheidt persönlich eine Bereicherung. Fachlich profitierten Pfarrer Krieter und seine Kapläne von ihm, weil Joseph Krautscheidt aus erster Hand Informationen über die Arbeit der „Wandernden Kirche" lieferte. Dementsprechend machte es Pfarrer Krieter jetzt nur noch wenig Mühe, den „Bericht über die Situation der Wandernden Kirche im Pfarrbereich von St. Bonifatius" anzufertigen. Dieser Bericht musste alljährlich beim Generalvikariat in Hildesheim abgeliefert werden.[227]

Wie vorherzusehen hatte die Anwesenheit des Kaplans Krautscheidt in St. Bonifatius für Pfarrer Krieter aber auch eine unangenehme Seite: Er musste immer wieder wegen „Gehalt und Verpflegungskosten für Herrn Kaplan J. Krautscheidt" an das Bischöfliche Generalvikariat schreiben. Am 2. Juni 1936 schrieb er:
„Seit dem 15. Mai des Jahres hat der nach hier für die „Wandernde Kirche" entsandte Herr Kaplan J. Krautscheidt im Pfarrhaus St. Bonifatius Unterkunft und Verpflegung gefunden. Der Pfarrer von St. Maria hat - wie mir bekannt ist - die Gründe für die Unterbringung im hiesigen Pfarrhaus an das Hochwürdige Bischöfliche Generalvikariat berichtet. Ich bin bereit, Herrn Kaplan Krautscheidt im hiesigen Pfarrhaus zu behalten, möchte jedoch bitten um baldige Regelung des Gehaltes und der Verpflegungskosten ..."[228]
Sieben Tage später teilte das Generalvikariat dem Pfarrer Krieter mit, dass ihm - gerechnet vom 15. Mai des Jahres an - eine Entschädigung von 90 Reichsmark aus der Bistumskasse gezahlt werde.

Die Arbeit für die „Wandernde Kirche" endete im Winter und begann im nächsten Frühjahr neu. Kaplan Krautscheidt wurde deswegen im Dezember 1936 aus Wilhelmsburg abgezogen. Am 30. Dezember erhielt Pfarrer Krieter vom Generalvikariat einen Brief, in dem die Rückzahlung der „Pension für Kaplan Krautscheidt" verlangt wurde, der für Januar 1937 bereits im Voraus gezahlt worden war. Im Brief wurde versprochen: „Nach Wiederaufnahme seiner Tätigkeit für die `Wandernde Kirche´ wird die Pension wieder gezahlt werden."

---

[226] Der Zeitzeuge Albin Lisiewicz erzählte im Gespräch vom 27. 1. 2004.: „Da war noch der Krautscheidt. Das war der Motorrad - Kaplan. Der hatte eine BMW."
[227] Vgl. Schreiben des Bischöflichen Generalvikariates, Offenstein, ohne Nummer vom 24. Mai 1937, Archiv der Kirchengemeinde St. Bonifatius, Akte „Rundschreiben kirchlicher Behörden,1920-1944"
[228] Archiv der Kirchengemeinde St. Bonifatius, Akte „Gehalt der Kapläne". Schreiben vom 2. 6. 1936

Anfang April 1937 war Kaplan Krautscheidt zurück. Die Zahlung der „Pension" durch das Generalvikariat musste Pfarrer Krieter allerdings - wie im Vorjahr - anmahnen. Am 12. April 1937 schrieb er nach Hildesheim:

„Herr Kaplan Krautscheidt hat seine Tätigkeit in der `Wandernden Kirche´ wieder aufgenommen. Wohnung und Verpflegung habe ich Herrn Kaplan Krautscheidt wieder im Pfarrhaus gewährt. Ich bitte, die Pension für April und die kommenden Monate auf mein Postscheckkonto Hamburg 49606 zu überweisen." [229]

Das Generalvikariat kam seiner Verpflichtung für das Jahr 1937 nach. Im nächsten Jahr aber begannen die finanziellen Geplänkel mit dem Generalvikariat von Neuem. Am 16. April 1938 erhielt Pfarrer Krieter einen Brief des Generalvikariates. Darin hieß es:

„...Im Interesse der Arbeit in der `Wandernden Kirche´, deren Seelenzahl voraussichtlich in diesem Jahre im Bezirk des Kaplans Krautscheidt wächst, wird es unvermeidbar und erforderlich sein, dass dieser des Öfteren einen oder mehrere Tage abwesend sein wird, um sich einem bestimmten Teil seines Bezirkes eingehender zu widmen. In solchen Fällen würde es eine Förderung der Seelsorge und eine Entlastung der Kasse der `Wandernden Kirche´ bedeuten, wenn er wie andere Seelsorger der `Wandernden Kirche´ einen entsprechenden Teil seines Pensionsgeldes ersetzt erhielte. Wir überlassen es vorerst der gütlichen Vereinbarung zwischen Ehrwürdigen Hochwürden und Kaplan Krautscheidt, was und unter welchen Bedingungen eine Rückerstattung erfolgen soll. ... " [230]

Pfarrer Krieter berichtete am 21. Mai 1938 nach Hildesheim: „ ... Herr Kaplan Krautscheidt und ich haben uns dahin geeinigt, dass ich dem Herrn Kaplan bei einer im Dienste der `Wandernden Kirche´ notwendigen Abwesenheit von zwei und mehr Tagen den Betrag von täglich 2 RM zurückerstatten werde. Gleichzeitig teile ich mit, dass ich für dieses Jahr noch kein Pensionsgeld für Herrn Kaplan Krautscheidt erhalten habe. Ich bitte deshalb dringend um baldige Überweisung des Pensionsgeldes für April und Mai dieses Jahres." [231]

Abb. 46: Pfarrer Krieter und seine drei Kapläne im Jahre 1938. Aus Sicht des Betrachters von links: Bernard Bank, Pfarrer Krieter, Joseph Krautscheidt, Johannes Wosnitza

---

[229] Archiv der Kirchengemeinde St. Bonifatius, Akte „Gehalt der Kapläne". Schreiben vom 12. 4. 1937
[230] Archiv der Kirchengemeinde St. Bonifatius, Akte „Gehalt der Kapläne". BGV, Nr. 3655, 16. 4. 1938
[231] Archiv der Kirchengemeinde St. Bonifatius, Akte „Gehalt der Kapläne". Schreiben vom 21. Mai 1938

Als es im Frühjahr 1938 den Anschein hatte, als werde Kaplan Krautscheidt dauernd in Wilhelmsburg stationiert bleiben, sah Pfarrer Krieter wieder einmal seine „Tatkraft" gefragt. Handschriftlich notierte er: „Im Frühjahr 1938 wurde die Wohnung für den Kaplan der `Wandernden Kirche´ verbessert. Es waren der Holzwurm und Schwamm und allerlei Getier (keine Wanzen!) in den Balken und Wänden. Es wurde ein schönes Zimmer hergestellt mit vielem Geld und Muße." [232]

Im November 1938 wurde Kaplan Krautscheidt aus Wilhelmsburg abgezogen. Seine Arbeit übernahmen zwei Kapläne, die in Lüneburg stationiert waren. [233]

4.4 Kaplan Antonius Holling

Mitte April 1937 bekam Pfarrer Krieter die Nachricht, dass sein Kaplan Bernard Bank - mit Wirkung zum 1. Mai 1937 - an die Pfarrkirche St. Maria in Hannover versetzt werde. Sein Nachfolger in Wilhelmsburg werde Kaplan Antonius Holling sein.[234] Als Kaplan Wosnitza erfuhr, wer der Nachfolger von Bernard Bank sein werde, freute er sich. Er kannte Antonius Holling, der ebenfalls zum Geburtsjahrgang 1908 gehörte, seit dem Jahre 1926.[235]

Abb.47 : Kaplan Antonius Holling

Wie Kaplan Wosnitza selbst war auch Antonius Holling am 9. Oktober 1926 in das „Apostolat der Priester- und Ordensberufe" eingetreten. Sie hatten gemeinsam auf der Rosenburg in Bonn den anderthalb Jahre dauernden Kurs der „Vorbereitungsschule zur Weckung von Priesterberufen" besucht und sich so auf die Oberprima vorbereitet. Nach dem Studium hatten sich beide beim Bischof von Hildesheim um die Aufnahme in das Priesterseminar beworben. Am selben Tag - am 22. September 1934 – hatten sie im Dom zu Hildesheim die Priesterweihe empfangen. Danach hatten sich ihre Wege getrennt. Antonius Holling war für den Dienst im Bistum Trier freigestellt worden. Bald danach war mit den Zielen der Priestervereinigung „Apostolat der Priester- und Ordensberufe" in innerlichen Konflikt geraten. Er hatte sich deswegen von der Priestervereinigung getrennt und Bischof Joseph-Godehard um Aufnahme in das Bistum Hildesheim gebeten. Am 12. April 1937 hatte der Bischof ihm die Kaplanstelle in St. Bonifatius zugewiesen.

Für Pfarrer Krieter war die Freundschaft seiner Kapläne Holling und Wosnitza ein Glücksfall. Kaplan Holling brachte gute Laune in das Pfarrhaus von St. Bonifatius. Marianne, die Nichte des Pfarrers Krieter, die in diesen Jahren oft im Pfarrhaus zu Besuch war, erinnerte sich: „Der Kaplan Holling spielte so gern Klavier.

---

[232] Handgeschriebene Notiz des Pfarrers Krieter in der Chronik der Kirchengemeinde St. Bonifatius

[233] Archiv der Kirchengemeinde St. Bonifatius, Akte „Gehalt der Kapläne". Schreiben des Bischöflichen Generalvikariates, Nr. 11549, Offenstein, vom 5. 11. 1938

[234] Schreiben des Bischofs Joseph-Godehard, Nr. 3577 und Nr. 3578, beide vom 15. 4. 1937, Archiv der Kirchengemeinde St. Bonifatius, Akte „Kapläne"

[235] Zu den folgenden Angaben: Bistumsarchiv Hildesheim , Personalakte Antonius Holling und Flammer, Thomas, Antonius Holling und die Gründungszeit der katholischen Gemeinde in der Stadt des KdF-Wagens; nicht veröffentlichtes Manuskript,das mir dankenswerterweise zur Verfügung gestellt wurde.

Das war ein besonders netter Mann. ... Der machte nach seinem Frühstück die Tür des Esszimmers auf und spielte für das ganze Haus." [236]

5. Jahre der Bedrängnis, 1936 bis 1939

Bischof Joseph-Godehard richtete am Festtag der Apostel Petrus und Paulus des Jahres 1937 - gegen Ende seines Hirtenwortes - die folgenden Sätze an seine Diözesanen: „Ihr alle kennt die Burg, auf einem Felsenberg gebaut. Ihr kennt den Turm, der hoch und hehr aus dieser Burg aufragt. Die Burg ist unsere heilige Kirche, der Turm ist das katholische Priestertum. Um Burg und Turm tobt ein Orkan. Die Blitze zucken, Donner krachen. Ringsum bebt die Natur. Die Herzen Vieler in der Burg zittern voll Furcht und Sorge. Doch Burg und Turm erzittern nicht. Es bebt kein Stein in ihrem Mauerwerk, keine Fuge lockert sich. In majestätischer Ruhe stehen mitten in dem Toben ihrer Gegner unsere heilige Kirche und ihr Priestertum, weil Christus die Verheißung gab: `Die Pforten der Hölle werden sie nicht überwältigen´." Die Worte des Oberhirten sollten in seiner „Herde" Optimismus verbreiten. Sie entsprachen aber nicht der Realität. „Burg und Turm" erzitterten im Zeitraum von 1936 bis zum Beginn des 2. Weltkrieges sehr wohl, und manch ein Stein brach aus dem Mauerwerk. Die Katholische Kirche verlor durch Austritt viel mehr Mitglieder als in früheren Jahren. Der Kampf um die katholische Bekenntnisschule ging endgültig verloren. In der nichtkatholischen Bevölkerung Deutschlands nahm das Ansehen des katholischen Klerus´ großen Schaden.

5.1 Seelsorgerliche Anstrengungen

Während ihrer Vollversammlung vom 8. und 9. November 1935 hatten die Bischöfe das Hirtenwort mit der Überschrift „Stehet fest im Glauben" formuliert. Pfarrer Krieter verlas dieses Hirtenwort - wie angeordnet - im Januar 1936. Die Bischöfe verboten im Hirtenwort die Teilnahme an Veranstaltungen, „die sich in den Dienst des modernen Unglaubens stellen". Sie verboten die Lektüre von Büchern, Zeitschriften und Zeitungen, die „mit Vorbedacht die Religion oder die guten Sitten angreifen, irgendein katholisches Dogma bekämpfen oder verspotten, die kirchliche Disziplin untergraben und die kirchliche Hierarchie, den Priester- und Ordensstand verächtlich machen."[237] Bei Angriffen einfach wegzuhören, wegzusehen und Auseinandersetzungen zu meiden, war gewiss kein gesicherter Weg, im Glauben fest zu bleiben. Die Geistlichen der Stadt Harburg-Wilhelmsburg kamen vielmehr zu der Überzeugung, dass ihre seelsorgerliche Arbeit intensiviert werden müsse. Der Freund des Pfarrers Krieter, Pastor Leonard Mock, schrieb in die Chronik seiner Kirchengemeinde, wie die Geistlichen in Harburg-Wilhelmsburg vorgingen: „Jede Woche ist einmal religiöser Arbeitskreis. Wir nannten es `Christuskreis´. Etwa 30 Gemeindemitglieder, junge und alte, Männer und Frauen kommen regelmäßig. Mit der Lesung des Markus-Evangeliums fingen wir an. Das haben wir systematisch durchgeführt. 120 Neue Testamente [238] haben wir in die Gemeinde gebracht. Später wollen wir liturgische Schulung haben, usw. Die einzelnen Stände - Männer, Jungmänner, Frauen, Jungmädchen, Kinder - haben ihren `Einkehrtag´.

---

[236] Gespräch mit Marianne Müller, geborene Krieter, vom 31. 3. 2004

[237] Hirtenwort der Deutschen Bischofskonferenz vom 9. 1. 1936. Vgl. dazu auch Besier, G., Die Kirchen und das Dritte Reich. ... a. a. O., S. 690 ff.

[238] „Neues Testament" nennen Katholiken ein Buch, das den Text der 4 Evangelien, der Apostelgeschichte, der Briefe von Paulus, Petrus, Johannes und Judas und den Text der Apokalypse enthält.

Er soll sich - wenn möglich - jedes Jahr wiederholen. Das Ziel all dieser Arbeit ist die Verbindung des Einzelnen mit dem eucharistischen Heiland.

Jeden Sonntag kommt eine Gruppe der Gemeinde zur Monatskommunion. So haben wir einen Kommunion-Empfang von 21 000 im Jahr gegen 14 000 vorher. Möge es so bleiben, ja, noch besser werden! Es kommt dann ganz von selbst, dass die Gemeinde auch aktiv an der Gestaltung des Gottesdienstes teilnimmt. Gemeinschaftsmesse und Andachten sollen dem Einzelnen immer wieder zum Bewusstsein bringen, dass nicht nur der Priester, sondern er selbst `Kirche´ ist." [239]

Die Geistlichen in Harburg-Wilhelmsburg arbeiteten eng zusammen. Pastor Mock schrieb: Ich habe „viele Gemeinschaftsandachten und Feierstunden - siehe besondere Mappe - zusammengestellt. Ein Versuch ist es! Möge jeder etwas hinzufügen und verbessern!" Weil die beiden Harburger Gemeinden kein eigenes Gemeindehaus besaßen, fanden „Einkehrtage" meistens in Wilhelmsburg - im „St. Willehad-Stift" - statt. Die Teilnehmer kamen aus allen drei Gemeinden. Leiter und Referent des „Einkehrtages" war oft Pastor Leonard Mock. Gelegentlich wurden auch Referenten aus Hamburg engagiert.[240]

Abb. 48: Einkehrtag der Gruppe Jungkolping (über 17 Jahre alt) aus der Harburger Gemeinde St. Maria am 19. 9. 1937 im „St. Willehadstift". Die vier Geistlichen in der Sitzreihe sind (von links) Pfarrer Alban Wüstefeld, Pastor Leonard Mock, ein Unbekannter und Kaplan Antonius Holling.

Neben den „Einkehrtagen" hielten die Geistlichen von Harburg-Wilhelmsburg Vorträge zu aktuellen religiösen Themen für besonders wichtig, um sich selbst und die Gläubigen zu schulen. In der Chronik der Kirchengemeinde St. Maria sind die folgenden Vorträge erwähnt: Am 11. 10. 1936 hielt Pater Dehne S. J. einen religiösen Vortrag über das Thema: „Gibt es eine Religion ohne Gott?"

---

[239] Chronik der Kirchengemeinde St. Franz-Josef, Bd.1, S. 45

[240] Die Niederschrift der Chronik von St. Bonifatius wurde erst 1938 von Josef Krebs begonnen. Deswegen sind die Termine, die Zielgruppen und die Themen derjenigen Einkehrtage, für die Pfarrer Krieter verantwortlich war, nicht mehr festzustellen.

Sonntag, 11. 4. 1937 Vortrag des Paters Fritz Pieper, S. J.: „Flucht vor dem Christen-Gott ;
Gewinn oder Verlust?" Am 10. 10. 1937 hielt Pater Ferdinand Kasper S. J. aus Düsseldorf in
St. Marien den Vortrag: „Christlicher Pfaffenspiegel." [241]
Bischof Joseph-Godehard ließ der Aufforderung der deutschen Bischöfe „Stehet fest im
Glauben!" eine praktische Anordnung für sein Bistum folgen. Er führte einen „Schulungs-
und Katechismussonntag" ein. Im Jahr 1936 wurde er am 3. Mai durchgeführt. Die
Geistlichen erhielten für die Predigt an diesem Sonntag folgende Gedanken vorgeschrieben:
Eine gründliche Kenntnis des Glaubens sei das Fundament des christlichen Lebens.
Deswegen bedürfe es einer allumfassenden Schulung der Kinder und Jugendlichen im
Elternhause, in der katholischen Bekenntnisschule und - nach der Schulentlassung - in
Kursen zur religiösen Weiterbildung. Auch die religiöse Weiterbildung der Erwachsenen sei
dringend erforderlich. Diese Weiterbildung sei am besten durch den Besuch von
Katechismus-Abenden für Männer und Frauen zu erreichen, die in der Pfarrei eingerichtet
werden sollten. [242] Die Geistlichen in Wilhelmsburg und Harburg sahen sich durch Bischof
Josef-Godehard in ihren Bemühungen ausdrücklich bestätigt.

5.2   Die Bischöfe und die Rheinlandbesetzung

Am 7. März 1936 ließ Adolf Hitler deutsche Truppen in die Rheinlandzone einmarschieren,
die laut Versailler Vertrag und laut dem Vertrag von Locarno entmilitarisiert bleiben sollte. In
einer Rede vor dem Reichstag versuchte er, die Vertragsbrüche zu rechtfertigen. Er
beteuerte die Friedensliebe des Deutschen Reiches. Zum 28. März 1936 kündigte er die
Auflösung des Reichstages an und Neuwahlen für den folgenden Tag. Die Deutschen sollten
am 29. März dem Ausland beweisen, dass sie mit der Besetzung des Rheinlandes
einverstanden seien und gleichzeitig ihr Urteil zu der bisherigen Politik ihres „Führers" und
seiner Partei, der NSDAP, abgeben.
Wie die meisten Katholiken befand sich Pfarrer Krieter deswegen in einem
Gewissenskonflikt. Als Patriot war er mit dem Einmarsch der deutschen Truppen in die
entmilitarisierte Zone des Rheinlandes einverstanden. Aber gleichzeitig zur Politik der NS-
Regierung „Ja" sagen zu müssen, war hart. Falls er sich zunächst gegen Hitler entschieden
haben sollte, wurde er während der nächsten Tage immer stärker verunsichert. Überall
schlugen dem „Führer" Jubel und Begeisterung entgegen. Sogar der katholische Geistliche,
der alle katholischen Kirchengemeinden Hamburgs anführte, die zum Bistum Osnabrück
gehörten, war von Hitler begeistert: der „Pastor primarius" und „Stadtdechant" Bernard
Wintermann. Der hatte vom Reichsstatthalter Hamburgs eine Ehrenkarte für Hitlers Auftritt
in der Hanseatenhalle am Freitag, den 20. 3. 1936, erhalten. Am folgenden Tag schrieb
Bernard Wintermann an den Reichsstatthalter Kaufmann: „Hochverehrter Herr
Reichsstatthalter! Aufrichtig und herzlich danke ich Ihnen für die Ehrenkarte, durch welche
Sie mich einluden, an der gestrigen gewaltigen Kundgebung mit der eindrucksvollen Rede
des Führers teilzunehmen. Ich habe es gern getan und bin tief beeindruckt. Gebe Gott, dass
der Führer sein emsiges Bemühen um die volle Gleichberechtigung Deutschlands und den
wirklichen Frieden Europas bald mit Erfolg gekrönt sieht. Heil Hitler!" [243]

---

[241] Chronik der Kirchengemeinde St. Maria, Bd.1, S. 125, 130, 148, 169

[242] Archiv der Kirchengemeinde St. Bonifatius, Akte „Rundschreiben kirchlicher Behörden 1920 -1944"
        Schreiben des Bischofs Joseph-Godehard, ohne Nummer, vom 22. April 1936

[243] zitiert nach Nellessen, Bernd, Das mühsame Zeugnis. Die katholische Kirche in Hamburg im
        20. Jahrhundert. , a. a. O., S. 87

Die deutschen Bischöfe gaben schließlich e n Hirtenwort heraus, das den Gewissenskonflikt der Gläubigen lösen und ihnen ein „entschiedenes Ja" zur Rheinland-Abstimmung ermöglichen sollte. Am 22. März 1936 verlas Pfarrer Krieter den folgenden Text von der Kanzel der Bonifatiuskirche:

„Wir deutschen Bischöfe, die wir unser gläubiges Volk und seine Gedanken und Gesinnungen kennen, wir wissen, dass die Katholiken Deutschlands so sehr wie sonst nur jemand in unserem Vaterlande den heißen Wunsch haben, in dieser Stunde nationaler Entscheidungen ihre vaterländische Gesinnung vor a ler Welt kundzutun. Wir wissen aber auch, dass die bevorstehende Abstimmung viele von Euch in einen schmerzlichen Gewissenskonflikt versetzt, weil es den Anschein haben könnte, als bedeute Eure Abstimmung auch die Billigung von kirchen- und christentumsfeindlichen Maßnahmen und Äußerungen, die uns in den letzten Jahren mit Schmerz und Trauer erfüllten. Um Euch aber doch den Weg zu einem entschiedenen ´Ja´ zu öffnen, erklären wir Bischöfe im Namen aller deutschen Katholiken, denen der katholische Glaube Richtschnur ist: Wir geben dem Vaterlande unsere Stimme, aber das bedeutet nicht eine Zustimmung zu Dingen, die unser Gewissen nicht würde verantworten können. Diese unsere öffentliche und feierliche Erklärung genügt, damit nunmehr alle Katholiken ruhigen Gewissens mit ´Ja´ stimmen können, in dem Bewusstsein, so vor aller Welt für die Ehre, Freiheit und Sicherheit unseres deutschen Vaterlandes einzutreten."[244]   Pfarrer Krieter war erfreut, dass ihm die Bischöfe die Entscheidung abgenommen hatten.

Nach dem Wunsch der Regierung so lten am Vorabend der Abstimmung die Glocken aller christlichen Kirchen läuten. Der folgende Brief des Bischofs Joseph-Godehard traf am Samstag, den 28. 3. 1936, im Pfarrhaus von St. Bonifatius ein:
„Es ist nicht Aufgabe der Kirche, zu den politischen Fragestellungen und Entscheidungen, in denen um das irdische Wohl des Vaterlandes gerungen wird, von sich aus Stellung zu nehmen, da ihr Aufgabenkreis im Übernatürlichen wurzelt; aber der Gedanke des Friedens und der Freiheit, der in den letzten Tagen von maßgebender Seite nachhaltig ausgesprochen wurde, hat auch für die religiöse Arbeit eine außerordentlich große Bedeutung. Infolgedessen werden die Kirchengemeinden aufgefordert, am Sonnabend, den 28. März 1936, abends in der von der Reichsregierung vorgesehenen Zeit, durch das Läuten der Glocken zum Ausdruck zu bringen, dass Frieden und Freiheit auch für die Kirche hohe Werte sind, um die wir ringen und für die wir beten. Hildesheim, den 27. März 1936, Josef-Godehard, Bischof von Hildesheim."   Unter dem Brieftext forderte Generalvikar Dr. Offenstein dazu auf, diese Mitteilung des Bischofs den Gläubigen am Sonntag, den 29. März, vor der Predigt bekannt zu geben.[245]

Als Pfarrer Krieter an diesem Abend gehorsam die Glocken läuten ließ, musste der Gemeinde das Läuten als Mahnung erscheinen, am nächsten Tag die „Ja-Stimme" abzugeben. Da half es wenig, dass Pfarrer Krieter den zugehörigen Brief des Bischofs pflichtgemäß an diesem Wahltag verlesen hat. Nur sehr nachdenkliche Zuhörer werden herausgehört haben, wie schwer es dem Bischof geworden war, die Anordnung zum Glockengeläut zu geben. Am Sonntag, den 29. März, 1936, stimmten von 45.431.000 Berechtigten 44.412.000 - das waren 99 Prozent - mit „Ja" für die Rheinlandbesetzung.

---

[244] Archiv der Kirchengemeinde St. Bonifatius, Akte „ Rundschreiben kirchlicher Behörden 1920 -1944"
[245] Archiv der Kirchengemeinde St. Bonifatius Akte „Rundschreiben kirchlicher Behörden, 1920 -1944"

Mit derselben „Ja-Stimme" befürworteten sie auch die Politik Adolf Hitlers und der NSDAP. Mit „Nein" stimmten nur 534.000 Deutsche.[246] Ob Pfarrer Krieter zu den Neinsagern gehörte, lässt sich nicht ermitteln.

5.3 Beleidigt und verleumdet

Pfarrer Krieter erfuhr im Mai 1936 aus der Zeitung von einem Verfahren gegen einen homosexuellen Franziskaner-Pater, der lange Jahre in einem Kloster bei Koblenz Beichtvater der Laienbrüder gewesen war. Der Pater wurde zu acht Jahren Zuchthaus verurteilt. Später erfuhr Pfarrer Krieter, dass der zuständige Bischof Bornewasser und die übrigen deutschen Bischöfe mit dem staatlichen Urteil einverstanden waren. Dieser Pater hatte tatsächlich auf 22 Laienbrüder seines Klosters „einen verheerenden Einfluss" ausgeübt. Vor dem Landgericht Koblenz schloss sich dem Verfahren gegen diesen einen Pater eine Prozess-Serie an, die 35 Tage dauerte.

Die „Sittlichkeitsprozesse gegen Priester und Ordensangehörige" wurden in allen deutschen Zeitungen ausführlich dargestellt.[247] Pfarrer Krieter musste Behauptungen lesen, die ihm Scham- und Zornesröte ins Gesicht trieben: „Schweinereien", wie im Kloster Waldbreitbach nachgewiesen, seien „typisch für die katholische Kirche". Die Sakristei sei „generell zum Bordell geworden". Klöster seien „wahre Brutstätten der Homosexualität". Die Katholische Kirche setze sich nur für den Erhalt der Bekenntnisschule ein, weil in diesen Schulen „das Treiben der Ordensbrüder auf den katholischen Toiletten" verborgen bleiben könne. Reichsinnenminister Frick behauptete in einem Artikel des Völkischen Beobachters vom 29. Juni 1936, die Klöster seien „Brutstätten des Lasters", und die Berichterstattung in Presse und Rundfunk sei „eine notwendige Aufklärungsmaßnahme zur Erhaltung der Volksgesundheit".
Pfarrer Krieter hat unter diesen Anschuldigungen gegen die Priester und Ordensleute gewiss sehr gelitten. Er fühlte sich wohl persönlich beleidigt und verleumdet. So erklärt es sich, dass er einen Bericht des „Hamburger Tageblattes" zum Thema „Sittenprozesse" ausgeschnitten und im Archiv der Kirchengemeinde St. Bonifatius aufbewahrt hat. Wahrscheinlich wollte er im Gespräch mit Gemeindeangehörigen zu den einzelnen Behauptungen gezielt Stellung nehmen. Der Zeitungsausschnitt berichtet von einer „Grundsatzrede" des Reichskirchenministers Kerrl. In seiner Rede hatte dieser - mit wirrem, leicht widerlegbarem Zahlenmaterial - die Sittenverbrechen von Priestern und Ordensangehörigen anklagt. Er hatte behauptet, es gäbe „in keinem anderen Stande einen so unerhört hohen Prozentsatz von Verfahren". Reichskirchenminister Kerrl hatte zum Schluss festgestellt, an solchen Eiterbeulen könne der Staat nicht achtlos vorübergehen, sondern er müsse sie ausbrennen.[248]

Plötzlich, Mitte August 1936, wurde die verleumderische Berichterstattung über den angeblichen Sittenverfall der katholischen Priester und Ordensangehörigen eingestellt. Im Frühjahr 1937 wurden die Angriffe - verstärkt - wieder aufgenommen. Die Pause war von Adolf Hitler gewollt.

---

[246] Vgl. Das 20. Jahrhundert in Wort, Bild, Film und Ton, Die 30er Jahre, a. a. O., S. 72

[247] Vgl. Hockerts, Hans-Günther, Die Sittlichkeitsprozesse gegen katholische Ordensangehörige und Priester 1936 / 37, Mathias-Grünewald-Verlag, Mainz, 1971

[248] „Grundsatzrede" von Kerrl am Dienstag, den 30. 11. 1937 in der Stadthalle Hagen. Pfarrer Krieter bewahrte den Zeitungsausschnitt in der Chronik der Kirchengemeinde St. Bonifatius auf.

Bei den Olympischen Spielen in Berlin sollten die ausländischen Gäste nicht schockiert werden. Auch die Ruhe zu Beginn des Monats September konnte sich Pfarrer Krieter leicht erklären: Antikirchliche Hetze und Berichte über „Eiterbeulen im deutschen Volkskörper" passten nicht zum Nürnberger „Reichsparteitag der Ehre". Noch weniger passten sie zum Bild „innere Einheit des deutschen Volkes", das dem Ausland vorgespielt werden sollte.

5.4 Die Bischöfe bieten der NS-Regierung vergeblich ein Bündnis an.

Im Juli 1936 begann in Spanien der Bürgerkrieg. In der Ablehnung des Bolschewismus war die Katholische Kirche mit dem NS-Regime einig. Die deutschen Bischöfe erklärten sich angesichts des spanischen Bürgerkrieges bereit, gemeinsam mit Adolf Hitler einen „machtvollen und sieghaften Wall" gegen den Bolschewismus zu errichten. Das Bündnisangebot unterbreiteten die Bischöfe in einem gemeinsamen Hirtenbrief. Pfarrer Krieter verlas ihn am letzten Sonntag im August 1936. [249]
In der Einleitung ihres Hirtenbriefes sprachen die Bischöfe, über ihre „drückenden und wachsenden Sorgen" und ihre „schmerzliche Trauer" wegen der nationalsozialistischen Angriffe auf die Katholische Kirche. Weiter unten schrieben sie: „Wir beanspruchen im neuen Staat keine Ausnahmegesetze und Vergünstigungen, sondern nur jene Bewegungsmöglichkeit und Freiheit, die unsere Gegner sich alltäglich im Übermaß herausnehmen. … Wir gehen dabei von der offenkundigen Tatsache und Überzeugung aus, dass gerade in der Gegenwart sich der Kommunismus und Bolschewismus mit teuflischer Zielstrebigkeit und Zähigkeit bemühen, vom Osten und vom Westen her gegen Deutschland als das Herz Europas vorzustoßen, um es gleichsam in eine verhängnisvolle Zange zu nehmen. Darum darf auch die deutsche Geschlossenheit nicht durch religiöse Vergrämung und Entzweiung, Verächtlichmachung und Bekämpfung gelockert werden. Es muss sich vielmehr aus der belebenden Entspannung und dem baldigen religiösen Frieden unsere nationale Widerstandskraft immer mehr stärken und stählen, damit uns später einmal nicht bloß das vom Bolschewismus gesäuberte Europa, sondern die ganze gerettete zivilisierte Welt Dank wissen. … Nicht durch Kriegswaffen wird der Kommunismus in seiner tiefsten Wurzel getroffen, sondern durch die Auferstehung Europas im Allgemeinen und unseres Vaterlandes im Besonderen in Jesus Christus und in seiner Kirche. …"

Jeder Hoffnungsschimmer musste dem Pfarrer Krieter in dieser Zeit lieb sein. So hat er vielleicht an einen Erfolg des Angebotes geglaubt. Vielleicht war Adolf Hitler ja wirklich bereit, die christliche Religion als die beste Waffe gegen den Bolschewismus zu nutzen und - im Gegenzug - die Katholische Kirche vor „irrgeleiteten Parteigenossen" zu schützen. Der Hoffnungsschimmer erlosch so schnell wie er aufgeleuchtet war. Hitler und seine Führungsriege dachten nicht einen Moment daran, mit der Katholischen Kirche Frieden zu schließen. Besonders der Kampf der Nationalsozialisten gegen die Bekenntnisschule ging weiter. Schon im September und Oktober 1936 erreichten Pfarrer Krieter drei weitere Hirtenworte. Alle drei Hirtenworte befassten sich mit dem Thema „Katholische Bekenntnisschule". Zwei Hirtenworte hatte Pfarrer Krieter sofort zu verlesen. Das dritte Hirtenwort war vorausschauend geschrieben.

---

[249] Archiv der Kirchengemeinde St. Franz-Josef, Akte „ Dokumente und Hirtenworte unserer Bischöfe aus Deutschlands schwerster Zeit. 1933-1945."

Es sollte in der jeweiligen Pfarrei erst dann verlesen werden, wenn an einem Standort staatliche Planungen laut würden, in den Schulen die Erteilung des Religionsunterrichtes durch Geistliche zu verbieten. [250]

Auch die katholische Presse wurde bedrängt. Am 27. Oktober 1936 musste Generalvikar Dr. Offenstein den Pfarrern und selbständigen Seelsorgegeistlichen der Diözese Hildesheim mitteilen: „Auf Anordnung des Geheimen Staatspolizeiamtes in Berlin ist die Nummer 43, „Katholisches Kirchenblatt für das Bistum Hildesheim" beschlagnahmt worden. Gleichzeitig wurde das Katholische Kirchenblatt mit sofortiger Wirkung verboten. Weitere Mitteilung wird ergehen."[251] Das war die dritte Beschlagnahme des Kirchenblattes im Laufe des Jahres 1936. Pfarrer Krieter erfuhr erst sehr viel später den Grund: Das Kirchenblatt hatte den „Hirtenbrief der deutschen Bischöfe zum Schutz der Bekenntnisschule" abgedruckt.[252] Das Katholische Kirchenblatt des Bistums Hildesheim durfte erst zum 1. Januar 1937 wieder erscheinen.

Bischof Joseph-Godehard schrieb aus diesem Anlass am Weihnachtsfest 1936: „Mit einer ganz besonders herzlichen Bitte trete ich heute als euer Bischof und Oberhirte vor euch hin. Ich bitte euch: Haltet dem Kirchenblatte die Treue! Ich füge hinzu: Wer es bisher noch nicht bezogen und gelesen hat, bestelle es und werde sein eifriger Leser. Ich bitte euch um des Kirchenblattes wegen. ... Ich bitte euch um eurer selbst willen. ... Ich bitte euch auch um meinetwegen. Ich bin durch das Bischofsamt verpflichtet, euch Gottes Wort zu verkünden, und doch kann ich nur selten im Hirtenworte zu euch sprechen und noch seltener zu euch persönlich kommen. Da soll das Kirchenblatt mein wöchentlicher Brief an euch sein. ..." [253]

5.5   In die Sonderstellung gedrängt

Durch das Groß-Hamburg-Gesetz, das am 1. 4. 1937 in Kraft trat, verlor die bis dahin preußische Stadt   Harburg-Wilhelmsburg ihre Existenz. Sie wurde Teil der „Hansestadt Hamburg".   Harburg   und   Wilhelmsburg   hießen   fortan   „Hamburg-Harburg"   und „Hamburg-Wilhelmsburg". [254]
Die Katholische Kirche war wegen des neuen Gebildes „Groß-Hamburg" nicht bereit, die Grenzen ihrer Diözesen zu verändern. Dadurch gerieten die drei katholischen Kirchengemeinden auf dem Gebiet der ehemaligen Stadt Harburg-Wilhelmsburg in eine Sonderstellung.

---

[250] Die drei Schreiben sind aufbewahrt im Archiv der Kirchengemeinde St. Franz-Josef, Akte
„Dokumentationen und Hirtenworte unserer Bischöfe aus Deutschlands schwerster Zeit. 1935-1943"
1. Bischöfliches Generalvikariat Hildesheim, Nr. 8022 ‚i. V. Seeland, Hirtenwort des Bischofs
Joseph - Godehard zum Verbot des Katechismusunterrichts durch Geistliche in den Schulen
2. Gemeinsames Hirtenwort der deutschen Bischöfe zum Schutz der Bekenntnisschule
vom 14. Sept. 1936
3. Hirtenwort des Bischofs Joseph - Godehard zum Kampf für die Bekenntnisschule vom 29. 9. 1936

[251] Bischöfliches Generalvikariat Hildesheim, Nr. 9730, Offenstein, 27.Okt. 1936, Archiv der
Kirchengemeinde St. Bonifatius, Akte „Rundschreiben kirchlicher Behörden 1920-1944"

[252] Vgl. Nowak, Josef, Die katholische Presse, a) Das Katholische Kirchenblatt, in: Das Bistum Hildesheim
1933-1945. Eine Dokumentation, a. a. O. S. 286 ff.

[253] Archiv der Kirchengemeinde St. Bonifatius, Akte „Rundschreiben kirchlicher Behörden, 1920-1944"

[254] Dass ein „Groß-Hamburg" gebildet werde, war der Öffentlichkeit erst als „Führerentscheidung" bekannt
gegeben worden, nachdem alle Planungen abgeschlossen und alle Einzelheiten festgelegt waren.
Vgl. Pahl - Weber, Elke, Das Groß-Hamburg-Gesetz von 1937 und seine landesplanerischen Folgen für
Harburg, in: Harburg. Von der Burg zur Industriestadt, a. a. O., S. 508

Staatlich gehörten sie von nun an zur „Hansestadt Hamburg". Kirchlich blieben sie weiterhin bei der Diözese Hildesheim,[255] während alle anderen katholischen Kirchengemeinden Hamburgs zum Bistum Osnabrück gehörten.

Das Groß-Hamburg-Gesetz hatte organisatorische Veränderungen auch in der NSDAP zur Folge: Das Gebiet der ehemaligen Stadt Harburg-Wilhelmsburg schied aus dem Gau Ost-Hannover aus. Am 31. März 1937 gab Gauleiter Telschow die Harburg-Wilhelmsburger Gebiete seines Gaues an den Hamburger Parteichef, Reichsstatthalter Karl Kaufmann, ab.

Abb.: 49: Staatsakt im Hamburger Rathaus am 31. 3. 1937. (aus Sicht des Betrachters von links) Senator Richter; Robert Ley; Otto Telschow, Gauleiter von Ost-Hannover; Bürgermeister Krogmann, Reichsstatthalter Kaufmann, Reichsinnenminister Frick.

Karl Kaufmann ignorierte zunächst die komplizierte rechtliche Situation der Katholischen Kirche Hamburgs. Er sah im „Pastor primarius" und „Stadtdechanten" Wintermann den alleinigen „Führer" der Katholiken Hamburgs. Bernard Wintermann war ihm persönlich bekannt. Kaufmanns Mutter war praktizierendes Mitglied der katholischen Kirchengemeinde St. Maria im Hamburger Stadtteil St. Georg, und Bernard Wintermann war ihr Pfarrer und Seelsorger.[256] Am 30. 3.1937 schrieb Bernard Wintermann im Namen aller katholischen Kirchengemeinden Hamburgs, die zum Bistum Osnabrück gehörten, dem Reichsstatthalter einen Glückwunschbrief:

---

[255] Am 1. 11. 1939 verfügten die Kirchenoberen in Hildesheim: „Die Eingemeindung Harburgs in Hamburg veranlasst uns zu bestimmen, dass das „Dekanat Harburg" künftig die Bezeichnung „Dekanat Lüneburg" führt." Kirchlicher Anzeiger der Diözese Hildesheim, Nr. 13, S.69, Vgl. Chronik der Kirchengemeinde St. Maria, S. 184

[256] Vgl. Nellessen, Bernd, Das mühsame Zeugnis … , a. a. O., S. 66

„Hochverehrter Herr Reichsstatthalter!

Die Durchführung des Groß-Hamburg-Gesetzes bringt unserer Vaterstadt eine große Umgestaltung und Ihnen eine reiche Fülle neuer Arbeit und wichtiger Aufgaben. Die Bedeutung Hamburgs ist mit der Erweiterung seiner Grenzen noch wesentlich gewachsen. Persönlich und im Namen der Gemeinde wünsche ich Ihnen von ganzem Herzen die Freude, dass Sie Ihr rastloses Bemühen um das Wohl Deutschlands und des deutschen Volkes mit gutem Erfolg gekrönt sehen, und werde nicht verfehlen, Ihnen den Segen Gottes zu erflehen. Heil Hitler"[257]

Nur Bernard Wintermann erhielt eine Einladung zur Teilnahme an dem Staatsakt, mit dem das „Groß-Hamburg-Gesetz" am 31. 3. 1937 gefeiert wurde. Ein Vertreter der Hildesheimer Katholiken Hamburgs - Pfarrer Wüstefeld oder Dechant Kopp - wurde nicht zum Staatsakt geladen.

 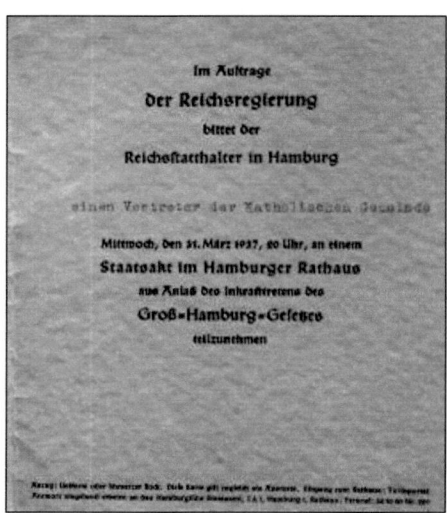

Abb. 50 : Bernard Wintermann (1876-1959) Pfarrer von St. Maria im Hamburger Stadtteil St. Georg, von 1931 bis 1958 „Pastor primarius" der Katholischen Gemeinde Hamburg.

Abb. 51 : Einladung zum Staatsakt am 31. 3. 1937

Nach Inkrafttreten des Groß-Hamburg-Gesetzes sahen sich Pfarrer Krieter in Wilhelmsburg und Pfarrer Wüstefeld in Harburg vor schwerwiegende Veränderungen gestellt. Sie mussten nun Anträge auf Zuschussgelder - z. B. für geplante Baumaßnahmen oder für karitative Zwecke - an Hamburger Stellen richten. Die Eintreibung der Kirchensteuer stand jetzt unter Aufsicht der „Hansestadt Hamburg". Der staatliche Zuschuss zu den Gehältern der Geistlichen - der Pfarrbesoldungszuschuss - wurde nun von Hamburg gezahlt.

---

[257] Archiv des Erzbistums Hamburg, Nachlass Wintermann (=NaWin) NaWin 587, Römisch-Katholische Kirchengemeinde Hamburg, Korrespondenz von Pastor Wintermann 1936-1937 (M-Z) = 3. Ordner

Die Hamburger Kultur- und Schulbehörde trat an die Stelle des Schulamtes Lüneburg. Die katholische Schule Wilhelmsburgs erhielt den Namen „Volksschule Alte Schleuse". [258]
Anders als vielleicht zu erwarten war, brachte die neue Situation Hamburgs keinen vermehrten Kontakt der Hildesheimer Katholiken zu den Katholiken in „Alt-Hamburg". Die „Hildesheimer" und die „Osnabrücker" hielten sich weiterhin getrennt. Pfarrer Krieter nahm in den folgenden Jahren nur dann Kontakt zum Stadtdechanten Wintermann auf, wenn er annehmen konnte, die guten Beziehungen zum Reichsstatthalter Kaufmann, die Prälat Wintermann pflegte, könnten der Bonifatiusgemeinde helfen.

5.6   Das „Stift St. Willehad" schafft Sorgen

Die praktischen Folgen des Groß-Hamburg-Gesetzes wurden für Pfarrer Krieter sehr bald spürbar. Das Gemeindehaus „Stift St. Willehad" stand „im Eigentum der katholischen Kirchengemeinde St. Bonifatius" und musste „gänzlich und allein für deren Rechnung betrieben" werden. Verantwortlich war Pfarrer Krieter.

Als eine gemeinnützige und wohltätige Einrichtung hatte das Gemeindehaus einen Anspruch auf Unterstützung durch Mittel der öffentlichen Wohlfahrtspflege. Dieser Anspruch war durch die Stadt Harburg-Wilhelmsburg immer anerkannt worden. Der jährliche Zuschuss für das „St. Willehadstift" hatte 4.000 RM betragen. Nach der Machtübernahme der Nationalsozialisten bewilligte die Nationalsozialistische Volkswohlfahrt dem „St. Willehadstift" nur noch einen Zuschuss von jährlich 800 RM, der in vierteljährlichen Raten von 200 RM gezahlt wurde. Diese Mittel waren viel zu gering. Pfarrer Krieter hatte deswegen im Jahre 1936 beim Caritasdirektor der Diözese Hildesheim einen einmaligen Zuschuss des Caritasverbandes in Höhe von 1500 RM „erbettelt" und damit das Rechnungsjahr 1936 überbrücken können. [259]
Im Januar 1937 war Pfarrer Krieter auf den Einfall gekommen, die „Barmherzigen Schwestern" könnten im Garten hinter dem Gemeindehaus drei bis vier Schweine halten, um so die Kosten für Lebensmittel zu reduzieren. Sein „Antrag auf Schweinehaltung" war aber von der Ortspolizei Wilhelmsburg abgelehnt worden. [260] Immerhin überwies das Amt für Volkswohlfahrt in Harburg bis Ende des Jahres 1937 vierteljährlich 200 RM auf das Konto der Bonifatiusgemeinde. Nachdem aber „Groß-Hamburg" gebildet worden war, unterblieben die Zahlungen. Als sich Pfarrer Krieter am 11. Juni 1938 schriftlich an den Kreisamtsleiter in Harburg wandte, bekam er fünf Tage später die folgende Antwort:

„Auf Ihr Schreiben vom 11. des Monats teile ich mit, dass mit der Eingemeindung Harburg-Wilhelmsburgs in Groß-Hamburg gemäß Gesetz vom Januar 1937 die Stadt Harburg-Wilhelmsburg aufgehört hat zu existieren. Somit fließen mir auch keine Mittel mehr für die freie Wohlfahrtspflege zu.

---

[258] In der Chronik der Schule Bonifatiusstraße steht zum Jahr 1937 auf Seite 123 die Eintragung: „ Durch die Bildung der Hansestadt Hamburg am 1. 4. 1937 wurde auch Harburg-Wilhelmsburg eingemeindet. Seit diesem Tag unterstehen die Schulen nicht mehr der Regierung zu Lüneburg, sondern der Kultur- und Schulbehörde Hamburg. Die Schule führt jetzt den Namen `Volksschule Alte Schleuse´."

[259] Vgl. Schreiben des Pfarrers Krieter vom 27. 8. 1936 und das Antwortschreiben des Caritasdirektors Unverhau vom 27. 11. 1936, Archiv der Kirchengemeinde St. Bonifatius, Akte „Gemeindehaus 1928 bis 1949"

[260] Vgl. Schreiben des Pfarrers Krieter vom 18. 1. 1937, Archiv der Kirchengemeinde St. Bonifatius, Akte „Gemeindehaus 1928 bis 1949"

Ich bin daher nicht mehr in der Lage, die bisher gezahlten Zuschüsse zu bewilligen. Heil Hitler!"[261]

Pfarrer Krieter musste sich nun an die zuständigen Stellen in Hamburg wenden. Natürlich war es nicht schwer, die richtigen Adressaten zu finden. Das Problem lag darin, dass die persönlichen Kontakte des Pfarrers Krieter zu den Stellen der NS-Volkswohlfahrt in Harburg-Wilhelmsburg ihren Wert verloren hatten. Nun war es notwendig, den Behördenvertretern in Hamburg die Gemeinnützigkeit des Gemeindehauses „St. Willehadstift" zu verdeutlichen. Am 11. August 1938 schrieb Pfarrer Krieter an die Sozialverwaltung der Hansestadt Hamburg. Sein Antrag auf Bezuschussung wurde von der Sozialverwaltung Hamburgs zunächst abgelehnt. Pfarrer Krieter wandte sich deswegen hilfesuchend an den „Pastor primarius" Wintermann. Wirklich stellte Prälat Wintermann dem Pfarrer Krieter am 22. September 1938 einen Zuschuss von 800 RM in Aussicht. Es dauerte aber noch mehr als fünf Monate, bis sich die Sozialverwaltung der Hansestadt Hamburg am 12. März 1939 endlich meldete. Sie war bereit, eine Unterstützung in Höhe von 800 RM zu zahlen, allerdings nur ein letztes Mal. „Im Rechnungsjahr 1939" sei die Gemeindeverwaltung der Hansestadt Hamburg „nicht in der Lage, diese Unterstützung weiter zu gewähren", wurde mitgeteilt.[262]

Trotz dieses negativen Bescheides bat Pfarrer Krieter die Sozialverwaltung im Laufe des Jahres 1939 mehrmals darum, dem „Stift St. Willehad" eine „möglichst gegen das Vorjahr erhöhte Beihilfe zu gewähren". Als er keine Antwort bekam, schrieb er am 7. 12. 1939 sehr forsch:

„Einen Voranschlag unseres `Willehadstiftes´, in welchem wir eine Beihilfe aus öffentlichen Mitteln in Höhe von 1.300 RM veranschlagt haben, fügen wir mit der Bitte um Kenntnisnahme bei. Mit Rücksicht darauf, dass wir höhere Rechnungen für Wintervorräte (Feuerung und dergleichen) zu begleichen haben, wären wir für baldgeflissentliche Überweisung einer Beihilfe dankbar. Heil Hitler! Für die Verwaltung des katholischen Gemeindehauses „St. Willehadstift" Krieter, Pastor, 1 Anlage."

Auch dieses fordernde Auftreten brachte keinen Erfolg. Vielleicht wurde das Schreiben des katholischen Pfarrers sogar als Provokation empfunden und deswegen umso schneller mit einer Ablehnung beantwortet. Am 14. 12. 1939 schrieb der zuständige Senatsdirektor:

„Wie bereits in meinem Schreiben vom 12. März des Jahres erwähnt, ist die Gemeindeverwaltung der Hansestadt Hamburg auf Grund der bekannten Sparmaßnahmen zu meinem Bedauern auch künftig nicht in der Lage, Ihrem Kinderheim geldliche Zuwendungen machen zu können."[263]

Für den weiteren Betrieb des Gemeindehauses „St. Willehadstift" mussten folglich Sparmaßnahmen ergriffen werden. Pfarrer Krieter ging zu diesem Zweck auf dem Weg weiter, den er schon im 2. Halbjahr 1937 eingeschlagen hatte: Er kürzte die Abgaben an das Mutterhaus der Barmherzigen Schwestern in Hildesheim. Er schrieb der Oberin, Mutter Honoria, dass es in diesem Jahre und voraussichtlich auch im nächsten Jahre nicht möglich sein werde, „die jährliche Abgabe in Höhe von 250 RM für jede im `St. Willehadstift´ tätige Schwester an das Mutterhaus abzuführen."

---

[261] Schreiben des Kreisamtsleiters der NS-Volkswohlfahrt Harburg-Stadt vom 16. 7. 1938. Archiv der Kirchengemeinde St. Bonifatius, Akte „Gemeindehaus 1928 -1949"

[262] Das Schreiben kam von der Sozialverwaltung, Landesjugendamt III, 3, Abteilung für halboffene Kinderfürsorge, Vgl. Archiv der Kirchengemeinde St. Bonifatius, Akte „Gemeindehaus 1928 -1949"

[263] Alle erwähnten Schreiben finden sich im Archiv der Kirchengemeinde St. Bonifatius, Akte „Gemeindehaus 1928 -1949"

Als Erklärung und Bitte fügte er an: „Durch die Eingemeindung in Groß-Hamburg erhielten wir bis jetzt keine der üblichen Beihilfen aus öffentlichen Kassen. Durch diesen Ausfall ist das Haus in finanzielle Schwierigkeiten geraten. Deshalb bitten wir, die jährliche Abgabe auf 100,- RM für jede Schwester festzusetzen. Sobald sich die Lage bessert, sind wir selbstverständlich gern bereit, den geforderten Betrag zu zahlen. ...“ [264] Unglücklicherweise hatte das Finanzamt Hildesheim ausgerechnet im Oktober 1938 damit begonnen, eine Buch- und Betriebsprüfung des Mutterhauses der „Barmherzigen Schwestern des heiligen Vinzenz von Paul" durchzuführen. Im Zuge dieser Prüfung verlangte das Finanzamt eine schriftliche Klarstellung über das Verhältnis der Kongregation zum Stift „St. Willehad" in Wilhelmsburg. Durch die amtliche Überprüfung veranlasst, schickte Mutter Honoria nun dem Pfarrer Krieter ein Schreiben, in dem sie das Verhältnis ihres Ordens zum Stift St. Willehad" in die Form eines Vertrages gefasst hatte. Pfarrer Krieter sollte den Vertrag im Namen des Kirchenvorstandes von St. Bonifatius unterschreiben und umgehend zurücksenden. Pfarrer Krieter stand dem Text des Schriftstückes nicht ablehnend gegenüber, mit Ausnahme des vierten Punktes. Dieser Punkt 4 beschrieb die jährliche Abgabe für jede in der Einrichtung tätige Schwester mit 250,- RM. Pfarrer Krieter wollte aber - wie oben gesagt - als jährliche Abgabe pro Schwester nur 100,- RM zahlen.

In diesem Punkt geändert, mit dem Siegel der Kirchengemeinde St. Bonifatius versehen und unterschrieben von den Kirchenvorstandsmitgliedern Mecke, Dobert und Krieter schickte Pfarrer Krieter das Schriftstück am 19. Oktober 1938 an Schwester Honoria in Hildesheim zurück. Mutter Honoria reagierte umgehend und schrieb:

„Hochwürdiger Herr Pastor! Auf Ihr gefl. Schreiben vom 19. des Monats teilen wir Ihnen mit, dass wir zu dem Punkt 4 Ihrer Erklärung, das heißt zu der Herabsetzung der Mutterhausabgabe auf 100,- RM heute noch keine endgültige Stellung nehmen können. Für die Buch- und Betriebsprüfung benötigen wir die Erklärung über die Verhältnisse bis zum 1. 1. 38, und zu diesem Zeitraum liegt bezüglich der Mutterhausabgabe pro Schwester und Jahr die allgemein übliche Summe von 250,- RM zu Grunde, wenn auch tatsächlich für die im dortigen Gemeindehaus tätigen Schwestern nicht voll bezahlt worden ist. Wir möchten Sie deshalb freundlichst bitten, in der Erklärung doch wie in der ersten Fassung die Summe von 250,- RM anzunehmen und uns umgehend - nach Unterschrift - zurücksenden zu wollen. Zu Ihrer Erleichterung erlauben wir uns, den abgeänderten Entwurf nochmals beizulegen. Mit ehrerbietigen und freundlichen Grüßen, Mutter M. Honoria."

Pfarrer Krieter reagierte auf diese Bitte der Oberin nicht. Am 31. Oktober 1938 sandte die Oberin eine Postkarte nach Wilhelmsburg:
„Hochwürdiger Herr Pastor! Wir brauchen ganz dringend die abgeänderte Erklärung, da das dortige Gemeindehaus jetzt an die Reihe kommt. Dürfen wir darum um sofortige Zusendung bitten, da wir sonst in Verlegenheit kommen. Mit deutschen Gruß, ergebenst M. Honoria."

Im Archiv der Kirchengemeinde St. Bonifatius findet sich die zugehörige Notiz des Pfarrers Krieter: „Urschrift zurück mit dem Bemerken: `Der hiesige Kirchenvorstand kann eine rückständige Mutterhausabgabe nicht anerkennen´. Krieter, Pastor." Er ließ sich von seinem Sparkurs nicht abbringen und riskierte Unstimmigkeiten mit dem Mutterhaus der „Barmherzigen Schwestern".

---

[264] Der Schriftwechsel zwischen Pfarrer Krieter und der Oberin des Mutterhauses der „Barmherzigen Schwestern" findet sich im Archiv der Kirchengemeinde St. Bonifatius, Akte „Gemeindehaus 1928-1949"

Auch die Oberin im Mutterhaus blieb unnachgiebig. Im Februar 1941 stellte Schwester M. Honoria eine Rechnung für das „Stift St. Willehad" aus. Sie rechnete vor, die Kirchengemeinde St. Bonifatius habe für die Jahre 1938, 1939 und 1940 eine Restschuld von 4.725 RM an das Mutterhaus der „Barmherzigen Schwestern" zu zahlen.

Es ist unwahrscheinlich, dass die Bonifatiusgemeinde diese Schulden anerkannt und in den Jahren des Krieges, die nun folgten, beglichen hat. Wahrscheinlich erledigte sich das Problem im Jahre 1945, als das St. Willehadstift durch Bombenabwurf zerstört wurde, und die Mehrzahl der Barmherzigen Schwestern Wilhelmsburg verließ.

5.7   Die Enzyklika „Mit brennender Sorge..."[265]

Abb. 52: Titelblatt der Enzyklika „Mit brennender Sorge"

Völlig überraschend traf am Freitag vor dem Palmsonntag des Jahres 1937 im Pfarrhaus von St. Bonifatius ein Kurier der Diözese Hildesheim ein. Er brachte ein Rundschreiben des Papstes und einen Brief des Generalvikariates Hildesheim. Der Brief regelte die „Verlesung des Rundschreibens des Heiligen Vaters Papst Pius XI. vom 14. März 1937" genauestens. Pfarrer Krieter las die Anweisungen des Generalvikars Dr. Offenstein: „… Die Verlesung darf keinesfalls ausfallen! Örtliche Gebräuche und Schwierigkeiten müssen zurücktreten. Gegebenenfalls ist an uns zu berichten und die Verlesung baldmöglichst nachzuholen." [266]

Die Art der Zusendung des Rundschreibens und die besonders genauen Vorschriften für die Verlesung waren ungewöhnlich, vor allem aber staunte Pfarrer Krieter darüber, dass der Heilige Vater sein Rundschreiben nicht in Latein, sondern in deutscher Sprache veröffentlicht hatte. Schon diese Äußerlichkeiten hoben die Bedeutung der Enzyklika des Papstes hervor. Pfarrer Krieter las mit steigender Erregung:

---

[265] Der vollständige Text der Enzyklika kann im Internet zum Beispiel unter http://www.stjosef.at / dokumente/ mit_brennender_ sorge. htm aufgerufen werden.

[266] Schreiben Bischöfliches Generalvikariat, Nr. 2701, Offenstein, vom 19.3.1937, Archiv der Kirchengemeinde St. Bonifatius, Akte „Rundschreiben kirchlicher Behörden,1920-1944"

„Ehrwürdige Brüder! Gruß und Apostolischen Segen! Mit brennender Sorge und steigendem Befremden beobachten Wir seit geraumer Zeit den Leidensweg der Kirche, die wachsende Bedrängnis der ihr in Gesinnung und Tat treu bleibenden Bekenner und Bekennerinnen inmitten des Landes und des Volkes, dem St. Bonifatius einst die Licht- und Frohbotschaft von Christus und dem Reiche Gottes gebracht hat. ..."

Im Folgenden zählte der Papst in aller Klarheit jede Bedrängnis der Katholiken in Deutschland auf. Er wies deren Rechtswidrigkeit nach. Er verurteilte, dass Adolf Hitler von seinen Anhängern zum Götzen gemacht werde. Er verurteilte alle pseudoreligiösen Redensarten und Gebräuche der Nationalsozialisten und auch die Rassenideologie. Papst Pius XI. beteuerte gegen Ende, jedes Wort seines Rundschreibens sei auf „die Waage der Wahrheit" gelegt, aber auch auf die „Waage der Liebe zu Deutschland". Das Rundschreiben endete: „So wie andere Zeiten der Kirche wird auch diese der Vorbote neuen Aufstiegs und innerer Läuterung sein, wenn der Bekennerwille und die Leidensbereitschaft der Getreuen Christi groß genug sind ... Dann wird der Tag kommen, wo an Stelle verfrühter Siegeslieder der Christusfeinde aus dem Herzen und von den Lippen der Christustreuen das `Te Deum´ der Befreiung zum Himmel steigen darf ... Er, der Herz und Nieren erforscht, ist Unser Zeuge, dass Wir keinen innigeren Wunsch haben als die Wiederherstellung eines wahren Friedens zwischen Kirche und Staat in Deutschland. ... Gegeben im Vatikan, am Passionssonntag, den 14. März 1937. Pius PP. XI."

Pfarrer Krieter war tief beeindruckt. Es würde großen Mut erfordern, den Text zu verlesen. Jetzt verstand er auch die ungewöhnliche Art, mit der das Papstwort nach Wilhelmsburg gelangt war. Wenn dieses Rundschreiben in allen Kirchen Deutschlands verlesen werden sollte, dann durfte der Text vor der Verlesung auf gar keinen Fall in die Hände der Geheimen Staatspolizei gelangen. Offensichtlich war die Geheimhaltung bisher gelungen. Aber was würde nach der Verlesung passieren? [267] Weil für seine Kapläne kein eigenes Exemplar des päpstlichen Rundschreibens nach Wilhelmsburg gelangt war, rief Pfarrer Krieter die beiden Herren zu sich, forderte sie zu strengster Verschwiegenheit auf und gab ihnen das Papstwort zum Lesen. Vielleicht haben die drei Geistlichen Wilhelmsburgs in Erwägung gezogen, das Papstwort zu vervielfältigen.[268] Jedenfalls waren sie sich einig, dass es Pfarrer Krieter sein musste, der die Enzyklika im Hochamt des Palmsonntages und im Hochamt des 2. Ostertages 1937 den Gläubigen zu verlesen hatte.

5.8   Der Kampf gegen erneute Verleumdungen

Anders als die Geistlichen in Wilhelmsburg und Harburg befürchtet hatten, brachte die Verlesung der päpstlichen Enzyklika nicht sofort böse Folgen.[269] Die Rache der Nationalsozialisten ließ aber nicht lange auf sich warten. Die „Sittlichkeitsprozesse gegen Priester und Ordensangehörige" wurden wieder aufgenommen.

---

[267] Die historische Wissenschaft hat die Umstände der Entstehung, die Verteilung unter strengster Geheimhaltung, die erfolgreiche Verlesung der Enzyklika von den Kanzeln aller katholischen Kirchen in Deutschland und die Wirkung auf das NS-Regime erforscht. Vgl. u. a. Besier, G., Die Kirchen und das Dritte Reich, a. a. O., S. 790 ff.

[268] Die Vervielfältigung geschah vielerorts in Deutschland.

[269] Das NS-Regime protestierte am 14. April 1937 durch den deutschen Botschafter im Vatikan gegen die Enzyklika. Nachdem die Verlesung nicht zu verhindern gewesen war, entschied sich die Reichsregierung, dass der Enzyklika die Wirkung genommen werden solle, indem sie in Zeitungen und im Rundfunk nicht kommentiert wurde. Gleichzeitig verbot Reichskirchenminister Kerrl bereits am Dienstag nach Ostern allen Bischöfen und sonstigen Kircheninstanzen die Vervielfältigung und Verbreitung der Enzyklika. Vgl. Das 20. Jahrhundert in Wort, Bild, Film und Ton, Die 30er Jahre, a. a. O., S. 82

Eine neue Verleumdungskampagne begann. Jetzt stellte sich der Reichsminister für Volksaufklärung und Propaganda an die Spitze der Hetzredner. Am 28. Mai 1937 hielt Dr. Josef Goebbels vor 20.000 ausgewählten Zuhörern eine Rede in der Berliner Deutschlandhalle. Sie wurde von allen Radiosendern des Deutschen Reiches übertragen. Goebbels behauptete, die Reichsregierung habe eigentlich zu den Sittlichkeitsprozessen schweigen wollen, doch „katholische Impertinenz" habe diese Absicht zunichte gemacht. Ihn übermanne „heiliger Zorn" und „maßlose Wut", wenn er an den allgemeinen Sittenverfall im Klerus der katholischen Kirche denke, „wie er in diesem erschreckenden und empörenden Ausmaß kaum noch einmal in der gesamten Kulturgeschichte der Menschheit festzustellen" sei. „Tausende von Geistlichen und Ordensbrüdern" und „Tausende von kirchlichen Sexualverbrechern" hätten versucht, eine „planmäßige sittliche Vernichtung Tausender von Kindern und Kranken" zu betreiben. Im katholischen Klerus grassiere „herdenmäßige Unzucht." Die Zuhörer in der Deutschlandhalle ließen sich von Dr. Goebbels zu johlenden Beifallsstürmen hinreißen.

Die Zeitungsberichte und die Rede des Dr. Goebbels bestärkten viele Menschen, in ihrer Abneigung gegenüber dem katholischen Klerus. Bei einigen jungen Männern in Wilhelmsburg wurde die Abneigung gegen Priester zum Hass. Sie hielten es nun für angebracht, die Kapläne der Bonifatiusgemeinde bei Versehgängen zu belästigen.[270] Die Zahl der Austritte aus der Kirche nahm im gesamten Gebiet des Deutschen Reiches zu. In der Bonifatiusgemeinde traten 103 Personen aus der Kirche aus. Auch die Anzahl der Gläubigen, die zum Osterfest die heilige Kommunion empfingen, ging im Jahre 1937 in ganz Deutschland zurück. In St. Bonifatius gingen nur noch 3.112 Personen zur Osterkommunion. Das waren weniger als 50 % der Gemeindemitglieder. (Gesamtzahl: 6873) [271]

Als einziges Mittel, sich und die Kirche zu verteidigen, hatte Pfarrer Krieter zunächst nur das persönliche Gespräch. Er war deswegen erfreut, als das Generalvikariat am 24. April 1937 den Pfarrern eine Broschüre zukommen ließ mit dem Titel „Die Kirche und die Sittlichkeit im Volke". Weitere Exemplare dieser Broschüre konnten in Hildesheim bestellt werden. Im Begleitschreiben zur Broschüre schrieb Generalvikar Dr. Offenstein: „Tagtäglich bringen Zeitungen und Zeitschriften, Bücher und Broschüren den Anwurf gegen unsere Kirche, dass sie die natürliche Sittlichkeit unseres Volkes untergraben habe und durch ihre Sittenlehre verheerendes Gift in unser Volk trage. Diesen Vorwürfen gegenüber will die kleine Broschüre zeigen, wie unsere Kirche in ihrer Sittenlehre das deutsche Volk emporgehoben und geheiligt hat. Wir empfehlen die Verbreitung dieser Broschüre unter den Gläubigen warm. Die Broschüre ist nur innerhalb der Kirche zu verteilen. Auf den Verkauf an den Kirchentüren soll durch … Kanzelverkündigung hingewiesen werden.

Der Preis beträgt 10 Pfennig." [272] Einen durchschlagenden Erfolg im Sinne der Rehabilitierung des Priestertums brachte diese Broschüre nicht. Der Titel war nicht reizvoll genug, und der Kaufpreis war zu hoch.

---

[270] Der Zeitzeuge Albin Lisiewicz berichtete im Gespräch vom 27. 1. 2004: „Die Nazis liefen doch überall umher, tags und nachts. Wenn dann ein Versehgang anstand, hat mein Vater, der das ja auch wusste, hin zum Veringplatz telefoniert. Da hatte Familie Strosina einen Grünhökerladen. Oder er hat bei einer Autofirma angerufen:KFZ- Werkstatt und Fahrschule Seliger. Dann sind diese Katholiken heraus gegangen und haben den Geistlichen bis zu seinem Ziel begleitet, damit er sicher war."

[271] Zu den Zahlen für das Deutsche Reich vgl. Besier, G., Die Kirchen und das Dritte Reich, a. a. O., S.218 und S. 225. Zu den Zahlen für die Bonifatiusgemeinde vgl. Chronik der Kirchengemeinde St. Bonifatius, S.21

[272] Schreiben des BGV, o. Nr., Offenstein, vom 24. 4. 1937.in: Archiv der Kirchengemeinde St. Bonifatius, Akte „Rundschreiben kirchlicher Behörden, 1920-1944"

Pfarrer Krieter war deswegen wie erlöst, als er am 18. Juli 1937 endlich ein Hirtenwort seines Bischofs zu den Sittlichkeitsprozessen verlesen durfte. [273] Der Bischof schrieb: „Geliebte Diözesanen! In sturmbewegter Zeit wende ich mich mit einem ernsten Hirtenwort an euch. … Die Kirche wird beschimpft, Papst und Bischöfe werden herabgesetzt, Priester und Ordensleute systematisch verächtlich gemacht. Man schweigt von dem Segensstrom, der sich durch das Christentum über unser deutsches Vaterland ergossen hat und immer noch ergießt; statt dessen sucht man in Vergangenheit und Gegenwart alles auszugraben, was irgendwie einen Makel für die Kirche bedeutet. Man scheut sich nicht, die Lehren und Sakramente der katholischen Kirche anzugreifen und mit Spott zu übergießen. Zu gleicher Zeit ertönt laut und aufdringlich die Aufforderung zum Kirchenaustritt und die Werbung für die deutsche Gemeinschaftsschule … Das alles kann und muss die Gläubigen aufs Tiefste schmerzen und mit großer Sorge erfüllen. Doch drückt zurzeit noch ein anderes Leid auf jedes katholische Herz: das sind die Sittlichkeitsprozesse gegen Priester und Ordensleute und die daran anschließenden Presseberichte und Zeitungsartikel. … Wahr ist, dass die Bischöflichen Behörden mit den der Kirche zur Verfügung stehenden Strafmitteln gegen solche Priester einschreiten und eingeschritten sind, die sich ihrer hohen Würde unwürdig erwiesen. … Wo es die Größe des Vergehens und das Heil der Gläubigen verlangt, geht die Kirche in ihrer Strafe bis zum Verbot jedes Gottesdienstes, ja zur Amtsentsetzung und selbst zum Ausschluss aus dem Priesterstande. … Ihr wollt hören, wie viele Priester schuldig wurden. Ich wiederhole es. Es gibt in Deutschland rund 25.000 Priester. Von diesen 25.000 sind nach sicheren und kirchenamtlichen Zählungen, die in letzter Zeit angestellt wurden, 58 in die zur Zeit schwebenden Prozesse verwickelt, davon wurden 22 verurteilt. Also von 25.000 Priestern wurden 22 verurteilt. Das ist schlimm, aber es ist doch nicht Einer auf Tausend. Sollten aber von den genannten 58 im ganzen 50 verurteilt werden, so wäre das traurig für jedes katholische Herz, aber es wäre doch nur Einer auf Fünfhundert. In den drei vorhergehenden Jahren wurden 25 verurteilt. Rechnen wir sie dazu, so sind 75 von 25.000 schuldig oder noch nicht Einer auf 335! Wir stehen nicht an, zu erklären, dass uns auch diese Zahl viel zu hoch und zu bedauerlich ist. Aber trotzdem müssen wir die Frage aufwerfen: Wie ist es bei diesem Tatbestande möglich, zu sagen oder zu schreiben, ein großer Teil der katholischen Geistlichkeit sei dem Laster verfallen, oder weite Kreise des Klerus seien korrupt; oder alle Klöster seien Lasterstätten, oder gar die ganze katholische Kirche sei verdorben. Das sind Verkehrungen der Tatsachen und Übertreibungen, die ein bitteres Unrecht gegen den weitaus größten Teil der Priester und Ordensleute darstellen …"

Anschließend nannte Bischof Joseph-Godehard die Gründe für die Verleumdungskampagne beim Namen: „Gar manchem Gegner der Kirche kommen die Prozesse nur zu gelegen. Ob wir die Gedanken und Wünsche solcher Kirchenfeinde wohl erraten? Sie überlegen ungefähr so: Über den Prozessberichten wird die Enzyklika des Heiligen Vaters mit ihren richtunggebenden Ausführungen vergessen. Das Christentum und die katholische Kirche erfahren Stoß um Stoß. Aufrufe zum Kirchenaustritt finden den Boden besser bereitet, denn das Vertrauen der Gläubigen zum Priesterstand wird erschüttert. Bei solcher Seelenverfassung lassen sich die Gläubigen leichter für die Gemeinschaftsschule gewinnen und stimmen einer christentumsfeindlichen Jugenderziehung ohne größere Bedenken zu. Sie ertragen es auch leichter, wenn man die Ordensleute in den karitativen Anstalten durch weltliches Personal ersetzt.

---

[273] Das Hirtenwort vom Fest Peter und Paul 1937 findet sich im Archiv der Kirchengemeinde St. Franz-Josef, Akte „ Dokumente und Hirtenworte unserer Bischöfe aus Deutschlands schwerster Zeit. 1933-1945."

So schwindet der Einfluss der Kirche und des Christentums mehr und mehr, bis schließlich die Stunde kommt, den Baum mit der Wurzel auszuroden und dem Christentum in Deutschland den Garaus zu machen. ... Je öfter wir von Prozessen lesen, desto mehr lasst uns das Gebet pflegen, die heilige Kommunion empfangen, in Einkehrtagen und Exerzitien Erneuerung suchen, tapferer um Vervollkommnung der eigenen Seele ringen. So wollen wir alle Entmutigung abwehren und uns stark im Glaubenskampfe machen. ... Hildesheim, am Feste Peter und Paul 1937. Joseph-Godehard, Bischof von Hildesheim."

5.9   Drohungen des Reichsstatthalters Kaufmann

Mitte November 1938 gab Generalvikar Dr. Offenstein kommentarlos an alle Pfarrer und selbständigen Seelsorgegeistlichen in Hamburg einen Erlass des Reichsstatthalters Kaufmann zur Kenntnisnahme weiter.[274]

Der Reichsstatthalter schrieb: „ ... Im Haushaltsplan der Staatsverwaltung der Hansestadt Hamburg sind Mittel bereitgestellt, die als Zuschüsse zur Pfarrbesoldung und zur Versorgung der Ruhestandspfarrer und Pfarrhinterbliebenen bestimmt sind. Diese Mittel sind nur für solche Personen bestimmt, die sich der Fürsorge des Staates würdig erweisen. Daraus folgt, dass Beihilfen aus diesen Mitteln nicht bewilligt werden dürfen für Pfarrer, Pfarrer im Ruhestand und Hinterbliebene von Pfarrern, die gegen Gesetze des Staates verstoßen. Sobald sich Anhaltspunkte dafür ergeben, dass ein kirchlicher Amtsträger, für dessen Besoldung Staatsmittel verwendet werden, sich durch sein Verhalten der Fürsorge des Staates unwürdig erwiesen hat, werde ich daher künftig den Einzelfall eingehend prüfen und die zur Verfügung gestellten Staatsmittel gegebenenfalls sperren. ..."

Reichsstatthalter Kaufmann drohte diese Prüfung allen Geistlichen an, die rechtskräftig verurteilt seien wegen Hoch- und Landesverrat, Kanzelmissbrauch, Verstößen gegen das Heimtückegesetz, gegen die Flaggengesetzgebung, gegen die Bestimmungen auf dem Gebiete des Devisen- und Sammlungsrechts und wegen Sittlichkeitsvergehen. Ferner drohte er allen Geistlichen, die in Untersuchungshaft oder Schutzhaft seien oder die man staatspolizeilich mit Rede- und Schreibverbot belegt habe, zusätzlich die Überprüfung an.

Der Erlass endete mit der Drohung: „Führt die Untersuchung zu dem Ergebnis, dass die betreffenden Personen sich der Fürsorge des Staates unwürdig erwiesen haben, so werde ich ersuchen, die Bewilligung von Besoldungsbeihilfen aus den genannten staatlichen Mitteln einzustellen. ..."

Pfarrer Krieter empfand das Schreiben als Erpressung. Er las sehr wohl heraus, dass Reichsstatthalter Kaufmann die totale Loyalität jedes einzelnen Geistlichen forderte. Den staatlichen Pfarrbesoldungszuschuss - in seinem Falle waren das 1.628 RM jährlich - konnte er nicht entbehren.

5.10   Das Ende der katholischen Schulen in
Wilhelmsburg und Harburg

Am 7. Dezember 1936 schrieb Bischof Joseph-Godehard an sämtliche Herren Pfarrer und selbständigen Seelsorgegeistlichen der Diözese Hildesheim: „Es besteht die Gefahr, dass durch Unterschriftensammlung oder Abstimmung für die so genannte deutsche Gemeinschaftsschule der Weg zum Untergange der Bekenntnisschule gebahnt wird. ...

---

[274]   Schreiben des Reichsstatthalters Kaufmann vom 11. 11. 1938. Archiv der Kirchengemeinde St. Bonifatius, Akte „Pfarrbesoldung"

Daher ist es erforderlich, dass der hochwürdige Seelsorgeklerus

1. auf der Kanzel und in der Vereinsarbeit, insbesondere auch in Elternabenden, im Mütter- und Männerverein (in kircheneigenen Räumen!) den Eltern eindringlich den Wert der Bekenntnisschule ... vor Augen stelle. ...

2. Sobald die Absicht einer Werbung für die Gemeinschaftsschule bekannt wird, ist es notwendig, persönlich oder durch geeignete Helfer (Laienapostolat der Seelsorgehelfer) die katholischen Erziehungsberechtigten eigens aufzusuchen und sie zu warnen, sowie aufzufordern, dass sie ihre Unterschrift nur für die katholische Bekenntnisschule geben. ...

3. Sogleich beim Beginn einer Agitation für die Gemeinschaftsschule - der Pfarrer treffe Vorsorge, dass er sofort von derselben erfährt - ist es Sache des Pfarramtes und der Erziehungsberechtigten, in getrennten Eingaben ernsten Protest gegen solche gänzlich ungesetzliche Agitation für   Abstimmung an den zuständigen Regierungspräsidenten zu richten. ...

4. Fortan ist in den Nachmittags- und Abendandachten ein „Vater unser" und ein „Ave Maria" zu beten mit der Einleitung: „Lasset uns beten für die Erhaltung der katholischen Schule in Deutschland!" ...

5. Zu erwägen ist, ob es ratsam ist, in einer kirchlichen Bittandacht die Gemeinde zu eifrigem Gebet für die Erhaltung der katholischen Schule anzuleiten, handelt es sich doch um eine der folgenschwersten Angelegenheiten des kirchlichen Lebens und der Zukunft unseres Volkes....

Wo eine Abstimmungsaktion oder Unterschriftensammlung versucht wird, ist dem Bischöflichen Generalvikariat sofort Mitteilung zu machen.
Joseph- Godehard, Bischof von Hildesheim" [275]

Folglich bemühten sich Pfarrer Krieter und seine Kapläne seit Anfang des Jahres 1937 intensiv darum, die Gläubigen für den Kampf um die Bekenntnisschule zu wappnen. Vor der Predigt im Sonntagshochamt und in Nachmittags- und Abendandachten wurde „für die Erhaltung der katholischen Schule in Deutschland" gebetet. In allen kirchlichen Vereinen wurden die Gefahren der Gemeinschaftsschule und der Wert der katholischen Bekenntnisschule besprochen. Am 12. Januar 1937 forderte das Bischöfliche Generalvikariat von allen Pfarrämtern der Diözese schnellstens Name, Wohnort, Straße und Hausnummer sämtlicher Lehrer und Lehrerinnen an, die im jeweiligen Pfarrbezirk an katholischen Volks- Mittel- und höheren Schulen beschäftigt seien. Auch die genauen Daten derjenigen Lehrkräfte, die im Pfarrbezirk wohnten, aber an nichtkatholischen Schulen tätig seien oder sich bereits im Ruhestand befänden, seien mitzuteilen. Fehlanzeige sei erforderlich! Die Liste sollte umgehend - spätestens bis zum 20. Januar des Jahres - nach Hildesheim gesandt werden. Pfarrer Krieter schickte die angeforderte Liste schon zwei Tage später ab. [276]
Anfang Februar 1937 kamen per Post 1.500 Exemplare einer „Aufklärungsschrift über die Bekenntnisschule" im Pfarrhaus von St. Bonifatius an. Die Schrift sollte den Eltern von Schulkindern kostenlos ausgehändigt werden. Am 14. Februar 1937 verteilten die Messdiener diese Aufklärungsschrift - an den inneren Kirchentüren von St. Bonifatius. Die Gläubigen waren also gerüstet, um durch Elternprotest Widerstand zu leisten.

---

[275] Schreiben des Bischöflichen Generalvikariats Hildesheim, Offenstein, Nr. 413 vom 12. Januar an alle kath. Pfarrämter der Diözese Hildesheim, Archiv der Kirchengemeinde St. Bonifatius, Akte „Schule"

[276] Die Liste ist in vielfacher Hinsicht interessant. Eine Abschrift von dem Original befindet sich im Archiv der Kirchengemeinde St. Bonifatius, Akte „Schule"

Doch die Gegner der Bekenntnisschule gingen in kleinen Schritten vor, zielstrebig, aber völlig unspektakulär. So gab es für einen eindrucksvollen Elternprotest zunächst weder Anlass noch Weg, und zum Schluss war es zu spät. Ende März 1937 reduzierte das Schulamt Lüneburg die Zahl der Religionsstunden. Das war ein Angriff, der wenig öffentliche Aufmerksamkeit erregte, bei einigen Eltern sogar Zustimmung fand.

Pfarrer Krieter machte am 23. 3. 1937 sofort Meldung beim Bischöflichen Generalvikariat. Er schrieb:

„Dem Hochwürdigen Bischöflichen Generalvikariat berichte ich folgendes: Heute, den 23. März 1937, gegen 10 Uhr ließ mich der Schulleiter der katholischen Volksschule, Herr Rektor H. Hupe, durch den Hausmeister, Herrn Siegfried Liesiewicz, bitten, in sein Amtszimmer zu kommen. Dort wurde mir amtlich mitgeteilt, dass mit Beginn des neuen Schuljahres an unserer katholischen Volksschule in Wilhelmsburg in den Klassen 1a und 1b wöchentlich nur eine Religionsstunde erteilt werden darf. Somit würden wöchentlich für die beiden Klassen drei Religionsstunden in Wegfall kommen. In den übrigen Klassen sollen wöchentlich statt vier nur zwei Stunden Religionsunterricht erteilt werden, und zwar eine Stunde Katechismus und eine Stunde Biblische Geschichte. Diese amtliche Mitteilung habe ich ohne jegliche Stellungnahme zur Kenntnis genommen mit dem Bemerken, meiner kirchlichen Behörde davon pflichtgemäß zu berichten. Am 22. des Monats hat - wie ich höre - eine Rektorenkonferenz (Schulleiter) der Stadt Harburg-Wilhelmsburg stattgefunden. Ob eine noch höhere Instanz als Schulrat und Rektorenkonferenz die Zahl der Religionsstunden vermindert hat, entzieht sich meiner Kenntnis. Gehorsamst, Krieter, Pastor" [277]

Die Bischöfliche Behörde stand vor einem Problem. Am 1. 4. 1937 trat das Groß-Hamburg-Gesetz in Kraft. An welche Schulverwaltung sollte ein Protestschreiben geschickt werden, an das Schulamt Lüneburg oder an die Kultur- und Schulverwaltung Hamburg? Generalvikar Dr. Offenstein schrieb an die übergeordnete Stelle, an den Reichs- und Preußischen Minister für Wissenschaft, Erziehung und Volksbildung, Rust, doch sein Protestschreiben blieb ohne Erfolg. [278] Die Reduzierung der Anzahl der Religionsstunden wurde nicht rückgängig gemacht.

Zum Ausgleich führten die Geistlichen in Harburg und in Wilhelmsburg eine so genannte „Christenlehre" von 45 Minuten Dauer ein. Sie fand - ausgenommen die Zeit der Schulferien - an allen Sonntagen nachmittags um 14 Uhr statt. In Harburg „kamen durchschnittlich 50 bis 60 Kinder" zur „Christenlehre". [279] In Wilhelmsburg werden es weniger Kinder gewesen sein, weil die Wege weiter waren und weil die Elbinsel durch öffentliche Verkehrsmittel nicht so gut erschlossen war wie Harburg.

In den Tagen kurz vor dem Osterfest 1937 flachte die Aufregung um das Thema Bekenntnisschule in der Kirchengemeinde St. Bonifatius kurz ab. Sie wurde ersetzt durch die größere Aufregung, die von der Verlesung der Enzyklika des Heiligen Vaters am Palmsonntag und am 2. Ostertag ausging. Für die Nationalsozialisten war die Verlesung der Enzyklika ein Anlass, die Beseitigung der letzten katholischen Bekenntnisschulen noch zielstrebiger voranzutreiben. Am 7. Juni 1937 erhielten Pfarrer Krieter und seine Kapläne Wosnitza und Holling jeder einen Brief des für Wilhelmsburg und Harburg zuständigen Schulrats, Himstedt.

---

[277] Das Schreiben findet sich im Archiv der Kirchengemeinde St. Bonifatius, Akte „Schule"
[278] Schreiben Bischöfliches Generalvikariat, Nr. 2859, Offenstein, vom 3. 4. 1937, Archiv der Kirchengemeinde St. Bonifatius, Akte „Schule"
[279] Vgl. Chronik der Kirchengemeinde St. Maria, Bd.1, S. 159 und Chronik der Kirchengemeinde St. Franz-Josef, Bd.1, S. 45

Der Parteigenosse der NSDAP, Himstedt, schrieb: „Der Herr Reichs- und Preußische Minister für Wissenschaft, Erziehung und Volksbildung hat durch Erlass vom 18. 3. 1937 angeordnet, dass alle Gefolgschaftsmitglieder, d e im Dienste des Reiches oder der Länder seines Geschäftsbereiches stehen, durch Unterzeichnung folgender Erklärung zu verpflichten sind: ´Ich verpflichte mich, meine Dienstobliegenheiten gewissenhaft und uneigennützig zu erfüllen und die Gesetze und sonstigen Anordnungen des nationalsozialistischen Staates zu befolgen´. Unter diese Anordnung fallen insbesondere auch die Geistlichen, die - ohne Berufung in das Beamtenverhältnis ar öffentlichen Schulen - Unterricht erteilen. Ich ersuche Sie, diese Verpflichtung am Donnerstag, den 10. des Monats um 15 Uhr in meinem Amtszimmer, Marienstraße Nr. 12, abzugeben. Heil Hitler! Himstedt"[280]

Es war offensichtlich, dass diese Verpflichtungserklärung dem Staat eine weitere Handhabe schaffen sollte, gegen unliebsame Geistliche nach Wunsch vorgehen zu können. Pfarrer Krieter und seine Kapläne erschienen notgedrungen am 10. Juni 1937 im Amtszimmer des Schulrates - in der Marienstraße 12 - zur Abgabe ihrer Verpflichtungserklärung. Pfarrer Krieter schrieb über den Text der ihm vorgelegten Erklärung: „Auf Grund des Schreibens des Herrn Reichs- und Preußischen Ministers für Wissenschaft, Erziehung und Volksbildung vom 18. 3. 1937 gebe ich die nachstehende Erklärung ab".[281] So konnte er andeuten, dass er diese Erklärung nicht freiwillig abgab, sondern durch ministerielle Anordnung gezwungen. Wie sich der Parteigenosse Himstedt an diesem Nachmittag zu den katholischen Geistlichen verhalten hat, ist nicht überliefert. Dem Pfarrer Krieter war der „lutherische"[282] Schulrat Himstedt seit Jahren bekannt, denn die Frau des Herrn Himstedt war praktizierende Katholikin in der Gemeinde St. Franz-Josef. Gelegentlich hatte Herr Himstedt seine Frau zum katholischen Gottesdienst in die St. Franz-Josef-Kirche begleitet.

Allem Anschein nach haben der Schulleiter der katholischen Schule II in Harburg-Wilstorf (Maretstraße) - der überzeugte Nationalsozialist Benno Becker - oder nationalsozialistisch eingestellte Mitglieder des Lehrerkollegiums in der nächsten Zeit genau beobachtet, ob die staatlichen Vorschriften von den Geistlichen eingehalten wurden. Wenn sie den Verdacht auf einen Verstoß hegten, machten sie bei der Geheimen Staatspolizei Meldung. Wäre es anders gewesen, hätte es nicht zu dem Geschehen kommen können, das in der Chronik der Kirchengemeinde St. Maria festgehalten ist: „Am Freitag, den 12. November 1937 wurde Pastor Leonard Mock von der Geheimen Staatspolizei aus der Wilstorfer Katholischen Volksschule mitten aus dem Religionsunterricht abgeführt und von vormittags 10 Uhr 30 bis nachmittags 5 Uhr festgehalten, dann aber frei gelassen, weil die Anschuldigungen wegen angeblicher Übertretung staatlicher Vorschriften als unrichtig durch Pastor Mock und Pastor Wüstefeld nachgewiesen wurden."

In den nächsten fünf Monaten konnten die Geistlichen glauben, dass der Erhalt der katholischen Schulen in Hamburg-Wilhelmsburg und Hamburg-Harburg ungefährdet sei. Doch am 22. April 1938 erhielt Pfarrer Krieter erneut einen Brief des Schulrates Himstedt. Darin stand: „Ab 1. April des Jahres wird der gesamte katholische Religionsunterricht (Unterricht in Biblischer Geschichte und Katechismus) an den Oberschulen für Jungen und Mädchen, den Mittelschulen für Jungen und Mädchen, den Volksschulen Lindenstraße, Maretstraße II und Alte Schleuse und den Hilfsschulen in Harburg / Wilhelmsburg von

---

[280] Das Schreiben findet sich im Archiv der Kirchengemeinde St. Bonifatius, Akte „Schule".
[281] Schreiben des Pfarrers Krieter vom 10. Juni 1937, Archiv der Kirchengemeinde St. Bonifatius, Akte „Schule"
[282] Als „lutherisch" wurde Schulrat Himstedt durch Pfarrer Wüstefeld benannt. Vgl. Chronik der Kirchengemeinde St. Maria, Bd.1, S. 176

Lehrern erteilt werden. Indem ich Sie bitte, davon Kenntnis zu nehmen, danke ich Ihnen gleichzeitig für die Erteilung des bisherigen schulplanmäßigen Religionsunterrichts. Heil Hitler! Himstedt"[283]

Pfarrer Krieter nutzte - zwei Tage nach Erhalt des Briefes - den Gottesdienst der Erstkommunionfeier am Weißen Sonntag 1938 zu einem eindrucksvollen Protest. Er wandte sich mit folgenden Worten an seine Gemeinde:

„Immer ist der Weiße Sonntag für unsere Gemeinde ein Hochfest der Freude gewesen. Es ist mir darum besonders schwer, Euch gerade heute eine überaus traurige Mitteilung machen zu müssen. Mitte vergangener Woche wurde meinen beiden Kaplänen und mir untersagt, Religionsunterricht in unserer katholischen Volksschule zu erteilen. Irgendwelche schriftliche amtliche Mitteilung (über den Grund, Anm. d. Verf.) machte man uns bis heute nicht. Auch mündlich wurde uns der Grund nicht mitgeteilt. Seit Bestehen unserer Gemeinde, seit mehr als 40 Jahren, haben wir Priester Eure Kinder in der Schule unterrichtet. Mit uns werdet Ihr es darum recht schmerzlich empfinden, dass wir Eure Kinder nicht mehr in den Wahrheiten unserer Religion in der Schule unterrichten dürfen. - Es handelt sich hier um einen Eingriff in die heiligen Rechte der Kirche Gottes. Im Namen des göttlichen Kinderfreundes, der gesagt hat: `Lasset die Kinder zu mir kommen und wehret es ihnen nicht´, müssen wir gegen diesen Eingriff feierlich Einspruch erheben."

Anschließend verlas Pfarrer Krieter einen Hirtenbrief des Bischofs Joseph-Godehard, in dem der Bischof die Eltern ermahnte, selbst ihre Kinder ergänzend zu unterrichten und zu veranlassen, dass die Kinder regelmäßig die „Kinder-Seelsorgestunde" besuchten. Nach der Verlesung des Bischofswortes wandte Pfarrer Krieter sich wieder persönlich an seine Gemeinde und sagte: „Zum Zeichen der tiefen Traurigkeit Eurer Seelsorger schweigen heute unsere Kirchenglocken. Auch ordne ich an, dass die Orgel von der Opferung bis zur heiligen Kommunion der Kinder ebenfalls schweigt. Nach der Kommunion-Feier der Kinder beginnt die Orgel wieder zu spielen, und wir singen gemeinsam das Lied `Katholisch bin und bleibe ich´. Wir stehen jetzt alle auf und beten gemeinsam laut und feierlich das Glaubensbekenntnis."[284]

Vier Tage nachdem Schulrat Himstedt den Geistlichen verboten hatte, in der Schule Religionsunterricht zu erteilen, schrieb er an Pfarrer Krieter: „Die Schulkinder der Volksschule „Alte Schleuse" gingen bisher an einem Wochentage während des Unterrichts zur Kirche, um ihrer Beichtpflicht zu genügen. Bei der beschränkten Stundenzahl kann ich dies heute nicht mehr gestatten. Ich bitte Sie daher, die Beichte der Schulkinder in die schulfreie Zeit zu verlegen."[285]

Wegen der weiten Wege, die von den meisten Kindern zurückzulegen waren, war es nicht einfach, die neue Schikane zu meistern. Pfarrer Krieter und seine Kapläne fanden eine Lösung des Problems, indem sie die Kinderseelsorge-Stunde vor den Beginn oder an das Ende des Schulunterrichtes legten. Im Anschluss an die Kinderseelsorgestunde konnten die Kinder beichten. Pfarrer Krieter und seine Kapläne hegten den Verdacht, dass die Umwandlung der „Volksschule Alte Schleuse" in eine Gemeinschaftsschule unmittelbar bevorstehe.

---

[283] Das Schreiben findet sich im Archiv der Kirchengemeinde St. Bonifatius, Akte „Schule"

[284] Pfarrer Krieter hatte sich den Text mit der Schreibmaschine auf einen Handzettel geschrieben. Der Zettel findet sich im Archiv der Kirchengemeinde St. Bonifatius, Akte „Schule"

[285] Das Schreiben findet sich im Archiv der Kirchengemeinde St. Bonifatius, Akte „Schule"

Auf eine Anfrage des Bischöflichen Generalvikariates antwortete Kaplan Wosnitza zu Beginn des Monats Mai im Jahre 1938. Er schrieb im Auftrag des Pfarrers Krieter, der zum ersten Mal seit Jahren in seinem Geburtsort Hilkerode Urlaub machte:
„Die Katholische Volksschule in Wilhelmsburg besteht noch. … Die Aufhebung scheint aber bevorzustehen. Seit Beginn des neuen Schuljahres ist eine evangelische Lehrerin in der Schule tätig. Auch ist noch kein fester Stundenplan vorhanden. Alles ist nur 'vorläufig'. Wahrscheinlich sind Versetzungen der katholischen Lehrpersonen, oder Aufteilungen in Schulbezirke geplant. …" [286]

Die Ungewissheit über das Schicksal der katholischen Schulen in Hamburg-Wilhelmsburg und in Hamburg-Harburg blieb im ganzen Schuljahr 1938 / 39 bestehen. Die Gründe, warum die Nationalsozialisten zögerten, das längst über der Bekenntnisschule schwebende Damoklesschwert endlich fallen zu lassen, durchschaute Pfarrer Krieter nicht. Der Bischof machte einen letzten Versuch der Gegenwehr. Er ordnete an, dass in den Gemeinden St. Bonifatius, St. Maria und St. Franz-Josef am 26. März 1939 in allen Heiligen Messen eine Zählung der Kirchenbesucher und eine Abstimmung zum Thema „Bekenntnisschule oder Gemeinschaftsschule" stattfinden solle. Von der Durchführung des bischöflichen Auftrages sei dem Generalvikariat unverzüglich zu berichten.

Pfarrer Krieter berichtete:
„Am Sonntag, den 26. März 1939, fand in der St. Bonifatius-Pfarrkirche zu Hamburg-Wilhelmsburg in allen Heiligen Messen die vom Hochwürdigsten Herrn Bischof angeordnete Zählung der Kirchenbesucher und Abstimmung für die Katholische Bekenntnisschule oder für die Gemeinschaftsschule statt. Es wurden gezählt in der Heiligen Messe um

6.45 Uhr 269 Erwachsene   9 Kinder
7.45 Uhr 270 Erwachsene 12 Kinder
9.00 Uhr 320 Erwachsene 47 Kinder
10.30 Uhr <u>373 Erwachsene 294 Kinder</u>
=   1232 Erwachsene und 362 Kinder, insgesamt 1594 Kirchenbesucher

Mit großer Aufmerksamkeit hörten die Kirchenbesucher das in allen Heiligen Messen verlesene Hirtenwort und stimmten mit sichtlicher seelischer Ergriffenheit ohne Ausnahme für die Erhaltung der katholischen Bekenntnisschule durch Erheben von den Plätzen und Emporheben der rechten Hand. Infolge des regnerischen und stürmischen Wetters am 26. März war der Kirchenbesuch bedeutend schlechter als sonst. Viele Gemeindemitglieder auf der Insel Wilhelmsburg haben einen weiten Weg zur Kirche, besonders die in der neuen Siedlung in Kirchdorf wohnenden Katholiken. Gehorsamst, Krieter, Pastor" [287]

Eine Durchschrift seines Berichtes übergab Pfarrer Krieter dem katholischen Rektor der Schule „Alte Schleuse" - dem Parteigenossen Hupe - zur Kenntnisnahme.[288]

---

[286] Das Schreiben des Kaplans Wosnitza an das Bischöfliche Generalvikariat findet sich im Archiv der Kirchengemeinde St. Bonifatius, Akte „Schule"
[287] Archiv der Kirchengemeinde St. Bonifatius, Akte „Schule"
[288] Das Schreiben findet sich im Archiv der Kirchengemeinde St. Bonifatius, Akte „Schule". Oberhalb dieses Schreibens hat Pfarrer Krieter mit rotem Bleistift notiert: „Durchschrift Schule"

Das überwältigende Votum der Eltern für den Erhalt der katholischen Bekenntnisschule änderte an der Entscheidung der Schulverwaltung Hamburg jedoch nichts. [289] Mit Wirkung zum 1. April 1939 wurden die katholische Schule „Alte Schleuse" und die katholischen Schulen in Harburg zu Gemeinschaftsschulen umgewandelt. Von offizieller Seite wurde Pfarrer Krieter über diesen Verwaltungsakt nicht unterrichtet! Seine Informationsquellen waren, wie er nach Hildesheim schrieb, allein die Schulkinder, die zur Kinderseelsorgestunde kamen, oder Messdiener. Gewiss wurde Pfarrer Krieter aber auch durch Lehrpersonen der „Volksschule Alte Schleuse" informiert, die im Kirchenvorstand oder an anderer Stelle in der Gemeindearbeit tätig waren. Letztere Informationsquelle verschwieg Pfarrer Krieter, als er am 3. April 1939 einen Bericht an das Generalvikariat in Hildesheim sandte. Er konnte nicht wissen, ob seine Schreiben von der Gestapo überprüft würden. In diesem Fall hätte er die Lehrpersonen schwer kompromittiert. Pfarrer Krieter schrieb dem Bischöflichen Generalvikariat:

„... Am 28., 29. und 30. März wurde durch die Schuljugend bekannt, dass Lehrpersonen und Kinder der katholischen Volksschule zu Beginn des neuen Schuljahres auf die neun in Wilhelmsburg befindlichen Volksschulen verteilt werden sollen. Der zuständige Schulrat hat, wie verlautet, kurz vor den Ferien sämtliche Rektoren der Wilhelmsburger Volksschulen zu einer Besprechung in der katholischen Volksschule zusammengerufen, bei der über die Verteilung der Kinder auf die einzelnen Volksschulen verhandelt worden sein soll. Amtliche Mitteilung an das Katholische Pfarramt erfolgte bis heute noch nicht, jedoch ist an der Tatsache, dass die katholische Volksschule in Hamburg-Wilhelmsburg zu existieren aufgehört hat, nicht zu zweifeln. In ähnlicher Weise wie in Hamburg-Wilhelmsburg wurde auch in den Nachbargemeinden u. a. in Hamburg-Harburg und in dem zur Diözese Osnabrück gehörenden Hamburg-Altona vorgegangen. Gehorsamst, Krieter Pastor" [290]

Öffentlich protestierte Pfarrer Krieter in derselben Form, wie er es schon 1938 getan hatte. Der Chronist der Kirchengemeinde St. Bonifatius - Josef Krebs - schrieb zum Ende der katholischen Bekenntnisschule in Wilhelmsburg: „Im Jahre 1939 wurde die katholische Schule als solche von den Staatsbehörden aufgelöst, und die Kinder wurden so dem religiösen Erziehungseinfluss der katholischen Kirche entzogen. Das war ein schwerer Verlust für die Gemeinde. Übrigens hat damals der Pfarrer einen zwar nur stummen, aber sehr eindringlichen Protest eingelegt gegen dieses Unrecht. Der Sonntag, der auf die widerrechtliche Fortnahme folgte, war der Weiße Sonntag An ihm riefen keine Kirchenglocken die Gläubigen zum Gottesdienst. Sie schwiegen aus Protest, ebenso wie die Orgel, die im Hochamt nicht erklang bis zur Opferung.

---

[289] In der Chronik der Kirchengemeinde St. Maria, S. 176 liest man: „Am Sonntag, 26. 3. 1939, wurde in allen Hl. Messen ein Hirtenwort des Bischofs Joseph - Godehard verlesen über die drohende Gefahr der Auflösung der katholischen Volksschulen und die Einführung der `Gemeinschaftsschule´. Es fand dann in allen Hl. Messen (auch in Bostelbeck) Abstimmung durch Handaufhebung statt für Erhaltung der Katholischen Schulen. Die Kirchenbesucher waren gezählt. Schulkinder hatten kein Stimmrecht. Das Resultat war folgendes: 984 Anwesende; 977 Stimmen pro; 7 Enthaltungen. Acht Herren des Kirchenvorstandes hatten die Zählung übernommen. In St. Franz-Josef stimmten 355 Erwachsene pro, 2 enthielten sich der Stimme, darunter der lutherische Schulrat." (Himstedt ; Anm. d. Verf.)

[290] In der Chronik der Kirchengemeinde St. Maria, Bd. 1, S. 177 liest man: „Am Sonnabend, 1. April 1939, wurden durch Verfügung der Hamburger Schulbehörde die katholischen Volksschulen in der Lindenstraße 89 / 91, die katholische Volksschule in der Maretstraße und die katholische Volksschule in Wilhelmsburg aufgehoben. Die staatliche Gemeinschaftsschule wird trotz aller Proteste zwangsmäßig durchgeführt; ..."

So trauerte die Gemeinde damals um ihre Schule. Gebe Gott, dass dieses schreckliche Unrecht wieder gut gemacht werde, ehe es für unsere Jugend zu spät ist." [291]

Die ehemals katholischen Volksschulen blieben bis zum Ende der Hitler-Diktatur Gemeinschaftsschulen. Hinfort war die Wohnung der Eltern das Kriterium, nach dem die Schulkinder den Schulen zugeordnet wurden. Die Kinder, die nicht im Bereich der Volksschule „Alte Schleuse" wohnten, wurden infolgedessen umgeschult. Neun Lehrkräfte wurden versetzt, wobei das religiöse Bekenntnis der Lehrpersonen angeblich keine Rolle spielte. Rektor Hupe blieb Schulleiter. [292]

In den Klassenräumen mussten nun die Kreuze weichen. Der Hausmeister der Schule, Siegfried Lisiewicz, war ein überzeugter Katholik, aber auch SA-Mann. [293] Als er beauftragt wurde, die Kreuze von den Klassenwänden zu nehmen, quälten ihn Gewissensbisse. Sein Sohn - der Zeitzeuge Albin Lisiewicz – berichtete zu diesem Geschehen: „In den Klassenräumen hingen Kruzifixe. Da kam der Befehl, dass die Kruzifixe entfernt werden mussten. Da hat sich mein Vater geweigert. `Das mache ich nicht´, hat er gesagt, meinetwegen schmeißt mich raus, das mache ich nicht´! Da kam ihm der Hausmeister der Schule in der Rotenhäuser Straße - von der Realschule - zu Hilfe. Das war ein Mann, der „braun" war. Der sagte: `Siegfried, hör auf! Wenn du dich weigerst, schmeißen die dich raus! Ich nehme die Dinger für dich ab. Ich habe da keine Hemmungen, das ist kein Problem für mich. Hau´ du man ab, geh´ zum Rathaus und hol´ die Post! In der Zwischenzeit mache ich das fertig. Dann hast du kein schlechtes Gewissen´. So ist es dann auch gelaufen." [294]

Auch die Zusammenarbeit von Kirche und Schule anlässlich Einschulung und Schulentlassung der Kinder war nun vorbei. Das veranlasste Pfarrer Krieter, die Kinder und deren Eltern schriftlich anzusprechen. Aus dem April 1939 ist ein Eltern-Rundschreiben erhalten. Anlässlich des Schulbeginns schrieb er den Eltern:

„`An Gottes Segen ist alles gelegen´. Dieses alte und ewig wahre deutsche Sprichwort kommt mir in den Sinn, wenn ich an die etwa hundert Schulneulinge unserer Pfarrei denke, denen sich am 1. des Monats die Pforten der neun Volksschulen unseres Stadtgebietes aufgetan haben. Lasst uns gemeinsam Euer Kind ertüchtigen für Volk und Vaterland und für Gott und sein Reich. (sic! Politisch erwünscht war die Formel „für Führer, Volk und Vaterland"!) Mit Euch teile und trage ich die Sorge um das Seelenheil Eures Kindes. Deshalb lade ich Euch ein: Kommt am Sonntag, den 30. April nachmittags um 3 Uhr mit Eurem Kinde, für das durch den Eintritt in die Schule ein neuer Lebensabschnitt begonnen hat, in unsere Pfarrkirche zu einer Feierstunde. Euer Pfarrer und Seelsorger, Krieter, Pastor"

Auf die Rückseite seines Einladungsschreibens schrieb Pfarrer Krieter:

---

[291] Chronik der Kirchengemeinde St. Bonifatius, S. 38

[292] In der Chronik der Schule Bonifatiusstraße steht auf S. 126, 1939 / 1940 der Eintrag: „Das neue Schuljahr begann am 20. April 1939. Es brachte für die Schule einschneidende Änderungen durch die Einrichtung der Gemeinschaftsschule. Lehrerversetzung: Frl. Gilge nach Neuhof, Frl. Rahlfs nach Rotehaus, Frl. Neubauer zur Fährstraße, Herr Tebbe zur Schule Bahnhof, Herr Beirowski zur Schule Stillhorn, Herr Garske zur Schule Fährstraße ,Herr Mecke zur Schule Rotehaus , Herr Kaufhold zur Schule (Schlehendamm?) , Frl. Bauer nach Hamburg. Die Zahl der Klassen ging durch die Neueinteilung auf 15 zurück; die Zahl der Schüler auf 298 Knaben und 273 Mädchen = 571 Schüler".

[293] Sein Sohn Albin berichtete am 3. 3. 2004: „Er war ja bei den Landesschützen, und unter den Nazis wurden die Landesschützen in die SA eingegliedert. Mein Vater musste deswegen auch in den SA-Sturm rein. Da war er auch drin, war Mitglied. Das musste er ja sein!"

[294] Vgl. Zweites Gespräch mit Albin Lisiewicz vom 3. 3. 2004

So lehren wir das Kind am Morgen beten:
O Gott, Du hast in dieser Nacht
So väterlich für mich gewacht,
Ich lob' und preise dich dafür
Und dank' für alles Gute dir. Amen
Vor dem Essen:
O Gott, von dem wir alles haben,
Wir preisen Dich für Deine Gaben
Du speisest uns, weil Du uns liebst,
O segne auch, was Du uns gibst. Amen
Nach dem Essen:
Dir sei, o Gott, für Speis und Trank,
Für alles Gute Lob und Dank.
Du gabst, Du wirst auch ferner geben,
Dich preise unser ganzes Leben. Amen
Am Abend dankt das Kind für alle am Tage empfangenen Wohltaten:
Bevor ich mich zur Ruh' begeb',
Zu Dir, o Gott, das Herz ich heb'
Und sage Dank für jede Gab'
Die ich von Dir empfangen hab'. Amen
Lehren wir auch das Gebet des Herrn: Vater unser, .. .und den Englischen Gruß: Gegrüßet
seist Du, Maria, ..." [295]

Als Pfarrer Wüstefeld 1943 von Harburg nach Hildesheim versetzt wurde, schrieb er in die
Chronik seiner Gemeinde: „Am 1. April 1939 wurden die Katholischen Volksschulen in
Harburg - Lindenstraße und Maretstraße - und Wilhelmsburg als konfessionelle Schulen
aufgehoben. ... Das war bisher der schwerste Schlag, der unseren katholischen Gemeinden
erteilt wurde. Der Verlust der katholischen Schulen ist die offene Wunde, an der unsere
Gemeinden schwer zu leiden haben. Die eingerichteten Religionsstunden ... können den uns
erteilten schweren Schlag nur einigermaßen parieren. Der Verlust an Kinderseelen steigt seit
1939 naturgemäß immer mehr an! ... " [296]

5.11 Das kirchliche Leben geht dennoch weiter

Einerseits mag es dem Pfarrer Krieter - von Monat zu Monat mehr - vorgekommen sein, als
läge der biblische Drache Leviathan im Lande.[297] Der „Drache Nationalsozialismus" hatte
viele hässliche Köpfe, tausende wachsamer Augen, gefährliche Krallen, und war - in seinem
gleißenden Schein - für viele Menschen teuflisch anziehend. Wer kein guter Freund des
Drachens war, musste sich fürchten. Es war klug, dem Ungeheuer nicht allzu nahe zu
kommen. Schaut man sich andererseits Fotos aus den Jahren 1938 / 39 an, gewinnt man
leicht den Eindruck, die Geistlichen und ihre „Schäfchen" hätten ein Gemeindeleben in
Sorglosigkeit und Freude gelebt.

---

[295] Das Schreiben findet sich im Archiv der Kirchengemeinde St. Bonifatius, Akte „Schule"

[296] Chronik der Kirchengemeinde St. Maria, Bd.1, S. 255

[297] Psalm 91,13 und Apokalypse, 13

Es war ein zwiespältiges Leben. Ein Pfarrer und seine Gemeinde konnten wochenlang ungestört bleiben, wenn sie sich vor dem Drachen hüteten. Sie konnten Nachmittage für die Kranken und Alten der Gemeinde veranstalten und unbehelligt die Heilige Erstkommunion der Kinder feiern. Doch immer wieder gab es auch Zeiten der Angst. Immer wieder konnten plötzlich Beamte der Staatspolizei im Pfarrhaus auftauchen und den verantwortlichen Geistlichen bedrängen, in Wilhelmsburg ebenso wie in Harburg.[298]

Abb. 53: Alten- und Krankentag der Gemeinde St. Bonifatius; vor dem „Stift St. Willehad" im Sommer 1938

Abb. 54: Der Ausschnitt aus Abb.53 zeigt Pfarrer Krieter; aus Sicht des Betrachters die dritte Person neben der Ordensfrau

---

[298] Therese Krieter hat Ende der 60er Jahre berichtet, dass ihr Bruder mehrmals im Pfarrhaus von St. Bonifatius durch Beamte der Gestapo befragt worden ist. Einmal soll er sich zwei Tage lang bei einer befreundeten Familie in Harburg verborgen haben, weil er einen Besuch der Gestapo fürchtete. Schriftlich haben diese Ereignisse keinen Niederschlag gefunden.
Pfarrer Wüstefeld berichtete über einen Besuch der Gestapo in der Chronik der Kirchengemeinde St. Maria, Bd. 1, auf den Seiten 155 / 156 : „Donnerstag, den 17. 2. 1938 vormittags um 7 Uhr 30, gerade als der Pfarrer zur Zelebration der Heiligen Messe gehen wollte, erschienen drei Beamte der Geheimen Staatspolizei und hielten eine einstündige Haussuchung, um die Vereinsmitgliederlisten zu suchen, die aber bereits im Jahre 1937 auf Verlangen des Diözesanbischofs nach Hildesheim übersandt worden waren. Die Haussuchung verlief ergebnislos. Es wurden mitgenommen die Akten „Vinzenz- und Elisabethverein" und die Akte „Seelsorge für die Landjahrlager", welche später zurückgebracht wurden. 2 Tage später, 19. 2. 1938, wurden durch die Gestapo 300 Broschüren über Kirchenvermögen, Kirchensteuer beschlagnahmt."

Die Geistlichen des „Dekanates Harburg" - mit Rücksicht auf das Groß-Hamburg-Gesetz hieß das Dekanat ab 1. 11. 1939 „Dekanat Lüneburg" - rückten in diesen Jahren noch enger zusammen. Am 21. 2. 1939 führte Bischof Joseph-Godehard persönlich den Vorsitz einer Dekanatskonferenz in Harburg.[299] Diesen Tag empfanden die Geistlichen als eine große Ehre. Sie fühlten sich ermutigt - trotz aller Bedrängnis durch die Nationalsozialisten - beharrlich weiter zu arbeiten.

Für Pfarrer Krieter persönlich gab es in den Jahren 1936 bis 1938 sogar mehrmals Grund zur Freude, sogar zu Stolz.

Abb.55: Erstkommunionkinder im Jahre 1939

5.11.1 Jubel in St. Franz-Josef

Am 20. November 1938 feierte die St. Franz-Josef-Gemeinde in Harburg-Wilstorf das 25jährige Jubiläum der Kirchweihe. Pastor Leonard Mock schrieb dazu im Kirchenblatt der Diözese Hildesheim: „Aus schwierigen Anfängen ist eine Gemeinde geworden, eine Gemeinde, in der der Geist der Gemeinschaft ganz groß ist, eine Gemeinde, die sich als Familie fühlt. Und nun feiert sie heute ihr 25jähriges Kirchweihjubiläum! Sie feiert es glücklich und ganz frohen Herzens. Sie feiert es `ganz groß`. …"[300] Pfarrer Krieter, der sich einen großen Anteil am Werden der St.Franz-Josef-Gemeinde gutschreiben durfte, wurde selbstverständlich zum Fest eingeladen. Zusammen mit seinem direkten Vorgänger in St. Franz-Josef - Georg Nolte - assistierte er dem Pastor Mock bei der Feier des Levitenamtes. Selbstverständlich nahm Pfarrer Krieter auch an den weltlichen Feiern in Wilstorf teil.

Bei dieser Gelegenheit hat ihm Pastor Mock gewiss von den Planungen für die nächsten beiden Feiern berichtet, die in Wilstorf bevorstanden. In der Chronik von St. Franz-Josef liest man: „Und nun folgt etwas ganz Großes. Das verachtete Wilstorf hat das große Glück, die Ehre und Freude, einen Sohn der Gemeinde zu den Stufen des Opferaltares hintreten zu sehen. Wir feiern die Primiz des Neupriesters Johannes Hellmold." Für das Kirchenblatt des Bistums schrieb Pastor Mock: „Ein Neupriester. Das war das Weihnachtsgeschenk für unsere Gemeinde. Ein Wilstorfer Junge! Jawohl, das sagen wir mit Stolz! Sohn einer ehrbaren Handwerkerfamilie. Mühe, Opfer und Arbeit hat´s gekostet. Umso größer ist unser Stolz. Er ist der erste aus Harburg. Und der zweite folgt bald. Im Sommer 1939 wird der Diakon, Frater Albrecht-Maria Hasselberg, seine Primiz in St. Franz-Josef feiern. Aus Wilstorf kann also auch etwas Gutes kommen!"[301]

---

[299] Vgl. Chronik der Kirchengemeinde St. Maria, Bd. 1, S. 174 und S. 197

[300] Chronik der Kirchengemeinde St. Franz-Josef, Bd.1, S. 47

[301] Chronik der Kirchengemeinde St. Franz-Josef, Bd.1, S. 50 / 51

Abb.56: Ein Foto aus der Zeit, in der Karl-Andreas Krieter Pastor in der Gemeinde St. Franz-Josef war.
Es zeigt ihn und seine Schwester Therese während eines Ausfluges mit Messdienern.
In der Reihe der sitzenden Jungen ist - aus Sicht des Betrachters - vorn links Albrecht-Maria Hasselberg zu sehen. Rechts sitzt Johannes Hellmold.

Johannes Hellmold feierte seine Primiz am 2. Weihnachtstag 1938, Albrecht-Maria Hasselberg seine Primiz am 6. August 1939. Pfarrer Krieter kannte beide Primizianten seit deren Kindheit. Beide waren bei ihm Messdiener gewesen. Johannes Hellmold verband seine Berufung zum Priestertum ausdrücklich mit der Zeit, in der Karl-Andreas Krieter in St. Franz-Josef sein Pastor gewesen war.[302] Sc ist es fast selbstverständlich, dass Pfarrer Krieter bei der Primiz von Johannes Hellmold den ehrenvollen Auftrag erhielt, die Festpredigt zu halten.

Abb. 57: Johannes Hellmold, wird am 2. Weihnachtstag 1938 in die St. Franz-Josef-Kirche geleitet.

---

[302] Chronik der Kirchengemeinde St. Franz-Josef, Bd.1, S. 90; Johannes Hellmold war von 1943 bis 1950 Pastor in St. Franz-Josef.

Anlässlich der Primiz des Paters Hasselberg schrieb Leonard Mock, über den Neupriester: „Ein reges, aktives Glied der Gemeinde war er gewesen. Im Jünglingsverein und im Kirchenchor wirkte er fleißig. Ja, den Pastor hatte er früher schon manchmal vertreten. Wenn Pastor Krieter erkältet war, hatte er (Hasselberg) schon die Verkündigungen und das Evangelium verlesen. Jetzt stand er als `sacerdos´ (Priester) am Altar. Pater Albrecht-Maria Hasselberg war ja erst Bankkaufmann gewesen. Aus dem Bürostuhl rief ihn Gott der Herr. Als Erwachsener fing er beim Sextaner-Pensum an. Das war sicher nicht leicht. Doch nun ist´s geschafft." [303]

Selbstverständlich war Pfarrer Krieter auch bei der kirchlichen und weltlichen Primizfeier seines zweiten ehemaligen Messdieners anwesend. Er durfte stolz sein, dass aus der St. Franz-Josef-Gemeinde zwei Priester herangewachsen waren.

Abb. 58: Nach der Feier seiner Primizmesse verlässt Pater Hasselberg die St. Franz-Josef-Kirche. Rechts neben ihm geht Pastor Leonard Mock. Vorn geht Pfarrer Krieter.

Abb. 59: Pater Hasselberg

---

[303] Chronik der Kirchengemeinde St. Franz-Josef, Bd.1, S.51

5.11.2 Bautätigkeiten in St. Bonifatius in den Jahren 1936 bis 1939

Laut Beschluss des Kirchenvorstandes vom 5. Juli 1935 sollte der Platz vor der Bonifatiuskirche im Jahre 1936 renoviert werden. Der Kirchenvorstand drängte auf Durchführung, zuletzt am 5. Oktober 1936. Es fehlte aber an Geld. Pfarrer Krieter stellte deswegen beim Oberbürgermeister von Harburg-Wilhelmsburg, Bartels, einen Antrag auf Bezuschussung. Der Antrag war erfolgreich.[304] Danach konnten die Arbeiten bei der Firma „F. Harriefeld Hoch- und Tiefbau K.-G." in Auftrag gegeben werden. In der Chronik der Kirchengemeinde St. Bonifatius liest man: „Die Gehsteige an der Ostseite des Vorplatzes wurden mit neuen Platten belegt. An der Westseite wurden die noch brauchbaren alten Platten verwendet. Außerdem wurde die außerhalb der Gehsteige befindliche Fläche an der Westseite aufgegraben und mit 10 cm Feinschlacke überdeckt. Nach dem Kirchzaune hin wurde ein Gefälle hergestellt, mit einer Abflussrinne verbunden und nach dem Entwässerungsabfluss geführt. ..."[305] Zum Jahre 1936 liest man außerdem: „Im Jahre 1936 wurden Verbesserungen im Pfarrhause immer notwendiger. Die Kachelöfen waren fast alle gebrauchsunfähig und wurden durch Esch-Öfen ersetzt." In den Sitzungen des Kirchenvorstandes vom 28. Februar 1937 und vom 18. April 1937 kam es „zu lebhaften Aussprachen" über die schlechte Beschaffenheit des Fußbodens in der Kirche. Der Stellvertretende Vorsitzende, Josef Krebs, brachte „einen diesbezüglichen förmlichen Antrag" ein. Daraufhin wurden im August 1937 die Instandsetzungsarbeiten am Fußboden des Kircheninneren durchgeführt. Die Arbeiten wurden wieder an die Firma F. Harriefeld vergeben. „Beim Aufreißen der Fliesen stellte es sich heraus, dass seinerzeit mit schlechtem Material gearbeitet worden war, so dass eine gründliche Ausbesserung vorgenommen werden musste. Die Kosten konnten von der Kirchenkasse gedeckt werden."[306]

Nun endlich konnte an die Verwirklichung des Planes herangetreten werden, den Pfarrer Krieter seit seinem Dienstantritt in St. Bonifatius mit sich herumtrug: die Kirche sollte eine kunstvolle Ausmalung bekommen. Der Kirchenvorstand war einverstanden. Josef Krebs schrieb dazu in die Chronik von St. Bonifatius: „In der Sitzung des Kirchenvorstandes vom 30. Mai 1938 erteilte der Kirchenvorstand dem Herrn Pastor Krieter Vollmacht, in der Angelegenheit der Ausmalung der Kirche alles nach seinem besten Wissen und Können zu veranlassen, zu entscheiden und zu leiten."[307]

Zunächst sollten der Chorraum der Kirche und die beiden Kreuzschiffe ausgemalt werden. Für die Ausführung der künstlerischen Arbeiten konnte der bekannte Kirchenmaler Boland aus Hildesheim gewonnen werden. Pfarrer Krieter meldete dem Generalvikariat in Hildesheim, dass die Kosten der Kirchenrenovierung rund 2400 RM betragen würden, und bekam die Genehmigung, den Auftrag zu vergeben. Die Arbeiten begannen im Sommer des Jahres 1938. „Das über dem Altar befindliche dreiteilige Fenster wurde ... entfernt und in die Seitenwand (des Kreuzschiffes, Anm. d. Verf.) am Marienaltar eingebaut.

---

[304] Vgl. Schreiben des Oberbürgermeisters Bartels vom 22. 8. 1936 .Archiv der Kirchengemeinde St. Bonifatius, Akte „Rundschreiben weltlicher Behörden bis 1959"

[305] Chronik der Kirchengemeinde St. Bonifatius, S. 29

[306] Chronik der Kirchengemeinde St. Bonifatius, S. 31

[307] Chronik der Kirchengemeinde St. Bonifatius, S. 33

Auf diese Weise ließ sich eine ungeteilte Wandfläche für das neue Wandbild herstellen. Die oben zu beiden Seiten des Hochaltars befindlichen Fenster aus gewöhnlichem Fensterglas wurden … gegen goldgelbes Fensterglas ausgewechselt. Die Sonnenstrahlen, die durch diese Fenster einfielen, erbrachten wirkungsvolle Lichtreflexe." [308]

Abb. 60 : Das Wandgemälde hinter dem Hochaltar der Bonifatiuskirche nach der Ausmalung im Jahre 1938.

Das Gemälde auf der Wandfläche hinter dem Hauptaltar wurde noch im Jahre 1938 fertig. Die weitere Ausmalung des Kircheninneren sollte im Sommer des Jahres 1939 in Angriff genommen werden. In seiner Chronik der Kirchengemeinde St. Bonifatius schreibt Josef Krebs über den ersten Teil der Ausmalung: „Darüber, ob das angefangene Werk bisher gelungen ist, gibt es in der Gemeinde nur ein Urteil: `Es ist sehr gut geworden´."[309]

Pfarrer Krieter sah es nun als eine besonders dringende - aber vor allem angenehme - Aufgabe an, das Gemälde zu erklären. Seine Erklärung in Form einer Predigt findet sich als ein Text von dreieinhalb Seiten Länge in der Chronik von St. Bonifatius.

---

[308] Chronik der Kirchengemeinde St. Bonifatius, S. 33
[309] Chronik der Kirchengemeinde St. Bonifatius, S. 33

Unter der Überschrift „Erklärung des Wandgemäldes in der St. Bonifatiuskirche zu Hamburg-Wilhelmsburg" ist handschriftlich notiert: „Von Pfarrer Krieter geschrieben. ...". Der mit Maschine geschriebene Text wurde vervielfältigt und lag in den folgenden Jahren für Interessierte in der St. Bonifatiuskirche bereit.

So sehr Pfarrer Krieter sich über das gelungene Werk freute, so sehr musste er sich Sorge machen um die Bezahlung des Künstlers und auch um die Bezahlung der Handwerker, die für den Künstler die Wände vorbereitet hatten. Er schrieb am 20. Februar 1939 einen Brief an Dr. Offenstein und sang ein Klagelied über die hohen Kosten, die entstanden seien. In der Hoffnung, dass sein Freund Dr. Offenstein sein Bittgesuch unterstützen werde, bat er den Bonifatiusverein um eine Beihilfe in Höhe von 3.000 RM.

Generalvikar Dr. Offenstein wusste mittlerweile aus Erfahrung, dass Karl-Andreas Krieter ein „Schlitzohr" war, wenn er für seine Gemeinde finanzielle Vorteile herausholen wollte. Er schrieb vier Tage später einen offiziellen Antwortbrief, vorwurfsvoll, kühl im Ton und selbstverständlich ohne das vertraute „Du" und die freundliche Anrede, die Pfarrer Krieter ansonsten gewohnt war: `Carissime´, mein Teuerster. Pfarrer Krieter las:

„An den Bonifatiusverein werden in steigendem Maße außerordentlich hohe Anforderungen gestellt. Wir sind daher genötigt, die einlaufenden Gesuche auf ihre innere Berechtigung genauestens zu prüfen. Zu dem uns unter dem 20. Februar 1939 übersandten Gesuch um eine Beihilfe zu den Kosten in Höhe von 3.000 RM für die dortigen Reparaturen sehen wir uns leider veranlasst, auf Folgendes hinzuweisen: Im Sommer letzten Jahres beschloss der Kirchenvorstand die Ausmalung des Chores und der Kreuzschiffe in dortiger Kirche mit einem Kostenaufwand von 2.400 RM. Dieser Beschluss wurde von uns unter dem 25. Juli 1938 genehmigt. Wir würden aber Bedenken getragen haben, den Beschluss zu genehmigen, wenn uns bekannt gewesen wäre, dass Reparaturarbeiten in solchem Umfange erforderlich sind. Dem Kirchenvorstand müsste dieses aber damals bereits bekannt gewesen sein. Es wäre richtiger gewesen, die vorhandenen Summen für unbedingt notwendige Reparaturen sicherzustellen. Wir erwähnen ferner, dass ein allgemeiner Hinweis auf die Leistungsunfähigkeit der „armen Diasporagemeinde" den zahlenmäßigen Nachweis nicht zu ersetzen vermag. So lange dieses nicht geboten ist und so lange nicht die Gewähr geboten ist, dass letzten Endes nicht unbedingt erforderliche Aufgaben zugunsten lebenswichtiger und zur Erhaltung der Substanz notwendiger Dinge zurück gestellt werden, bedauern wir, Ihr Gesuch an den Bonifatiusverein nicht weiterleiten zu können. Es muss unbedingt darauf gesehen werden, dass große und bei gesunder Wirtschaft durchaus leistungsfähige Gemeinden zunächst ihre eigene Finanzkraft richtig zusammenhalten und einsetzen, ehe sie Unterstützungsgesuche einreichen. Dr. Offenstein"

Pfarrer Krieter kommentierte seinen Misserfolg mit einer handschriftlichen Randnotiz auf dem Antwortbrief des Dr. Offenstein. Sie bestand nur aus zwei Wörtern und einem Ausrufezeichen: „Bart ab!"

Irgendwie kam das notwendige Geld dennoch zusammen. Die Ausmalung der Bonifatiuskirche sollte im Sommer 1939 vollständig abgeschlossen sein. In der Chronik der Bonifatiusgemeinde schreibt Josef Krebs: „Gleich nach dem Fronleichnamsfeste 1939 erschien Herr Josef Boland mit seinem tüchtigen Gehilfen, Herrn Gottfried Hesse. Es entstanden die Gemälde der hl. Elisabeth und des hl. Bernward, der hl. Hedwig und des heiligen Bischofs Godehard. Der Pfarrer der Gemeinde, Herr Pastor Krieter, unterstützte die Künstler mit Rat und Tat und musste schließlich auch etwas drängen, um wenigstens bis zu seinem silbernen Priesterjubiläum am 15. Oktober 1939 die Fertigstellung der Ausmalung zu erreichen. ... Da kamen der Krieg mit Polen und die Kriegserklärungen Frankreichs und Englands. Die beiden Maler konnten ihre Arbeiten in der Kirche nicht fortführen, da sie sich in Hildesheim zum Kriegsdienst melden mussten. [310] So kam es, dass noch einige kleinere Arbeiten unvollendet blieben und die Entfernung der Gerüste und Malerutensilien vom Herrn Pastor und seinen Messdienern besorgt werden musste."

Pfarrer Krieter war stolz, dass sein lange gehegter Plan Wirklichkeit geworden war. Nun war die Bonifatiuskirche innen und außen ein Schmuckstück. Er gab den Druck einer Postkarte mit dem Bild der Kirche in Auftrag.

Die Bonifatiuskirche war am 26. Juni des Jahres 1898 nur benediciert worden. Der damalige Bischof von Hildesheim - Daniel-Wilhelm Sommerwerck - war kurz vor der Einweihung der Bonifatiuskirche krank geworden, und sein Generalvikar hatte ihn damals vertreten.[311] Deswegen hatte Pfarrer Krieter im Frühjahr 1939 Bischof Joseph-Godehard gebeten, die Kirche nach der Ausmalung zu konsekrieren und anschließend den Kindern der Bonifatiusgemeinde das Sakrament der Firmung zu spenden. Der Bischof hatte zugesagt, im September 1939 nach Wilhelmsburg zu kommen.

Abb.61: Die Bonifatiuskirche im Jahre 1939

Am 1. September 1939 ließ Adolf Hitler den Zweiten Weltkrieg beginnen. Dennoch hielt der Bischof sein Versprechen. Er kam am 2. September 1939, einen Tag nach Kriegsbeginn, und konsekrierte die Bonifatiuskirche. Am Sonntag, den 3. September 1939, empfingen 276 Kinder der Gemeinde von Bischof Josef-Godehard das Sakrament der Firmung.[312]

---

[310] Chronik der Kirchengemeinde St. Bonifatius , S. 34. In der Chronik der katholischen Schule Bonifatiusstraße liest man auf Seite 127: „Herr Hupe wurde im August 1939 eingezogen, kam im Dezember 1939 zurück und wurde im Mai 1940 erneut zum Militärdienst einberufen. Die Vertretung lag in dieser Zeit in den Händen des Hauptschulkonrektors (Richard) Rhein."

[311] Daniel-Wilhelm Sommerwerck war von 1871 bis 1905 Bischof von Hildesheim.

[312] Bericht des Kaplans Antonius Holling im Kirchenblatt des Bistums Hildesheim. Archiv der Kirchengemeinde St. Bonifatius, Chronik.

5.12 Rückblick auf die „große Politik" der Jahre 1936 bis 1939

Leider hat sich Pfarrer Krieter nicht geäußert, wie er die „große Politik" vom Beginn des Jahres 1936 bis zum September 1939 erlebt und bewertet hat. So müssen Vermutungen angestellt werden.

Der 15. Oktober des Jahres 1939 war der 25. Jahrestag seiner Priesterweihe. Es ist gewiss, dass Pfarrer Krieter sein Jubiläum mit möglichst vielen Verwandten und befreundeten Geistlichen feiern wollte. Beim Schreiben der Einladungskarten hat er sich vielleicht die Zeit genommen, die „große Politik" der zurück liegenden drei Jahre zusammenhängend zu betrachten. Es sei also ein fiktives Bild gemalt: Pfarrer Krieter sitzt an seinem Schreibtisch, raucht eine der Zigarren, die er so liebt, und ruft sich die Ereignisse vor Augen, die während der letzten drei Jahre das politische Leben bestimmt haben.

Bei seiner Geschichtsbetrachtung wird Pfarrer Krieter zunächst daran gedacht haben, dass

die Katholische Kirche seit März 1939 ein neues Oberhaupt besaß. Papst Pius XI. war am Freitag, den 10. Februar 1939 im Alter von 82 Jahren gestorben. Am Dienstag der darauf folgenden Woche, am 14. 2. 1939, hatten Pfarrer Krieter und seine beiden Kapläne ein feierliches Requiem für den verstorbenen Papst gehalten. Zu dieser Totenmesse waren sehr viele Gläubige erschienen. Schon zwei Tage darauf, am Donnerstag, den 2. März, war Eugenio Pacelli zum Papst gewählt worden. Er hatte den Namen Pius XII. angenommen und damit deutlich gemacht, dass er die Politik seines Vorgängers, weiterführen werde. Am Sonntag, den 12. März 1939, war Pius XII. in Rom auf dem Balkon des Petersdomes feierlich gekrönt worden. Pfarrer Krieter wusste, dass Pacelli Deutschland gut kannte, nachdem er zwölf Jahre lang - von 1917 bis 1929 - päpstlicher Legat in Deutschland gewesen war. Er galt als Freund der Deutschen und als Feind der Nationalsozialisten.

Abb. 62: In der Chronik der Kirchengemeinde St. Maria, Bd. 1, findet sich auf Seite 175 dieses Foto. Daneben ist der folgende Text geschrieben: „Dieses Bild - unmittelbar nach der Papstwahl aufgenommen - sandte Adolf Kardinal Bertram aus Rom."

Zurück zur Geschichtsbetrachtung des Pfarrers Krieter! Als Nächstes drängt sich ihm der „Führer" auf. Pfarrer Krieter ist durch den Glanz der Erfolge wie geblendet: Im Januar des Jahres 1935 hat der „Führer" - kräftig unterstützt von den katholischen Bischöfen - das Saarland „heim ins Reich" geholt. Im März 1935 gelingen ihm mit der Wiedereinführung der allgemeinen Wehrpflicht und der Besetzung des entmilitarisierten Rheinlandes längst fällige Revisionen des „Schandvertrages von Versailles".

Abb. 63: Die erste Briefmarke mit dem Konterfei „des Führers" Adolf Hitler.

Bei den Olympischen Spielen im August des Jahres 1936 gibt das Deutsche Reich organisatorisch und sportlich ein glänzendes Bild ab. Sogar das Ausland ist voll des Lobes über das nationalsozialistische Deutschland und seinen „Führer". Die Teilnahme der „Legion Condor" am spanischen Bürgerkrieg, irritiert Pfarrer Krieter nicht. Der Gedanke, dieser Einsatz deutscher Soldaten in Spanien sei nötig gewesen zum Schutz Europas gegen den Kommunismus / Bolschewismus, lässt Pfarrer Krieter die erste militärische Aktion deutscher Soldaten nach dem Weltkrieg gut heißen.

Die Erinnerung an das Hirtenwort, das die deutschen Bischöfe im August verlesen ließen, bestärkt ihn in seiner Zustimmung. Hitler ist im Volk sehr beliebt. Im Jahre 1937 erscheint das Bild des Führers zum ersten Mal auf einer Briefmarke. Ein Licht wie ein Heiligenschein umgibt sein Haupt. Anfang März des Jahres 1938 holt der „Führer" seine Heimat Österreich „heim ins Reich". Auch Pfarrer Krieter ist begeistert. Ein alter Traum ist Wahrheit geworden. Die beiden Deutsch sprechenden Völker sind vereint. Pfarrer Krieter ruft sich den allgemeinen Jubel ins Gedächtnis. Unter dem Geläute aller Kirchenglocken in Deutschland und Österreich war Adolf Hitler in Wien eingezogen. Im Namen der Bischöfe Österreichs hatte Kardinal-Erzbischof Theodor Innitzer dem „Führer" für seine Politik gedankt.[313]

Die Volksabstimmung zur Wiedervereinigung Österreichs mit dem Deutschen Reich hatte 99,73 Prozent Ja-Stimmen gebracht, und wieder hatten am Vorabend der Abstimmung die „Glocken aller Kirchen und Religionsgemeinschaften" [314] - natürlich auch die Glocken von St. Bonifatius - feierlich geläutet.

Bei dem Gedanken an die Sudetendeutschen, die der „Führer" im September 1938 „heim ins Reich" geholt hat, tritt Pfarrer Krieter das Bild des mutigen Außenpolitikers Adolf Hitler vor Augen, das alle Zeitungen malen.

---

[313] In der feierlichen Erklärung der österreichischen Bischöfe zur Volksabstimmung am 10. 4. 1938 heißt es: „ ... Wir erkennen freudig an, dass die nationalsozialistische Bewegung auf dem Gebiet des völkischen und wirtschaftlichen Aufbaues sowie der Sozial-Politik für das Deutsche Reich und namentlich für die ärmsten Schichten des Volkes Hervorragendes geleistet hat und leistet. Wir sind auch der Überzeugung, dass durch das Wirken der nationalsozialistischen Bewegung die Gefahr des alles zerstörenden gottlosen Bolschewismus abgewehrt wurde. Die Bischöfe begleiten dieses Wirken für die Zukunft mit ihren besten Segenswünschen und werden auch die Gläubigen in diesem Sinne ermahnen. Am Tage der Volksabstimmung ist es für uns Bischöfe selbstverständliche nationale Pflicht, uns als Deutsche zum Deutschen Reich zu bekennen, und wir erwarten auch von den gläubigen Christen, dass sie wissen, was sie ihrem Volk schuldig sind." Zitat aus: Besier, G., Der Heilige Stuhl und Hitler-Deutschland. Die Faszination des Totalitären, Deutsche Verlagsanstalt, München, 2004, S. 276

[314] Das Bischöfliche Generalvikariat Hildesheim gab den Pfarrern und selbständigen Seelsorgegeistlichen der Diözese am 4. 4. 1938 den folgenden Schnellbrief des Reichskirchenministers Kerrl zur Kenntnis und Befolgung: „Der 9. April wird als `Tag des Großdeutschen Reiches´ zu einem überwältigenden Bekenntnis der gesamten Nation für den Führer und sein Werk ausgestaltet werden. Um 20 Uhr beginnt die Schlusskundgebung in Wien. Nach der Rede des Führers wird das `Niederländische Dankgebet´ gesungen. Bei den Worten des 3. Verses: `Herr, mach uns frei!´, sollen in ganz Deutschland einschließlich Österreichs die Glocken aller Kirchen und Religionsgemeinschaften zu einem feierlichen Geläut einsetzen. Ich gebe meiner Erwartung Ausdruck, dass von dort aus die entsprechenden Anweisungen für das Glockengeläut gegeben werden. i. V. gez. Muhs" Bischöfliches Generalvikariat Hildesheim, Offenstein, Nr. 3094, 4. 4. 1938, Archiv der Kirchengemeinde St. Bonifatius, Akte „Rundschreiben kirchlicher Behörden 1920 -1944".

Unerbittlich fordert er für seine Deutschen „das Selbstbestimmungsrecht der Völker" ein. Zwar unter Androhung von Kriegsgewalt, aber letztlich doch friedlich, bewegt er die Staatslenker von England, Frankreich und Italien zum Abschluss eines Vertrages, der die sudetendeutschen Gebiete an Deutschland überweist. Pfarrer Krieter erinnert sich: Ganz Europa hatte am 29. September 1938 wegen der Erhaltung des Friedens gejubelt. Kardinal Bertram hatte Hitler im Namen der deutschen Bischofskonferenz ein Glückwunschtelegramm geschickt und ihm für die „Großtat der Sicherung des Völkerfriedens" gedankt.[315]

Am Sonntag, den 9. Oktober 1938, hatte Pfarrer Krieter im Hauptgottesdienst den Hirtenbrief seines Bischofs Josef-Godehard verlesen: „Geliebte Diözesanen! In inniger Dankbarkeit blicken wir empor zu Gott, den Lenker der Welten und Zeiten, der uns in seiner Güte vor Krieg und Kriegsnot bewahrte und den Frieden schenkte. Wir danken ihm, dass unsere sudetendeutschen Brüder mit uns im gleichen deutschen Vaterlande vereint sind. Wir beten zum Herrn über Frieden und Krieg, Leben und Tod, dass er allen Völkern seinen beständigen Frieden geben, der heiligen Kirche Freiheit und Unversehrtheit schenken und uns alle zum Hafen ewigen Friedens leiten wolle. ...."[316]

Zwei weitere Glanztaten des Führers treten Pfarrer Krieter vor Augen: Am 16. März 1939 legt der tschechische Staatspräsident sein Land „vertrauensvoll in die Hand des Führers". Das „Abkommen über den Schutz des tschechischen Volkes durch das Deutsche Reich" ermöglicht die Errichtung des Protektorats „Böhmen und Mähren".

Am 22. März 1939 gibt Litauen das „Memelland" per Vertrag an das Großdeutsche Reich. Auch die Memeldeutschen sind nun „heim ins Reich" geholt. Jetzt warten nur noch die deutschen Forderungen gegenüber Polen auf eine Lösung durch den großen „Führer" Adolf Hitler, die Zurücknahme Danzigs und der Gebiete des so genannten polnischen Korridors in das Deutsche Reich.

Pfarrer Krieter bemüht sich in unserem fiktiven Bild jetzt um einen kritischen Blick auf die Politik, unbeeinflusst von der Propagandamaschinerie des Ministers Goebbels und unbeeinflusst von der positiven Stimmung im Volk. Da sieht er den dunklen, bedrohlichen Schatten, den Adolf Hitler wirft. Hitler hat große tatkräftige Helfer in seiner Regierung und unzählige kleine Helfer im deutschen Volk. Nicht mehr vom Glanz des Führers geblendet, findet Pfarrer Krieter im Zentrum seines Blickes die Not der Katholiken während der letzten drei Jahre. An den Rändern seines Blickes findet er - wohl wahrgenommen, aber nicht genügend beachtet - die noch größere Not der Juden. Pfarrer Krieter hat von dem Unglück gelesen, das der Anschluss Österreichs für viele Gegner des Nationalsozialismus und vor allem für die Juden der „Ostmark" gebracht hat. Für ihn selbst ist der Anschluss Österreichs zu einem Test des Gewissens und des Mutes geworden. Adolf Hitler hat „die größte Vollzugsmeldung" seines Lebens nämlich wieder einmal mit einer Volksabstimmung verbunden. Auf dem Stimmzettel mit der Überschrift „Volksabstimmung und Großdeutscher Reichstag" steht die Frage: „Bist Du mit der am 13. März 1938 vollzogenen Wiedervereinigung Österreichs mit dem Deutschen Reich einverstanden und stimmst Du für die Liste unseres Führers?" Man kann nur „Ja" oder „Nein" ankreuzen.[317]

---

[315] Vgl. Das 20. Jahrhundert in Wort, Bild, Film und Ton, Die 30er Jahre, a. a. O., S. 102

[316] Bischöfliches Generalvikariat, i. V. Schneider, vom 5.Oktober 1938, Archiv der Kirchengemeinde St. Bonifatius, Akte „ Rundschreiben kirchlicher Behörden, 1920-1944"

[317] Eine Abbildung des Stimmzettels findet sich in Benz, W. , Geschichte des Dritten Reiches, Bundeszentrale für politische Bildung, ISBN 3-89331-449-C, S. 160.

Natürlich befinden sich auf der „Liste des „Führers" die Namen vieler Personen, die für einen überzeugten Katholiken nicht wählbar sind. Wer die Wiedervereinigung mit Österreich befürwortet, muss gleichzeitig Abgeordnete der NSDAP für den „Großdeutschen Reichstag" wählen, denen er seine Stimme niemals geben würde, wenn sie Einzelkandidaten wären. Pfarrer Krieter erinnert sich, mit „Ja" gestimmt zu haben, weil der Wiener Kardinal-Erzbischof Innitzer alle Katholiken Österreichs und des Deutschen Reiches ausdrücklich dazu aufgefordert hatte.

Auch die Art und Weise, wie die Sudetendeutschen „heim ins Reich" geholt worden sind, bedrückt Pfarrer Krieter nun. Es fällt ihm schwer, an die Vertragstreue und den Friedenswillen des Führers zu glauben. Zu gut erinnert er sich daran, wie schamlos die NS-Regierung die Bestimmungen des Reichkonkordates bezüglich der Bekenntnisschulen gebrochen hat. Zu gut erinnert er sich auch an die Wochen der „Sudetenkrise", die von größter Kriegsangst überschattet waren. Dass Kardinal Bertram - der Vorsitzende der deutschen Bischofskonferenz - nun in Hitler den „Erhalter des Friedens" sehen will, ist kaum zu glauben. Die Verbeugungen des greisen Kardinals vor Adolf Hitler machen Pfarrer Krieter allmählich zornig. Hat der Kardinal die Enzyklika „Mit brennender Sorge ..." etwa nicht gelesen?

Das gleißende Bild des „Führers", das die Propaganda des Dr. Goebbels gemalt hat, wird nun dunkel und befleckt. Pfarrer Krieter denkt an den 9. November 1938: Die Nachricht vom Tod des deutschen Gesandten in Paris, der dem Attentat eines jungen Juden erlegen ist, hat noch am selben Abend und in der Nacht grässliche Rache des deutschen Pöbels zur Folge. Im Großdeutschen Reich wütet ein Judenpogrom wie es nur das Mittelalter genauso schlimm gesehen hat.

Abb.64: Die Synagoge in Harburg (Ecke Eißendorferstraße und Albersstraße, heute Knoopstraße) Eine Zeichnung von F.G. Müller. aus dem Jahre 1866. Die Synagoge wurde 1942 aberissen.

In Wilhelmsburg und Harburg werden die Schaufenster der jüdischen Geschäfte zerschlagen. Die Buchhandlung an der Ecke Kirchenallee in Wilhelmsburg, heute Mannesallee, wird gestürmt. Bücher werden bergeweise heraus getragen und vor dem Laden verbrannt.

Das ist für viele Leute eine Sehenswürdigkeit, besonders für Kinder. Nach dieser „Bücherverbrennung" ist der Buchladen nicht wieder eröffnet worden."[318]

In Harburg wird die jüdische Friedhofskapelle auf dem Schwarzenberg in der Nacht vom 10. auf den 11. November 1938 niedergebrannt. Aus der Synagoge - sie steht in nächster Nachbarschaft zur katholischen Marienkirche - werden von SA-Männern Gebetbücher, Gebetschals und andere kultische Gegenstände herausgeschleppt. Einer der SA-Männer verkleidet sich als Rabbiner und führt einen johlenden Haufen durch die Stadt. Der Zug endet am „Sand", wo ein Teil des Raubgutes auf einen großen Haufen geworfen und verbrannt wird.[319]

Das Bischöfliche Generalvikariat Hildesheim hat Pfarrer Krieter - genau drei Tage nach dem Judenpogrom! - daran erinnert, dass er sich bei der Ausstellung von Urkunden zwecks „Abstammungsnachweis" nazikonform zu verhalten hat.[320] Er wird zum Handlanger der Judenverfolgung, wenn er schriftliche Auskünfte aus den Kirchenbüchern so gibt, wie es Reichskirchenminister Kerrl verlangt. Er kennt Einzelschicksale und weiß, dass die Hausdurchsuchungen beim St. Raphaelsverein in Hamburg mit dem Einsatz zusammenhängen, den dieser Verein für „katholische Nichtarier", aber auch für „mosaische

Juden" aufbringt.[321] Er weiß, dass sein Freund, Pater Dr. Max Groesser, gesundheitlich schwer angeschlagen ist, nachdem er zwei Monate im Gestapogefängnis verbringen musste, allein deswegen, weil er Generalsekretär des St. Raphaelsvereins ist.[322]

Abb. 65: Pater Dr. Max Groesser, geb. 15. 8. 1887, am 19 .3. 1940 an den Folgen der Gestapohaft gestorben. Generalsekretär des St. Raphaelsvereins von 1930 bis 1940

---

[318] Vgl. die Gespräche mit M. und J. Swoboda vom 22. 1. und 6. 3. 2004 und das Gespräch mit Karl- Heinz Wellner vom 22. 11. 2004

[319] Vgl. Heyl, Matthias, Fragmente zum Schicksal der Juden von Harburg-Wilhelmsburg 1933-1945, in: Harburg. Von der Burg zur Industriestadt, a. a. O., S. 482 ff.

[320] Generalvikar Dr. Offenstein hatte am 12. 11. 1938 geschrieben: „Wir geben nachstehendes Schreiben des Herrn Reichsministers für die kirchlichen Angelegenheiten bekannt: `Der Reichsminister für die kirchlichen Angelegenheiten, I-16605, Berlin, 10. August 1938. In unserer Zeit mehrfach beobachteten Versuche, beim Abstammungsnachweis Urkunden vorzulegen, die unzureichend sind, geben mir Veranlassung ... Enthält die Eintragung eines Personenstandsfalles in dem Kirchenbuch (Tauf-, Trau- und Sterbeeintragungen) einen Hinweis auf jüdische Abstammung, sei es durch Angabe der jüdischen Religionszugehörigkeit eines oder beider Elternteile, durch jüdische Vornamen der Eltern oder auf andere Weise, so dürfen keine verkürzten Urkunden oder Scheine ausgestellt werden. Enthält zwar die betreffende Eintragung selbst keinen solchen Hinweis, ist aber dem Kirchenbuchführer die jüdische Abstammung der in der angeforderten Urkunde genannten Person bekannt ... so ist auf der Rückseite der Auszustellenden Urkunde ein entsprechender beglaubigter Vermerk anzubringen ... i. V. gez. Dr. Muhs´. BGV Hildesheim, Offenstein, 11769 II, vom 12.11.1938, im Archiv der Kirchengemeinde St. Bonifatius, Akte „Rundschreiben kirchlicher Behörden 1920-1944"

[321] Vgl. Reutter, Lutz-Eugen, Katholische Kirche als Fluchthelfer im Dritten Reich, Paulus-Verlag, Recklinghausen- Hamburg, 1971

[322] Vgl. Hermanns, Manfred, Weltweiter Dienst am Menschen unterwegs ... ,a. a. O. S.139

Wenn Pfarrer Krieter in sein Innerstes schaut, muss er sich eingestehen, dass er Angst hat. Der Erlass des Reichsstatthalters Kaufmann, den dieser zwei Tage nach dem Judenpogrom, am 11. 11. 1938, herausgegeben hat, geht ihm nicht aus dem Kopf.

Noch mehr als das Unrecht, das den Juden angetan wird, bedrückt Pfarrer Krieter die Sorge um den Erhalt des Friedens. Hitler hat am 15. März 1939 die Rest-Tschechoslowakei annektiert und zum „Protektorat Böhmen und Mähren" gemacht. Obwohl dieser gewalttätige Schritt das Machtstreben Hitlers überdeutlich werden lässt, haben die Staatslenker Englands und Frankreichs nur „energisch protestiert". Aber seit Anfang April 1939 weist alles auf einen Krieg Deutschlands mit Polen hin, und Pfarrer Krieter weiß, dass England und Frankreich Bündnisverpflichtungen gegenüber Polen haben.[323] Im August lauten die Schlagzeilen im Hamburger Tageblatt: „Polenpack wütet im Korridor"; „Polen bedroht Ostpreußen"; „Kriegsvorbereitungen gegen Danzig"; „Massenverhaftungen in Oberschlesien"; „Viehische Methoden in polnischen Kerkern"; „Die Blutliste des Polen-Terrors".

Seit dem 22. August ist in Deutschland der Fernreiseverkehr eingeschränkt. Den für die Zeit vom 2. bis 11. September geplanten „Parteitag des Friedens" hat die NSDAP abgesagt.[324] Wie die Mehrheit der Deutschen hat Pfarrer Krieter Angst vor einem Krieg.[325] Er hofft, dass die Welt auf den dringenden Friedensappell des neuen Papstes hört. Pius XII. hat die Welt am Donnerstag, den 24. August, zum Frieden aufgerufen.[326]

Furcht erregend ist schließlich das neue Verhalten Hitlers zur Sowjetunion. Am 19. und 23. August 1939 hat Hitler mit Josef Stalin zuerst einen Handelsvertrag und dann einen Nichtangriffspakt abgeschlossen.[327] In seinen Reden hat Hitler dem Bolschewismus bisher immer den Kampf angesagt. Nun erweisen sich auch diese Aussagen als Lüge. Werden der „Drache Nationalsozialismus" und der „Drache Bolschewismus" die Menschheit bald gemeinsam bedrohen?

6.   Während des 2. Weltkrieges

In der Akte „Polen-Pastoration" im Archiv der Kirchengemeinde St. Bonifatius findet sich ein Zettel mit folgendem Text:

„ Po; Kurz vor Ausbruch des Krieges mit Polen am 1. September 1939 wurde der polnische Gottesdienst, d. i. polnische Predigt und polnischer Gesang, eingestellt. Der Pastor Krieter sagte Anfang August immer wieder zu seinen lieben Mitarbeitern, den beiden Herren Kaplänen: `Fangen die Polen mit uns Deutschen Krieg an, dann muss die polnische Predigt aufhören´. Am 3. November 1939 wurde der polnisch sprechende Seelsorger und Krankenpastor: Herr Johannes Wosnitza - von der Geheimen Staatspolizei nach Hamburg-Düsterweg gebeten oder gerufen und hat dort durch eigenhändige Unterschrift davon Kenntnis genommen, dass polnische Predigt u. eigene polnische Gottesdienste in

---

[323] Anlässlich seines 50. Geburtstages nahm Hitler in Berlin eine große Truppenparade ab. Am 28. April 1939 kündigte er in der Kroll-Oper im Zuge einer großen außenpolitischen Erklärung vor dem Reichstag den deutsch-polnischen Nichtangriffspakt. Vgl. Das 20. Jahrhundert in Wort, Bild, Film und Ton, Die 30er Jahre, a. a. O., S. 111.

[324] Vgl. Schildt, Axel, Aspekte der Politik. Aspekte des Alltags, in: Hamburg im Dritten Reich, a. a., O., S. 288

[325] Vgl. Benz, W., Geschichte des Dritten Reiches, Bundeszentrale für pol. Bildung, München, 2000, S. 165 ff..

[326] Vgl. Das 20. Jahrhundert in Wort, Bild, Film und Ton, Die 30er Jahre, a. a. O., S. 114

[327] Vgl. Das 20. Jahrhundert in Wort, Bild, Film und Ton, Die 30er Jahre, a. a. O., S. 114

Deutschland verboten sind bis auf weiteres'. Hamburg-Wilhelmsburg, den 3. 11. 1939 Krieter, parochus"[328]

Dieser bemerkenswerte Zettel ist also von Pfarrer Krieter am Freitag, den 3. November 1939, geschrieben worden, nachdem Kaplan Wosnitza von der Vorladung bei der Geheimen Staatspolizei bereits in das Pfarrhaus zurückgekehrt war. Neunundzwanzig Tage vor diesem Datum war der Krieg gegen Polen bereits beendet worden. Pfarrer Krieter hat den Text in Eile geschrieben. Das zeigt die flüchtige Handschrift, das zeigen Abkürzungen, das zeigen Fehler in der Satzbildung und in der Zeichensetzung. Das zeigt auch die Wahl des Papiers. Dennoch wollte Pfarrer Krieter dem Zettel offensichtlich Bedeutung geben, denn der Text ist mit einem genauen Datum und dem Abschluss `Krieter, parochus´ versehen. Welchem Zweck sollte der Zettel dienen? Er ist in der Akte „Polen-Pastoration" abgeheftet, nicht in der Chronik der St. Bonifatiusgemeinde. Vielleicht sollte der Zettel für eine eventuelle Anfrage des Generalvikariates offiziell festhalten, dass die Gottesdienste mit polnischem Gesang und polnischer Predigt in St. Bonifatius schon vor Kriegsbeginn ihr Ende gefunden hatten. Wenn man diesen Zweck annimmt, passen dazu aber nicht die offensichtliche Nachlässigkeit bei der Niederschrift des Textes und die für Pfarrer Krieter bei offiziellen Schriftstücken unübliche Naivität der Formulierung. Wahrscheinlich sollte der Zettel bei einem durchaus möglichen Besuch von Gestapobeamten als Beweis der Staatsloyalität dienen.[329]

6.1   Erste Auswirkungen des Krieges in St. Bonifatius

Am Freitag, den 1. September 1939, sagte Adolf Hitler um 10 Uhr morgens in seiner Rede vor dem Reichstag den verhängnisvollen Satz: „Seit 5 Uhr 45 wird jetzt zurück geschossen." Der zweite Weltkrieg hatte begonnen. Die katholischen Bischöfe glaubten gern der Behauptung Hitlers, die Polen hätten mit den kriegerischen Handlungen begonnen. Danach war der Krieg mit Polen eine gerechte Notwehr. Sie wandten sich in einem gemeinsamen Hirtenbrief an ihre Gläubigen: „In dieser entscheidungsvollen Stunde ermuntern und ermahnen wir unsere katholischen Soldaten, im Gehorsam gegen den Führer, opferwillig, unter Hingabe ihrer ganzen Persönlichkeit, ihre Pflicht zu tun. Das gläubige Volk rufen wir auf zu heißem Gebet, dass Gottes Vorsehung den ausgebrochenen Krieg zu einem für Vaterland und Volk segensreichen Erfolg und Frieden führen möge."[330]

Für die Kirchengemeinde St. Bonifatius hatte der Kriegsbeginn schon am 1. September 1939 spürbare Folgen. Im Gemeindehaus „St. Willehadstift" wurden für Ergänzungskräfte des Sicherheits- und Hilfsdienstes (SHD) und für Kräfte des verstärkten Polizeischutzes Räume beschlagnahmt:

---

[328]   Archiv der Kirchengemeinde St. Bonifatius, Akte „Polen-Pastoration"

[329]   In den 50er Jahren des vorigen Jahrhunderts hat Pfarrer Krieter seinem Kaplan Herbert Hölsken einmal - spitzbübisch lächelnd - erzählt, dass er im Umgang mit Gestapobeamten gern eine besondere Taktik angewandt habe: Wenn es ihm nützlich erschienen sei und wenn widerständlerisches Verhalten sowieso vergeblich gewesen wäre, dann habe er sich gern dumm und auffällig gehorsam gestellt. So sei er nicht weiter befragt worden. Seine Kapläne und er selbst seien deswegen vielleicht als „dumme Pfaffen" eingeschätzt worden, sie hätten jedoch vor harten Maßnahmen der Gestapo sicher sein können. Vgl. Gespräch mit Militärpfarrer i. R., Herbert Hölsken, vom 27. 7. 2004

[330]   Gemeinsames Wort der deutschen Bischöfe, veröffentlicht im Martinus-Blatt vom 17. 9. 1939, hier zitiert nach Prolingheuer, H./ Breuer, Th., Dem Führer gehorsam: Christen an die Front. Die Verstrickung der beiden Kirchen in den NS-Staat und den Zweiten Weltkrieg,, Eine Dokumentation, Oberursel, 2005, S. 185

Ein Saal als Krankensaal, ein Saal als Verbandszimmer, ein Zimmer für den Arzt, zwei Zimmer für Männer und Frauen des SHD als getrennte Schlafstätten, ein Zimmer für die Wache. Pfarrer Krieter wurde darauf hingewiesen, dass er beim Polizeipräsidium Hamburgs einen Antrag auf Entschädigung einreichen könne. Solange die Beschlagnahme des Gemeindehauses anhielt, konnten nur noch 15 Kinder durch die Barmherzigen Schwestern betreut und verpflegt werden, normalerweise waren es mindestens 50 Kinder. Als provisorische Unterkunft musste den verbliebenen Kindern ein Gartenhaus hinter dem „Stift St. Willehad" dienen. Pfarrer Krieter wurde deswegen beim Landesjugendamt vorstellig und erreichte, dass die Rettungsstation des SHD bald aufgehoben wurde.[331]

Am Sonntag, den 3. September, ließ der Polizeipräsident, der gleichzeitig „der Luftschutzleiter" in Hamburg war, telefonisch eine Anordnung des Luftgaukommandos XI, Hannover, in das Pfarrhaus von St. Bonifatius durchgeben. Der schriftliche Text der Anordnung folgte am Montag. Danach war das Läuten der Kirchenglocken bis auf weiteres verboten, damit die Zielerfassung der Luftabwehr nicht beeinträchtigt werde.[332] Am selben Montag traf auch ein Schreiben des Bischöflichen Generalvikariates ein. Es gab einen Schnellbrief des Reichskirchenministers Kerrl weiter. Darin teilte Kerrl mit, Minister Goebbels habe ihn gebeten, alle Kirchenbehörden darauf hinzuweisen: in der Kirche und in kircheneigenen Räumen habe jede Stellungnahme zur außenpolitischen Lage zu unterbleiben![333]

Noch in der ersten Woche des Krieges wurden in St. Bonifatius die Vorschriften für die Verdunkelung der Kirche befolgt. Männer der Kolpingfamilie führten provisorische Verdunkelungsmaßnahmen durch. Später sollte eine Firma die Arbeiten erledigen, die für Nichtfachleute zu schwierig waren. Abendmessen und Abendandachten bei nächtlicher Dunkelheit mussten ausfallen. Während der morgendlichen Dämmerung durften in der Kirche nur kleine, tief hängende und nach unten strahlende Lampen notdürftig Licht spenden.[334] In der Chronik der Kirchengemeinde St. Maria hielt Pfarrer Wüstefeld fest: „Am Herz-Jesu-Freitage, 1. 9. 1939, Ausbruch des Deutsch-Polnischen Krieges, und bald darauf traten England und Frankreich ebenfalls gegen Deutschland in den Krieg ein. Allgemeine Dauerverdunkelung für die Abende und Nächte wird angeordnet. Ausgabe von Lebensmittelkarten. Ab 17. September gibt es pro Person und Woche 500 Gramm Fleisch oder Wurst oder Schmalz oder Speck. Mit Kriegsausbruch ... fiel circa drei Wochen jeglicher Schulunterricht aus. Dann wurde der Schulunterricht verkürzt wieder aufgenommen. ..."[335]

Deutschlands Soldaten errangen im Krieg gegen Polen unerwartet schnell den Sieg. Schon am 27. September 1939 bot Polen die bedingungslose Kapitulation an. Reichskirchenminister Kerrl forderte die bischöflichen Behörden des Großdeutschen Reiches am 30. September auf, für ihre Pfarreien das Glockenläuten anzuordnen.

---

[331] Akte „Gemeindehaus 1928 bis 1949" im Archiv der Kirchengemeinde St. Bonifatius. Die Besetzung des Gemeindehauses wurde 11 Tage vor der bedingungslosen Kapitulation Polens, am 16. September 1939, beendet. Die Bonifatiusgemeinde bekam eine Entschädigung von 30 RM pro Tag gezahlt. Vgl. dazu auch das Schreiben des Pfarrers Krieter an die Sozialverwaltung - Landesjugendamt - vom 3. Oktober 1939.

[332] Vgl. Schreiben des Polizeipräsidenten vom 3. 9. 1939 im Archiv der Kirchengemeinde St. Bonifatius, Akte „Rundschreiben weltlicher Behörden bis 1959"

[333] Schreiben Bischöfliches Generalvikariat, Offenstein, Nr. 8964, Archiv der Kirchengemeinde St. Bonifatius, Akte „Rundschreiben kirchlicher Behörden, 1920-1944"

[334] Vgl. Chronik der Kirchengemeinde St. Franz-Josef, Bd.1, S. 53

[335] Chronik der Kirchengemeinde St. Maria, Bd. 1, S. 184

Beginnend mit dem Tage des Einmarsches sollten die Glocken „zum dankerfüllten Gedenken des Sieges und zum Gedenken an die Gefallenen" während der folgenden sieben Tage von 12 bis 13 Uhr läuten. Aus anderem Anlass dürfe nicht geläutet werden.[336] Das Bischöfliche Generalvikariat Hildesheim kam dieser Aufforderung umgehend nach.

Am 3. Oktober 1939 erreichte ein Schreiben der Staatsverwaltung der Hansestadt Hamburg das Pfarrhaus in Wilhelmsburg. Darin wurde ebenfalls das Glockenläuten „aus Anlass des Einzuges deutscher Truppen in Warschau" befohlen und gleichzeitig mitgeteilt, dass der Tag des Einzuges durch Presse und Rundfunk noch bekannt gegeben werde.

Adolf Hitler nahm am Donnerstag, den 5. Oktober 1939, in Warschau die Siegesparade der 8. deutschen Armee ab. Die Glocken der Bonifatiuskirche in Wilhelmsburg und die Glocken der katholischen Kirchen in Harburg läuteten an diesem Tag und während der nächsten sechs Tage pflichtgemäß. Am Freitag, den 6. Oktober, gab Adolf Hitler vor dem Reichstag einen Rechenschaftsbericht zu seinem Feldzug gegen Polen ab. Er meldete 10.572 deutsche Soldaten als „gefallen", 30.322 Soldaten als „verwundet" und 3.404 als „vermisst."[337] Pastor Leonard Mock von St. Franz-Josef schrieb in die Chronik seiner Gemeinde: „ Der `Polenfeldzug´ ist beendet. Ganz Schlaue meinen, jetzt sei der Krieg vorbei. Doch glaube ich, dass uns noch schlimme Jahre bevorstehen."[338]

6.2   Priesterjubiläum im zweiten Kriegsmonat

In der Chronik der Kirchengemeinde St. Bonifatius ist zu lesen: „Am 15. Oktober 1939 feierte die Gemeinde den Tag des silbernen Priesterjubiläums ihres hochwürdigen Herrn Pfarrers Karl Krieter. Infolge der Kriegsnotwendigkeiten wurde das Jubiläum nur kirchlich gefeiert. Dem Wunsche des Jubilars entsprechend wurden morgens ein Leviten amt und nachmittags eine Festandacht gefeiert. Die Festpredigt hielt der Pallotinerpater Dr. Max Groesser, Hamburg. Die Gemeinde beteiligte sich an den Jubiläumsfeierlichkeiten außerordentlich stark. Auch zwölf priesterliche Freunde des Jubilars aus Harburg und Hamburg nahmen an der Feier teil. Unter den Teilnehmern fanden sich auch die nächsten Anverwandten. Genannt seien die im Ordensstand lebenden Schwestern des Jubilars: Schwester Ludmilla und Schwester Mira, Vinzentinerinnen; Schwester Dionysia, Dominikanerin.
Sodann waren die beiden ersten Kapläne Dorenkamp - jetzt Pastor in Bremen-Aumund - und Kaplan Bernhard Bank - jetzt Kaplan in Hannover - zur Jubelfeier erschienen. Zur großen Freude des Jubilars kamen die Mitglieder der Gemeinde sehr zahlreich zum Tisch des Herrn. So war der Ehrentag des hochwürdigen Herrn Pfarrers für die Gemeinde und alle Teilnehmer ein froher und schöner Festtag."[339]
Die Gläubigen, die im Festgottesdienst zur hl. Kommunion gingen, erhielten von Messdienern ein buntes Erinnerungsbildchen überreicht. Das Motiv auf der Vorderseite des Erinnerungsbildchens hatte Pfarrer Krieter selbst gewählt: „Madonna auf der Heide". Auf die Rückseite des Erinnerungsbildchens waren zwei Zitate aus dem Neuen Testament gedruckt. Das erste lautete: „Betet für mich, damit ich das Geheimnis Christi so kund tue, wie es mir die Pflicht gebietet." Gewiss war dieses Zitat mit Bedacht gewählt.

---

[336] Archiv der Kirchengemeinde St. Bonifatius, Akte „Rundschreiben weltlicher Behörden bis 1959"
[337] Das 20. Jahrhundert in Wort, Bild, Film und Ton, Die 30er Jahre, a. a. O., S.117
[338]   Chronik der Kirchengemeinde St. Franz-Josef, Bd. 1, S. 53
[339] Chronik der Kirchengemeinde St. Bonifatius von Josef Krebs, S. 34

Angesichts des Drucks, der von Seiten der Nationalsozialisten immer wieder ausgeübt wurde, passte das Bibelzitat sehr gut zur derzeitigen Situation des Pfarrers Krieter. Das zweite Zitat lautete: „So betrachte uns jeder als Diener Christi und als Ausspender der Geheimnisse Gottes."

Abb. 66 : Die Vorderseite des Erinnerungsbildchens

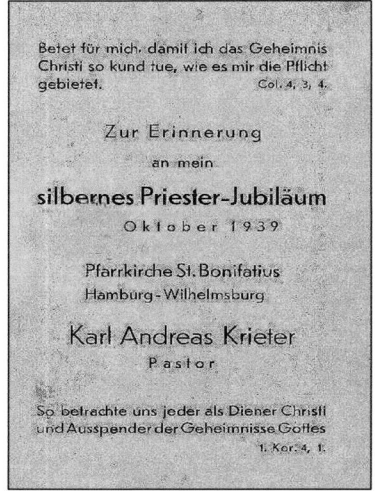

Abb. 67 : Die Rückseite des Erinnerungsbildchens

Pfarrer Krieter hat sich gewiss sehr gefreut, dass alle seine Geschwister - natürlich mit Ausnahme des im Jahre 1916 verstorbenen Bruders Andreas [340] - zu seinem Jubiläum in Wilhelmsburg versammelt waren. Aus Münster waren sein Bruder Johannes (Hans) mit Ehefrau, seine Schwester Hedwig und seine Schwester Maria (Dionysia) mit dem Auto angereist.[341] Die beiden Schwestern, die dem Orden des Hl. Vinzenz von Paul angehörten, Ludmilla (=Anna) und Mira (=Agnes), waren aus Hannover mit dem Zug gekommen. Sein Bruder Otto hatte aus Hilkerode seine beiden Töchter Marianne und Hedwig mitgebracht. Auch „die drei Hilkeröder" waren mit der Eisenbahn angereist. Den Neffen Karl-Otto Krieter, der gerade zum Militärdienst eingezogen worden war, hatte Pfarrer Krieter für die Dauer der Jubiläumsfeier „loseisen" können, weil er den militärischen Vorgesetzten seines Neffen persönlich kannte.[342]

---

[340] Andreas Krieter starb im Jahre 1916 an einer Blinddarmentzündung. Pfarrer Krieter wurde durch den Tod seines erst 14 Jahre alten Bruders, der ebenfalls Priester werden wollte, sehr getroffen. Bis zum Jahre 1916 benutzte K.-A .Krieter bei Unterschriften und im täglichen Umgang nur seinen Vornamen Karl. Danach gewöhnte er es sich immer mehr an, den Doppelnamen „Karl-Andreas" zu benutzen. Man darf annehmen, dass Pfarrer Krieter diese Änderung seines Vornamens in Erinnerung an den verstorbenen Bruder vorgenommen hat.

[341] Das Auto wurde wenig später für Zwecke der Wehrmacht beschlagnahmt.

[342] Das ist durch eine Postkarte des Pfarrers Krieter an seinen Neffen Karl-Otto belegt. Die Karte befindet sich im Privatarchiv von Ulrich Krieter

Von den nahen Verwandten des Pfarrers Krieter fehlten bei seinem Jubiläum der Schwager Georg Stadelmann und die Schwägerin „Mariechen" Krieter, geborene Jacobi. Außerdem fehlten die Nichten und Neffen aus Münster, das heißt zwei Söhne seiner Schwester Hedwig (Otto und Heinz Stadelmann) und vier Kinder seines Bruders Johannes (Helmut, Margret, Karl-Gerhard und Anneliese). Zwei Nichten (Brigitte und Barbara Stadelmann) und ein Neffe (Ulrich Krieter) waren 1939 noch nicht geboren.

Abb.68: Verwandte und Freunde beim 25jährigen Priesterjubiläum des Pfarrers Krieter vor dem Gemeindehaus „Stift St. Willehad". Erste Reihe (aus Sicht des Betrachters von links): der Bruder Johannes Krieter, Pater Nathem vom St. Raphaelsverein in Hamburg, sitzend K.- A. Krieter, Pater Dr. Max-Josef Groesser;

Zweite Reihe: Bernard Bank, Ordensschwester Ludmilla, die zweitjüngste Schwester Hedwig, die Nichte Marianne, Ordensschwester Mira, Johannes Wosnitza, die Nichte Hedwig;

Dritte Reihe (= hinten): Ordensschwester Dionysia, Pfarrsekretärin Hedwig Spiegel, Schwägerin Anna Krieter, Schwester Therese, Bruder Otto, Neffe Karl-Otto Krieter (in Uniform);

6.3   Gebote, Verbote, Anordnungen und Bekanntgaben

In den Tagen nach dem Jubiläum trafen im Pfarrhaus von St. Bonifatius gehäuft Gebote, Verbote, Anordnungen und Bekanntgaben hoher und untergeordneter Stellen des Staates ein; ebenso von der Bischöflichen Behörde.
Schon am Donnerstag, den 19. Oktober, schrieb der Luftschutzbearbeiter der Sozialverwaltung Hamburg „streng vertraulich" an Pfarrer Krieter:

„Um die ordnungsgemäße Einquartierung von Obdachlosen nach Luftangriffen vornehmen zu können, ist die Einrichtung von Obdachlosen-Verteilungsstellen erforderlich. Von diesen Obdachlosen-Verteilungsstellen sollen die Obdachlosen, nachdem sie von der Polizei dorthin geführt worden sind, auf die in Aussicht genommenen Privatquartiere verteilt werden. Für diesen Zweck soll die Bonifatiuskirche in Anspruch genommen werden, da geeignete andere Räume nicht mehr zur Verfügung stehen. Die jeweilige Inanspruchnahme wird sich nur auf wenige Stunden beschränken. Ich bitte um Ihr Einverständnis zu dieser Maßnahme und um Ihre baldige Mitteilung hierüber. ..." Pfarrer Krieter erklärte sich vier Tage später - mit einem „Heil Hitler!" unter seinem Brief - „selbstverständlich einverstanden."

Am 30. Oktober 1939 gab das Bischöfliche Generalvikariat ein Schreiben des Oberbefehlshabers der Luftwaffe - Hermann Göring - bekannt: „Von einzelnen Kommandobehörden der Luftwaffe ist wegen der etwaigen Störung der Flakartillerie und des Flugmeldedienstes das Läuten der Kirchenglocken allgemein verboten worden. Da so weitgehende Verbote ... weder notwendig noch erwünscht sind, wird ... bestimmt:
I. Die Kirchenglocken schweigen
    1. während eines Fliegeralarms
    2. in der Zeit von 18 bis 8 Uhr
    3. bei Taufen und 4. bei Trauungen
II. folgende Bestimmungen treten in Kraft:
    1. Kirchenglocken läuten grundsätzlich nur 3 Minuten lang.
    2. Das Einläuten des Sonntags geschieht vor 18 Uhr
    3. Sonntagmorgens ist nur 1x Läuten erlaubt" [343]

Am 30. Oktober 1939 traf - gleichzeitig mit dem ersten Schreiben - ein zweites Schreiben ein. Dieses war endlich einmal ein Schreiben, das sich auf die Seelsorge bezog. Die „Soldaten im Felde" oder in den Lazaretten sollten über die Pfarrämter mit religiösem Schriftgut versorgt werden. Das Generalvikariat wollte bis auf weiteres allen Pfarreien eine größere Anzahl von Exemplaren des Katholischen Kirchenblattes für das Bistum Hildesheim zusenden, damit sie diese an die im Kriegsdienst befindlichen Angehörigen ihrer Gemeinde weiterleiten könnten. Natürlich waren auch bei dieser Aktion wieder staatliche Vorschriften zu beachten. Erstens war es den Pfarreien „unter allen Umständen aus Abwehrgründen verboten", eine Sammlung von Feldpostanschriften anzulegen. Zweitens durfte das Schrifttum nicht im Namen der Kirchengemeinde versandt werden. Die Pfarrämter mussten die Sendungen deswegen „feldpostmäßig" fertig machen und sie ohne Anschrift den Angehörigen der Soldaten übergeben. Diese sollten die Anschrift selbst hinzufügen und die Sendung der Post übergeben. Drittens durfte nur solches Schrifttum versandt werden, das der Katholischen Kriegshilfestelle, Abteilung Schrifttum, zur Prüfung vorgelegen hatte. [344]
In der Chronik der Kirchengemeinde ist nicht verzeichnet, wie viele Soldaten aus der Gemeinde St. Bonifatius „im Felde standen". Die Zahl wird etwa der Zahl der Soldaten aus der Kirchengemeinde St. Maria entsprochen haben. In der dortigen Chronik hielt Pfarrer Wüstefeld fest:

---

[343]   Bischöfliches Generalvikariat, Offenstein, Nr. 11158 vom 30. 10. 1939, Archiv St. Bonifatius, Akte „Rundschreiben kirchlicher Behörden 1920-1944"

[344]   Schreiben des Bischöflichen Generalvikariates, Offenstein, Nr. 11180 und Nr. 11158 vom 30.10. 1939 im Archiv der Kirchengemeinde St. Bonifatius, Akte „Rundschreiben kirchlicher Behörden, 1920-1944".

„ An 70 Gemeindemitglieder von St. Marien `im Felde´ wird wöchentlich das `Kirchenblatt des Bistums Hildesheim´ und gleichzeitig der `Kirchenbote´ des Bistums Osnabrück gesandt; ferner das Markus-Evangelium und das schöne Heft `Kleine Kirchengeschichte des Bistums Hildesheim´.“ [345]   Obwohl es erhebliche Zusatzarbeit erforderte, hat Pfarrer Krieter wahrscheinlich - ebenso wie es Pfarrer Wüstefeld in Harburg getan hat - diesem religiösen Schriftgut persönliche Worte an die Soldaten beigelegt.

Am 14. November 1939 traf ein Schreiben des Bischöflichen Generalvikariates im Pfarrhaus ein, das die finanzielle Situation der Gemeinde, die ohnehin angespannt war, noch schwieriger machte. Im Rahmen der „Kriegsabgabe der katholischen Kirche der Diözese Hildesheim“ sollte die Kirchengemeinde St. Bonifatius ab sofort monatlich 210,- RM zahlen. In dem Schreiben hieß es weiter: „Die Abgabe ist für den Monat November sofort und für die kommenden Monate jeweils am 1. des Monats ohne weitere Aufforderung oder Mahnung an die Bistumskasse … zu zahlen. Diese Veranlagung und Heranziehung ist hinsichtlich des Betrages der Abgabe eine vorläufige Festsetzung; eine Erhöhung oder Herabsetzung bleibt vorbehalten. Es wird auf das Dringendste ersucht, die Zahlungsfristen genauestens innezuhalten. Eine Säumnis würde zu peinlichen Weiterungen Anlass geben und Säumniszuschläge herbeiführen. Es liegt im dringenden Interesse der verantwortlichen Persönlichkeiten, solche Folgen zu vermeiden.“ [346] Selbstverständlich befolgte Pfarrer Krieter das Verlangen des Generalvikariates sobald wie möglich. Wahrscheinlich ärgerte es ihn dabei, dass die Kirchengemeinde St. Maria in Harburg monatlich nur 200,- RM nach Hildesheim zu senden hatte. [347]

Am 17. November meldete sich die Luftschutzstelle der Bauverwaltung der Hansestadt Hamburg. Sie lud zu einer Sitzung in der Bauverwaltung ein. Es sollte besprochen werden, wie die von den Pfarreien geführten Standesamtsregister und die Kirchenbücher gegen Luftangriffe zu sichern seien. Dem Bischöflichen Generalvikariat war dieses Thema ebenso wichtig. Pfarrer Krieter meldete beiden Stellen, dass die Dokumente im Erdgeschoss des Pfarrhauses von St. Bonifatius in einem feuer- und diebessicheren Stahlschrank untergebracht seien. [348]

Das nächste wichtige Schreiben des Generalvikars Dr. Offenstein traf am Montag, den 11. Dezember 1939, ein. Es ging um die religiöse Betreuung von Kriegsgefangenen. Der Krieg hatte dem Großdeutschen Reich 974.000 polnische Kriegsgefangene eingebracht. Ein großer Teil dieser Gefangenen sollte in den nächsten Wochen zur Zwangsarbeit nach Deutschland gebracht werden.

---

[345] Chronik der Kirchengemeinde St. Maria, Bd.1, S. 185

[346]   In der Zeit vom 1. November 1939 bis zum 30. Juni 1941 wurden durch die Bonifatiusgemeinde insgesamt 4.200 RM „Kriegsabgabe“ an die Bistumskasse abgeführt. Ende Mai 1941 forderte das Generalvikariat die Pfarreien auf, die Zahlung der Kriegsabgabe einzustellen, da mit „einer Einziehung der Kriegsabgabe nach dem heutigen Stand nicht mehr gerechnet zu werden braucht“. Auf die an die Bistumskasse bis dahin eingesandten Beträge rechnete das Generalvikariat die noch ausstehenden Beträge für die Diözesansteuer 1941 / 42, für Zinsen, Gebühren, Kirchlicher Anzeiger und ähnliches an. Der jeweilige Restbetrag wurde den Pfarreien zurück überwiesen. Für St. Bonifatius waren das 3.842, 84 RM. Das Generalvikariat verlangte größte Sparsamkeit im Umgang mit den jeweiligen Restbeträgen und wies darauf hin, dass es über die Verwendung des „Kriegsbeitrages“ Abrechnung verlangen werde. Das Generalvikariat regte an, den Restbetrag als Vorauszahlung für die Diözesansteuer 1942 / 43 zu verwenden. Die Schreiben des Bischöflichen Generalvikariates, Offenstein, Nr. 11538 vom 14. 11. 1939 und Nr. 5439 vom 28. 5. 1941 finden sich im Archiv der Kirchengemeinde St. Bonifatius, Akte „Diözesansteuer / Kriegsabgabe“.

[347] Vgl. Chronik der Kirchengemeinde St. Maria, Bd.1, S. 185

[348] Archiv der Kirchengemeinde St. Bonifatius, Akte „Rundschreiben weltlicher Behörden bis 1959“

Zusammen mit den polnischen Zivilarbeitern, die bereits vor Kriegsbeginn - für schmählichen Lohn - nach Deutschland gekommen waren, sollten die Kriegsgefangenen ihre Arbeitskraft für das Großdeutsche Reich einsetzen. Reichskirchenminister Kerrl hatte den deutschen Bischöfen am 6. Dezember die staatlichen Vorschriften bezüglich der religiösen Betreuung der Kriegsgefangenen mitgeteilt. Das Generalvikariat gab dieses Schreiben des Reichskirchenministers nun kommentarlos allen Geistlichen der Diözese Hildesheim bekannt. Pfarrer Krieter las mit Erstaunen die Vorbemerkung des Reichskirchenministers: Das Schreiben sei ein Staatsgeheimnis, der Empfänger hafte für die sichere Aufbewahrung. Danach las er:

„Die Erfahrungen sowohl aus dem Weltkrieg wie auch schon aus dem jetzigen Kriege zwingen zur allseitigen Verhinderung und Abwehr jeder Spionage und Sabotage. Besonderes Augenmerk ist dabei auch der Tätigkeit und der Behandlung der Kriegsgefangenen zuzuwenden." Kerrl forderte dann die Bischöfe auf, die Druckschrift des Oberkommandos der Wehrmacht „allen Geistlichen zuzuleiten und die Geistlichen anweisen zu wollen, die Bevölkerung in geeigneter Weise zur äußersten Zurückhaltung gegenüber den Kriegsgefangenen anzuhalten." Es folgten danach die wesentlichen Bestimmungen zur religiösen Betreuung: Die „Ohrenbeichte" dürfe nur von Geistlichen abgenommen werden, die der „Feldbischof" beauftragt habe. Wer ohne Auftrag des Feldbischofs die Ohrenbeichte abnehme oder eine andere individuelle seelsorgerliche Betreuung eines einzelnen Kriegsgefangenen vornehme, mache sich strafbar. Zum Schluss des Schreibens hieß es: „Ich bitte, dieses Verbot auf vertrauliche Weise schon jetzt allen Geistlichen Ihres Jurisdiktionsgebietes bekannt machen und einschärfen zu wollen. Die Bestimmungen sind getroffen, um von vornherein den Geistlichen zu sichern vor dem Verdacht auf Beihilfe zu Spionage und vor Versuchen von solchen Kriegsgefangenen, die den Geistlichen für ihre Spionagezwecke missbrauchen wollen. gez. Kerrl "[349]

Noch waren den Geistlichen der Bonifatiusgemeinde keine Kriegsgefangenen begegnet. Mitte Dezember 1939 konzentrierten sich Pfarrer Krieter und seine Kapläne auf die seelsorgerliche Arbeit in der Adventszeit und auf die Vorbereitung des Weihnachtsfestes. Der Luftschutzleiter für Hamburg (= der Polizeipräsident) bereitete den Geistlichen eine Freude. Er erlaubte für das Weihnachtsfest und für das Neujahrsfest 1939 Gottesdienst auch während der Dunkelheit. Allerdings seien die Verdunkelungsbestimmungen zu beachten.[350]

Jetzt zahlte es sich aus, dass die Kolpingbrüder in St. Bonifatius sofort nach Kriegsbeginn tätig geworden waren. In der Chronik von St. Bonifatius ist festgehalten: „ ... So konnte die Gemeinde auch Weihnachten 1939 wie in früheren Jahren die Mitternachtsmesse feiern."[351] Dagegen musste Pfarrer Wüstefeld in die Chronik von St. Maria schreiben: „Wegen der Verdunkelungspflicht konnten die schöne Adventsfeier und die mitternächtliche Christnachtfeier nicht stattfinden. Letztere wurde verlegt auf den 1. Weihnachtstag, morgens 6 Uhr." [352]

---

[349] Bischöfliches Generalvikariat, Offenstein, Nr. 12270, Schreiben vom 9. Dezember 1939, Archiv der Kirchengemeinde St. Bonifatius, Akte „Rundschreiben kirchlicher Behörden, 1920 bis 1944"

[350] Schreiben des Luftschutzleiters vom 19. 12. 1939, Archiv der Kirchengemeinde St. Bonifatius, Akte „Rundschreiben weltlicher Behörden bis 1959"

[351] Chronik der Kirchengemeinde St. Bonifatius, S. 35

[352] Chronik der Kirchengemeinde St. Maria, Bd. 1, S. 185

6.4 Das Jahr 1940

In der Chronik von St. Bonifatius liest man: „Am Neujahrstag 1940, der in diesem 1. Kriegsjahr ohne viel Geräusch und Lärm begann, gab der Herr Pfarrer in allen Gottesdiensten Bericht über das Gemeindeleben im Jahre 1939 und wünschte der Gemeinde alles Gute und Gottes Segen für das neue Jahr. Von Herzen kam seine Mahnung zum Gebet und Gottvertrauen angesichts der Leiden und Opfer des Krieges." [353]

6.4.1 Einschränkungen im Alltagsleben und Sorgen wegen neuer Kosten für die Kirchenkasse

In Hamburg spürte man „die Leiden und Opfer des Krieges" zu Beginn des Jahres 1940 vor allem durch Einschränkungen im Alltagsleben. Die Verdunkelungsvorschriften galten nicht nur für die Kirchen, sondern für jede Wohnung. Nachlässigkeiten wurden streng bestraft. Die Straßenbeleuchtung war abgeschaltet. Weil so viele Bedienstete der Straßenbahn und der Untergrundbahn (U-Bahn) zum Militär eingezogen waren, kam es in Hamburg zu starken Einschränkungen beim öffentlichen Nahverkehr. Wegen der schwierigen Verkehrsbedingungen sank die Anzahl der Gläubigen, die ihre Sonntagspflicht erfüllten. Kirchliche Abendveranstaltungen an den Wochentagen hatten nur wenige Teilnehmer oder fielen ganz aus.

Die Rationierung der Lebensmittel kennzeichnete den veränderten Alltag besonders. [354] Jetzt war es nützlich, dass Therese Krieter hinter dem Pfarrhaus Hühner hielt. Mit Gemüse und Obst aus dem Pfarrhausgarten konnte sie den Speiseplan des Pfarrhauses ergänzen. Das Gemüse und Obst aus dem weit größeren Garten am Gemeindehaus kam den Kindern und Erwachsenen im „Stift St. Willehad" zugute, aber natürlich war auch das nur ein Zusatzangebot. Um den eigentlichen Bedarf an Lebensmitteln für die Kinder des Kindergartens und des Hortes und für die erwachsenen Bewohner im „St. Willehadstift" zu sichern, musste Pfarrer Krieter Anträge auf Zuteilung von Gemüsekonserven, zur Aushändigung von „Reichsverbilligungsscheinen" für Speisefette usw. an die zuständigen Stellen des Ernährungsamtes und des Wohlfahrtsamtes richten. [355] Im Laufe des Winters 1939 / 1940, der besonders kalt war, verringerten sich die Zuteilungsmengen an Lebensmitteln. Gleichzeitig verringerte sich die Qualität. Kartoffeln wurden knapp. Die Versorgung mit Textilien und Schuhen war unzureichend. Besonders schlecht war die Versorgungslage Hamburgs bei Brennstoffen. Das Pfarrhaus von St. Bonifatius, das „Stift St. Willehad" und die Bonifatiuskirche mussten so sparsam wie nur möglich beheizt werden.

Mitte Januar 1940 forderten der Direktor des Landesjugendamtes und der Polizeipräsident Hamburgs die Gemeinde St. Bonifatius auf, für das „Stift St. Willehad" einen Luftschutzraum zu schaffen. Damit drohte der Kirchenkasse von St. Bonifatius - zusätzlich zur „Kriegsabgabe" - eine weitere schwere Belastung. Pfarrer Krieter bat am 24. Januar 1940 das Bischöfliche Generalvikariat in Hildesheim um Hilfe. Schon am 26. Januar 1940 erhielt er von Dr. Offenstein Antwort.

---

[353] Chronik der Kirchengemeinde St. Bonifatius, S. 35

[354] Vgl. zum Folgenden Schildt, Axel, Jenseits der Politik. Aspekte des Alltags. in: Hamburg im Dritten Reich, hrsg. von der Forschungsstelle für Zeitgeschichte in Hamburg, Wallstein-Verlag, 2005, S. 290

[355] Archiv der Kirchengemeinde St. Bonifatius, Akte „Gemeindehaus 1928-1949"

Falls der Bau eines Luftschutzraumes unumgänglich sei, sei die Bistumskasse bereit, „bis zur Höhe von 1.400 RM beizutragen." [356] Pfarrer Krieter erreichte durch das persönliche Gespräch mit dem Besitzer der Firma „F. Harriefeld, Hoch- und Tiefbau K.-G.", dass ihm am 6. Februar ein schriftliches Kostenangebot in Höhe von 1.009,80 RM vorlag. Noch am selben Tag schrieb er dem Landesjugendamt, dass der geforderte Luftschutzraum im St. Willehadstift" gebaut werde. Das Generalvikariat Hildesheim übernahm die gesamten Baukosten und war sogar bereit, noch weitere 361 RM auf das Konto der Kirchenkasse von St. Bonifatius zu überweisen, sobald Pfarrer Krieter eine Aufstellung der Finanzen des Stiftes nach Hildesheim gegeben habe.[357]

Es ist noch eine weitere kriegsbedingte Belastung der Kirchenkasse von St. Bonifatius zu erwähnen. Die Sache wirkt auf heutige Leser fast lächerlich, sie ist aber mit dem „Auftritt" geltungssüchtiger Titelträger und NS-Befehlsstellen, mit der Mobilisierung der „ehrenamtlichen Helfer" und mit der begleitenden Pressekampagne typisch: Die „Reichsstelle für Eisen und Stahl" verlangte die Ablieferung des Eisengitters, das den „Wilhelmsburger Vatikan" einfriedete.
Im April 1940 stand in der Wilhelmsburger Zeitung ein Artikel mit der Überschrift: „Beseitigung aller eisernen Einfriedungen". Die Zeitung erinnerte, dass die „Reichsstelle für Eisen und Stahl" die Entfernung und Verschrottung aller eisernen Einfriedungen schon vor geraumer Zeit angeordnet habe. Der „Reichskommissar für Altmaterialverwertung" habe nun bestimmt, dass mit der Entfernung der Vorgartenzäune ab sofort begonnen werden müsse. Die Durchführung liege bei den „Gaubeauftragten für Altmaterialerfassung". Dann folgte der Satz, den Pfarrer Krieter erwartet hatte und der ihn dennoch schockierte: „Die Entfernung der Einfriedungen geschieht auf Kosten der Grundstücksbesitzer durch das Handwerk." Im Artikel hieß es tröstend weiter: „Bis zum 1. Juni stellt der Gaubeauftragte auf Antrag seine ihm für die Entfernung der Einfriedungen zur Verfügung stehenden, in den Altmaterialeinsatzstellen zusammengefassten ehrenamtlichen Helfer zur Verfügung. ... In Wilhelmsburg und Kirchdorf wende man sich an die Ortsgruppe der NSDAP, die mit Rat und Tat behilflich sein wird".
Pfarrer Krieter hat diesen Artikel der Wilhelmsburger Zeitung ausgeschnitten und in der Chronik der Bonifatiusgemeinde aufbewahrt, zusammen mit einem zweiten Artikel derselben Zeitung. Dieser hatte die Überschriften: „Ratschläge zur Eisengitteraktion. Gitter weg - nun grüne Hecken her! Jetzt ist die Zeit zum Anpflanzen da. Das Stadtbild wird bedeutend schöner." [358] Der Kirchenvorstand von St. Bonifatius griff das Angebot der NSDAP nicht auf, sondern beauftragte die Firma Harriefeld, „das Eisengitter des Kirchengrundstückes zu entfernen und der zuständigen `Sammelstelle zur Landesverteidigung´ im Namen des Kirchenvorstandes zuzuführen." Bald nach Annahme des Auftrags benachrichtigte die Firma Pfarrer Krieter, sie müsse die Erlaubnis des Arbeitsamtes Hamburg haben, bevor sie mit der Arbeit beginnen könne. Das Arbeitsamt verbot der Firma Harriefeld zunächst am 4. Juni 1940 den Abbruch des Eisengitters. Später wurde das Eisengitter dennoch entfernt.[359]

[356] Schreiben des Bischöflichen Generalvikariates, Offenstein, Nr. 754, vom 26. 1. 1940. Archiv der Kirchengemeinde St. Bonifatius, Akte „Gemeindehaus 1928-1949"

[357] Schreiben des Bischöflichen Generalvikariates, Offenstein, Nr. 1962, vom 1. 3. 1940, Archiv der Kirchengemeinde St. Bonifatius, Akte „Gemeindehaus 1928-1949"

[358] Wilhelmsburger Zeitung vom 27. 4. 1940

[359] Die Quellen zum Thema „Eisengitter" finden sich in der Akte „Kirchbau, Grundstückssache, Kirchplatz ab 1894" im Archiv der Kirchengemeinde St. Bonifatius.

6.4.2 Kaplan Holling wird versetzt.

Bei Kriegsbeginn wollte Kaplan Holling sich freiwillig zur Militärseelsorge melden. Pfarrer Krieter mochte seinen tüchtigen Kaplan nicht hergeben. Deswegen freute er sich heimlich, als das Generalvikariat den Wunsch seines Kaplans ablehnte. Doch am 9. Februar traf die Nachricht ein, Bischof Joseph-Godehard ernenne Kaplan Holling mit Wirkung zum 1. März 1940 „zum Pfarrvikar in Fallersleben und in der „K.d.F.-Volkswagenstadt bei Fallersleben". Seinen Wohnsitz habe er vorläufig im Pfarrhaus von Gifhorn bei Pfarrer Henze zu nehmen.[360] Pfarrer Krieter kannte Pfarrer Henze seit Jahren. Durch Gespräche mit ihm und durch Zeitungsberichte wusste er, dass in der „K.d.F.-Volkswagstadt bei Fallersleben", die heute Wolfsburg heißt, eine schwere Aufgabe auf Antonius Holling wartete.[361]
Adolf Hitler hatte im Mai 1938, am Himmelfahrtstag, den Grundstein für das Volkswagenwerk gelegt. Neben dem Werk sollte eine Stadt für 90.000 Einwohner errichtet werden. Noch war die zukünftige Stadt eine riesige Baustelle. Unter den 5.000 deutschen Bau- und Werksarbeitern gab es nach Angaben des Pfarrers Henze zu dieser Zeit 1.500 Katholiken. Es war klar, dass sich die Anzahl der Katholiken durch stetigen Zuzug von katholischen Arbeitern und deren Familien noch vergrößern werde. Pfarrer Henze rechnete damit, dass in Zukunft in der neuen Stadt drei katholische Pfarreien errichtet werden müssten. Noch aber gab es in der Stadt kein Pfarrhaus, und der Gottesdienst musste in einer von italienischen Zivilarbeitern erbauten und genutzten Notkapelle - einem ehemaligen Gaststättenraum - abgehalten werden. Um vom Gifhorner Pfarrhaus in sein Pfarrgebiet zu kommen, musste Pfarrvikar Holling eine Strecke von 25 Kilometern mit dem Fahrrad oder - günstigstenfalls - mit dem Motorrad überwinden.

Beim Abschied versprach Kaplan Holling, dass er mit Pfarrer Krieter und Johannes Wosnitza in Kontakt bleiben werde. So erfuhren die beiden in den nächsten Monaten hin und wieder von den großen Problemen, die Antonius Holling in Wolfsburg das Leben schwer machten.[362]

In Wilhelmsburg wurde Kaplan Holling durch Johannes Surkemper ersetzt.[363] Er trat seine Stelle am 1. März 1940 an. Schon der 17. März war der Palmsonntag. Die Karwoche und das Ostefest brachten dem neuen Kaplan sofort viel Arbeit. Gemeinsam mit Kaplan Wosnitza übte Kaplan Surkemper mehr als 60 Jungen und Mädchen die Liturgie zum Weißen Sonntag ein, so dass ihnen die Feier ihrer Erstkommunion zu einem unvergesslichen Erlebnis wurde.

---

[360] Schreiben des Bischofs, Nr. 1233 vom 9. 2. 1940, Archiv der Kirchengemeinde St. Bonifatius, Akte „Kapläne"

[361] „KdF" ist die Abkürzung für den Namen der NS-Organisation „Kraft durch Freude". Sie war eine Unterorganisation der Deutschen Arbeitsfront und sollte der Arbeiterschaft ein Erholungs- und Unterhaltungsprogramm zugänglich machen. 1938 errichtete „die Gesellschaft zur Vorbereitung des deutschen Volkswagens" gemeinsam mit der Deutschen Arbeitsfront die Fabrikanlagen für den Bau des „KdF-Wagens" in der Nähe von Fallersleben. Die Stadt Wolfsburg entstand.

[362] Die vorstehenden Angaben stammen aus: Flammer, Thomas, Antonius Holling und die Gründungszeit der katholischen Gemeinde in der Stadt des Kd.F.- Wagens. Hier finden sich auch Angaben zum weiteren Leben und Wirken von Antonius Holling. Der Aufsatz ist noch nicht veröffentlicht.

[363] Schreiben des Bischofs Joseph-Godehard, Nr. 1479 vom 15. 2. 1940, Archiv der Kirchengemeinde St. Bonifatius, Akte „Kapläne"

Abb. 69: Kaplan Johannes Wosnitza und die Kinder des Erstkommunionjahrganges 1940 vor dem Gemeindehaus „Stift St. Willehad"

6.4.3 Pfarrer Friedrich Schmidts wird Nachfolger des Dechanten Carl Kopp

Mitte April 1940 erreichte Pfarrer Krieter die Nachricht, dass Dechant Carl Kopp am 9. April in Celle verstorben war. Gewiss war er wegen des Todes seines Dechanten traurig. Vielleicht hat er sich angesichts des Krieges und angesichts der Drangsale, die der Katholischen Kirche zu dieser Zeit widerfuhren, mit dem Gedanken getröstet, „der liebe Gott" habe den 72-jährigen Amtsbruder gerade rechtzeitig in die ewige Heimat gerufen. Nachfolger von Carl Kopp in St. Ludwig / Celle wurde Friedrich Schmidts, der ehemals enge Freund und Vorgänger des Pfarrers Krieter in St. Bonifatius. Das Amt des Dechanten im Dekanat Lüneburg war einen Monat lang vakant. Am 14. Mai 1940 wurde Pfarrer Krieter durch das Generalvikariat aufgerufen, drei Personenvorschläge „in der Reihenfolge ihrer Eignung" für das Amt des Dechanten zu machen. In seinem Antwortschreiben vom 21. Mai 1940 schlug Pfarrer Krieter vor: Pfarrer Wilhelm Jung (Stade), Pfarrer Alban Wüstefeld (Harburg) und Pfarrer Joseph Sprenger (Lüneburg). Zusätzlich bemerkte er: „Im Übrigen bin ich der Meinung, dass unser Dekanat verkleinert werden könnte." [364]
Pfarrer Krieter wurde möglicherweise von den Geistlichen der anderen Pfarreien des Dekanates überstimmt, denn Bischof Josef-Godehard ernannte Pfarrer Friedrich Schmidts zum neuen Dechanten.
Diese Entscheidung des Bischofs berührte Pfarrer Krieter wahrscheinlich unangenehm. Nachdem Pfarrer Schmidts und Pfarrer Krieter sich fast fünf Jahre nicht gesehen hatten, waren sie wenige Monate zuvor zum ersten Mal wieder zusammengetroffen. Anlass war das silberne Priesterjubiläum des Pfarrers Krieter gewesen.

---

[364] Bischöfliches Generalvikariat, Offenstein, Nr. 4325 vom 14. Mai 1940 und Schreiben des Pfarrers Krieter vom 21. 5. 1940 Archiv der Kirchengemeinde St. Bonifatius, Akte „Personalia"

Bei dieser Gelegenheit hatte er alle seine Vorgänger im Amt des Pfarrers von St. Bonifatius nach Wilhelmsburg eingeladen. Friedrich Schmidts war der Einladung zwar gefolgt, die alte Freundschaft zu „Fritze" hatte sich aber dennoch nicht wieder aufgebaut. Pfarrer Krieter hat es gewiss als pikante Situation empfunden: In nächster Zeit würde Friedrich Schmidts seine Aufgaben als Dechant wahrnehmen und in dieser Funktion auch zur Visitation nach St. Bonifatius kommen müssen. Dann würde ausgerechnet „Fritze", der St. Bonifatius so problembelastet übergeben hatte, die Amtsführung seines Nachfolgers überprüfen.

Pfarrer Krieter sah dieser Visitation gelassen entgegen, für Dechant Schmidts dagegen war die Situation tatsächlich etwas peinlich. Das ersieht man aus der Postkarte, die er am 22. 10. 1940 an Pfarrer Krieter sandte:

„Carissime! Am kommenden Montag, den 28. des Monats, möchte ich bei Dir meinen Besuch machen und zugleich die vorgeschriebenen Dinge besehen. Ich komme im Laufe des Nachmittags und fahre dann nach Wilstorf. Ich nehme an, dass die Zeit Dir passen wird. Mit herzlichem Gruß, Dein Schmidts." [365]

Dass Friedrich Schmidts seine Postkarte nur mit dem Nachnamen unterschrieben hatte und dass er sofort nach der Visitation abreisen wollte, machten Pfarrer Krieter noch einmal deutlich, dass die frühere Freundschaft vorbei war.

Laut dem schriftlichen Prtokoll verlief die Visitation am 28. 10. 1940 unauffällig.[366] Die Kirche, die Kapelle im Stift „St. Willehad", die Sakristei und die liturgischen Gewänder waren im ordnungsgemäßen Zustand. Die Gottesdienste, die Predigten, die Christenlehre fanden in normaler Weise und Anzahl statt. Die Sakramente wurden vorschriftsmäßig gespendet, und die Kirchenbücher waren korrekt geführt. Das Pfarrarchiv war geordnet, und es gab seit 1939 eine Pfarrchronik. Das religiöse Leben der Pfarrgemeinde wurde gefördert durch Einkehrtage, Glaubensfeiern, Marienfeiern, auch durch Haus- und Krankenbesuche und selbstverständlich durch die Arbeit in den kirchlichen Vereinen. Der Hilfsgeistliche - im Oktober 1940 war nur noch Kaplan Surkemper in St. Bonifatius - lebte der Würde seines Amtes entsprechend und bereitete seine Predigten gewissenhaft vor. Über den Religionsunterricht in den Schulen konnte Pfarrer Krieter nur „Aussagen vom Hörensagen" machen. Umso mehr Mühe gaben sich Pfarrer und Kaplan von St. Bonifatius beim kirchlich organisierten Religionsunterricht.
Beim Visitationsabschnitt „Kirchenangestellte" hat Dechant Schmidts wahrscheinlich nicht allzu eindringlich nachgefragt. Gerade bezüglich der Angestellten hatte er Pfarrer Krieter deftige Probleme hinterlassen. Beim Thema „Kirchliche Vermögensverwaltung" wusste Dechant Schmidts, dass dieser Arbeitsbereich bei Pfarrer Krieter in den besten Händen lag. So gab es nichts zu beanstanden, und offensichtlich kamen sich die beiden Herren im Zuge der Visitation menschlich wieder näher.
Zwei Jahre später musste sich Dechant Schmidts wieder zur Visitation nach Wilhelmsburg begeben. Dieses Mal schrieb er entspannt und freundlich:

---

[365]   Archiv der Kirchengemeinde St. Bonifatius, Akte „Statistik- Visitationen"
[366]   Für die Visitation schrieb das Bischöfliche Generalvikariat einen genauen Ablauf vor, der 13 Punkte umfasste. Die Ergebnisse wurden in ein Formular „Bericht über die am …vorgenommene Visitation der Pfarrei …" eingetragen und nach Hildesheim gesandt. Vgl. Archiv der Kirchengemeinde St. Bonifatius, Akte „Statistik, Visitation"

„Carissime! Am nächsten Montag, den 9. 11. 1942, möchte ich im Laufe des Nachmittags zur Revision nach dort kommen, wie es Hildesheim wieder vorgeschrieben hat. Mache bitte die Kladde wie das letzte Mal gleich fertig, dann geht alles schneller. Ich nehme an, dass die Zeit Dir passt. Herzliche Grüße, Dein Fritz Schmidts. Zum Namentage sende ich die herzlichsten Glückwünsche. Gottes Segen für Dich persönlich und Deine Arbeit! - Ich habe ´mal eine Einweihungsrede dort beim Kriegerdenkmal gehalten, die gedruckt dort im Aktenschrank blieb. Kann ich diese ´mal haben, da ich sie benötige?" [367]

Friedrich Schmidts meinte das Kriegerdenkmal vor der evangelisch-lutherischen Emmauskirche in Wilhelmsburg, das am 11. 9. 1932 eingeweiht worden war. Bei der nationalistisch geprägten Einweihungsfeier, die von den Krieger- und Marinevereinen in Zusammenarbeit mit der evangelischen Kirchengemeinde im Reiherstieg ausgerichtet worden war, hatten der evangelische Pastor Reinhardt und der katholische Pfarrer Schmidts Ansprachen gehalten. [368]

6.4.4 Die ersten Bomben fallen auf Hamburg

Die deutsche Luftwaffe hatte am 25. September 1939 mit etwa 400 Flugzeugen einen Großangriff auf die von allen Seiten eingeschlossene Hauptstadt Polens geflogen. 4.000 Häuser waren in Warschau zerstört oder schwer beschädigt worden. Die deutsche Militärführung beabsichtigte dabei, die militärischen Verteidiger Warschaus mithilfe der Leiden der Zivilbevölkerung zur Kapitulation zu zwingen. Der brutale Plan war erfolgreich gewesen. Die Stadt hatte schon am 27. September kapituliert.
Niemand in Deutschland hatte damals davon gesprochen, dass die Angriffe der deutschen Bombenflugzeuge ein gnadenloser Terror gegen die Zivilbevölkerung Warschaus waren. Am 14. Mai 1940 war Rotterdam von einem deutschen Fliegerverband bombardiert worden. Im Anschluss waren riesige Flächenbrände entstanden. Nach drei Tagen der Brandkatastrophe waren in Rotterdam 11.000 Häuser mit 25.000 Wohnungen vernichtet. 75.000 Menschen waren obdachlos, 1.147 Menschen hatten ihr Leben verloren. Auch angesichts der Toten und der Zerstörungen in Rotterdam war es niemandem in Deutschland eingefallen, das Vorgehen der deutschen Luftwaffe zu kritisieren. Die Ausdrücke „Terrorangriff" und „ruchloses Verbrechen" benutzten deutsche Redner und Zeitungen erst, als deutsche Städte von Seiten der Feinde gleiches Unheil erlitten.

Noch fühlte die deutsche Zivilbevölkerung sich beschützt. Man vertraute auf die deutschen Flugabwehrkanonen. Doch in der Nacht zu Samstag, den 18. 5. 1940, - eine Stunde nach Mitternacht - flogen britische Flugzeuge erfolgreiche Angriffe auf Hamburg, Bremen und einige Städte in Westdeutschland. In Hamburg gab es 34 Tote und 72 Verletzte. Die englischen Flugzeuge hatten eigentlich im Hamburger Hafengebiet die Werft Blohm & Voss zerstören sollen. Sie verfehlten dieses Ziel, verbreiteten aber stundenlang Angst und Schrecken unter der Bevölkerung von Harburg und Wilhelmsburg.

---

[367] Archiv der Kirchengemeinde St. Bonifatius, Akte „Statistik- Visitationen"
[368] Vgl. Henatsch, Hildebrandt, Zwischen Industrie und Wiesen. 100 Jahre Kirchengemeinde im Reiherstieg auf der Elbinsel Hamburg-Wilhelmsburg ... a. a. O., S. 85

Pfarrer Krieter, seine Kapläne Wosnitza und Surkemper und alle anderen Pfarrhausbewohner wurden in dieser Nacht durch die brummenden Motoren der Flugzeuge, durch das Rauschen der fallenden Bomben, durch Detonationen in nicht allzu großer Entfernung und durch den Donner der deutschen Flugabwehrkanonen wach gehalten. Wahrscheinlich haben sie verängstigt im Keller des Pfarrhauses Zuflucht gesucht, vielleicht auch im einsturzsicher ausgebauten Luftschutzkeller der „Volksschule Alte Schleuse". Wie Pfarrer Krieter am nächsten Morgen von Pfarrer Wüstefeld erfuhr, hatte der schreckliche Luftangriff die größten Schäden in Harburg angerichtet. Pfarrer Wüstefeld ärgerte sich mächtig über einen Bericht der NS-Presse. Er schnitt ihn aus und klebte ihn in die Chronik der Kirchengemeinde St. Maria: „Gestern Nacht fanden über Hamburg feindliche Bombenangriffe statt. Dabei wurden 29 Personen getötet und 51 verletzt. Eine Reihe von Baulichkeiten ist beschädigt worden."[369]

Unter den Pressebericht schrieb Pfarrer Wüstefeld: „In Wirklichkeit war dieser schreckliche Luftangriff nicht über Hamburg, sondern über Harburg! Während der Stadtteil Wilstorf gar nicht betroffen war, fielen sämtliche englische Bomben im Seelsorgebezirk St. Marien: Stader Straße; Hangstraße, Frankestraße, Postweg, Hermann-Göring-Platz und Kaserne, Schorchtstraße, Buxtehuder Straße, Bleicherweg, Gartenstraße, Blohmstraße, Hafengebiet usw. Wie viele Bomben geworfen wurden, wird kaum feststellbar sein. Es war eine vollmondklare Nacht. Günstigste Zielgelegenheit. Zwischen 0 Uhr 15 und 0 Uhr 30 trafen die ersten englischen Bombenflugzeuge ein, ohne dass sie von der Luftabwehr bemerkt waren!!! Weil man sich in Harburg und Hamburg sicher wähnte vor feindlichen Luftangriffen (im Westen gab es ja allerdings genug Arbeit für die Engländer, um sich in Belgien und Frankreich zu verteidigen) war gerade vorher die Anzahl der Flieger-Abwehrkanonen (Flak) stark verringert!! Die Engländer wollten wohl die großen Industrieanlagen, Elbbrücken und Kasernen treffen; aber leider fielen die meisten Bomben in die oben genannten Straßen, die freilich sehr dicht an das Hafen- und Industriegebiet anstoßen. Daher die große Zahl von Toten! Inzwischen starben auch noch Schwerverletzte. Das Haus Bleicherweg Nummer 4, Eigentümer Dr. med. Spartz, Chefarzt und Chirurg im Katholischen Krankenhaus Maria-Hilf, erhielt Volltreffer. Zwei Hausangestellte des Dr. Spartz wurden tödlich getroffen, während - wie durch ein Wunder - die Familienangehörigen des Dr. Spartz mit dem Leben davonkamen. Deo Gratias!

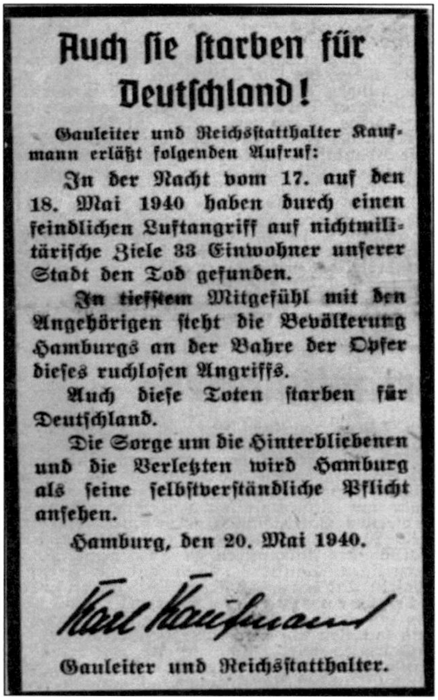

Auch sie starben für Deutschland!

Gauleiter und Reichsstatthalter Kaufmann erläßt folgenden Aufruf:

In der Nacht vom 17. auf den 18. Mai 1940 haben durch einen feindlichen Luftangriff auf nichtmilitärische Ziele 33 Einwohner unserer Stadt den Tod gefunden.

In tiefstem Mitgefühl mit den Angehörigen steht die Bevölkerung Hamburgs an der Bahre der Opfer dieses ruchlosen Angriffs.

Auch diese Toten starben für Deutschland.

Die Sorge um die Hinterbliebenen und die Verletzten wird Hamburg als seine selbstverständliche Pflicht ansehen.

Hamburg, den 20. Mai 1940.

Karl Kaufmann

Gauleiter und Reichsstatthalter.

Abb. 70: Aufruf des Reichsstatthalters von Hamburg, Karl Kaufmann , anlässlich des Luftangriffs auf Hamburg am 18. / 19. Mai 1940

---

[369] Chronik der Kirchengemeinde St. Maria, Bd.1, S. 190

Die armen beklagenswerten Todesopfer fanden ihren Tod zum großen Teil in den Wohnhäusern, aber auch durch Bomben- und Granatsplitter auf den Straßen! Es war eine schreckliche Nacht! Von 1 bis 3 Uhr war die ganze Bevölkerung in den Kellern. In der folgenden Nacht, Dreifaltigkeitsfest 1 Uhr früh, kam ein erheblich schwächerer Angriff auf Hamburg selbst, ohne schweren Schaden zu tun." [370] Die 34 Toten dieses ersten englischen Luftangriffs auf Hamburg erhielten am 22. Mai 1940 ein feierliches Staatsbegräbnis. Bei der Beisetzung im Gemeinschaftsgrab wurde ein „Kranz des Führers" niedergelegt. Der Reichsstatthalter von Hamburg sprach den Angehörigen sein Beileid aus. In der Hamburger Tagespresse veröffentlichte er einen Aufruf, in dem er den Angriff der Engländer als „ruchlos" bezeichnete. Von den zivilen Opfern des Luftkrieges behauptete er: „Auch sie starben für Deutschland". Diese unsinnige, unverschämte Formulierung, die den Verstand der Mitmenschen in Frage stellte, drang in die Köpfe vieler Zeitgenossen ein. Sie wurde üblich, wenn man sich tröstend zum Tode von Bombenopfern äußerte. Sogar in der Chronik der Kirchengemeinde St. Bonifatius liest man: „In der Nacht vom 6. zum 7. Oktober 1940 mussten bei einem Fliegerangriff des Feindes drei Mitglieder unserer Gemeinde - Ehefrau Agnes Plak, ihr Sohn Rudolf sowie ihre Verwandte Frau Maria Brandt - ihr Leben lassen. Auch sie gaben ihr Leben für Deutschland".

Für das Jahr 1940 liest man in der Chronik von St. Bonifatius weiter: „Bis zum Ende des Jahres hatten wir über fünfzig Mal Fliegeralarm. Jedes Mal musste der Herr Pfarrer (Krieter) mit seinen Luftschutzleuten auf Kirche und Pfarrhaus Acht geben. Abgesehen von kleinen Schäden am Kirchendach blieben Kirche und Pfarrhaus verschont."[371]

Pastor Leonard Mock schrieb in die Chronik seiner Kirchengemeinde St. Franz-Josef zum Jahre 1940: „Und dann kam ein schrecklicher Sommer, Herbst und Winter. Fast jede Nacht in den Keller, oft mehrere Male, und dann stundenlang. Müde und mürbe sahen die Leute aus. Es ist wirklich Krieg!" Pastor Mock sah großes Unheil voraus. Er schrieb: „Aber es wird wohl noch besser kommen! Wenn Belgien, Holland und auch Frankreich besiegt und besetzt sind, das beendet den Krieg nicht! Im kirchlichen Leben zwingen sich mancherlei Einschränkungen auf. Es mag abends keiner mehr aus dem Hause gehen. Man muss vorschlafen, weil ja nachher der `Tommy´[372] kommt. So müssen zwangsläufig alle Abendveranstaltungen ausfallen - Andachten, Christuskreis, Kongregation. Die Fronleichnamsprozession kann nicht im Garten gehalten werden, weil der ganze Kirchgarten aufgewühlt ist. Ein Luftschutzbunker wird dort gebaut, der für Straßenpassanten bestimmt ist. Notfalls können ihn auch die Kirchenbesucher benutzen, wenn einmal während des Gottesdienstes Alarm ertönen sollte."[373]

6.4.5 Primiz am Morgen nach dem Luftangriff

Ausgerechnet für den 19. Mai 1940 war in der Bonifatiusgemeinde ein Freudenfest geplant: die Primiz von Heinrich Pachowiak. Neben den Angehörigen des Neupriesters hatte sich auch Pfarrer Krieter auf diesen Tag besonders gefreut, denn der Primiziant war sein „geistliches Ziehkind".

---

[370] Chronik der Kirchengemeinde St. Maria, Bd.1, S. 190
[371] Chronik der Kirchengemeinde St. Bonifatius, S. 35
[372] Die Engländer wurden damals `Tommies´ genannt.
[373] Chronik der Kirchengemeinde St. Franz-Josef, Bd.1, S. 54

Pfarrer Krieter war Heinrich Pachowiak schon begegnet, als er noch Pastor von St. Franz-Josef in Harburg-Wilstorf gewesen war. Damals hatte er in dem jungen Mann den Wunsch geweckt, Priester zu werden.[374] Seit er Pfarrer von St. Bonifatius war, hatte sich die Bindung zwischen Pfarrer Krieter und Heinrich Pachowiak verstärkt. Mit Interesse und Genugtuung hatte Pfarrer Krieter beobachtet, wie erfolgreich der junge Mann die Stationen auf dem Weg zum Priesterberuf durchlaufen hatte. Pfarrer Krieter traute dem begabten Heinrich Pachowiak viel zu. Dass er einmal Weihbischof der Diözese Hildesheim sein werde, konnte er aber nicht vorhersehen.[375]

Wie soeben dargestellt, erfolgte in der Frühe des 18. Mai der schwere Angriff englischer Bomben-Flugzeuge auf Harburg und Wilhelmsburg. Der Chronist der Gemeinde machte die Eintragung: „In Wilhelmsburg fielen Brandbomben, die in der Nähe der `Alten Schleuse´ ein Feuer verursachten".[376]

Die Straße „Alte Schleuse" befand sich in direkter Nachbarschaft zur Bonifatiuskirche, doch weder das Kirchengebäude, noch das Gemeindehaus, noch Häuser, in denen Katholiken wohnten, erlitten Schaden. So konnte die Primiz des Neupriesters Heinrich Pachowiak dennoch am Sonntag, den 19. Mai 1940, stattfinden. Über den Verlauf des Festtages berichtet die Chronik von St. Bonifatius: „Am 19. Mai 1940, es war der Dreifaltigkeitssonntag, feierte ein Sohn unserer Gemeinde, Heinrich Pachowiak, in unserer Pfarrkirche sein erstes heiliges Messopfer. Die ganze Pfarrfamilie nahm an diesem Freudenfeste teil. Der Pfarrer (Krieter) hielt dem Primizianten die Predigt und war beim Levitenamt Assistent. Herr Kaplan Johannes Surkemper und Herr Kaplan Johannes Hellmold waren Leviten. Der Primiziant wurde in feierlicher Prozession unter Vorantragen des Kreuzes vom Gemeindehause in die Kirche geführt und in derselben Weise dahin zurück begleitet. Hier fanden sich dann Familie und Freunde des Glücklichen zusammen, um den Ehrentag ihres Angehörigen auch außerkirchlich festlich zu begehen. In der feierlichen Abendandacht richtete der junge Neupriester herzliche Dankesworte an die Gemeinde. So sehr der Anlass zur Freude und Fröhlichkeit gegeben war, so lag dennoch eine ernste Stimmung über allen Festteilnehmern, denn in der Nacht war ein längerer Fliegeralarm gewesen, der nur zu sehr daran erinnerte, dass Krieg im Lande ist."[377]

Noch in der Nacht des 19. auf den 20. Mai - um 1 Uhr 30 in der Frühe - griffen englische Bombenflugzeuge Hamburg ein zweites Mal an. Wieder kamen die Einwohner Wilhelmsburgs mit dem Schrecken davon. Heinrich Pachowiak selbst blieb vom Kriegsgeschehen nicht verschont. Am Tage nach der Feier seiner Primiz wurde er zur Wehrmacht eingezogen. Als Sanitätssoldat musste er in Frankreich Dienst tun. Er geriet in Kriegsgefangenschaft. 1945 kehrte er aus der Kriegsgefangenschaft zurück.

---

[374] Im Totenamt für den verstorbenen Karl-Andreas Krieter, am 28. 2. 1963, sagte Weihbischof Pachowiak: „Er (Krieter; Anm. d. Verf.) traf mich einmal und er war der Erste, der mir das Geständnis entlockte, dass ich wohl das Zeug dazu hätte, in ein Priesterleben einzutreten." Vgl. auch das Gespräch mit der Schwester des Primizianten - Karla Pachowiak - am 2. 4. 2004

[375] Heinrich Pachowiak, (1916- 2000) „Am 27. Mai 1958 wurde der damalige Diözesanjugendseelsorger Pachowiak von Papst Pius XII. zum Weihbischof ernannt und am 15. Juli in der Basilika St. Godehard in Hildesheim zum Bischof geweiht." Zitat: www.bistum-hildesheim. de/ nachrichten/ archiv_nov. html Vgl.auch: Kumm, Renate, Das Bistum Hildesheim in der Nachkriegszeit, Hahnsche Buchhandlung, Hannover, 2002, S. 31 ff..

[376] Chronik der Kirchengemeinde St. Bonifatius, S. 35

[377] Chronik der Kirchengemeinde St. Bonifatius, S. 38

Abb.71: Heinrich Pachowiak verlässt das Gemeindehaus „St. Willehadstift". Der Geistliche rechts neben ihm - aus Sicht des Betrachters - ist Pfarrer Krieter. Die Geistlichen vor ihm sind Johannes Hellmold (links) und Johannes Surkemper. Die erwachsenen Laien sind die Eltern des Primizianten.

6.4.6   Kaplan Wosnitza wird versetzt.

Am 12. Juli 1940 sandte das Generalvikariat Hildesheim ein Schreiben an Kaplan Wosnitza und nachrichtlich an Pfarrer Krieter. Das Anliegen des Schreibens war die „Seelsorge der polnischen Zivilarbeiter". Der Text lautete:

„Zurzeit befinden sich innerhalb unserer Diözese an vielen Stellen zahlreiche polnische Zivilarbeiter, deren seelsorgerliche Betreuung eine dringende Aufgabe ist. Wir ersuchen Ew. Hochwürden, bis auf Weiteres diese Aufgabe zu übernehmen. Sie wollen sich dieserhalb mit folgenden Pfarrämtern sofort in Verbindung setzen, um einen Seelsorgeplan aufzustellen und durchzuführen: Nörten-Hardenberg, Jerxheim, Lüchow, Hannover - St. Clemens, Herzberg, Westfeld und Großdüngen. Von den getroffenen Vereinbarungen wollen Sie uns umgehend Mitteilung machen. Zu beachten ist unser Rundschreiben vom   17. Juni 1940 über die Seelsorge an polnischen Zivilarbeitern. Notfalls haben wir Ihre Übersiedlung nach Hildesheim für die Dauer dieser Tätigkeit ins Auge gefasst." [378] Dieses Schreiben rief weder bei Kaplan Wosnitza noch bei Pfarrer Krieter Freude hervor.

---

[378] Bischöfliches Generalvikariat, Offenstein, Nr. 6417, vom 12. Juli 1940, Archiv der Kirchengemeinde St. Bonifatius, Akte „Kapläne"

Nachdem er gerade Kaplan Holling hatte abgeben müssen, sollte er nun auch von Kaplan Wosnitza Abschied nehmen. Wegen seiner Kenntnisse der polnischen Sprache wurde Kaplan Wosnitza in St. Bonifatius dringend benötigt. Pfarrer Krieter war zudem in großer Sorge, dass auf seinen Kaplan ein schweres Schicksal warte, wenn er die vorgesehene Aufgabe übernähme. Die Geheime Staatspolizei hatte Johannes Wosnitza am 3. November 1939 schon einmal zum Verhör bestellt, weil er der „Polenseelsorger" der Bonifatiusgemeinde war. Momentan wurde er von der Gestapo nicht behelligt.

Pfarrer Krieter schrieb an Generalvikar Dr. Offenstein.:

„ … Durch die gewünschte Übernahme des Amtes und der Arbeit in der Seelsorge der polnischen Zivilarbeiter wird - trotz genauester Beobachtung der Richtlinien vom 17. Juni 1940 - erneut die Aufmerksamkeit auf Herrn Wosnitza gelenkt werden. Herr Kaplan Wosnitza hat daher stärkste Bedenken geäußert, als das Schreiben vom 12. des Monats in seinen und meinen Besitz gelangte. Da die hiesige Bonifatiusgemeinde im Falle der Übernahme der Seelsorge an den polnischen Zivilarbeitern für die vielen Wochen der Abwesenheit des Herrn Kaplan Wosnitza eine tüchtige Arbeitskraft entbehren müsste und zudem ich befürchten muss, dass die Arbeit in der Seelsorge der polnischen Zivilarbeiter unseren Herrn Kaplan in die schwierigsten Lagen bringen wird, bitte ich das Bischöfliche Generalvikariat im Interesse der hiesigen Seelsorge, von einer Abberufung abzusehen. Gehorsamst, Krieter, Pastor."

Dr. Offenstein antwortete Pfarrer Krieter in einem privat gehaltenen, freundlichen Schreiben, handschriftlich und ohne Nummer, am 22. 7. 1940. Pfarrer Krieter las:

„Carissime! Leider ist keine andere Möglichkeit, die Polenseelsorge anzufassen, zu sehen, als dass Kaplan Wosnitza von hier aus zentral die Sache macht. Die Lage der dortigen Pfarrei ist mir ja durchaus verständlich, aber wir können es nicht anders helfen. Und die Sache muss auch gleich in Angriff genommen werden, damit nicht der ganze Sommer hingeht und schließlich nichts in der Sache herauskommt. Ich glaube ja nicht, dass in der Person des Kaplans Wosnitza irgendwelche Schwierigkeiten bestehen, abgesehen von den allgemeinen Schwierigkeiten, mit denen eben jeder zu rechnen hätte. …

Beste Grüße, Dein Offenstein" [379]

Dieses private Schreiben wurde von einem offiziellen Schreiben des Generalvikars an Kaplan Wosnitza begleitet, das Pfarrer Krieter nachrichtlich bekannt gegeben wurde:

„Wir nehmen an, dass auf Grund unseres Schreibens vom 12. des Monats die vorbereitenden Arbeiten für die Polenseelsorge innerhalb der Diözese Ihrerseits aufgegriffen und vorgetrieben sind. Hierneben lassen wir Ihnen eine Liste der polnischen Arbeiter und Arbeiterinnen in Celle zugehen. Sie wollen sich auch mit dem Herrn Dechant Schmidts in Celle in Verbindung setzen. Von morgen (23. Juli 1940) steht Ihnen bis auf weiteres ein Zimmer im hiesigen Priesterseminar zur Verfügung. Es wird gut sein, wenn Sie zwecks praktischer Übernahme der Polenseelsorge baldigst nach hier übersiedeln. Sie bleiben bis auf weiteres Kaplan an St. Bonifatius in Hamburg-Wilhelmsburg, jedoch wird Ihre Besoldung für die Zeit Ihrer besonderen Verwendung vom Tag Ihres Eintreffens in Hildesheim ab von uns geregelt werden. Sie wollen mitteilen, wann Sie hier eintreffen. Offenstein." [380]

---

[379] Archiv der Kirchengemeinde St. Bonifatius, Akte „Kapläne"

[380] Bischöfliches Generalvikariat, Offenstein, Nr. 6495, vom 22. Juli 1940, Archiv der Kirchengemeinde St. Bonifatius, Akte „Kapläne"

Kaplan Wosnitza musste also im Sommer 1940 Wilhelmsburg verlassen. Es bestand die berechtigte Furcht, dass er mit der Gestapo Schwierigkeiten bekommen werde. Dennoch trat Kaplan Wosnitza die ihm zugedachte Stelle ohne weiteres Zögern an.[381]

6.4.7 Die Weihe der Gemeinde St. Bonifatius an die Gottesmutter

Bischof Josph-Godehard befahl im Jahre 1940 für das Bistum Hildesheim die Weihe der Kirchengemeinden und aller „Lebensstände" an die Gottesmutter Maria. Die Weihetage sollten am Sonntag, den 18. August 1940, mit dem Fest „Mariä Himmelfahrt", beginnen. Die Chronik von St. Bonifatius berichtet ausführlich:
„In unserer Pfarrkirche fand am 18. August 1940, am Feste Mariä Himmelfahrt, die vom Hochwürdigen Herrn Bischof angeordnete Weihe an die Gottesmutter statt. Fast alle Besucher der drei Frühgottesdienste gingen zum Tisch des Herrn. Es wurden 800 heilige Kommunionen gezählt. Das Hochamt um 9 Uhr war ein Bitt- und Dankgottesdienst für all' den Schutz, den die Gottesmutter dem Bistum in all' den Jahrhunderten seines Bestehens in wunderbarer Weise erwiesen hat. Die eigentliche Weihestunde an die Gottesmutter war abends 6 Uhr in unserer Pfarrkirche. Männer und Jungmänner, Frauen und Mütter und Jungfrauen, alle kamen am Abend wieder, um sich der Gottesmutter zu weihen. Die Predigt über die Auserwählung Mariens zur Gottesmutter und zu unserer Mutter hielt der Pfarrer der Gemeinde. Unsere Pfarrkirche war bis auf den letzten Platz gefüllt. Die Messdienergruppe, die vollzählig erschienen war, und viele weiß gekleidete, Lilien tragende Mädchen verschönten durch ihre Gegenwart und Andacht die feierliche Muttergottesweihe der Gemeinde. An den drei Tagen vor dem 18. August hielt der Dominikanerpater Vinzenz Jaworski, Kuratus an St. Paulus in Berlin, als Vorbereitung für die Marienweihe ein Triduum[382] zu Ehren der Muttergottes."[383]
Am Sonntag, den 6. Oktober, fand für alle unsere Schulkinder die Muttergottesweihe statt. Viele waren aus den Ferien in ihre Heimat Wilhelmsburg zurückgekehrt. Die Eltern, insbesondere die Mütter, erschienen mit ihren Kindern am Vormittag zur heiligen Kommunion und am Nachmittag zur besonderen Marienfeier ihrer Kinder. Die Predigt hielt der Pfarrer der Gemeinde über die dreifache Mutter, die wir als katholische Christen haben: die irdische Mutter, die himmlische Mutter und die „Mutter Kirche". Trotz der weiten Wege waren die Kinder - es wurden 400 Kinder gezählt - rechtzeitig gekommen.
Die Muttergottesweihe der Frauen und Mütter folgte am Sonntag, den 13. Oktober. Am Vormittag war Gemeinschaftskommunion und am Nachmittag um 4 Uhr die Weihestunde. Wie vorauszusehen, waren die Frauen und Mütter in größter Zahl gekommen. Die Predigt hielt der Pfarrer über Maria als Vorbild der Frauen und Mütter.
Erwähnt sei noch, dass am Morgen des 13. Oktober (es war ein Mittwoch; Anm. d. Verf.) ein Mitglied unserer Gemeinde, ein alter, frommer und biederer Mann, nach Beendigung der hl. Messe in der Kirche zusammenbrach und im Pfarrhause eines erbaulichen Todes gestorben ist. Nach Aussage seiner Verwandten und Bekannten hat er oft um die Gnade eines guten Todes gebetet.

---

[381] Vgl. auch: Engfer, H. Die Seelsorge an polnischen Zivilarbeitern, in: Das Bistum Hildesheim 1933-1945. Eine Dokumentation. a. a. O., S. 383,ff. , besonders die Seiten 388, 391, 397, 399
[382] Triduum = eine dreitägige Vorbereitung auf ein religiöses Fest mittels Predigt, Andacht , Vorträgen usw.
[383] Spätestens bei der Begegnung mit Pater Jaworski erfuhr Pfarrer Krieter, dass der Dompropst von Berlin, Bernhard Lichtenberg seit 1938 „die verfolgten nichtarischen Christen und die Juden" in sein tägliches, öffentliches Abendgebet in der St. Hedwig-Kathedrale einschloss.

So hat er, der am Morgen noch froh und gesund zur heiligen Messe kam, sicherlich auf die Fürbitte der Gottesmutter, Erhörung seines Gebetes gefunden. Er wurde bis zur Überführung zum Friedhof im Pfarrhause aufgebahrt.

Am Christkönigsfeste, am 27. Oktober, weihte sich die männliche und weibliche Jugend der Gottesmutter. Infolge der Einziehung vieler Jungmänner zum Reichsarbeitsdienst und zum Wehrdienst war die Zahl der jungen Mädchen an der Kommunionbank bedeutend größer als die Zahl der Jungmänner. Zu Ehren der Gottesmutter erklang im feierlichen Hochamt - von der Jugend gesungen - das `Salve Regina´. Am Nachmittag erschien unsere Jugend zur Marienweihe mit Bannern und Fahnen.[384] In der Predigt sprach Herr Kaplan Surkemper über Maria als das Ideal der Reinheit und weckte Liebe und Begeisterung für Christkönig und seine hl. Mutter.

Unsere Männer bekannten sich am Bernwardsfeste, am 17. November, zur Gottesmutter. Mehrere Männer waren leider beruflich verhindert, an der Feier teilzunehmen und hatten sich vorher entschuldigt. Im Übrigen war die Beteiligung sehr groß. Herr Kaplan Surkemper hielt die Predigt über das Thema: `Maria, die starke Frau, Vorbild für den katholischen Mann im Lebenskampfe´.

Bei all diesen Weihen war eine Muttergottesstatue neben dem Hochaltar aufgestellt, die festlich mit Blumen geschmückt im Lichterglanz erstrahlte. Die vom Bischöflichen Generalvikariat herausgegebenen Programme, die bei den Feiern benutzt wurden, trugen wesentlich dazu bei, rechte Gebetsfreude und Festtagsstimmung zu wecken." [385]

6.4.8   Der Zorn des Dr. Offenstein

Es wäre für Pfarrer Krieter im Dezember 1940 schön gewesen, sich auf seine seelsorgerlichen Aufgaben in der Adventszeit konzentrieren zu können. Doch die Tage vom 29. November bis zum 31. Dezember 1940 wurden für ihn Tage der Aufregung, der Sorge und Zerknirschung. Auslöser aller Beschwerden war wieder einmal das „St. Willehadstift".
Pfarrer Krieter war schon im Jahre 1939 - bei Kriegsbeginn - von einem Sachbearbeiter des Finanzamtes wegen der Grundsteuerzahlung für das Gemeindehaus „St. Willehadstift" angesprochen worden. Der Beamte hatte ihm erklärt, das Gemeindehaus könne gänzlich von der Grundsteuer befreit werden, wenn dem Finanzamt eine „Satzung" des Hauses vorgelegt werde. Die Satzung müsse die Nutzung des Hauses zu gemeinnützigen Zwecken ausweisen. Vor allem aber müsse die „Satzung" einen Paragrafen enthalten, der festlege, dass bei Auflösung des Stiftes oder bei Wegfall der bisherigen Nutzung das vorhandene Vermögen ausschließlich für gemeinnützige Zwecke im Sinne des Steueranpassungsgesetzes verwendet werde. Pfarrer Krieter hatte den Rat des Beamten im Jahre 1939 interessiert entgegengenommen, die Angelegenheit aber unerledigt gelassen. Inzwischen war eine Verordnung zur Durchführung der Paragrafen 17 bis 19 des Steueranpassungsgesetzes herausgekommen. Deswegen war Pfarrer Krieter Mitte November 1940 vom Finanzamt erneut zur Vorlage einer „Satzung des Stiftes St. Willehad" aufgefordert worden. Falls die „Satzung" nicht bis zum 31. Dezember 1940 vorliege, werde man den Einheitswert des Hauses von derzeit 2.040 RM auf 80.000 RM heraufsetzen.

---

[384] Banner und Fahnen waren also - wie von Generalvikariat am 3. 8. 1935 vorgeschrieben - in der Sakristei der Bonifatiuskirche aufbewahrt worden. Öffentlich durften sie seit diesem Datum nicht mehr gezeigt werden.
[385] Chronik der Kirchengemeinde St. Bonifatius, S. 36 und 37

Die Kirchengemeinde St. Bonifatius werde dann statt wie bisher jährlich 48,96 RM eine entsprechend erhöhte Grundsteuer zu zahlen haben. Außerdem seien Nachzahlungen von Grundsteuer, Vermögenssteuer und eventuell von Körperschaftssteuer in vollem Umfange für die Rechnungsjahre 1938 bis 1940 zu erwarten. So unter Druck gesetzt, hatte Pfarrer Krieter sofort seinen Finanzreferenten Paul Ulitzka zu Rate gezogen.[386]

Die beiden Herren hatten eine „Satzung" entworfen, sie von den weiteren Kirchenvorstehern genehmigen lassen und diese „Satzung" als Entwurf dem Finanzamt vorgelegt. Dabei hatte Pfarrer Krieter die Beamten ausdrücklich darauf hingewiesen, dass diese „Satzung" solange als vorläufig gelten müsse, bis sie von der Bischöflichen Behörde in Hildesheim genehmigt worden sei. Am 29. November hatte Pfarrer Krieter dann - in dem Glauben, recht umsichtig und finanzpolitisch klug gehandelt zu haben - den folgenden Brief an das Generalvikariat in Hildesheim gesandt:

„Zwecks Erlangung gänzlicher Grundsteuerfreiheit für unser Gemeindehaus fordert das Finanzamt die Vorlage einer genehmigten Satzung, worin namentlich die Zwecke des Hauses festgelegt sind. Ich habe daher die in dreifacher Ausfertigung beigefügte Satzung aufgestellt, die im Entwurf auch schon dem Finanzamt vorgelegen und die Billigung des Finanzamtes gefunden hat. Die Aufnahme des Paragrafen 9 der Satzung in der vorliegenden Fassung ist ausdrücklich vom Finanzamt entsprechend den steuerlichen Vorschriften gefordert worden, weil nur dann gänzliche Befreiung von der Grundsteuer bewilligt werden kann. Ich bitte, die Satzung kirchenoberlich zu genehmigen und in zweifacher Urschrift mit Genehmigungsvermerk zurückzusenden. Mit Rücksicht darauf, dass die Angelegenheit beim Finanzamt bis zum 31. des Jahres erledigt sein muss, wäre ich für die umgehende Genehmigung und Rücksendung der Satzung recht dankbar. Gehorsamst, Krieter, Pastor" [387]

Die Reaktion des Generalvikars Dr. Offenstein auf diesen Brief überraschte Pfarrer Krieter vollkommen. Der Generalvikar schrieb empört:

„Carissime! Euer Beschluss vom 1. November 1940 über das dortige Gemeindehaus ist eine ganz untragbare Angelegenheit. Warum hast du bei einer so wichtigen Sache, von der die Existenz des Gemeindehauses abhängt, nicht vorher hier Rat eingeholt? Ich halte es für dringend geboten, dass Du auch jetzt noch zunächst einmal deswegen nach hier kommst. Die Zeit muss sich finden lassen. Teile vorher mit, wann Du kommst. Sonnabend, den 7. Dezember des Jahres kommt aber nicht in Frage, da ich dann nicht hier bin. Beste Grüße, Dein Offenstein" [388]

Offensichtlich hatte der Generalvikar Erkenntnisse, die ein kleiner Gemeindepfarrer nicht besitzen konnte. Es machte Pfarrer Krieter Angst, durch selbstherrliches Vorgehen vielleicht die Existenz des Gemeindehauses gefährdet zu haben. Deswegen begab er sich mit allen Steuerakten umgehend auf die Bahnreise nach Hildesheim. Dort angekommen, hatte er sich zuerst die Vorwürfe des Generalvikars anzuhören. Er musste seine Steuerakten zur ausführlichen Prüfung in Hildesheim lassen und wurde mit dem Hinweis verabschiedet, er werde schriftliche Mitteilung bekommen. Die nächsten vierzehn Tage verbrachte er in Aufregung und Zerknirschung.

---

[386] Paul Ulitzka war von Mai 1938 bis 1945 Fachreferent für Angelegenheiten des Haushalts und der Finanzen in der Finanzbehörde Hamburg. Vgl. Nachlass des Paul Ulitzka im Privatarchiv von Ulrich Krieter

[387] Schreiben des Pfarrers Krieter vom 29. 11. 1940 , Archiv der Kirchengemeinde St. Bonifatius, Akte „Gemeindehaus - alte Bauakten"

[388] Privates Schreiben des Generalvikars Dr. Offenstein vom 4. 12. 1940; im Archiv der Kirchengemeinde St. Bonifatius, Akte „Gemeindehaus - alte Bauakten"

Vier Tage vor Weihnachten traf im Pfarrhaus von St. Bonifatius endlich ein Paket mit dem folgenden Begleitschreiben ein: „Carissime! Ich schicke Dir Deine Steuerakten (Gemeindehaus) hiermit wieder zu. Es empfiehlt sich <u>dringend</u>, zurzeit wegen der Grundsteuer <u>nichts</u> zu unternehmen. Nach dem berichtigten Grundsteuerbescheid vom 10. 6. 1938 beträgt der Einheitswert 2.040 RM. Es besteht nicht die geringste Veranlassung, diese Festsetzung anzufechten, denn die Steuerbegünstigungen sind nur gegeben für Kapelle, Verwaltungsraum des Kirchenvorstandes (eigener Raum!), Raum für religiöse Unterweisung, unter gewissen Bedingungen auch für militärische Unterkunft. Es ist also unbedingt anzuraten, die neue Festsetzung des Einheitswertes abzuwarten. Erfolgt eine höhere Festsetzung, so sende den Bescheid <u>sofort</u> auf dem Dienstwege an das Bischöfliche Generalvikariat ein, damit er überprüft wird. Mit der jetzigen Festsetzung könnt Ihr durchaus zufrieden sein. Beste Wünsche für Weihnachten und Neujahr. Zugleich beste Grüße an alle alten Bekannten! Dein Offenstein." [389]

Pfarrer Krieter sah es als „Weihnachtsgeschenk" an, dass sich der Zorn des Dr. Offenstein offenbar gelegt hatte. Er nahm sich vor, die ganze Angelegenheit zunächst einmal ruhen zu lassen nach dem Motto: Kommt Zeit, kommt Rat.

6.4.9   Rückblick auf das Jahr 1940

Als Pfarrer Krieter seine Ansprache für den Neujahrstag 1941 vorbereitete, konnte seine Stimmung nur trübe sein. Noch immer fühlte er sich wegen der Steuern für das „St. Willehadstift" unbehaglich. Er war unzufrieden, dass er in seiner großen Pfarrei nur noch Kaplan Surkemper als Helfer hatte. Die dauernde Angst vor englischen Luftangriffen zerrte an seinen Nerven, und die Wetterbedingungen der letzten Tage hellten seine Stimmung ebenfalls nicht auf. Es war in Hamburg seit Anfang Dezember wieder sehr kalt.[390] Der Brennstoff war wieder knapp. Die Kirche war kalt, und auch die Öfen im Pfarrhaus konnten nicht ausreichend befeuert werden.

In dieser Stimmung mochte Pfarrer Krieter auch die Erfolge der deutschen Soldaten nicht so positiv sehen, wie sie in Deutschland allgemein dargestellt wurden. Er hatte mit seinem Freund, Leonard Mock, mehrmals die Meinung zum Kriegsgeschehen ausgetauscht und war sich mit ihm einig, dass das böse Ende für Deutschland schon noch kommen werde.[391] Allerdings waren die deutschen Erfolge - das mussten die beiden Freunde zugestehen - beeindruckend. Der Krieg gegen Polen war in wenigen Wochen gewonnen worden. Am 9. April 1940 hatte Deutschland den Angriff auf Dänemark und Norwegen begonnen. Dänemark war kampflos besetzt worden. Norwegen war schon im Mai fast vollständig erobert gewesen. Nur um den Eisenerzhafen Narvik hatten die Deutschen bis Anfang Juni kämpfen müssen. Am 10. Mai hatte der Krieg im Westen begonnen. Die Niederlande, Belgien, Luxemburg und Frankreich (bis zur Loire) waren jetzt - zu Jahresbeginn 1941 - von deutschen Truppen besetzt.

---

[389]   Schreiben des Generalvikars Offenstein vom 20.12. 1940 ohne Nummer, Archiv der Kirchengemeinde St. Bonifatius, Akte „Gemeindehaus - alte Bauakten"

[390]   Vgl. www.wetteronline.de Hamburg-Fuhlsbüttel, Dezember und Januar 1940

[391]   Vgl. Chronik der Kirchengemeinde St. Franz-Josef, S. 54

Wie im gesamten Großdeutschen Reich hatten die Glocken der Bonifatiuskirche „aus Anlass der siegreichen Beendigung der Schlacht in Flandern und im Artois auf Geheiß des Führers" am 6. und 7. Juni 1940 geläutet.[392] Die deutschen Truppen schienen unbesiegbar zu sein. Hitler wurde bewundert und geliebt wie nie zuvor.

Dass Italien Bundesgenosse der Deutschen geworden war, sahen Pastor Mock und Pfarrer Krieter sehr skeptisch.[393] Sie vertrauten nicht der deutschen Kriegsberichterstattung, die in der Presse, im Rundfunk und im Film (Wochenschau) den Eindruck vermittelte, es könne nur deutsche Siege geben. Sie hatten wegen eines eventuellen Kriegseintritts der USA Sorge, aber am meisten fürchteten die beiden Freunde England. Deutsche Flugzeuge hatten zwar London mehrmals bombardiert und größte Schäden angerichtet; die Altstadt von Coventry war „ausradiert" und der letzte deutsche Luftangriff auf London war erst am 29. Dezember erfolgreich geflogen worden, aber die „Luftschlacht über England" war mehr eine Niederlage als ein Unentschieden gewesen.[394]

Hitler hatte im September 1940 die Konsequenzen aus dieser Sachlage gezogen und die Invasion des englischen Festlandes auf das Frühjahr 1941 verschoben.[395] Für Pfarrer Mock war das ein Zeichen der Schwäche. Ebenso negativ bewertete er auch die Erfolge der so hoch gelobten deutschen Abfangjäger und Flugabwehrkanonen. Englische Flugzeuge hatten das gesamte Jahr 1940 hindurch Ziele in Deutschland angreifen können. Der Angriff auf Harburg und Wilhelmsburg im Mai dieses Jahres war kein Einzelfall geblieben. Insgesamt hatte es mittlerweile 72 Luftangriffe auf Hamburg gegeben, hundertdreiundzwanzigmal war Luftalarm ausgelöst worden.[396] Die ständige Angst vor englischen Flugzeugen war für Pfarrer Krieter und Pfarrer Mock - bis jetzt - das eigentliche Kennzeichen dieses Krieges.

Die „Fliegergefahr" hatte im kirchlichen Leben einschneidende Änderungen bewirkt. Begonnen hatte es mit den Vorschriften, die der Luftschutzwart und Polizeipräsident von Hamburg für das Läuten der Kirchenglocken erlassen hatte. Anschließend war angeordnet worden, dass sich die Gottesdienstzeiten „der Luftlage" anzupassen hätten.

Seit dem 30. Oktober durften kirchliche Veranstaltungen „an Tagen nach nächtlichem Fliegeralarm" nicht mehr vor 10 Uhr morgens beginnen. Laut einem Schreiben des Generalvikariates sollten die Pfarrer in solchen Fällen die später beginnenden Messen zeitlich so legen, dass sie von möglichst vielen Gläubigen besucht werden könnten. Die Pfarrer durften selbst entscheiden, „ ob an Stelle des Hochamtes eine größere Anzahl von stillen heiligen Messen eingelegt wird ..."[397] Ebenso sollten die Geistlichen die Zeit und Dauer der Predigt den Verhältnissen anpassen. Den Priestern war notfalls die Feier von zwei Messen an einem Tag (Bination) erlaubt.[398]

Am Ende seines Rückblickes auf das Jahr 1940 stellte Pfarrer Krieter die Daten der Jahresstatistik zusammen, die er beim Neujahrsgottesdienst vorstellen wollte.

---

[392] Vgl. Archiv der Kirchengemeinde St. Bonifatius, Akte „Rundschreiben weltlicher Behörden bis 1959"

[393] Mussolini, der Diktator Italiens, hatte Frankreich und England am 10. 6. 1940 den Krieg erklärt. Ende Oktober griff er Griechenland an. Vgl. Benz, Wolfgang, Geschichte des Dritten Reiches, a., a. O., S. 182

[394] Bei der „Luftschlacht" am 15. September 1940 wurden 56 deutsche und nur 26 englische Flieger abgeschossen. Vgl. Das 20. Jahrhundert ... Die 40er Jahre, a., a. O. S. 21

[395] Vgl. Benz, Wolfgang, Geschichte des Dritten Reiches, a., a. O., S. 181

[396] Vgl. Brunswig, Hans, Feuersturm über Hamburg. Die Luftangriffe auf Hamburg im 2. Weltkrieg und ihre Folgen, Motorbuch-Verlag Stuttgart, 10. Aufl. 1994, S. 50 ff.

[397] Bischöfliches Generalvikariat, Offenstein, Nr. 10699 vom 28. Oktober 1940, Archiv der Kirchengemeinde St. Bonifatius, Akte „Rundschreiben kirchlicher Behörden bis 1920-1944"

[398] Vgl. Chronik der Kirchengemeinde St. Maria, Bd.1, S. 196

Die Gläubigen würden erfahren, dass kriegsbedingt die Zahl der sonntäglichen Kirchenbesucher weniger geworden war, ebenso die Zahl der Osterkommunionen und die Zahl der Taufen und Trauungen. [399]

	Kirchenbesucher am Zähltag	Kommunionen in der Osterzeit	Trauungen	Taufen	Kirchenaustritte
1939	**Fastenzeit:** 2.300 **September:** 2.090	3.540	64	135	78
1940	**Fastenzeit:** 2.250 **September:** 2.050	3.490	45	109	32

Pfarrer Krieter nahm sich vor, seinen Gläubigen trotz dieser Zahlen Mut für das Jahr 1941 zu machen. Er wollte sie an das Sprichwort erinnern: Not lehrt beten! Gottvertrauen und Gebet hatten noch immer geholfen.

6.5   Das Jahr 1941

Wie die Mehrzahl der Deutschen wird auch Pfarrer Krieter die Hoffnung gehabt haben, im Frühjahr 1941 werde eine erfolgreiche deutsche Invasion Englands erfolgen. Damit würden dann auch englische Luftangriffe auf Hamburg ein Ende finden. Es kam ganz anders.

6.5.1   Die Luftangriffe gehen weiter.

In seinem Aufruf an die deutsche Bevölkerung zu Neujahr 1941 befasste sich Adolf Hitler auch mit den Bombenabwürfen auf das deutsche Reichsgebiet. Großspurig tönte er: „ ... Und es ist keine Phrase, sondern blutiger Ernst, wenn wir versichern, dass auf jede Bombe zehn oder, wenn notwendig, hundert zurückgeworfen werden ..." [400] Hitlers Geschrei, er werde sich rächen, half den Menschen, die von Flugzeugen geängstigt und von Bomben getroffen wurden, gar nichts. In der Nacht vom 12. zum 13. März 1941 war Hamburg das Hauptziel englischer Bombenflugzeuge. Das Stadtgebiet wurde ununterbrochen von 23 Uhr 12 bis 2 Uhr 40 in der Frühe angegriffen. Ab 4 Uhr 10 flogen englische Flugzeuge - aus Nordholland und aus der Deutschen Bucht heran fliegend - ein zweites Mal nach Hamburg. Die Hamburger Bevölkerung, die sich gerade vom Schrecken des ersten Angriffs erholt hatte, musste sich erneut in Sicherheit bringen. Pfarrer Krieter, der offiziell „Stellvertretender Luftschutzleiter" für seinen „Betrieb" war, und sein „Betriebsfeuerwehrmann" Surkemper bildeten die „Brandwache" für Pfarrhaus und Kirche in St. Bonifatius. [401]

---

[399]   Die Zahlenangaben in der nachfolgenden Tabelle hat Pfarrer Krieter im Zählbogen A der kirchlichen Statistik Deutschlands über die Jahre 1939 und 1940 gemacht. Archiv der Kirchengemeinde St. Bonifatius, Akte „ Statistik - Visitationen"

[400]   zitiert nach Brunswig, Hans, Feuersturm über Hamburg, a. a. O. , S. 80

[401]   Vgl. Archiv der Kirchengemeinde St. Bonifatius, Akte „Personalia". Personalnachweisung zum 25. 1. 1943

In dieser Nacht mussten die beiden geistlichen Herren zu ihrem Glück nur „Acht geben". In Harburg-Wilstorf war es anders. Das Pastoratshaus in Wilstorf (Reeseberg 16) war bekanntlich das Privateigentum des Pfarrers Krieter und seiner Schwester Therese. Weil es in nächster Nachbarschaft zur St. Franz-Josef-Kirche stand, waren die Geschwister an Nachrichten, die Leonard Mock ihnen zukommen ließ, immer ganz besonders interessiert. Was sie am Morgen des 13. März 1941 erfuhren, kann in der Chronik der Kirchengemeinde St. Franz-Josef nachgelesen werden. Leonard Mock hat dort geschrieben: „In der Nacht vom 12. zum 13. März 1941 fiel bei einem nächtlichen englischen Fliegerangriff eine Brandbombe auf die Galerie des Kirchturmes. Schaden konnte sie da nicht anrichten, da der Turm massiv gebaut ist. Aber weithin war sie zu sehen. Einige Männer haben die Bombe herunter gestoßen. Schlimmer hätte es in der gleichen Nacht im Vinzenzhaus werden können. Auch dort war eine Brandbombe durch das Dach in das Zimmer einer Schwester gefallen. Die Bombe zündete, aber die Schwestern löschten schnell mit Sand. So wurde größerer Schaden verhindert. Seit diesem Tag zieht jeden Abend eine zwei Personen starke `Brandwache´ in der Kirche auf. Die Wache ist polizeilich angeordnet. Männer, Jungmänner und Jungmädchen haben sich freiwillig gemeldet. In der Sakristei stehen zwei Betten für diese Wache. Bei Fliegeralarm bezieht die Wache ihre Posten. Einer steht am Eingang zur Orgelbühne, der zweite am Eingang zum Dachboden." [402]

Bereits in der folgenden Nacht (vom 13. zum 14. März 1940) kam der nächste Angriff, bei dem auch Pfarrer Krieter wieder zur Brandwache aufgerufen war. Es war der 75. Angriff auf Hamburg. Zum Glück blieben Wilhelmsburg und Harburg unbehelligt. In der Karwoche und über Ostern lebten die Geistlichen und Laien der Bonifatiusgemeinde in Angst vor neuen Angriffen. Weil viele Väter, die zum Militärdienst eingezogen waren, zum Osterfest Urlaub bekommen hatten, fand die Erstkommunionfeier in diesem Jahr nicht am Weißen Sonntag, sndern schon am Ostermontag (25. März) statt.
In den letzten Märzwochen und im April 1940 wurde Hamburg von Fliegerangriffen verschont. Jetzt waren Hannover, Wilhelmshaven, Köln, Kiel, Bremen, Wesermünde (=Bremerhaven), Berlin und Emden schweren Angriffen ausgesetzt.
Neues Unglück für Hamburg kam im Mai. In der Nacht vom 2. auf den 3. Mai erlitt das Gemeindehaus „Stift St. Willehad" erste Schäden, die Pfarrer Krieter der Feststellungsbehörde in der Bauverwaltung als Kriegsschäden melden musste: die Einfriedungsmauer und mehrere Fenster des Gemeindehauses waren zerstört; das Dach war abgedeckt.[403]
Vom 9. bis zum 12. Mai 1941 flogen die Engländer Nacht für Nacht Angriffe auf Hamburg. Diese Angriffs-Serie jagte der Bevölkerung große Schrecken ein und schädigte das Wirtschaftsleben der Stadt erheblich. Zum ersten Mal gab es über 100 Tote bei einem einzigen Angriff. Die größte und am schwierigsten zu löschende Brandstelle durch den Angriff vom 9. Mai war nicht weit von der Bonifatiuskirche entfernt. Die Deutschen Erdölwerke (DEA) am Reiherstieg waren von etwa 100 Brandbomben getroffen worden. Die Bomben hatten in der Versandhalle 34 Öltanks - mit je 20 bis 30 Kubikmeter Inhalt - in Brand gesetzt. Das Feuer war auf die Abfüllhalle übergegangen und hatte diese eingeäschert.[404]

---

[402] Chronik der Kirchengemeinde St. Franz-Josef, Bd.1, S. 56

[403] Archiv der Kirchengemeinde St. Bonifatius, Akte „Gemeindehaus, Kriegseinwirkungen"

[404] Vgl. Brunswig, Hans, Feuersturm über Hamburg, a. a. O., S. 91

Generalvikar Dr. Offenstein war sich der physischen und psychischen Belastung der Geistlichen und des Pfarrhauspersonals von Wilhelmsburg, Harburg und Bremen-Hemelingen bewusst. Deswegen schickte er am 12. Mai 1941 an sämtliche Herren Pfarrer und selbständigen Seelsorgegeistlichen der Diözese Hildesheim folgendes Schreiben:

„An einigen Stellen unserer Diözese werden die Geistlichen und das Pfarrhauspersonal durch häufigen Fliegeralarm und Fliegerangriffe schwer mitgenommen. Da sie oft um die notwendige Nachtruhe kommen, muss auf die Dauer nicht nur die Gesundheit schweren Schaden leiden, sondern auch der Dienst wird darunter leiden. Um diesen zurzeit in besonders schwerer Stellung arbeitenden Mitbrüdern zu helfen, ist in letzter Zeit der Gedanke aufgetaucht, einen zeitweiligen Austausch vorzunehmen. Es sei ausdrücklich betont, dass dieser Gedanke in keiner Weise von den betreffenden Stellen selbst ausgegangen ist. Dieses Rundschreiben wendet sich zwar an alle Konfratres, aber es ist selbstverständlich, dass nur solche Personen zum Austausche in Frage kommen, die sich selbst gesund und stark genug fühlen, das Opfer für einige Zeit - etwa zwei bis drei Wochen - auf sich zu nehmen. Wir appellieren an die konfraternelle Gesinnung unseres Klerus und fragen an, wer bereit ist, einzuspringen. In Frage kommen nicht nur die Geistlichen, sondern auch das Hauspersonal. Wir bitten, diesen Appell mit Kaplänen und Hauspersonal durchzusprechen. Freiwillige vor! Offenstein" [405]

Das Schreiben des Generalvikars veranlasste niemanden, sich freiwillig zu melden.

Im Jahr 1941 gab es in Hamburg 78 Alarme und 42 Fliegerangriffe.[406] Dabei rückten die Bombentreffer und Flugzeugabstürze den Kirchen der katholischen Gemeinden in Wilhelmsburg und Harburg immer näher. In der Chronik von St. Maria notierte Pfarrer Wüstefeld: „Seit September 1941 mehrten sich wieder die nächtlichen Fliegerangriffe der Engländer. In der Nacht vom 14. / 15. September 1941 schwerer Fliegerangriff von circa 90 bis 100 englischen Flugzeugen auf Groß-Hamburg. 86 Tote und viele Verletzte. Über Wilhelmsburg wurde ein Flugzeug abgeschossen, in der Nähe der katholischen St. Bonifatiuskirche. Meist wurden die Feinde durch „Flak" abgewiesen, aber in der Nacht vom 26. zum 27. 10. 1941 war Alarm von 21 Uhr 30 bis 0 Uhr 45 mit dem Resultat, dass 32 Harburger und 20 Hamburger im Keller ihr Leben verloren. Zwei Häuser in der Schlageterstraße (heute Lassallestraße, Anm. d. Verf.) stürzten ein und begruben 32 Menschen unter sich, die nicht mehr lebend geborgen werden konnten." [407]

6.5.2   Die Kinderlandverschickung

Die zunehmende Gefährdung der Zivilbevölkerung durch englische Luftangriffe ließ die Nationalsozialisten eine sozialpolitische Maßnahme aufgreifen, die seit der Jahrhundertwende bekannt und üblich war: die „Kinderlandverschickung".
Auf Weisung Hitlers gab der Reichsjugendführer Baldur von Schirach der Maßnahme den Namen: „Erweiterte Kinderlandverschickung".

---

[405] Bischöfliches Generalvikariat, Offenstein, Nr. 5077 vom 12. 5. 1940, Archiv der Kirchengemeinde St. Bonifatius, Akte „Rundschreiben kirchlicher Behörden. 1920-1944"

[406] Brunswig, Hans, Feuersturm über Hamburg, a. a. O., S. 109

[407] Chronik der Kirchengemeinde St. Maria, Bd.1, S. 210

Damit sollte die Eigenständigkeit der NS-Bemühungen betont werden. Die inhaltliche Verantwortung für die Kinderlandverschickung lag bei der Hitlerjugend; praktisch wurde sie in Zusammenarbeit mit der nationalsozialistischen Volksfürsorge (NSV) und den Schulbehörden durchgeführt. „Im Rahmen der `Kinderlandverschickung´ (KLV) wurden Vorschulkinder von drei bis sechs Jahren und Schüler bis zur vierten Klasse in Familienpflegestätten vermittelt, die zehn- bis vierzehnjährigen Schüler in Lagern untergebracht. In Hamburg achtete die Schulbehörde sehr darauf, dass die Eltern, die ihre Kinder freiwillig der KLV anvertrauen sollten, das Unternehmen als schulische Angelegenheit und nicht als Aktion der Hitlerjugend ansahen, und dass in den KLV-Lagern Lehrer die Befehlsgewalt hatten - nicht Führer der Hitlerjugend. Hamburg war die einzige Stadt, die in allen Aufnahmegebieten seiner Schulkinder eigene Schulbeauftragte beschäftigte. Die Werbung für die erste Verschickungsperiode vom Oktober 1940 bis zum Sommer 1941 fand eine äußerst positive Resonanz in der Hamburger Elternschaft." [408]

In der Bonifatiusgemeinde gehörte Paul Ulitzka zu den Eltern, die ein Kind an der Kinderlandverschickung teilnehmen ließen. Es war seine damals 12jährige Tochter Gisela. Paul Ulitzka wollte natürlich zu allererst sein Kind vor den Bomben in Sicherheit bringen. Er war aber auch von den finanziellen Vorteilen beeindruckt, mit denen die NSDAP für die Kinderlandverschickung warb. In einer Werbeschrift hieß es:
„Und all dies kostet die Eltern der verschickten Kinder keinen Pfennig. Sämtliche aus der erweiterten Kinderlandverschickung entstehenden Unkosten werden aus Reichsmitteln aufgebracht und werden von den Eltern nicht zurück gefordert, ohne Rücksicht auf ihre wirtschaftliche Lage. Darüber hinaus stehen der Lagerkasse je Kind und Monat fünf Reichsmark zur Verfügung, um auch kleine persönliche Ausgaben wie Haarschneiden, Kino, Porto, Schuhreparaturen zu bezahlen. Trotz alledem erhalten alle Familien, die Kinderbeihilfe beziehen, diese auch für die verschickten Kinder ungeschmälert. Auch gegen alle Fährnisse sind die Kinder ausreichend versichert, wofür schon die bestehenden Versicherungen eingeschaltet werden." [409]

Gisela hatte die Verschickung am 15. Mai - drei Tage nach der schrecklichen Serie von Luftangriffen auf Hamburg - angetreten. Sie vertrug die Lagersituation schlecht, schrieb bald klägliche, von Heimweh erfüllte Briefe an die Eltern und wurde so krank, dass sie ins Krankenhaus verlegt wurde. Gewiss hat Paul Ulitzka diese Situation mit Pfarrer Krieter mehrmals besprochen. Er wird sich mit seinem Freund bald einig gewesen sein, dass Gisela möglichst schnell aus dem KLV-Lager zurückgeholt werden müsse. Es war aber nicht einfach, diesen Entschluss erfolgreich umzusetzen. Paul Ulitzka musste sich an die Kreisamtsleitung der NSV in Hamburg-Harburg wenden und dort den Antrag stellen, dass Gisela zurück geschickt werde. Von der Lagerleitung des Kinderlandverschickungslagers II aus Bamberg erhielt Paul Ulitzka bald darauf die Mitteilung: „Ihr Gesuch auf vorzeitige Rückkehr Ihrer Tochter Gisela … können wir nicht so ohne weiteres genehmigen. Vorläufig liegt das Mädel noch im Krankenhaus zur Beobachtung.

---

[408] Zitat aus Schildt, Axel, Jenseits der Politik? Aspekte des Alltags. In :Hamburg im Dritten Reich, a. a. O., S. 299

[409] Paul Ulitzka hatte sich den zitierten Text aus dem Elternbrief der erweiterten Kinderlandverschickung - Gau München OBB - Folge 1, Februar 1941 (abgedruckt in der Zeitschrift „Hochlandruf") abgeschrieben und aufbewahrt. Den Aufruf des Reichsstatthalters Kaufmann zur KLV: „An die Hamburger Elternschaft" bewahrte Paul Ulitzka im Original auf. Nachlass Paul Ulitzka , Privatarchiv von Ulrich Krieter

Es müsste also erst vom Lagerarzt bestätigt werden, dass das Mädel reisefähig ist. Wir werden die Angelegenheit nachprüfen und Ihnen Mitteilung machen, wie der Arzt entschieden hat." [410]

Weil die Lagerleitung anschließend nichts hören ließ, entschloss sich Paul Ulitzka, am 4. September 1941, nach Bamberg zu reisen und seine Tochter auf eigene Kosten nach Wilhelmsburg zurückzuholen. Für diese Reise wendete er 25,95 Reichsmark auf, die ihm später - nach einem entsprechenden Antrag - von der NSV erstattet wurden.

Für Pfarrer Krieter war das Schicksal der kleinen Gisela Ulitzka ein typischer Fall. Wen die nationalsozialistischen „Erzieher" erst einmal unter ihrem ausschließlichen Einfluss hatten, den wollten sie „so ohne weiteres" nicht wieder frei geben. Überhaupt sah Pfarrer Krieter die Maßnahme „Kinderlandverschickung" sehr skeptisch. In der Chronik der Kirchengemeinde St. Bonifatius liest man: „Die Schulbehörden haben die erweiterte Kinderlandverschickung angeordnet und diese Maßnahme mit der vermehrten Bombengefahr im zunehmenden Luftkrieg begründet. Das klingt einleuchtend und hat infolgedessen auch guten Erfolg gehabt. Man ist jedoch in christlichen Kreisen - sicher nicht mit Unrecht - der Ansicht, dass die Luftgefährdung ein willkommener Vorwand ist, um durch ein neues Mittel den Einfluss des Elternhauses und die religiöse Erziehung der Kinder auszuschalten. Denn die Kinder werden ja zumeist in Lagern untergebracht, wo ihnen der Besuch des Gottesdienstes sehr schwer gemacht, die religiöse Unterweisung fast ganz verboten wird. -- In unserer Gemeinde wurde auch mit wenigen zurück gebliebenen Kindern der Religionsunterricht regelmäßig fortgesetzt. Auf Anordnung des Bischofs wurden die Pflichtstunden sogar um eine vermehrt." [411]

Das Generalvikariat hatte sämtlichen Pfarrern und selbständigen Seelsorgegeistlichen am 25. 4. 1941 befohlen, „die Eltern der bereits landverschickten oder zur Verschickung kommenden Kinder zu informieren und sie zu veranlassen, einen entsprechenden Antrag zu stellen, aus dem hervorgeht, dass sie die religiöse Unterweisung ihrer Kinder wünschen".[412] Am 13. Juni 1941 sandte das Generalvikariat ein weiteres Schreiben zum Thema „Kinderlandverschickung" an Pfarrer Krieter: „Auf den Dekanatskonferenzen und bei sonstigen Gelegenheiten ist die Frage der seelsorglichen Betreuung der aus luftgefährdeten Gebieten verschickten Kinder wiederholt und eingehend zur Sprache zu bringen. Praktisch geschieht an manchen Unterbringungsorten gar nichts, wie wir in Erfahrung gebracht haben. Es ist daher unbedingt notwendig, dass jeder Pfarrer darüber Bescheid weiß, ob und wie viele Kinder aus seiner Gemeinde verschickt sind und wohin; ferner, ob die Kinder Gottesdienst besuchen können und Religionsunterricht haben. Neben diesen Erkundigungen scheint uns eine Einwirkung auf die Eltern besonders dringlich. Bei Hausbesuchen müssen die Eltern darauf aufmerksam gemacht werden, dass sie ihren Kindern immer wieder schreiben, sich zum Gottesdienst am Sonntag zu melden und an dem eventuell ermöglichten Religionsunterricht teilzunehmen. Weiterhin dürfte es sich empfehlen, mit den Seelsorgern des Unterbringungsortes Fühlung zu nehmen, eventuell über das betreffende bischöfliche Ordinariat.

---

[410] Brief des Kreissachbearbeiters des Amtes für Volkswohlfahrt, Gau Hamburg, Kreis 8 der NSDAP vom 5. 8. 1941 an Paul Ulitzka, im Nachlass von Paul Ulitzka

[411] Chronik der Kirchengemeinde St. Bonifatius, S. 38 / 39

[412] Bischöfliches Generalvikariat, Offenstein, Nr. 3806 vom 25.4.1941, Archiv der Kirchengemeinde St. Bonifatius, Akte „Rundschreiben kirchlicher Behörden.1920-1944"

Wo viele Kinder aus einer Gemeinde irgendwo zusammen untergebracht sind, empfiehlt es sich, dass die Heimatpfarrer gelegentlich einen eigenen Gottesdienst für die Kinder ihrer Gemeinde halten, natürlich im Einvernehmen mit dem zuständigen Seelsorger. Den Eltern sind geeignete Schriftchen bekannt zu geben, die sie den Kindern im Briefe beilegen können. Auch schöne Karten oder Heiligenbildchen - eventuell mit einem schriftlichen Gruß des Heimatseelsorgers - würden vielen Kindern Freude machen und ihre Heimatverbundenheit stärken. Um einen Überblick zu bekommen, ordnen wir an, dass alle Pfarrer uns mitteilen, wie viele Kinder verschickt sind und wohin; ferner: welche Erfahrungen betreffs Gottesdienst etc. gemacht wurden." [413]

Pfarrer Krieter folgte den Anordnungen sofort. Die Eltern landverschickter Kinder erhielten von ihm eine Postkarte mit dem Bild der Bonifatiuskirche. Diese Postkarte sollten die Eltern beilegen, wenn sie ihren Kindern einen Brief schrieben. Auf der Rückseite der Postkarte war die Anschrift des Pfarrhauses bereits eingetragen, so dass es den Kindern leicht war, ihrem Pfarrer eine Nachricht aus dem KLV-Lager zu senden. So fand der Überschuss an Postkarten mit dem Bild der Bonifatiuskirche, die Pfarrer Krieter im Jahre 1939 in größerer Anzahl hatte drucken lassen, jetzt seine nützliche Verwendung.

6.5.3 Die seelsorgerliche Betreuung dienstverpflichteter Ausländer

In der Chronik von St. Bonifatius liest man: „Die Fronleichnamsprozession fand in diesem Jahre nicht am Tage selbst statt. Eine Kriegsverordnung gestattete sie erst am darauf folgenden Sonntag. (Die Prozession fand nur im Bereich rund um die Kirche - im „Wilhelmsburger Vatikan" - statt, weil die Durchführung in der Öffentlichkeit mittlerweile verboten war. Die Bonifatiusstraße durfte also nicht überquert werden. Der Schulhof der ehemals katholischen Schule „Alte Schleuse" stand nicht mehr zur Verfügung. Anm. d. Verf.)

Auch viele Ausländer waren im Triumphzug des Heilandes zu sehen. Es waren nämlich in diesem Jahre Hunderte von Italienern und Holländern, verheiratet und ledig, nach Wilhelmsburg gekommen, sogar Priester befanden sich darunter. Sie waren alle dienstverpflichtet und wohnten in Gemeinschaftslagern. Sonntag um Sonntag nahmen sie am kirchlichen Leben teil, besuchten auch werktags die heilige Messe, wenn ihre Zeit es ihnen erlaubte und vor allen Dingen waren sie fleißig im Empfang der hl. Sakramente. Ihr religiöser Eifer war sehr erbauend." [414]

Anders als bei polnischen Zivil- und Zwangsarbeitern oder gar polnischen Kriegsgefangenen war die Seelsorge an italienischen und holländischen Dienstverpflichteten nicht durch staatspolizeiliche Vorschriften eingeschränkt. Im Rahmen der bischöflichen Einrichtung „Wandernde Kirche" gab es für die Italiener einen Geistlichen, der in der Diözese Hildesheim hauptamtlich für die Betreuung seiner Landsleute eingesetzt war. Er hieß Don Prioni. Weil Don Prioni nicht alle Gruppen italienischer Dienstverpflichteter persönlich erreichen konnte, forderte das Generalvikariat Hildesheim die deutschen Seelsorger auf, ihn zu unterstützen. Sie sollten Sorge tragen, dass die Italiener Gelegenheit bekämen, am Gottesdienst der deutschen Gemeinde teilzunehmen. Nach dem deutschen Gottesdienst sollte den Italienern dann eine Predigt in italienischer Sprache verlesen werden.

---

[413] Bischöfliches Generalvikariat, Offenstein, Nr. 5750 vom 13. 6. 1941, Archiv der Kirchengemeinde St. Bonifatius, Akte „Rundschreiben kirchlicher Behörden.1920-1944"

[414] Chronik der Kirchengemeinde St. Bonifatius, S. 38 / 39

Zu diesem Zweck wurde „die italienische Predigt" regelmäßig denjenigen Pfarreien zugeschickt, in deren Pfarrbezirk dienstverpflichtete Italiener untergebracht waren. Wenn die Lager der dienstverpflichteten Ausländer so weit von der Pfarrkirche entfernt waren, dass sie die deutsche Kirche nicht regelmäßig besuchen konnten, dann waren die deutschen Seelsorger aufgerufen, „die italienische Predigt" in das Lager zu bringen. Entsprechend der Anzahl solcher Italienergruppen sollten die Pfarrer beim Generalvikariat in Hildesheim Predigtexemplare bestellen. Pfarrer Krieter forderte für den Bezirk der Bonifatiusgemeinde zwei Exemplare der italienischen Predigt an.[415] Bei all ihren sonstigen Arbeitsbelastungen konnten Pfarrer Krieter und Kaplan Surkemper die dienstverpflichteten Ausländer gewiss nicht so intensiv betreuen wie es notwendig gewesen wäre, zumal Sprachbarrieren bestanden. Immerhin mussten die beiden Geistlichen sich über die Anzahl der Italiener, den Standort ihres Lagers und über die allgemeine Lebenssituation der Dienstverpflichteten informieren. Dasselbe galt für die Holländer. Wichtig war es, unter den dienstverpflichteten Menschen einen Ansprechpartner zu finden, der fähig und willens war, den Kontakt zu den deutschen Geistlichen aufrecht zu erhalten. Insgesamt war das Bemühen um die ausländischen Arbeiter und Arbeiterinnen für Pfarrer Krieter und Kaplan Surkemper eine aufwendige Zusatzarbeit, die sie nur schwer leisten konnten.

Auch die geistlichen Mitbrüder der Mariengemeinde in Harburg hatten Zusatzarbeit zu leisten. In Neugraben war zu Beginn des Jahres 1941 für ausländische Offiziere, die in Kriegsgefangenschaft geraten waren, ein Lager („Oflag") eingerichtet worden. Pfarerr Wüstefeld war für die Betreuung dieser Kriegsgefangenen zuständig. Unter ihnen gab es viele katholische Priester. Sie durften im Lager die heilige Messe zelebrieren. Für sie bestellte Pfarrer Wüstefeld große und kleine Hostien in der Hostienbäckerei des Mutterhauses der „Barmherzigen Schwestern" in Hildesheim. Die Lieferung der Hostien erfolgte alle 14 Tage und lief über das Pfarrhaus St. Maria. In der Chronik von St. Maria heißt es zum Offizierslager weiter: „Es sind eine ganze Anzahl Notaltäre im Lager eingerichtet, um möglichst vielen Priestern öffentliche Zelebration zu ermöglichen. Seit Mai 1941 sollen deutsche Priester nicht mehr die Seelsorge bei den kriegsgefangenen Laien ausüben. Es sollen für diese Seelsorge die kriegsgefangenen ausländischen Priester eingesetzt werden."[416]

Die Mehrarbeit, die Pfarrer Krieter in Wilhelmsburg wegen der Betreuung der dienstverpflichteten Ausländer zu verrichten hatte, machte noch einmal deutlich, dass in St. Bonifatius ein zweiter Kaplan dringend benötigt wurde.

6.5.4 Der Hirtenbrief der deutschen Bischöfe vom 26. 6. 1941[417]

Inzwischen hatte sich das Gebiet, in dem deutsche Soldaten kämpfen mussten, erschreckend ausgeweitet. Wie Pfarrer Krieter und Pastor Leonard Mock es vorausgesehen hatten, mussten deutsche Soldaten seit Anfang April die Italiener in Jugoslawien und Griechenland unterstützen. Auch in Nordafrika war deutsche Hilfe nötig. Am 12. 2. 1941 hatte General Rommel den Befehl über das Deutsche Afrikakorps übernommen und erste Erfolge errungen.

---

[415] Vgl., Bischöfliches Generalvikariat, Offenstein, Kirchliche Sorge um die wandernden Katholiken, 10. 6. 1941, Archiv der Kirchengemeinde St. Bonifatius, Akte „Rundschreiben kirchlicher Behörden. 1920-1944"

[416] Chronik der Kirchengemeinde St. Maria, Bd. 1, S. 206

[417] Das Hirtenwort der deutschen Bischöfe vom 26. 6. 1941 findet sich im Archiv der Kirchengemeinde St. Bonifatius, Akte „Rundschreiben kirchlicher Behörden. 1920-1944"

Am 22. Juni 1941 wurde die Kriegssituation für Deutschland weiter erschwert. Hitler hatte den Angriff auf die Sowjetunion befohlen. Pfarrer Krieter wusste, dass sein Neffe Karl-Otto (aus Hilkerode) unter den Soldaten war, die „gen Osten zogen". Die Sowjetunion war die Heimat des atheistischen Bolschewismus, des schlimmsten politischen Übels, das die Katholische Kirche auf dieser Welt sah. So bekam der Krieg für Pfarrer Krieter einen neuen Sinn.[418] Es ging nicht mehr nur darum, Deutschland den Platz unter den Staaten der Welt zu erkämpfen, den man ihm nach dem verlorenen Weltkrieg weggenommen hatte. Jetzt hatten die deutschen Soldaten die Aufgabe, das Vaterland - ja, Europa und die Welt - vor dem Bolschewismus zu schützen. So war es leichter, sich in den Willen Gottes zu fügen, der diesen Krieg als schweres Schicksal für das deutsche Volk und für den Einzelnen zugelassen hatte.

Wenn Pfarrer Krieter solche Überlegungen angestellt hat, befand er sich im Einklang mit den deutschen Bischöfen. Sie hatten vier Tage nach Beginn des deutschen Angriffs auf die Sowjetunion - am 26. Juni 1941 - einen gemeinsamen Hirtenbrief verfasst.[419] Pfarrer Krieter musste diesen Hirtenbrief am Sonntag, den 6. Juli 1941, verlesen.

Am Anfang des Briefes sagten die Bischöfe ihren Gläubigen: „ ... Geliebte Diözesanen! In schwerster Zeit des Vaterlandes, das auf weiten Fronten einen Krieg von nie gekanntem Ausmaße zu führen hat, mahnen wir Euch zu treuer Pflichterfüllung, tapferem Ausharren, opferwilligem Arbeiten und Kämpfen im Dienste unseres Volkes. Wir senden einen Gruß dankbarer Liebe und innige Segenswünsche unseren Soldaten, Euren Männern, Söhnen und Brüdern im Felde, die in heldenmütiger Tapferkeit unvergleichliche Leistungen vollführen und schwere Strapazen ertragen. Von Euch allen fordert der Krieg Anstrengungen und Opfer. Bei der Erfüllung der schweren Pflichten dieser Zeit, bei den harten Heimsuchungen, die im Gefolge des Krieges über Euch kommen, möge die trostvolle Gewissheit Euch stärken, dass Ihr damit nicht bloß dem Vaterlande dient, sondern zugleich dem heiligen Willen Gottes folgt, der alles Geschehen, auch das Schicksal der Völker und der einzelnen Menschen, in seiner weisen Vorsehung lenkt. Auf ihn, den ewigen, allmächtigen Gott, setzen wir unser Vertrauen, von ihm erflehen wir Gottes Schutz und Segen für Volk und Vaterland. ..."

Es besteht kein Zweifel, dass Pfarrer Krieter dieser fragwürdigen theologischen Interpretation des Kriegsgeschehens inhaltlich und emotional zugestimmt hat. Die Bischöfe betonten anschließend - wieder einmal - die Rechte und Pflichten der Kirche und beklagten, dass es von staatlicher Seite gerade in dieser Kriegszeit manche Maßnahmen gäbe, mit denen in das Leben der Kirche tief eingegriffen werde. Im Hirtenbrief hieß es zum Schluss:

„ ... Kürzlich ist in hunderttausenden von Exemplaren ein Buch verbreitet, das die Behauptung aufstellt, wir Deutschen hätten heute zwischen Christus und dem deutschen Volke zu wählen. Geliebte Diözesanen! Mit flammender Entrüstung lehnen wir deutschen Katholiken es ab, eine solche Wahl zu treffen. Wir lieben unser deutsches Volk und dienen ihm, wenn es Not tut, bis zur Hingabe unseres Lebens. Zugleich aber auch leben und sterben wir für Jesus Christus und wollen ihm in dieser Zeit und für alle Ewigkeit verbunden bleiben. Wir sind überzeugt, unserem teuren deutschen Volke den wertvollsten Dienst zu leisten, wenn wir ihm Christus und seine Lehre erhalten. ...

---

[418] Noch am 30.1.1942 schrieb Pfarrer Krieter, als die Bonifatiuskirche ihre Glocken zur Eischmelzung abliefern musste: „Möge das Opfer, das der Gemeinde auferlegt wurde, zum Glücklichen, sieghaften Ausgang des Krieges gegen den Bolschewismus dienen." Chronik der Kirchengemeinde St. Bonifatius, S. 40

[419] Archiv der Kirchengemeinde St. Bonifatius, Akte „Rundschreiben kirchlicher Behörden, 1920-1944"

Weil wir Christus die Treue halten, wird uns auch nichts trennen von seiner heiligen Kirche, die er auf dem Felsenfundament des Papsttums gründete. … Es gibt … heilige Gewissenspflichten, von denen uns niemand befreien kann, und die wir erfüllen müssen, koste es uns selbst das Leben: Nie, unter keinen Umständen, darf der Mensch Gott lästern, nie darf er seinen Mitmenschen hassen, nie darf er außerhalb des Krieges und der gerechten Notwehr einen Unschuldigen töten, nie darf er ehebrechen, nie lügen. Nie darf er seinen Glauben verleugnen oder sich durch Drohung oder Versprechung verleiten lassen, aus der Kirche auszutreten. … Geliebte Diözesanen! … Wenn diese kurze Zeit irdischer Prüfung zu Ende geht, werden wir am Eingangstor der Ewigkeit aus dem Munde unseres Erlösers und Richters den Urteilsspruch vernehmen: `Du hast mich vor den Menschen bekannt, deshalb werde auch ich Dich bekennen vor meinem Vater, der im Himmel ist. (Matthäus,10,32)´" Pfarrer Krieter war von diesem Wort der deutschen Bischöfe wahrscheinlich sehr angetan. Der Hirtenbrief gab ihm für das religiöse Einzelgespräch Anleitung und Hilfe.

6.5.5 Der „Klostersturm"

Ende Juli / Anfang August 1941 erregten drei Predigten des Bischofs von Münster - Clemens August Graf von Galen - großes Aufsehen im gesamten Großdeutschen Reich. Der Text seiner Predigten war von Zuhörern mitgeschrieben und dann von vielen Einzelpersonen und Gruppen vervielfältigt worden. Nachdem der Text auch ins Ausland gelangt war, fertigten die alliierten Gegner Deutschlands Nachdrucke an und verbreiteten sie als Flugblätter. Auf die eine oder die andere Weise wird also Pfarrer Krieter den Text der Predigten des Bischofs von Münster sehr bald in den Händen gehabt haben. Außerdem hatte Pfarrer Krieter zur Stadt Münster enge persönliche Bindungen. Er hatte in Münster Theologie studiert, und die Familien seines Bruders Johannes und seiner Schwester Hedwig - verheiratete Stadelmann - lebten in Münster. Umso aufmerksamer wird Pfarrer Krieter gelesen haben, was der Bischof von Münster zu sagen hatte. [420]

Abb. 72: Clemens August Graf von Galen, Bischof von Münster, 1933 bis 1946.

Anlass für die erste Predigt, die Bischof von Galen in der Kirche St. Lamberti am 13. Juli 1941 hielt, war die am Vortag erfolgte Auflösung und Beschlagnahme katholischer Ordenshäuser durch die Gestapo. In den Nächten der Woche vom 6. bis 13. Juli 1941 war Münster mehrmals das Ziel englischer Bombenflugzeuge gewesen. Sie hatten schwere Schäden angerichtet. Zu Beginn seiner Predigt ging der Bischof von Münster auf diese Luftangriffe ein. Er sagte: „ … Noch steht ganz Münster unter dem Eindruck der furchtbaren Verwüstungen, die der äußere Feind und Kriegsgegner in dieser Woche uns zugefügt hat. Da hat gestern, zum Schluss dieser Woche, gestern am 12. Juli, die Geheime Staatspolizei die beiden Niederlassungen der Gesellschaft Jesu, des Jesuitenordens, … beschlagnahmt, die Bewohner aus ihrem Eigentum vertrieben, die Patres und Brüder genötigt, unverzüglich, noch am gestrigen Tage,

---

[420] Der vollständige Text der drei Predigten des Bischofs von Münster kann im Internet unter http// kirchensite. De /downloads /Aktuelles / Predigt_Galen_Deutsch. pdf. aufgerufen werden.

nicht nur ihre Häuser, nicht nur unsere Stadt, sondern auch die Provinz Westfalen und die Rheinprovinz zu verlassen. Und das gleiche harte Los hat man - ebenfalls gestern - den Missionsschwestern von der Unbefleckten Empfängnis … bereitet. Auch ihr Haus wurde beschlagnahmt, die Schwestern sind aus Westfalen ausgewiesen und müssen Münster bis heute Abend sechs Uhr verlassen. Die Ordenshäuser sind samt Inventar zu Gunsten der Gauleitung Westfalen-Nord enteignet. … Und das in einem Augenblick, wo alles zittert und bebt vor neuen Nachtangriffen, die uns alle töten, einen jeden von uns zu einem heimatlosen Flüchtling machen können! Da jagt man schuldlose, ja hoch verdiente, von Unzähligen hoch geachtete Männer und Frauen aus ihrem bescheidenen Besitz, macht man deutsche Volksgenossen … zu heimatlosen Flüchtlingen. Weshalb? Man sagte mir: `Aus staatspolizeilichen Gründen´. Weitere Gründe wurden nicht angegeben. … Keiner von uns ist sicher, … dass er nicht eines Tages aus seiner Wohnung geholt, seiner Freiheit beraubt, in den Kellern und Konzentrationslagern der Gestapo eingesperrt wird. Ich bin mir darüber klar: das kann auch heute, das kann auch eines Tages mir geschehen. Weil ich dann nicht mehr öffentlich sprechen kann, darum will ich heute öffentlich sprechen, will ich öffentlich warnen vor dem Weiterschreiten auf einem Wege, der nach meiner festen Überzeugung Gottes Strafgericht auf die Menschen herab ruft und zu Unglück und Verderben für unser Volk und Vaterland führen muss. … Wie viele deutsche Menschen schmachten in Polizeihaft, in Konzentrationslagern, sind aus ihrer Heimat ausgewiesen, die niemals von einem ordentlichen Gericht verurteilt worden sind, oder die nach Freispruch vor Gericht oder nach Verbüßung der vom Gericht verhängten Strafe erneut von der Gestapo gefangen genommen und in Haft gehalten werden. Wie viele sind aus ihrer Heimat und aus dem Ort ihrer Berufsarbeit ausgewiesen! … Da wir alle keinen Weg kennen, der für eine unparteiische Kontrolle der Maßnahmen der Gestapo, ihrer Freiheitsbeschränkungen, ihrer Aufenthaltsverbote, ihrer Verhaftungen, ihres Gefangenhaltens deutscher Volksgenossen in Konzentrationslagern gegeben wäre, so hat bereits in weitesten Kreisen des deutschen Volkes ein Gefühl der Rechtlosigkeit, ja feiger Ängstlichkeit Platz gegriffen, das die deutsche Volksgemeinschaft schwer schädigt. … Meine Christen! Man wird mir vielleicht den Vorwurf machen, mit dieser offenen Sprache schwächte ich - jetzt im Kriege - die innere Front des deutschen Volkes. Demgegenüber stelle ich fest: Nicht ich bin die Ursache einer etwaigen Schwächung der inneren Front, sondern jene, die … schuldlose Volksgenossen ohne Gerichtsurteil und Verteidigungsmöglichkeit in harte Strafe nehmen … Sie zerstören die Rechtssicherheit, sie untergraben das Rechtsbewusstsein, sie vernichten das Vertrauen auf unsere Staatsführung. Und darum erhebe ich im Namen des rechtschaffenen deutschen Volkes, im Namen der Majestät der Gerechtigkeit und im Interesse des Friedens und der Geschlossenheit der inneren Front meine Stimme; darum rufe ich laut als deutscher Mann, als ehrenhafter Staatsbürger, als Vertreter der christlichen Religion, als katholischer Bischof: `Wir fordern Gerechtigkeit!´ … Lasset uns beten für alle, die in Not sind, besonders für unsere verbannten Ordensleute, für unsere Stadt Münster, dass Gott weitere Prüfungen von uns fern halte, für unser deutsches Volk und Vaterland und seinen Führer."

Ein heutiger Leser wird vielleicht vermuten, Pfarrer Krieter habe es befremdlich gefunden, dass Bischof von Galen zum Abschluss seiner ersten Predigt aufgerufen hatte zum Gebet „für unser deutsches Volk und Vaterland und seinen Führer". Solch eine Vermutung wäre falsch. Der Bischof hatte es deutlich ausgedrückt: Danach waren es die Beamten der Gestapo und ihre Befehlsstellen, die das schwere Unrecht begingen und auch zu verantworten hatten. Vielleicht bewahrten Bischof von Galen - und so auch Pfarrer Krieter - sich im Sommer des Jahres 1941 noch immer die Hoffnung, die „Staatsführung" sei zur Wiederherstellung der Gerechtigkeit bereit.

Wahrscheinlicher ist jedoch die Annahme, dass der Bischof taktieren und zwischen die Gegner der Kirche einen Keil treiben wollte. Zu diesem Zweck war eine Darstellung nützlich, die so tat, als handelten untergeordnete Bösewichte in Münster einer gutwilligen, das Recht liebenden Regierungsspitze in Berlin zuwider.

In der zweiten Predigt des Bischofs von Galen las Pfarrer Krieter: „ … Seit mehreren Tagen haben neue Angriffe der Kriegsgegner unsere Stadt nicht mehr erreicht. Aber leider muss ich sagen: die Angriffe unserer Gegner im Inneren des Landes … sind in der letzten Woche … fortgeführt worden. … Das Vorgehen wurde fortgesetzt, und es ist bereits eingetreten, was ich schon lange vorausgesehen und am vorigen Sonntag gesagt habe: Wir stehen vor den Trümmern der inneren Front, der Volksgemeinschaft, die in diesen Tagen rücksichtslos zerschlagen wurde. … Wir Christen machen keine Revolution! Wir werden weiter treu unsere Pflicht tun im Gehorsam gegen Gott, aus Liebe zu unserem deutschen Volk und Vaterland. Unsere Soldaten werden kämpfen und sterben für Deutschland, aber nicht für jene Menschen, die durch ihr grausames Vorgehen gegen unsere Ordensleute, gegen ihre Brüder und Schwestern, unsere Herzen verwundeten und dem deutschen Namen vor Gott und den Mitmenschen Schmach antun. Wir kämpfen tapfer weiter gegen den äußeren Feind. Gegen den Feind im Innern, der uns peinigt und schlägt, können wir nicht mit Waffen kämpfen. Da bleibt uns nur ein Kampfesmittel: starkes, zähes, hartes Durchhalten! Hart werden, fest bleiben! … Wir sind in diesem Augenblick nicht Hammer, sondern Amboss. … `Man muss Gott mehr gehorchen, als den Menschen´! … Lieber sterben, als sündigen! Möge Gottes Gnade, ohne die wir nichts vermögen, euch und mir diese unerschütterliche Festigkeit geben und erhalten! … Was auch kommen mag, haltet fest an dem von Gott offenbarten, von den Vorfahren ererbten katholischen Glauben! In aller Zerstörung menschlicher Werke, in aller Not und Sorge, in aller Bedrängnis und Verfolgung: `Empor die Herzen! … Der Gott aber aller Gnaden, der euch durch Christus Jesus berufen hat, nach kurzer Leidenszeit in seine Herrlichkeit einzugehen, er wird euch ausrüsten, stärken, festmachen. Ihm sei Ehre und Herrlichkeit von Ewigkeit zu Ewigkeit. Amen!´…"

Als Pfarrer Krieter die ersten beiden Predigten des Bischofs von Münster las, war ihm bereits bekannt, dass am 1. 8. 1941 die Niederlassung der Jesuiten in Hamburg, die Geschäftsstelle des St. Raphaelsvereins, das damit verbundene katholische „Hospiz Raphaelsverein" und das Heim der katholischen Seemannsmission von der Gestapo aufgelöst worden waren.[421] Ebenso war ihm bekannt, dass das Franziskanerkloster Ottbergen bei Hildesheim aufgehoben und beschlagnahmt worden war, und zwar - wie die Ordenshäuser in Münster - am 12. Juli 1941. Auch Bischof Joseph-Godehard hatte mit einer Predigt öffentlich Anklage erhoben gegen die Unrechtstaten der Gestapo.[422] Genau informiert über die Enteignung des Klosters Ottbergen wurde Pfarrer Krieter, als Bischof Joseph-Godehard sich entschloss, in den Kirchen seiner Diözese einen Hirtenbrief zur Einziehung des Klosters Ottbergen verlesen zu lassen. Joseph-Godehard beschrieb in diesem Hirtenbrief die Vorgänge um das Kloster in aller Genauigkeit. Er wehrte sich gegen die Behauptung, die Ordensleute seien „Reichsfeinde" und er nannte als Grund für die Unrechtstaten der Gestapo: „Weil wir fest zu den christlichen Lehren und Grundsätzen stehen." [423]

---

[421]   Vgl. Chronik der Kirchengemeinde St. Maria, Bd.1, S. 208

[422]   Predigt im Dom zu Hildesheim am 17. August 1941

[423]   Die Beschlagnahme des Klosters Ottbergen und der Hirtenbrief vom 27.3. 1942 sind dokumentiert bei Engfer, H. , Die Aufhebung des Klosters Ottbergen, in: Das Bistum Hildesheim 1933- 1945. Eine Dokumentation. a. a. O., S. 435 ff.

Pfarrer Krieter bewunderte den Mut seines Bischofs nicht weniger als den Mut des Bischofs von Münster. Er ahnte, dass sich beide Bischöfe den wütenden Zorn der Gestapo und der Spitzenleute der NSDAP zugezogen hatten. Heute weiß man, dass beide Bischöfe der Gefangensetzung und Verurteilung nur deswegen entgangen sind, weil Hitler die Abrechnung mit der Kirche auf die Zeit nach dem „Endsieg" verschieben wollte. Hitler soll erklärt haben: „Den richtigen Zeitpunkt, um auf diese Herausforderung zu antworten, bestimme ich. Ich werde diesen hochverräterischen Bischöfen den Prozess machen. Es kommt mir nicht darauf an, einen oder zwei an die Wand zu stellen." Zunächst aber hatte der Parteisekretär der NSDAP - Bormann - den Hitler-Erlass an die Gauleiter weiterzugeben: „Ab sofort haben Beschlagnahmungen von kirchlichen und klösterlichen Vermögen bis auf weiteres zu unterbleiben." [424]

6.5.6   „Euthanasie"; die dritte Predigt des Bischofs von Münster

Die dritte Predigt des Bischofs von Münster - gehalten am 3. August 1941 - wird Pfarrer Krieter noch mehr erschüttert haben als die beiden vorhergehenden Predigten. Sie befasste sich mit dem Thema „Euthanasie", das heißt, mit der Tötung von Menschen, die von der NS-Propaganda als „lebensunwert" bezeichnet wurden. Selbstverständlich wusste Pfarrer Krieter, wie die nationalsozialistische Ideologie zu Behinderten eingestellt war. Schließlich wurde in fast jedem Schulbuch den Kindern vorgerechnet, welche Geldverschwendung es sei, behinderte Menschen zu fördern.[425] Aber wahrscheinlich wusste er nicht, dass nationalsozialistische Stellen bereits eine gezielte Tötungsmaschinerie in Gang gesetzt hatten. Pfarrer Krieter las:

„ ... Andächtige Christen! In dem am 6. Juli in allen katholischen Kirchen Deutschlands verlesenen gemeinsamen Hirtenbrief der deutschen Bischöfe vom 26. Juni 1941 heißt es unter anderem: `Nie, unter keinen Umständen darf der Mensch außerhalb des Krieges und der gerechten Notwehr einen Unschuldigen töten.´ ... Seit einigen Monaten hören wir Berichte, dass aus Heil- und Pflegeanstalten für Geisteskranke auf Anordnung von Berlin Pfleglinge, die schon länger krank sind und vielleicht unheilbar erscheinen, zwangsweise abgeführt werden. Regelmäßig erhalten dann die Angehörigen nach kurzer Zeit die Mitteilung, der Kranke sei verstorben, die Leiche sei verbrannt, die Asche könne abgeliefert werden. Allgemein herrscht der an Sicherheit grenzende Verdacht, dass diese zahlreichen unerwarteten Todesfälle von Geisteskranken nicht von selbst eintreten, sondern absichtlich herbeigeführt werden, dass man dabei jener Lehre folgt, die behauptet, man dürfe so genanntes `lebensunwertes Leben´ töten, wenn man meint, ihr Leben sei für Volk und Staat nichts mehr wert. Eine furchtbare Lehre, die die Ermordung Unschuldiger rechtfertigen will, die die gewaltsame Tötung der nicht mehr arbeitsfähigen Invaliden, Krüppel, unheilbar Kranken, Altersschwachen grundsätzlich freigibt! ... Deutsche Männer und Frauen! Noch hat Gesetzeskraft der § 211 des Reichsstrafgesetzbuches, der bestimmt: `Wer vorsätzlich einen Menschen tötet, wird, wenn er die Tötung mit Überlegung ausgeführt hat, wegen Mordes mit dem Tode bestraft.´ Wohl um diejenigen, die jene armen Menschen   -Angehörige unserer Familien - vorsätzlich töten, vor dieser gesetzlichen Bestrafung zu bewahren, werden die zur Tötung bestimmten Kranken aus der Heimat abtransportiert in eine entfernte Anstalt. Als Todesursache wird dann irgendeine Krankheit angegeben.

---

[424] Zitiert nach Kurz, Helmut, Katholische Kirche im Nationalsozialismus, a. a. O, S. 148
[425] Vgl. Benz, Geschichte des Dritten Reiches, a. a. O., S. 83

Da die Leiche sofort verbrannt wird, können die Angehörigen und auch die Kriminalpolizei es hinterher nicht mehr feststellen, ob die Krankheit wirklich vorgelegen hat und welche Todesursache vorlag. … Als ich von dem Vorhaben erfuhr, Kranke aus Marienthal abzutransportieren, um sie zu töten, habe ich am 28. Juli bei der Staatsanwaltschaft beim Landgericht Münster und bei dem Herrn Polizeipräsidenten in Münster Anzeige erstattet durch einen eingeschriebenen Brief … Nachricht über ein Einschreiten der Staatsanwaltschaft oder der Polizei ist mir nicht zugegangen. … So müssen wir damit rechnen, dass die armen, wehrlosen Kranken über kurz oder lang umgebracht werden. Warum? … weil sie nach dem Urteil irgendeines Amtes, nach dem Gutachten irgendeiner Kommission `lebensunwert´ geworden sind. … Wenn einmal zugegeben wird, dass Menschen das Recht haben, `unproduktive´ Mitmenschen zu töten - und wenn es jetzt zunächst auch nur arme, wehrlose Geisteskranke trifft -, dann ist grundsätzlich der Mord an allen unproduktiven Menschen, also an unheilbar Kranken, den arbeitsunfähigen Krüppeln, den Invaliden der Arbeit und des Krieges, dann ist der Mord an uns allen, wenn wir alt und altersschwach und damit unproduktiv werden, freigegeben. Dann braucht nur irgendein Geheimerlass anzuordnen, dass das bei den Geisteskranken erprobte Verfahren auf andere `Unproduktive´ auszudehnen ist, … Dann ist keiner von uns seines Lebens mehr sicher. [426] Wehe den Menschen, wehe unserem deutschen Volk, wenn das heilige Gottesgebot, `Du sollst nicht töten´! … nicht nur übertreten wird, sondern wenn diese Übertretung sogar geduldet und ungestraft ausgeübt wird! … Meine Christen! Ich hoffe, es ist noch Zeit, aber es ist die höchste Zeit! Dass wir erkennen, noch heute, an diesem Tage, was uns zum Frieden dient, was allein uns retten, vor dem göttlichen Strafgericht bewahren kann: dass wir rückhaltlos und ohne Abstrich die von Gott offenbarte Wahrheit annehmen und durch unser Leben bekennen. Dass wir die göttlichen Gebote zur Richtschnur unseres Lebens machen und Ernst machen mit dem Wort: lieber sterben als sündigen! Dass wir in Gebet und aufrichtiger Buße Gottes Verzeihung und Erbarmen herabflehen auf uns, auf unsere Stadt, auf unser Land, auf unser liebes deutsches Volk! Wer aber fortfahren will, Gottes Strafgericht herauszufordern, wer unsern Glauben lästert, wer Gottes Gebote verachtet, wer gemeinsame Sache macht mit jenen, die unsere Jugend dem Christentum entfremden, die unsere Ordensleute berauben und vertreiben, mit jenen, die unschuldige Menschen - unsere Brüder und Schwestern - dem Tode überliefern, mit dem wollen wir jeden vertrauten Umgang meiden, dessen Einfluss wollen wir uns und die Unserigen entziehen, damit wir nicht angesteckt werden von seinem gottwidrigen Denken und Handeln, damit wir nicht mitschuldig werden und somit anheim fallen dem Strafgericht, das der gerechte Gott verhängen muss und verhängen wird über alle, die gleich der undankbaren Stadt Jerusalem nicht wollen, was Gott will.
O Gott, lass uns doch alle - heute, an diesem Tage! - bevor es zu spät ist, erkennen, was uns zum Frieden dient! …"

---

[426] „Meldepflicht für missgestaltete Neugeborene bestand ab August 1939. Meldebögen und ärztliche Gutachter sorgten für ein geordnetes Verfahren des nun einsetzenden Massenmordes, der in den Anstalten Bernburg, Brandenburg, Grafeneck, Hadamar, Hartheim und Sonnenstein betrieben wurde. Unter der Tarnbezeichnung `Aktion T 4´ war eine nahezu perfekt arbeitende Organisation tätig, die in einer Villa in der Berliner Tiergartenstraße 4 ihre Zentrale hatte." Aufgrund der Predigt des Bischofs von Münster „wurden die Tötungen erwachsener Behinderter eingestellt. Die Kinder-Euthanasie mit unauffälligeren Methoden wie Injektionen oder Verhungernlassen dauerte an, ebenso die planmäßige Tötung kranker KZ-Häftlinge mit Giftgas in der `Aktion 14 f 13´ ( so genannt wegen ihres Aktenzeichens). Bis zum offiziellen Stop der `Euthanasie´ im Sommer 1941 sind 70.000 Kranke getötet worden, danach noch einmal 50.000." Die Zitate stammen aus Benz, W., Geschichte des Dritten Reiches, a. a. O. S. 173

6.5.7 Rettung aus der psychiatrischen Anstalt Lüneburg

Nachdem er die dritte Predigt des Bischofs von Münster gelesen hatte, war Pfarrer Krieter hoch sensibilisiert, als eine alte Frau aus seiner Gemeinde von der NS-Volkswohlfahrt in die Psychiatrische Klinik Lüneburg verbracht worden war. Die Enkelin dieser alten Frau - Gertrud Matzat - berichtete: „Da fällt mir eine Sache ein, die sich nach den ersten Luftangriffen auf Hamburg zugetragen hat: Meine Großmutter (Marianna Michalski, geb. 8. 1. 1870; Anm. d. Verf.) litt sehr unter Kreislaufstörungen. Im Krieg wollte sie bei Alarm nicht in den Luftschutzkeller gehen. Mein Großvater kriegte seine Frau nicht in den Keller runter. Sie wollte nicht! Da ist mein Großvater zur Nationalsozialistischen Volkswohlfahrt gegangen. Die hatten ja versprochen, dass sie die alten Menschen alle nach draußen bringen würden - in sichere Gebiete, wo sie sich auch erholen könnten. Das haben sie auch meinem Großvater versprochen. Als sie meine Großmutter dann abholten, haben die Leute von der NSV aber nicht gesagt, wohin sie meine Großmutter bringen würden. Als meine Mutter dann erfuhr, dass Großmutter von der NSV abgeholt worden war, war sie außer sich! ´Wo ist Oma?´, hat sie dauernd gefragt. Da ist unser Onkel Josef - der war Tischlermeister und hat sich in der Kirche immer sehr engagiert, im Kirchenvorstand usw. - der ist also zu Pfarrer Krieter gegangen. Die Beiden haben gemeinsam herausgefunden, dass unsere Großmutter im Landeskrankenhaus Lüneburg untergebracht war. Das war eine psychiatrische Klinik. ... Onkel Josef und Pastor Krieter haben damals dafür gesorgt, dass Großmutter zu uns zurückgekommen ist. Man hat sie also aus der psychiatrischen Klinik herausgelassen. Das war gar nicht so einfach, aber Pfarrer Krieter hat wohl Einfluss gehabt. Ich erinnere mich, dass meine Mutter in diesem Zusammenhang von Pfarrer Krieter gesprochen hat: ´Ohne den wäre Oma nicht wieder zurück gekommen´. Ich weiß nicht mehr, ob Pfarrer Krieter allein oder mit Onkel Josef zusammen das erreicht hat. Es ist ja alles so lange her. Aber ich weiß, dass meine Oma in einer Zwangsjacke steckte, als sie in Lüneburg gefunden wurde. Oma sprach ja mehr Polnisch als Deutsch, und deswegen haben die Leute in der Klinik wohl gedacht, dass Oma ´tüttelte´. Ich möchte nicht wissen, wo Oma gelandet wäre, wenn sie nicht aus dieser Klinik herausgeholt worden wäre. Nachdem meine Oma zurück war, hat sich meine Mutter bei der NSV beschwert: ´Was haben Sie denn da gemacht? Diese Frau hat doch das Goldene Mütterkreuz bekommen´! Damals trat „Adsche" (=Adolf Hitler) doch dafür ein, dass die Mütter möglichst viele Kinder haben sollten. Und trotzdem haben die von der NSV so etwas getan!" [427]

6.5.8 Pater Jussen kommt, Kaplan Surkemper wird versetzt

Seit August 1940 hatte Pfarrer Krieter in seiner großen Gemeinde nur einen geistlichen Helfer, Kaplan Johannes Surkemper. Erst ein Jahr später, am 1. 8. 1941, zeichnete sich endlich weitere Hilfe ab. Pfarrer Krieter hielt eine Postkarte in den Händen, die Bischof Joseph-Godehard ihm persönlich geschrieben hatte: „Sehr geehrter Herr Pastor! Pater Jussen kommt zu Ihnen als Kaplan. Er berichtet selber. Am 2. 8. trifft er schon ein. Wie mag`s mit Möbeln werden? Vorläufig ist alles noch im Schwebezustand, der vorzeitig zu Ende gehen könnte! Aber dann hoffe ich anders zu helfen. Inzwischen beste Grüße, Ihr + Joseph-Godehard." [428]

---

[427] Gespräch mit Gertrud Matzat vom 7. 2. 2005

[428] Die Postkarte des Bischofs Josef-Godehard vom 1. 8. 1941 findet sich in der Akte „Kapläne" im Archiv der Kirchengemeinde St. Bonifatius.

Pater Wilhelm Jussen war nur 10 Jahre jünger als Pfarrer Krieter. Er war einer derjenigen Jesuiten, die seit langem von der Gestapo schikaniert wurden. Von Berlin, wo er die Kolpingfamilien während der Jahre 1934 bis 1937 betreut hatte, hatte er nach Wien gehen müssen. 1938 war er aus Wien ausgewiesen worden. Dann war er in Düsseldorf und Essen wieder in der Kolpingarbeit tätig gewesen, bis ihn die Gestapo auch aus diesen Städten verwiesen hatte.[429]

Abb. 73: Pater Wilhelm Jussen, Kaplan in St. Bonifatius vom August 1941 bis zum November 1942.

Das offizielle Schreiben über die Anstellung des Paters Jussen fertigte Bischof Joseph-Godehard erst am 10. August 1941 aus. Pfarrer Krieter konnte dem neuen Kaplan ein Wohn- und ein Schlafzimmer möbliert zur Verfügung stellen, weil er die ehemals für Kaplan Wonitza angeschafften Möbel nicht aus dem Besitz der Kirchengemeinde herausgegeben hatte. Durch die Zusammenarbeit mit Pater Jussen fühlte sich Pfarrer Krieter außerordentlich bereichert. Der Pater war ein gelehrter, sprachenkundiger Mann.[430] Er sprach fließend Italienisch, niederländisch und Englisch. Pater Jussen besaß ein außergewöhnliches Maß an Gottvertrauen und Humor. Zu den Jugendlichen der Pfarrei fand er schnell guten Kontakt. Vor allem hatte Pater Jussen eine Fähigkeit, die Pfarrer Krieter nicht besaß: Er konnte vorzüglich predigen!

Kaum hatte Pfarrer Krieter wieder zwei Kapläne, da wurde ihm Kaplan Surkemper genommen. In der Chronik von St. Bonifatius liest man: „Am 1. Oktober wurde Herr Kaplan Surkemper zum Militär eingezogen und verlebte seine Rekrutenzeit in Neumünster. Kurz vor Weihnachten gelang es den Bemühungen des Pfarrers, ihn wieder frei zu bekommen, denn er war entgegen den Bestimmungen zum aktiven Wehrdienst herangezogen worden. Leider kam er nicht wieder nach Wilhelmsburg, sondern wurde nach Helmstedt versetzt." [431]

Zwei Fragen drängen sich auf. Erstens: Wie konnte es geschehen, dass Kaplan Surkemper „entgegen den Bestimmungen" zum Militärdienst eingezogen wurde? Zweitens: Warum kam er nicht nach Wilhelmsburg zurück, obwohl es doch Pfarrer Krieter gewesen war, der ihn vom Militär frei bekommen hatte? Wahrscheinlich hatte Kaplan Surkemper seine Einberufung nur der Ignoranz eines Rekrutierungsbeamten zu verdanken, der nicht anerkennen mochte, dass katholische Priester vom Militärdienst freigestellt waren. Das erklärt allerdings nicht, warum Bischof Joseph-Godehard den Kaplan so schnell nach dessen Rückkehr versetzt hat. (Mit Wirkung zum 16. 12. 1941 nach St. Ludgeri in Helmstedt.) Möglicherweise war in Helmstedt noch größere Personalnot als in Wilhelmsburg.

---

[429] Vgl. den Nachruf auf Pater Wilhelm Jussen im Mitteilungsblatt der Jesuiten „Aus der Norddeutschen Provinz", 4 / 83 Oktober. Archiv Deutsche Provinz der Jesuiten, Prov. Germ. SJ. Abt. 73, Bd.4b.

[430] Wilhelm Jussen gab im Jahre 1946 das Werk heraus: Gerechtigkeit schafft Frieden. Reden und Enzykliken des Heiligen Vaters, Papst Pius XII, Hamburg , 1946. Rund 10 Jahre lang (1959 bis 1968) war Pater Jussen Mitglied des „Magischen Zirkels von Deutschland". Unter dem Künstlernamen „Don Guissano" erfreute er als Zauberkünstler die Menschen in mehreren Ländern. Er betrachtete diese Arbeit als Seelsorge.

[431] Chronik der Kirchengemeinde St. Bonifatius, S. 39

Vielleicht wollte der Bischof den Kaplan Surkemper aber auch vor einem erneuten Zugriff der Wehrdienst-Erfassungsstelle schützen? Diese Annahme würde erklären, warum es im Archiv der Gemeinde St. Bonifatius zum Militärdienst und zur eiligen Versetzung des Kaplans Surkemper kein weiteres Quellenmaterial gibt. Pfarrer Krieter hätte Kaplan Surkemper gewiss gern in Wilhelmsburg behalten, denn nun stand er wieder mit nur einem Mitarbeiter im „Weinberg des Herrn, St. Bonifatius".

Seit dem Oktober 1941 gab es in Wilhelmsburg sonntags die so genannte Abendmesse um 17 Uhr. Das Nüchternheitsgebot vor dem Empfang der heiligen Kommunion war für Priester und Gläubige wegen der neuen Anfangszeit der Sonntagsmesse auf 4 Stunden verkürzt worden. Der Chronist berichtet: „Ebenfalls im Oktober erlebte unsere Gemeinde eine bedeutsame Neuerung. Es wurde nämlich mit oberhirtlicher Genehmigung die Nachmittags- und Abendmesse eingeführt. Von nun an wurde regelmäßig an allen Sonn- und Feiertagen nachmittags um 5 Uhr ein Hochamt mit Predigt gehalten. Veranlassung zu dieser Neuerung gaben die ständigen Fliegeralarme und die Wechselschichten der Arbeiter. Die Gemeindemitglieder begrüßten daher diese Neueinführung sehr und beteiligten sich rege daran; so konnten sie leicht und angenehm ihrer Sonntagspflicht genügen." [432]

6.5.9 Rückblick auf das Jahr 1941

Zum Ende des Jahres 1941 war Pfarrer Krieter wieder genötigt, die Jahresstatistik zusammenzustellen und auf das Jahr zurück zu blicken. Er saß bei schneidender Kälte in seinem Arbeitszimmer. Der Winter hatte in diesem Jahr sogar schon am 1. Oktober mit zehn Grad Kälte eingesetzt, und die scharfe Winterkälte hatte in den nächsten Wochen ungemildert angehalten. Es war mehrmals 20 Grad kalt gewesen. Aus Russland, wo die deutschen Truppen mittlerweile nicht mehr so erfolgreich wie zu Beginn des „Russland-Feldzuges" kämpften, wurden sogar Minustemperaturen von über 50 Grad gemeldet.

Viele Kartoffeln, die Anfang Oktober noch nicht geerntet waren, waren erfroren. Dennoch war die Lebensmittelversorgung im Jahre 1941 wegen der Einfuhren aus den Gebieten, die Deutschland besetzt hatte, noch recht gut. Im ersten Halbjahr 1941 hatten dem Normalverbraucher noch 2.445 Kalorien zugestanden. Im Juni war die wöchentliche Fleischration von 500 auf 400 Gramm gekürzt worden. Jetzt, gegen Jahresende, betrug die Kalorienzahl für den Normalverbraucher noch 1.928 Kalorien. Zu Weihnachten hatte es eine „Sonderzuteilung" Koch- oder Bratfische, Geflügel, Apfelsinen, Feigen, Haselnüsse und Rosinen sowie Weiß- oder Rotwein gegeben.[433] Heizmaterial für die Kirchenheizung war nur bis Weihnachten ausreichend vorhanden gewesen. Den Neujahr-Gottesdienst mussten die Gläubigen in der unbeheizten Kirche verbringen. [434]

Bei der kirchlichen Jahresstatistik war die Zahl der Osterkommunionen auffällig. Sie war um 566 gegenüber dem Jahr 1939 und um 416 gegenüber dem Jahr 1940 gesunken. [435]

---

[432] Chronik der Kirchengemeinde St. Bonifatius, S. 39
[433] Diese Angaben stammen aus Brunswig, Hans, Feuersturm über Hamburg, a. a. O. S. 111
[434] Vgl. Chronik der Kirchengemeinde St. Maria, S. 212
[435] Die Zahlen beruhen auf den Angaben des Pfarrers Krieter im Zählbogen A der kirchlichen Statistik Deutschlands über das Jahr 1941, Archiv der Kirchengemeinde St. Bonifatius, Akte „Statistik – Visitationen"

Pfarrer Krieter verglich seine Zahlen mit denen in St. Maria und St. Franz-Josef. Auch dort war die Anzahl der Osterkommunionen geringer geworden. Die Geistlichen waren sich über die Gründe für den Rückgang einig. Der Krieg war schuld. Erstens waren viele Männer zum Heeresdienst eingezogen. Zweitens spielten die vielen nächtlichen Alarme und Luftangriffe eine Rolle. Wenn bis über Mitternacht hinaus nächtlicher Alarm war, durfte nach staatlicher Vorschrift die 1. Heilige Messe am folgenden Morgen erst um 10 Uhr beginnen. Pfarrer Wüstefeld kommentierte in der Chronik von St. Maria: „Natürlich wurde dadurch der werk- und sonntägliche Kommunionempfang verringert, weil die Leute nach mehrstündigem Aufenthalt im Luftschutzkeller gewöhnlich noch Speise zu sich nahmen, so dass die Nüchternheit nicht mehr vorhanden war."[436]

Pfarrer Krieter überlegte eine Zeit lang, ob er im Neujahrsgottesdienst seiner Gemeinde eine personelle Veränderung des Kirchenvorstandes bekannt machen sollte: Der Stellvertretende Vorsitzende, Josef Krebs, war auf Drängen der Staatspolizei von allen Kirchenämtern zurückgetreten. Pfarrer Krieter war tief erschüttert, dass die Nationalsozialisten diesen Mann nicht in Ruhe ließen. Im Jahre 1933 hatten sie Josef Krebs, den damals bedeutendsten katholischen Kommunalpolitiker Harburg-Wilhelmsburgs, aus dem Amt des Bürgervorstehers gedrängt und den erst 41 Jahre alten Mann zwangspensioniert.[437] Die Zwangspensionierung hatte für ihn so erhebliche finanzielle Einbußen zur Folge gehabt, dass Pfarrer Krieter Josef Krebs mit einem geringen Honorar für Aushilfstätigkeiten im Dienst der Bonifatiusgemeinde „über Wasser" halten musste. Er hatte Josef Krebs die Stelle eines „Finanz-Aushilfsangestellten" im Dienste der Bonifatiusgemeinde beim Finanzamt Harburg besorgen können. [438] Außerdem hatte er ihn um die Anfertigung einer Chronik der Kirchengemeinde St. Bonifatius gebeten, und Josef Krebs hatte dafür eine geringe Aufwandsentschädigung erhalten. Doch jetzt hatte die Gestapo Josef Krebs auch die Hilfsarbeit im Finanzamt und die Wahrnehmung seines Amtes im Kirchenvorstand verboten. Pfarrer Krieter las zwei Schreiben, die vor ihm lagen. Im ersten Schreiben hieß es:

„Hiermit erkläre ich meinen Austritt aus dem Kirchenvorstand. Ich grüße und verbleibe in Treue Ihr Krebs, Reichsbahnsekretär a. D., Finanz-Aushilfsangestellter".

Das zweite Schreiben war ausführlicher:

„Sehr geehrter Herr Pastor. Anliegend muss ich Ihnen leider meinen Austritt aus dem Kirchenvorstand mitteilen. Ich lege ganz besonderen Wert darauf, zu erklären, dass der Austritt kein eigener Entschluss ist. Ich <u>darf</u> kein kirchliches Amt bekleiden! Wie Sie wissen, bin ich überzeugt, dass sich hierin die Verhältnisse wieder ändern werden. Das kann möglicherweise aber noch ein bis zwei Jahre dauern. Die Mitglieder des Kirchenvorstandes bitte ich herzlich zu grüßen. Ich grüße, Ihr Krebs. -- Für die Ida Gajewski hat das Amtsgericht Bremen-Lesum bereits einen neuen Pfleger bestellt, wie ich das auch wünschte." [439]

---

[436] Vgl. Chronik der Kirchengemeinde St. Maria, S. 211

[437] Vgl. Krieter, Ulrich, Karl-Andreas Krieter - Pastor der katholischen Kirchengemeinde St. Franz-Josef in Harburg-Wilstorf. ... a. a. O., S. 157

[438] Archiv der Kirchengemeinde St. Bonifatius, Akte Kirchensteuer 1931-1940". In der Vermögensstandserklärung der Bonifatiusgemeinde vom 30. 3. 1942 tauchen unter dem Titel „Gehälter, Vergütungen, Löhne" zwei Zahlungen an Josef Krebs in Höhe von 430 RM und 310 RM auf.

[439] Die beiden Schreiben des Josef Krebs finden sich im Archiv der Kirchengemeinde St. Bonifatius, Akte „Protokolle über Kirchenvorstandssitzungen 1911 -1959"

Pfarrer Krieter hatte bei dert Lektüre des Briefes gespürt, wie schwer es Josef Krebs gefallen war, aus dem Kirchenvorstand austreten zu müssen. Dem angedeuteten Wunsch, das Amt des Stellvertretenden Vorsitzenden vorerst nicht neu zu besetzen, konnte Pfarrer Krieter aus rechtlichen und praktischen Gründen nicht entsprechen. Es war unabänderlich: die Gestapo hatte Josef Krebs im Visier, und Pfarrer Krieter hatte keine Möglichkeit, ihm zu helfen.[440]

Nach einigem Überlegen verwarf Pfarrer Krieter seine Absicht, die Gemeinde über die Gründe des Rücktritts zu informieren. Eine öffentliche Anklage des Unrechts hätte weder Josef Krebs noch der Gemeinde geholfen. Pfarrer Krieter wird am Neujahrstag 1942 seine Gemeinde aufgefordert haben, für den Frieden und für den Erhalt der Katholischen Kirche zu beten. Damit folgte er Papst Pius XII., der wenige Wochen zuvor das Gebet für Kirche und Frieden als seinen innigsten Wunsch bezeichnet hatte.[441]

6.6   Das Jahr 1942

Vermutlich war Pfarrer Krieter zu Beginn des Jahres 1942 - wie Josef Krebs - der Meinung, in ein oder zwei Jahren würden sich „die Verhältnisse ändern". Erste Anzeichen für einen Wandel der militärischen und damit auch der politischen Lage Deutschlands waren schon zu erkennen.

Am 11. Dezember 1941 hatte Adolf Hitler auch die USA an die Seite der Kriegsgegner Deutschlands gedrängt. Die deutschen Soldaten befanden sich in Russland - laut Wehrmachtsbericht - in „Abwehrkämpfen bei schneidender Kälte". In der Hitze Afrikas wurden sie immer weiter zurückgetrieben. Es war für jedermann, der von der Propaganda der Nationalsozialisten nicht vollständig benebelt war, abzusehen, dass mit der viel zu geringen Anzahl deutscher Soldaten die Fronten zwischen dem Nordkap und Afrika, in den Weiten Russlands, an der Kanalküste und auf See letztendlich nicht zu halten waren. Hinzu kam, dass mittlerweile die Menschen in fast allen Großstädten Deutschlands unter Flugzeugangriffen zu leiden hatten. Hitler hatte am 11. Dezember 1941, als er die deutsche Kriegserklärung an die USA im Radio bekannt gegeben hatte, zwar gesagt: „Wenn wir an die Opfer unserer Soldaten denken, an ihren Einsatz, dann ist jedes Opfer der Heimat gänzlich bedeutungslos und unbedeutend", aber die Opfer in der Heimat wurden immer größer. Sie nahmen den Menschen an der „Heimatfront" nach und nach den Glauben an die Überlegenheit der deutschen Waffen. Öffentlich wagte allerdings niemand, eine deutsche Niederlage vorherzusagen. Die NS-Führung machte den Glauben an einen deutschen Sieg zur staatsbürgerlichen Pflicht.

---

[440]   Mit seinen beiden Schreiben vom 3. 8. 1941 verschwindet Josef Krebs (geb. 23. 3 1892 – gest. 2. 3. 1955) fast vollständig aus den Akten des Archivs der Kirchengemeinde St. Bonifatius. Sein weiteres Schicksal ist bisher unerforscht. Aus dem Jahre 1947 gibt es ein Schreiben, in dem Josef Krebs als Mitglied des „Wohnungsausschusses Wilhelmsburg" eine Mitteilung an Pfarrer Krieter macht. Im Jahre 1950 begrüßt Pfarrer Krieter in seiner Rede zur Einweihungsfeier des Krankenhauses Groß-Sand den Herrn Josef Krebs als den „Stellvertretenden Vorsitzenden des Bezirksausschusses Harburg-Wilhelmsburg". Archiv der Kirchengemeinde St. Bonifatius, Akte „Chronik, Schriftwechsel zum Bau des Krankenhauses." Im Kirchenbuch der Gemeinde St. Bonifatius ist schließlich das Todesdatum des Josef Krebs für den 2. 3. 1955 verzeichnet.

[441]   Vgl. Schreiben des Bischofs von Hildesheim, Nr. 9172 vom 17. September 1941, Archiv der Kirchengemeinde St. Bonifatius, Akte „Rundschreiben kirchlicher Behörden, 1920-1944"

Der Vorsitzende der deutschen Bischofskonferenz, Kardinal Bertram, verlangte von den Katholiken, dass sie beteten für „weitere siegreiche Erfolge des brennenden Krieges als Zugang für einen für ganz Deutschland segensreichen Frieden". [442]

6.6.1 Die Gemeinde „opfert" Kirchenglocken

Der Chronist der Bonifatiusgemeinde beginnt seinen Bericht zum Jahre 1942 mit der Eintragung: „Das dritte Kriegsjahr forderte gleich an seinem Anfang ein schier übergroßes Opfer von unserer Gemeinde. Man verlangte unsere Kirchenglocken. Die beiden größten mussten abgegeben werden. Sie wurden aus dem Turm genommen und am 30. Januar 1942 abgeholt. Sie wurden noch am selben Tage zerschlagen, um Kriegsmaterial zu liefern, sie, die doch für den Frieden geschaffen waren. Der Verlust der Glocken war ein rechter Kummer für Jung und Alt und wurde nur erträglich durch den Gedanken an die Interessen des Vaterlandes." [443] Für „die Interessen des Vaterlandes" waren die Katholiken bereit, die größten Opfer zu bringen. Sie sahen es nicht oder wollten es nicht wahrhaben, dass Adolf Hitlers Politik von Anfang an auf „Gewinnung des Lebensraumes" für das deutsche Volk gezielt hatte, und damit auf Überfall und Raub im Osten. Die Katholiken sprachen noch immer vom „Ausbruch" des Krieges und entpersonalisierten damit die Frage, wer den Krieg begonnen habe. Für sie lag der Krieg im Willen Gottes, „der alles Geschehen, auch das Schicksal der Völker und der einzelnen Menschen in seiner weisen Vorsehung lenkt".[444]

Pfarrer Krieter kommentierte die Abgabe der Kirchenglocken auf einem Zettel, den er in der Chronik seiner Kirchengemeinde ablegte: „Die große und die zweitgrößte von unseren drei Glocken wurden in der Woche vom 25. 1. 1942 bis 1. 2. 1942 abgenommen; am Freitag, den 30. Januar 1942 wurden sie bei Frostwetter von der Sakristeitür aus auf den Anhänger eines Lastautos geladen und abgefahren. Am gleichen Tage noch wurden sie zerschlagen, um als Verteidigungsmittel zum Schutze unseres geliebten Vaterlandes zu dienen. Möge das Opfer, das der Gemeinde auferlegt wurde, zum glücklichen, sieghaften Ausgang des Krieges gegen den Bolschewismus dienen." [445] Nach dieser Notiz zu urteilen, hatte Pfarrer Krieter mitterweile eine völlig verkürzte Sicht auf die Politik Hitlers. Nun war der Krieg für ihn nur noch der Kampf gegen den Bolschewismus! Diese Sicht des Kriegsgeschehens war ihm sowohl von den deutschen Bischöfen als auch von der NS-Kriegspropaganda nahegelegt worden. Dass Pfarrer Krieter sie sich zu Eigen machte, muss dennoch als sein hilfloser Versuch gewertet werden, dem Unglück insgesamt noch irgendeinen Sinn zu geben. (Die Annahme, Pfarrer Krieter habe seine Notiz mit Rücksicht auf einen eventuellen Besuch von Gestapobeamten staatsloyal formuliert, ist wohl abwegig.)

Zu der Trauer der Gemeinde wegen des Verlustes der Glocken, die nach dem 1. Weltkrieg mit so viel Opfergeld neu angeschafft worden waren, gesellten sich zu Beginn des Jahres 1942 die Unbilden der Witterung. Im Januar, Februar und März konnte die Kirche in Wilhelmsburg wegen Kohlemangels nicht mehr geheizt werden.

---

[442] Das Zitat stammt aus dem Glückwunschschreiben zum 53. Geburtstag, das Kardinal Bertram am 10. April 1942 an Adolf Hitler sandte. Hier zitiert nach Denzler / Fabricius, Die Kirchen im Dritten Reich, Bd. 1. Darstellung, Fischer-Verlag, Frankfurt a. Main, 1985, S. 178

[443] Chronik der Kirchengemeinde St. Bonifatius, S. 39

[444] Zitat aus dem gemeinsamen Hirtenbrief der deutschen Bischöfe vom 26. Juni 1941

[445] Chronik der Kirchengemeinde St. Bonifatius, S 40

In der Kirche war es 10 Grad kalt, draußen herrschten 15 bis 20 Minusgrade. Die Anzahl der Kirchenbesucher verringerte sich entsprechend, zumal die Nutzung der öffentlichen Verkehrmittel nur eingeschränkt möglich war. Im Januar und Februar mussten wegen der Kälte die Sonntagspredigten ausfallen. Es wurden auch sonntags nur „stille Messen" zelebriert.

6.6.2 Gedanken und Trostworte zum Soldatentod

Nach dem Hinweis auf den Verlust der Glocken fährt die Chronik von St. Bonifatius fort: „Auch sonst brachte das Jahr viel Leid in viele Familien. Die Zahl der Gefallenen stieg von Monat zu Monat." [446] Pfarrer Krieter selbst hatte zwei Neffen „im Felde". Karl-Otto Krieter (aus Hilkerode) kämpfte in Russland. Der noch jüngere Neffe Hans-Helmut Krieter (aus Münster) hatte das „Notabitur" gemacht und war am 1. 10. 1941 Soldat geworden. Über Frankreich und Italien war er zur „Heeresgruppe Afrika" gekommen.

Nicht nur wegen seiner beiden Neffen dachte Pfarrer Krieter in diesem Jahr vermehrt über den Tod der Soldaten nach. Die von Monat zu Monat ansteigende Zahl der „Gefallenen" aus seiner Gemeinde und die ansteigende Zahl von „Sterbemessen", die Pfarrer Krieter zu lesen hatte, stellten ihn immer wieder vor die Aufgabe, Worte zum Sinn des Soldatentodes zu formulieren. Welche Gedanken leiteten fromme katholische Soldaten, wenn sie Kriegsdienst taten und schließlich sogar „in den Tod gingen"? Mit welchen Worten wird Pfarrer Krieter die „Hinterbliebenen" getröstet haben?

Beispielhafte Antwort auf diese Fragen geben zwei Quellen aus der Chronik der Harburger Kirchengemeinde St. Maria: ein so genanntes „Sterbebildchen" und die zugehörige Todesanzeige in der Zeitung. Der „gefallene" Soldat heißt Hans-Joachim Borkert. Er wurde in Russland am 28. 6. 1942 durch einen Kopfschuss getötet. [447]

JOACHIM BORKERT †

Abb. 75 : Die Vorderseite des Gedenkbildchens zum Tode des Jesuitenfraters Joachim Borkert

Während seiner Zeit als Pastor von St. Franz-Josef war Pfarrer Krieter dem Vater des „Gefallenen", Paul Borkert, oft begegnet. Er war in Harburg Lehrer an der Katholischen Volksschule Lindenstraße gewesen, bevor auch er zum Militärdienst eingezogen worden war.

---

[446] Chronik der Kirchengemeinde St. Bonifatius, S. 39
[447] Chronik der Kirchengemeinde St. Maria, Bd. 1, S. 224

Pfarrer Krieter wusste, dass Hans-Joachim Borkert Priester werden wollte, Student der Theologie war und „Frater" (=Bruder) des Jesuitenordens. Der Text auf der Rückseite des Gedenkbildchens lautet:

Mors porta vitae!

Joachim BORKERT

Geboren am 31. Juli 1921

In die Gesellschaft Jesu eingetreten am 19. April 1939

Für das Vaterland gefallen am 28. Juni 1942

Wenn wir, die ihn kannten, an Joachim Borkert denken, dann steht vor uns das Bild seiner frohen und tapferen Liebe zu Jesus Christus, dessen Dienst er als hohes Lebensideal erkannt und erwählt hatte.

In der herben Reinheit und Klarheit seines Wesens hat er den göttlichen Ruf ohne Vorbehalt bejaht und zu erfüllen gesucht. Wo immer er stand, galt ihm der Grundsatz: „Die Pflicht ruft - Christus ruft". (Tagebuch 6. X. 40)

Es war ihm Aufgabe, ein „ganzer Soldat zu werden. Gerade, aufrecht und pflichttreu". (Tagebuch 28. III. 41)

„Ganz groß steht über unserm Leben die Forderung Gottes, daß unser Wandel auf Erden eine Erfüllung seines Willens sei. Er kann und darf alles verlangen, auch die Hingabe unseres Lebens, und wenn es noch so hoffnungsvoll ist. Es ist wahrhaftig eine Lebensaufgabe, dies zu erkennen und danach konsequent zu handeln". (Tagebuch 2. V. 42)

„- und wenn ich nicht zurückkehren sollte, so soll Gottes Wille geschehen". (Brief 13. VI. 42)

„Für uns ist der Tod ja kein Ende, sondern Beginn unseres ewigen Lebens". (Tagebuch 2. V. 40)

Abb. 75: Die Rückseite des Genkbildchens zum Tode des Jesuitenfraters J. Borkert

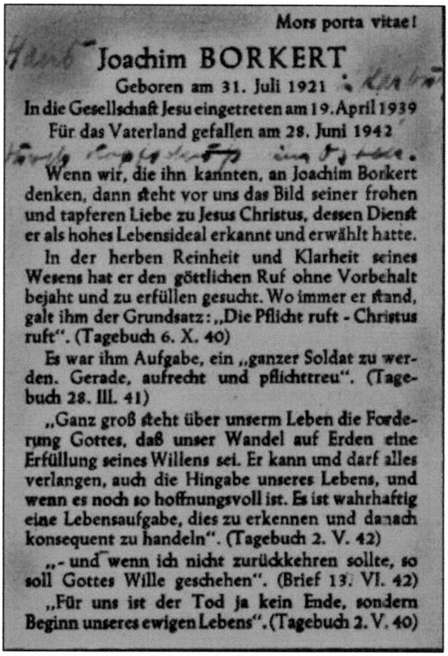

„`Mors porta vitae´ = `Der Tod ist die Tür zum Leben´ Joachim Borkert. Geboren am 31. Juli 1921. In die Gesellschaft Jesu eingetreten am 19. April 1939. Für das Vaterland gefallen am 28. Juni 1942. Wenn wir, die ihn kannten, an Joachim Borkert denken, dann steht vor uns ein Bild seiner frohen und tapferen Liebe zu Jesus Christus, dessen Dienst er als hohes Lebensideal erkannt und erwählt hatte. In der herben Reinheit und Klarheit seines Wesens hat er den göttlichen Ruf ohne Vorbehalt bejaht und zu erfüllen gesucht. Wo immer er stand, galt ihm der Grundsatz: `Die Pflicht ruft - Christus ruft´ (Tagebuch 6. 10. 1940) Es war ihm Aufgabe, ein `ganzer Soldat zu werden. Gerade, aufrecht und pflichttreu´. (Tagebuch 28. 3. 1941) `Ganz groß steht über unserem Leben die Forderung Gottes, dass unser Wandel auf Erden eine Erfüllung seines Willens sei. Er kann und darf alles verlangen, auch die Hingabe unseres Lebens, und wenn es noch so hoffnungsvoll ist. Es ist wahrhaftig eine Lebensaufgabe, dies zu erkennen und danach konsequent zu handeln´. (Tagebuch 2. 5. 1942) `... und wenn ich nicht zurückkehren sollte, so soll Gottes Wille geschehen´. (Brief, 13. 6. 1942) `Für uns ist der Tod ja kein Ende, sondern Beginn unseres ewigen Lebens´. (Tagebuch, 2. 5. 1940)"

Fromme Katholiken sahen das Entscheidende für ihr Leben und für die Kriegszeit in der Hinnahme von Gottes Willen, der ihnen die Heimsuchung des Krieges auferlegt hatte.[448] Weil sie den Krieg als von Gott gegeben ansahen, galt der Grundsatz: „Die Pflicht ruft - Christus ruft." Es war für katholische junge Männer folglich eine christliche Aufgabe, „ein ganzer Soldat zu werden, gerade, aufrecht und pflichttreu". Wenn dieser Krieg Gottes Wille war, dann war auch der Soldatentod berechtigt. Der Soldat und seine Angehörigen fanden „Halt, Trost und Zuversicht in dem Gedanken, Gott habe ihn in diese Zeit und an diesen Platz gestellt. So konnte es in dem Brief des Hans-Joachim Borkert vom 13. 6. 1940 zum Schluss heißen: „und wenn ich nicht zurückkehren sollte, so soll Gottes Wille geschehen." Der Bolschewismus galt guten Katholiken als „Inkarnation des Gottlosen". Wer also - wie Hans-Joachim Borkert - in Russland kämpfte, glaubte seinen Dienst im Heere Hitlers als Kampf gegen den „Einbruch dämonischer Mächte in den Raum der Geschichte" rechtfertigen

448 So ist es formuliert bei Hürten, Heinz, Deutsche Katholiken 1914 - 1918, Paderborn 1992, hier wiedergegeben nach: Missalla, Heinrich, Für Gott, Führer und Vaterland. Die Verstrickung der Katholischen Seelsorge in Hitlers Krieg., Kösel, München 1999 , S. 194

zu können, denn er nahm teil „an dem großen Kampf zwischen den Mächten des Lichtes und der Finsternis". [449]

Am 28. 6. 1942 opferte unser innigstgeliebter Sohn und Bruder, stud. theol. u. Frater S. J.

Hans-Joachim Borkert

Gefr. in einem Inf.-Regt., Inh. des EK., Inf.-Sturmabz. und Verw.-Abzeichens, in heldenhaftem Einsatz im Osten im 20. Lebensjahre sein Leben für das Vaterland.

Paul Borkert, Hauptmann, Emmi Borkert, Clemens Borkert, Bootsmaat u. OA., Günter Borkert, Fahnenjunker, Gefr. u. Flugzeugführer, Hermann Borkert.

Hamburg-Harburg, Adolfstr. 3, 31. Juli 1942.

Abb. 76: Die Todesanzeige der Familie Borkert in den Harburger Anzeigen und Nachrichten (HAN)

Schließlich blieb für katholische Soldaten - ob sie nun in Russland oder in Afrika kämpften - noch der gewichtigste Trostgedanke: „Für uns ist der Tod ja kein Ende, sondern Beginn unseres ewigen Lebens."

Damit nach dem Lesen der vorhergehenden Zeilen kein falscher Eindruck entsteht, sei es ausdrücklich betont: Hier soll keinesfalls Kritik gegenüber Hans-Joachim Borkert und seinen Angehörigen geäußert werden. Hans-Joachim Borkert legte höchste Maßstäbe an seine Lebensführung und lebte danach. Dennoch dienten sein Soldatenleben und sein Tod der nationalsozialistischen Diktatur. Er wollte das Gute und half dem Bösen.

Wenn man annimmt, dass die Trostworte, die Pfarrer Krieter in einer Sterbemesse für „gefalleneSoldaten" sprach, sich in dem Rahmen bewegten, der damals unter frommen Katholiken üblich war, dann ging es ihm genau wie Hans-Joachim Borkert. Er spendete den Angehörigen „gefallener" Soldaten Trost. Das war gut, doch er verwendete Argumente, die der weiteren Herrschaft des Bösen festigten.

6.6.3   Wahrzeichen der Angst an der „Heimatfront"

Ende April 1942 wurde mit dem Bau zweier riesenhafter Luftschutzbunker in Wilhelmsburg begonnen.[450] Diese Arbeiten unterstanden direkt Albert Speer, dem neuen Reichsminister für Bewaffnung und Munition. Die Bauausführung lag bei der „Organisation Todt".[451] Während der Bauarbeiten wurden gemäß dem „Reichsleistungsgesetz für Wehrmachtszwecke" Räume im „St. Willehadstift" beschlagnahmt und Angehörige der „Organisation Todt" dort einquartiert. Zusätzlich musste die Küche des Stiftes die Bauleute mit Essen versorgen. Für die Bereitstellung von Wohnung und Verpflegung bekam die Kirchengemeinde St. Bonifatius von Seiten des Staates zwar ein Entgelt, aber im Gemeindehaus war nun nicht mehr genügend Platz für den Hort und den Kindergarten.

---

[449]   Missalla, Heinrich, a. a. O., S. 202 und 208

[450]   Die Planung und der Bau zweier Bunker derselben Art auf dem Heiligengeistfeld in Hamburg begannen gleichzeitig. Die Bunker in Hamburg waren aber rund ein Jahr eher fertig als die Bunker in Wilhelmsburg. Vgl. Brunswig, Feuersturm über Hamburg, a. a. O., S. 153 ff..

[451]   1938 schufen Dienstverpflichtungen die Möglichkeit zur Aufstellung einer Bautruppe unter dem „Generalinspekteur für das deutsche Straßenwesen", Fritz Todt. Im Jahre 1940 wurde Todt auch „Minister für Bewaffnung und Munition". Seine „Organisation Todt" - zunächst beim Bau des Westwalles eingesetzt - war nach Kriegsbeginn im Reich und in den besetzten Gebieten für den Bau militärischer Anlagen, für Brücken, Eisenbahnlinien und Straßen zuständig. Für lagernahe Projekte zog die „Organisation Todt" auch Kriegsgefangene, Zwangsarbeiter und KZ-Häftlinge heran. Nach dem Tode Fritz Todts - durch Flugzeugunfall am 8. 2. 1942 - übernahm Albert Speer dessen Funktionen.

Beide mussten geschlossen werden. Die Zahl der zu betreuenden Kinder war während der letzten Monate ohnehin zurückgegangen, denn viele Kinder waren mit ihren Müttern aus Wilhelmsburg evakuiert worden. Insofern wird Pfarrer Krieter aus finanzieller Sicht die staatliche Nutzung des Stiftes „St. Willehad" begrüßt haben. Die Kirchenkasse brauchte nun den jährlichen Zuschuss für das „Stift St. Willehad" nicht mehr allein aufzubringen, sie hatte sogar „nicht unerhebliche Überschüsse".[452]

Es entstanden für Pfarrer Krieter aber auch Belastungen. Er musste eine Köchin und Hilfskräfte anwerben und zusätzliche Verwaltungsarbeit erledigen. Die Zeitzeugen Werner Jonek und Hilde Mlotek erinnerten sich, dass ihre Mütter Arbeit und Verdienst gefunden hatten, nachdem die „Organisation Todt" in das „St. Willehadstift" eingezogen war. Werner Jonek, berichtete: „ … Da ist Pastor Krieter an meine Mutter herangetreten, ob sie diese Aufgabe nicht übernehmen wolle. Meine Mutter hat also fortan im Gemeindehaus gekocht. Die Nonnen, die sowieso im Gemeindehaus wohnten, und zwei behinderte Frauen haben meiner Mutter geholfen. In dieser Zeit haben die Kinder aus unserer Familie sich viel im Gemeindehaus aufgehalten. Als Kinder hatten wir ja auch Vorteile von dieser Arbeit unserer Mutter. Außerdem waren wir so in ihrer Nähe.[453] Hilde Mlotek berichtete: „ … Die Nonnen mussten dann in der Küche des Gemeindehauses für die „Organisation Todt" kochen. Da ist meine Mutter jeden Morgen ins Gemeindehaus gegangen und hat … geholfen, beim Gemüseputzen und so. …"

Während des Bunker-Baues hat sich Pfarrer Krieter gewiss dann und wann zur Baustelle begeben. Zum einen bestimmte der Fortschritt der Bunkerbauten die Dauer der Belegung des Stiftes „St. Willehad" durch die „Organisation Todt". Zum anderen hoffte natürlich auch Pfarrer Krieter auf einen verbesserten Luftschutz für die Bevölkerung. Schon der Baubeginn war beeindruckend. Pfarrer Krieter wird das Bild, das der Zeitzeuge Walter Chowanietz dem Verfasser dieses Werkes geschildert hat, genauso gesehen haben: „ … Ich habe damals immer das Gefühl gehabt, dass der große Bunker genauso tief war wie er hoch ist. Und die Masse Menschen, die da beim „Schippen" war, die Mischmaschinen, die Massen von Eisen! Damals wurde ja noch alles vor Ort mit der Hand gemacht."

An der Baustelle begegneten dem Pfarrer Krieter auch die ausgemergelten Gestalten von Zwangsarbeitern, Kriegsgefangenen und KZ-Häftlingen, die von der „Organisation Todt" zur Arbeit herangezogen wurden. Walter Chowanietz berichtete: „ … Es waren auch sehr viele Kriegsgefangene eingesetzt. Man hat auch Strafgefangene gesehen. Der große Bunker ist ja nie ganz fertig geworden. Deswegen durfte nur die normale Bevölkerung den Bunker nutzen. Die Gefangenen mussten draußen bleiben. Es gab von der Veringstraße aus so eine Art Schützengräben zum Bunker. Darin mussten die Kriegsgefangenen und Strafgefangenen bleiben. Das war schon grausam! Erst wenn die Gänge im Bunker von der Normalbevölkerung frei waren, durften auch die Gefangenen in den Bunker. Sie mussten dann aber in den Gängen unten bleiben."[454]

Die Ausmaße des überirdischen Teils der Bunkerbauten versetzten Pfarrer Krieter in Staunen. Der „Befehlsbunker" bekam eine Grundfläche von 23 Meter mal 50 Meter und eine Höhe von 47 Metern. Der „Gefechtsbunker" bekam eine Grundfläche von 70,5 Meter mal 70,5 Meter. Er wurde ebenfalls 47 Meter hoch. Die Wände wurden 2,5 Meter dick, die Decken wurden 3,5 Meter stark.

---

[452] So formulierte es Pfarrer Krieter in seinem Schreiben an das Bischöfliche Generalvikariat vom 20. 2. 1943. Archiv der Kirchengemeinde St. Bonifatius, Akte „Gemeindehaus - alte Bauakten"

[453] Zitate aus den Gesprächen mit Hilde Mlotek vom 9. 12. 2003 und mit Werner Jonek vom 7. 2. 2005

[454] Dieses Zitat und die folgenden Zitate stammen aus dem Gespräch mit Gertrud und Walter Chowanietz vom 8. 2. 2005

Die vier Türme des „Gefechtsbunkers" wurden mit Flugabwehrkanonen ausgestattet. Die Kommandostelle war im kleinen Bunker, im „Befehlsbunker", stationiert. [455]
Nachdem die beiden Bunker fertig waren, konnten darin rund 30.000 Menschen Schutz vor Luftangriffen suchen. Von allen Seiten - sogar von Neuhof, aus dem Osten der Insel und vom Bahnhofsviertel - strömten jetzt bei Fliegeralarm Frauen, Kinder und alte Männer in die Bunker. Pfarrer Krieter selbst flüchtete niemals dorthin, seine Schwester Therese nutzte diesen Zufluchtsort sehr selten. Die Geschwister vertrauten darauf, dass sie in der Nähe der Bonifatiuskirche ziemlich sicher seien. Noch konnten sie sich nicht vorstellen, dass ein katholisches Gotteshaus, in dem ja nach ihrem Glauben Christus persönlich zugegen war, von Bomben zerstört werden könne.

Abb. 77: Der große Bunker in Wilhelmsburg, der so genannte „Gefechtsbunker". Der kleine Bunker war der „Befehlsbunker".

Was ihnen über das Leben im Bunker erzählt wurde, ließ die Geschwister Krieter vollends zurückschrecken. Die Zeitzeugin Gertrud Chowanietz berichtete: „ ... Diese Bunkerzeit! Wir haben ja von Anfang an Angst vor den Angriffen gehabt. Erst sind wir in den Keller gegangen. Als der große Bunker dann fertig war, haben wir im 2. Stock des Bunkers, Zimmer 17, unseren Platz gehabt. In den letzten Jahren haben wir oben im 6. Stock des Bunkers Tag und Nacht verbracht. Ich möchte davon am liebsten nicht weiter erzählen, weil ich heute noch darunter leide. ... Im Bunker war es grauenhaft, das Fallen der Bomben und das Schießen der eigenen Flak (= Flugabwehrkanonen) zu erleben. Der ganze Bunker wackelte, wenn die Bomben fielen! Wir klammerten uns so fest an unsere Mutter! Aber auch sie muss ja Angst gehabt haben. Ringsum war nur Geschrei! Es war einfach grausig! Im Bunker ging manchmal das Licht aus, alles war dunkel, und dann diese Enge! Und diese hässlichen Betonwände! ...

---

[455] Die Angaben zu den Ausmaßen der beiden Bunker stammen aus Brunswig, Hans, Feuersturm über Hamburg, a. a. O., S. 153

Im Bunker waren in den unteren Räumen Bänke aufgestellt. In den oberen Stockwerken gab es Säle mit Etagenbetten. Die Säle wirkten auf mich als Kind riesig groß. Die Zimmer wurden entsprechend den Wohnblöcken zugeteilt, damit man die Leute finden konnte und damit jeder wusste, wohin er sich zu begeben hatte. Das Schlimmste war die Angst, wenn die Sirenen losheulten, wenn es wieder hieß, zum Bunker zu flüchten. Ich nahm dann immer meinen kleinen Bruder an die Hand, und Mutti musste mit der Lütten (= mit der jüngeren Schwester) hinterher. Meine ältere Schwester war in der Kinderlandverschickung. Ich war ja nicht zu halten, wenn Alarm war. Einmal kamen wir auf dem Weg zum Bunker an der Schule II vorbei. Und dann fielen auch schon die Bomben. Jemand rief uns zu, wir sollten in ein Haus flüchten. Ich habe aber meinen Peter (= den jüngeren Bruder) genommen und bin weiter zum Bunker gerannt. Als wir später aus dem Bunker zurückkamen, war dieses Haus, in das wir flüchten sollten, total zerstört. Darin wären wir umgekommen. Viele Menschen hatten sich in dieses Haus geflüchtet, weil darin die Kellerräume als Schutzräume ausgebaut waren. Im Zusammenhang mit einem anderen Alarm kann ich mich auch an die Strafgefangenen erinnern. Bei denen waren auch Pferde und Wagen. Als wir nach dem Angriff aus dem Bunker herauskamen, war vor dem Bunker ein Bombentrichter voller Toter. Ich habe noch in Erinnerung, wie ein totes Pferd mit verdrehten Augen zwischen den toten Menschen lag. Diese Bilder habe ich noch so deutlich vor mir! ..."[456]

6.6.4 Nachbesserungen an der Verdunkelungseinrichtung der Bonifatiuskirche

Im Frühjahr 1942 waren in Wilhelmsburg die Arbeiten zum Bau der Großbunker erst in den Anfängen. Aber schon zu dieser Zeit wurden die Angriffe englischer Bombenflieger auf deutsche Städte immer häufiger und immer heftiger.

Umso größeren Wert legten die Behörden auf die Verdunkelung. Verstöße gegen die Vorschriften wurden streng bestraft. Oft genug kam es zu Denunziationen. Pfarrer Krieter war deswegen zunächst erschrocken, als er am 18. 5. 1942 ein Schreiben von der NSDAP bekam. Der kommissarische Leiter der Ortsgruppe Wilhelmsburg, der Parteigenosse Kock, schrieb:
„Auf Anordnung des Kreisleiters, Parteigenosse Drescher, ist die katholische Kirche Bonifatiusstraße notwendigenfalls bei Fliegerangriffen als Reserve-Auffanglager vorgesehen.

Abb. 78 : Ein Plakat aus dem Jahre 1943

---

[456] Gespräch mit Gertrud und Walter Chowanietz vom 8. 2. 2005

Soweit ich unterrichtet bin, besitzt die Kirche keine Einrichtung zur Verdunkelung. Ich bitte deshalb, die Bemühungen, die eine schnelle und möglichst ungefährdete Unterbringung von obdachlos Gewordenen zum Ziele haben, zu unterstützen und die Verdunkelungseinrichtung möglichst schnell anbringen zu lassen.
Heil Hitler, Kock, kommissarischer Ortsgruppenleiter" [457]
Pfarrer Krieter wusste, dass die Bonifatiuskirche bereits zu dieser Zeit ausreichend verdunkelt werden konnte, doch die Verdunkelungseinrichtung war gewiss noch zu verbessern. Die Kosten würde man der Kreisleitung aufladen können. Unter den gegebenen Umständen konnte die Bonifatiusgemeinde also nur profitieren. Pfarrer Krieter antwortete dem Ortsgruppenleiter Kock:
„Auf Ihr Schreiben vom 18. des Monats teile ich mit, dass ich sofort Auftrag erteilt habe, die vorhandene Verdunkelungseinrichtung in der Kirche, die von den zuständigen Stellen für ausreichend erachtet wurde, derart zu vervollständigen, dass die Kirche notfalls sofort als Reserve-Auffanglager benutzt werden kann. Wie mir jedoch die beauftragte Firma heute mitteilt, wird sie mit der Ausführung des Auftrages infolge Überlastung nicht vor vier Wochen beginnen können. Heil Hitler! Krieter, Pastor."

Ende Juni 1942 führte die Rollo- und Markisenfabrik Dibowski den Auftrag aus. Pfarrer Krieter glaubte nun noch hoffnungsvoller, seine Kirche werde den Krieg unbeschädigt überstehen.

6.6.5   Folgen einer Denunziation

Je länger sich der Krieg hinzog, desto häufiger kam es zu Denunziationen.[458] Der Zeitzeuge Werner Jonek berichtete vom Schicksal seines Großvaters: „Unser Großvater hatte einmal auf der Straße mit jemandem Polnisch gesprochen. Da kam irgend so ein „Nazibonze" vorbei. Der hörte das und hat dann meinem Großvater gedroht: „Ich werde Sie anzeigen! Sie wissen doch, dass es verboten ist, öffentlich Polnisch zu sprechen. Sie werden von uns hören!" Das hat meinen Großvater schwer bedrückt. Sowieso war er zu dieser Zeit schon sehr müde. Er hatte ja die vielen Kinder, und mit seinem Lebensmittelgeschäft hatte er Konkurs anmelden müssen. Die Sorge um seine Lieben, auch der Stress der Fliegerangriffe und nun die Sorge vor den Folgen der Anzeige haben meinen Großvater so weit getrieben, dass er Selbstmord begangen hat. Großvater hatte ja schon erlebt, dass sein Bruder und sein Schwiegersohn ins KZ gebracht worden waren. Beide gehörten einem polnischen Verein in der Kirchengemeinde an. Damals wohnten in Wilhelmsburg im Gebiet der Straße „Alte Schleuse" ganz viele Polen. Das war fast ein polnisches Ghetto. Die waren natürlich alle katholisch. 1944 ist die Gegend dort zerstört worden. Na, obwohl der polnische Verein von den Nazis aufgelöst worden war, hatten sich die Mitglieder weiter getroffen. Sie waren polnische Patrioten. Viele andere polnische Migranten in Wilhelmsburg haben in dieser Zeit ihre Namen geändert, damit ihre polnische Herkunft verdeckt wurde, denn in der Nazizeit war die polnische Herkunft ein Makel.
Wie gesagt, diese Männer waren Patrioten. In einem Keller waren sie zusammengekommen und hatten polnische Lieder gesungen. Es dauerte gar nicht lange, da waren sie denunziert.

---

[457] Schreiben vom 18. 5. 1942. Archiv der Kirchengemeinde St. Bonifatius. Akte „Rundschreiben weltlicher Behörden bis 1959"
[458] Vgl. Gellately, Robert, Hingeschaut und weggesehen. Hitler und sein Volk, DVA, Stuttgart-München, 2002

Denunziationen waren ja damals an der Tagesordnung. Meine beiden Verwandten sind dann ins KZ gekommen. Der eine ist dort gestorben, der andere ist halbtot wiedergekommen. Deswegen hatte mein Großvater wohl besonders große Angst vor den Folgen der Anzeige. Jedenfalls, als mein Großvater gestorben war, sah alles so aus, als ob sich Großvater in seinem Garten aufgehängt hätte. Das gab natürlich eine große Aufregung in der Familie. Selbstmord, ein Katholik macht doch so etwas nicht! Da kam dann Pastor Krieter. `Nein´, hat der gesagt, `der Wenzel hat keinen Selbstmord gemacht. Da hatte der Herrgott sicher ein Einsehen. Der Herrgott hat unserem Wenzel sicher das Herz stehen lassen! Der Wenzel ist an einem Herzschlag gestorben´. Der Begriff Selbstmord ist nie irgendwo aufgetaucht. Meine Mutter und ihre Schwestern haben uns von diesen Worten des Pastors Krieter sehr eindringlich und glaubhaft erzählt. Ich habe dieses Verhalten als eine großartige Geste des Pastors Krieter empfunden. Man muss sich ja darüber klar sein: Einen Selbstmörder hätte Pastor Krieter nach den Vorschriften der Kirche nicht beerdigen dürfen." [459]

6.6.6   Seelische und körperliche Anforderungen bis an die Grenze der Belastbarkeit

Erlebnisse wie der Selbstmord des betagten Gemeindemitgliedes Wenzel Greczkiewicz belasteten Pfarrer Krieter schwer. Schon zu dieser Zeit konnte man sich im eigenen Volk nicht mehr sicher fühlen. In den nächsten Monaten wurde es noch schlimmer.[460] Weil er in fast jedem Sonntags-Gottesdienst auch Spitzel der Gestapo unter den Besuchern der Messe hatte, fühlte sich Pfarrer Krieter oft „mit einem Bein im Gefängnis". [461] Diese Angst war berechtigt. Das Generalvikariat Hildesheim machte gegen Ende des Jahres 1942 den Priestern der Diözese die folgende Aufstellung bekannt: „In Konzentrationslagern sind von Anfang 1940 bis Oktober 1942 gestorben: Weltpriester 162, Ordenspriester 31. Es befinden sich am 1. Oktober 1942 in Konzentrationslagern: Weltpriester 251, Ordenspriester 64. In derselben Zeit sind in Gefängnissen gestorben: 7 Weltpriester und 4 Ordenspriester. Am 1. Oktober 1942 befanden sich noch in Gefängnissen 60 Weltpriester und 2 Ordenspriester." [462]

Die Fliegerangriffe, unter denen Hamburg weiterhin zu leiden hatte, brachten zusätzlich schwere Belastungen.[463] Die Angst um den Erhalt von Kirche, Pfarr- und Gemeindehaus machte jeden Fliegerangriff zur Qual. Müdigkeit und Erschöpfung aufgrund der

---

[459] Gespräch mit Werner Jonek vom 7. 2. 2005

[460] Vgl. Szodrzynski, Joachim, Die Heimatfront zwischen Stalingrad und Kriegsende, in: Hamburg im Dritten Reich, a. a. O. S. 652 ff.

[461] Vgl. die Gespräche mit Albin Lisiewicz und Monika Kunigk; Die Anwesenheit von Spitzeln der Gestapo beim Gottesdienst in den katholischen Kirchen Wilhelmsburgs und Harburgs ist auch belegt in: Das Bistum Hildesheim 1933-1945. Eine Dokumentation, a. a. O., S. 502

[462] Außerordentliches Rundschreiben. Verantwortlich für Herausgabe und Vervielfältigung: Bischöfliches Generalvikariat in Hildesheim. Archiv der Kirchengemeinde St. Bonifatius. Akte „Kirchliche Rundschreiben 1920-1944"

[463] Besonders schwere Luftangriffe auf Hamburg erfolgten im Jahre 1942 am Abend des 14. 1., in der Nacht zum 4. Mai (Abwurf von 3.500 Brandbomben, 77 Tote), in der Nacht vom 26. zum 27. Juli (Abwurf von 31 Minenbomben, 588 Sprengbomben, 68.000 Stabbrandbomben und 1.591 Phosphor-Brandbomben; 337 Tote, 211 Schwer- und 816 Leichtverletzte) und am 9. November. Alle Zahlen stammen aus Brunswig, Hans, Feuersturm über Hamburg, a. a. O., S. 115 ff.

Brandwache-Stunden lähmten die Tatkraft. „Ausgebombte" die ihre Wohnung verloren hatten, suchten beim Pfarrer Trost und oft auch materielle Unterstützung.

Beerdigungen, die Pfarrer Krieter durchzuführen hatte, brachten in diesen Tagen oft außergewöhnliche seelische Belastungen. Jede Beerdigung brachte aber auch körperliche Anstrengungen. Verstorbene durften nicht auf dem Friedhof in Wilhelmsburg - Mengestraße - beerdigt werden, sondern nur auf dem Neuen Friedhof in Harburg.[464] Solange der öffentliche Nahverkehr einwandfrei funktioniert hatte, war dieses Gebot zwar zeitaufwendig, aber körperlich nicht allzu belastend gewesen. Jetzt aber wurde der Straßenbahnverkehr nach Fliegerangriffen immer häufiger eingestellt. Der Zeitzeuge Ewald Matuczak berichtete: „Ich selbst musste seinerzeit immer mit Pastor Krieter nach Harburg zu Beerdigungen. Die Bahn fuhr ja nicht! Meistens mussten wir zu Fuß gehen, manchmal sind wir wohl auch mit einem Auto mitgenommen worden, aber meistens ging es zu Fuß bis zum Harburger Friedhof, oben an der Bremer Straße. Das war eine weite Fußwanderung! Das Kreuz, das bei der Beerdigung getragen wurde, haben wir nicht von Wilhelmsburg mitgenommen. Das war in der Kapelle. Die Priester- und Messdienergewänder aber hatten wir in einem Koffer dabei. Wir waren ja immer zwei Messdiener, die mitgingen. Wir haben abwechselnd den Koffer getragen. Die Messdiener-Kollegen, die mitkamen, wechselten, aber ich war bei Beerdigungen immer dabei. Beerdigungen waren für mich sozusagen reserviert. So drei- viermal im Monat musste ich mit Pastor Krieter nach Harburg zur Beerdigung und dann wieder zurück. ..."[465]

Pfarrer Krieter war manchmal so müde, dass er einschlief, sobald er zur Ruhe kam. Der Zeitzeuge Joachim Ernst berichtete von dem Religionsunterricht, den er in dieser Zeit bei Pfarrer Krieter erlebt hat: „ ...Er hat uns Gymnasiasten ja auch Religionsunterricht gegeben, weil wir an staatlichen Schulen keinen Religionsunterricht mehr hatten. Wir wurden von ihm einmal in der Woche - abends - zum Religionsunterricht eingeladen; zum Privatunterricht also. ... Der Religionsunterricht war so schlecht - das habe ich so in Erinnerung und das war für mein Leben damals auch so -, dass er sich diesen Unterricht wirklich hätte schenken können. Er benutzte ein Buch von einem Jesuiten namens „Klug", das damals hoch gepriesen wurde. Es hieß „Glaubenslehre". Das Buch war eigentlich damals schon völlig überholt ... Doch das Einzige, was bei diesen Abenden herauskam, war, dass wir zum Unterricht kamen, das Buch aufgeschlagen und gelesen haben, und dass er - sehr oft! - dabei eingeschlafen ist. ... Damals haben wir uns mokiert und gesagt: ´Was soll das, dass wir hierher kommen? Lesen können wir auch zu Hause´! Aber heutzutage sage ich mir, ... dass ihm eigentlich gar nichts anderes möglich war. Er hatte so viel um die Ohren! Er war ja auch - die ganze Kriegszeit über - immer in der Gemeinde präsent. Ich verstehe nicht, wie er das physisch und psychisch durchhalten konnte."[466]

Ein schwerer Schlag traf Pfarrer Krieter Anfang November 1942 völlig unvorbereitet. Pater Wilhelm Jussen, der ihm persönlich so viel bedeutete, weil er dessen kluge und humorvolle Art, die Welt zu betrachten, so schätzte, wurde von heute auf morgen nach Essen, an die Pfarrei St. Engelbert, versetzt.[467]

---

[464] Nach dem Kriege wurde der Friedhof an der Mengestraße einige Jahre wieder benutzt. Nach Fertigstellung des Friedhofes Finkenriek wurde der Friedhof Mengestraße endgültig geschlossen.

[465] Zitat aus dem Gespräch mit Ewald Matuczak vom 8. 3. 2004 . Vgl. auch das Gespräch mit Werner Jonek vom 7. 2. 2005

[466] Gespräch mit Pfarrer i. R. , Joachim Ernst vom 1. 4. 2004

[467] Nach dem Tod des Paters Jussen fand man einen Zettel, den er geschrieben hatte: „Vermehrt die wirklichen Sorgen nicht um die eingebildeten! Seid heiter, es ist gescheiter als alles Gegrübel! Gott hilft weiter, zur Himmelsleiter werden die Übel. Tue immer recht! Einige werden sich freuen, die anderen

Für einige Tage war Pfarrer Krieter wieder auf sich allein gestellt. Ob er bald einen neuen Kaplan bekommen würde, war ungewiss. Pfarrer Krieter sah eine Arbeitsbelastung auf sich zukommen, die nicht zu bewältigen war. Ohnehin fühlte er sich erschöpft und der Belastbarkeitsgrenze nahe. Deswegen war er sehr erfreut, als ihm nach wenigen Tagen ein neuer Kaplan zugeteilt wurde. Wieder war es ein Jesuitenpater: Heinz Kruse, geboren im Jahre 1911.[468]

Heinz Kruse war elf Jahre jünger als Pater Jussen. Am 30. 4. 1941 war er zum Priester geweiht worden. Pfarrer Krieter erhoffte sich von dem jungen Mitbruder tatkräftige Hilfe. Tatsächlich erfüllte Kaplan Kruse diese Hoffnungen voll und ganz. Vor allem wurde Heinz Kruse nicht schon nach einem Jahr wieder versetzt. Er blieb Kaplan in St. Bonifatius bis zum 20. November 1945.

Abb. 79: Kaplan Heinz Kruse im Jahre 1943 inmitten der Schar seiner Messdiener

Nicht nur Pfarrer Krieter war gegen Ende des Jahres 1942 an der Grenze der physischen und psychischen Belastbarkeit angekommen. Die Gesundheit seines Freundes, des Pastors Leonard Mock in Wilstorf, hatte inzwischen so schweren Schaden genommen, dass dieser zum 1. November 1942 auf eine ruhigere Stelle (Bettmar) versetzt werden musste. Sein Nachfolger wurde Edmund Mock.[469] Dechant Schmidts, der am vorhergehenden Tage St. Bonifatius zum zweiten Mal visitiert hatte, führte Edmund Mock am 9. 11. 1942 als Pastor in

verblüfft sein. Lernt aus den Fehlern der anderen, denn kein Mensch hat soviel Zeit, sie alle selbst zu machen. Wer sich den Sinn wahrt für Humor, dem kommt die Welt auch lustig vor. Altwerden steht in Gottes Gunst, Jungbleiben ist des Lebens Kunst." Pater Wilhelm Jussen (geb. 12. 2. 1900 in Stolberg / Rheinland; gest. 13. 6. 1983 in Koblenz) verließ St. Bonifatius am 19. 11. 1942 und ging nach Essen. Wenig später wurde er von der Gestapo erneut aus Essen ausgewiesen. Er musste eine Kaplanstelle in Rostock-Doberan antreten. 1944 wurde er zum Militär eingezogen, zunächst als Sanitäter in Soest, später - wegen seiner Sprachkenntnisse - beim Militärischen Abschirmdienst in Münster.
Wilhelm Jussen starb im Karmeliterkloster St. Josef zu Auderath, in der Eifel. Vgl. Das ordensinterne Mitteilungsblatt „Aus der Norddeutschen Provinz", 4 / 83 Oktober. Archiv der Deutschen Provinz der Jesuiten, München, Prov. Germ. SJ. Abt. 73 Bd. 4b.

[468] Kaplan Kruse kam am 23. 11. 1942 nach St. Bonifatius. Archiv der Kirchengemeinde St. Bonifatius, Akte „Kapläne"

[469] Chronik der Kirchengemeinde St. Franz-Josef, Bd. 1, S. 57

St. Franz-Josef ein. Mit Edmund Mock war Pfarrer Krieter bald ebenso eng befreundet wie mit dessen Bruder Leonard Mock.

6.6.7 Der sorgenerfüllte Dezember 1942

Pfarrer Krieter konnte seiner Erschöpfung keinen Raum geben, denn neue Sorgen wegen des Stiftes „St. Willehad" quälten ihn. Die Einquartierung und Verpflegung von Angehörigen der „Organisation Todt" und die Verpflegung von Dienstverpflichteten der Luftschutzpolizei hatten der Kirchenkasse von St. Bonifatius „nicht unerhebliche Überschüsse" gebracht.[470] Dadurch wurde das Finanzamt für Körperschaftssteuer in Hamburg erneut auf das „Stift St. Willehad" aufmerksam. Wie zwei Jahre zuvor ging es auch jetzt um die Frage, ob die Kirchengemeinde St. Bonifatius für ihr Gemeindehaus in vollem Umfange Grundsteuer, Vermögenssteuer und vielleicht auch Körperschaftssteuer zu zahlen habe. Die Beamten machten die Steuerbefreiung und das Vermeiden eventueller Steuer-Nachforderungen erneut von der Vorlage einer „Satzung des Gemeindehauses" abhängig. Als letzten Termin für die Vorlage bestimmten sie den 31. Dezember 1942. Belehrt durch das unerfreuliche Geschehen im Jahre 1940, nahm Pfarrer Krieter sofort Kontakt zu Generalvikar Dr. Offenstein auf. Er fragte am 30. November 1942 schriftlich an, ob er dem Finanzamt nicht doch eine „Satzung" vorlegen dürfe,[471] und erhielt am 4. Dezember die Antwort:

„ … Wir raten dringend ab, mit Rücksicht auf eventuelle Steuernachforderungen für das dortige Gemeindehaus irgendwelche Satzungen aufzustellen. Wir würden die Genehmigung solcher Satzungen unsererseits kaum in Aussicht stellen können. Für die Behandlung der im Anschlusse an diese Haltung auftretenden Steuerfragen empfehlen wir das Heranziehen eines tüchtigen Steuerberaters, damit die nötigen Schritte jeweils rechtzeitig unternommen werden. Sie wollen uns über den weiteren Gang der Verhandlungen auf dem Laufenden halten. Offenstein." [472]

Pfarrer Krieter war verzweifelt. Er meinte, die Situation vor Ort besser beurteilen zu können als Generalvikar Dr. Offenstein, weil er über seinen Rendanten Paul Ulitzka einen persönlichen Zugang zum Finanzamt Hamburg besaß.[473] In seiner Not besuchte Pfarrer Krieter einen weiteren Freund, den er in Hildesheim hatte, den Caritasdirektor Wilhelm Unverhau, und fragte ihn um Rat. In der Meinungsverschiedenheit zwischen dem Generalvikar und Pfarrer Krieter neigte Caritasdirektor Unverhau mehr zu den Argumenten des Pfarrers Krieter. Er versprach, sich noch genauer informieren zu wollen.
Am 17. Dezember 1942 schrieb der Caritasdirektor den folgenden Brief: „Carissime! In der Frage, die ich am Mittwoch mit Dir besprochen habe, ist insofern eine Wendung eingetreten, als auch die Behörde (gemeint ist das Generalvikariat; Anm. d. Verf.) sich bemüht, in letzter Minute noch eine Schwenkung vorzunehmen. Am Montag kommt Dr. Stultz zu einer Beratung nach hier. Stultz ist der Leiter der Solidaris, der auch die Verhandlungen mit dem

---

[470] So formulierte Pfarrer Krieter in seinem Schreiben vom 20. 2. 1943 an das Generalvikariat. Archiv der Kirchengemeinde St. Bonifatius, Akte „Gemeindehaus - alte Bauakten"

[471] Schreiben des Pfarrers Krieter vom 30. 11. 1942 ; im Archiv der Kirchengemeinde St. Bonifatius, Akte „Gemeindehaus - alte Bauakten"

[472] Bischöfliches Generalvikariat, Offenstein, Nr. 12029 vom 4. 12. 1942; im Archiv der Kirchengemeinde St. Bonifatius, Akte „Gemeindehaus - alte Bauakten"

[473] Paul Ulitzka war seit 1938 in der Finanzbehörde Hamburg „Referent für Haushalt und Finanzen". Vgl. Nachlass von Paul Ulitzka im Privatarchiv Ulrich Krieter

Reichsfinanzministerium in Berlin geführt hat und die Berichte geschrieben hat, die ich dir überlassen habe. Ich möchte Dich deshalb bitten, die Sache nochmals ernstlich zu überlegen und die entsprechenden Maßnahmen zu treffen.

Vielleicht kannst Du auch urplötzlich am Dienstag in Hildesheim auftauchen und unter Umständen Deine Angelegenheit mit Dr. Stultz besprechen. Jedenfalls steht die ganze Angelegenheit zurzeit nicht ganz ungünstig. Von dieser meiner Mitteilung bitte ich aber zu schweigen.

Mit herzlichen Grüßen, Dein Unverhau" [474]

Die Sorgen wegen der Steuerbefreiung des Gemeindehauses allein hätten schon ausgereicht, in den Weihnachtstagen des Jahres 1942 keine Festtagsfreude aufkommen zu lassen. Doch ebenso wie diese Sorgen bedrückten Pfarrer Krieter die deprimierenden militärischen Nachrichten, die von den Fronten in Russland und Afrika kamen. Noch nie hatten die Wehrmachtsberichte, die täglich im Anschluss an die Mittagsnachrichten im Radio zu hören waren, so jammervoll geklungen.[475] Sie ließen Pfarrer Krieter vermehrt um das Leben seiner beiden Neffen bangen.

In Nordafrika war die Offensive des hoch gelobten „Wüstenfuchses" Rommel zum Stehen gekommen. Nur noch ein Brückenkopf in Tunesien war in deutscher Hand, im Übrigen befanden sich die deutschen Soldaten in schweren Rückzugsgefechten. Wie es dem Neffen Hans-Helmut Krieter in Afrika zu dieser Zeit erging, wusste nicht einmal dessen Vater zu sagen.

Der Neffe Karl-Otto Krieter gehörte zu den Soldaten, die in Stalingrad kämpften. Seit Wochen waren im Radio über den Kriegsschauplatz Stalingrad nur schlimme Nachrichten zu hören. Am 23. November hatte der Wehrmachtsbericht gemeldet, dass 250.000 deutsche Soldaten von sowjetischen Truppen eingeschlossen seien. Die Familie des Bruders Otto und die ebenfalls in Hilkerode lebende Verlobte Karl-Ottos hatten seit Wochen keinen Feldpostbrief mehr erhalten.

In Anbetracht der Ängste, die seine Brüder Johannes und Otto um ihre Söhne ertragen mussten, hat Pfarrer Krieter seine eigenen Sorgen wegen der Steuerbefreiung des Stiftes „St. Willehad" gewiss als unbedeutend empfunden. Dennoch musste er sich sofort nach dem Weihnachtsfest weiter mit der leidigen Angelegenheit beschäftigen.

Drei Tage vor Ablauf der gesetzten Frist, am 28. 12. 1942, wandte er sich nochmals schriftlich an das Generalvikariat. Er hatte sich mittlerweile bei dem Pastor der Emmaus-Gemeinde in Wilhelmsburg erkundigt, wie man auf evangelisch-lutherischer Seite im gleich gelagerten Falle vorgegangen war. Von Pastor Tribian hatte er erfahren, dass dem Finanzamt zumindest ein „schriftlicher Beschluss des Kirchenvorstandes" vorgelegt werden müsse. Pfarrer Krieter warnte in seinem jetzigen Brief das Generalvikariat, dass - laut seinen Erkundigungen - das Finanzamt rücksichtslos eine Nachzahlung von 11.000 RM und eine jährliche Vermögenssteuer von 2.200 RM erheben werde, falls die Bonifatiusgemeinde weiter tatenlos bleibe. Die Kirchenvorsteher hätten deswegen vorsorglich, einen „Beschluss des Kirchenvorstandes zwecks Weitergewährung von Steuerfreiheit für unser Gemeindehaus ..."

---

[474] Privates Schreiben des Caritasdirektors, Dr. Unverhau, an Pfarrer Krieter vom 17. 12. 1942; im Archiv der Kirchengemeinde St. Bonifatius, Akte „Gemeindehaus - alte Bauakten"

[475] So urteilte Victor Klemperer in seinem Tagebuch am 21. 12. 1942. Klemperer, Victor, Ich will Zeugnis ablegen bis zum letzten, Tagebücher 1933 - 1945, Aufbau Taschenbuch Verlag, 2. Auflage 1999 Bd. V., S. 294

gefasst und auch schon unterzeichnet. Die Unterzeichnung sei allerdings nur geschehen „für den Fall, dass das Hochwürdigste Generalvikariat seine Zustimmung geben" werde. Pfarrer Krieter sandte dem Generalvikariat den „Beschluss" in der Anlage zu. Abschließend bat er um postwendende oder fernmündliche Antwort, da Eile geboten sei. [476] Wahrscheinlich hat Dr. Offenstein seine Zustimmung telefonisch schon eher gegeben, aber die schriftliche Erlaubnis wurde erst einen Tag vor Ablauf der Frist, am 30. Dezember 1942, ausgefertigt. Dr. Offenstein schrieb:

„Wir überlassen es dem dortigen Kirchenvorstand, ob ein Beschluss zur Erzielung der Steuerfreiheit des dortigen Gemeindehauses gefasst und eingereicht werden soll, sind allerdings schon aus steuerrechtlichen Gründen der Auffassung, dass ein Erfolg in wenig sicherer Aussicht steht. Der dortige Beschluss vom 28. des Monats geht hierneben an Sie zurück. Offenstein" [477]

Noch am selben Tag reichte Pfarrer Krieter den „Beschluss" beim Finanzamt für Körperschaftssteuer ein. Die Beamten zeigten sich fürs Erste zufrieden, bestanden aber unbeirrt darauf, dass in allernächster Zeit eine „Satzung des Gemeindehauses" nachgereicht werde. Zunächst einmal hatte Pfarrer Krieter Zeit gewonnen. Erst am 26. 2. 1943 erhielt er die Genehmigung des Generalvikariates, dem Finanzamt eine „Satzung" vorzulegen. Dr. Offenstein warnte aber, eine „Satzung des Gemeindehauses" könne NS-Stellen als Handhabe dienen, bei Gelegenheit das gesamte Haus zu enteignen. Er verlangte deswegen, „ … zu prüfen, ob es nicht möglich ist, einige Paragrafen allgemeiner zu fassen, da wir den Eindruck haben, dass ein tatsächlicher Zustand satzungsgemäß festgelegt wird, bei dem vielleicht die Zukunft irgendwelche Änderungen notwendig macht. … Offenstein." [478] Am 8. März 1943 lieferte Pfarrer Krieter die endgültige „Satzung der katholischen Kirchengemeinde St. Bonifatius in Hamburg-Wilhelmsburg für das katholische Gemeindehaus" beim Finanzamt ab. [479] Etwa zwei Monate danach meldete er dem Generalvikariat: „ … Das Finanzamt für Körperschaften hat uns auf fernmündliche Anfrage mitgeteilt, dass die Angelegenheit nunmehr in Ordnung sei". [480] Mit besonderer Freude berichtete er außerdem, das Finanzamt werde die Überschüsse des Gemeindehauses, die aus der Einquartierung und Verpflegung von Wehrmachtsangehörigen bis zum Ende des Krieges zustande kämen, nicht versteuern. Diese Einnahmen seien nämlich „vorübergehender Natur".

6.6.8   Freude am Engagement der Pfarrjugend

So traurig die Zeitumstände Pfarrer Krieter während der Adventszeit des Jahres 1942 stimmten, so erfreut war er über das Engagement, das die Jugend seiner Pfarrei bewies, indem sie ein Laienspiel religiösen Inhaltes aufführte. Die Zeitzeugin Karla Pachowiak berichtete: „Das war 1942. Das Gemeindehaus war nicht mehr wie früher zu nutzen. Da hat es ja einen großen Saal mit einer schönen Bühne gegeben.

---

[476] Schreiben des Pfarrers Krieter an das Bischöfliche Generalvikariat vom 28. 12. 1942, Archiv der Kirchengemeinde St.Bonifatius, Akte „Gemeindehaus - alte Bauakten"

[477] Schreiben des Bischöflichen Generalvikariates, Offenstein, Nr. 12930 vom 30. 12. 1942, Archiv der Kirchengemeinde St. Bonifatius, Akte „Gemeindehaus - alte Bauakten"

[478] Schreiben Bischöfliches Generalvikariat, Offenstein, Nr. 2524 vom 26. 2. 1943, im Archiv der Kirchengemeinde St. Bonifatius, Akte „Gemeindehaus - alte Bauakten"

[479] Die Satzung des Gemeindehauses „St. Willehadstift" findet sich im Archiv der Kirchengemeinde St. Bonifatius, Akte „Gemeindehaus - alte Bauakten"

[480] Schreiben des Pfarrers Krieter vom 30. April 1943. Archiv der Kirchengemeinde St. Bonifatius, Akte „Gemeindehaus - alte Bauakten"

Der Saal war nun mit allen möglichen Dingen voll gestellt. Auch der Elisabethverein nutzte den Saal zur Lagerung und Ausgabe von Kleiderspenden.

Meine Gruppe und ich wollten gern ein Theaterspiel einüben und aufführen: `Hedwig´, hieß es. Das Stück passte gut in die damalige Zeit hinein. Da habe ich dann Pfarrer Krieter gefragt, ob wir nicht in der Kirche spielen dürften. Zuerst hatte er große Bedenken. Wenn wir übten, dann würden wir ja am Altar rumlaufen, und es würde sicher auch laut sein in der Kirche. Zunächst war er nicht einverstanden. Ich bin dann mit Pfarrer Krieter ungefähr so umgegangen, wie ich es mit meiner Mutter tat, wenn ich ihr etwas abschmeicheln wollte. Ich habe gesagt: `Ach, Herr Pfarrer, überlegen Sie es sich doch noch einmal! Es ist auch ein ganz frommes Spiel´! Da hat er gesagt: `Wenn ich es dir nicht erlaube, dann bist du ja so traurig. Na, überlegen wir doch beide noch einmal´. Ich bin kurze Zeit danach wieder zu ihm hingegangen, und dann hat er schließlich gesagt: `Ach, mach` was du willst, reiß` die Kirche ab, aber bau` sie auch wieder auf! Mach` was du willst, mach` das, mach` das! Du lässt mir ja doch keine Ruhe´! Aber das hat er so im Guten gesagt, nicht wütend oder böse. Ich konnte wirklich mit Pfarrer Krieter umgehen wie mit meinen Eltern.

Deswegen habe ich zu ihm gesagt: `Herr Pfarrer, ich mag keinen Ärger! Und wenn Sie es nicht wollen, dann machen wir es nicht´! `Doch´, sagte er, `wenn ihr es nicht macht, dann bist du doch so traurig! Nun erzähl mir doch ´mal etwas mehr über das Stück´! Da habe ich ihm den Inhalt erzählt, und dann hat er gesagt: `Da hast du allerdings Recht! So ein frommes Spiel kann man in der Kirche aufführen. Gut, gut, du hast meinen Segen´. Was dann geschah, war wirklich großartig! Ich musste ja meine Leute holen, die das Stück spielten - darunter waren (die späteren Priester; Anm. d. Verf.) Joachim Ernst und Wolfram Trojok - und als wir nun übten, geschah das Wunderbare. Ohne dass ich das angeregt hätte, waren wir alle erst einmal in den Bänken, haben gebetet und dann haben wir mit dem Üben angefangen. Ich finde das ganz interessant! Es war natürlich die Zeit, wo man das Gebet zum Leben brauchte. Es gab schon lange die Luftangriffe auf Hamburg. Wie oft wurde man in der Nacht durch Alarm geweckt! So wurde dieses Spiel `Hedwig´ fast zu einem Gebet.

Da die eigentlich gedachte Spielerin mit der Rolle nicht gut zurechtkam, sagten mehrere schließlich zu mir: Ach, Karla, spiel du doch die `Hedwig´, du spielst sie ja jetzt schon beim Einüben´. So kam es, dass ich die `Hedwig´ gespielt habe. Joachim Ernst spielte einen Priester, und Wolfram Trojok war der Ritter. Natürlich gab es auch noch andere Schauspieler. Es kamen sogar immer mehr zur Gruppe hinzu, die uns helfen wollten.

Adelheid Ernst wollte zum Beispiel nicht auf der Bühne spielen, aber sie hat dann die Aufgabe der Souffleuse übernommen. Zur Aufführung war die Kirche voll, und die Gemeinde hat mit uns Schauspielern richtig gelebt! Ich musste so Acht geben, dass ich nicht auch mit Heulen (=Weinen) anfing! Die Leute unten haben geschluchzt! Wir haben natürlich mit großem Gefühl gespielt. Aber das Stück war in dieser Zeit einfach bewegend! Der Erfolg war so groß, dass wir das Stück auch in der St. Franz-Josef-Kirche in Harburg aufgeführt haben. Und später haben wir das Stück noch einmal im Marienkrankenhaus in Hamburg aufgeführt. … Die Idee von einer Theateraufführung in der Kirche war damals so neu, dass Pfarrer Krieter mit der Genehmigung innere und äußere Hürden überwinden musste.´´ [481]

---

[481] Vgl. das Gespräch mit Karla Pachowiak vom 2. 3. 2004

6.6.9 1943, das „Jahr des Schreckens"

Der Chronist der Kirchengemeinde St. Bonifatius - jetzt war es wahrscheinlich Kaplan Kruse - beginnt seinen Bericht über das Jahr 1943 mit dem Satz: „Es war ein Jahr des Schreckens, ein Jahr, das traurige Berühmtheit erlangt hat."[482]

6.7.1 Stalingrad und der Umgang mit der militärischen Niederlage bei Katholiken und Nationalsozialisten.

Im „Aufruf des Führers" zum Jahreswechsel 1942 / 43, den Pfarrer Krieter im Radio hörte, log es wieder einmal Hitler zum Halse heraus. Er behauptete, der Krieg sei Deutschland von den „habgierigen alten Feinden aufgezwungen worden". Aus den weiteren Worten Hitlers entnahm Pfarrer Krieter den Willen der NS-Führung, diesen Krieg weiter voranzutreiben zu wollen, ohne jede Rücksicht auf die Opfer, die den Soldaten und der deutschen Zivilbevölkerung abverlangt wurden. Hitler versicherte, es gehe „wirklich um Sein oder Nichtsein. … Das deutsche Volk wird diesmal als letztes den Kampfplatz behaupten. So wird dann endlich jener lange Friede kommen, den wir ersehnen zum großen Aufbau unserer Volksgemeinschaft und damit als einzig würdigen Dank für unsere toten Helden"[483]

Am Sonntag, den 17. Januar, fielen zum ersten Mal im Jahre 1943 wieder Bomben auf Hamburg. Zum ersten Mal seit November 1941 war an diesem Tag auch Berlin wieder das Ziel englischer Luftangriffe. Dass die deutsche Luftabwehr die Angriffe kaum behindern konnte, deprimierte die deutsche Zivilbevölkerung. Doch noch stärker verdüsterten die Wehrmachtsberichte aus Stalingrad die Stimmung. Angesichts der depressiven Gesamtstimmung des Volkes wagte es Adolf Hitler nicht, am 30. Januar 1943 die Rundfunkrede zum 10. Jahrestag der Machtergreifung selbst zu halten. Er überließ diese heikle Aufgabe dem Befehlshaber der deutschen Luftwaffe, Hermann Göring. Göring versuchte, das Versagen seiner Luftwaffe, Hitlers gnadenlose Durchhalteforderungen an die Soldaten der 6. Armee und die militärische Katastrophe in Stalingrad insgesamt mit heroischem Wortgetöse zu kaschieren.
Wie zum Beweis, dass die Russen nicht die einzigen Gegner Deutschlands waren, griffen in der Nacht nach der Göring-Rede englische und amerikanische Flugzeuge wieder einmal Hamburg an. Pfarrer Wüstefeld notierte in der Chronik seiner Gemeinde: „Sonntag, 31. 1. 1943: Schwere Nachtangriffe früh 2 Uhr 45 bis 4 Uhr durch amerikanische und englische Flieger. Großer Gebäudeschaden, besonders am Lohmannsweg, Meyerstraße, Hafen, Außenorte; erstmalig wurden auch die großen Elbbrücken beschädigt, so dass der gesamte Verkehr nach Harburg über die Straßenbahnbrücke bewältigt werden musste. 57 Tote und 2 Vermisste in Groß-Hamburg."[484]
Der von Hitler soeben noch zum Generalfeldmarschall beförderte Befehlshaber der 6. deutschen Armee, Paulus, ergab sich mit seinen frierenden und hungernden Soldaten dem übermächtigen Gegner am Sonntag, den 31. Januar 1943. Am Dienstag, den 2. Januar 1943, kapitulierten die deutschen, italienischen und rumänischen Truppen unter General Strecker im Nordkessel von Stalingrad.

---

[482] Chronik der Kirchengemeinde St. Bonifatius, S. 40

[483] Die Worte des Adolf Hitler aus dem „Aufruf des Führers zum Jahreswechsel 1942/43"- erster und letzter Absatz - sind hier zitiert aus Brunswig, H., Feuersturm über Hamburg, a. a. O., S. 156

[484] Chronik der Kirchengemeinde St Maria, Bd. 1, S. 226

Pfarrer Krieter hörte am 3. Februar 1943 im Radio die Bekanntmachung des Oberkommandos der Wehrmacht: „Der Kampf um Stalingrad ist zu Ende. Ihrem Fahneneid bis zum letzten Atemzug getreu, ist die Armee unter der vorbildlichen Führung des Generalfeldmarschalls Paulus der Übermacht des Feindes und der Ungunst der Verhältnisse erlegen …" [485] Er dachte an seinen Neffen Karl-Otto. Die Verwandten in Hilkerode hatten von ihm kein Lebenszeichen mehr erhalten. [486]

Propagandaminister Goebbels ordnete bis zum Sonntag Staatstrauer an. Der Sicherheitsdienst (SD), der regelmäßig Berichte über die Stimmungslage im deutschen Volk sammelte, registrierte in diesen Tagen, dass sich „die Volksgenossen an der Heimatfront" erstmals mit der Möglichkeit eines ungünstigen Kriegsausgangs beschäftigten.[487]

Am Sonntag, den 14. Februar 1943, verlas Pfarrer Krieter in der Bonifatiuskirche einen „Aufruf" seines Bischofs:

„In besonderen Notzeiten der Kirche und des Vaterlandes haben die Gläubigen stets den Himmel um Gnade und Erbarmen angerufen. Sie haben ihre Zuflucht besonders zu dem großen Bitt- und Sühneopfer der heiligen Messe genommen und sich mit der Quelle aller Gnaden und aller Hilfe, dem Erlöser, in der hl. Kommunion vereint. Sie haben die Hilfe der Christen, die Muttergottes, mit dem großen Notgebete der Christenheit, dem Rosenkranz, bestürmt. [488] Ich rufe darum auch jetzt Priester und Gläubige der Diözese auf, sich um die Altäre zu scharen … Ich rufe zugleich auf zur häufigen heiligen Kommunion. Je mehr würdige Kommunionen, desto sicherer ergießt sich Gottes Segen über unser Volk und unsere Kirche. Ich rufe auf zum heiligen Rosenkranz. Betet ihn allein und in den Familien. Besucht die Kriegsandachten und betet dort gemeinsam den heiligen Rosenkranz. Pflegt auch den „lebendigen Rosenkranz" in eurer Pfarrgemeinde. Betet täglich zum wenigsten ein Gesetz oder, wenn auch das zu viel zu sein scheint, zum allerwenigsten sonntags ein andächtiges Gesetz des heiligen Rosenkranzes. `Messopfer, Kommunion und Rosenkranz´, so heißt mein Aufruf für Kirche und Vaterland. Lasst meinen Bittruf nicht vergeblich verhallen. …"

Generalvikar Dr. Offenstein befahl den Pfarrern und selbständigen Seelsorgegeistlichen der Diözese: „Das obige Hirtenwort ist alsbald zur Kenntnis der Gläubigen zu bringen. Sowohl auf der Kanzel wie im Beichtstuhl, in den Gruppen und in Fühlungnahme mit Familien und Einzelnen ist auf die Verwirklichung des Aufrufes hinzuarbeiten.

---

[485] Zitiert nach: Das 20. Jahrhundert in Wort Bild, Film und Ton, Die 40er Jahre, a .a. O. S. 202

[486] Die Familie in Hilkerode erhielt später die Nachricht, Karl-Otto Krieter sei „vermisst".

[487] Szodrzynski, Joachim, Die Heimatfront zwischen Stalingrad und Kriegsende, a. a. O., S. 633

[488] „Rosenkranz (lat. rosarium) , symbolisch gedeutet als Kranz geistlicher Rosen, ist er in der katholischen Kirche ein außerliturgisches betrachtendes Gebet, das privat und in Gemeinschaft, auch als kirchliche Andacht, verrichtet wird. Sein Inhalt ist die Betrachtung der christlichen Heilsgeschichte im Rahmen der Marienverehrung, von der Verkündigung der Menschwerdung Christi bis zur himmlischen Vollendung. … Im ausgehenden 15. Jahrhundert erhielt der Rosenkranz seine bis heute bestehende Grundgestalt...: Am Beginn das Apostolische Glaubensbekenntnis, Erweckung von Glaube, Hoffnung und Liebe, dann der Hauptteil aus 5 Gesetzen (je ein Vaterunser und zehn Ave Maria mit variierenden, dem Ave Maria eingefügten „Geheimnissen") Man unterscheidet den freudenreichen, schmerzhaften und glorreichen Rosenkranz …, so dass der aus diesen drei Rosenkränzen bestehende Gesamtrosenkranz insgesamt 150 Ave Maria ergibt, in Anlehnung an die 150 Psalmen… Die einzelnen Gebete werden an einer aus „Perlen" (meist aus Holz oder Perlmutt) zusammengesetzten Schnur oder Kette abgezählt, die in einem Kreuz endet und, oft kostbar ausgeführt, ebenfalls Rosenkranz genannt wird." Zitat aus: Heim, Martin, Kleines Lexikon der Kirchengeschichte, C. H. Beck-Verlag, München 1998, ISBN 3 4006 44055X, S. 388.

Wöchentlich ist die zu Kriegsanfang bereits vorgesehene besondere Kriegsmesse und die Kriegsrosenkranzandacht zu halten. Der `lebendige Rosenkranz´[489] ist durch Verteilung von Einzelgesetzen auf bereitwillige Gläubige einzuführen oder zu beleben. Das Ziel ist stets, Gottes starke Hilfe für Kirche und Vaterland zu erlangen.
In der Fastenzeit möge man oft und oft auf die Gedanken des Aufrufes zurückkommen."[490]
Damit die Gläubigen die heilige Messe vermehrt auch an Werktagen nach Fliegeralarm besuchen und die heilige Kommunion empfangen konnten, erlaubte Bischof Joseph-Godehard, dass „ ... überall, wo an Werktagen nach Fliegeralarm die heilige Messe im Verhältnis zu sonst nur spärlich besucht wird, eine Nachmittags- oder Abendmesse zu der für die Gläubigen günstigsten Zeit zelebriert wird. ... Den Gläubigen ist nach Möglichkeit ... vormittags Gelegenheit zum Kommunionempfang zu geben. Wer um diese Zeit ohne größere Schwierigkeiten nicht kommunizieren kann, darf nachmittags oder abends nach vierstündigen eucharistischen Fasten kommunizieren. ..."[491] Auch Pfarrer Krieter richtete die „Spätmesse an Werktagen nach Fliegeralarm" und die wöchentliche „Kriegsmesse mit anschließender Kriegs-Rosenkranzandacht" ein.
Während die katholischen Bischöfe und der einfache Klerus die Gläubigen anspornten, den Himmel um Gnade und Erbarmen für Vaterland und Kirche anzurufen, malte die Propaganda der Nationalsozialisten den Deutschen fürchterliche Schrecken aus, wenn sie nicht den „Endsieg" erringen würden. Es gehe nur noch um Sieg oder Untergang, um Überleben oder Ausrottung des deutschen Volkes. Die Parole „Totaler Krieg, kürzester Krieg" sollte die Sehnsucht der meisten Deutschen nach einem Ende des Krieges umsetzen in einen fanatischen Kampfes- und Durchhaltewillen. Propagandaminister Goebbels hielt zu diesem Zweck vor 14.000 ausgewählten, linientreuen Menschen eine Rede im Berliner Sportpalast. Unter Ausnützung aller psychologischen Mittel der Massenlenkung brachte er den - angeblich repräsentativen - Querschnitt der deutschen Bevölkerung dazu, ein begeistertes „Ja" als Antwort auf zwölf Fragen herauszubrüllen. Sie lauteten zum Beispiel:

„Glaubt ihr mit dem Führer und mit uns an den endgültigen, totalen Sieg des deutschen Volkes? Seid ihr entschlossen, dem Führer in der Erkämpfung des Sieges durch dick und dünn und unter Aufnahme auch der schwersten persönlichen Belastungen zu folgen?
Seid ihr und ist das deutsche Volk entschlossen, wenn der Führer es befiehlt, zehn, zwölf und, wenn nötig, vierzehn und sechzehn Stunden täglich zu arbeiten und das Letzte herauszugeben für den Sieg? Wollt ihr den totalen Krieg? Wollt ihr ihn, wenn nötig, totaler und radikaler, als wir ihn uns heute überhaupt noch vorstellen können?
Billigt ihr, wenn nötig, die radikalsten Maßnahmen gegen einen kleinen Kreis von Drückebergern und Schiebern, die mitten im Kriege Frieden spielen und die Not des Volkes ausnutzen wollen? Seid ihr damit einverstanden, dass, wer sich am Krieg vergeht, den Kopf verliert?[492]

---

[489] Mit der Bezeichnung „lebendiger Rosenkranz" waren die Personen einer Kirchengemeinde gemeint, die sich - durch ein freiwilliges Gelübde - verpflichtet hatten, den Rosenkranz regelmäßig zu beten.

[490] Das Hirtenwort und die Handlungsanweisungen des Generalvikars befinden sich in der Akte „Rundschreiben kirchlicher Behörden,1920-1944" im Archiv der Kirchengemeinde St. Bonifatius.

[491] Der Bischof von Hildesheim, Nr. 4382 vom 11. 4. 1943, Betrifft: Gottesdienst nach nächtlichem Fliegeralarm an Werktagen, Archiv der Kirchengemeinde St. Bonifatius, Akte „Rundschreiben kirchlicher Behörden, 1920-1944"

[492] Die Fragen der Goebbels-Rede sind hier zitiert nach, Hofer, Walter, (Hrsg.) Der Nationalsozialismus. Dokumente 1933-1945. Fischer-Bücherei, Frankfurt a. M. 1960, Dokument Nr. 146

Die Veranstaltung im Berliner Sportpalast wurde im Rundfunk mehrmals wiederholt und in der Deutschen Wochenschau den Kinobesuchern gezeigt. Es entstand der Eindruck, als sei das ganze deutsche Volk zum „totalen Krieg" bereit. Die praktischen Konsequenzen der „totalen" Kriegsbereitschaft waren für die „Heimatfront" einschneidend. Ganz junge und alte Männer - das Einberufungsalter lag zwischen 16 und 65 Jahren - konnten nun zum Militärdienst oder zu kriegswichtigen Hilfsdiensten verpflichtet werden. Zum Beispiel wurde der Bruder des Pfarrers Krieter, Johannes Krieter, für den Luftschutzwarndienst in Münster dienstverpflichtet. Schüler höherer Schulen wurden als Luftwaffenhelfer zur Flugabwehr einberufen. Pfarrer Krieter selbst benötigte eine Bescheinigung des Generalvikariats von Hildesheim, dass er von der Pflicht zur Ableistung des Wehrdienstes befreit sei.[493] Frauen zwischen 17 und 45 Jahren konnten ebenfalls dienstverpflichtet werden. In die Chronik der Kirchengemeinde St. Franz-Josef schrieb Pastor Edmund Mock: „Die Opfer der Heimatfront wachsen. Außer der Berufstätigkeit ist fast jeder - von 15 Jahren an - noch irgendwie in besonderer Weise im Kriegsdienst eingesetzt. So kommt es, dass viele den Sonntagnachmittag zum Schlaf und zu einem entspannenden Spaziergang benutzen. Aus diesem Grund ist die (Sonntags-)Andacht im Anschluss an das Hochamt (gelegt). Von der Gemeinde wird diese Lösung sehr begrüßt. So bekommen auch diejenigen den sakramentalen Segen, die ihn sonst nie bekommen würden..." [494]

Mit Rücksicht auf den „totalen Kriegseinsatz" verlängerte Bischof Joseph-Godehard die „österliche Zeit". Sie dauerte nach seiner Verfügung vom 4. Fastensonntag bis zum Dreifaltigkeitssonntag. Die Gläubigen sollten länger Gelegenheit haben, ihre Pflicht zum Empfang der heiligen Kommunion während der österlichen Zeit zu erfüllen.[495]

6.7.2 Die Bomben - und Brandkatastrophe für Hamburg

Vorbote des großen Unglücks, das Hamburg bald treffen sollte, war ein Luftangriff am 3. März 1943. Er richtete schwere Schäden in den westlichen Vororten von Hamburg - in Rissen, Wedel und Schulau - an. Pfarrer Krieter führte am darauf folgenden Sonntag im „Stift St. Willehad" einen „Einkehrtag für Jungmänner" im Alter von 15 bis 17 Jahren durch. 19 Jungen aus der Bonifatiusgemeinde und jeweils 7 aus den Harburger Gemeinden St. Maria und St. Franz-Josef hörten die vier Vorträge des Jesuitenpaters Kasper.

Am selben Tag, am 7. März, erfuhr Pfarrer Krieter, dass der Rektor der ehemals katholischen Volksschule „Alte Schleuse", Heinz Hupe, am Vortage an Kehlkopfkrebs gestorben war. Rektor Hupe wurde am 11. 3. 1943 auf dem Soldatenfriedhof in Ohlsdorf beerdigt. Damit war die Zeit vorüber, in der Konrektor Richard Rhein, die „Volksschule Alte Schleuse" als Vertreter des zum Militärdienst einberufenen Rektors Hupe geleitet hatte. Der Kontakt der Schule zur Bonifatiusgemeinde, der unter dem treuen Katholiken Rhein wieder enger geworden war, wurde erneut unterbrochen. Neuer Rektor der Schule wurde Herr Paul. Er war bis dahin Lehrer an der Schule Kapellenweg in Harburg gewesen.[496]

---

[493] Bistumsarchiv Hildesheim, Personalakte Krieter, Generalvikariat Nr. 9813, Bescheinigung vom 21. 9. 1943.

[494] Chronik der Kirchengemeinde St. Franz-Josef, Bd. 1, S. 58

[495] Vgl. Chronik der Kirchengemeinde St. Maria, Bd.1, S. 232

[496] Chronik der katholischen Schule Bonifatiusstraße, S. 129

Das Unglück für Hamburg kam näher. Am 27. 3. 1943 wurden die Fabriken Schindler und Haltermann - ganz in der Nähe der Bonifatiuskirche - durch Bombenabwurf schwer getroffen. Im Gebäude der „Volksschule Alte Schleuse" wurden anschließend Polizisten und „Arbeitskommandos" - bestehend aus Zwangsarbeitern - untergebracht. Die Küche im katholischen Gemeindehaus „St. Willehadstift" musste die Verpflegung dieser Personen übernehmen. Die Kostenabrechnung musste Pfarrer Krieter der Polizeikasse vorlegen.[497]

Zu den nächsten Tagen liest man in der Chronik der Schule: „Das Klasseninventar wurde, je mehr man das Hauptgebäude mit Arbeitsverpflichteten belegte, im Gebäude Groß-Sand 2 (=„Alte Schule") aufgestapelt."[498] Pfarrer Krieter erlaubte den Transport der Schulmöbel über das Gelände des „Wilhelmsburger Vatikans".

Trotz der neuerlichen Zunahme seiner Arbeitsbelastung nahm sich Pfarrer Krieter Ende April 1943 die Zeit, Erinnerungsbilder sorgfältig zu beschriften, die an die Erstkommunikanten des Jahres 1943 verteilt wurden. Er hatte dafür die Muße, weil im April, Mai und Juni 1943 die „Luftlage über Hamburg" ruhig blieb. Die Fronleichnamsprozession fand am folgenden Sonntag statt, natürlich nur - wie man es mittlerweile gewohnt war - auf dem Gelände des „Wilhelmsburger Vatikans". Kein Luftalarm störte.

St. Bonifatius-Kirche, Hamburg-Wilhelmsburg

Bernhard Kinne

zum Andenken an die erste heilige Communion

Hamburg-Wilhelmsburg, den 2. Mai 1943 Krieter, Pfarrer.

Abb. 80 : Erinnerungsbild an die Erstkommunion 1943; gleichzeitig das letzte Foto des Inneren der Bonifatiuskirche vor den Zerstörungen durch den Luftangriff vom 31. 3. 1945.

Nach Monaten der Ruhe kam das Unglück für Hamburg völlig überraschend. Zwischen dem 25. Juli und dem 3. August 1943 wurden durch vier englische Nachtangriffe und zwei Tagesangriffe der Amerikaner große Teile Hamburgs in zehn Tagen vernichtet.

---

[497] Vgl. Eidesstattliche Erklärung des Dechanten Krieter vom 3. 4. 1947. Archiv der Kirchengemeinde St. Bonifatius, Akte „Gemeindehaus - alte Bauakten"

[498] Chronik der katholischen Schule Bonifatiusstraße, S. 131

Die Chroniken der drei katholischen Kirchengemeinden von Harburg und Wilhelmsburg berichten ausführlich von der Bomben- und Brandkatastrophe des Jahres 1943. Zuerst soll die Chronik von St. Maria zitiert werden. Pfarrer Wüstefeld schrieb: „Hamburgs Ende? --- Am Sonntag, 25. Juli 1943, begann 30 Minuten nach Mitternacht der erste schwere Katastrophenangriff auf Hamburg mit seinen 1 ½ Millionen Einwohnern. Dauer bis 3 Uhr morgens. Wir in Harburg, St. Maria, hielten, da wir `erweiterter Selbstschutz´ sind, unsere Luftschutzwache im Parterre-Eingang unseres Kirchturms: Pfarrer Wüstefeld, Kaplan B. Kersting, Küster Andreas Beier, Kirchenheizer August Lieske, Haushälterin Frl. Maria Henning und als Gast-Besuch Martin Riese aus Langenfeld. Der Angriff auf Hamburg war grausam und fürchterlich.

In kurzer Zeit brannte Hamburg von Altona bis Wandsbek; in der Nacht vom Dienstag / Mittwoch, 27./ 28. Juli, kam der zweite, noch viel schlimmere Angriff, genau an der Stelle beginnend, wo der erste Angriff am Sonntag früh aufgehört hatte. Hamburg, das man das `Tor zur Welt´ nannte, ist ein gewaltiger Trümmerhaufen. Von katholischen Kirchen sind bis jetzt zerstört: Herz-Jesu-Kirche in Hamburg-Hamm; St. Josefskirche am Bullenhuser Damm; St. Sophienkirche, Weidestraße 53; St. Franziskus, Pestalozzistraße 75. Das Pfarrhaus von St. Ansgar - kleiner Michel - ist ausgebrannt.

Harburg und Wilhelmsburg sind bislang ziemlich verschont geblieben, aber die Nachtangriffe waren sogar für uns `Zuhörer´ furchtbar! Ein gewaltiges Abwehrfeuer unserer Geschütze auf die vielen hundert englisch-amerikanischen Flieger! Ein englischer Sturzkampfflieger schoss in der dritten Angriffsnacht (Donnerstag zum Freitag, 29. / 30. Juli) auf uns nieder. Wir glaubten, zerschmettert zu werden, so tief flog er über unsere Köpfe hinweg! Tausende Seiten könnte man aufschreiben über diese Zerstörungen! Tausende von verkohlten und verbrannten Leichen lagen in Hamburger Straßen und Tausende unter den gewaltigen Trümmern. Hamburgs Bevölkerung flüchtete bei Nacht und in den folgenden Tagen nach allen Himmelsrichtungen. Beim 2. Angriff brannte der Hamburger Hauptbahnhof aus, ebenso der Altonaer Bahnhof. Kein Zug kann mehr Hamburg erreichen. Unser Harburger Hauptbahnhof ist Ausgangsbahnhof für die Züge nach dem Süden, Westen und Nordwesten. Alle 45 Minuten fährt ein langer, langer Sonderzug von Harburg nur bis Uelzen. Von dort fahren dann die fahrplanmäßigen und die vielen extra eingelegten Sonderzüge. Es sind herzergreifende Szenen, die man hier erlebt. Schildern kann man dieses Heerlager der Flüchtlinge nicht! Auch im Pfarrhause St. Marien hatten wir in den ersten Tagen mehrere Nächte lang Schlafgäste: Zwei Hamburger Geistliche und drei Laien.

In Harburg wandern Abend für Abend circa ¾ der Bewohner hinaus in die Wälder und Felder und Dörfer, um Schutz zu suchen vor der befürchteten Zerstörung Harburgs, aber 3 Nächte lang waren keine Angriffe. Wir konnten einmal ruhig ausschlafen. …Heute, am Sonntag, 1. August 1943, werden Zettel verteilt: Der Kreisleiter Drescher gibt bekannt, dass ab Mittag, 12 Uhr, des 1. August, Harburg zunächst von Frauen und Kindern zu räumen ist, denn wir sind regelrechter Kriegsschauplatz, der offiziell als solcher proklamiert war von den Engländern und vom Führer. Man stelle sich die Erregung der Harburger Bevölkerung von 73.000 Menschen vor! Gestern, Sonnabend 31. 7. 1943, wurden die Kranken aus (dem Krankenhaus) Maria-Hilf in großen Autos nach Celle gebracht, ebenso die Kinder der Säuglingsstation. Das Allgemeine Städtische Krankenhaus am Irrgarten in Harburg schafft seine Kranken nach dem zum Glück vor einem Jahr erbauten großen Ausweichkrankenhaus in Wintermoor / Heide.

Wie hoch die Zahl der Toten in Hamburg bisher ist, ist schwer zu sagen. Sind es 100.000 oder 200.000 oder noch mehr? Die Leichen der verbrannten und verkohlten Menschen liegen in allen zerstörten Straßen dutzendweise aufeinander! Ein grausiges Bild! Die Toten sind durch die gewaltige Glut der Flammen zusammengeschrumpft. Die Leichen wurden, um Epidemien zu vermeiden, mit Kalk bestreut, auf Lastwagen gelegt - oder auch geschaufelt - und dann nach Ohlsdorf gefahren, wo die Reste dieser Menschen im Krematorium verbrannt wurden. Die allermeisten Toten konnten nicht identifiziert werden. In Maria-Hilf - Harburg - starb zum Beispiel eine schwer rauchvergiftete Frau aus Hamburg. Man wusste ihren Namen nicht. Namenlos wurde sie in Harburg beerdigt. Zehntausende anfangs, nachher Hunderttausende, wurden vom Harburger Hauptbahnhof in langen Sonderzügen fort gesandt, zunächst bis Uelzen. Ich war am Hauptbahnhof (in Harburg; Anm. d. Verf.) und sah dieses Elend mit eigenen Augen. Die Behörden hatten viele Helfer und Helferinnen gut organisiert. Die Flüchtlinge bekamen Butterbrote, Kaffee, Limonade, Milch, teilweise auch warmes Essen. An Verbandsplätzen wurden die Verletzten und leicht Verbrannten verbunden. Die schwer Verbrannten fanden im Städtischen Allgemeinen Krankenhaus Aufnahme. Am Sonnabend, 31. 7. 1943 habe ich daselbst drei schwer verbrannte Katholiken mit den heiligen Sterbesakramenten versehen. ..." [499]

Pastor Edmund Mock schrieb in die Chronik von St. Franz-Josef:

„Die Großangriffe auf Hamburg, die in der Nacht vom 24. zum 25. Juli 1943 einsetzten, haben nicht nur das politische Gemeindeleben, sondern auch das kirchliche und seelsorgerliche Leben vor ganz neue und schwere Fragen gestellt. Das schöne Hamburg ist in eine Ruinenstadt verwandelt. Rund 1,3 Millionen Hamburger strömen in das Reich. Das Flüchtlingselend ist unvorstellbar. Jede Nacht rechnete man mit einem Angriff in größtem Ausmaß auf Harburg. Ein wohl auf Harburg geplanter Angriff konnte wegen eines heftigen Gewitters nicht konzentriert ausgetragen werden. Aber die Panik hatte auch die Bewohner Harburgs ergriffen. Fast die ganze Einwohnerschaft zog abends aus der Stadt. Die Furcht vor dem Verbrennungstod oder die Angst, verschüttet zu werden, trieb sie dazu an. Morgens strömte alles wieder in die Stadt, am Abend das gleiche Bild. Die alten Leute wurden aufgefordert, gänzlich die Stadt zu verlassen. So begaben sich die alten Leute aus unserem Altersheim auf den Marktplatz, zum Sand. Mit Autobus und Zug wurden sie aus der Stadt gebracht, nach Nord und Süd, Ost und West. Auch die Kinder des Vinzenzhauses mussten fort. Sie kamen nach Lüneburg. Die Schwestern erhielten von Hildesheim den Auftrag, ebenfalls Hamburg zu verlassen. Nur Schwester Oberin - Genetia - blieb zurück. Später kehrte Schwester Aquina, die mit den Kindern nach Lüneburg gefahren war, nach hier zurück. Viele aus der Gemeinde fuhren zu Bekannten oder Verwandten. Unsere Kinder waren fast alle fort." [500]

In der Chronik von St. Bonifatius ist zu lesen: „Während die Kriegshandlungen in der ersten Hälfte des Jahres sich im Rahmen dessen hielten, was man bisher gewohnt war, mussten wir im Juli feindliche Fliegerangriffe erleben von solchem Ausmaß, wie es unvorstellbar ist. Sprengbomben, Brandbomben und Phosphor regneten auf die unglückliche Stadt herab, und in wenigen Tagen und Nächten sanken 80 % der blühenden Riesenstadt in Asche und Trümmer. Die Menschenverluste waren ungeheuer groß. Zwar wurden amtlich etwa 20.000 Tote genannt, aber es wurden nur die gezählt, die identifiziert werden konnten. Die wirkliche Größe der Opfer kann nur geschätzt werden, aber die Vermutungen sprechen von einem Drittel der Gesamtbevölkerung. Das wären mehr als 350. 000 Personen.

---

[499] Chronik der Kirchengemeinde St. Maria, Bd. 1, S. 234 ff.

[500] Chronik der Kirchengemeinde St. Franz-Josef, Bd. 1, S. 60

Auch der Stadtteil Wilhelmsburg bekam die Schwere der Angriffe zu spüren. Am 27. Juli wurden Industriewerke in unserer Nähe zerstört oder schwer beschädigt, wodurch Kirche, Pfarr- und besonders das Gemeindehaus mit betroffen wurden. Sie erlitten schweren Dachschaden.[501] Und doch hatten wir bisher Grund genug, Gott für seinen gnädigen Schutz zu danken, denn es gab bei uns weder Tote noch Verletzte und die materiellen Schäden waren, gemessen an den Schäden anderer Stadtteile, verhältnismäßig gering. Das Unglück von Großhamburg hatte für uns eine andere Wirkung. Es brachte uns einen enormen Zuzug von Flüchtlingen und Obdachlosen, Freunden und Bekannten, die Unterkommen suchen mussten. Es ging recht und schlecht, wenn es auch eng wurde in den ohnehin kleinen Arbeiterwohnungen. Der große Zuwachs von Gemeindmitgliedern stellte aber auch an die Seelsorge erhöhte Anforderungen. Pfarrer und Kaplan teilten sich redlich in die Arbeit…"[502]

Im Pfarrhaus von St. Bonifatius wurden drei Mitglieder der Familie Ostrowski aufgenommen. Sie waren im Stadtteil Rothenburgsort „ausgebombt" worden. Die Pfarrsekretärin, Hedwig Spiegel, räumte ihre Wohnung in der zweiten Etage des Pfarrhauses und erhielt ein „Kaplanzimmer" im 1. Stockwerk zugewiesen. Da sie nun keine eigene Kochgelegenheit mehr hatte, wurde sie - gemeinsam mit Pfarrer Krieter und Kaplan Kruse - von Therese Krieter mit Mahlzeiten versorgt.

6.7.3 „Bereitseinkönnen zum Sterben"
und das Gebet für den Frieden der Völker

Während und nach den Luftangriffen vom Juli und August 1943 sahen viele Katholiken in Wilhelmsburg und Harburg ihren Trost in den „Gnadenmitteln" der Kirche. Pfarrer Krieter und sein Kaplan werden es in Wilhelmsburg nicht anders erlebt haben als Pastor Edmund Mock in Harburg, der in der Chronik von St. Franz-Josef notierte: „ Am 1. August haben alle Kirchenbesucher bis auf den letzten Mann die heilige Kommunion empfangen. Es war ein ungeheurer Andrang zum Beichtstuhl." Die Geistlichen sahen es jetzt als ihre Aufgabe an, die Gläubigen - und auch sich selbst - gegenüber dem Tod furchtlos zu machen. Pastor Edmund Mock schrieb in die Chronik seiner Gemeinde: Das `Bereitseinkönnen zum Sterben´ ist das ganze Jahr 1943 unsere besondere Aufgabe gewesen. Der Inhalt war dieser: Jeder kennt das Reuegebet und das Ablassgebet. Neue Hoffnung und sinnvolle Lebensdeutung liegen in dem tiefen Sühne- und Opfergedanken, wie ihn der Heiland in dem `fiat voluntas tua´ zum Ausdruck bringt. (Pastor Mock meint hier die Szene bei Matthäus, 26,42, wo Christus in seiner Todesangst zum Vater betet:`…wenn dieser Kelch nicht an mir vorüber gehen kann, ohne dass ich ihn trinke, so geschehe dein Wille´; Anm. d. Verf.) Die Schmerzenstage ringsum lehren die wahre Wertung vergänglicher Güter und nehmen so dem Tod das Schreckliche. Ja, wir beten um Einsicht und Kraft, Gott bedingungslos das Leben zu schenken als Opfer, als Sühne, als Baustein für sein Christusreich. Wir wollen nicht zittern und betteln. Wir gehören ja der Religion der Starken an!

---

[501] Pfarrer Krieter reichte am 23. 8. 1943 bei der Feststellungsbehörde der Bauverwaltung Hamburg einen „Antrag auf Ersatzleistung für Sachschäden" ein. Er meldete die „Beschädigung des Daches an Pfarrhaus und Kirche… durch Luftdruck infolge Bombenabwurfs." Ferner seien im Gemeindehaus 12 Fensterscheiben zerstört und 4 Wände im Inneren des Hauses. Vgl.: Archiv der Kirchengemeinde St. Bonifatius, Akte „Gemeindehaus, Kriegseinwirkung/ Schadensmeldungen"

[502] Chronik der Kirchengemeinde St. Bonifatius, S.40. Es ist sehr wahrscheinlich, dass dieser Abschnitt der Chronik von Kaplan Kruse geschrieben worden ist.

Wenn es zum Letzten geht, - der Herr das Leben von uns will - dann wollen wir auch das Letzte wagen und uns zum Höchsten aufschwingen und sprechen: `Herr, hier bin ich. Dein Wille geschehe´!"[503]

Das Hinführen zu christlich begründeter Furchtlosigkeit gegenüber dem Tode ergänzten die Geistlichen durch das Gebet für den Frieden. Nach dem 15. August 1943 wurde in den Kirchen der Diözese Hildesheim nicht mehr nur für den „Frieden für Kirche und Vaterland" gebetet, sondern für den „Frieden der Völker". Dieser Wandel hatte seine Grundlage in einem Brief des Bischofs Joseph-Godehard, den er am 15. August 1943 an alle Pfarrer und selbständigen Seelsorgegeistlichen gerichtet hatte:
„Der Heilige Vater hat ... die katholische Welt, den Klerus voran, aufgerufen, am Feste Mariä Himmelfahrt öffentliche Gebete um den Frieden der Völker zu verrichten. Alle sollen Ernst machen mit einem ganz christlichen Leben und in heiligem Wetteifer miteinander darum beten, dass der Herr die Gemüter besänftige, die Gluthitze des Hasses kühle, die Eintracht hebe und so die Völker zu einem gerechten, dauerhaften, glücklichen, auf Christus gegründeten Frieden führe. Er forderte auf, sich in inständigem Gebete an Gott, aber auch an die allerseligste Jungfrau zu wenden. Ich ordne darum an, dass am kommenden Sonntag, dem Oktavtage von Mariä Himmelfahrt, die Gläubigen von der Kanzel zum Gebete um Frieden nachdrücklich aufgerufen und ermuntert und an das Rosenkranzgebet als wirksames Friedensgebet, vor allem an die Teilnahme am heiligen Opfer als den großen Versöhnungs- und Friedensopfer erinnert werden. Außerdem soll am Sonntag in Verbindung mit jeder heiligen Messe, vor allem im Hochamte, ein Gebet um Frieden verrichtet werden. Die Nachmittagsandacht, zu der die Gläubigen besonders dringlich einzuladen sind, soll ganz unter diesem Gedanken stehen. Dass dabei der Sühnegedanke nicht vergessen werden darf, versteht sich von selbst. Besonders ist die Friedenskönigin anzurufen.
+ Joseph-Godehard, Hildesheim, den 15. August 1943." [504]

Die Forderung des Bischofs, dass der „Sühnegedanke" selbstverständlich in das Gebet um den Frieden der Völker aufzunehmen sei, war in dieser nachdrücklichen Betonung neu und ein Resultat des grauenvollen Zeitgeschehens. Zweifelsohne hatten die Bischöfe - und auch die Männer des einfachen Klerus wie Pfarrer Krieter - Kenntnis von den grässlichen Unrechtstaten, die an den Juden, an polnischen und russischen Kriegsgefangenen und dienstverpflichteten Ausländern, an den Insassen der Konzentrationslager und vielerorts an der Zivilbevölkerung der besetzten Gebiete begangen wurden. So lag es nahe, das stetig zunehmende Unglück Deutschlands als Strafe Gottes anzusehen. Pfarrer Krieter war erschüttert, als er am 15. August 1943 - der 9. Sonntag nach Pfingsten und zugleich das Fest Mariä Himmelfahrt - gemäß liturgischer Vorschrift das Evangelium von der Zerstörung Jerusalems verlas. (Vgl. Matthäus 24,25 und Lukas, 19,43-44 und 21,5; Anm. d. Verf.) Er erinnerte sich, dass der Bischof von Münster zwei Jahre vorher, im August 1941, „das Strafgericht" vorausgesagt hatte, „das der gerechte Gott verhängen muss und verhängen wird über alle, die gleich der undankbaren Stadt Jerusalem nicht wollen, was Gott will." Der Bischof von Münster hatte die Katholiken gewarnt, sich anstecken zu lassen vom „gottwidrigen Denken und Handeln" und dadurch mitschuldig zu werden.

---

[503] Chronik er Kirchengemeinde St. Franz-Josef, Bd. 1, S. 62

[504] Der Bischof von Hildesheim, Nr. 8337, vom 15. 8. 1943. Archiv der Kirchengemeinde St. Bonifatius, Akte „Rundschreiben kirchlicher Behörden, 1920-1944"

Wenn Pfarrer Krieter es recht bedachte, war die Mehrzahl der Katholiken inzwischen mitschuldig geworden, weil sie das Tun der Regierung zum Teil unterstützt, zumindest aber stillschweigend geduldet hatte. Wenn sich die Kirche nicht noch weiter in Mitschuld verstricken wollte, war ein klares Wort der deutschen Bischöfe dringend nötig. Pfarrer Krieter sehnte dieses Wort einerseits herbei, andererseits bedrängte ihn die Angst, sich selbst möglicherweise Verfolgungsmaßnahmen der Staatspolizei einzuhandeln. Am 12. September 1943 wurde sein Mut auf die Probe gestellt. Er musste ein gemeinsames Hirtenwort der deutschen Bischöfe über die christlichen „Zehn Gebote als Lebensgesetz der Völker" von der Kanzel verlesen. Darin standen die unmissverständlichen Sätze: „Tötung ist in sich schlecht, auch wenn sie angeblich im Interesse des Gemeinwohls verübt würde: An schuld- und wehrlosen Geistesschwachen und -kranken, an unheilbar Siechen und tödlich Verletzten, an erblich Belasteten und lebensuntüchtigen Neugeborenen, an unschuldigen Geiseln und entwaffneten Kriegs- oder Strafgefangenen, an Menschen fremder Rassen und Abstammung. Auch die Obrigkeit kann und darf nur wirklich todeswürdige Verbrechen mit dem Tode bestrafen." [505]
Pfarrer Krieter hatte das Glück, von der Gestapo niemals ernstlich belangt zu werden. Möglicherweise hätte er bei einer Vorladung die Kraft gefunden, Zeugnis für das Normen- und Wertesystem seines Glaubens abzulegen. Aber ungezwungen suchte er die Konfrontation mit den Staatsmächten nicht.

6.7.4 Die Versetzung des Pfarrers Wüstefeld

Am 10. September 1943 wurde dem Pfarrer von St. Maria in Harburg durch das Generalvikariat mitgeteilt, dass der Bischof ihn zum Domkapitular ernannt habe und ihn mit Wirkung vom 16. September nach Hildesheim versetzen werde. Dort solle er das neu gebildete Dezernat für das gesamte Kirchenmusikwesen der Diözese übernehmen.[506] Pfarrer Krieter erfuhr die Nachricht von der Versetzung seines Amtsbruders natürlich sehr bald. Gewiss gönnte er Alban Wüstefeld diese ehrenvolle Berufung von Herzen. Endlich würde dessen außerordentliche Begabung für Musik ein angemessenes Betätigungsfeld finden. Er gönnte Alban Wüstefeld gewiss auch die Befreiung von den physischen und psychischen Belastungen durch Alarm und Luftangriffe, die dieser in Harburg ertragen hatte. Im ungefährdeten Hildesheim würde sich Alban Wüstefeld erholen können. Wahrscheinlich hätte Pfarrer Krieter sich nicht gesträubt, wenn der Bischof ihm ebenfalls eine gefahrlose Arbeitsstelle zugewiesen hätte. Schließlich war er nur drei Jahre jünger als Alban Wüstefeld und vom Kriegsgeschehen bisher nicht weniger belastet worden. Doch Pfarrer Krieter musste im gefährdeten Wilhelmsburg bleiben.
Die Frage der Nachfolge des Pfarrers Wüstefeld löste Bischof Joseph-Godehard auf erstaunliche Weise. Er bestimmte Pastor Edmund Mock nach nur einjähriger Tätigkeit in Harburg-Wilstorf zum Pfarrer von St. Maria. Die dadurch frei werdende Pastorenstelle in der St. Franz-Josef-Gemeinde besetzte der Bischof ausgerechnet mit Johannes Hellmold. Wie Pfarrer Krieter später von diesem erfuhr, war es Johannes Hellmold gar nicht recht, von seiner Kaplanstelle in Bad Harzburg ausgerechnet auf die Pastorenstelle in Harburg versetzt zu werden. Es war ihm unangenehm, als Pastor in seiner Heimatgemeinde tätig werden zu

---

[505] Volk, Ludwig (Bearb.) Akten deutscher Bischöfe über die Lage der Kirche, VI 1943-1945, S. 197.
Veröffentlichungen der Kommission für Zeitgeschichte bei der Katholischen Akademie in Bayern, Reihe A, Quellen, Verlag Schöningh, Paderborn, 1983
[506] Vgl. Chronik der Kirchengemeinde St. Maria, Bd. 1, S. 253 ff.

müssen, bei Menschen, die ihn von Kindheit kannten. Er hatte beim Bischof Bedenken gegen seine Versetzung angemeldet, war aber nicht erhört worden. Resignierend hatte Johannes Hellmold in die Chronik von St. Franz Josef geschrieben: „Die Kriegszeit kennt andere Maßstäbe, wohl auch in der Besetzung von Seelsorgestellen." [507]

Der Umzug des Pfarrers Wüstefeld nach Hildesheim verzögerte sich, weil zunächst kein Möbelwagen zu bekommen war. So nahm sich Alban Wüstefeld die Zeit, in den ersten Band der Chronik der Kirchengemeinde von St. Maria ein ausführliches Schlusswort zu schreiben. [508] Am Sonntag, den 10. Oktober 1943, hielt er in allen drei Vormittagsmessen seine Abschiedspredigt.
Johannes Hellmold wurde am 17. Oktober als Pastor in St. Franz-Josef eingeführt, Pfarrer Edmund Mock am 24. Oktober als Pfarrer in St. Maria. Beide Einführungen vollzog der Pfarrer von Stade, Wilhelm Jung. Er war am 6. April 1943 neuer Dechant des gebietsmäßig verkleinerten Dekanates Lüneburg geworden. [509]

6.7.5 Nachrichten von den Verwandten

Am Samstag vor Pfingsten, am 12. Juni 1943, hatte ein Luftangriff die Stadt Münster besonders schwer getroffen. Rund 1.400 Bomben verursachten an diesem Tag mehr als dreißig Großbrände und 168 kleinere Brände. 52 Tote waren zu beklagen. [510]
Pfarrer Krieter nahm die Nachricht von diesem Angriff auf Münster zum Anlass, sich so schnell wie möglich bei seinen Verwandten nach deren Wohlergehen zu erkundigen. Die Familie seines Bruders Johannes hatte sich am Pfingstsonnabend rechtzeitig in einen Schutzbunker begeben können. Das Haus in der Gallitzinstraße, in dem die Familie wohnte, war unbeschädigt geblieben. Soweit hatte die Familie also Glück gehabt. Dennoch klagte der Bruder Johannes. Es fiel ihm sehr schwer, seinen Dienst im Luftschutz-Warnkommando der Stadt Münster zu tun, während seine Frau allein mit vier Kindern - das letzte Kind (Ulrich) war erst im März 1942 geboren worden - in den Schutzbunker flüchten musste. Noch mehr Sorge machte sich Johannes Krieter um seinen ältesten Sohn, Hans-Helmut, der am 23. 3. 1943 irgendwo zwischen Kairouan und Tunis durch einen Schuss in die Lunge verwundet worden war. Mittlerweile hatte Johannes Krieter erfahren, dass Hans-Helmut in ein Lazarett verlegt worden war, nach Wasserburg am Inn.
Die Nachrichten von der Familie seiner Schwester Hedwig - verheiratete Stadelmann - beruhigten Pfarrer Krieter. Vater Stadelmann arbeitete weiterhin als Elektromeister am Umspannwerk in Mecklenbeck bei Münster. Er war wegen dieser Tätigkeit UK-gestellt und deswegen von seiner Familie nicht getrennt. [511] Auch die Familie Stadelmann hatte 1942 noch ein Baby bekommen, Brigitte. Dem Säugling ging es gut. Doch die Gefahr, von einem Luftangriff getroffen zu werden, war auch für die Familie Stadelmann groß. Sie bewohnte eine Dienstwohnung in einem Haus, das ganz in der Nähe des Umspannwerkes stand.

---

[507] Chronik der Kirchengemeinde St. Franz-Josef, Bd. 1, S. 64

[508] Chronik der Kirchengemeinde St. Maria, Bd. 1, S. 254 bis 268

[509] Vgl. Chronik der Kirchengemeinde St. Maria, Bd. 2, S. 1 (Pfarrer Friedrich Schmidts wurde - das lässt sich mit großer Wahrscheinlichkeit sagen - am 5. April 1943 Dechant eines neu geschaffenen Dekanates Celle.)

[510] Vgl. Flammer, Th. Wolf, (Hrsg.) Münster im Krieg. Bombenbilder 1943-1945 von Heinrich Börsting, Agenda-Verlag, Münster 2005, S. 11 ff..

[511] „UK-gestellt" = „unabkömmlich gestellt" = vom militärischen Dienst freigestellt.

Weil dieses Werk für die Stromversorgung der Stadt Münster (Umschaltung auf Verbraucherspannung) sehr wichtig war, würden es feindliche Flugzeuge bei einem weiteren Luftangriff gewiss zum Angriffsziel nehmen. Die Schwester des Pfarrers Krieter, Hedwig Stadelmann, plante deswegen seit längerer Zeit, die Stadt Münster zu verlassen. Ihr Bruder Otto hatte sich schon bereit erklärt, seine Schwester mit ihrem Säugling, Brigitte, und den beiden schulpflichtigen Söhnen, Otto und Heinz, in Hilkerode aufzunehmen. Natürlich würde Vater Stadelmann allein in Mecklenbeck zurückbleiben müssen. Deswegen war der Plan noch nicht in die Tat umgesetzt worden.

Es dauerte jedoch nur noch wenige Wochen, bis der Plan Wirklichkeit werden musste. Ursache war der schwerste Luftangriff, den die Stadt Münster bis dahin erlebt hatte. Am Nachmittag des 10. Oktober 1943, dem Sonntag, an dem Pfarrer Wüstefeld in Harburg seine Abschiedspredigten hielt, warfen feindliche Flugzeuge über der Stadt Münster innerhalb von 15 Minuten 22.800 Spreng-, Stab- und Brandbomben ab. Über 670 Menschen, davon 473 Zivilisten, kamen bei diesem Angriff ums Leben. Dieser Angriff zerstörte auch das Haus in der Gallitzinstraße, in dem die Familie seines Bruders Johannes gewohnt hatte.

Ende Oktober 1943 kam der Neffe Hans-Helmut aus Münster zu einem kurzen Besuch in das Pfarrhaus von St. Bonifatius. Er war von der schweren Verwundung, die ihm im März des Jahres in Nordafrika zugefügt worden war, leidlich genesen. Nun hatte er noch Heimaturlaub bis Mitte Dezember. Dann würde er nach Russland (Odessa) verlegt werden. Hans-Helmut brachte die Nachricht, dass alle Verwandten - mit Ausnahme der Männer - die Stadt Münster rechtzeitig verlassen hatten.

Abb. 81 : Der Neffe Hans-Helmut Krieter im Genesungsurlaub zu Besuch in Wilhelmsburg. Rechts: Therese Krieter

Die Schwester des Dechanten Krieter, Hedwig (Stadelmann), war mit ihren Kindern nach Hilkerode gezogen. Anna Krieter, die Frau seines Bruders Johannes, war mit ihren beiden Töchtern Margret und Anneliese und dem Säugling Ulrich durch die Behörden der Stadt Münster nach Bayrischzell evakuiert worden. Karl-Gerhard, das Patenkind des Pfarrers Krieter, war gemeinsam mit allen Schülern und Lehrern des Gymnasiums „Paulinum" an den Tegernsee „kinderlandverschickt" worden.

Eine andere Nachricht aus dem Verwandtenkreise, die er gegen Ende des Jahres 1943 erhielt, war für Pfarrer Krieter sehr belastend: Seine jüngste Schwester Agnes - mit „Schwesternnamen" Mira - war aus dem Orden der „Barmherzigen Schwestern des Heiligen Vinzenz von Paul" ausgetreten. Mit sehr zwiespältigen Gefühlen las Pfarrer Krieter den Brief, den Therese Krieter von der jüngsten Schwester erhalten hatte. Agnes Krieter, die als Krankenschwester auf der gynäkologischen Station im Vinzenzstift in Hannover gearbeitet hatte, war von anderen Nonnen beschuldigt worden, zum Stationsarzt ein Verhältnis zu unterhalten. Sie hatte diese Vorwürfe energisch bestritten, war aber dennoch von ihrer Oberin nach Braunschweig versetzt worden. In Braunschweig hatte man ihr zugemutet, Schweine zu füttern und andere niedere Arbeiten zu verrichten.

So hatte „Schwester Mira" einen Zahnarztbesuch genutzt, um aus dem Orden zu fliehen. Eine befreundete Krankenschwester hatte sie mit „weltlichen" Kleidern versorgt. Agnes Krieter war anschließend nach Halberstadt gegangen. Dort hatte sie in der Privatklinik eines Gynäkologen Beschäftigung als „weltliche" Krankenschwester gefunden.[512]

Pfarrer Krieter war einerseits schockiert, dass seine Schwester ihr „ewiges Gelübde" gebrochen hatte, andererseits hatte er selbst Erfahrungen mit den „Barmherzigen Schwestern" gemacht, die ihm gezeigt hatten, dass das Ordensleben die „Ehrwürdigen Schwestern" nicht automatisch heiligte. Ihm war bekannt, dass seine Schwester Anna - mit „Schwesternnamen" Ludmilla - im Orden der Vinzentinerinnen ebenfalls unglücklich war. Allerdings war er sich gewiss, dass Schwester Ludmilla den Orden niemals verlassen würde. Solch ein Schritt war mit dem ängstlichen, Konflikte scheuenden Charakter seiner ältesten Schwester nicht vereinbar.

Den Entschluss seiner jüngsten Schwester, Agnes, konnte Pfarrer Krieter nicht rückgängig machen. Das Kriegsgeschehen und die daraus resultierende Arbeitsbelastung beschäftigten ihn auch zu sehr, als dass er viel Zeit gehabt hätte, über den „Fall" seiner Schwester nachzudenken. Eines war ihm allerdings klar: Sein persönliches Ansehen im Mutterhaus der „Barmherzigen Schwestern" zu Hildesheim hatte durch das Verhalten seiner jüngsten Schwester weiteren Schaden genommen.

6.7.6 Die letzten Monate des Jahres 1943

Seit August 1943 verließen immer mehr Frauen und Kinder die Stadt Hamburg, teils vom Staat „evakuiert", teils durch private Initiative. Generalvikar Dr. Offenstein schrieb: „ ... Es versteht sich von selbst, dass die Seelsorger evakuierter Orte sich nach Möglichkeit auch um ihre Pfarrkinder in der Ferne kümmern. ... Ferner mögen Pfarrer und Kuraten der Evakuierungsgebiete so bald als möglich uns berichten, wohin ihre Pfarrkinder entsandt worden sind und welche Betreuung sie im Aufnahmegebiete gefunden haben, einerlei ob sie innerhalb oder außerhalb der Diözese untergebracht sind. Von den Hochwürdigen Herren Dechanten erwarten wir bis zum 15. September des Jahres einen gesonderten Bericht über den Stand der Frage in ihrem Dekanat."[513]

Pfarrer Krieter konnte aus seiner Gemeinde weder Dechant Jung noch dem Generalvikar genaues Zahlenmaterial liefern, denn nur sehr wenige Gemeindemitglieder hatten sich die Zeit genommen, ihn vor der Abreise über den Zielort ihrer Evakuierung zu informieren. Der Auftrag des Generalvikars an die Dechanten zwang die Geistlichen in Wilhelmsburg und Harburg aber dazu, in dieser Sache ihre Erfahrungen auszutauschen.

Am Nachmittag des 31. Oktober - am Fest „Christkönig" - fand um 17 Uhr in Verbindung mit der gewohnten sonntäglichen Abendmesse eine Bekenntnisfeier der Jugend statt. Kaplan Kruse und Pfarrer Krieter hatten die Jugendlichen von der Kanzel und im persönlichen Gespräch zur Teilnahme aufgerufen. In der Chronik von St. Bonifatius liest man: „Am Vormittag waren die Jugendlichen gemeinschaftlich zur heiligen Kommunion gegangen. Wegen der schwierigen, kriegsbedingten Umstände waren nur etwa 150 Jugendliche (50 Jungmänner, 100 Jungfrauen) anwesend. Auch die übrige Gemeinde war eingeladen worden.

---

[512] Die Darstellung beruht auf den Aussagen der Zeitzeugen Hedwig Wollersen und Christa Kränkel. Vgl. die Gespräche vom 31. 3. 2004 und vom 7. 1. 2004

[513] Bischöfliches Generalvikariat Hildesheim, Offenstein, Nr. 8563 vom 23. 8. 1943. Archiv der Kirchengemeinde St. Bonifatius, Akte „Rundschreiben kirchlicher Behörden 1920-1944"

Die Festpredigt hielt ein fremder Geistlicher - Pater Bürgelin, S. J. - über das Thema: `Christus, König aller Heiligen´. Er zeigte uns, wie die Treue zu Christus in den verschiedensten Lagen gehalten werden kann und gehalten worden ist. ... ."[514]

In allen Wochen nach der großen Bomben- und Brandkatastrophe vom Juli und August lebten die Einwohner von Harburg und Wilhelmsburg in Angst vor weiteren Luftangriffen, denn englische Flugzeuge waren im August nur durch ein plötzlich eintretendes Gewitter daran gehindert worden, Harburg und Wilhelmsburg zu zerstören. Ganz gewiss würde es einen neuen Großangriff auf Wilhelmsburg und Harburg geben. In dieser Erwartung hörte man die Schreckensnachrichten über Angriffe auf andere deutsche Städte.
Am Samstag, den 21. 11. 1943, feierte Pfarrer Krieter in der Bonifatiuskirche ein Requiem für die „Gefallenen" seiner Gemeinde und der ganzen Diözese Hildesheim. Bischof Joseph-Godehard hatte dieses Requiem angeordnet. Der Bischof selbst feierte im Dom zu Hildesheim ein Pontifikalrequiem.[515] Drei Wochen danach, am 13. Dezember, griffen 100 englische Flugzeuge wieder Hamburg an. Diesmal gab es in Harburg und Wilhelmsburg große Gebäudeschäden. Zum Glück wurde kein kirchliches Gebäude der katholischen Gemeinden getroffen.

6.8   Das Jahr 1944

In der Chronik der Bonifatiusgemeinde beginnen die Eintragungen zum Jahre 1944 mit den Worten: „Das Jahr 1944 war für den Stadtteil Wilhelmsburg und für die katholische Gemeinde Wilhelmsburgs ein Unglücksjahr. Schon der erste Monat brachte Unheil. Die Geheime Staatspolizei beschlagnahmte unsere Pfarrbücherei, dieses so sehr wichtige Hilfsmittel für die Seelsorge, und am 31. Januar wurden 400 Bände von der Gestapo und einem Vertreter der Partei weggeholt. ..."[516] Der Bonifatiusgemeinde widerfuhr also dasselbe Unglück, das der Gemeinde St. Maria in Harburg schon am 2. Februar 1938 widerfahren war.[517] Allerdings wird die Empörung, die Pfarrer Krieter und Kaplan Kruse empfunden haben, noch größer gewesen sein als die damalige Empörung in der Gemeinde St. Maria, denn die neue Unrechtstat der Gestapo geschah zu Beginn des fünften Kriegsjahres. Es war unerhört, dass zu einer Zeit, in der Propaganda und Justiz der Nationalsozialisten jedermann zu totalem Kriegseinsatz verpflichteten, die Männer der Staatspolizei sich die Zeit nehmen durften, in Pfarrbüchereien herumzuschnüffeln.

6.8.1   Das Kriegsgeschehen und die Folgen
für den Gottesdienst

Zu Beginn des Jahres 1944 beschlossen Pfarrer Mock, Pastor Hellmold und auch Pfarrer Krieter, während des sonntäglichen Gottesdienstes im Nofall den Gottesdienst abzubrechen.[518] Pfarrer Edmund Mock schrieb in die Chronik seiner Gemeinde: „ ... So wurde ab März die Durchsage des Hamburger Drahtfunks durch den Seelsorger im Gottesdienst zur Kenntnis gebracht.

---

[514] Chronik der Kirchengemeinde St. Bonifatius, S. 41
[515] Chronik der Kirchengemeinde St. Maria, Bd. 2, S.1
[516] Chronik der Kirchengemeinde St. Bonifatius, S. 41
[517] Chronik der Kirchengemeinde St. Maria, Bd. 1, S. 156
[518] Chronik der Kirchengemeinde St. Franz-Josef, Bd. 1, S. 64 ff.

Der Drahtfunk meldete bereits vor Eintritt der öffentlichen Luftwarnung entstehende entferntere Luftgefahren. Trotz vermehrter Luftgefahren versammelte sich die Gemeinde zur Feier des hl. Opfers. Man wusste, nur von Gott konnte Rettung und Hilfe kommen. ...“ [519]

Die Gefahr, während des Gottesdienstes zum Opfer eines Luftangriffs zu werden, ließ sich durch organisatorische Maßnahmen etwas mindern. Unabänderlich dagegen waren die Folgen der zunehmend schlechteren Versorgungslage Deutschlands.
Am 8. März gab Generalvikar Dr. Offenstein den Geistlichen der Diözese ein Schreiben des Reichskirchenministers Kerrl bekannt. Darin hieß es: „ ... Die Sicherstellung des Bedarfes der Wehrmacht an Kerzen erfordert für das Jahr 1944 erneute Einsparungsmaßnahmen an Kerzenrohstoffen und den sparsamsten Verbrauch von Kerzen für Kultzwecke. ...“ Kerrl verlangte vom Generalvikariat die „Feststellung des aufs äußerste gedrosselten Jahresbedarfes an Kerzen für rein liturgische Zwecke.“ Ferner verlangte er die „Bekanntgabe der bei den einzelnen kirchlichen Stellen vorhandenen Kerzenbestände.“ Schließlich sollte das Generalvikariat darauf hinwirken, „dass eine Verwendung von Kerzen über das liturgisch vorgeschriebene Mindestmaß hinaus sowie die Darbringung von Opferkerzen und die Aufstellung von Kerzen auf Gräbern für die Dauer des Krieges unterbleibt.“ Grundsätzlich solle in Erwägung gezogen werden, „ob nicht die Entfernung von Opferkerzenhaltern an Altären und Gnadenbildern zweckdienlich wäre.“ [520]
Die „Reichsstelle für Eisen und Metalle“ in Berlin gab am 14. 3. 1944 eine Anordnung heraus, wonach Orgelpfeifen und Windleitungen an Orgeln aus Blei, Zink, Kupfer und Aluminium beschlagnahmt seien. Zum Glück verzögerte sich die praktische Umsetzung dieser Anordnung. Das Generalvikariat in Hildesheim sandte im Juni 1944 an die Kirchengemeinden „jeweils 4 Meldebogen für Orgeln nebst Anleitung für die Ausfüllung derselben ...“.[521] Die Frage, ob es irgendwo in der Diözese Hildesheim zum Abbau einer Kirchenorgel wegen Beschlagnahme des Metalls gekommen ist, kann hier nicht beantwortet werden. Die Kirchengemeinden St. Bonifatius, St. Maria und St. Franz-Josef blieben jedenfalls verschont.
Glasflaschen in unterschiedlichen Größen wurden 1944 ebenfalls zu einem kostbaren, immer seltener werdenden Gut. Das hatte am Gründonnerstag 1944 Folgen für die Versendung der heiligen Öle.[522] Generalvikar Dr. Offenstein bestimmte am 20. April: „Die Flaschen für die heiligen Öle sind nach Empfang alsbald zu entleeren, indem die heiligen Öle in eigene, genau gekennzeichnete Gefäße umgegossen werden. Alsdann sind die Flaschen mit Hilfe von Salz, Holzasche oder „Imi“ gut zu reinigen und in gereinigtem Zustande, wie es die Würde der heiligen Öle verlangt, (nach Hildesheim; Anm. d. Verf.) zurück zu senden. ...“ [523]
Der Messwein war schon im Jahre 1942 knapp gewesen. Das Generalvikariat Hildesheim hatte damals bei allen Kirchengemeinden eine Schnell-Umfrage nach dem Mindestbedarf an Wein und nach den in Anspruch genommenen Weinlieferanten durchgeführt.[524]

---

[519] Chronik der Kirchengemeinde St. Maria, Bd. 2, S. 1
[520] Bischöfliches Generalvikariat, Offenstein, Nr. 2230 vom 8. 3. 1944, Archiv der Kirchengemeinde St. Bonifatius, Akte „Rundschreiben kirchlicher Behörden 1920-1944“
[521] Bischöfliches Generalvikariat, Offenstein, Nr. 4776 vom 6. 6. 1944, Archiv der Kirchengemeinde St. Bonifatius, Akte „Rundschreiben kirchlicher Behörden 1920-1944“
[522] Das von der Bischofskirche in die Gemeinden versandte heilige Öl benötigt der Priester z. B. beim Spenden des Sakramentes der Krankensalbung oder des Sakramentes der Taufe.
[523] Bischöfliches Generalvikariat, Offenstein, Nr. 3659 vom 20. 4. 1944, Archiv der Kirchengemeinde St. Bonifatius, Akte „Rundschreiben kirchlicher Behörden 1920-1944“
[524] Bischöfliches Generalvikariat, Offenstein, Nr. 9039 vom 3. 9. 1942, Archiv der Kirchengemeinde St.Bonifatius, Akte „Rundschreiben weltlicher Behörden bis 1959“

Intensive Verhandlungen von Beauftragten der Deutschen Bischofskonferenz mit den zuständigen Reichsstellen hatten die Versorgung der katholischen Kirchengemeinden mit Messwein schließlich sichergestellt. Nun trat im September 1944 für das Bistum Hildesheim eine „Schwierigkeit in der Versorgung mit Hostien" ein. Generalvikar Dr. Offenstein erklärte, diese Schwierigkeit sei „infolge des Hereinflutens zahlreicher Katholiken aus den Randgebieten des Reiches in unser Diözesangebiet" entstanden und nicht vorhersehbar gewesen. Er schrieb weiter: „Die dem hiesigen Mutterhaus (der Barmherzigen Schwestern des Hl. Vinzenz von Paul; Anm. d. Verf.) zur Verfügung stehende Mehlmenge reicht bei weitem nicht aus, um allen Anforderungen zu genügen. Auch die zur Verfügung stehenden Arbeitskräfte genügen kaum, um die erforderliche Mehrleistung zu bewältigen. Selbstverständlich werden Verhandlungen mit der zuständigen Wirtschaftsstelle aufgenommen, um eine größere Mehlmenge zugeteilt zu erhalten. Die hochwürdigen Herren Geistlichen werden aber gebeten, der augenblicklichen Notlage Rechnung zu tragen und erstens nicht mehr Hostien anzufordern, als tatsächlich benötigt werden, zweitens - falls das Mutterhaus vorübergehend nicht in der Lage sein sollte, die geforderte Anzahl von Hostien zu liefern - sich durch Brecher der Hostien zu behelfen. ..." [525]

6.8.2 Unglückswochen für die Kirchengemeinde St. Bonifatius im Juni und August 1944

Am 6. Juni 1944 begannen die alliierten Gegner Deutschlands, ihre Soldaten an der Küste der Normandie an Land zu setzen. Etwa 12.000 Flugzeuge leiteten das Unternehmen mit einem Bombardement der deutschen Abwehrstellungen ein. Über 4.000 Landungsboote wurden durch mehr als 1.000 Kriegsschiffe gesichert. Nach der geglückten Landung rückten 619.000 alliierte Soldaten unaufhaltsam vor. Am 25. August wurde Paris von der deutschen Besatzung befreit. Am 3. September zogen die Alliierten in Brüssel ein und am 21. Oktober eroberten sie die erste deutsche Großstadt, Aachen.[526]
Nach dem Landungsunternehmen in der Normandie wurden die britische und amerikanische Luftflotte frei für neue Aufgaben. Ihr Ziel war es jetzt, das deutsche Industrie- und Wirtschaftssystem zu vernichten. Insbesondere die Betriebe der Mineralöl verarbeitenden Industrie und das deutsche Eisenbahnnetz sollten zerstört werden.[527]
Die Betriebe der Mineralölindustrie in Harburg und Wilhelmsburg gehörten zu den bedeutendsten Produktionsstätten des Großdeutschen Reiches. Der Verschiebebahnhof in Wilhelmsburg war einer der größten Bahnhöfe Norddeutschlands und äußerst wichtig für das Funktionieren des Hamburger Hafens. Selbst ein militärischer Laie wie Pfarrer Krieter konnte also vorsehen, dass Harburg und Wilhelmsburg sehr bald das Hauptziel alliierter Luftangriffe sein würden.
Am 18. und 20. Juni 1944 wurden in Harburg die Ebano-Asphaltwerke (heute Esso) und Rhenania-Ossag-Mineralölwerke (heute Shell) und in Wilhelmsburg die Ölwerke Julius Schindler, Euro-Tank (heute BP) und Haltermann zum eigentlichen Angriffsziel alliierter Bomber. Erneut wurden auch die Deutschen Erdölwerke in der Nähe der Bonifatiuskirche angegriffen. Der Angriff am Sonntag, den 18. Juni, richtete schwere Schäden an. Am Dienstag

---

[525]   Bischöfliches Generalvikariat, Offenstein., Nr. 9023, vom 30. 9. 1944, Archiv der Kirchengemeinde St.Bonifatius, Akte „Rundschreiben kirchlicher Behörden 1920 -1944"

[526]   Vgl. Das 20. Jahrhundert in Wort, Bild, Film und Ton, Die 40er Jahre, a. a. O., S.204 und Benz, W. , Geschichte des Dritten Reiches, a. a. O., S. 249

[527]   Vgl. Brunswig, Hans, Feuersturm über Hamburg, a. a. O., S. 325 ff.

darauf, am 20. Juni, belegten zwischen 9 Uhr 10 und 9 Uhr 47 rund siebenhundert Flugzeuge die Mineralölbetriebe mit „Teppichen" von Spreng- und Brandbomben. Kilometer hohe Rauchfahnen zeigten den Erfolg. Pastor Johannes Hellmold notierte in der Chronik seiner Kirchengemeinde: „Vom Kirchturme (der St. Franz-Josef-Kirche; Anm. d. Verf.) aus beobachte ich, wie die Ölwerke Harburgs unter den Bombenteppichen in Schutt sinken, und noch an den Tagen darauf zeigt die endlose Rauchwolke der brennenden Öltanks die Wirkung dieser furchtbaren Angriffe." [528]

Abb. 82: Die Raffinerien der Rhenania-Ossag-Mineralölwerke und der Ebano-Asphaltwerke in Harburg am 20. 6. 1944.

In der Chronik von St. Bonifatius liest man: „Die katholische Gemeinde allein hatte 30 Tote zu beklagen. Bemerkenswert ist hierbei, dass die Kreisleitung bei der Beerdigung der Todesopfer keinen Geistlichen zuließ, so dass die Gräber der Katholiken erst später eingesegnet werden konnten.[529] Bei diesen Angriffen wurden auch Kirche und Pfarrhaus schlimm mitgenommen. Dächer, Fenster und Innenwände erlitten schwere Beschädigungen. Ein weiterer schwerer Bombenabwurf zertrümmerte sämtliche Kirchenfenster, bis auf zwei, und das Dach wurde nun - kaum notdürftig repariert - fast vollständig abgedeckt.

---

[528] Chronik der Kirchengemeinde St. Franz-Josef, Bd.1, S. 66

[529] Kreisleiter war Wilhelm Drescher, geb. am 26. 8. 1897. Er war ursprünglich Eisendreher von Beruf. 1930 trat er in die NSDAP ein. 1932 wurde er Ortsgruppenleiter von Heimfeld / Buxtehude. 1934 wurde er Kreisamtsleiter der Deutschen Arbeitsfront. Am 6. April 1937 erhielt er das Amt des Kreisleiters im Kreis 8 der Hamburger Gemeindeverwaltung (Wilhelmsburg, Harburg, Süderelbe und Finkenwerder). Nach Kriegsende war er vom 5. Mai 1945 bis 1952 in englischen Lagern interniert. Anschließend arbeitete er als Prokurist in einer Eisenfirma. Er starb am 17. Januar 1977 in Harburg. Vgl. Siebenkorn, Kerstin, Der Volkssturm im Süden Hamburgs 1944/45, Verein für Hamburgische Geschichte, Hamburg, 1988, S. 45.

Im Pfarr- und Gemeindehaus sah es nicht viel besser aus. Auch hier waren die Dächer fast abgedeckt, Fenster und Türen waren zertrümmert oder eingedrückt und Wände waren eingestürzt. Die Fensteröffnungen in der Kirche mussten ... vollständig mit Brettern zugenagelt werden, so dass kein Tageslicht mehr hereinkam."[530]

Abb. 83: Die Ölwerke Julius Schindler - ganz in der Nähe der Bonifatiuskirche -in den Mittagsstunden des 20. 6. 1944.

Die Luftangriffe vom 18. / 20. Juni 1944 werden in der Chronik von St. Bonifatius besonders hervorgehoben. Es gab aber im Sommer 1944 noch weitere Tage und Nächte, die für Pfarrer Krieter, seinen Kaplan und auch für die übrigen Bewohner des Pfarrhauses von St. Bonifatius Todesangst brachten. In der Nacht vom 28. / 29. 7. 1944 erlitten der Bahnhof Wilhelmsburg und das umliegende Wohngebiet, in dem viele Katholiken wohnten, erhebliche Schäden. Am 4. 8. 1944 führten amerikanische Kampf- und Jagdverbände einen Tagesangriff durch. Dabei warfen sie „Bombenteppiche" auf die Howaldtswerke im Hafengebiet, auf die Norderelbe-Brücken und auf ein weiteres „katholisches" Wohngebiet in Wilhelmsburg, auf das Reiherstiegviertel.[531]
Durch die Vielzahl von Bestattungen, die sie durchzuführen hatten, erfuhren Pfarrer Krieter und Kaplan Kruse von Tag zu Tag neue Einzelheiten über das Leid in der Gemeinde St. Bonifatius.

---

[530] Chronik der Kirchengemeinde St. Bonifatius, S. 41
[531] Vgl. Brunswig, Hans, Feuersturm über Hamburg, a. a. O., S. 339

Abb. 84 : Ausgebrannte Gebäude der Wollkämmerei - ganz in der Nähe der Bonifatiuskirche - nach dem Angriff vom 6. 8. 1944

Abb. 85 : Das ausgebrannte Tankfeld der Deutschen Erdölwerke (DEA) - ebenfalls ganz in der Nähe der Bonifatiuskirche - am 6. 8. 1944. Im Hintergrund ist einer der Großbunker Wilhelmsburgs zu sehen.

6.8.3 Pfarrer Krieter wird Dechant des Dekanates Lüneburg.

Am 24. 7. 1944 starb in Stade - plötzlich und unerwartet - Dechant Wilhelm Jung.[532] Nachdem Pfarrer Wüstefeld im Vorjahr nach Hildesheim versetzt worden war, hatte Bischof Joseph-Godehard hinsichtlich der Nachfolge die Wahl zwischen Pfarrer Josef Sprenger in Lüneburg und Karl-Andreas Krieter. Die beiden hatten gemeinsam in Münster Theologie studiert und waren mittlerweile die ältesten Pfarrer im Dekanat Lüneburg.[533] Am 25. September 1944 wurde Karl-Andreas Krieter zum Dechant ernannt.[534]

Infolge des Kriegsgeschehens, das ihn selbst - und die meisten Geistlichen seines Dekanates ebenso - schwer belastete, hatte Pfarrer Krieter bis zum Ende der Hitlerdiktatur wenig Gelegenheit, die normalen Aufgaben eines Dechanten zu erledigen.

Belegt ist nur, dass er Bernhard Kersting, der seit 1939 Kaplan von St. Maria in Harburg gewesen war, Ende September 1944 in das Amt des Pfarrers von Stade eingeführt hat.[535]

Eine außerordentliche Aufgabe fiel Dechant Krieter zu, als der Pfarrer der Herz-Jesu-Gemeinde in Wesermünde-Lehe (=Bremerhaven) am 3. 11. 1944 durch die Gestapo Hamburg plötzlich festgenommen und in das berüchtigte Polizeigefängnis Fuhlsbüttel verbracht worden war.[536] Pfarrer Bernhard Goerge - wie Dechant Krieter im Jahre 1890 geboren - war denunziert worden. Er sollte „staatsabträgliche Äußerungen in Ausübung der Seelsorge" getan haben. Sobald ihm die Verhaftung des Pfarrers Goerge bekannt geworden war, bemühte sich Pfarrer Krieter bei der Gestapo um eine Besuchserlaubnis. Sie wurde ihm verwehrt. Daraufhin wandte Dechant Krieter sich an Hamburgs „Pastor primarius". Er hoffte, Dechant Wintermann könne aufgrund seiner guten Kontakte zum Reichsstatthalter Kaufmann mehr für Pfarrer Goerge erreichen als er selbst. Doch diese Hoffnung trog. Die Gestapo zeigte sich nach dem Stauffenberg-Attentat auf Adolf Hitler - 20. Juli 1944 - gnadenloser als je zuvor. Weder Prälat Wintermann noch Dechant Krieter, der seine Bitte um Besuchs- und Sprecherlaubnis in den nächsten Wochen noch mehrmals wiederholte, wurden zu Pfarrer Goerge vorgelassen. Dechant Krieter sah sich einer absoluten Nachrichtensperre gegenüber. Erst am 24. März 1945 erfuhr er durch das Generalvikariat Hildesheim, dass der Prozess gegen Pfarrer Goerge demnächst vor dem Volksgerichtshof in Berlin eröffnet werden solle.[537]

---

[532] Chronik der Kirchengemeinde St. Maria, Bd. 2, S. 3

[533] Pfarrer Josef Sprenger wurde am 24. 5. 1889 geboren. Vgl. „Führer durch das Dekanat Lüneburg", hrsg. Pfarr-Caritas Hbg.-Wilhelmsburg, 1951. Ein Exemplar dieser Broschüre findet sich in der Chronik der Kirchengemeinde St. Maria, Bd. 2., Jahr 1951

[534] Bistumsarchiv Hildesheim, Auskunft vom 14. 4. 2009 und Personalakte Karl-Andreas Krieter

[535] Chronik der Kirchengemeinde St. Maria, Bd. 2, S. 4

[536] „Vom 25. Oktober bis 15. Februar 1945 nutzte die SS einen Gebäudeteil des Zuchthauses Fuhlsbüttel als Außenlager des KZ Neuengamme; mehr als 1.300 ausländische KZ-Häftlinge wurden dort auf engstem Raum untergebracht. Damit befanden sich während des `Dritten Reiches´ drei verschiedene Verfolgungseinrichtungen in den Fuhlsbütteler Haftanstalten: KZ bzw. ab 1936 Polizeigefängnis, Zuchthaus und Justizgefängnis sowie das KZ-Außenlager. In diesen Haftstätten kamen bis zum Mai 1945 insgesamt über 500 Frauen und Männer ums Leben, davon nachweisbar 267 Häftlinge in den nur vier Monaten, während derer das KZ-Außenlager existierte. Sie starben an den Folgen der Misshandlungen, wurden ermordet oder in den Tod getrieben." Zitat aus: Garbe, Detlef, Institutionen des Terrors und der Widerstand der Weniger, in: Hamburg im Dritten Reich, a. a. O., S. 532.

[537] Im April 1945 musste Bernhard Goerge im Zuge der Räumung des Gefängnisses Fuhlsbüttel mit den übrigen Gefangenen zu Fuß nach Kiel in ein Lager der Gestapo marschieren. Der beabsichtigte Prozess vor dem „Volksgerichtshof" wurde wegen des Kriegsendes nicht mehr durchgeführt. Vgl. den Vortrag von Schmitt, Arnold, „Gefangener in Fuhlsbüttel: Pfarrer Bernhard Goerge, gehalten in der KZ-Gedenkstätte Neuengamme am 30. Juni 2009.

Schon kurz nach dem Ende des Krieges kehrte Pfarrer Goerge in seine Pfarrei zurück. Er verweigerte aber jede Schilderung seiner Leiden im Gewahrsam der Gestapo, sowohl gegenüber dem Generalvikariat Hildesheim als auch gegenüber seinem Dechanten, Karl-Andreas Krieter. Am 29. 6. 1947 erlag er in seiner Heimat Allendorf, wo er aus Krankheitsgründen Urlaub machte, plötzlich einem Herzschlag.„Die Ursache seines so frühen Sterbens liegt in jener Leidenszeit, die ihm in seiner nie schweigenden Liebe zur Gerechtigkeit auferlegt wurde", heißt es in seiner Todesanzeige.[538]

Eine weitere außerordentliche Aufgabe am Beginn seiner Dechantentätigkeit bestand für Karl-Andreas Krieter in der Anteilnahme an dem Unglück, das seinem Freund, Edmund Mock, und den Mitgliedern der Kirchengemeinde St. Maria in Harburg widerfuhr.

6.8.4 Die Unglückswochen für die Kirchengemeinde St. Maria

In dem Bericht über die Unglückswochen für St. Maria heißt es in der Chronik: „ … Am Mittwoch, den 25. Oktober 1944, gab es mittags Alarm. Der Drahtfunk meldete, dass sich Fliegerverbände vom Süden her näherten. Aus Erfahrung wusste man, dass Angriffe aus dieser Richtung der Stadt Harburg galten. Wer Angriffe kennt, weiß, dass Bomben in unmittelbarer Nähe nicht mehr pfeifen, sondern rauschen. Ein unheimliches Rauschen, wenn fünfzehn Flugzeuge zu gleicher Zeit ihre Last abwerfen! Bei solchem Trommelfeuer geht man unwillkürlich auf die Erde nieder. Es gibt da wohl niemanden, der jetzt nicht an seinen Tod denkt. Rings um das Pfarrhaus ging eine Anzahl Bomben herunter, eine fiel direkt vor das Pfarrhaus. Etwa vierzig Minuten dauerte das Trommelfeuer, in dem auch das Krankenhaus `Maria-Hilf´ zwei oder drei Volltreffer erhalten hatte. Während der Pfarrer und der Küster Beier das Allerheiligste vom Krankenhaus in den Tresor der Sakristei (der Kirche) bringen, kommt die zweite Angriffswelle. Die Flak ist bereits durch die erste Welle ausgeschaltet. Die Bomber können - ungehindert von der deutschen Abwehr - operieren. Im Eingang des Portals der Kirche … erleben Pfarrer und Küster sowie eine Schwester von `Maria-Hilf´ den zweiten Angriff, bei dem auch die Kirche an zahlreichen Stellen mit Brandbomben getroffen wird. Trotz des Bombenhagels suchen Pfarrer und Küster in die Kirche einzudringen, um sie durch Löschen der etwa zehn Brandherde noch zu retten. Doch es war nicht mehr möglich. Wohl gelang es, mehrere Brandherde zu beseitigen, aber als das Feuer die Orgelempore erfasst hatte, wo die Orgelpfeifen schmolzen und auch noch das Gebälk zu brennen begann, mussten die Rettungsversuche, die unter Einsatz des Lebens unternommen wurden, abgebrochen werden. Als Pfarrer und Küster die brennende Kirche verlassen und sich in das Portal zurückziehen, wütet noch immer die zweite Angriffswelle. Auch das Pfarrhaus ist von Brandbomben getroffen worden. Aus dem Gebälk schlagen Flammen. Der Pfarrer sucht, das Feuer noch zu löschen, es fehlt aber an Wasser. Endlich gelingt es, eine Handspritze aus der Nachbarschaft zu besorgen und drei Eimer dazu. Das Feuer hatte sich bereits durch die Decke bis in das Arbeitszimmer durchgefressen. Die Rettungsversuche waren aber dann doch von Erfolg gekrönt. Das Feuer wurde vollends gelöscht. Das Haus hatte große Schäden davongetragen. Der Dachstuhl war teilweise abgebrannt, die Fenster waren zersprungen, der Putz von den Wänden gefallen. Die Küche des Pfarrhauses war der einzige Raum, in dem man sich aufhalten konnte. Die Kirche brannte indessen lichterloh. Nichts konnte mehr aus ihr gerettet werden.

---

[538] Vgl. Das Bistum Hildesheim 1933-1945, eine Dokumentation, Hildesheim 1971, S. 538 / 539

Gegen Abend hatte das Feuer die Turmspitze erreicht. Um 19 Uhr 10 stürzte die Turmspitze herunter. Ein Trupp von fünf Soldaten hielt Nachtwache an der zerstörten Kirche." [539] In der Chronik der Kirchengemeinde St. Franz-Josef finden sich Ergänzungen zum Bericht des Pfarrers Mock. Pastor Johannes Hellmold schrieb: „Das Christkönigsfest (am 29. Oktober; Anm. d. Verf.) sollte in diesem Jahr besonders festlich begangen werden. Doch da musste Harburg, einige Tage vorher, am 25. Oktober 1944, den schwärzesten Tag seiner Geschichte erleben. Ein Großangriff von rund 1000 Flugzeugen legte die Stadt in weiten Gebieten in Trümmer. 2000 Menschenleben gingen in den Trümmern und im Feuermeer unter. Die Mutterkirche St. Marien brannte aus. Das katholische Krankenhaus `Maria-Hilf´ wurde gänzlich vernichtet. Der Chefarzt, Dr. Spartz, (der seit Jahren mit Pfarrer Krieter gut bekannt war; Anm. d. Verf.) und eine Krankenschwester fanden mit vielen Kranken dabei den Tod. Viele Tote sind auch unter den Katholiken beider Gemeinden. Unsere Kirche blieb außer geringfügigen Schäden verschont und ebenso der größte Teil des Seelsorgebezirkes St. Franz-Josef. Nun half die Tochterkirche der Mutterkirche. Alle Gottesdienste werden nun vorläufig für beide Gemeinden in St. Franz-Josef gehalten. Sonntags müssen jetzt 5 Gottesdienste in St. Franz-Josef gehalten werden." [540]

Abb. 86: Die Marienkirche nach dem Luftangriff vom 25. 10. 1944. Die Turmspitze und das Dach der Kirche sind abgebrannt, ebenfalls das Dach des Pfarrhauses (aus Sicht des Betrachters das Haus rechts neben der Kirche).

---

[539] Chronik der Kirchengemeinde St. Maria, Bd. 2, S. 5 ff.

[540] Chronik der Kirchengemeinde St. Franz-Josef, Bd. 1, S. 67. Solange die eigene Kirche nicht beschädigt war, half auch die evangelisch-lutherische Paulusgemeinde in Heimfeld den Katholiken von St. Maria. Sofort nach einer schriftlichen Anfrage des Pfarrers Mock am 30. 10. 1944 gestatteten ihm Pastor Hoyer und sein Kirchenvorstand die Mitbenutzung der Pauluskirche. Vgl. Chronik der Kirchengemeinde St. Maria, Bd. 2, 1944, S. 5

Abb. 87: Die Wilstorfer Straße - in nächster Nähe zur St. Franz-Josef- Kirche - im November 1944

Das Pfarrhaus von St. Maria wurde noch zweimal schwer getroffen, am 6. und am 21. November 1944. Dadurch war es unbewohnbar. Pastor Hellmold nahm Pfarrer Mock und seine Schwester im Pastoratshaus von St. Franz-Josef, Reeseberg 16, auf.[541] Selbstverständlich wurden Pfarrer Krieter und seine Schwester sobald wie möglich benachrichtigt, denn sie waren ja Besitzer dieses Hauses und mit Pfarrer Mock und dessen Schwester eng befreundet. Therese und Karl-Andreas Krieter waren sehr glücklich, dass ihr Haus keinen Schaden genommen hatte, denn in nächster Nähe zur St. Franz-Josef-Kirche waren viele andere Häuser schwer beschädigt worden, zum Großteil unbewohnbar. Pastor Hellmold schrieb über diese Tage: „Zweimal ist durch Luftminen das Dach (der St. Franz-Josef-Kirche; Anm. d. Verf.) abgedeckt worden. Herr Pfarrer Mock und ich und einige Jungmänner machen das Dach notdürftig wieder dicht. Wir als Geistliche sind tagsüber mehr Handwerker als Seelsorger. Die Beerdigungen nehmen uns ganz in Anspruch. Diese Beerdigungen sind unvergesslich!" [542]

Dechant Krieter bewunderte seinen Freund Edmund Mock. Wie der biblische Dulder Hiob verlor er sein Gottvertrauen nicht, trotz allen Unglücks. Er fasste den Plan, für seine Gemeinde eine „Notkirche" zu bauen. Die „Notirche" sollte im rechten Seitenschiff der zerstörten Marienkirche entstehen. Die rechte Außenwand der Marienkirche war erhalten. Sie sollte nun die rechte Außenwand der „Notkirche" bilden.

---

[541] Chronik der Kirchengemeinde St. Maria, Bd. 2, S. 11. Das Haus Reeseberg 16, das bekanntlich Privatbesitz der Geschwister Therese und Karl-Andreas Krieter war, blieb im Krieg unbeschädigt.
[542] Chronik der Kirchengemeinde St. Franz-Josef, Bd. 1, S. 68

Die Rundbogen, die das ehemalige Mittelschiff der Kirche abgegrenzt hatten, sollten zugemauert und der so entstandene Raum mit einer Flachdecke überdacht werden.

Schon am Montag, den 27. November, begannen freiwillige Helferinnen und Helfer mit der Arbeit. Ihr Werkzeug hatten sie selbst mitgebracht. Die Männer lösten die brauchbaren Balken und Bretter aus den Schuttmassen der Kirche und des Pfarrhauses. Die Frauen und Mädchen säuberten verwendbare Backsteine von altem Mörtel.[543] Gleichzeitig wurde die Sakristei der Marienkirche, die weitgehend erhalten war, zu einer Sakramentskapelle hergerichtet. In der Chronik der Kirchengemeinde St. Maria wird berichtet, die Arbeiten seien so gut vorangegangen, „ … dass am 24. Dezember 1944 bei gutem Wetter nachmittags in der Ruine von St. Marien das hl. Christamt gefeiert werden sollte, allerdings ohne Austeilung der heiligen Kommunion. Doch dieser Gottesdienst wurde von der Polizei des Dritten Reiches verboten. So musste die Mariengemeinde zusammen mit der Tochtergemeinde die Christmette in St. Franz-Josef feiern.
Wohl noch nie in der Geschichte der Mariengemeinde wurde das Weihnachtsfest in solch einer Not und Bedrängnis und Gefahr gefeiert wie 1944. Da war es ein besonderer Trost, dass die Gläubigen an beiden Weihnachtstagen die neu errichtete Sakramentskapelle in der alten Sakristei besuchen konnten, um still mit Gott vereint zu sein. Die heilige Messe wurde aber noch nicht in der Kapelle gelesen."[544]

6.9   In Erwartung des Kriegsendes

Dechant Krieter feierte das Hochamt zum Jahresende 1944 für die „gefallenen" und vermissten Soldaten und für die Bombenopfer seiner Gemeinde. An diesem Tag musste er einen Meldebogen ausfüllen, dessen Absendung das „Zentralbüro des Herrn Reichsstatthalters" allen katholischen und evangelischen Pastoren in Hamburg zum 1. Januar 1945 abverlangte. Zusätzlich zu der Sachschadensmeldung, die nach einem Luftkriegsschaden sowieso an die Feststellungsbehörde der Hansestadt Hamburg gerichtet werden musste, sollten die Geistlichen nun auf einem ausgeklügelten Meldebogen dem Statistischen Amt die Luftkriegsschäden an ihren Kirchen melden. Ausdrücklich wurde gefordert, der Meldebogen solle nicht voreilig eingesendet werden. Man solle den Monatsschluss abwarten, damit sämtliche Luftkriegsschäden des Jahres 1944 statistisch korrekt erfasst würden.[545]
Die NS-Führung in Hamburg wehrte sich offenbar nicht mehr gegen den Untergang. Es war nur noch wichtig, die Anzeichen des Unterganges bürokratisch zu verwalten. Dechant Krieter war froh, dass er die Bonifatiuskirche in Wilhelmsburg als nur „leicht beschädigt" melden konnte. Von Prälat Wintermann hatte er erfahren, dass dessen Marienkirche an der Danziger Straße ebenfalls nur „leicht beschädigt" war. Inmitten der Trümmerlandschaften, zu denen mittlerweile alle Stadtteile Hamburgs verkommen waren, standen ausgerechnet die Kirchen der beiden Dechanten Hamburgs fast unversehrt da. Dechant Krieter nährte die Hoffnung, beide Kirchen würden den Krieg ohne weitere Schäden überstehen. Auch deswegen sehnte er das Kriegsende herbei.

---

[543]   Chronik der Kirchengemeinde St. Maria, Bd. 2, S. 12
[544]   Chronik der Kirchengemeinde St. Maria, Bd. 2, S. 14
[545]   Archiv der Kirchengemeinde St. Bonifatius, Akte „Rundschreiben weltlicher Behörden bis 1959"

Den Wehrmachtsberichten dieser Tage entnahm Dechant Krieter, dass die militärische Lage für das Großdeutsche Reich immer hoffnungsloser wurde. Am Freitag, den 12. 1. 1945, hatte die Großoffensive der Roten Armee zum Bruch der deutschen Ostfront geführt und eine Massenflucht der deutschen Zivilbevölkerung bewirkt.

Abb. 88: Die Marienkirche an der Danziger Straße - heute der Dom des Erzbistums Hamburg - Anfang Januar 1945.

Über fünf Millionen Deutsche, vor allem Frauen und Kinder, waren seitdem zum Westen unterwegs - zu Fuß, auf Pferdefuhrwerken, in Güterzügen oder auf Schiffen in der Ostsee.[546] Auch in Hamburg war das Elend groß. In den Mittagsstunden des 17. 1. 1945 warfen 250 amerikanische Flugzeuge wieder Bombenteppiche auf die Werften und Industrieanlagen des Hamburger Hafens und auf die Industriebetriebe in Harburg.[547]

Die Versorgungslage der Bevölkerung Hamburgs war nun - im Januar 1945 - katastrophal. Nachdem die Lebensmittelzuteilungen schon seit Monaten unter dem Erhaltungsbedarf gelegen hatten, waren sie nochmals gekürzt worden. Ein Mensch sollte nun mit 250 Gramm Nährmitteln und mit 250 Gramm Butter fünf Wochen lang auskommen. An Milch gab es für die Erwachsenen pro Tag 1/8 Liter Magermilch, an Kartoffeln 5 Pfund pro Woche.

---

[546] Vgl. Das 20. Jahrhundert in Wort, Bild, Film und Ton, Die 40er Jahre, a. a. O., S. 187
[547] Vgl. Brunswig, Hans, Feuersturm über Hamburg, a. a. O., S. 358

Die Brotration betrug für einen Erwachsenen 3 Schnitten täglich, bei Kindern waren es 4 Schnitten. Im Grunde war das eine organisierte Hungersnot.[548]

Vor diesem Hintergrund bewunderte Dechant Krieter umso mehr die Energie, mit der sein Freund, Edmund Mock, den Bau der Notkirche für die Gemeinde St. Maria vorantrieb. Noch immer fanden sich an jedem Samstag ab 14 Uhr - und auch am Sonntag ab 9 Uhr - freiwillige Helferinnen und Helfer am Bauplatz ein. Staunend hörte Dechant Krieter, dass es Edmund Mock gelungen war, Zement und neuwertiges Bauholz zu besorgen - zusätzlich zu dem verwendbaren Holz aus den Ruinen von Kirche und Pfarrhaus. Das Steinmaterial hatten die Helferinnen und Helfer - wie geplant - aus den Ruinen von Kirche und Pfarrhaus geborgen. Pfarrer Mock berichtete stolz, dass noch mehr Mitglieder der Gemeinde beim Bau der Notkirche geholfen hätten, wenn nicht alle Jungmänner und Männer im Alter von 14 bis 65 Jahren zum „Deutschen Volkssturm" einberufen worden wären.[549]

6.9.1 Erneutes Unglück für St. Bonifatius

Noch während die Arbeit am Bau der Notkirche von St. Maria gute Fortschritte machte, kam neues Unglück über Harburg. Am Abend des 7. März 1945 beschädigte der zweitschwerste Angriff, den Harburg im Laufe des Krieges erlebte, weitere Wohngebiete der Stadt, die Gummiwarenfabrik Phoenix und die Ölbetriebe, die an der dritten Hafenstraße und in der Nähe des vierten Seehafenbeckens lagen. Allein im Luftschutzraum der Phoenix-Werke gab es an diesem Tag 44 Todesopfer. Pastor Hellmold schrieb in die Chronik von St. Franz-Josef: „Bei den Opfern des 7. März beklagt die Gemeinde besonders den Verlust der aktiven katholischen Familie Beier; nur der Vater bleibt am Leben; die Mutter und drei Kinder finden zugleich den Tod."

Pastor Hellmold berichtete weiter: „Nach dem 7. März 1945 folgen schwere Tage für die Gemeinde. Der Kreisleiter Drescher verfügte die Beschlagnahme der Kirche. Dachdecker werden von der Partei geschickt und decken das Dach behelfsmäßig. Die Fenster, deren Glas zertrümmert ist, werden abgedichtet. Die Kirchenbänke werden aufeinander gestapelt. Tische und Stühle werden in die Kirche gebracht. Auf meine Anfragen bekomme ich ausweichende Antworten. Was soll mit unserem Gotteshaus geschehen? Das Allerheiligste ist bei mir in der Wohnung. In der Stadt geht das Gerücht: `Franz-Josef wird Wirtschaftsamt´. Ich dringe zum Kreisleiter vor und fordere entschlossen die Kirche zurück und berufe mich dabei auf die ungefähr 1000 Harburger Katholiken, die in diesem Gotteshaus Sonntag für Sonntag sich Kraft holen. Man lächelt zwar über mich, aber da die Front immer näher rückt, wagt man den Unwillen der Bevölkerung nicht mehr zu erregen und gibt die Kirche frei.

---

548 Vgl. Hamburg im Dritten Reich, Szodrzynski, Joachim, Die „Heimatfront" zwischen Stalingrad und Kriegsende. a. a. O., S. 676

549 Am 26. September 1944 unterzeichnete Adolf Hitler seinen „Erlass des Führers über die Bildung des Deutschen Volkssturms". Am 18. Oktober wurden die Bewohner Hamburgs durch den Rundfunk über die Bildung einer Volkswehr informiert. In Wilhelmsburg und Harburg - Kreis 8 - war Wilhelm Drescher für den Volkssturm zuständig. Er nahm auf dem Schützenplatz der Schwarzenbergstraße die öffentliche Vereidigung der Volkssturmleute seines Kreises vor. Die Eidesformel hieß: „Ich schwöre bei Gott diesen heiligen Eid, dass ich dem Führer des Großdeutschen Reiches, Adolf Hitler, bedingungslos treu und gehorsam sein werde. Ich gelobe, dass ich für meine Heimat tapfer kämpfen und lieber sterben werde, als die Freiheit und damit die soziale Zukunft meines Volkes preiszugeben." Das Zitat stammt aus Siebenkorn, Kerstin, Der Volkssturm im Süden Hamburgs 1944 / 45, Verein für Hamburgische Geschichte, Hamburg, 1988, S. 51

Inzwischen habe ich die Brandwache aufgelöst, da ich die Verantwortung für die jungen Helfer und Helferinnen nicht mehr übernehmen kann. So stehe ich während der Alarme und Angriffe allein Wache. Das Vinzenzhaus, das schon unter meinem Vorgänger beschlagnahmt war, wird mit Hitlerjungen belegt, die Harburg verteidigen sollen. Diese kleinen 14-16jährigen Vaterlandsverteidiger wollen mir sogar die Parole (`Heil Hitler´; Anm. d. Verf.) abverlangen, wenn ich über unser Kirchengrundstück gehe. Der Kirchplatz ist ein Exerzierplatz geworden." [550]

Dechant Krieter wurde über die Beschlagnahme der St. Franz-Josef-Kirche noch am selben Tage informiert. Er freute sich über den erfolgreichen Auftritt des Pastors Hellmold beim Kreisleiter Drescher und nahm sich vor, möglichst bald einen lobenden Bericht an Bischof Joseph-Godehard zu schicken. Doch zunächst beschäftigte ihn - zusätzlich zu den seelsorgerlichen Aufgaben der Fastenzeit - die Reparatur des schwer beschädigten Daches seiner Bonifatiuskirche. Das Dach sollte möglichst noch vor Beginn der Karwoche - der Palmsonntag war der 25. März - geschlossen sein. Wegen des bisherigen Glücks seiner Gemeinde sah Dechant Krieter der Feier des Osterfestes und der Feier der heiligen Erstkommunion voller Zuversicht entgegen. Die Feiern würden in einer Bonifatiuskirche stattfinden, die noch immer fast unversehrt war.

Der 199. Luftangriff auf Hamburg hinderte Dechant Krieter daran, seinen Bericht an den Bischof abzusenden. [551]

In der Nacht vom 21. auf den 22. März 1945 nahmen sich englische Bombenflugzeuge Wilhelmsburg und den Hamburger Hafen zum Hauptziel. Dechant Krieter und Kaplan Kruse, die im Pfarrhaus von St. Bonifatius Brandwache hielten, standen Todesangst aus, weil zwei schwere Bomben neben dem Hauptgebäude der ehemals katholischen Schule „Alte Schleuse" - Bonifatiusstraße 2 - niedergingen. Die eine Bombe vernichtete im Norden des Schulhofes die Baracke, in der früher die Lernbehinderten-Klassen der katholischen Schule unterrichtet worden waren. Die andere Bombe fiel im Westen auf den Schulhof. Sie zertrümmerte den Windfang und den Giebel des Schulhauses, den Eingang zum Luftschutzkeller und das Hauptsiel. Die beiden Bomben waren so nah an der Bonifatiuskirche, nah am Pfarrhaus und auch so nah am Gemeindehaus „Stift St. Willehad" niedergegangen, dass es Pfarrer Krieter wie ein Wunder erschien: Kirche und Pfarrhaus waren noch immer fast unversehrt.

Schreckliche Erlebnisse brachte der Luftangriff vom 21. / 22. 3. 1945 den etwa 2000 Insassen des „Arbeitserziehungslagers", das sich in Wilhelmsburg - nicht sehr weit von der Bonifatiuskirche entfernt - an der Straße „Langer Morgen" befand. In diesem Lager hielt die Gestapo ausländische Zwangsarbeiter, Kriegsgefangene und politische Häftlinge gefangen. Die Inassen des Lagers mussten von 5 Uhr in der Frühe bis zum späten Nachmittag als so genannte „Arbeitskommandos" in den umliegenden Betrieben der Industrie, beim Gleisbau und bei der Trümmerbeseitigung und Bombenentschärfung arbeiten. Sie wurden in aller Öffentlichkeit eingesetzt, so dass sie vielen Bewohnern Wilhelmsburgs ständig vor Augen waren. Die erbärmliche Versorgung mit Lebensmitteln und Kleidung, die katastrophalen hygienischen Verhältnisse im Lager und Misshandlungen durch das SS-Aufsichtspersonal führten zu vielen Sterbefällen.

---

[550] Chronik der Kirchengemeinde St. Maria, S. 70. Vgl. auch : Siebenborn, Kerstin, Der Volkssturm im Süden Hamburgs 1944 /45, a. a. O., S. 90 ff.

[551] Erst am 3. 4. 1945, schrieb Dechant Krieter seinen lange geplanten Bericht an Bischof Josef-Godehard. Dieser Bericht erreichte den Bischof erst am 19. 6. 1945. Der Antwortbrief des Bischofs Joseph-Godehard, Nr.3960 vom 19. 6. 45 befindet sich im Archiv der Kirchengemeinde St. Bonifatius, Akte „Personalia"

Die Verstorbenen wurden durch „Nachschub" aus dem Konzentrationslager Neuengamme umgehend ersetzt. Beim Luftangriff vom 21./ 22. 3. 1945 war es einigen Gefangenen erlaubt worden, zum Schutz vor den Bomben in den Keller eines Getreidesilos zu flüchten. Ausgerechnet dieses Silo wurde getroffen. Das in den Keller herabstürzende Getreide tötete viele Gefangene. Andere Gefangene befanden sich während des Angriffs in den Luftschutzgräben des Lagers. Der größte Teil aber musste ungeschützt in den Baracken des Lagers bleiben. Insgesamt gab es etwa hundert Todesfälle. Nach dem Angriff wurde das Lager „Langer Morgen" geräumt. Einige Häftlinge wurden entlassen, andere mussten zum Polizeigefängnis „Fühlsbüttel" marschieren, wo sie weiter gefangen gehalten wurden. Wieder andere Gefangene wurden in andere Städte abtransportiert.
Dechant Krieter erfuhr von dem Unglück im Arbeitserziehungslager, als am 22. 3. 1945 Aufsichtspersonal des Lagers und auch einige frei gelassene Häftlinge in der „Volksschule Alte Schleuse" einquartiert wurden. Ihre Verpflegung musste die Küche im Gemeindehaus „St. Willehadstift" übernehmen.[552]

Dechant Krieter konnte das bisherige Glück seiner Kirchengemeinde kaum fassen. Da trafen am Karfreitag und Karsamstag des Jahres 1945 neue Luftangriffe Hamburg, und mit ihnen kam doch noch schweres Unglück über St. Bonifatius. Die Chronik der Gemeinde berichtet: „Wilhelmsburg sah schon schlimm aus. Aber der letzte und schlimmste Schlag stand uns noch bevor. Er traf uns am Karsamstag, am 31. März 1945. Soeben war das erste Oster-Alleluja der Karsamstagsmesse verklungen, es war gegen 8 Uhr morgens, als die heulenden Alarmsirenen zur schleunigen Flucht in die Bunker riefen. Dann kam der Angriff. Die Bomben rauschten wie Hagel auf die Stadt und auf den Stadtteil Wilhelmsburg, und wahllos wurde zertrümmert, was zerbrechlich war. Und diesmal hat es auch uns getroffen. Die Bomben fielen rings um die Kirche. Dabei konnte sie nicht heil bleiben. Die linke Außenmauer ist ganz eingestürzt, die Sakristei versank gänzlich in einem Bombentrichter, die Kanzel und der Marienaltar sind weggerissen, man fand nur noch Holzsplitter davon. Der Hochaltar wurde in die Höhe gehoben und an die Wand gedrückt. Der Tabernakel blieb dabei allerdings völlig unbeschädigt. Die Rückwand der Kirche mit dem kostbaren Gemälde des Kirchenmalers Boland, Hildesheim, ist total zerstört. Bänke, Bilder und Statuen in der Kirche sind zertrümmert. Nur der Josephaltar ist heil geblieben.
In der Karwoche noch hatten Priester und freiwillige Helfer unter den Laien unermüdlich geschafft, um das schon sehr beschädigte Dach für das Osterfest notdürftig wiederherzustellen. Kaum war dies geschehen, ging es völlig zu Bruch bei diesem schrecklichen Angriff. ..."

Die Chronik erwähnt nicht, dass der südliche Turm der Kirche fortan einsturzgefährdet war, weil man diese Gefahr zunächst nicht erkannte. Erst bei den Wiederaufbauarbeiten im Jahre 1946 stellte sich heraus, dass das Fundament des Turmes erneuert werden musste.

Die Chronik berichtet weiter: „Auch die Orgel war noch im Februar, also vor kaum einem Monat, behelfsmäßig wieder repariert worden, nun war auch sie geliefert. ... Unsere schöne Orgel! - Am schlimmsten sieht das Gemeindehaus aus. Es ist ganz eingestürzt.

---

[552] Vgl. Brunswig, H., Feuersturm über Hamburg, a. a. O., S. 366 und „Der Geruch des Langen Morgen" in: Zerbrochene Zeit, a. a. O., S. 142 ff. Zu Einquartierung und Verpflegung vgl. das Schreiben von Dechant Krieter vom 22. 2. 1947 an die Polizei Hamburg / Wirtschaftsamt und die Schreiben von Carl Stemmann vom 6. 3. 1945; Archiv der Kirchengemeinde St. Bonifatius, Akte „Gemeindehaus - alte Bauakten"

Nur ein einziger Raum ist noch mit einiger Vorsicht zu gebrauchen. ... Im Pfarrhaus war der Schaden nicht viel kleiner. Dach, Fenster, Türen, Wände wurden mehr oder weniger zerstört oder beschädigt. ..."[553]

Die Chronik der Kirchengemeinde St. Bonifatius verschweigt das Schicksal der Menschen, die am 31. 3. 1945 in der „Volkschule Alte Schleuse" einquartiert waren und im Gemeindehaus „St. Willehadstift" verpflegt wurden. Es lässt sich nicht mehr ermitteln, wo die „versprengten Wehrmachtsteile" und „die ehemaligen Konzentrationäre, die bei den Sprengkommandos und Aufräumungskommandos eingesetzt waren",[554] geblieben sind.

Abb. 90: Die Schäden am Wasserturm Wilhelmsburgs, an der Alten Schule, an der Bonifatiuskirche und am Schulgebäude Bonifatiusstraße 2 nach dem Luftangriff vom 31. 3. 1945

Die Gebäude der „Volksschule Alte Schleuse" wurden am 31. 3. 1945 ebenfalls schwer beschädigt. Die „Alte Schule" auf dem Gelände des „Wilhelmsburger Vatikan" wurde zur Hälfte niedergelegt. Das in den zerstörten Räumen aufgestapelte Schulinventar - es waren Bänke und Schränke aus beiden Schulgebäuden - war zum größten Teil unbrauchbar.

---

[553] Chronik der Kirchengemeinde St. Bonifatius, S. 41 bis 43

[554] Das Zitat stammt aus der Stellungnahme von Karl Stemmann vom 6. 3. 1947. Er musste sich schriftlich vor der Polizei / Wirtschaftsamt Hamburg bezüglich der finanziellen Forderungen äußern, die Dechant Krieter am 22. 2. 1947 im Namen der Kirchengemeinde St. Bonifatius gegenüber der Polizeikasse geltend gemacht hat, weil die „Bezahlung der Gemeinschaftsverpflegung Polizeiangehöriger im Stift „St. Willehad" für den Monat März 1945 (rund 5000 RM) noch nicht erfolgt war. Archiv der Kirchengemeinde St. Bonifatius, Akte „Gemeindehaus - alte Bauakten"

Von dem Luftdruck der Bomben, die auf die Veringstraße, die Bonifatiusstraße, die Kirche und das Gemeindehaus gefallen waren, erlitt das Hauptgebäude der Schule weitere Schäden. Das Dach war jetzt nahezu vollständig abgedeckt, Fenster und Türen waren aus den Angeln gedrückt, einige Wände im Haus waren gerissen. Die Warmwasserheizung war zerstört. Der Keller lief wegen der Zerstörung des Hauptsiels (am 22. 3.) nach und nach voll Wasser.[555] Die Wohnung des Hausmeisters unbewohnbar. Siegfried Lisiewicz rettete die noch brauchbaren Möbel seiner Wohnung, indem er sie mit Hilfe von Kolpingbrüdern und anderen Freunden aus dem Hauptgebäude der Schule in die Ruine der „Alten Schule" brachte. In den nächsten Tagen wollte er sich dort zwei Räume, die unversehrt waren, als Wohnung herrichten.

Abb. 90: Die Ruine des Gemeindehauses „Stift St. Willehad" zu Beginn der 50er Jahre. Vor der Ruine steht die Frau des Hausmeisters, Theodor Czys, mit ihrem Sohn Jürgen und ihrer Tochter Maria.

Noch am Tage dieses schrecklichen Luftangriffs musste Dechant Krieter eine Trauung durchführen. Der Bräutigam war Soldat. Sein Heimaturlaub endete am 1. April 1945. Die Zeitzeugin Gertrud Matzat berichtete: „Aber an dem Tag, an dem die Kirche den Volltreffer bekam, hatte meine Schwägerin Hochzeit. An diesem Tag wurde also nicht nur ihre Wohnung zerbombt; auch ihr Hochzeitskleid, alles, alles war weg! Meine Schwägerin und ihr zukünftiger Mann sind über die Straßenbahnschienen vor der Kirche gestiegen, die ja alle hoch aus der Straße herausragten, über Blindgänger weg, ins Pfarrhaus. Da hat der Pfarrer Krieter die Beiden dann getraut, so in den Kleidern, die sie anhatten, als sie aus dem Bunker kamen. Das war ihr Hochzeitstag! Das war am 31. März 1945."[556]

---

[555] Chronik der Schule Bonifatiusstraße, S. 132
[556] Vgl. das Gespräch vom 7. 2. 2005

6.9.2 Die Woche nach dem 31. 3. 1945 [557]

Wohl noch am Nachmittag des Karsamstags werden Dechant Krieter und Kaplan Kruse die Schäden genau untersucht haben, die der schreckliche Angriff angerichtet hatte. Sie mussten sich Gedanken machen, wie es weitergehen sollte. Reparaturarbeiten im Pfarrhaus waren zwar notwendig, mussten aber nicht sofort durchgeführt werden. Die Schäden am Gemeindehaus „St. Willehadstift" waren derart schwer, dass es im Augenblick sinnlos erschien, sich um diese Ruine intensiv zu kümmern.

Allerdings stellte sich die Frage, wo die beiden „Barmherzigen Schwestern" bleiben sollten, die im Gemeindehaus gewohnt hatten?[558] Das Problem löste sich noch am Karsamstag. Der katholische Lehrer Wilhelm Rohde nahm die „Barmherzigen Schwestern" auf. Sein Haus stand in direkter Nachbarschaft des zerstörten Gemeindehauses und war nur unwesentlich beschädigt. Seine große Familie war bereit, ihren ohnehin geringen Wohnraum mit den „Barmherzigen Schwestern" zu teilen.

Absolut vordringlich war die Entschärfung einer Bombe, die dicht neben der Kirche als so genannter „Blindgänger" lag. Ihre Explosion musste unbedingt verhindert werden, wenn nicht doch noch die Türme und sämtliche Mauern der Bonifatiuskirche einstürzen sollten. Dechant Krieter hat sehr schnell die Hilfe eines Bombenräumdienstes bekommen. Ob die Fachleute der „Spreng- und Aufräumungskommandos", die im Gemeindehaus bis zum 31. 3. 1945 verpflegt worden waren, sich an diesen Arbeiten beteiligt haben, ist ungewiss.

Am Ostersonntag und am Ostermontag des Jahres 1945 konnte in der Bonifatiuskirche kein Gottesdienst stattfinden. Aber schon am 8. April, am Weißen Sonntag 1945, wurde in der notdürftig hergerichteten Bonifatiuskirche die Feier der Erstkommunion begangen. In den Tagen bis zum Weißen Sonntag hatten die Geistlichen und viele freiwillige Helferinnen und Helfer aus der Gemeinde einen unbezwinglichen Willen zum Wiederbeginn gezeigt. Zunächst hatten sie den Hochaltar gesichert. Er war aus den Trümmern, die ihn umgaben, gelöst und unter der Orgelempore so abgestellt worden, dass er vor eventuellem Regen geschützt war. Danach waren die Schuttmassen des linken Seitenflügels der Kirche - soweit sie in das Kircheninnere gefallen waren - beiseite geräumt worden. Die Bänke, die im vorderen linken Teil des Mittelschiffes der Kirche gestanden hatten, waren zersplittert gewesen. Die Reste waren ebenfalls weggeräumt worden. Schutt und Holzreste waren auf dem Kirchplatz gelagert. Schließlich war der Josephaltar im rechten Seitenflügel so hergerichtet worden, dass er als Hauptaltar dienen konnte. Das riesige Loch an der linken Seitenwand der Kirche hatte man bis zum Weißen Sonntag ebensowenig schließen können wie das Dach der Kirche. Die Orgel der Kirche war nach dem Urteil eines Experten nicht zu reparieren.

Während im Inneren der Kirche gearbeitet wurde, gruben draußen junge Männer in dem „Bombentrichter", der bei der Zerschlagung der ehemaligen Sakristei entstanden war. Sie wollten aus den Schuttmassen einen großen Eisenschrank ausgraben, in dem wertvolle Kelche, Ciborien und die Gewänder für Priester und Messdiener aufbewahrt waren.[559]

---

[557] Vgl. Chronik der Kirchengemeinde St. Bonifatius, S. 42 ff.

[558] Die anderen „Barmherzigen Schwestern" waren bereits von ihrer Oberin, Mutter Honoria, in das Mutterhaus Hildesheim zurückgerufen worden.

[559] Ein Ciborium ist ein meist kelchförmiges Gefäß aus Edelmetall zur Aufbewahrung der konsekrierten Hostien im Tabernakel. Das Gefäß ist mit einem - meist kostbar bestickten - Mäntelchen aus Seide oder aus einem anderem kostbaren Stoff umhüllt.

Weil der Eisenschrank sehr stabil war, bestand Hoffnung, dass die kostbaren Kultgegenstände unbeschädigt geblieben seien. Die Chronik der Kirchengemeinde St. Bonifatius nennt die Namen der schließlich erfolgreichen Schatzgräber. Es waren die Brüder Eckmann, die Brüder Gminski, Stefan Biernat, Josef Florek, Franz Kinne, Theodor Matuszak, Franz Rapior und Karl Timmermann.

Von der Feier der heiligen Erstkommunion des Jahres 1945 berichtet die Chronik der Kirchengemeinde St. Bonifatius: „Am … Weißen Sonntag feierten 25 Kinder den Tag ihrer Ersten Heiligen Kommunion. Man denke: In einer verwüsteten Kirche wird an einem Seitenaltar die Festmesse gelesen. Davor knien die Kleinen, in Mäntel gehüllt; die Feierkleidchen sind kaum sichtbar, denn es ist sehr kalt. Ein rauer Wind fegt von den klaffenden Maueröffnungen, den offenen Fensterhöhlen und vom abgedeckten Dach herein. Auch die Erwachsenen frieren. Kein Glockenklang, kein Orgelton verschönt den Kindern diesen einmaligen Tag. Man muss sich eilen, denn jeden Augenblick kann die Feier durch Fliegeralarm gestört werden. All diese unliebsamen Umstände aber machten diese Stunde zu einem ergreifenden Erlebnis, das nicht nur den Kindern, sondern allen, die dabei waren, wohl für immer im Gedächtnis haften wird." [560]

6.9.3 Während der letzten Tage des Krieges

Die Zeit der Luftangriffe auf Hamburg war noch immer nicht vorüber. Am Abend des Weißen Sonntags warfen 200 englische Flugzeuge mehr als 2000 Spreng- und Brandbomben auf Hamburg. Zum Glück für Wilhelmsburg wurden diesmal die größten Schäden in Altona angerichtet. [561] Über 200 Tote waren nach diesem Angriff in Hamburg zu beklagen. Weitere Luftangriffe auf Hamburg folgten am Nachmittag des 9. April, in der Nacht des 14. April und schließlich am Sonntag, den 29. April.

In der zweiten Aprilwoche wurden Reparaturarbeiten im Pfarrhaus durchgeführt, weil die Sozialverwaltung / Abteilung Raumbewirtschaftung drei „fliegergeschädigte" Familien in das Pfarrhaus eingewiesen hatte. Die Chronik der Bonifatiusgemeinde berichtet: „Die gröbsten Löcher wurden eiligst gestopft, und dann ist man auch im Pfarrhause enger zusammengerückt und hat drei obdachlose Familien aufgenommen …". [562]

Am 19. April erreichte die 2. britische Armee bei Lauenburg die Elbe, und am 20. April begann britische Artillerie, aus ihren Stellungen vor Harburg auf Hamburgs Stadtmitte zu schießen. Die Zeitzeugin Gertrud Matzat berichtete: „Kurz vor dem Kriegsende, hat Pfarrer Krieter noch vorn in der Kirche zelebriert, am Josephaltar. Wir selbst haben vorne in der ersten Bank gesessen. Links hatte die Kirche keine Wand (die Wand des linken Seitenschiffes war weggerissen; Anm. d. Verf.), und dann schossen die Engländer aus der Gegend vor Harburg immer nach Hamburg rein. Jedes Mal, wenn die geschossen haben, gab es das typische helle Geräusch. Dann sind wir in unseren Bänken jedes Mal runter in Deckung gegangen." [563] Der Beginn der „Festungskampfzeit" Hamburgs war ausgerechnet auf den nächsten Sonntag festgelegt, auf den 22. April.

---

[560] Chronik der Kirchengemeinde St. Bonifatius, S. 42
[561] Vgl. Brunswig, Hans, Feuersturm über Hamburg, a. a. O., S. 358 ff.
[562] Chronik der Kirchengemeinde St. Bonifatius, S. 43
[563] Vgl. das Gespräch mit Gertrud Matzat vom 2. 7. 2005

Die wenigen Mitglieder der Bonifatiusgemeinde, die an diesem Sonntag in der Ruine der Bonifatiuskirche am Gottesdienst teilnahmen, waren in größter Sorge. Der geltende „Führerbefehl", dass Hamburg „bis zum letzten Haus" verteidigt werden sollte, ließ schreckliche Straßenkämpfe befürchten.

Dechant Krieter hatte von Edmund Mock erfahren, dass in Harburg - in der Wilstorfer Straße und in der Hastedtstraße - Panzersperren errichtet worden waren. Der Volkssturm bereitete sich also tatsächlich auf einen Abwehrkampf vor, der nur unnütze Todesopfer, aber keinen deutschen Erfolg bringen konnte. Die Überlegenheit der britischen Soldaten an Zahl, Kriegsmaterial und Erfahrung war viel zu groß! Am 25. April brachte die „Hamburger Zeitung" einen Bericht mit der Überschrift: „An der Front vor Harburg". Dechant Krieter hat ihn gewiss gelesen.

Er wird auch von dem Kampf um den Kiekeberg - am Stadtrand Harburgs - erfahren haben. Marinesoldaten, Volkssturm und das „Ausbildungs- und Ersatzbataillon 12 der SS-Division Hitler-Jugend" lieferten in der Nacht vom 25. auf den 26. April den englischen Soldaten, die in Vahrendorf standen, ein aussichtsloses Gefecht. Ungefähr 50 Menschen ließen dabei ihr Leben, viele wurden schwer verletzt.[564]
Es war ein Unternehmen, das jedem Uneingeweihten absolut sinnlos erscheinen musste. Eingeweihte wussten, dass damit für die Regierungsstellen in Berlin der Anschein erweckt werden sollte, Hamburg werde befehlsgemäß verteidigt. Gleichzeitig verhandelte der Kampfkommandant von Hamburg bereits die kampflose Übergabe der Hansestadt, mit Wissen und Einverständnis des Reichsstatthalters Kaufmann.[565] Am 1. 5. 1945 gab Reichsstatthalter Kaufmann in einer Drahtfunkansprache bekannt, dass „unser Führer, kämpfend in des Reiches Hauptstadt, gefallen" sei. Am 2. 5. 1945 hörte Dechant Krieter die letzte Proklamation des Reichsstatthalters Kaufmann über Drahtfunk; in der Extraausgabe der `Hamburger Zeitung´ konnte er die fast unglaubliche Nachricht nachlesen: Reichsstatthalter Kaufmann verkündete, Hamburg werde nicht verteidigt.
Dechant Krieter war - wie alle Menschen in Hamburg - sehr froh. Ein Zeitzeuge berichtete: „In wenigen Minuten ging die Nachricht durch alle Häuser, über alle Straßen. Die Meldungen über den Wahnsinn von Berlin (gemeint sind die Straßen- und Häuserkämpfe; Anm. d. Verf.) hatten die Hamburger gerade in letzter Zeit nicht ohne Grund mit schwerster Sorge erfüllt. Nun sah man überall aufrechte, lachende Menschen. Man schüttelte Unbekannten die Hand und wünschte sich das Beste für die kommenden Tage. Die Menschen haben sich gegenseitig umarmt, und viele sind in Tränen ausgebrochen." [566]
Am 3. Mai 1945 hatten die englischen Sieger ab 13 Uhr ein Ausgehverbot für die deutsche Normalbevölkerung ausgesprochen. Für die Beschäftigten bei den Elektrizitäts-, Gas- und Wasserwerken galt das Verbot nicht, damit Hamburgs Versorgung erhalten werden konnte. Dann rollten englische Panzer, nachdem sie die Brücke über die Süderelbe passiert hatten, nach Wilhelmsburg hinein. Im Hauptgebäude der „Volksschule Alte Schleuse" und in den umliegenden Wohnhäusern - soweit sie bewohnbar waren - wurden englische Soldaten einquartiert.[567]

---

[564] Vgl. Siebenkorn, Kerstin, Der Volkssturm im Süden Hamburgs 1944 / 45, a. a. O. S. 94 ff.

[565] Vgl. Clausnitzer, Jörn, Kriegsende in Harburg, a. a. O. , S. 7

[566] Büttner, U., „Gomorrha und die Folgen. Der Bombenkrieg. in: Hamburg im Dritten Reich, a. a. O. , S. 677

[567] Vgl. Chronik der katholischen Schule Wilhelmsburgs (= Bonifatiusschule), S. 132

Ungehindert rollte die Spitze der englischen Panzerkolonne über die Elbinsel hinweg bis zu ihrem Ziel, dem Hamburger Rathaus. Um 18 Uhr 25 übergab dort Hamburgs Kampfkommandant, Generalmajor Wolz, den „Verteidigungsbereich Hamburg" an den britischen Brigadegeneral Spurling. Reichsstatthalter Kaufmann übergab ihm die Verwaltung der Stadt. In Hamburg war der Krieg beendet.

Sechs Tage später, am Mittwoch, den 9. 5. 1945, wurde in Berlin-Karlshorst die Urkunde über die bedingungslose Kapitulation des Großdeutschen Reiches von Generaloberst Stumpf, Generalfeldmarschall Keitel und Generaladmiral von Friedeburg unterzeichnet.[568]

7. Dechant Krieter in den ersten Nachkriegsjahren

Der bedingungslosen Kapitulation folgten für die Bevölkerung Deutschlands Jahre der bittersten seelischen und materiellen Not. Die „einfachen" Menschen waren umgeben von Trümmern. Sie wollten leben. Sie wollten die Trümmer beseitigen und einfach nur wiederherstellen, wiederaufbauen. Sie nahmen sich nicht die Zeit, ernsthaft - und ehrlich vor sich selbst - darüber nachzudenken, was in der Vergangenheit gut und was schlecht gewesen war. Als erste Bemerkung zu der Zeit nach der Kapitulation liest man in der Chronik der Kirchengemeinde St. Bonifatius: „Der Monat Mai brachte die entscheidende Wendung. Der Krieg ist verloren, die Stadt Hamburg wird, Gott Lob, kampflos den Siegern übergeben. So betrüblich das einerseits sein mag, es hat auch sein Gutes." Die Chronistin - Karla Pachowiak - empfand die deutsche Niederlage also als „betrüblich" und musste ihr „Gutes" abgewinnen mit dem Gedanken: „Die Alarme hören endlich auf, man kann nachts ohne Störung schlafen, und der furchtbare Albdruck beständiger Todesangst ist gewichen."[569]

7.1 Neue Personen in der Regierung und Verwaltung Hamburgs

Dechant Krieter hat die Aussagen seiner jungen Chronistin nicht autorisiert. Wie er selbst die deutsche Kapitulation beurteilt hat, kann nicht gesagt werden. Es gibt dazu weder schriftliche Quellen noch Erinnerungen von Zeitzeugen. Gewiss war er verunsichert. Er wusste nicht, wie sich sein persönliches Leben und das Leben seiner Gemeinde gestalten würden. Seine bis dahin genutzten Informationsquellen gab es nicht mehr. Der ständige Kontakt zum Generalvikariat in Hildesheim war abgerissen, nachdem Hildesheim am 22. 3. 1945 durch amerikanische Luftangriffe nahezu vollständig zerstört worden war.[570] In Hamburg waren alle Telefonleitungen zerstört oder gesperrt. Die „Hamburger Zeitung" - es war sowieso nur ein nationalsozialistisches Mitteilungsblatt gewesen - erschien nicht mehr. Allein der Rundfunk - das englisch kontrollierte „Radio Hamburg" - lieferte Nachrichten über die wichtigsten politischen Entwicklungen in Hamburg.[571]

---

[568] Vgl. Das 20. Jahrhundert in Wort, Bild, Film und Ton, Die 40er Jahre, a. a. O., S. 90

[569] Chronik der Kirchengemeinde St. Bonifatius, S. 43. Die Chronistin ist die im Jahre 1944 von Dechant Krieter als „Katechetin" angestellte Karla Pachowiak.

[570] Die schrecklichen Zerstörungen, die am 22. 3. 1945 in Hildesheim angerichtet wurden, hat Generalvikar Dr. Offenstein den Geistlichen des Bistums Hildesheim in einem Schreiben ohne Datum und Nummer ausführlich geschildert. Dieses Schreiben befindet sich im Archiv der Kirchengemeinde St. Bonifatius, Akte „Rundschreiben kirchlicher Behörden 1945-1948"

[571] Vgl. Gabrielson, Peter, Zwischen Kapitulation und Senatsneubildung: Die hamburgische Verwaltung in den ersten Nachkriegstagen 1945, in: Hamburg nach dem Ende des Dritten Reiches: politischer Neuaufbau 1945 / 46 bis 1949. Landeszentrale für politische Bildung Hamburg, Hamburg 2000

Durch das Radio erfuhr Dechant Krieter, dass der Reichsstatthalter Kaufmann am 4. Mai von Brigadegeneral Spurling verhaftet worden war. Vor seiner Verhaftung hatte Kaufmann den englischen Brigadegeneral über die Verwaltung Hamburgs noch unterrichten müssen. Am 5. Mai wurde der Regierende Bürgermeister Hamburgs, der Nationalsozialist Carl Vincent Krogmann, von der englischen Militärregierung mit der Leitung der zivilen Verwaltung beauftragt. Er führte vom 5. bis zum 9. Mai täglich Senatsberatungen mit den im Amt verbliebenen Senatoren und Senatssyndici und mit Leitern der Behörden und Ämter durch, um die Befehle der Militärregierung in Verwaltungshandeln umzusetzen.

Dieselben Personen wurden am 11. Mai samt ihren Stellvertretern vom neuen Kommandanten der Militärregierung, Colonel Armytage, in das Rathaus bestellt. Jeder Einbestellte musste seinen Namen, seine Dienststellung und die Jahre einer eventuellen Mitgliedschaft in der NSDAP angeben. Danach wies Armytage in einer Ansprache auf die große Schuld der NSDAP hin und auf die Mitschuld all derer, die Helfer der NS-Regierung gewesen waren. Anschließend verhaftete er Bürgermeister Krogmann und mehrere Senatsmitglieder. Die meisten anderen Anwesenden wurden von ihren Ämtern suspendiert. Von den Senatoren blieben nur die Herren Velthuysen und Martini im Amt, von den Senatssyndici nur die Herren Grapengeter, Meincke und Lindemann. Die im Amt Belassenen sollten innerhalb von vierundzwanzig Stunden eine geeignete Persönlichkeit für das Amt des Bürgermeisters finden und Vorschläge für die personelle Neubesetzung der Fachbehörden und Ämter machen.

Am 14. Mai 1945 trat der von den Engländern akzeptierte neue Bürgermeister sein Amt an. Er hieß Rudolf Petersen und war bekannt als sozial-liberaler Kaufmann und überzeugter protestantischer Christ. Am selben 14. Mai wurde Dr. Walter Dudek zum Leiter des Hamburger Verwaltungsbezirks 8 bestimmt. Der ehemalige Oberbürgermeister der Stadt Harburg-Wilhelmsburg war damit - nicht der Bezeichnung des Amtes nach, aber praktisch - in sein altes Amt zurückgekehrt.[572] Dechant Krieter war froh, diesen Mann an der Spitze der Verwaltung für die Stadtteile Wilhelmsburg, Harburg, Süderelbe und Finkenwerder zu wissen, denn Dr. Dudek hatte schon als Oberbürgermeister gute Kontakte zu den katholischen Geistlichen seiner Stadt gepflegt. Im Dezember 1933 war Dr. Dudek vom Protestantismus zum katholischen Glauben konvertiert.[573] So wie ihn die Ernennung des Dr. Dudek freute, so freute es Dechant Krieter auch, dass die Engländer den Finanzexperten der Bonifatiusgemeinde, Paul Ulitzka, im Amt belassen hatten.[574]

---

[572] Dr. Dudek - Oberbürgermeister von Harburg-Wilhelmsburg vom 2.1.1925 bis 11.3.1933 - war durch die Nationalsozialisten aus seinem Amt getrieben worden. Vgl Krieter, Ulrich, Karl-Andreas Krieter- Pastor der kath. Kirchengemeinde St. Franz-Josef in Harburg-Wilstorf, a.a.O., S. 124 ff.

[573] Am 22.12.1933 bat Pfarrer Wüstefeld von St. Maria in Harburg seinen Bischof Dr. Nikolaus Bares um Erteilung der Fakultät zur Aufnahme des Dr. jur. Walter Dudek in die Hl. Katholische Kirche. Die Fakultät wurde am 27. 12. 1933 erteilt. Am 29.12.1933 wurde Dr. Dudek in die katholische Kirche aufgenommen. Das entsprechende Dokument befindet sich heute im Archiv des Erzbistums Hamburg, Generalvikariat Nr. 12467 / 23 XII 33 Hildesheim. Vgl. Krieter Ulrich, Walter Dudek konvertierte zum Katholizismus, in: Die Insel – Zeitschrift des Vereins Museum Elbinsel Wilhelmsburg, Ausgabe 2010, s. 28 ff.
Belegt ist ferner, dass Dr. Dudek im Jahre 1948 Mitglied des Kirchenvorstandes der katholischen Kirchengemeinde St. Maria in Hamburg-Harburg war. Vgl. Chronik der Kirchengemeinde St. Maria, Bd. 2.

[574] Paul Ulitzka war von 1938 bis 1945 Referent für Angelegenheiten des Haushalts in der Finanzverwaltung Hamburg. Am 9. 11. 1943 war er vom Stadtoberinspektor zum Stadtamtmann befördert worden. Er war erst am 1. 5. 1937 der NSDAP beigetreten. Deswegen wurde er von den Engländern im Amt belassen. Nachlass von Paul Ulitzka im Privatarchiv Ulrich Krieter

Dr. Dudek erinnerte sich nach seiner Ernennung zum Bezirksleiter sofort an seine ehemalige „rechte Hand" und rief Paul Ulitzka in seinen Dienst. Nun fuhr dieser täglich mit dem Fahrrad von Wilhelmsburg zu seinem Arbeitsplatz in Harburg. Er besaß einen „Dienstausweis der Militärregierung Deutschlands", der ihm die Fahrt über die streng kontrollierte Süderelbe-Brücke erlaubte.[575]

Als die Militärregierung im September 1945 politische Parteien wieder zuließ und als die ersten Wahlen zur Landesregierung in Hamburg (am 13.Oktober 1946) stattfanden, waren die Sympathien des Dechanten Krieter bei der SPD, obwohl Bischof Joseph-Godehard seinen Geistlichen die Verbindung zur CDU empfohlen hatte.[576]

Für diese politische Haltung des Dechanten Krieter gab es zumindest drei Gründe. Erstens hatte Pfarrer Krieter seine soziale Herkunft nicht vergessen. Sein Vater war Bäckermeister und Kleinbauer auf einer Nebenerwerbsstelle gewesen. Zweitens hatte sich Karl-Andreas Krieter vom Beginn seiner Priesterlaufbahn an unter „einfachen Leuten" immer am wohlsten gefühlt.[577] Dass er in der Bonifatiusgemeinde den Schuhmachermeister Josef Springer zu seinem „Busenfreund" erkoren hatte, ist für diese gesellschaftspolitische Grundeinstellung des Pfarrers Krieter bezeichnend. Die enge Freundschaft zum Schuhmachermeister Springer beweist aber auch die außerordentliche Begabung des Pfarrers Krieter, die Qualitäten eines Menschen zu erkennen, unabhängig von dessen sozialer Stellung. Josef Springer wurde Ende 1945 von der Militärregierung zum Vertreter der 100.000 Katholiken Hamburgs in der „ernannten Bürgerschaft" bestimmt. Mit Josef Springer hatte Dechant Krieter - neben Dr. Dudek - einen weiteren politischen Helfer an seiner Seite.[578] Drittens hatte Dechant Krieter im Laufe seiner bisherigen Amtszeit schon viele SPD-Politiker als verlässliche Partner kennengelernt, vor allen Dr. Dudek.

7.2 Der Wiederaufbau des religiösen Lebens und karitative Anstrengungen der katholischen Gemeinden

Nach Meinung der englischen Militärregierung hatten die Kirchen als einzige der gesellschaftspolitisch wichtigen Institutionen ihr Ansehen in der Zeit des Nationalsozialismus nicht befleckt. Entsprechend dieser Meinung stellte die Militärregierung „Grundprinzipien auf dem Gebiet der religiösen Angelegenheiten" auf. Sie schrieb den Hamburger Behörden vor: „Die Verwaltung hat alle praktischen Maßnahmen zum Schutze der Rechte von Kirchen, geheiligten Stätten, kirchlichen Schulen und kirchlichem Vermögen zu ergreifen."[579]

---

[575] Militärregierung - Dienstausweis Nr. 467; Befreiung - Nr. 27 813 vom 1. Juni 1945 bis 30. Juni 1945; Name: Paul Ulitzka; Anschrift: Schillerstraße 15, Hamburg-Wilhelmsburg; Unterschrift des Inhabers; Einzelheiten der Befreiung: Permitted to circulate in the area of Harburg town and country and to pass the Elbe-Bridge „Süderelbe" with bicycle (sic!); Grund: Functionary at the „Civil Administration". Needs permit to reach his place of employment as well as the district Harburg town and country. Ausstellende Behörde 609. Mil. Gov. Det. Stempel; Vgl. Nachlass von Paul Ulitzka im Privatarchiv Ulrich Krieter

[576] Schreiben vom 8. 2. 1946, Archiv der Kirchengemeinde St. Bonifatius, Akte „Rundschreiben kirchlicher Behörden 1945-1948"

[577] Chronik der Kirchengemeinde St. Franz-Josef, Bd.1., S. 27

[578] Vgl. Tormin, Walter, Hamburgs neue Obrigkeit 1945 / 46, in: Hamburg nach dem Ende des Dritten Reiches: politischer Neuaufbau 1945 / 46 bis 1949, S. 77. und das Gespräch mit dem Zeitzeugen Uwe Fittkau vom 20. 3. 2004

[579] HQ Military Government Hansestadt Hamburg, 609 HQ CCG, BAOR vom 28 Mai 1947, Archiv der Kirchengemeinde St. Bonifatius, Akte „Rundschreiben weltlicher Behörden bis 1959"

Die Chronik der Bonifatiusgemeinde berichtet, wie Dechant Krieter und seine Gemeinde die veränderten politischen Verhältnisse erstmals wahrnahmen:

„Wir erhielten sogleich wieder völlige Freiheit in der Ausübung unserer heiligen Religion. Das zeigte sich schon am Fronleichnamsfeste, das wir, nachdem es jahrelang von den Staatsbehörden auf den Sonntag verlegt worden war, endlich wieder am Tag selbst begehen durften. Auch den Prozessionsweg konnten wir erweitern. Wir sind wieder über die Straße (= Bonifatiusstraße) gezogen. Dass wir den Heiland durch die Trümmer führen mussten, ließ sich nicht vermeiden. Der Kontrast zwischen dem festlichen Zug, den schön geschmückten Altären, den froh gestimmten Menschen und den Schutthaufen, den ragenden Ruinen und all` den Zeichen vergangenen Grauens war sehr groß. Sein Eindruck wird sich kaum je verwischen lassen. Die Beteiligung an dem Glaubensbekenntnis war diesmal besonders gut. Es fehlten auch wiederum nicht die Ausländer, die noch da waren. Und einige englische Soldaten sahen interessiert und nicht ohne Ehrfurcht zu."[580]

Im Mai 1945 musste der Beginn der Gottesdienste noch den Ausgehverboten der englischen Besatzung angepasst werden. Deswegen fielen die Maiandachten und Abendgottesdienste an Werktagen noch aus. Doch schon bald gab es bezüglich der Gottesdienstzeiten keinerlei Vorschriften mehr. Für die Sonntage führten Dechant Krieter und Kaplan Kruse die „Standes-Gottesdienste mit Gemeinschaftskommunion" wieder ein. Der erste Sonntag im Monat sollte den Jugendlichen gehören, der zweite den Frauen und Müttern und der dritte Sonntag - wie man noch immer sagte - der „Männerwelt". Diese Gemeinschaftsmessen der „Standesgruppen" in der noch schwer beschädigten Bonifatiuskirche waren gut besucht. Die Beteiligung an der „Gemeinschaftskommunion" war zahlreich und somit für die Geistlichen „höchst erfreulich". Über die „Standes-Gottesdienste" kamen die Gruppen der männlichen und weiblichen Jugend zu neuem Leben, ebenso der Elisabethverein und die Kolpingfamilie. Der vierte Sonntag im Monat sollte eigentlich der Kindersonntag sein. Es war aber schwierig, die Kinder als Gruppe zu erreichen, weil die Schulen in Hamburg zunächst noch geschlossen waren.

Erst Mitte August 1945 erlaubte die Militärregierung den Unterrichtsbeginn für die Klassen 1 bis 4 der Unterstufe. Im September 1945 begann der Unterricht für die Kinder der Oberstufe. In der Zwischenzeit wurde von der Militärregierung mit der „Entnazifizierung" der Lehrkräfte begonnen. Gleichzeitig arbeitete die Militärregierung in Zusammenarbeit mit der neu besetzten Schulverwaltung Hamburgs Vorschriften für das neue Schulleben aus.

Als dann die Schulen wieder geöffnet wurden, warteten auf die Lehrkräfte genaueste Vorschriften für ihr persönliches Verhalten, für die Benutzung von Lehrmaterialien und für die Unterrichtsinhalte. Alles, was irgendwie in Verbindung zum Nationalsozialismus gestanden hatte, wurde aus dem Schulleben verbannt. Es hatte eine tiefe symbolische Bedeutung, dass vor dem Neubeginn des Unterrichts die Klassenräume in der „Volksschule Alte Schleuse" entlaust und desinfiziert wurden.[581]

Soweit Dechant Krieter und Kaplan Kruse die Kinder erreichen konnten, luden sie diese zu Seelsorgestunden ein. Diese Seelsorgestunden fanden im einzig benutzbar gebliebenen Raum des Gemeindehauses statt und zwar - solange die Schulen noch geschlossen waren - an den Werktagen vormittags. In diesem Zusammenhang wurde Dechant Krieter in seiner Meinung bestätigt, dass die Wiedereinrichtung der katholischen Bekenntnisschule dringend nötig sei.

---

[580] Chronik der Kirchengemeinde St. Bonifatius, S. 44
[581] Chronik der Bonifatiusschule, 1944 / 45 , S. 133

Wichtiger waren aber zunächst die Anliegen der Caritas. Viele Männer der Bonifatiusgemeinde waren noch in Kriegsgefangenschaft oder - nach der Entlassung - noch auf dem Heimweg. Auch Kinder und Mütter wurden „vermisst". Die Flucht aus dem Osten Deutschlands hatte viele Familien, die neu zur Bonifatiusgemeinde gehörten, auseinander gerissen.[582] Bei manchen „alt eingesessenen Familien" der Gemeinde war der Kontakt zu Angehörigen durch die Evakuierung verloren gegangen. Ab Juli 1945 wurde deswegen an jedem Dienstag in der noch weitgehend zerstörten Bonifatiuskirche eine „Bittmesse für die Vermissten" gefeiert.

Unter Federführung der Kirchengemeinde St. Maria richteten die katholischen Gemeinden in Harburg und Wilhelmsburg einen „kirchlichen Suchdienst" ein. Freiwillige Helfer registrierten die Flüchtlinge, die in der jeweiligen Pfarrei untergekommen waren, sowie gesuchte oder vermisste Personen. Dieser Suchdienst, der unter dem Motto „Wer sucht Wen"? arbeitete, stellte - allein für die Gemeinde St. Maria - von August bis Oktober 1945 eine Liste von 700 gesuchten Personen zusammen. Die Zahlen für die Gemeinden St. Franz-Josef und für St. Bonifatius sind in der Quelle nicht genannt.[583] Die Listen der Gesuchten und die Anschriften der Suchenden wurden an den „Katholischen Suchdienst" im Caritasverband Hannover und im Caritasverband Hamburg weitergeleitet. Mehrmals konnte Dechant Krieter Erfolgsmeldungen des Suchdienstes an Familien seiner Gemeinde übermitteln. Zum Beispiel bekam er im September 1945 über den Caritasverband Hamburg die Auskunft, zwei Männer seiner Gemeinde würden sich in Algier in Kriegsgefangenschaft befinden und Kontakt zu ihren Angehörigen in Wilhelmsburg suchen. Dechant Krieter überbrachte den Familien persönlich die frohe Botschaft, dass die Väter lebten und vermutlich bald nach Hause kommen würden.[584]

Ein anderes Caritasanliegen war die Linderung der Wohnungsnot. Die Hälfte der Wohnfläche, die vor dem Krieg in Hamburg bestanden hatte, war jetzt unbewohnbar. Entsprechend viel Menschen lebten auf engstem Raum. Reibereien bis hin zu handgreiflichen Auseinandersetzungen waren die Folge. Oft wurden die Geistlichen um Hilfe gebeten. Die Wohnungssuchenden hofften darauf, dass die Geistlichen glücklichere Mitglieder ihrer Gemeinden überreden könnten, in den Wohnungen zusammenzurücken. Im Fall des Pfarrhauses von St. Bonifatius war das Zusammenrücken bereits erfolgt. Von Mai 1945 bis weit in das Jahr 1946 hinein wohnten dort drei katholische, „ausgebombte" Familien gemeinsam mit Kaplan Kruse, mit der Pfarrsekretärin und mit Therese und Karl-Andreas Krieter. Die letzte der drei Familien verließ erst 1951 das Pfarrhaus.

Dem schon damals seit vielen Jahren in der Bonifatiusgemeinde lebenden Maschinenschlosser Theodor Czys half Dechant Krieter auf besondere Weise. Seine Wohnung war am Karsamstag, den 31. 3. 1945, zerbombt worden, also an dem Tag, der auch der Bonifatiuskirche großen Schaden gebracht hatte. Anschließend hatte die Gemeindeverwaltung der Hansestadt Hamburg dem „Fliegerschädigten" Czys für seine vierköpfige Familie „1 Zimmer mit Küchenbenutzung" zugewiesen. Als Dechant Krieter von dieser Wohnungsnot hörte, hatte er einen für ihn typischen Einfall, „das Gute mit dem Nützlichen" zu verbinden.

---

[582] Bei der Visitation 1946 gab Dechant Krieter die Zahl der Flüchtlinge, die neu zur Bonifatiusgemeinde gehörten, mit 400 an. Archiv der Kirchengemeinde St. Bonifatius, Akte „Statistik, Visitation"

[583] Chronik der Kirchengemeinde St. Maria, Bd. 2, S. 6

[584] 8. 9. 1945, Archiv der Kirchengemeinde St. Bonifatius, Akte „Caritas, Korrespondenz 1925- 1958"

Damit nicht Material gestohlen würde, war es dringend nötig, die Ruine des Gemeindehauses „Stift St. Willehad" unter dauernde Aufsicht zu stellen. Außerdem musste der Raum, der in der Ruine noch genutzt werden konnte, regelmäßig gepflegt werden. Dechant Krieter ließ also für Theodor Czys und dessen Familie im Keller der Gemeindehausruine eine Wohnung herrichten. Auf Antrag des Dechanten gab die Wohnungsabteilung der Gemeindeverwaltung Hamburgs der Familie Czys, am 24. 12. 1945 - also ausgerechnet am Heiligen Abend - die Genehmigung, in diese Unterkunft einzuziehen. In der Folgezeit war Theodor Czys nebenamtlich Verwalter der Gemeindehausruine.

Die Bewirtschaftung aller Lebensmittel, die von den Nationalsozialisten eingeführt worden war, dauerte auch unter der englischen Besatzungsmacht an. Die Rationen reichten in den ersten Wochen nach der Kapitulation wohl noch zum Überleben, doch satt werden konnte niemand. Man war auf den Schwarzmarkthandel oder auf „Hamsterfahrten" in die Landgebiete rund um Hamburg angewiesen. Die Eisenbahnzüge fuhren aber nur in großen Abständen. Erst im August 1945 wurden die wichtigsten Strecken wieder regelmäßig befahren. Die Züge waren mit Menschen so überfüllt, dass Wagemutige auf den Trittbrettern oder auf den Dächern der Waggons mitfuhren.
In Wilhelmsburg machten sich viele Menschen zu Fuß auf den Weg in den Osten der Insel. Dort besorgten sie sich bei den Bauern durch Kauf oder durch Diebstahl wenigstens Gemüse. „Damit diese ungeregelte Abfuhr aufhörte, wurde von der englischen Militärregierung eine Sperre verhängt. Das Betreten des Gebietes östlich der Kirchdorfer Straße war nur mit Ausweisen gestattet. Örtlich und zeitweilig eingerichtete Sperren konnten jedoch nicht viel gegen die illegale Gemüseausfuhr aus dem Sperrgebiet ausrichten. Auf Nebenwegen, auf dem Vorland im Außendeich und über Wiesen und Felder umging man die Sperren. Viehdiebstähle waren an der Tagesordnung. ... So trat auch in Wilhelmsburg, wie überall in Deutschland, ein Zustand ein, von dem man mit dem Dichter sagen konnte: `Es lösten sich alle Bande frommer Scheu´." [585]
Gas und Elektrizität waren seit der Kapitulation streng rationiert. Kohlen wurden für Privathaushalte nicht verkauft. Zum Kochen gab es nur etwas Torf und Holz. Viele Menschen verschafften sich Brennholz, indem sie Holzzäune, Straßen- und Parkbäume absägten.

Im Hafengebiet gab es nur noch wenige Arbeitsplätze, denn der Handel nach Übersee war schon lange eingestellt. Viele Wasserwege waren durch eingestürzte Brücken und versenkte Schiffe blockiert. Die Werften waren zerstört oder sollten in Kürze demontiert werden. Die Mineralölbetriebe in Wilhelmsburg und Harburg, die so vielen Mitgliedern der Bonifatiusgemeinde Arbeit gegeben hatten, waren zerstört oder arbeiteten noch nicht. Produktionsfähige Industriebetriebe litten unter Material- und Rohstoffmangel und unter dem Ausfall der Zulieferbetriebe.
Hunger, Wohnungselend und Energiemangel, das Brachliegen von Produktion, Handel und Verkehr, die daraus resultierende Arbeitslosigkeit und finanzielle Sorgen bedrückten die Menschen. [586] Die katholischen Kirchengemeinden allein konnten gegen diese Not kaum etwas ausrichten. Es halfen nur gemeinsame Anstrengungen.

---

[585] Das Zitat stammt aus dem Aufsatz von Hermann Keesenberg, Wilhelmsburg während des 2. Weltkrieges und nach demselben, In: Reinstorf, E. Geschichte der Elbinsel Wilhelmsburg von Urbeginn bis zur Jetztzeit, Verlag Buchhaus Wilhelmsburg, Georg Romanowski, Hamburg, 1955, S. 328 / 329.

[586] Vgl. Tormin, Walter, Hamburg nach dem Ende des Dritten Reiches: politischer Neuaufbau in der unmittelbaren Nachkriegszeit. in: Hamburg nach dem Ende des Dritten Reiches: politischer Neuaufbau 1945 / 46 bis 1949. Landeszentrale für politische Bildung Hamburg, Hamburg 2000.

„So schlossen sich im August 1945 „die vier Wohlfahrtsverbände `Caritas´, `Innere Mission´, `Rotes Kreuz´ und `Arbeiterwohlfahrt´ zu gemeinsamer Arbeit im `Deutschen Hilfswerk´ zusammen.[587] Vorsitzender des Hilfswerkes in Harburg (= gemeint ist der Verwaltungsbezirk 8, zu dem auch Wilhelmsburg gehörte; Anm. d. Verf.) wurde der katholische Pfarrer, Edmund Mock. Die wichtigste Arbeit des Hilfswerkes war zunächst die Durchführung von Massenspeisungen. Die Stadt und die Randbezirke wurden in neun Bezirke aufgeteilt. Jedem Bezirk stellte die Caritas eine ehrenamtliche Kraft zur Verfügung. Darüber hinaus wurden auch noch weitere Hilfskräfte - Frauen und junge Mädchen - für die Massenspeisungen zur Verfügung gestellt."[588]

7.3 Die Stellungnahme der Bischöfe zur Hitlerzeit und ihre „Grundsätze des religiösen Lebens nach Kriegsende"

Darüber, was sie nach dem Zusammenbruch der NS-Herrschaft predigen sollten, über ihren pastoralen Umgang mit Einzelpersonen und mit der Gemeinde brauchten sich Dechant Krieter und Kaplan Kruse - wenn sie es so wollten - keine eigenen Gedanken zu machen. Sie erhielten von den Kirchenoberen zu diesem Thema reichlich Material, das allerdings sehr fragwürdig war, zum Teil eine Schande für die Katholische Kirche.

Die westdeutschen Bischöfe und die Deutsche Bischofskonferenz bestimmten für den 29. Juli und für den 9. Oktober 1945 zwei Hirtenworte zur Verlesung, in denen sie zur NS-Vergangenheit und zu den Aufgaben der Zukunft Stellung nahmen.[589] Aus heutiger Sicht sind diese Hirtenbriefe beklagenswert. Die Bischöfe redeten den Gläubigen ein, der deutsche Episkopat - sogar der ängstliche, zögerliche Vorsitzende Kardinal Bertram - und die große Mehrheit der deutschen Katholiken seien am Nationalsozialismus, seinem Krieg und seinen Verbrechen völlig schuldlos.
Im Kirchenvolk erhob sich gegen diese Geschichtsfälschung keine Stimme, die in der Öffentlichkeit zu hören gewesen wäre. Dechant Krieter gab sich zufrieden. Er war - im wahrsten Sinne des Wortes - „handgreiflich" mit dem Wiederaufbau beschäftigt und vermutlich dankbar, dass er von den Kirchenoberen Deutungen der vergangenen 12 Jahre und Weisungen für die Zukunft erhielt.
Generalvikar Dr. Offenstein gab den Geistlichen am 15. Juni die „Grundsätze des religiösen Lebens nach Kriegsende" bekannt. Einen Tag darauf lieferte er genaueste Anleitungen für die Predigt. Die Seelsorger sollten folgende Themen ansprechen:
1. Der Zusammenbruch und unsere religiösen Aufgaben für die Zukunft.
2. Der nationalsozialistische und der christliche Gott.
3. Christus, unser alleiniger Führer beim Neuaufbau unseres Volkes.
Zu jedem Thema lieferte Dr. Offenstein Zitate aus der Heiligen Schrift und Hinweise, wie die Predigten aufzubauen seien.

---

[587] Die Gemeinden St. Bonifatius, St. Franz-Josef und St. Maria wurden Mitglied im Caritasverband Hamburg.

[588] Vgl. Chronik der Kirchengemeinde St. Maria, Bd. 2, 1945, S. 8 und das Schreiben des Caritasdirektors der Diözese Hildesheim, Adalbert Sendker, vom August 1945 an alle Pfarrämter. Archiv der Kirchengemeinde St. Bonifatius, Akte „Caritas, Korrespondenz 1925 bis 1958"

[589] Hirtenbrief der westdeutschen Bischöfe vom 5.6. 1945 und Gemeinsames Hirtenwort der deutschen Bischöfe vom 23. 8. 1945, Archiv der Kirchengemeinde St. Bonifatius, Akte „Rundschreiben kirchlicher Behörden 1945-1948"

Zuletzt forderte er: „In dieser und ähnlicher Weise muss jetzt schon in Predigt und Katechese und - sobald es geht - in Vorträgen und Kursen Volk und Jugend belehrt werden. Dabei werden wir die Gläubigen immer wieder auf den ganzen Ernst der Gegenwart und Zukunft hinweisen und es zu andauerndem, vertrauensvollem Gebet ermahnen. Nur in der Kraft Gottes können wir aus Nacht und Tiefe wieder zu Licht und Höhe emporsteigen." [590]

Die Kirchenoberen waren offensichtlich froh, dass die ideologischen Fesseln des Nationalsozialismus abgestreift waren; sie selbst aber versuchten, den einfachen Klerus und die Laien mit einer Fülle strenger Vorschriften und Anordnungen zu fesseln. Die Demokratie war den Kirchenoberen noch kein Wert. Sie wollten die Gunst der Stunde nutzen, um das kirchliche Leben noch hierarchischer zu ordnen als es ohnehin schon war. Am deutlichsten belegt wird dies im Zusammenhang mit der „Katholischen Aktion", die in jeder Pfarrei gegründet oder neu zu Leben erweckt werden sollte.

Dr. Offenstein schrieb den Geistlichen der Diözese Hildesheim: „ Die actio catholica gliedert sich in jeder Pfarrei nach den vier Lebensständen. (gemeint sind Kinder, Jugendliche, Männer und Frauen; Anm. d. Verf.) In diesen vier Ständen betätigen sich auch die verschiedenen Berufe, z. B. Arbeiter, Handwerker, höhere Schüler, Akademiker, die nur zur Behandlung ihrer Sonderfragen zusammentreten, im Übrigen in ihrem Lebensstande mitarbeiten. In dieselben vier Lebensstände gliedern sich auch die Vereine ein. Vereine sind nur zuzulassen, wenn sie einer wirklichen Notwendigkeit entsprechen, sei es dass sie noch bestehen, sei es dass sie neu gegründet oder wieder gegründet werden. Die Frage nach der Notwendigkeit eines Vereines möge man so lange verneinen, bis sie positiv erwiesen ist. Notwendig ist kein Verein, der das katholische Leben nicht in ganz besonderer Weise fördert. Die gesamte katholische Aktion in der Pfarrei untersteht dem Pfarrer. In der Diözese untersteht sie dem Bischof, (die Unterstreichungen sind im Original ebenfalls vorgenommen; Anm. d. Verf.) ... Die Aktionsgruppe muss für die Zukunft der Motor für alle Arbeiten werden." [591]
Diese Anordnungen des Generalvikariates setzten sich in der Bonifatiusgemeinde nicht durch. Die Vereine, die den Nationalsozialismus überstanden hatten, waren viel zu stark. Sie ließen sich nicht in das Schema der „vier Lebensstände" zwingen, sondern entfalteten schon sehr bald ein neues, vielfältiges Leben.

7.4 Die Bonifatiuskirche wird restauriert.

Dechant Krieter wollte die schwer beschädigte Bonifatiuskirche so schnell wie möglich soweit wieder herrichten, dass darin Gottesdienste gefeiert werden konnten. Männer und Frauen, Jugendliche und sogar Kinder seiner Gemeinde folgten seinem Aufruf, für dieses Ziel tatkräftig anzufassen. Zwar wurden die professionellen Arbeiten an die Baufirma Zeyn vergeben, doch für Laien gab es noch Arbeit genug.

---

[590] Bischöfliches Generalvikariat Hildesheim, Offenstein, Nr. 3970 und 3977, vom 15. und 16.6. 1945 an sämtliche Herren Seelsorgegeistlichen der Diözese Hildesheim, Archiv der Kirchengemeinde St. Bonifatius, Akte „Rundschreiben kirchlicher Behörden 1945-1948"

[591] Bischöfliches Generalvikariat Hildesheim, Offenstein, Nr. 3977, vom 16. Juni 1945 an sämtliche Herren Seelsorgegeistlichen der Diözese Hildesheim, Archiv der Kirchengemeinde St. Bonifatius, Akte „Rundschreiben kirchlicher Behörden 1945-1948"

Einige freiwillige Helfer besaßen eigenes Handwerkszeug. Die meisten arbeiteten aber mit den Schaufeln, Maurerhämmern und Schiebkarren, die von den Baufirmen Zeyn und Harriefeld zur Verfügung gestellt wurden.[592] Die Männer füllten den Bombentrichter, in dem die ehemalige Sakristei der Kirche versunken war, mit dem Schutt der zerstörten Kirchenwand. Danach ebneten sie das Gelände ein. Die Frauen und Kinder säuberten die noch verwendbaren Steine vom Mörtel und stapelten sie sorgfältig auf.

Auch die beiden Geistlichen gingen körperlichen Anstrengungen nicht aus dem Wege. In der Chronik von St. Bonifatius liest man: „Selbst Herrn Dechant und Kaplan Kruse sehen wir allabendlich mit Tatkraft und Übersicht am Werk." [593] Während die freiwilligen Helfer und die professionellen Maurer in Wilhelmsburg noch am Beginn der Arbeiten waren, feierte die Gemeinde St. Maria in Harburg bereits einen ersten Wiederaufbau-Erfolg. Zum Sonntag, den 24. Juni 1945, wurde Dechant Krieter von seinem Freund, Edmund Mock, nach Harburg eingeladen. Er sollte in Vertretung des Bischofs die Notkirche von St. Maria einweihen. Mit einem feierlichen Levitenamt, das Pfarrer Mock, Pastor Hellmold und Dechant Krieter zelebrierten, wurde die Notkirche der Gemeinde übergeben.

Abb.91: Die Notkirche der Kirchengemeinde St. Maria in Harburg

Pfarrer Mock schrieb in die Chronik seiner Gemeinde: „Das hl. Opfer wurde Gott dargebracht für die Opfer des Krieges und die Kriegsgefangenen. ... Die Notkirche bietet circa 250 Gläubigen Platz; Hocker stehen als Sitzplätze zur Verfügung. Der Altar ist ein einfacher Holzaltar."

Der Erfolg der Harburger war für die Mitglieder der Bonifatiusgemeinde ein Ansporn. Während des gesamten Sommers 1945 halfen Freiwillige bei der Restaurierung ihrer Kirche. Auch im Herbst und im beginnenden Winter wurden die Arbeiten fortgesetzt. Die Chronistin der Gemeinde berichtet: „Die Arbeiten an der Kirche gehen trotz Herbststürmen und selbst winterlicher Kälte weiter. Jetzt sind es die Männer, besonders unser Dechant und der neue Kaplan Abeler, die durchhalten.

---

[592] Die Firma Harriefeld, die nahe der Bonifatiuskirche ihren Bauhof hatte, bedankte sich mit der Bereitstellung des Handwerkzeugs für die vielen Aufträge, die sie früher von der Bonifatiusgemeinde bekommen hatte. Sie konnte die Arbeiten an der Bonifatiuskirche nicht selbst übernehmen, weil sie bereits mit anderen Aufträgen ausgelastet war.

[593] Chronik der Kirchengemeinde St. Bonifatius, S. 44

Inzwischen ist es unmöglich geworden, die heilige Messe weiter im Chorraum (am Josephaltar; Anm. d. Verf.) zu feiern."[594] Weil der Josephaltar Wind und Wetter ausgesetzt war, wurde in der Adventszeit des Jahres 1945 der ehemalige Hauptaltar unter der Orgelempore der Kirche aufgebaut. Der dahinter liegende Haupteingang der Kirche wurde geschlossen, und die Bänke im Mittelschiff der Kirche wurden gedreht. Der einzige Zugang zur Kirche war nun der linke Seiteneingang. Die Chronik der Kirchengemeinde berichtet:

„Von Weihnachten ab steht der Altar am (ehemaligen; Anm. d. Verf.) Haupteingang. Wenn auch eng, so ist es für uns doch wieder ein geschlossenes Bild. Wir wagen sogar in dieser beschädigten Kirche mit den Kindern ein Krippenspiel. Der Schnee, der durch das beschädigte Dach auf Spieler und Gemeinde fällt, bringt uns das Spiel so recht nahe." Im Frühjahr des Jahres 1946 konnte die Baufirma Zeyn die Seitenwand der Kirche schließen und die davor errichtete Notsakristei zum Gebrauch freigeben.[595]

Abb. 92: Das Foto zeigt die Bonifatiuskirche im Jahre 1951. Das südliche Seitenschiff fehlt. An seiner Stelle steht die Notsakristei.

Nun fand der Hauptaltar wieder seinen alten Platz im Chor der Kirche. Anschließend wurden die schwersten Schäden am Kirchendach beseitigt. Die im Jahre 1946 angefallenen Baukosten sind in der Jahresrechnung genau angegeben: Für die Trümmerbeseitigung wurden 5.000 und als Fuhrlohn 70 Reichsmark ausgegeben. Das Architektenhonorar und die Abschätzung der Bombenschäden kosteten 1.283RM. Zement, weitere Baustoffe und die Maurerarbeiten schlugen mit 28.213,88 RM zu Buche. Die Dachdeckerarbeiten kosteten 18.000 und die Elektrikerarbeiten 3.000 Reichsmark.

Trotz dieser großen Ausgaben beschloss der Kirchenvorstand von St. Bonifatius noch im Jahre 1946 die Bauarbeiten am Fundament des südlichen Kirchturmes, die zur Sicherung gegen Einsturzgefahr notwendig waren; ferner die Neueindeckung des Kirchendaches und die Ausmalung der Wände hinter dem Haupt- und dem Josephaltar.
Diese drei Projekte konnten erst nach der Währungsreform - aber noch im Jahre 1948 - in Angriff genommen werden. Die Malerfirma Marquard-Meiners übernahm die Ausmalung

---

[594] Chronik der Kirchengemeinde St. Bonifatius, S. 44.

[595] Vgl. die Akten „Jahresrechnungen" und „Protokolle von Kirchenvorstandssitzungen" im Archiv der Kirchengemeinde St. Bonifatius

der Kirchenwände zu einem Festpreis von 3.000 Deutsche Mark. Mit der künstlerischen Arbeit betraute Dechant Krieter einen jungen Künstler, der als Flüchtling in die Bonifatiusgemeinde gekommen war. Dieser schmückte die Wandfläche oberhalb des Hauptaltars mit einem Kreuz und den griechischen Buchstaben Alpha und Omega. Die Wandfläche darunter - rechts und links des Hauptaltares - bemalte er mit zwölf ausdruckslosen, schmalen Männergestalten. Sie sollten die Apostel Christi darstellen. Nach der Fertigstellung gefiel die Arbeit des Künstlers weder Dechant Krieter noch der Gemeinde, aber diese Fehlentscheidung ließ sich vorerst nicht rückgängig machen.[596]

Abb.93: Erstkommunion 1952. Das Foto aus dem Jahr 1952 zeigt das Kreuz, die Buchstaben Alpha und Omega und die Apostel hinter dem Hauptaltar der Bonifatiuskirche.

7.5   Keine Kontinuität auf den Kaplanstellen

Am 5. Juli 1945 erschien der Geistliche Felix Wozniczak im Pfarrhaus von St. Bonifatius.[597] Er trug britische Uniform und Abzeichen, die ihn „als Priester und polnischer Staatsangehöriger kenntlich" machten, berichtete Dechant Krieter in einem Brief an Bischof Joseph-Godehard. Felix Wozniczak beherrschte die deutsche Sprache perfekt. Er wies sich als Priester der Diözese Posen aus. Sein Geburtsdatum war der 19. April 1911. Dechant Krieter berichtete in seinem Brief über den polnischen Geistlichen weiter:

---

[596] Vgl. das Gespräch mit dem Zeitzeugen Pfarrer Herbert Hölsken vom 27. 7. 2004

[597] Die Quellen zum Kaplan Woznizcak und zu Gerhard Golla befinden sich im Archiv der Kirchegemeinde St. Bonifatius, Akte „Kapläne"

„Aus den mir vorgelegten Papieren und aus mündlichen Angaben ist zu ersehen, dass er mehrere Jahre in Dachau war und nun von der britischen Militärregierung als Lager- oder Militärpfarrer für polnische Lager in Hamburg und Umgebung Verwendung gefunden hat."[598] Hochwürden Wozniczak erklärte Dechant Krieter, er wolle sich in der Gemeinde St. Bonifatius seelsorglich betätigen, wenn er dazu - neben seiner Arbeit als Lagerpfarrer - genügend Zeit fände. Deswegen erwarte er Unterkunft im Pfarrhaus. Dechant Krieter sagte ihm die Unterkunft zu, sobald es ihm gelungen sei, neue Wohnquartiere für die drei ausgebombten Familien zu finden, die zu dieser Zeit Mitbewohner im Pfarrhaus waren. Trotz des befremdlichen Auftretens, das Hochwürden Wozniczak an den Tag legte, war Dechant Krieter froh, einen weiteren Helfer für die Arbeit in seinem „Weinberg des Herrn" gefunden zu haben. Es stellte sich aber bald heraus, dass Hochwürden Wozniczak, wegen des Unrechts, das seinem Vaterland und ihm selbst angetan worden war, eine Abneigung gegen Deutsche entwickelt hatte. An den folgenden vier Sonntagen hielt Hochwürden Wozniczak in der beschädigten Bonifatiuskirche Gottesdienst mit polnischer Predigt. Danach verlangte er, dass für die Durchführung der polnischen Gottesdienste ein trockener, beheizter Raum angemietet werde. Es ist nicht zu ermitteln, warum Dechant Krieter diesem Verlangen nachkam. Tatsache ist, dass er den Vorführraum des Kinos „Filmburg" - an der Kreuzung der Veringstraße mit der Neuhofer Straße - angemietet hat. Im Kino haben Gottesdienste in polnischer Sprache stattgefunden und die Kirchengemeinde St. Bonifatius musste im Jahre 1945 für die Miete der „Filmburg" 1.520 Reichsmark zahlen.[599]

Dechant Krieter konnte wegen seiner fehlenden Sprachkenntnisse nicht nachprüfen, welche Aussagen Hochwürden Wozniczak in seinen Predigten machte. Er hörte aber von Gemeindemitgliedern genug, um zu befürchten, Felix Wozniczak werde einen Keil zwischen die polnisch sprechenden und die deutschen Mitglieder der Bonifatiusgemeinde treiben. Besonders störte es ihn, dass Hochwürden Wozniczak seine Seelsorgearbeit durchführte, ohne sich mit dem Pfarrer der Gemeinde abzusprechen. Dechant Krieter hielt diesen Zustand für untragbar. Er schrieb deswegen am 8. August 1945 an Bischof Joseph-Godehard: „Um klare Begriffe zu schaffen, trage ich Ehrwürdigen Exzellenz die Bitte vor, dem Hochwürdigen Herrn Felix Wozniczak die Vollmacht zum Beichthören und zur Verkündigung des Wortes Gottes zu übertragen und ihm zu schreiben, dass er wie ein seeleneifriger Kaplan seinem Pfarrer stets zur Seite stehe. Vor allem bitte ich Ew. Exzellenz, zum Ausdruck bringen zu wollen, dass der Hochwürdige Herr Woznizak stets in bestem Einvernehmen mit den Pfarrgeistlichen im Weinberge des Herrn hier in Wilhelmsburg helfen möge."

Drei Tage später lag Dechant Krieter ein Schreiben des Generalvikars Dr. Offenstein vor: „Auf Grund Ihrer Eingabe vom 8. 8. 1945 erteilen wir hierdurch dem Hochwürdigen Herrn Felix Wozniczak die Vollmacht zum Predigen und Beichthören in der Diözese Hildesheim. Wir setzen dabei voraus, dass Herr Wozniczak dem Pfarrer in den Seelsorgearbeiten stets treu zur Seite steht, und seine Aushilfen in der Seelsorge im besten Einvernehmen mit den Pfarrgeistlichen geschehen." Es finden sich im Archiv der Kirchengemeinde St. Bonifatius nur noch zwei weitere Quellen, die den polnischen Geistlichen Felix Wozniczak erwähnen. Am 20. November 1945 schrieb Dechant Krieter in einem Brief an das Generalvikariat: „Bemerken möchte ich noch, dass Herr Kaplan Felix Wozniczak - nach dessen Angaben - für unabsehbare Zeit hier in der Pfarrei bleiben wird."

---

[598] Ehemalige polnische Kriegsgefangene und polnische Zwangsarbeiter wurden nach Kriegsende zunächst in Lagern gesammelt, bevor sie in ihre Heimat zurückkehren konnten.

[599] Vgl. die Jahresrechnung für 1945, Archiv der Kirchengemeinde St. Bonifatius, Akte „Jahresrechnungen"

Etwa ein Jahr später, am 3. September 1946, schrieb Dechant Krieter in einem weiteren Brief an das Generalvikariat: „Herr Kaplan Wozniczak, der bisher die polnische Seelsorge ausübte, ist am 2. vorigen Monats zur Erholung nach Niendorf / Ostsee gefahren und wird nach seiner Rückkehr seinen Wohnsitz nach Hamburg verlegen." Beide Quellentexte erwecken den Eindruck, als habe Hochwürden Wozniczak - ungeachtet der Mahnungen aus Hildesheim - weiter eigenmächtig gehandelt. Als dieser Kaplan sich aus Wilhelmsburg entfernte, war Dechant Krieter nicht traurig. Im Mai 1947 beantragte er bei Bischof Joseph-Godehard für den polnischen Priester Mieczyslaw Golniewicz die Vollmacht, an Sonn- und Feiertagen in der Pfarrkirche St. Bonifatius in polnischer Sprache zu predigen und die Beichte zu hören. Diese Vollmacht wurde erteilt.[600]

Dechant Krieter hatte Hochwürden Golniewicz, der neuer Pfarrer „der polnischen Lagerinsassen in Hamburg" war, um Mithilfe in St. Bonifatius gebeten. Das Verhältnis des Dechanten zum neuen Seelsorger der Polen war freundschaftlich und frei von Spannungen. Bis in das Jahr 1961 hinein hat Pfarrer Golniewicz in St. Bonifatius sonntags Gottesdienst mit polnischer Predigt gehalten und Beichtmöglichkeit in polnischer Sprache angeboten.

Kaplan Wozniczak war für Dechant Krieter, der in den Jahren 1945 / 1946 wahrhaftig genug andere Sorgen hatte, eher eine Belastung als eine Hilfe. Dagegen konnte er sich auf die loyale und tatkräftige Hilfe seines Kaplans Heinz Kruse, die er seit 1942 genoss, umso mehr verlassen. Deswegen war Dechant Krieter geradezu verzweifelt, als Pater Kruse im Herbst 1945 durch den Leiter der deutschen Provinz des Jesuitenordens nach Büren in Westfalen abberufen wurde. Pater Kruse sollte dort seine Studien fortsetzen. Wie Dechant Krieter in einem Brief an Generalvikar Dr. Offenstein schrieb, kam für ihn die Abberufung „völlig unerwartet". Kaplan Kruse organisierte noch den Bekenntnistag der Jugend am Christkönigsfest des Jahres 1945, dann reiste er am 20. November 1945 nach Büren ab.[601] In der Chronik der Kirchengemeinde liest man dazu: „Die Feier (des Festes Christkönig) wird von Jugend und Gemeinde mit frohem und dankbarem Herzen begangen. Aber ein Schatten fällt auf unsere Freude, denn unser, uns so lieb gewordener Herr Kaplan Kruse rüstet zum Abschied. Die Trennung wird uns schwer. Die gefahrvollen Kriegsjahre haben um Gemeinde und Priester ein festes Band gewunden."

Als Nachfolger des Kaplans Kruse wurde Dechant Krieter der Jesuitenpater Heinrich Abeler geschickt.[602] Dieser war in Köln am 1. September 1898 geboren, war also nur acht Jahre jünger als Dechant Krieter. Die Priesterweihe hatte Pater Abeler am 28. August 1934 empfangen.

---

[600] Schreiben des Bischöflichen Generalvikariates, Offenstein, Nr. 4096 vom 21. Mai 1947 im Archiv der Kirchengemeinde St. Bonifatius, Akte „Kapläne"

[601] Heinz Kruse beendete in Büren seine theologischen Studien. 1947 ging er nach Rom und begann dort Spezialstudien zur Bibelwissenschaft. 1951 promovierte in diesem Fach. Im Oktober 1951 wurde er nach Japan geschickt. Er lernte Japanisch und begann 1952 im Priesterseminar in Tokio Bibelwissenschaft zu lehren. 1971 wurde er an das St. Mary´s College in Kamishakujii versetzt. Dort unterrichtete er bis 1981. 1982 unterrichtete er an der Nazan-Universität in Nagoya. Schließlich war er noch Vizedirektor der Bibliothek des St. Mary's College. 1995 wurde er so krank, dass er in das Loyola-Haus in Tokio umziehen musste. Er starb dort am 30. 8. 2005. Diese Daten sind der ordensinternen Zeitschrift „Jesuiten-Nachrufe, Deutsche Provinz, Österreichische Provinz 2005" entnommen. Archiv der Deutschen Provinz der Jesuiten, München, Prov. Germ. SJ, Abt. 73, Bd. 4cc.

[602] Pater Heinrich Abeler (geb. 1.9. 1898 in Köln; gest. 4. 5. 1969 in Ascheberg / Westf.) war von 1941 bis Anfang 1945 Kaplan in Koblenz (St. Castor) und bis Oktober 1945 Kaplan in Bonn-Kessenich gewesen. Vorher war er „Minister" und „Ökonom" in den Ordensniederlassungen Hochelten und St. Georgen.

Er trat seine Kaplansstelle in Wilhelmsburg bereits am 27. Oktober 1945 an. Wenn man Kaplan Woznizcak einrechnet, hatte Dechant Krieter dadurch fast einen Monat lang drei Helfer. Es war für ihn eine Freude zu sehen, mit welcher Tatkraft Pater Abeler ans Werk ging.

Das Alter seines neuen Kaplans ließ Dechant Krieter jedoch fürchten, dass er nicht lange in der Bonifatiusgemeinde bleiben werde. Es war zu erwarten, dass der Bischof ihm bald eine selbständige Seelsorgestelle übertragen werde. So kam es, schneller als es Dechant Krieter lieb war. In der Chronik von St. Bonifatius ist zu lesen: „Im Februar 1946 wird Pater Abeler, der zum Pfarrer von Thiede (in Braunschweig) ernannt ist, von Pater Schüller abgelöst. Pater Schüller ist Exerzitienmeister.[603] So hört die Gemeinde von ihm entsprechende Vorträge, und die weibliche Jugend hält mit Freuden unter seiner Leitung dreitägige Exerzitien. Aber schon nach sechs Monaten wird Pater Schüller von seinem Orden angefordert, und wieder wartet unsere Gemeinde auf einen neuen Kaplan."[604]

| Abb.94: Pater Heinrich Abeler (November 1945 bis Februar 1946) Kaplan in St. Bonifatius | Abb. 95 : Pater Karl Schüller (Februar 1946 bis August 1946) Kaplan in St. Bonifatius |

Anfang August 1946 stand Dechant Krieter also allein in seinem „Weinberg des Herrn". In dieser Situation schickte Generalvikar Dr. Offenstein den jungen Gerhard Golla in die Bonifatiusgemeinde. Der damals 25jährige Mann war als Flüchtling nach Hildesheim gekommen.

---

[603] Pater Carl Schüller (geb. am 7. 2. 1900 in Köln; gest. 24. 12. 1967 in Koblenz) war ebenfalls Jesuit. Am 27. 8. 1930 empfing er die Priesterweihe in Valkenburg (Holland). Im Anschluss an seine theologischen Studien absolvierte er zur Vorbereitung auf eine Tätigkeit als Volksmissionar und Exerzitienmeister ein Studium der Rhetorik. In der Zeit der Ordensprozesse wurde er zum Visitator und Spiritual der Alexianerbrüder in Köln-Lindenthal bestellt. Später war er „Minister" in St. Georgen (Frankfurt), „Operarius" in Saarlouis und Lehrer der Rhetorik in Mittelsteine. Nach der kurzen Kaplanzeit in St. Bonifatius - Wilhelmsburg - war er „Operarius" in Münster. In Münster führte er Hunderte von Exerzitienkursen durch, besonders für Ordensschwestern. 1959 wurde er nach Koblenz versetzt und war dort „Minister". Alle Daten stammen aus dem Archiv der Deutschen Provinz der Jesuiten, München, Prov. Germ. SJ. Abt. 73 Bd. 4b.

[604] Die Zitate stammen aus der Chronik der Kirchengemeinde St. Bonifatius, S. 44

Am 22. Juni 1946 hatte das Generalvikariat ihn als Priester in den Dienst der Diözese übernommen und für ihn zum 23. August 1946 die Zuzugsgenehmigung nach Wilhelmsburg erreicht. Dechant Krieter kam sehr bald zu dem Urteil, dass ihm dieser junge Mann keine Hilfe sein konnte. Am 3. September 1946 schrieb er nach Hildesheim: „Gleichzeitig teile ich mit, dass der am 23. vorigen Monats nach hier entsandte Flüchtlingskaplan,[605] Gerhard Golla, nur die Seelsorge der polnisch sprechenden Gemeindemitglieder übernehmen kann, da er die deutsche Sprache nicht beherrscht und daher nicht deutsch predigen kann und auch für den Unterricht in der Schule völlig ungeeignet ist. (gemeint ist die katholische Gemeindeschule, die 1946 eröffnet wurde; Anm. d. Verf.) Auch in absehbarer Zeit wird sich Herr Golla nicht die erforderlichen Kenntnisse aneignen können. Ich möchte die Bitte aussprechen, dass nun recht bald ein Diözesangeistlicher nach hier kommt, der mir in der so umfangreichen Seelsorge und bei der Unterrichtung der 750 Schulkinder eine `wirkliche Hilfe´ ist."

Schon bald nach der Ankunft des neuen Kaplans war Dechant Krieter aufgefallen, dass Gerhard Golla neben der deutschen auch die lateinische Sprache nicht beherrschte. Nicht einmal die für den Gottesdienst erforderlichen Grundkenntnisse des Kirchenlateins standen ihm zur Verfügung. Er beobachtete den jungen Mann, der vom Generalvikariat als Priester ja anerkannt war, einige Tage. Dann war er sich sicher: Gerhard Golla war ein Betrüger. Dechant Krieter stellte den jungen Mann zur Rede. Gerhard Golla gab sich zutiefst empört und kündigte an, er werde sofort nach Hildesheim zum Bischof reisen. Wenn er solchen Verdächtigungen ausgesetzt sei, könne er nicht in Wilhelmsburg bleiben. Dechant Krieter konnte und wollte Gerhard Golla an der Abreise nicht hindern. Es gibt zu Gerhard Golla eine handschriftliche Notiz, die Dechant Krieter angefertigt hat. Sie lautet: „Gerhard Golla entpuppte sich als ein Schwindler. Wenn er die Priesterweihe wirklich empfangen hat - in Krakau wie er sagt - dann hat er diese sich erschlichen. Der Dechant und Pfarrer Krieter kann jederzeit darüber berichten. Mitte September 1946 hat er auf eigene Verantwortung hin unsere Gemeinde verlassen, um sich in Hildesheim beim Hochwürdigen Herrn Bischof Weisungen zu holen, was er aber nicht getan hat."[606] Gerhard Golla entschwand auf Nimmerwiedersehen. Dem Wohnungsamt schickte Dechant Krieter am 30. September 1946 die „Auszugs-Mitteilung": „Der bei mir wohnhafte Gerhard Golla, geboren am 1. Juli 1920 in Schwientochlowitz, ist am 18. September 1946 nach Hildesheim abgereist."

In der Bonifatiusgemeinde sprach es sich schnell herum, dass die Gläubigen zu einem „falschen Kaplan" zur Beichte gegangen waren und dass dieser Betrüger sogar die Unverfrorenheit besessen hatte, die heilige Messe zu lesen, obwohl er nichts anderes als ein ehemaliger Küster war. So amüsiert wie mehrere Zeitzeugen später von der Episode „Der falsche Kaplan in St. Bonifatius" berichteten, war die Gemeinde im Jahre 1946 nicht.[607]

Auch Dechant Krieter konnte die Angelegenheit nicht lustig finden, zumal er weiterhin die „so umfangreiche Seelsorge und die Unterrichtung der 750 Schulkinder" in der neu eröffneten katholischen Schule Wilhelmsburgs allein besorgen musste. Karla Pachowiak schrieb zum Herbst 1946 in die Chronik: „Noch immer ist Herr Dechant ohne Hilfe. Aber die Jugend versucht da, wo es ihr möglich ist, den fehlenden Kaplan zu ersetzen. …"

---

[605] Mit dem Ausdruck „Flüchtlingskaplan" bezeichnete man damals einen Kaplan, der aus dem Osten nach Westdeutschland geflohen war. Ebenso sprach man von „Flüchtlingslehrern".
Die Aufenthaltsgenehmigung für den „falschen Kaplan" Gerhard Golla und die handschriftliche Notiz des Pfarrers Krieter zu diesem Fall finden sich im Archiv der Kirchengemeinde St. Bonifatius, Akte „Kapläne"

[606] Archiv der Kirchengemeinde St. Bonifatius, Akte „Kapläne"

[607] Vgl. die Gespräche mit Anton Stryakowski und Albin Lisiewicz

Am 29. 9. 1946 kam Kaplan Kruse noch einmal für sechs Tage nach Wilhelmsburg zurück. Er half Dechant Krieter bei der Seelsorgearbeit, musste dann aber nach Büren zurückkehren. Erst im November 1946 bekam Dechant Krieter einen neuen Kaplan. In der Chronik liest man dazu: „Endlich dann, am 6. November 1946, bekommen wir einen neuen Kaplan. Die Spannung ist groß. Wochen ohne Kaplan! Wie wird es nun werden? Wer wird es sein? Als wir ihn sehen, wissen wir: Das ist `unser Kaplan´, und in wenigen Wochen ist er in der Pfarrei zu Hause." [608] Der neue Kaplan hieß Theodor Rademacher. Er war Rheinländer - wie die Jesuiten Jussen, Abeler und Schüller - und war von der Erzdiözese Köln für das Bistum Hildesheim frei gestellt worden. Die Unstetigkeit auf den Kaplanstellen von St. Bonifatius hatte mit Theodor Rademacher endlich ein Ende.

7.6 Senator Velthuysen macht der Bonifatiusgemeinde ein Geschenk.

Abb. 96: Theodor Rademacher, Kaplan in St. Bonifatius vom 6. 11. 1946 bis zum 16. 9. 1951

Noch während die freiwilligen Helferinnen und Helfer an der Bonifatiuskirche und am Kirchplatz arbeiteten, setzte sich Dechant Krieter weitere Aufbauziele. Für die Jugendgruppen und die Vereine der Erwachsenen wurden dringend Räumlichkeiten benötigt. Die Notsakristei und der eine Raum in der Gemeindehausruine reichten nicht aus. Hinzu kam, dass das Pfarrbüro nicht länger im Pfarrhaus bleiben konnte, weil die „ausgebombten" Familien zu beengt wohnten. Außerdem war es Dechant Krieter schon im Juni 1945 klar, dass die Bonifatiusgemeinde Wohnraum für Lehrkräfte bereitstellen musste, sobald die katholische Bekenntnisschule wieder eingerichtet sein würde.

Möglicherweise brachte der Hausmeister der „Volksschule Alte Schleuse", Siegfried Lisiewicz, den Dechanten Krieter auf die entscheidende Idee, wie diese Raumprobleme zu lösen wären. Siegfried Lisiewicz hatte sich in der Alten Schule zwei Räume als Behelfswohnung eingerichtet, weil seine bisherige Wohnung - im Schulgebäude Bonifatiusstraße 2 - am 31. 3. 1945 unbewohnbar geworden war. Bei dieser Gelegenheit hatte sich Dechant Krieter vom Hausmeister, der ja auch Mitglied des Kirchenvorstandes von St. Bonifatius war, durch die erhalten gebliebenen Räume der „Alten Schule" führen lassen. Dabei hatte er gesehen, dass dieses Gebäude weniger zerstört war als das Gemeindehaus „St. Willehadstift". Wenn man einen geschickten Architekten und eine Baufirma für die Durchführung der notwendigen Reparatur- und Umbauarbeiten gewinnen könnte, musste es möglich sein, die Alte Schule für die Zwecke der Kirchengemeinde herrichten zu lassen. Das Hauptproblem lag nicht im baulichen, sondern im rechtlichen Bereich: Das Haus und das Grundstück gehörten der Freien und Hansestadt Hamburg. Gewiss war es Dr. Dudek, der Dechant Krieter ermutigte, sich an Finanzsenator Velthuysen zu wenden.

---

[608] Chronik der Kirchengemeinde St. Bonifatius, S. 45

Bernhard Hieronymus Velthuysen (10. 9. 1881 – 19. 11. 1969) leitete die Kämmerei der Hansestadt Hamburg vom 9. 11. 1942 bis zum 26. 7. 1945.[609] Als „Stadtkämmerer" war Senator Velthuysen gleichzeitig Leiter der Liegenschaftsverwaltung. Unter dem Aspekt, dass die englische Militärregierung beabsichtigte, der Katholischen Kirche die Wiedereinrichtung der Bekenntnisschulen zu gestatten, erschien es wahrscheinlich, dass die Hansestadt der Kirchengemeinde St. Bonifatius das erheblich zerstörte Gebäude der „Alten Schule" zur Restaurierung und Nutzung freigeben werde. Dechant Krieter schrieb am 18. Juni 1945 an den Senator: „ … Die Hansestadt Hamburg ist Eigentümerin des Ecke Veringstraße und Groß-Sand an unserem Kirchengrundstück anschließenden Schulgrundstückes und des daneben gelegenen ehemals Adler´schen Grundstücks mit einer Gesamtgröße von ca. 2.500 Quadratmetern. Diese beiden Grundstücke mit Zubehör beabsichtigt die Kirchengemeinde zur Vergrößerung ihres sehr beengten Kirchengrundstücks sowie für einen späteren Kirchenerweiterungsbau und für die Errichtung von kirchlichen und karitativen Einrichtungen sowie für den Bau von Wohnungen für die Kirchenbeamten, die zum Teil ausgebombt sind, zu erwerben. Auf dem Schulgrundstück stehen noch die Reste der durch Bombenabwurf fast vernichteten früheren alten katholischen Schule. Diese noch stehenden, sehr stark beschädigten Räume der Schule beabsichtige ich als Notbehelf für die sofort zu kirchlichen und karitativen Zwecken dringend erforderlichen Räume herrichten zu lassen. Eine Neuerrichtung der Schule an dieser Stelle dürfte meines Erachtens wegen der gänzlich unzureichenden Schulhoffläche nicht in Betracht kommen. Vielmehr halte ich die Erweiterung der in der Bonifatiusstraße der Kirche gegenüberliegenden katholischen Schule, wie früher bereits erwogen wurde, für angebracht. Ich wäre eventuell bereit, von dem der Kirchengemeinde gehörenden Grundstück des Gemeindehauses eine Fläche abzutreten, falls dies durch einen Erweiterungsbau der Schule bedingt sein sollte. Abschließend darf ich zusammenfassen, dass die Kirchengemeinde bittet, ihr das neben dem Kirchengrundstück Ecke Veringstraße und Groß-Sand mit dem durch Luftangriffe fast vernichteten Schulgebäude sowie das hieran anschließende ehemals Adler´sche Grundstück mit Zubehör zu kirchlichen und karitativen Zwecken zu verkaufen. Sollte der Verkauf zurzeit nicht möglich sein, so wäre der Kirchengemeinde vorerst auch mit einer Verpachtung gedient. Um die erforderlichen behelfsmäßigen Räume baldmöglichst herrichten zu können, wäre ich für eine alsbaldige Überlassung der Grundstücke sehr dankbar. Zu mündlichen Besprechungen in dieser Angelegenheit stehe ich jederzeit gern zur Verfügung. gez. Krieter, Dechant" [610]

Einen Monat lang musste Dechant Krieter auf eine Antwort der Stadtkämmerei warten. Am 23. Juli 1945 antwortete Senator Velthuysen: „Im Einvernehmen mit dem Stadtplanungsamt und der Schulverwaltung überlasse ich Ihnen das dem Kirchengrundstück angrenzende Schulgrundstück an der Straße Groß-Sand in Hamburg-Wilhelmsburg mit der Hausruine zur Verwertung für kirchengemeindliche Zwecke. Die Hausruine wird Ihnen unentgeltlich zur Verwertung zur Verfügung gestellt. Die Vergütung für die Grundfläche beträgt 10,- RM jährlich. Ferner bin ich bereit, Ihnen das ehemalige Adler´sche Grundstück für Ihre Zwecke vorerst pachtweise zu überlassen.

---

[609] Senator Velthuysen wurde am 26. 7. 1945 von seinen Amtspflichten entbunden, weil die Militärregierung herausgefunden hatte, dass er im Hinblick auf die nationalsozialistische Vergangenheit nicht so unbelastet war wie zunächst angenommen. Am 30. 9. 1945 wurde er zwangsweise in den Ruhestand versetzt.

[610] Das Schreiben des Dechanten Krieter und die Antwort des Senators Velthuysen finden sich im Archiv der Kirchengemeinde St. Bonifatius, Akte „Schriftwechsel zum Bau des Krankenhauses"

Die pachtweise Überlassung wird auf jederzeitigen Abruf durch Sie erfolgen, sobald die Notwendigkeit der Verwertung für kirchengemeindliche Zwecke gegeben ist. Einem Verkaufe beider Grundflächen, dem grundsätzlich nichts entgegensteht, kann ich zurzeit wegen der augenblicklichen ungeklärten allgemeinen Lage noch nicht zustimmen. Die Verhandlungen hierüber müssen deshalb einem späteren Zeitpunkt vorbehalten bleiben. Während der Pachtzeit werden Ihnen beide Grundstücke solange überlassen, als sie für kirchengemeindliche Zwecke benötigt werden. Von Ihrer Bereitwilligkeit, von dem der Kirchengemeinde gehörenden Grundstück des katholischen Gemeindehauses an der Bonifatiusstraße eine Fläche an die Stadt abzutreten, falls dies durch einen Erweiterungsbau der Volksschule an der Bonifatiusstraße bedingt sein sollte, nehme ich Kenntnis. Velthuysen" Das war ein großzügiges Geschenk an die Bonifatiusgemeinde. Die Hansestadt Hamburg erkannte die Schenkung später an, obwohl der mittlerweile zwangspensionierte Senator Velthuysen die Schenkung getätigt hatte.[611]

7.7   Zwei Briefe von Bischof Joseph-Godehard

Anfang Juni 1945 erreichte Dechant Krieter ein Brief seines Bischofs, den dieser mit eigener Hand geschrieben hatte: [612]
„Hildesheim, den 5. 6. 1945
Herrn Pfarrer Krieter, Dechant. Jeder Gruß ist für alle.
Lieber, Hochwürdiger Herr Pfarrer!
Herzlichen Gruß, da sich eben Gelegenheit zur Sendung eines Briefes findet. Eben sitzt im Empfangszimmer Kaplan Jäger aus Dachau. Alle Dachauer leben und sind - bis auf Hartmann in Schäftlarn (Abtei) und Pater Dehne S. J., der im Süden bei Verwandten blieb, - zurück. Deo Gratias!! Wie sieht's mit Kirche, Pfarre, Gemeindehaus und Gemeinde aus? Was macht dort die Schulfrage, die ernsteste der Zeit? Rühren sich die Eltern, eventuell in Unterschriften? Ist mit Stadtverwaltung und Kommandantur verhandelt? In Aachen ist 4jährige Grundschule bereits konfessionell. Man hat in Kirche abgestimmt. Bekommt Hamburg auch katholischen

---

[611]   Der Beweis ist ein Schreiben des Schulrates Dressel vom 10. Januar 1946 an Dechant Krieter: „Das Schulgebäude Bonifatiusstraße 2 ist durch Fliegerangriff stark zerstört worden, die Hausmeisterwohnung wurde völlig zerstört. Der Hausmeister hat sich notdürftig eine Behelfswohnung in den Trümmern der ehemaligen Schule Groß-Sand 2 (= „Alte Schule"; Anm. d. Verf.) hergerichtet. Die Schulverwaltung bittet um Ihr Einverständnis, dass der Hausmeister so lange die von ihm hergerichteten zwei Räume benutzt, bis seine Dienstwohnung wieder hergerichtet worden ist. Im Auftrage, Dressel, Schulrat"
Am 15. April 1946 antwortete Dechant Krieter der Schulverwaltung: „Ich stimme zu, dass der Hausmeister Siegfried Lisiewicz ... die beiden ... Räume in der uns von der Hansestadt Hamburg zugewiesenen Hausruine bewohnen kann. Bei dieser Gelegenheit bitte ich die Wasserwerke und die Elektrizitätswerke zu veranlassen, dass der Strom- und Wasserverbrauch für die Hausruine Groß-Sand 2 nicht mehr der Schulverwaltung, sondern unserer Kirchengemeinde in Rechnung zu stellen ist. Krieter, Dechant"
Das Schreiben des Schulrates Dressel und das Antwortschreiben des Dechanten Krieter finden sich im Archiv der Kirchengemeinde St. Bonifatius, Akte „Schriftwechsel zum Bau des Krankenhauses".
[612]   Archiv der Kirchengemeinde St. Bonifatius, Akte „Personalia". Pfarrer Robert Hartmann und der Jesuitenpater Dehne waren Dechant Krieter gut bekannt. Pfarrer Hartmann war in Rhumspringe, im Nachbardorf des Geburtsortes von K.- A. Krieter (Hilkerode), am 18. 3. 1942 von der Gestapo verhaftet worden. Am 5. März 1943 verbrachte ihn die Gestapo nach Dachau. Beim Abtransport der Häftlinge aus dem Konzentrationslager Dachau konnte Pfarrer Hartmann am 26. 4. 1945 in die Abtei Schäftlarn flüchten. Der tragische Fall des Pfarrers Hartmann ist dokumentiert in: Das Bistum Hildesheim 1933 - 1945. Eine Dokumentation., a., a., O., S. 550 ff. . Pater Dehne hatte mehrfach in den kath. Kirchengemeinden Harburgs und Wilhelmsburgs Vorträge gehalten.

Dezernenten in Stadtverwaltung und katholischen Schulrat für katholische Schulen? Fordern!! Beides!! Viele Grüße. Ihr + JG"

Dechant Krieter ersah aus diesem Brief, dass sein eigenes Schreiben vom 3. April, seinen Bischof noch nicht erreicht hatte. Den Auftrag, sich um die Wiedereinrichtung der katholischen Volksschulen in Wilhelmsburg und Harburg zu bemühen, registrierte er als eine seiner wichtigsten Aufgaben für die nächste Zeit. Ende Juni 1945 bekam Dechant Krieter einen zweiten handschriftlichen Brief seines Bischofs:

„Hochwürdiger Herr Dechant! Vor mir liegt Ihr Bericht vom 3. April des Jahres, der von den Zerstörungen an Kirche und Pfarrheim und von der letzten Beschlagnahme redet. Lange brauchte er, um hier zu landen. Inzwischen wird viel geschehen sein, um Ordnung zu schaffen und nach Möglichkeit das Zerstörte wiederherzustellen. Mein herzliches Beileid, aber auch herzlichen Glückwunsch, dass die schwere Zeit keine Verluste an Leben unter der dortigen Geistlichkeit gefordert hat und dass es trotz allem wieder vorwärts geht. Gott sei beim Aufbau Kern und Stern!
Mit herzlichem Segensgruß,
Ihr ergebenster + Joseph-Godehard" [613]

7.8 Die Wiedereinrichtung der katholischen Schulen in Wilhelmsburg und Harburg

Bevor Dechant Krieter in Verhandlungen mit der Schulverwaltung zwecks Wiedereinrichtung der Katholischen Bekenntnisschule in Wilhelmsburg und Harburg eintreten konnte, musste er sich mit Pfarrer Mock und Pastor Hellmold auf ein gemeinsames Vorgehen einigen. Vor allem mussten sich die drei Geistlichen - vielleicht in Harburg, mit Sicherheit aber beim Generalvikariat in Hildesheim - eine intensive Rechtsberatung einholen, denn die besonderen Belange der drei Kirchengemeinden des Bistums Hildesheim auf Hamburger Gebiet mussten gewahrt werden. Die katholischen Schulen in Wilhelmsburg und Harburg waren bis zum Jahre 1937, als das Groß-Hamburg-Gesetz in Kraft gesetzt worden war, Bekenntnisschulen in Trägerschaft des Staates Preußen gewesen. Der Staat Preußen war gemäß dem Schulverwaltungsgesetz von 1906 für alle Kosten der „staatlichen Bekenntnisschulen" aufgekommen, für die Instandsetzung und Instandhaltung der Gebäude, für die Lehrergehälter, die Pensionen und für die Lehrmittel. Die katholischen Schulen in Alt-Hamburg dagegen waren vor und nach dem Jahre 1937 „Gemeindeschulen" im Eigentum und in Trägerschaft der katholischen Kirchengemeinden gewesen. [614]
Nachdem die preußische Stadt Harburg-Wilhelmsburg im Jahre 1937 in Hamburg eingegliedert worden war, waren diese Unterschiede in der Trägerschaft recht bedeutungslos geworden. Als die Nationalsozialisten dann im Jahre 1939 die katholischen Schulen in Hamburg allesamt in Gemeinschaftsschulen verwandelt hatten, gab es gar keine Unterschiede mehr zwischen Schulen auf ehemals preußischem Gebiet und Schulen auf dem Gebiet von „Alt-Hamburg". Jetzt aber - im Jahre 1945 - erhielt die früher unterschiedliche

---

[613] Der Bischof von Hildesheim, Nr. 3960, Hildesheim, den 19. 6. 1945 , Archiv der Kirchengemeinde St. Bonifatius, Akte „Personalia"

[614] Vgl. Krieter, Ulrich, Die Katholischen Schulen in Harburg und Wilhelmsburg in ihrem rechtlichen Verhältnis zum Staat; unveröffentlichte Quellensammlung, zusammengestellt für den Schulverband der römisch-katholischen Kirchengemeinden Hamburgs, im Mai 2007. (Im Besitz des Verbandes.) S. 7

Rechtssituation nach Meinung der Hildesheimer Geistlichen und ihrer Rechtsberater plötzlich große Bedeutung. Dechant Krieter erhielt den Auftrag, in den Verhandlungen darauf hinzuarbeiten, dass die Katholischen Schulen in Wilhelmsburg und Harburg wieder - wie vor dem Jahre 1937 - „staatliche Bekenntnisschulen" würden.

Als Verhandlungsbeauftragter für die Belange des Bistums Hildesheim erwartete Dechant Krieter nicht, dass die Militärregierung und die von ihr eingesetzte Schulverwaltung die ehemals bestehenden Unterschiede sofort berücksichtigen würden. Vorerst war es ihm nur wichtig, dass die katholischen Schulen in Hamburg überhaupt wieder belebt würden. Rechtliche Einzelheiten konnten später geklärt werden. Auf diese Vorgehensweise hatte sich Dechant Krieter mit dem „Pastor primarius" von Hamburg bereits geeinigt, als Dechant Wintermann mit einem Herrn Dr. Oberhöfer eine Besprechung bezüglich der Neueröffnung der katholischen Schulen hatte. Dr. Oberhöfer war von der Militärregierung zum Leiter der Schulverwaltung Hamburgs berufen worden. Am 2. Juni 1945 bedankte sich Dechant Wintermann in einem Brief für diese Unterredung. Nochmals betonte er, dass die katholischen Kirchengemeinden auf dem Gebiet Alt-Hamburgs sich die Wiedererrichtung der katholischen Schulen dringend wünschten. Weiter schrieb er: „Des weiteren muss ich Ihnen mitteilen, dass auch die katholischen Gemeinden von Altona, Harburg und Wilhelmsburg auf die Wiedererrichtung der katholischen Schulen hoffen." [615]

Anfang Juni 1945 gab es einen Wechsel in der Leitung der Hamburger Schulverwaltung. Der von der Militärregierung eingesetzte Bürgermeister Petersen bildete einen neuen Senat. Zum Schul- und Hochschulsenator berief er Heinrich Landahl. Am 25. 6. 1945 bat Dechant Wintermann den neuen Schulsenator „um eine baldige Aussprache betreffs der Wiedererrichtung der katholischen Schulen". Prälat Wintermann zeigte sich in dem Gespräch überzeugt, die Militärregierung werde der Wiedererrichtung gern zustimmen. Der Militärregierung sei es nämlich „ … wohl bekannt, dass unsere kirchlichen Schulen am stärksten den Geist der Hitlerjugend ferngehalten und der nationalsozialistischen Weltanschauung keinen Boden gewährt haben." Ferner verwies Prälat Wintermann auf Bremen und Lübeck. Dort seien die katholischen Schulen bereits wieder eingerichtet. [616]

Seit Anfang Juni warben die Pfarrer aller katholischen Kirchengemeinden Hamburgs für die Wiedereinrichtung der katholischen Schulen. Dechant Krieter ließ nach den Gottesdiensten in St. Bonifatius Unterschriften sammeln. Zusätzlich griff er auf die bewährte Hilfsbereitschaft der Frauen des Elisabethvereins zurück. Er beauftragte sie, diejenigen Eltern schulpflichtiger Kinder, die ihre Unterschrift für die Wiedereinführung der katholischen Schule noch nicht abgegeben hatten, in ihren Wohnungen zu besuchen und die Unterschriften einzuholen. [617]

Im Schuljahr 1944 / 45 waren die Katholiken Heinrich Dormeier, Arthur Maier, Karl Ringeln, Bernhardine Ewen, und Minna Kraushaar noch Lehrkräfte der „Volksschule Alte Schleuse". Diese Lehrkräfte gaben Dechant Krieter bereits Anfang Juni 1945 die Zusage weiterzuarbeiten, wenn aus der „Volksschule Alte Schleuse" wieder eine katholische Schule geworden sei. Vier weitere Lehrkräfte, die in Wilhelmsburg wohnten und bis zu ihrer Versetzung im Jahre 1939 in der katholischen Schule unterrichtet hatten, gaben Dechant

---

[615] Quelle 6. 6. 1. im Aktenordner 1 des Schulverbandes der röm.-kath. Kirchengemeinden

[616] Eine Fotokopie dieses Briefes liegt im Aktenordner 1 des Schulverbandes der röm.-kath. Kirchengemeinden. Quelle 6. 1. 2.

[617] Der Zeitzeuge Bernhard Kinne berichtete im Gespräch vom 2. 2. 2005: „Ich weiß, dass die Frauen des Elisabethvereins Unterschriften der Eltern für ein Schreiben gesammelt haben, mit dem die Eröffnung der Katholischen Schule beantragt wurde. Meine Mutter hat etwa 140 Unterschriften gesammelt".

Krieter ebenfalls ihre Zusage, an die alte Arbeitsstätte zurückzukehren. Es waren die Lehrer Alfred Beirowski und Wilhelm Rohde und die Lehrerinnen Agnes Rahlfs und Anna Rhein. Ende Juni 1945 trafen sich Dechant Krieter und Dechant Wintermann erneut. Dechant Krieter konnte mitteilen, dass in Wilhelmsburg etwa 700 Kinder die katholische Schule besuchen würden, sobald diese neu eröffnet werde. Neun Lehrkräfte stünden bereit, an der katholischen Schule Wilhelmsburgs zu unterrichten. Das Schulgebäude, Bonifatiusstraße 2, bedürfe erheblicher Reparaturarbeiten, sei aber durchaus noch nutzbar. In Harburg sei das Schulgebäude an der Lindenstraße nur wenig beschädigt. Dort stünden drei Lehrkräfte und 250 Kinder zur Eröffnung der katholischen Schule bereit.

Nachdem Dechant Wintermann die entsprechenden Angaben auch von den katholischen Kirchengemeinden Alt-Hamburgs eingesammelt hatte, übergab er am 9. 7. 1945 diese Unterlagen dem Schulsenator Landahl. Er erhielt eine grundsätzliche Zusage, dass die katholischen Schulen wiedererrichtet würden. Allerdings betonte der Senator, es habe in Hamburg niemals „staatliche konfessionelle Schulen" gegeben, sondern immer nur staatlich anerkannte „Gemeindeschulen". Sollten die katholischen Schulen also neu eröffnet werden, könne dies nur in der Rechtsform „Gemeindeschule" geschehen. Prälat Wintermann möge die Pfarrer in Wilhelmsburg, Harburg und Altona entsprechend informieren.

Am 17. 7. 1945 schrieb Dechant Wintermann an Senator Landahl: „Meine Confratres haben mit Freude davon Kenntnis genommen, dass gute Aussicht ist, die katholischen Schulen wiederzubekommen. Mit besonderer Freude begrüßten alle den Vorschlag der Schulverwaltung, sämtliche katholischen Schulen einheitlich nach dem Modus der früheren katholischen Schulen in Alt-Hamburg zu gestalten. ... Ebenso freudig haben die Herren von dem Angebot Kenntnis genommen, dass die Schulverwaltung bereit ist, anfangs für die katholischen Schulen Lehrkräfte zu beurlauben, soweit es nötig ist, um die notwendigen Stunden decken zu können."[618]

In der Sitzung des von Bürgermeister Petersen ernannten Senates trug Schulsenator Landahl am 20. Juli 1945 die Drucksache Nr. 12 - betreffs Wiedererrichtung der katholischen Gemeindeschulen - vor. Herr Bürgermeister Petersen und seine Senatoren stimmten dem Entwurf der Schulbehörde zu.[619]

Im September 1945 wurden die katholischen Schulen auf dem Gebiet von „Alt-Hamburg" als „katholische „Gemeindeschulen" eröffnet. In Wilhelmsburg und Harburg verzögerte sich die Wiedereinrichtung der katholischen Schulen, weil dort die rechtliche Situation noch ungeklärt war. Anfang April 1946 - also noch vor Beginn des Schuljahres 1946 / 47 - fand „bei der Schulverwaltung unter dem Vorsitz von Herrn Oberschulrat Köhne eine Besprechung wegen der Wiedereinführung der katholischen Schulen in Harburg und Wilhelmsburg" statt. Während dieser Besprechung erklärte sich Dechant Krieter im Namen der katholischen Kirchengemeinden von Harburg und Wilhelmsburg bereit, dem Wunsche der Schulverwaltung zu entsprechen.

---

[618] Aktenordner 1 des Schulverbandes der röm.-kath. Kirchengemeinden , Quelle 6.1.3.

[619] Es liegen zu diesem bedeutsamen Vorgang als beglaubigte Abschriften bzw. als Abschriften von Abschriften im Aktenordner 1 des Schulverbandes der röm.-kath. Kirchengemeinden vor: Erstens die „Innerdienstliche Stellungnahme der Schulbehörde betreffs konfessionelle (katholische) Schulen, Quelle 6. 1. 4.; zweitens die „Drucksache für die Senatssitzung Nr.12, verteilt am 20.Juli 1945, Quelle 6. 1. 5. und drittens der Auszug aus der Niederschrift über die Senatssitzung am 20. Juli 1945; Quelle 6. 1. 6.

Damit in der Hansestadt Hamburg ein einheitliches katholisches Schulsystem bestünde, sollten in Harburg und Wilhelmsburg „an Stelle der bis zum Jahre 1939 bestehenden katholischen Schulen, die in finanzieller Hinsicht in voller Höhe von der Stadt getragen wurden" kirchliche Gemeindeschulen gebildet werden, so „wie sie früher in Alt-Hamburg bereits bestanden und jetzt wieder eingerichtet worden sind. ..." [620]

Es wurde von Dechant Krieter aber zur Bedingung gemacht und von der Schulverwaltung zugesichert, dass die Hansestadt Hamburg die Schullasten für diese beiden Schulen - wie vor 1939 - in voller Höhe übernähme und die erforderlichen Schulgebäude bereitstelle und unterhalte. Dagegen solle die Besoldung und Versorgung des Lehrpersonals, der Schulhausmeister und der Reinemachefrauen in jeder Hinsicht nach den Grundsätzen und Bestimmungen erfolgen, „wie sie für die übrigen hamburgischen öffentlichen Volksschulen gelten. ..." [621]

Nachdem Dechant Krieter in Hildesheim die Zustimmung der Bischöflichen Behörde eingeholt hatte, waren die Volksschulen Bonifatiusstraße 2 und Lindenstraße 89 (= Julius-Ludowieg-Straße 89; Anm. d. Verf.) ab 1. Oktober 1947 „nichtöffentliche katholische Gemeindeschulen." [622] Das hatte die folgenden Konsequenzen: Die Gebäude Bonifatiusstraße 2 und Lindenstraße 89 blieben Staatseigentum. Die Sach- und Personalkosten der Schulen mussten zu 20 % von den Kirchengemeinden St. Bonifatius und St. Maria getragen werden. Die Schulbehörde führte die Schulaufsicht. Alle Lehrmittel wurden durch die Beschaffungsstelle der Schulbehörde geliefert. Die in den Schulen tätigen Lehrkräfte waren bis zum 31. März 1948 von der Schulbehörde für den Dienst an der katholischen Schule beurlaubt. Bis dahin mussten sie sich entscheiden, ob sie an der katholischen Schule bleiben und Kirchenbeamte werden oder zum Staatsdienst zurückkehren wollten. Für den Fall ihres Verbleibs mussten die Lehrkräfte ihre Entlassung aus dem Hamburger Staatsdienst beantragen. Eine Beurlaubung über den 31. 3. 1948 hinaus wurde ihnen nicht gewährt. Den Lehrkräften standen Bezüge und Pensionen in gleicher Höhe zu wie den staatlichen Lehrkräften. Sie erhielten das Geld aber von den Kirchengemeinden ausgezahlt, und der Staat zahlte davon den Gemeinden 80 Prozent zurück.[623] Für Dechant Krieter und seine Pfarrsekretärin Hedwig Spiegel brachte diese Regelung der Gehaltszahlung erhebliche Mehrarbeit, denn die Auszahlung der Gehälter erfolgte für alle Lehrkräfte der katholischen Schulen in Harburg und Wilhelmsburg über das Gemeindebüro St. Bonifatius.

Die Versorgung beider Schulen mit Lehrkräften war fortan ebenfalls Aufgabe des Dechanten Krieter. Er stellte Lehrkräfte ein, und der Staat Hamburg bestätigte sie. Am 29. April 1946 machte die katholische Schule in Harburg - Lindenstraße 89 - ihre Pforten auf. In der Chronik der Kirchengemeinde St. Maria ist dazu zu lesen: „Trotz der anfänglichen Schwierigkeiten konnte die neue katholische Schule mit einer ansehnlichen Schülerzahl, aufgeteilt in neun Klassen, ihre Arbeit beginnen. Infolge Tod, Pension und Verbleib an der Simultanschule standen zunächst nur drei Lehrkräfte zur Verfügung: Lehrer Paul Borkert, der die Schulleitung übernahm, Lehrer Karl Ringeln und die Lehrerin Wilma Stark.

---

[620] Aktenordner 1 des Schulverbandes der röm.-kath. Kirchengemeinden , Quelle 6. 2. 2.

[621] Aktenordner 1 des Schulverbandes der röm.-kath. Kirchengemeinden , Quelle 6. 2. 2.

[622] Aktenordner 1 des Schulverbandes der röm.-kath. Kirchengemeinden , Quelle 6.3. 2.

[623] Vgl. Aktennotiz des Rektors der Katholischen Schule Harburg ‚Borkert, vom 3. 10. 1947 über eine Zusammenkunft der katholischen Lehrkräfte mit dem Schulrat Hoffmann im Schulamt. Chronik der Katholischen Schule Hamburg-Harburg, Lindenstraße 89 (= Julius-Ludowieg-Straße 89), Bd.1 , S. 11 / 12

Da im Schulhause noch zwei weitere Schulen untergebracht wurden, eine Knabenmittelschule und die Volksschule Dempwolffstraße, wurden der katholischen Schule nur zwei Klassenräume zugeteilt. Den Religionsunterricht erteilten in den Klassen der Unterstufe (1 bis 4) Pastor Hellmold von St. Franz-Josef und der Pfarrer von St. Marien in den Klassen der Oberstufe (5 bis 9). Während Lehrbücher noch nicht vorhanden waren, war es möglich, schon im Mai 1946 zweihundert Katechismen und hundert biblische Geschichten zu beschaffen. Sie fanden mangels anderer Bücher auch im Deutschunterricht Verwendung. Im Laufe des Jahres nahm die Schülerzahl ständig zu. Am 25. 8. 1946 zählte die Schule bereits 275 Schüler und am Ende des Jahres waren es 290." [624]

In der katholischen Schule Wilhelmsburgs verzögerte sich der Schulbeginn um einige Tage. Wegen der bei weitem höheren Zahl von Schulkindern konnten die schulorganisatorischen und baulichen Vorarbeiten nicht schnell genug erledigt werden. Über die Eröffnung berichtet die Chronik der Schule: „Am 6. Mai versammelten sich auf unserem Schulhof 712 katholische Kinder, die von den Lehrpersonen zunächst zur Kirche geführt wurden, wo in einem feierlichen Hochamt Gott innigst gedankt und sein Segen auf die Arbeit in der Schule erfleht wurde. Auch die Eltern waren recht zahlreich zum Gottesdienst erschienen, so dass die Kirche überfüllt war. Am Schluss des Gottesdienstes übertönte das Tedeum den Klang der Orgel, und die Augen der Eltern füllten sich mit Tränen. Die Kinder wurden nach dieser erhebenden Feier zur Schule geführt und erhielten ihren Stundenplan. Nach der Konferenz

des neu gebildeten Lehrkörpers begab sich dieses geschlossen zum Pfarrhaus, um sich den Pfarrgeistlichen vorzustellen und gemeinsame Erziehungsaufgaben zu besprechen; es herrschte in allen Angelegenheiten völlige Einigkeit. Zum Schluss sprach Dechant Krieter dem Kollegium für seine Einsatzbereitschaft seinen und der Eltern Dank aus." Weiter unten heißt es in der Chronik: „Am 20. 5. trat Frau Anna Rhein mit 18 Wochenstunden in den Lehrkörper ein, der nunmehr aus 9 Personen - 4 Lehrern und 5 Lehrerinnen - bestand. (Bernhardine Ewen, Irmgard Heidenreich Minna Kraushaar, Agnes Rahlfs, Anna Rhein, Alfred Beirowski, Heinrich Dormeier, Arthur Maier und Rektor Wilhelm Rohde) ... Am Ende des Schuljahres 1946 / 47 war die Zahl der Schüler auf 350 Knaben und 367 Mädchen angewachsen." [625]

> Abb. 97: Wilhelm Rohde, Rektor der wieder eröffneten katholischen Schule Wilhelmsburgs vom 27. 4. 1946 bis zum 31. 12. 1948.

---

[624] Chronik der Kirchengemeinde St. Maria, Bd. 2, S. 3 für das Jahr 1946
[625] Chronik der katholischen Schule Bonifatiusstraße 2, S. 137

Die bauliche Situation der Schule Bonifatiusstraße war beklagenswert. In der Schulchronik liest man für das Jahr 1945: „Bei jedem Regenschauer standen die Klassenräume im 2. Stock und im Dachgeschoss unter Wasser, bei längerem Regen waren auch die Zimmer im Erdgeschoss mehrere Zentimeter hoch überschwemmt. Dazu kam, dass die Zentralheizung versagte, weil im Keller das Wasser über einen Meter hoch stand. Eine Instandsetzung der Siele war nicht möglich gewesen, weil keine Tonröhren zu beschaffen waren. In den Fenstern fehlten häufig die Glasscheiben, stattdessen waren die Fensterflügel mit Pappe vernagelt. Im 1. Stock war ein Klassenraum Kohlenraum und ein weiterer Raum war das Lehrmittelzimmer."

Für das Jahr 1946 liest man: „In den Osterferien war durch Selbsthilfe und Mithilfe der Eltern ein Klassenzimmer im 2. Stock soweit in Ordnung gebracht, dass darin unterrichtet werden konnte. Das Klassenzimmer mit den Lehrmitteln wurde zum Teil mit Büchern ausgerüstet, und so hatten wir bei Schulanfang acht verfügbare Klassenzimmer. ... Im Laufe des Sommerhalbjahres wurden durch Selbsthilfe die Bombenlöcher auf dem Schulhofe zugeworfen, der Schulhof geebnet und mit Kohlenschlacke übersetzt, der Keller ausgepumpt, die Ziegelsteine geputzt, Schiefer von dem zerschlagenen Hilfsschulgebäude geholt, 24 Sack Zement und 8 Rollen Dachpappe besorgt. Beschädigte Fenster und Türen wurden repariert; die halb zerstörte Schulbaracke im Osten des Schulhofes wurde nach Rücksprache mit dem Baurat, Herrn Bremer, abgebrochen und Schulbänke, Schränke und Schiebetafeln aus (dem schwer beschädigten Gebäude der `Alten Schule'; Anm. d. Verf.) Groß-Sand 2 herübergeholt. Vom Bauamt wurde eine notdürftige Ausbesserung des Daches veranlasst. Trotzdem kam bei längerem Regen das Wasser durch die Decken. Die Instandsetzung der Abort-, Siel- und Heizungsanlagen konnte nicht erreicht werden. Daher wurden Notaborte eingerichtet und in den Klassenräumen Öfen aufgestellt." [626]

Dechant Krieter schrieb wegen des schlechten Zustandes des Schulgebäudes an die Schulbehörde. Er bat darum, dass das Gebäude unverzüglich instand gesetzt und für den Hausmeister im Schulgebäude Bonifatiusstraße 2 endlich eine Dienstwohnung eingerichtet werde. [627]

Die schnell wachsende Zahl von Kindern, die in den katholischen Schulen angemeldet wurden, und das hohe Durchschnittsalter der Lehrkräfte in beiden Kollegien, machten die Suche nach jungen Lehrkräften dringend. Neue Lehrkräfte ließen sich in der damaligen Zeit leichter gewinnen, wenn man ihnen neben der Anstellung auch eine Wohnung geben konnte. Jetzt zahlte es sich aus, dass Senator Velthuysen der Kirchengemeinde St. Bonifatius die zur Hälfte zerstörte „Alte Schule" unentgeltlich zur Verwertung überlassen hatte. Schon im Schuljahr 1947 / 1948 konnte Dechant Krieter dem späteren Rektor der Katholischen Schule Wilhelmsburgs, Andreas Nolte, und seiner Familie in diesem Gebäude eine Wohnung anbieten. Zur selben Zeit wohnten dort schon die Lehrkräfte Irmtraud Demus, Ingeborg Matzen, Maria Redepenning und Johannes Adamczyk. [628]

[626] Chronik der katholischen Schule Bonifatiusstraße 2, S. 136

[627] Aktenordner 1 des Schulverbandes der röm.-kath. Kirchengemeinden , Quelle 6. 2. 2.

[628] Am 15. 11. 1948 - also nach der Währungsreform - wies Finanzsenator Dr. Dudek den Regierungsrat Reimers vom Oberfinanzpräsidium der Hansestadt Hamburg an, dem Antrag des Dechanten Krieter zu folgen und der Kirchengemeinde St. Bonifatius „eine darlehnsweise Vorauszahlung auf die Kirchensteuer bis zur Höhe von 5000,-DM zur Verfügung zu stellen", damit Dechant Krieter Wohnungen für Lehrkräfte fertig stellen könne. Die in Anspruch genommenen Beträge waren mit 4% zu verzinsen und bis spätestens 31. 3. 1949 abzudecken. Archiv der Kirchengemeinde St. Bonifatius, Akte „Diözesansteuer / Kriegsabgabe"

Soweit es ihm möglich war, sorgte Dechant Krieter für die Ausstattung der Wohnungen mit den notwendigsten Möbeln. Seine Lehrkräfte konnten ihm alle privaten Probleme vortragen. Die ehemalige Lehrerin an der katholischen Schule Wilhelmsburgs, Irmtraud Adamczyk, berichtete als Zeitzeugin: „1948, im März, kam ich zur Vorstellung nach Hamburg, zum Herrn Dechant Krieter. Mit meiner Anstellung als Lehrerin hat es geklappt. Der Dechant hat mit der Schulbehörde verhandelt, und dann bin ich zum 1. April 1948 eingestellt worden. … Unser Kollegium war ein ganz altes Kollegium. … Und da waren wir drei Jüngeren … Frl. Matzen, die kam aus Heide, Frl. Redepenning und ich. Wir drei mussten dann natürlich irgendwie untergebracht werden. Also, das muss ich sagen, da hat sich der Herr Dechant rührend um uns gekümmert. In der `Alten Schule´, ganz oben, unterm Dach, waren ein großer Raum und zwei Seitenzimmer. Dort wurden Frl. Matzen und ich untergebracht. Und Maria Redepenning hat irgendwo anders in diesem Haus einen Raum gekriegt. Unseren großen Raum konnte man nur schlecht beheizen. Es gab nur einen alten Ofen. Es war kalt, und dann konnten wir ins Pfarrhaus gehen und konnten uns Torf holen. Also da hat der Dechant schon sehr gut für uns gesorgt. Also wirklich, so uneigennützig! Er ist selbst zu uns heraufgestiegen und hat sich angeschaut, ob das alles gut ging. Ich habe dann auch von irgendwoher eine Matratze gekriegt, und der Dechant hat für einen Tisch gesorgt. Den hat er über Herrn Ciuda, der in Wilhelmsburg eine Tischlerei hatte, angeschafft." [629]

7.9 Dechant Krieter bestellt Andreas Nolte zum Rektor der Bonifatiusschule.

Wilhelm Rohde, der Rektor der wieder eingerichteten katholischen Schule Wilhelmsburgs, war im April 1946 nur ein Jahr und acht Monate vom Eintritt in den Ruhestand entfernt. Die übrigen Mitglieder des Lehrerkollegiums waren ebenfalls recht alt. Dechant Krieter musste eine jüngere Lehrkraft finden, die in naher Zukunft das Rektorenamt übernehmen könnte. Er erinnerte sich an Andreas Nolte, der vor dem Jahre 1939 in Hamburg-Barmbek Schulleiter der katholischen Gemeindeschule von St. Franziskus gewesen war.[630] Im Jahre 1946 war Andreas Nolte vierundvierzig Jahre alt

Andreas Nolte war in Hilkerode, dem Heimatdorf des Dechanten Krieter, geboren und aufgewachsen. Als er im Jahre 1922 bei seinem Bruder - Pastor Georg Nolte - zu Besuch gewesen war, hatte der ausgebildete Lehrer Andreas Nolte seine spätere Frau Klara, geborene Senft, kennen gelernt. Klara Senft war Mitglied der St. Franz-Josef-Gemeinde. Ihretwegen hatte sich Andreas Nolte 1922 eine Wohnung in Harburg gesucht. Eine Anstellung in einer Harburger Schule hatte Andreas Nolte damals nicht finden können.

Mit Schreiben vom 23. 4. 1949 wies Dr. Dudek das Oberfinanzpräsidium (Oberregierungsrat Buchholz) an, der Kirchengemeinde St. Bonifatius erneut ein Darlehen zu bewilligen. Dieses Mal hatte Dechant Krieter um 10.000,-DM „zur Bezahlung von Reparaturen an der durch Bomben stark beschädigten Kirche" gebeten. Auch dieses Darlehen war mit 4 % zu verzinsen und zunächst am 31. 3. 1950 zurückzuzahlen. Mit Schreiben vom 15. 4. 1950 wies Dr. Dudek an, der Kirchengemeinde St. Bonifatius dieses Darlehen „zu den gleichen Bedingungen bis zum 1. 10. 1950 zu belassen" für Instandsetzungsarbeiten an der Kirche und „für die Fertigstellung von Wohnungen für an der katholischen Gemeindeschule tätige Flüchtlingslehrkräfte".

[629] Gespräch mit Irmtraud Adamczyk vom 20. 1. 2004
[630] Vgl. das Gespräch mit Margret Schwalferberg, geb. Nolte, vom 28. 7. 2004

So hatte er sich finanziell zunächst mit Aushilfsarbeiten über Wasser gehalten. Später hatte er eine Bäckerlehre angetreten. Nachdem Karl-Andreas Krieter im Jahre 1923 Nachfolger des Pastors Nolte in Harburg-Wilstorf geworden war, hatte Karl-Andreas Krieter den jungen Andreas Nolte schätzen gelernt, weil dieser sich im Jünglingsverein der St. Franz-Josef-Gemeinde engagierte. Als 1924 der katholische Sportverein DJK-Harburg gegründet worden war, hatte Andreas Nolte den Vorsitz übernommen.

Abb. 98 : Die Leichtathletikgruppe der DJK-Harburg im Jahre 1925. Ganz links - aus Sicht des Betrachters - steht Andreas Nolte.

Im Jahre 1929 hatte Andreas Nolte eine Anstellung als Lehrer an der Alsteruferschule, dem damaligen katholischen Gymnasium Hamburgs, bekommen. Im Oktober 1931 war er Leiter der Gemeindeschule der Kirchengemeinde St. Franziskus in Hamburg-Barmbek geworden.[631] Als die Schule 1939 von den Nationalsozialisten zur Gemeinschaftsschule gemacht worden war, hatte Andreas Nolte den Rektorenposten verloren. Er war aber nicht versetzt worden. 1942 wurde er zum Kriegsdienst eingezogen. Seine Frau und seine vier Töchter wurden bald darauf nach Hailing - bei Passau - evakuiert. Als Andreas Nolte 1946 aus der Kriegsgefangenschaft entlassen worden war, war er zunächst seiner Familie nach Hailing gefolgt. Anfang 1947 war er mit seiner Familie nach Hamburg-Barmbek zurückgekehrt. Im August 1947 holte Dechant Krieter den Lehrer Andreas Nolte an die wieder eröffnete katholische Schule Wilhelmsburgs. Er sicherte ihm zu, Nachfolger des Rektors Rohde zu werden, sobald dieser in Pension gehe. Ein weiterer Anreiz, nach Wilhelmsburg zu kommen, war die oben erwähnte Wohnung, die Dechant Krieter der Familie Nolte anbieten konnte.

---

[631] In dieser Zeit betätigte sich Andreas Nolte auch erfolgreich in der Leitung der „Deutschen Jugendkraft" in Hamburg. Vgl. Nachruf der Kolpingfamilie St. Bonifatius in der Chronik der Kirchengemeinde St. Bonifatius

Sie war größer als die Wohnung in Barmbek. Dass diese Wohnung dennoch zunächst der Not der Zeit entsprach, berichtete die jüngste Tochter des Rektors Nolte im Juni 2004:

„Als wir von Hamburg nach Wilhelmsburg umgezogen sind, sind wir zuerst in die „Alte Schule" gezogen. Meine Güte, was war das zuerst für eine Wohnung! … In der „Alten Schule" gab es für uns zwei riesige Räume, die Toilette war auf dem Hof. Einen Raum nutzten wir mit sechs Personen als Schlafraum, Sonst erinnere ich mich kaum. Es war jedenfalls sehr ungemütlich. Dann wurden die beiden Räume irgendwann umgebaut. Vier Zimmer wurden daraus gemacht. Dazu gab es ein winziges Bad. Die Toilette war noch immer außerhalb der Wohnung, im Flur, vor einer Wohnung, die gegenüber eingerichtet worden war."

Am 1. Januar 1949 wurde Andreas Nolte Nachfolger des Rektors Wilhelm Rohde. Er besaß aus seiner Zeit als Schulleiter in Barmbek bereits eine achtjährige Erfahrung im Rektorenamt. Fortan überließ Dechant Krieter dem Rektor Andreas Nolte alle Dinge in seiner Kirchengemeinde, die mit Schule zu tun hatten, auch die Suche nach Lehrkräften für die katholischen Schulen in Wilhelmsburg und Harburg. Die endgültige Entscheidung über die Anstellung des Lehrpersonals an der katholischen Schule Wilhelmsburgs lag allerdings weiterhin bei Dechant Krieter und dem Kirchenvorstand der Gemeinde St. Bonifatius.Die Lehrkräfte in der Katholischen Schule Harburg - Lindenstraße 89 - bestellte der Kirchenvorstand von St. Maria, sobald Rektor Nolte die „Erstbegutachtung" der Kandidatin bzw. des Kandidaten vorgenommen hatte. Dem dynamischen Charakter des Andreas Nolte reichte die Rektorentätigkeit als Arbeitsbelastung nicht aus. Seit 1947 war er Erster Vorsitzender des katholischen Lehrervereins Hamburg-Unterelbe. Im Ortsausschuss Wilhelmsburg war er - nachdem die Militärregierung politische Parteien zugelassen hatte - Fraktionsführer der CDU und Stellvertreter des Ortsamtsleiters.[632] In der Kirchengemeinde St. Bonifatius engagierte sich Andreas Nolte als Mitglied des Kirchenvorstandes, als Mitglied des Kuratoriums des Krankenhauses Groß-Sand, als Organist und auch als weltlicher Präses der Kolpingfamilie. Die Kolpingfamilie erlebte

Abb. 99: Rektor Nolte im Saal des neuen Gemeindehauses von St. Bonifatius; ein Foto aus dem Jahre 1957

mit ihm einen enormen Aufschwung.

---

[632] Die Militärregierung Westdeutschlands ließ im September 1945 die Gründung politischer Parteien zu. In Hamburg fanden erste Wahlen nach Kriegsende am 13. Oktober 1946 statt (Bürgerschaftswahl). Die Wahl des Senats fand am 15. November 1946 statt. Vgl. Hamburg nach dem Ende des Dritten Reiches: Politischer Neuaufbau 1945 / 46 bis 1949, a. a. O. S. 94 ff.

Als der Zeitzeuge Jonny Swoboda befragt wurde, ob er Erinnerungen an das Zusammenwirken von Dechant Krieter und Andreas Nolte habe, berichtete er: „ ... Die beiden, Nolte und Krieter, waren ein tolles Gespann! ... Damals war nun das Gemeindehaus durch den Krieg zerstört. Ein einziger Raum war nur notdürftig wieder hergestellt worden. ... Da kam man in der Kolpingfamilie auf die Idee, an der Stelle, wo früher die arbeitslosen Jugendlichen der „Sturmschar" sich eine Bretterbude gebaut hatten, nun ein „Kolpingheim" zu bauen. Es gab ja ganz viele Gruppierungen, die den einzigen Raum im zerstörten Gemeindehaus belegten. So brauchten wir von der Kolpinggruppe ein neues Heim, ein eigenes Heim. Da haben sich ein paar Leute zusammengetan, Maurer, Zimmerleute. Die haben erst einmal sondiert: „Können wir denn überhaupt das Material beschaffen" - es war ja vor der Währungsumstellung - und dann kam es zu einer Generalversammlung. Das war eine Versammlung, die steht mir noch heute vor Augen! Da saß vorn Pastor Krieter, und daneben saß der Rektor Nolte. Jetzt brandete die Diskussion auf! Wir hatten ja selbst nicht einmal eine richtige Wohnung. Das Pro und Kontra, ob das Kolpingheim gebaut werden sollte, wogte hin und her. Alles stand auf Messers Schneide, bis zum Schluss Nolte aufstand und sagte: `Hier ist ein Wille, dass das Kolpingheim gebaut wird, und wo ein Wille ist, da ist auch ein Weg! Packen wir es an´! Und ich muss sagen, dass der Pastor Krieter dann voll hinter dem Beschluss stand. Dann wurden die Steine vom zerstörten Gemeindehaus sauber geklopft; nach und nach wurde weiteres Material beschafft, und immer wurde freiwillig gearbeitet. Das ging so bis das Heim einzugsfertig war. ... " [633]

Abb. 100 : Die Kolpingfamilie St. Bonifatius im Sommer 1948 auf dem Platz vor der Ruine des Gemeindehauses „Stift St. Willehad" und das 1948 erbaute Kolpingheim.

---

[633] Vgl. das Gespräch mit Martha und Jonny Swoboda vom 22. 1. 2004

Abb.101 : Das 1948 erbaute Kolpingheim.

7.10   Die Gründung des Krankenhauses Groß-Sand

Man sollte meinen, die Restaurierung der Bonifatiuskirche und die Herrichtung der „Alten Schule" für „ausgebombte Kirchenbeamte" hätten ausgereicht, die Bauleidenschaft des Dechanten Krieter für die Jahre 1945 bis 1950 zufrieden zu stellen, zumal er seit dem 12. Juni 1946 auch noch Mitglied der „Kirchenkommission für Kirchengebäude in Hamburg" war. In dieser Kommission hatte er die Interessen der Katholiken Hamburgs zu vertreten, die zum Bistum Hildesheim gehörten.[634] Doch Karl-Andreas Krieter bürdete sich zusätzlich ein weiteres Großprojekt auf.

Im Stadtteil Hamburg-Wilhelmsburg, der durch den Zuzug von Flüchtlingen mittlerweile etwa 45.000 Einwohner hatte, gab es Ende des Jahres 1945 kein Krankenhaus. Das um die Jahrhundertwende von der Wollkämmerei als Betriebskrankenhaus errichtete „Reiherstieg-Krankenhaus" war durch den Fliegerangriff vom 25. Oktober 1944 völlig zerstört worden. Bei Unfällen im Hause oder im Straßenverkehr und vor allem bei schweren Arbeitsunfällen, die sich in den Industriebetrieben Wilhelmsburgs sehr häufig ereigneten, mussten die Verletzten in die Krankenhäuser in Harburg oder Hamburg-Mitte gebracht werden. Die langen Transportwege verhinderten rasche Hilfe.

---

[634] In ihrer 9. Sitzung am 12. Juni 1946 erklärte die „ernannte Bürgerschaft" Dechant Krieter zum Mitglied der „Kirchenkommission für Kirchengebäude in Hamburg". Am 24. Juni 1946 beschloss diese Kommission „folgende Instandsetzungsvorhaben ... in der nachstehend aufgeführten Reihenfolge der englischen Militärregierung zur Genehmigung vorzuschlagen:
1. Friedhofskapelle der Jüdischen Gemeinde. 2. Katholische Kirche St. Bonifatius in Hbg.-Wilhelmsburg.
3. Mennonitenkirche in Hamburg-Altona. 4. Petrikirche in Hamburg. 5. Michaeliskirche in Hamburg.
6. Katholische Marienkirche, Danziger Straße. 7. Raum für katholische Versammlungen im Nöltingstift.
8. Evangelische Kirche in Moorburg. ..." Vgl. das Protokoll der Sitzung der Kirchenkommission vom 24. 6. 1946. Archiv der Kirchengemeinde St.Bonifatius, Akte „Rundschreiben weltlicher Behörden bis 1959"   Für das 3. Vierteljahr 1946 gab Dechant Krieter als Materialbedarf für Instandsetzungsarbeiten an der Bonifatiuskirche an: 0,07 Tonnen Eisen, 6 Kubikmeter Holz, 1.200 Kg Zement und 126 qm Glas.

„Um diese Notlage zu beseitigen, fasste der Vorsitzende des Kirchenvorstandes der Katholischen Kirchengemeinde St. Bonifatius, Herr Dechant Krieter, in dem Wunsche, ein Werk christlicher Nächstenliebe zu schaffen, den Entschluss, ein Unfallkrankenhaus in Wilhelmsburg zu errichten." [635]

Abb. 102 : Das Betriebskrankenhaus der Wollkämmerei vor der Zerstörung im Jahre 1944. Es hatte 60 Betten. Chefarzt war damals Dr. Gebauer. Dechant Krieter bat Dr. Gebauer - ungeachtet dessen evangelisch-lutherischer Konfession - darum, medizinischer Berater im Kuratorium des neu zu gründenden „Krankenhauses Groß-Sand" zu sein und nach Fertigstellung die Chefarzt-Stelle zu übernehmen.

Der soeben zitierte Satz spricht eine Wahrheit aus, die heutzutage den meisten Besuchern des Krankenhauses unbekannt ist: Ohne die Entschlussfreudigkeit und Tatkraft des Dechanten Krieter gäbe es das „Wilhelmsburger Krankenhaus Groß-Sand" nicht! Dechant Krieter fasste den Entschluss zum Krankenhausbau gewiss nach Rücksprache und auf Anregung und Bitten des damaligen Bezirksleiters und späteren Finanzsenators, Dr. Dudek. Aber die Bereitschaft des Dechanten Krieter, sich selbst größte Mühen aufzulasten, war die entscheidende Voraussetzung aller Planungen und Baumaßnahmen. Leider erinnert heutzutage im Krankenhausgebäude nichts an Dechant Krieter. Nicht einmal ein Foto ist ausgehängt.

Dr. Dudek hatte die Errichtung eines Krankenhauses in Wilhelmsburg schon im Jahre 1929 geplant. Damals war er Oberbürgermeister der preußischen Stadt Harburg-Wilhelmsburg. Der Regierungspräsident in Lüneburg hatte den Bau abgelehnt, weil er von der Wirtschaftlichkeit eines Krankenhauses in Wilhelmsburg nicht überzeugt war. [636]

---

[635] Das Zitat stammt aus der Festschrift, die zur Eröffnung des Krankenhauses Groß-Sand im Januar 1950 herausgegeben wurde. Der Autor des Textes ist in der Festschrift nicht ausdrücklich genannt. Aufgrund der Diktion kann der Text aber mit Sicherheit Dechant Krieter zugeordnet werden. Die Broschüre findet sich im Archiv der Kirchengemeinde St. Bonifatius, Akte „Schriftwechsel zum Bau des Krankenhauses"

[636] Vgl. Harburger Anzeigen und Nachrichten vom 8. 3. 1930, Bericht aus den Städtischen Kollegien

Bei seinen damaligen Bauplänen hatte Dr. Dudek die Zusammenarbeit mit der evangelisch-lutherischen Emmaus-Gemeinde angestrebt. Mittlerweile war er zum katholischen Glauben konvertiert. Folglich wandte sich Dr. Dudek gegen Ende des Jahres 1945 an den katholischen Dechanten Krieter. Nach seinem Vorschlag sollte die Kirchengemeinde St. Bonifatius Bauherr, Eigentümer und personeller Träger des neuen Krankenhauses sein. Die Kosten des Baues sollten durch einen Beitrag der Gemeinde, durch Spendengelder und durch eine günstige Kreditvergabe der Hansestadt Hamburg bewältigt werden.

Nachdem Dr. Dudek Finanzsenator der Hansestadt Hamburg geworden war, konnte er dem Dechanten Krieter mit einiger Sicherheit staatliche Hilfe zusagen.[637] Außerdem konnte er über Paul Ulitzka ständig engsten Kontakt zu Dechant Krieter halten und das gemeinsame Anliegen mit gutem Rat fördern.

Abb. 103: Bronzeplakette mit dem Bild des ehemaligen Oberbürgermeisters von Harburg-Wilhelmsburg und Finanzsenators der Freien und Hansestadt Hamburg, Dr. Walter Dudek, auf dem Gedenkstein vor der Walter-Dudek-Brücke in Hamburg- Harburg.

Der Gedenkstein wurde am 11. März 1988 errichtet.

Die Bonifatiusgemeinde besaß keine ausreichenden Geldmittel. Darum sollte sie als Eigenbeitrag der Gemeinde ein Grundstück bereitstellen, möglichst in unmittelbarer Nähe zur Bonifatiuskirche. Wie oben geschildert, hatte Senator Velthuysen der Kirchengemeinde St. Bonifatius im August 1945 die schwer beschädigte Alte Schule „zur Verwertung für kirchengemeindliche und karitative Zwecke" überlassen. Für das Grundstück, auf dem die Alte Schule stand - Groß-Sand 2 - sollten jährlich 10 RM Pacht an die Hansestadt gezahlt werden.

Die Herren Krieter, Dudek und Ulitzka dachten nun an die Zusammenlegung dieses Grundstückes mit dem angrenzenden „ehemals Adler'schen Grundstück" (Groß-Sand 4). Das „Adler'sche Grundstück" gehörte weiterhin der Hansestadt Hamburg, aber Senator Velthuysen hatte der Bonifatiusgemeinde zugesagt, „bei Notwendigkeit" dieses Grundstück pachten oder kaufen zu können. Aus dieser Sachlage entstand der Plan, der Hansestadt Hamburg ein Tauschgeschäft vorzuschlagen:

---

[637] Dr. Dudek war im Februar 1946 Nachfolger des Finanzsenators Hermann Willink geworden, der unter dem Druck der Engländer zurückgetreten war. Die Engländer warfen Hermann Willink „unefficiency" vor. Vgl. Tormin, Walter, Hamburg nach dem Ende des Dritten Reiches: politischer Neuaufbau in der unmittelbaren Nachkriegszeit (1945/46 bis 1949), a. a. O., S.63

Für das „ehemals Adler´sche Grundstück" und das ehemalige Schulgrundstück Groß-Sand 2 sollte die Hansestadt die „Höpenwiese" in Hamburg-Sinstorf erhalten, die - wie oben berichtet - seit 1932 im Besitz der Bonifatiusgemeinde war. Bevor rechtliche Schritte zur Verwirklichung dieses Tauschgeschäftes vorgenommen werden konnten, musste Gewissheit geschaffen werden, dass die Gesundheitsverwaltung der Hansestadt, das Stadtplanungsamt, die Baupolizei und der neue Leiter des Verwaltungsbezirkes 8 - der ehemalige Senator der Stadt Harburg, Alfred Höhlein - die Errichtung eines Krankenhauses in Wilhelmsburg grundsätzlich befürworteten. Zu diesem Zweck mussten den genannten Institutionen Unterlagen über den Umfang des Bauprojektes und erste Bauzeichnungen vorgelegt werden. Den Auftrag, diese Arbeiten durchzuführen, erteilte Dechant Krieter dem Architekten Karl Sterra, der sein Büro in Wilhelmsburg hatte.

Es ist hervorzuheben, dass Dechant Krieter die vorbereitenden Besprechungen und die ersten Schritte zur Verwirklichung des Krankenhausbaues ohne Wissen und Zustimmung seines Bischofs durchgeführt hat. Kirchenrechtlich handelte er illegal. Er tat es dennoch, weil er befürchten musste, der Bischof und seine Behörde würden den Krankenhausbau in Wilhelmsburg verzögern, vielleicht sogar untersagen. Dechant Krieter erinnerte sich an die Jahre 1940 bis 1943. Als es damals um die Steuerbefreiung für das „Stift St. Willehad" gegangen war, hatte das Generalvikariat dem Vorgehen des Pfarrers Krieter erst nach langen Wirren zugestimmt. Dechant Krieter beschloss, dieses Mal schnell zu handeln. Bei einem Erfolg des Unternehmens würden sich der Zorn von Bischof Jsef-Godehard und Generalvikar Dr. Offenstein in Grenzen halten, an einen Misserfolg mochte Dechant Krieter nicht denken.

Am 20. Mai 1946 schrieb er den folgenden Brief an die Kämmerei der Hansestadt Hamburg: „...Im Hinblick auf die einfach trostlosen Krankenhausverhältnisse im Stadtteil Wilhelmsburg mit seinen rund 44.000 Einwohnern - ohne Veddel - ... hat sich die Kirchengemeinde entschlossen, alsbald ein Krankenhaus zu errichten, und dafür die beiden genannten Grundstücke (Groß-Sand 2 und 4; Anm. d. Verf.), die sich für diesen Zweck besonders eignen, in Anspruch zu nehmen. Zunächst soll darauf mit größter Beschleunigung eine Krankenstation mit Operationsräumen für 15 Krankenbetten eingerichtet werden. Durch Erweiterungen soll dann ein Krankenhaus mit ca. 80 Betten entstehen. Das Projekt mit Zeichnungen ist der Gesundheitsverwaltung und der Kreisverwaltung 8 unterm 11. April 1946 vorgelegt worden. In einer Vorbesprechung mit der Baupolizei und dem Stadtplanungsamt haben diese beiden Verwaltungen keine Einwendungen gemacht. Damit die Ausführung des Vorhabens keine Verzögerungen erleidet, bitte ich, der Kirchengemeinde die eingangs genannten beiden Grundflächen im Austauschwege mit einem der Kirchengemeinde gehörenden Grundstück schon jetzt zu Eigentum zu überlassen. Die Kirchengemeinde bietet der Hansestadt Hamburg das in ihrem Eigentum stehende 4620 qm große, unbebaute und unbelastete Grundstück in Hamburg-Sinstorf, Meckelfelder Weg (Gemarkung Sinstorf, Kartenblatt 2, Parzelle 314 / 16 und 315 / 14), welches im Grundbuch von Sinstorf, Band 4, Blatt Nr. 123 eingetragen ist, als Tauschobjekt an. Über einen etwaigen Ausgleich und zur Klärung sonstiger in diesem Zusammenhang stehender Fragen dürfte wohl zweckmäßig eine mündliche Besprechung an Ort und Stelle stattfinden, wozu der Unterzeichnete jederzeit nach fernmündlicher Vereinbarung zur Verfügung steht. Ich darf ergebenst um wohlwollende Prüfung meines Antrages bitten und mir alsbald einen Bescheid zukommen zu lassen. Hochachtungsvoll Krieter, Dechant" [638]

---

[638] Archiv der Kirchengemeinde St. Bonifatius, Akte „Schriftwechsel zum Bau des Krankenhauses"

Die Kämmerei zeigte sich mit dem Tausch der Grundstücke grundsätzlich einverstanden. Sie verlangte aber zusätzlich zur Höpenwiese einen Teil des Gemeindehaus-Grundstückes am Birkenweg, damit der an dieses Grundstück angrenzende Hof der Schule Bonifatiusstraße 2 vergrößert werden könne. Diese Forderung akzeptierte Dechant Krieter sofort, kam sie doch der im April 1946 wieder eingerichteten katholischen Schule zugute. Die rechtliche Begutachtung und Bearbeitung des Tauschgeschäftes zog sich etwa ein Jahr lang hin. Der Vorgang benötigte auch deswegen so lange Zeit, weil in Hamburg - nach dem Willen des Militärgouverneurs - schon im Jahre 1946 die „ernannte Bürgerschaft" und der „ernannte Senat" durch eine „gewählte Bürgerschaft" und einen „gewählten Senat" ersetzt werden sollten. Es war bis Ende des Jahres 1946 nicht gesichert, dass Dr. Dudek im Amt des Finanzsenators bliebe. Für Dechant Krieter war es ein Glück, dass die Hamburger bei den ersten Wahlen nach Kriegsende die SPD zum Wahlsieger machten. Der am 15. November 1946 gewählte neue Senat unter dem Bürgermeister Max Brauer war ein Drei-Parteien-Senat (SPD, FDP, KPD) unter Führung der SPD. Dr. Dudek blieb Finanzsenator. Am 27. Mai 1947 schickte die Stadtkämmerei der Bonifatiusgemeinde einen Vertragsentwurf zu, der das geplante Tauschgeschäft in rechtliche Form brachte. Dechant Krieter berief daraufhin zum 10. Juni 1947 seinen Kirchenvorstand ein und erreichte folgenden Beschluss: „Der Kirchenvorstand ist einmütig der Ansicht, dass die Errichtung eines Krankenhauses im Stadtteil Wilhelmsburg seitens der Kirchengemeinde unumgänglich notwendig ist. Er billigt die von dem Vorsitzenden (Dechant Krieter; Anm. d. Verf.) in dieser Hinsicht unternommenen Schritte. Insbesondere ist der Kirchenvorstand damit einverstanden, dass die Kirchengemeinde zu diesem Zweck von der Hansestadt Hamburg im Tauschwege das neben dem Kirchengrundstück gelegene ehemalige Schulgrundstück Groß-Sand 2, in Größe von 1101 qm, und das Mietwohngrundstück Groß-Sand Nr. 4, in Größe von 3485 qm, erwirbt und an die Hansestadt Hamburg das Eigentum an den der Kirchengemeinde gehörenden unbebauten Grundstücken in Hamburg-Sinstorf, in Größe von 4620 qm, und eine Teilfläche des Grundstückes des Katholischen Gemeindehauses in Hamburg-Wilhelmsburg, in Größe von etwa 220 qm, zum Zwecke der Erweiterung des Schulhofes der katholischen Schule Bonifatiusstraße 2 überträgt. Mit den Bedingungen, die in dem mit Schreiben des Kämmerers der Hansestadt Hamburg - Liegenschaftsverwaltung - vom 27. Mai 1947 übersandten Vertragsentwurf enthalten sind, ist der Kirchenvorstand einverstanden. Der Kirchenvorstand stimmt deshalb dem Vertragsentwurf zu."[639]

Nun war es höchste Zeit, das Generalvikariat in Hildesheim über die bereits vollzogenen Schritte zur Realisierung des Krankenhausbaues zu unterrichten, denn ohne „kirchenoberliche" Genehmigung durfte Dechant Krieter den Tauschvertrag nicht unterzeichnen.[640] Schon am Tage nach der Kirchenvorstandssitzung schrieb er eilig an das Hochwürdigste Bischöfliche Generalvikariat:

---

[639] Archiv der Kirchengemeinde St. Bonifatius, Akte „Schriftwechsel zum Bau des Krankenhauses" und Akte „Protokolle über Kirchenvorstandssitzungen 1911- 1959". Die Bedingungen in dem Schreiben des Kämmerers, denen der Kirchenvorstand zustimmte, fanden Niederschlag in der „Satzung des Wilhelmsburger Krankenhauses Groß-Sand in Hamburg-Wilhelmsburg", die am 16. März 1950 / 20. Dezember 1954 schriftlich fixiert wurde. Ein Exemplar der Satzung - aus dem Jahre 1954 - findet sich im Archiv der Kirchengemeinde St. Bonifatius, Akte „Schriftwechsel zum Bau des Krankenhauses"

[640] Schon in seinem Brief an das Generalvikariat vom 22. 2. 1947 (Antrag auf Bewilligung einer Beihilfe aus Mitteln des Bonifatiusvereins) hatte Dechant Krieter beiläufig von der Absicht des Kirchenvorstandes gesprochen, eine Krankenstation in Wilhelmsburg zu errichten. Archiv der Kirchengemeinde St. Bonifatius, Akte „Rundschreiben weltlicher Behörden bis 1959". (Der Titel der Akte ist für ihren Inhalt nur zum geringsten Teil zutreffend.)

„In der Anlage überreiche ich einen Vertragsentwurf der Hansestadt Hamburg über einen mit der Katholischen Kirchengemeinde abzuschließenden Grundstücksaustauschvertrag. In der gestrigen Sitzung des Kirchenvorstandes wurde, wie aus dem beigefügten beglaubigten Auszug ersichtlich, der Vertragsentwurf gründlich durchberaten und einstimmig angenommen. Der Kirchenvorstand findet den Erwerb der neben der Kirche belegenen Grundstücke außerordentlich günstig und hält den Bau eines Krankenhauses für dringend notwendig, da das einzige (Krankenhaus; Einfügung d. Verf.) für den rund 50.000 Einwohner zählenden Stadtteil Wilhelmsburg während des Krieges vollständig zerstört wurde. Einflussreiche Persönlichkeiten von Hamburg haben der Kirchengemeinde Hilfe und finanzielle Unterstützung zugesichert. Es war nicht zu umgehen, den Auftrag zur Anfertigung einer Zeichnung zur Errichtung des Krankenhauses einem hiesigen Architekten zu übergeben. Der Architekt zählt zu den tüchtigsten von Hamburg, und nur durch seine Befürwortung konnten wir bereits die baupolizeiliche Genehmigung erhalten und dadurch erst zum Erwerb der Grundstücke gelangen.

Da wir die Grundstücke nur auf dem Tauschwege erwerben können, ist der Kirchenvorstand ohne weiteres damit einverstanden, dass wir die Höpenwiese an die Hansestadt Hamburg abtreten, zumal die Wiese durch die Anlegung von Schlackenwegen seitens der Wehrmacht und durch die vielen rund um das Grundstück erbauten Wohnlauben und durch die Abholzung des in der Nähe gelegenen Waldes allen Wert und Reiz für unsere Gemeinde verloren hat. [641] Auch für die Nachbargemeinde (St. Maria; Einfügung d. Verf.) in Harburg ist das Grundstück nach Rücksprache mit Herrn Pfarrer Mock wertlos. Zwecks Abschluss des Vertrages bitte ich um baldige Erteilung der kirchenoberlichen Genehmigung, da der Stadtkämmerer der Stadt Hamburg, Herr Senator Dr. Dudek, mit schnellster Erledigung rechnet. Gehorsamst, Krieter, Dechant."[642]

Generalvikar Dr. Offenstein wird die Eigenmächtigkeit seines Freundes Krieter mit höchstem Unmut zur Kenntnis genommen haben.[643] Den Krankenhausbau selbst und die von Krieter bereits vollzogenen Schritte musste er dagegen befürworten. Weil er das Unternehmen nicht gefährden wollte, gab Generalvikar Dr. Offenstein am 23. Juni 1947 die Genehmigung, den Tauschvertrag mit der Hansestadt Hamburg zu unterzeichnen.

---

[641] In den letzten Kriegstagen hatten „Wehmacht" und „Volkssturm" Panzergräben und Flak-Stellungen rund um Harburg errichtet. Im Zuge dieser Maßnahmen war aus der von der katholischen Jugend im Jahre 1935 auf der Höpenwiese errichteten Übernachtungs- und Wohnhütte eine „Wehrmachtsbaracke" geworden. Vgl. Siebenkorn, Kerstin, Der Volkssturm im Süden Hamburgs 1944 / 45, a. a. O., S. 30 ff. und das Schreiben des Herrn Gustav Bergmann an den Architekten, Karl Sterra, vom 20. 1. 1947 im Archiv der Kirchengemeinde St. Bonifatius, Akte „Schriftwechsel zum Bau des Krankenhauses"

[642] Archiv der Kirchengemeinde St. Bonifatius, Akte „Schriftwechsel zum Bau des Krankenhauses"

[643] Am 12. 1. 1948 gab Generalvikar Dr. Offenstein das folgende Rundschreiben heraus: „Wir machen erneut darauf aufmerksam, dass zu allen Bauten und Umbauten sowie zu jeder Beauftragung eines Architekten mit Planungen dieser Art unsere vorhergehende schriftliche Genehmigung notwendig ist. Dasselbe gilt von jeder Ausmalung kirchlicher Räume und der gesamten künstlerischen Gestaltung. Beschaffung von Orgeln und ihre Umgestaltung fallen stets unter die Genehmigungspflicht. Überdies sind alle nicht im Haushaltsplane vorgesehenen Ausgaben, die die im Gesetze für die kirchliche Vermögensverwaltung vorgesehene Höhe überschreiten, genehmigungspflichtig. Im Übrigen verweisen wir nochmals auf unsere Ausschreiben und die im Kirchlichen Anzeiger 1946, 41-44 enthaltenen Verfügungen über `Kirchliche Bauvorhaben´ und `Innere Ausgestaltung und Ausstattung von Gotteshäusern´. Bei Zuwiderhandeln werden wir künftig mit Strafen einschreiten." Bischöfliches Generalvikariat Hildesheim, Offenstein, Nr. 396 vom 12. 1. 1948, Archiv der Kirchengemeinde St. Bonifatius, Akte Rundschreiben Kirchlicher Behörden 1945-1948"

Erstaunlicherweise unterrichtete Dr. Offenstein seinen Bischof nicht sofort über die Baupläne, die in Wilhelmsburg vorangetrieben wurden. Indirekt bestätigte er damit die Befürchtungen des Dechanten Krieter, der Bischof werde das Projekt verzögern, vielleicht sogar untersagen, wenn er davon erführe. Wahrscheinlich wurde Bischof Joseph-Godehard über den geplanten Krankenhausbau erst am 31. August 1947 - durch Dechant Krieter selbstinformiert. An diesem Tag war der Bischof zum Spenden des Sakramentes der Firmung in Wilhelmsburg.[644]

Das Eingeständnis des Dechanten Krieter, die entscheidenden Schritte zum Bau eines Krankenhauses bereits getan zu haben, bewirkte eine lange andauernde Verärgerung des Bischofs. Zwei Jahre später, als Dechant Krieter seinen Bischof zur Feier der Grundsteinlegung des Krankenhauses einlud, lehnte dieser die Teilnahme ab. Stattdessen schrieb er:

„Lieber Herr Dechant! Freude und Ärger haben Sie mir zugleich bereitet mit Ihrem Bau. Warum schrieben Sie nicht sofort? Es ist unmöglich für eine Behörde, solche Illegalitäten hinzunehmen. Was könnte wohl alles dabei herauskommen, wenn es nur in zehn Prozent der Fälle schief ginge! Das soll nicht heißen, dass ich mit der Sache nicht zufrieden wäre. Im Gegenteil, ich möchte, der zweite Bau schlösse sich bald an, natürlich unter günstigen Bedingungen und nach vorheriger Genehmigung. Sehen Sie zu, was sich vernünftigerweise machen lässt. ...

Mit Segensgruß. Bischof + Joseph-Godehard"[645]

Die Grundsteinlegung war im Jahre 1947 noch in weiter Ferne. Am 11. Juli 1947 unterschrieb Dechant Krieter die Urkunde zum Grundstückstauschvertrag zwischen der Hansestadt Hamburg und der Kirchengemeinde St. Bonifatius.[646] Der Senat der Hansestadt genehmigte diesen Vertrag am 7. November 1947. Nun begann für Dechant Krieter die Zeit des Spendensammelns. Die Liste der Spender, die im Archiv der Kirchengemeinde St. Bonifatius liegt, erfasst 97 Namen von Privatpersonen, von Inhabern kleiner Geschäfte, von kleinen Handwerks- und von großen Industriebetrieben. Die gespendeten Beträge bewegten sich zwischen 5 Mark und 2.500 Mark. Insgesamt kamen 40.878 Mark an Spendengeldern zusammen. In der Bonifatiusgemeinde bewunderten viele Mitglieder den unermüdlichen Einsatz ihres Pfarrers. Die Zeitzeugin Erna Nowacki berichtete: „Als die Krankenhausgeschichte (der Bau des Krankenhauses Groß-Sand; Anm. d. Verf.) kam, da fingen wir an, ihn zu bewundern. ... Wie der das gemacht hat!! Er ist von einer Firma in die andere gezogen! Er ist überall in die Betriebe gegangen, hat gebettelt und hat dafür geworben, dieses Krankenhaus zu bauen! Ich habe ihm vorher nie zugetraut, dass er das schaffen könnte. Danach habe ich ihn bewundert."[647]

---

[644] Vgl. Chronik der Kirchengemeinde St. Bonifatius, S. 47

[645] Archiv der Kirchengemeinde St. Bonifatius, Akte „Schriftwechsel zum Bau des Krankenhauses". Als Bischof Joseph-Godehard am 25. September 1949 - also nach der Grundsteinlegung - die Gemeinde St. Bonifatius erneut zum Spenden des Sakramentes der Firmung besuchte, besichtigte er auch die Baustelle des Krankenhauses. Vgl. Chronik der Kirchengemeinde St. Maria, Bd.2, 1949, S. 11.

[646] Nr. 27 des Urkundenregisters der Kämmerei der Hansestadt Hamburg für 1947. Archiv der Kirchengemeinde St. Bonifatius, Akte „Schriftwechsel zum Bau des Krankenhauses". Am 29. 9. 1947 wurde im Auftrag des Vermessungsamtes das an die Hansestadt Hamburg abzutretende Teilstück des Gemeindehaus-Grundstückes, Birkenweg 6, vermessen.

[647] Vgl. das Gespräch mit Erna Nowacki vom 5. 2. 2004

Mit seinen Besuchen bei den Geldspendern erreichte Dechant Krieter zugleich, dass sich führende Persönlichkeiten Wilhelmsburgs hinter das „Projekt Krankenhausbau" stellten, unabhängig von ihrer Konfession und politischen Einstellung. Folglich war es für Dechant Krieter auch keine Schwierigkeit, dem Anraten des Dr. Dudek zu folgen und ein „Kuratorium des Wilhelmsburger Krankenhauses Groß-Sand" zu bilden. Das Kuratorium sollte die finanziellen Mittel verwalten und die Durchführung des Bauvorhabens kontrollieren. Als Bauherr gehörte Dechant Krieter natürlich zum Kuratorium, ebenso sein Architekt, Karl Sterra. Der Kirchenvorstand von St. Bonifatius schickte vier Mitglieder. Von diesen sind Andreas Nolte und Arnold Vondran, der Leiter der Sparkasse in Wilhelmsburg, besonders zu nennen. Weiter gehörten zum Kuratorium zwei Vertreter des Wirtschaftsvereins Harburg-Wilhelmsburg. Der Direktor der Wollkämmerei, Dr. Schlenzig, übernahm den Vorsitz. Herr Wilhelm Carstens, der Besitzer der gleichnamigen Farbenfabrik, war der zweite Industrievertreter. Der damalige Leiter des Ortsamtes Wilhelmsburg, Winterberg, Regierungsrat Paul Ulitzka (Finanzbehörde) und Alfred Höhlein (Leiter des Verwaltungsbezirkes 8) waren die Vertreter der Stadtverwaltung. Ein Gewerkschaftsmitglied und ein Mitglied derjenigen Partei, die in der Hamburger Bürgerschaft die Mehrheit besaß, sollten im Kuratorium die Vertreter der aktuellen Politik sein. Entsprechend dem Ausgang der Wahl vom 13. Oktober 1946 wurde dieses Kuratoriumsmitglied von der SPD bestellt. Es war die Abgeordnete Bertha Kröger. Als ärztlicher Berater des Kuratoriums stellte sich Dr. Benno Gebauer zur Verfügung. Er war früher Chefarzt im Betriebskrankenhaus der Wollkämmerei gewesen.

Nach der Gründung des Kuratoriums war es leichter, staatliches Geld für den Krankenhausbau zu bekommen. Am Ende der Bemühungen standen ein unverzinslicher Zuschuss der Hansestadt Hamburg über 525.000 DM, eine Hypothek von 44.820 DM der Wiederaufbaukasse Hamburgs und eine Hypothek der Hamburgischen Landesbank über 50.000 DM. Damit beliefen sich die Gesamteinnahmen auf 663.419,09 DM.[648] Unter finanziellem Aspekt war also alles für den Bau des Krankenhauses bereit. Mittlerweile dachte das Kuratorium nicht mehr an die Errichtung nur einer „Krankenstation mit 15 Betten". Vielmehr sollte schon der erste Krankenhausbau eine Kapazität von 80 Betten haben, später sollte er erweitert werden. Die Ausschachtungsarbeiten auf dem Baugelände begannen Ende April 1949. Am 11. Mai 1949 wurde die Grundsteinlegung gefeiert, am 17. August 1949 war Richtfest.

Für Dechant Krieter tat sich Anfang Mai 1949 plötzlich ein neues Problem auf. Noch wenige Tage vorher war er davon ausgegangen, die personelle Besetzung des Krankenhauses mit Hilfe der „Barmherzigen Schwestern des heiligen Vinzenz von Paul" vornehmen zu können.[649]

---

[648] Die „Abrechnung über den Bau und die Einrichtung des „Wilhelmsburger Krankenhauses Groß-Sand" vom 8. 6. 1951 findet sich im Archiv der Kirchengemeinde St. Bonifatius, Akte „Schriftwechsel zum Bau des Krankenhauses"

[649] Vgl. das Protokoll der Kirchenvorstandssitzung am 26. 4. 1949, in deren Verlauf die Bildung des Kuratoriums und die Bedingungen der Vergabe eines Zuschusses der Hansestadt Hamburg akzeptiert wurden. Archiv der Kirchengemeinde St. Bonifatius, Akte, „Protokolle über Kirchenvorstandssitzungen 1911 bis 1959"

Doch die Vinzentinerinnen waren damit beschäftigt, das im Kriege zerstörte katholische Krankenhaus Maria-Hilf durch ein neues Krankenhaus an der Stader Straße in Harburg zu ersetzen.[650] Mutter Honoria, die Oberin des Mutterhauses in Hildesheim, behauptete, ihr stünden für das Wilhelmsburger Krankenhaus deswegen nicht genügend Ordensschwestern zur Verfügung. Der eigentliche Grund, der eine Zusammenarbeit verhinderte, war aber wohl der Berg an Missstimmung zwischen der Oberin und Dechant Krieter, der sich im Laufe der letzten Jahre aufgebaut hatte.[651]

So musste sich Dechant Krieter darum bemühen, Schwestern eines anderen Ordens für die Arbeit im Krankenhaus Groß-Sand zu gewinnen. Er schrieb deswegen am 20. Juli 1948 an den Präsidenten des Deutschen Caritasverbandes, Prälat Dr. Benedikt Kreutz, in Freiburg [652] Am 2. August 1948 erhielt Dechant Krieter einen Antwortbrief des Prälaten Dr. Kreutz. Die finanzielle Unterstützung des Wilhelmsburger Krankenhauses durch den Deutschen Caritasverband musste der Caritasdirektor ablehnen, zur Entsendung von Caritas-Schwestern wollte er sich nicht verbindlich äußern.

Zu seinem Glück fand Dechant Krieter doch noch einen Schwesternorden, der bereit war, die Arbeit im Krankenhaus Groß-Sand aufzunehmen. Es waren die „Schwestern der heiligen Katharina von Alexandria". Dieser Orden war aus Ostpreußen (Braunsberg) vertrieben worden. Die etwa 400 Schwestern suchten Betätigungsfelder in Westdeutschland.[653] Für die vertraglichen Abmachungen zwischen dem Katharinenorden und der Kirchengemeinde St. Bonifatius bot der Caritasdirektor der Diözese Hildesheim, Prälat Sendker, dem Dechanten Krieter am 2. Dezember 1949 seine Hilfe an. Der Prälat schrieb weiter: „Ebenso interessiert mich die Frage, ob mit den Chefärzten schon irgendwelche vertragliche Regelungen getroffen sind. Ich glaube, dass ich Dir vor einiger Zeit eine Niederschrift zur Frage der Chefarztverträge zusandte und hoffe, dass sie bei den Verhandlungen von Nutzen sein kann. Auch hierfür (für die Verhandlungen mit den Ärzten; Anm. d. Verf.) stelle ich mich gern zur Verfügung…"

---

[650] Das Krankenhaus Maria-Hilf mit seiner damaligen Kapazität von 172 Betten wurde bei dem Luftangriff am 25. 10. 1944 schwer getroffen. Das Gebäude brannte vollständig aus. Die „Barmherzigen Schwestern" wurden bei Familien in Harburg und im Vinzenzhaus am Reeseberg untergebracht. Am 5. 11. 1944 wurden von den Vinzentinerinnen Krankenhaus-Stationen in der neuen Schule in Marmstorf (25 Betten) und im Vinzenzhaus, Reeseberg 10 (30 Betten) errichtet. Diese Notlösung bestand bis 1948. Im April 1946 kaufte das Mutterhaus der Vinzentinerinnen die Villa des Stockfabrikanten Meyer an der Stader Straße mit Teilen des dazugehörigen Parks. Nach zweijähriger Umbauzeit konnte das Krankenhaus Maria-Hilf am 13. Mai 1948 seinen Betrieb aufnehmen. Um das weiter bestehende Provisorium am Reeseberg zu beenden, wurde an der Stader Straße später ein Neubau errichtet, der am 13. Juli 1959 seiner Bestimmung übergeben wurde. Vgl. Krankenhaus Mariahilf, Hamburg-Harburg, Festschrift zum 100jährigen Jubiläum 1900-2000, S. 15 ff., Hrsg. Krankenhaus Mariahilf, Mai 2000

[651] Als letztes Glied in der Kette der Unstimmigkeiten sind die mehrmaligen Beschwerden der Mutter Honoria zu nennen, die sie im Jahre 1947 bei Bischof Joseph-Godehard vorgetragen hatte. Sie beklagte sich über die angeblich schlechte Wohnung in der Alten Schule, die Dechant Krieter den beiden Vinzentinerinnen zugewiesen hatte, die nach dem Luftangriff vom 31. 3. 1945 übergangsweise im Haus des Rektors Rohde untergekommen waren. Dechant Krieter wies die unberechtigten Anschuldigungen in einem Brief an den Bischof am 3. 1. 1948 energisch zurück. Archiv der Kirchengemeinde St. Bonifatius, Akte „Gemeindehaus"

[652] Archiv der Kirchengemeinde St. Bonifatius, Akte „Schriftwechsel zum Bau des Krankenhauses"

[653] In Berlin-Wilmerdorf betrieb der Orden bereits das dortige Gertraudenkrankenhaus. Im Ort Weihe - in der Nordheide - betrieben Katharinenschwestern ein Waisenhaus. Zu den dortigen Schwestern hatte Pfarrer Mock Kontakt. So konnte er Dechant Krieter auf den Orden aufmerksam machen. Vgl. Festschrift St. Bonifatius Wilhelmsburg 1898-1998, S 34.

Als die Eröffnung des Krankenhauses endlich bevorstand, lud Dechant Krieter seinen Bischof zur Teilnahme an der Eröffnungsfeier ein. Der Bischof antwortete ihm am 22. Dezember 1949 in einem freundlichen Brief:

„ … Zur Eröffnung des Krankenhauses käme ich sehr gern. Aber ich war just zweimal hintereinander erst im hohen Norden. Mein Generalvikar will ohnehin noch höher hinauf, Grundstücke beschauen. Ich vermute, dass er das gern mit der Einweihung verbindet. Ich weihe unterdessen im Januar Uslar ein. Ich denke, Sie sind so zufrieden. Herzliche Weihnachtsgrüße an Sie und Ihren Herrn Kaplan, aber auch an die neuen Schwestern.
Ihr + Joseph-Godehard"[654]

Dechant Krieter bedauerte die Absage. Er mochte seinen Bischof zwar nicht als nachtragend einschätzen, aber seine eigenen Schuldgefühle drängten ihm den Gedanken auf, der Bischof habe seine Teilnahme an der Eröffnungsfeier abgelehnt, um ein Zeichen gegen die Eigenmächtigkeiten des Karl-Andreas Krieter zu setzen.

Am Sonntag, den 15. Januar 1950, begann im Krankenhausgebäude um 11 Uhr die Einweihungsfeier des „Wilhelmsburger Krankenhauses Groß-Sand". Zu Beginn spielten Mitglieder des Harburger Stadt-Theaters einen Quartettsatz von Mozart. Danach sang der Kinderchor der katholischen Gemeindeschule, Bonifatiusstraße 2, das Lied `Singt dem Herrn …' Anschließend folgte die Ansprache des Dechanten Krieter. Er begrüßte von den erschienenen Gästen besonders den Präsidenten der Hamburger Bürgerschaft, Herrn Adolf Schönfelder, den Bezirksamtsleiter von Harburg-Wilhelmsburg, Herrn Alfred Höhlein, und den stellvertretenden Vorsitzenden des Bezirksausschusses von Harburg-Wilhelmsburg, Herrn Josef Krebs.[655] Eine große Freude war es für Dechant Krieter, dass auch Pastor Kollhoff als Vertreter der evangelisch-lutherischen Kirchengemeinden Harburg-Wilhelmsburgs zur Feier erschienen war. Zum Ende seiner Rede erfolgte die symbolische Schlüsselübergabe von Herrn Architekt Sterra über Dechant Krieter an Herrn Dr. Gebauer, den Chefarzt des neuen Krankenhauses. Umrahmt von weiteren musikalischen Darbietungen des Quartetts und des Kinderchores hielten der Präses der Gesundheitsbehörde, Herr Walter Schmedemann, der Präses der Finanzbehörde, Herr Dr. Dudek, und als Vertreter der Industriebetriebe Wilhelmsburgs, Herr Wilhelm Carstens, Glückwunschreden.
Heiterkeit aller Anwesenden erzielte Generalvikar Dr. Offenstein, als er während seiner Rede Dechant Krieter ermahnte, vor Beginn seines nächsten Bauprojektes die Erlaubnis seines Bischofs und das Einverständnis des Generalvikars einzuholen. Die Ermahnung war humorvoll formuliert, aber in dieser Stunde berechtigten Stolzes fühlte sich Dechant Krieter auch daran erinnert, dass er es in der Planungsphase des Krankenhausbaues an Ehrlichkeit, Demut und Gehorsam gegen seinen Bischof hatte fehlen lassen.

---

[654] Der Bischof von Hildesheim, Nr. 14920, vom 22. 12. 1949, Archiv der Kirchengemeinde St. Bonifatius, Akte „Kapläne"

[655] Wie oben dargestellt, war Josef Krebs jahrelang Stellvertretender Vorsitzender des Kirchenvorstandes von St. Bonifatius gewesen. Er war auch Autor von Teilen der Chronik der Kirchengemeinde St. Bonifatius und weiterhin Mitglied der Gemeinde. Im Jahre 1947 war Josef Krebs Vorsitzender des Wohnungsausschusses Wilhelmsburg. Dieser Ausschuss wies Wohnungssuchenden eine Unterkunft zu. Vgl. Brief des Josef Krebs an Dechant Krieter vom 8. 10. 1947, Archiv der Kirchengemeinde St. Bonifatius, Akte „Schriftwechsel zum Bau des Krankenhauses"

Den Abschluss der Feier bildeten der gemeinsame Gesang des Liedes `Lobet den Herren, den mächtigen König der Ehren ...´ und die Besichtigung des Krankenhauses.

Schon am ersten Tag nach der Einweihung des Krankenhauses schrieb Dechant Krieter den folgenden Brief an Bischof Joseph-Gocehard:
„Hochwürdigster Herr Bischof! Ehrwürdigen Exzellenz möchte ich herzlichst danken für die durch den Hochwürdigsten Herrn Generalvikar, Dr. Offenstein, übermittelten Grüße und Wünsche anlässlich der Einweihungsfeier unseres Wilhelmsburger Krankenhauses. Ich bedaure es sehr, dass Ew. Exzellenz nicht persönlich an der Feier teilnehmen konnten. In einer Feierstunde wurde das Werk, das der christlichen Nächstenliebe dienen soll, seiner Bestimmung übergeben.
Angehörige verschiedener Weltanschauungen und Konfessionen gaben als Vertreter des Senats der Hansestadt Hamburg, der Bürgerschaft und der Industrie in Ansprachen ihrer Freude Ausdruck, dass unser Stadtbezirk wieder im Besitze eines Krankenhauses ist. Eine große Freude war es, dass der Hochwürdigste Herr Generalvikar, der durch seine frühere Tätigkeit hierselbst noch mit der Gemeinde verbunden ist, als Vertreter Ew. Exzellenz an der Feier teilnahm. Durch seine Anwesenheit und durch seine mit beredten Worten an die Festteilnehmer gemachten Ausführungen erhielt die Feier einen höheren Glanz. Um Ew. Exzellenz einen Überblick über die Feierstunde und einen Einblick in das bis jetzt geschaffene Werk zu geben, überreiche ich Ihnen anliegend ein Programm des Verlaufs der Feierstunde und ein Exemplar der anlässlich der Einweihungsfeier herausgegeben Festschrift. In der Hoffnung, dass es Ew. Exzellenz recht bald möglich sein wird, unserem Krankenhaus einen Besuch abzustatten, und indem ich nochmals herzlich danke, grüße ich Ew. Exzellenz in Ehrfurcht und Gehorsam. Krieter, Dechant" [656]

Abb.104: Das „Wilhelmsburger Krankenhaus Groß-Sand" im Jahre 1950

---

[656] Archiv der Kirchengemeinde St. Bonifatius, Akte „Schriftwechsel zum Bau des Krankenhauses"

Das katholische Krankenhaus Groß-Sand wurde von der gesamten Bevölkerung Wilhelmsburgs dankbar angenommen. Wie erwartet, erwies sich die Bettenkapazität schnell als zu gering. Schon Ende des Jahres 1951 liefen deswegen erste Planungen zur Erweiterung des Krankenhauses an. Schnell zeigte es sich auch, dass die Anzahl der im Krankenhaus tätigen Ordensschwestern für die anfallende Arbeit nicht ausreichte. Es fehlten vor allem Krankenschwestern. Da der „Orden der Heiligen Katharina von Alexandria" keine weiteren Ordensschwestern nach Wilhelmsburg senden konnte, wurden im Jahre 1950 Agnes Krieter und Christa Kränkel angestellt. Die Schwester des Dechanten, und deren Freundin Christa waren damit die ersten „weltlichen Schwestern" des Krankenhauses.

Später kamen weitere „weltliche" Krankenschwestern hinzu. Die Anstellung von Hilfs- und Reinigungspersonal auf den Krankenstationen, die Anstellung des Hausmeisters und vor allem auch die Anstellung von Ärzten erfolgte unabhängig von deren religiöser Überzeugung.

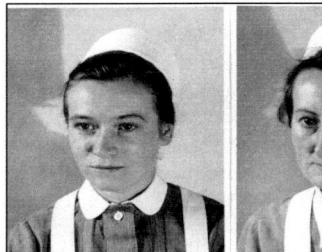

Dennoch verlor das Wilhelmsburger Krankenhaus niemals den Charakter eines katholischen Gemeindekrankenhauses.[657] Das kann auch heute noch, im Jahre 2014, festgestellt werden.

Abb. 105: Christa Kränkel und Agnes Krieter (aus Sicht des Betrachters von links)

Abb. 106: Der Verwaltungschef, Paul Ulitzka, an seinem Schreibtisch im Krankenhaus Groß-Sand

---

[657] Grundlage der Verwaltung des Krankenhauses war die Satzung vom 16. 3. 1950. Sie wurde am 20. 12. 1954 leicht verändert und in dieser Form vom Bischöflichen Generalvikariat Hildesheim am 28. 12. 1954 genehmigt. Im Jahre 1960 wurde der § 8 - Umstellung des Rechnungsjahres auf das Kalenderjahr - geändert. Die Satzung wurde am 12. 4. 1960 entsprechend neu gefasst. Vgl. Übergabeprotokoll der Pfarrgemeinde St. Bonifatius von Pfarrer Krieter an Pfarrer Großstück vom 30. 7. 1961, in : Archiv der Kirchengemeinde St. Bonifatius, Akte „Personalia".

Paul Ulitzka, der während der Planungs- und Bauphase des Krankenhauses dem Dechanten Krieter unentbehrlich gewesen war, stand ihm nach der Einweihung weiter treu zur Seite. Er war im Jahre 1950 zum Oberverwaltungsdirektor in der Finanzbehörde der Hansestadt Hamburg befördert worden und hatte hauptberuflich wahrlich genügend Arbeit. Dennoch übernahm Paul Ulitzka ehrenamtlich die Verwaltung des „Wilhelmsburger Krankenhauses Groß-Sand".[658]

7.11 Dechant Krieter und die besonderen Nöte der ersten Nachkriegszeit [659]

Mit der Restaurierung der Bonifatiuskirche, mit der Wiedererrichtung der katholischen Schulen in Harburg und Wilhelmsburg und mit dem Bau des Krankenhauses Groß-Sand „feierte" Dechant Krieter Erfolge, die Anerkennung verdienen. Aus Anerkennung muss Hochachtung werden, wenn man sich die besonderen Nöte vor Augen führt, die der Nachkriegszeit ihr typisches Gesicht gaben.

7.11.1 Die Entnazifizierung

Seit dem 20. November 1945 stand die Elite des NS-Regimes - soweit sie gefangen worden war - in Nürnberg vor Gericht. Die wieder zugelassenen Zeitungen und der Rundfunk berichteten über die grauenhaften Verbrechen, die in deutschem Namen begangen worden waren, ausführlich. Dechant Krieter wird den Prozessen gegen die Hauptkriegsverbrecher die notwendige Aufmerksamkeit geschenkt haben, persönlich berührt wurde er aber von den Maßnahmen, die gegen „deutsche Normalbürger" anliefen. Die alliierten Sieger waren der Meinung, alle erwachsenen Deutschen sollten überprüft, beurteilt und Schuldige zur Sühne herangezogen werden. Das Stichwort hieß „Entnazifizierung".

Die Katholische Kirche bezog zum Thema „Entnazifizierung" sofort Stellung. Schon im Juni 1945 schrieb Generalvikar Dr. Offenstein den Geistlichen der Diözese Hildesheim: „... Wir wissen, dass weite Kreise unseres Volkes an der Nazi-Herrschaft absolut unschuldig waren und sie immer abgelehnt und bekämpft haben, wo sie nur konnten. Andere waren schuldig - mehr oder weniger - in vielen Abstufungen. Als Seelsorger haben wir nicht zu richten, sondern zu retten. Das Richten und Strafen geht andere an. Wir sehen das Volk als solches in Not, und wir erbarmen uns dieses vor uns geliebten, irregeführten Volkes nach den Worten unseres Meisters: `Misereor super turbam´ (= Mich erbarmt des Volkes, Mk. 8.2; Anm. d. Verf.)" In demselben Schreiben verlangte Dr. Offenstein: „An der Durchführung der äußeren Säuberungsaktion wird sich der Seelsorger, soweit es sich um Personalfragen handelt, möglichst nicht beteiligen, um nicht die kirchliche Gemeinschaft zu zerreißen. Bei der Ausstellung von Leumundszeugnissen wird er die notwendige männliche Klugheit mit seiner priesterlichen Güte verbinden. In jeden Fällen, wo ein guter Katholik in bester Absicht - vielleicht um der Kirche und der guten Sache besser dienen zu können - rein äußerlich der nationalsozialistischen Partei angehörte und ihm nun schwere Nachteile drohen, soll der Seelsorger seinen Einfluss geltend machen, dass nicht durch eine rein schematische Durchführung der Säuberung großes Unrecht geschieht. ..."

---

[658] Vgl. Nachlass von Paul Ulitzka, Privatarchiv Ulrich Krieter

[659] Vgl. zu diesem Kapitel: Informationen zur politischen Bildung 259, überarbeitete Neuauflage 2005

So sehr sich der Seelsorger bei der äußeren Säuberungsaktion zurückhalten soll, so intensiv muss er an der inneren Säuberung der Seelen vom nationalsozialistischen Gift, das in weite Kreise tief eingedrungen ist, arbeiten. Kanzel und Schule stehen ihm schon jetzt dafür zur Verfügung. ..."[660]

Im Oktober 1946 legte der Alliierte Kontrollrat fünf Gruppen fest, denen die Deutschen zwecks „gerechter Beurteilung der Verantwortlichkeit" und zur „Heranziehung zu Sühnemaßnahmen" zugeordnet werden sollten:

I = Hauptschuldige;   II = Belastete (Aktivisten, Militaristen, Nutznießer);
III = Minderbelastete (Bewährungsgruppe);   IV = Mitläufer
V = Entlastete (Personen der vorstehenden Gruppen, welche vor einer Spruchkammer ihre Schuldlosigkeit beweisen können.)

Zur Aburteilung der „Schweren Fälle" (die Gruppen I und II) wurden in der britischen Besatzungszone „Spruchgerichte" gebildet. Die deutschen Richter und Schöffen dieser Gerichte durften nicht Mitglied der NSDAP oder einer ihrer Organisationen gewesen sein. Die Aufsicht über die Gerichte und die Aufsicht über die Urteile lag bei englischen Offizieren. Die Kategorien III bis V wurden durch „Entnazifizierungsausschüsse" vergeben. Vor diesen Ausschüssen musste der Nachweis erbracht werden, dass man keinen Nutzen aus der NS-Zeit gezogen hatte und höchstens nominell oder aber gar nicht Mitglied der NSDAP gewesen war. Wurde der untersuchte Fall in die Gruppe III (Minderbelastete) eingeordnet, so warteten erhebliche Strafen auf den Betroffenen.

Der Katholischen Kirche gestattete die britische Militärregierung, ihre Geistlichen durch einen „kirchlichen Entnazifizierungsausschuss" beurteilen zu lassen. So bekam Dechant Krieter am 21. 2. 1948 das abgebildete „Unbescholtenheitszeugnis" ausgestellt.

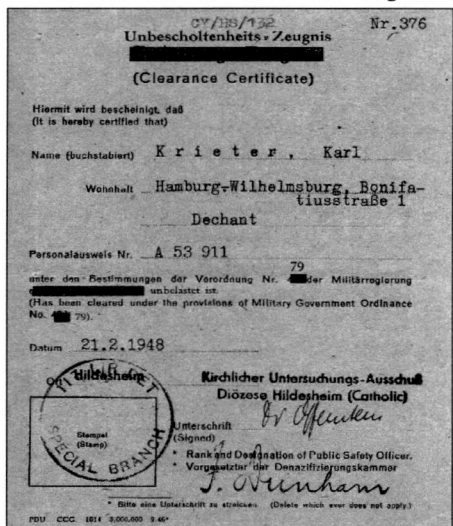

Unterschrieben war das Zeugnis von Generalvikar Dr. Offenstein und von einem englischen Sicherheitsoffizier Dunham. [661] Im Mai 1949 musste Dechant Krieter dem „öffentlichen Kläger" bei dem kirchlichen Sonderausschuss für die Diözese Hildesheim noch einmal schriftlich 34 Fragen beantworten. Am Ende des Fragebogens hatte er zu versichern: „Die auf diesem Formular gemachten Angaben sind wahr, und ich bin mir bewusst, dass jegliche Auslassung oder falsche und unvollständige Angabe mich der Anklage und Bestrafung aussetzt." Er unterschrieb am 11. Mai 1949.

Abb. 107: Urkunde über die Entnazifizierung des Dechanten Krieter

---

[660] Schreiben des Bischöfliches Generalvikariats, Offenstein, Nr. 3977, vom 16. Juni 1945 an sämtliche Herren Seelsorgegeistlichen der Diözese Hildesheim, Archiv der Kirchengemeinde St. Bonifatius, Akte „Rundschreiben kirchlicher Behörden 1945-1948"

[661] Dunham war „Vorgesetzter der Denazifizierungskammer". Die Urkunde findet sich im Archiv der Kirchengemeinde St. Bonifatius, Akte „Personalia"

Die Richtigkeit des Namens und der Unterschrift war von einem Zeugen zu bescheinigen. Am Ende des Fragebogens, den Dechant Krieter ablieferte, liest man: Ich bescheinige hiermit die Richtigkeit des obigen Namens und der Unterschrift, Andreas Nolte, 11. Mai 1949, Rektor, Wilhelmsburg, Groß-Sand 2, Siegel der Volksschule Alte Schleuse, Harburg-Wilhelmsburg. Am 27. Mai 1949 traf der „öffentliche Kläger" unter dem Aktenzeichen VE 210 / 49 für Karl-Andreas Krieter die Verfügung: „Nicht betroffen." [662]

Während es in seinem eigenen Fall abzusehen war, dass ihm die Kategorie V bewilligt würde, machte sich Dechant Krieter am Beginn der Entnazifizierungskampagne Sorgen um seinen wichtigsten weltlichen Mitarbeiter, Paul Ulitzka. Die Lebensdaten, die Paul Ulitzka vom Untersuchungsausschuss als Nähe zum Nationalsozialismus ausgelegt werden konnten, waren Dechant Krieter bekannt: Am 1. 9. 1933 war Paul Ulitzka Mitglied in der „Nationalsozialistischen Volkswohlfahrt" geworden und ab 1. 4. 1934 war er Mitglied im „Reichsbund der Deutschen Beamten". Gleichzeitig mit seiner Beförderung zum Stadtoberinspektor war Paul Ulitzka am 1. 4. 1936 in den „Reichskolonialbund" eingetreten und hatte dort drei Jahre lang die Beiträge kassiert. Am 1. Mai 1937 war er in die NSDAP eingetreten. Von Februar 1940 bis 1943 war er „Hilfsarbeiter" in der Kasse einer Ortsgruppe der NSDAP gewesen. Dechant Krieter wusste, dass Paul Ulitzka Mitglied der NSDAP und der genannten Unterorganisationen geworden war, um seine beruflichen Aufstiegschancen nicht zu gefährden. In seinem Herzen hatte Paul Ulitzka dem Nationalsozialismus aber niemals nahe gestanden.
Dieses Zeugnis hätte Dechant Krieter dem Finanzreferenten seiner Bonifatiusgemeinde jederzeit ausstellen können, doch er wusste, dass Paul Ulitzka in Person des Dr. Dudek, einen „Schutzpatron" hatte, dessen Zeugnis mehr wog. Seit Juni 1946 war Paul Ulitzka beim Finanzsenator persönlicher Referent und Referent für Sonderaufgaben. Am 17. Dezember 1946 hatte Dr. Dudek die Beförderung „seiner rechten Hand" vom Stadtamtmann zum Senatsrat erreicht. Im Befähigungsbericht, den Dr. Dudek zu diesem Zweck schreiben musste, betonte er, Paul Ulitzka sei als Mitglied der ehemaligen katholischen Zentrumspartei in der NSDAP immer mit Misstrauen beobachtet worden. Außerdem strich Dr. Dudek das ehrenamtliche Engagement heraus, das Paul Ulitzka während der NS-Zeit für katholische Einrichtungen gezeigt habe. Am 5. 1. 1948 wurde Paul Ulitzka durch den für ihn zuständigen Entnazifizierungsausschuss in die Gruppe V (= „Unbelastete") eingeordnet.

Andere Mitglieder der Kirchengemeinde St. Bonifatius hatten es schwerer, vor dem Entnazifizierungsausschuss zu bestehen. Wie Generalvikar Dr. Offenstein schon im Juni 1945 vorausgesehen hatte, baten im Laufe der Jahre 1946 bis 1948 viele Katholiken ihren Pfarrer, ihnen ein „gutes Leumundszeugnis" auszustellen. Einer von gewiss mehreren Fällen, mit denen sich Dechant Krieter zu beschäftigen hatte, war der Fall des - oben erwähnten - Polizisten Paul Fittkau. Dessen Sohn berichtete: „ Als Oberleutnant ist Vater im Mai 1934 nach Wilhelmsburg gekommen. … Nach den Luftangriffen auf Hamburg-Rothenburgsort, 1942 / 1943, hat er im Rang eines Majors ein Bataillon der Schutzpolizei geleitet, das in Rothenburgsort - am Brackdamm - stationiert war. Seine Polizisten waren dort kaserniert, obwohl sie Hamburger waren. Das waren ältere Männer, die wohl nicht mehr kriegsverwendungsfähig waren. Sie sollten die Reste der Häuser schützen - es lag ja dort alles in Schutt und Asche - und Aufräumarbeiten leisten. Noch 1945, als die Engländer nach Hamburg gekommen waren, hat mein Vater dort Dienst gemacht.

---

[662] Der Fragebogen findet sich im Archiv der Kirchengemeinde St. Bonifatius, Akte „Personalia"

Es war das einzige Polizeibataillon in Hamburg, das auch noch unter der englischen Besatzung während des Streifendienstes Waffen tragen durfte. Am 19. 6. 1945 wurde Vater „aus organisatorischen Gründen" aus dem Polizeidienst entlassen. Er hat dann seine Wiederaufnahme in den Polizeidienst betrieben. Da fing man an herumzukramen, was man ihm denn anhängen könne. Man legte ihm zu Last, dass er das Bataillon nachts hatte antreten lassen, um Hitlers Tod bekannt zu geben. Der Befehl dazu war aber von oben gekommen. Was hätte mein Vater denn anderes machen sollen? Ein Ende des Krieges war ja noch nicht abzusehen, und immer war noch die Rede vom Endsieg und von der Wunderwaffe, die kommen sollte. Anfang Dezember des Jahres 1947 haben dann drei Zeugen - Dechant Krieter, der damalige Rektor der Bonifatiusschule, Rohde, und das Vorstandsmitglied des Reichsbahn-Bauvereins, Rehberg - für meinen Vater Zeugnis abgegeben, dass er kein überzeugter Nazi war. Die Aussagen der drei Herren liegen mir schriftlich vor. Ich habe sie dir fotokopiert." [663]

Paul Fittkau wurde nach einem Revisionsverfahren der Gruppe V zugeordnet. Er durfte in den Polizeidienst zurückkehren und verlor seine Beamtenrechte nicht. Das Zeugnis, das Dechant Krieter für Paul Fittkau abgelegt hatte, lautete: „Fittkau ist mir seit dem Jahre 1935 sehr gut bekannt. Er hat sich immer zur katholischen Kirche bekannt und ist trotz Aufforderung der Partei nicht aus der Kirche ausgetreten. Kinder sind gut katholisch erzogen. Mir ist nicht bekannt, dass er als Beamter je zu Unrecht vorgegangen ist. Krieter, Dechant"

Dechant Krieter musste sich schließlich auch um Personen bemühen, die von der britischen Militärregierung als „Hauptschuldige" und „Belastete" zur Internierung verurteilt waren. Im Frühjahr 1947 wurde in der ehemaligen Panzerkaserne in Hamburg-Fischbek" - also im Seelsorgebezirk des Pfarrers Mock - ein Internierungslager (War Criminal Holding Centre) für ehemalige Nationalsozialisten und Kriegsverbrecher eingerichtet. Zweihundert der dortigen Gefangenen waren katholisch. Sie mussten seelsorgerlich betreut werden. Pfarrer Mock konnte die Betreuung nicht übernehmen, weil er in seiner Gemeinde bereits überlastet war. Dechant Krieter versuchte zunächst, beim Generalvikariat in Hildesheim die feste Abstellung eines Geistlichen für die Arbeit in Hamburg-Neugraben / Hamburg-Fischbek zu erreichen.[664] Als Generalvikar Dr. Offenstein diese Bitte nicht erfüllen konnte, nahm Dechant Krieter Kontakt zur Niederlassung des Jesuitenordens „Am Schlump" in Hamburg-Mitte auf. Er hatte Erfolg. In der Chronik der Kirchengemeinde St. Maria ist zu lesen: „Die Betreuung des Lagers, in dem 200 Katholiken untergebracht waren, machte die Stationierung eines Geistlichen in Neugraben noch um Vieles dringlicher. Vorläufig betreute der Jesuitenpater Bürgelin aus Hamburg seit Pfingsten des Jahres (1947) das Lager, indem er wöchentlich die heilige Messe für die Lagerinsassen las. Doch konnte er nicht die Kranken besuchen und Beichte hören. Vom Monat August an war es aber auch nicht einmal mehr möglich, die heilige Messe dort zu feiern, an der 200 Gefangene teilnahmen, von denen etwa 130 die heilige Kommunion empfingen." [665] Anzunehmen, die seelsorgliche Betreuung des Lagers sei ab August 1947 ganz eingestellt worden, ist abwegig. Was Dechant Krieter und Pfarrer Mock unternahmen, um die Betreuung der internierten Katholiken wenigstens in kleinstem Rahmen aufrecht zu erhalten, ist allerdings nicht mehr zu ermitteln.

---

[663] Vgl. das Gespräch mit Uwe Fittkau vom 20. 3. 2004.

[664] Wegen der vielen dorthin gezogenen katholischen Flüchtlingsfamilien forderte Pfarrer Mock damals seit längerer Zeit die Einrichtung einer Filialstelle von St. Maria in Hamburg-Neugraben / Hamburg-Fischbek.

[665] Chronik der Kirchengemeinde St. Maria, Bd. 2, 1947, S. 7

Ab dem Jahre 1948 wurde die Entnazifizierung von den Besatzungsmächten nur noch schleppend und mit abnehmender Intensität durchgeführt. Am 10. April 1951 erlaubte der Deutsche Bundestag per Gesetz allen Beamten, die bei ihrer Entnazifizierung den Gruppen III und IV zugeordnet waren, die Rückkehr in den öffentlichen Dienst. [666] Am 11. Mai 1951 verkündete der Deutsche Bundestag das Entnazifizierungs-Schlussgesetz. Es trat am 1. Juli 1951 in Kraft. Es beendete die Entnazifizierung auf Länder- und Bundesebene. Die Urteile gegen Personen der Gruppen „Hauptschuldige" und „Belastete" blieben bestehen. Die letzten Verurteilten kamen im Jahre 1958 frei.

7.11.2 Die Hunger- und Kältekatastrophe 1946 / 1947

Oben wurde schon geschildert, dass zum Ende des Jahres 1945 auch in Wilhelmsburg Hunger, Wohnungsnot, Energiemangel und Arbeitslosigkeit das Leben der Menschen bestimmten. Im Jahre 1946 wurden die Lebensbedingungen nicht besser. Weiterhin waren Lebensmittel und Kleidung rationiert und nur auf Bezugsschein erhältlich. Der Tagesbedarf an Kalorien wurde für einen Erwachsenen von 1500 Kalorien auf 900 Kalorien gesenkt. Was die Versorgung seiner eigenen Person anging, so hielt sich Dechant Krieter an das Bibelwort: „Darum sage ich euch: Sorget euch nicht um das Leben, was ihr esst, noch um den Leib, was ihr anziehen sollt. ... Betrachtet die Vögel des Himmels! Sie säen nicht, sie ernten nicht. Sie haben weder Speicher noch Scheuer, und Gott ernährt sie. ... Euer Vater aber weiß, dass ihr das braucht". (Lukas 12, 22 ff.) Diese Einstellung war für einen katholischen Priester löblich. Andererseits schob Dechant Krieter damit seiner Schwester Therese den „schwarzen Peter" zu: Sie musste sich den Ruf einhandeln, hartherzig zu sein, weil sie den Ertrag des Pfarrhausgartens und den Ertrag ihrer Hühnerhaltung nicht mit Nachbarn teilen wollte. Sie musste „in der Schlange stehen", wenn es Brot, Milch oder Fleisch zu kaufen gab. Sie musste sogar Kontakte zu Schwarzhändlern aufnehmen, um die Nahrungsversorgung der Pfarrhausbewohner erträglich zu gestalten. Therese Krieter konnte im Jahre 1946 nicht - wie früher oft geschehen - zu ihrem Bruder Otto nach Hilkerode reisen, um Nahrungsmittel für die Pfarrhausbewohner in Wilhelmsburg zu erbitten. Für längere Reisen mit der Eisenbahn brauchte man einen Erlaubnisschein. Es wäre in Deutschland zu einer Hungerkatastrophe größten Ausmaßes gekommen, wenn es nicht die Hilfsaktionen des Auslandes gegeben hätte. Vor allem die Lebensmittel- und Kleidungsspenden der US-Amerikaner und der Schweden brachten Hilfe. In den Schulen bekamen die deutschen Kinder zuerst noch die deutsche „Frühstücks- und Mittagsspeisung", die von den Eltern bezahlt werden musste. Später gab es die „englische Speisung" und die „Schwedenspeisung", die aus Spendengeld finanziert wurden.

In dem Konferenzbericht der katholischen Schule Wilhelmsburgs liest man zum 24. 9. 1946: „Zur englischen Schülerspeisung wird mitgeteilt, dass die Lehrpersonen nur 1 Portion empfangen dürfen. Es darf kein Essen nach Hause mitgenommen werden. Für kranke Kinder darf es nur gegen Vorlage des Attestes nach Hause genommen werden."

Die Notwendigkeit der Schulspeisung war derart, dass sie auch während der Herbstferien 1946 fortgesetzt wurde. Zur Ausgabe der Speisung wurden die Lehrkräfte tageweise verpflichtet. Im Oktober gab es Schokolade zu verteilen. Der Konferenzbericht vom 21. 10. 1946 berichtet:

---

[666] „Gesetz zur Regelung der Rechtsverhältnisse der unter Artikel 131 des Grundgesetzes fallenden Personen"

„Zu der Verteilung der Schokolade wird festgelegt, dass an fehlende Kinder keine Schokolade ausgegeben wird. Die für die fehlenden Kinder empfangene Schokolade wird an die übrigen Kinder der Klasse verteilt. Nur wenn ein Kind wirklich krank ist, was am besten durch den Arzt zu bescheinigen ist, darf für dieses Kind die Schokolade aufbewahrt werden. Auch in diesem Fall muss die Schokolade an das Kind - und jedes Mal nur eine halbe Tafel - ausgehändigt werden. … Bezüglich der Schokoladeverteilung wird darauf hingewiesen, dass keine Lehrperson sich von Kindern Schokolade schenken lassen darf. Bezüglich der Speisung wird darauf hingewiesen, dass unter Umständen als Strafe die Speisung entzogen werden darf."

Später übernahmen die Amerikaner die Speisung. Es soll ein letztes Mal aus einem Konferenzbericht zitiert werden, um die allgemeine Not zu veranschaulichen, die auch im Sommer 1947 noch andauerte:

„In den Sommerferien wird nicht gespeist, nur die Speisung der `Deutsch-Esser´ wird weitergeführt. An vielen Schulen ist die Zahl der gelieferten Portionen kleiner als die Schülerzahl … Wenn die Schülerzahl sich ändert - durch Zuzug usw. - so ist erst bei einer Zunahme von 10 Kindern eine Erhöhungsmeldung zu machen. Es dürfen nicht mehr Kinder gemeldet werden, als tatsächlich vorhanden sind. Die Lehrpersonen sollen mit den Kindern im selben Raum essen. Wenige Zeilen weiter steht der Vermerk: „Von der Schulfürsorge soll demnächst mitgeteilt werden, wie viele Paar Schuhe unserer Schule zugeteilt werden. Im Monat Oktober sollen für die Schulkinder Hamburgs 30.000, im November 40.000 und im Dezember nochmals 30.000 Paar Schuhe ausgegeben werden." Später liest man: „Unserer Schule sind Schuhscheine für 22 Paar bis zur Größe 35 und 3 Paar Knabenschuhe Größe über 35 zugewiesen worden. Aus jeder Klasse sind nun Kinder vorzuschlagen, die am dringendsten die Schuhe benötigen. … Bezüglich der Schuhzuteilung wird gefordert, dass die Zuteilung mit Datum in den Schülerbogen einzutragen ist. Die Schuhreparatur soll demnächst in Gang kommen".

In den deutschen Familien wurde gejubelt, wenn die Familie ein „Care-Paket" erhielt.[667] Ein Standard-Care-Paket enthielt 1 Pfund Rindfleisch in Kraftbrühe, 1 Pfund Steaks und Nieren, ½ Pfund Leber, ½ Pfund Corned Beef, ¾ Pfund „Prem" (Fleisch zum Mittagessen), ½ Pfund Speck, 2 Pfund Margarine, 1 Pfund Schweineschmalz, 2 Pfund Zucker, 1 Pfund Honig, 1 Pfund Schokolade, 1 Pfund Aprikosen-Konserven, ½ Pfund Eipulver, 2 Pfund Vollmilch-Pulver, 2 Pfund Kaffee und 1 Pfund Rosinen. Der Nährwert eines Paketes entsprach etwa 40.000 Kalorien.

Die Verteilung der Nahrungs- und Kleidungsspenden erfolgte über die „freien" Wohlfahrtsorganisationen und über die Kirchen. Dechant Krieter hatte für die Verteilung selbständig handelnde, unermüdliche Hilfskräfte in den Reihen des Elisabethvereins. Die Frauen bemühten sich, möglichst gerecht zu sein, konnten es aber natürlich nicht allen Gemeindemitgliedern recht machen. Wer sich ungerecht behandelt fühlte, sah gern die Schuld bei Dechant Krieter. Der Zeitzeuge Franz Lota berichtete: „Also, nach dem Krieg hat die katholische Gemeinde doch Hilfsgüter verteilt, Bekleidung und so weiter. Als ich noch in Gefangenschaft war, war meine Frau deswegen einmal bei der Gemeinde. Das hat sie mir dann später erzählt. Sie hat für meine beiden Jungen Schuhe beantragt.

---

[667] Am 27. 11. 1945 gründeten in den USA 22 Wohlfahrtsverbände die private Hilfsorganisation CARE = Cooperative for American Remittances to Europe Vgl. http://de.wikipedia.org/wiki/Care-Paket

Da hat der Dechant Krieter sie abgewiesen: 'Wenn Sie nicht zur Gemeinde gehören, kann ich keine Hilfsgüter abgeben'. Das hat er selbst gesagt. Darüber war ich natürlich auch sehr böse, als ich davon hörte. Meine Mutter war im Elisabethverein. Die hat damals bei dieser ganzen Spendensache mit geholfen. Die Bekleidung wurde ja vor der Ausgabe überholt, es wurde genäht, und so weiter. Meine Mutter hat es dann nachher fertig gebracht, dass meine beiden Jungen jeder ein Paar Schuhe kriegten. Wie gesagt, da war ich sehr enttäuscht von Dechant Krieter." [668]

Im Dezember 1946 wurde es katastrophal kalt. Bürgermeister Brauer teilte in einer Rundfunkansprache am 28. Dezember 1946 der Bevölkerung Hamburgs mit, die Militärregierung habe wegen des starken Frostes, wegen Mangel an Lokomotiven und Güterwaggons und infolge des Zufrierens der Kanäle die Hamburger Elektrizitätswerke aufgefordert, den täglichen Kohleverbrauch um 1.000 Tonnen zu senken. Deswegen würden die öffentlichen Verkehrsmittel in der Zeit von 10 bis 15 Uhr stillgelegt, die Ladengeschäfte dürften nur in den Stunden mit Tageslicht (9 bis 15 Uhr) öffnen, die Weihnachtsruhe in den Betrieben müsse um acht Tage verlängert werden und die Schulen müssten bis zum 21. 1. 1947 geschlossen bleiben.[669] Bürgermeister Brauer forderte die Bevölkerung auf, freiwillig den Stromverbrauch im Haushalt um 25 Prozent zu senken. Noch hatte er die Hoffnung, es handele sich hauptsächlich um eine Versorgungskrise, die Hamburg so schwer zu schaffen machte. Doch schon wenige Tage später sprach Max Brauer von der „Naturkatastrophe dieses Winters". Er schrieb an Sir Brian Robertson, den Generalgouverneur der britischen Besatzungszone: „Die Haushaltungen sind ohne Licht, Heizung und Kochmöglichkeit. Es muss gehandelt werden, und zwar sofort, wenn nicht allein in Hamburg in kürzester Frist viele Tausende dieser Katastrophe zum Opfer fallen sollen." [670]

Weil die Privathaushalte auf legalem Wege weder an Holz noch Kohle herankamen, wurde es für die Jugend Hamburgs zum „Sport, wie die Wölfe Kohlentransporte anzufallen und auszuplündern." [671] In den schlimmsten Tagen des „Kohlenklauens" schätzte man die Zahl der „Kohlensammler" auf einzelnen Verschiebebahnhöfen - wie Eidelstedt und Wilhelmsburg - auf täglich 17.000 Personen. Die Zeitzeugin Gertrud Matzat behauptet, auch Therese Krieter sei „zum Kohleklauen" gegangen, denn Pfarrer Krieter habe immer gefroren.[672]

Nicht alle „Sammler" handelten angetrieben von persönlicher Not. Es gab auch viele „Handlanger des Schwarzen Marktes". Der Zeitzeuge Hermann Keesenberg schrieb später in einem Aufsatz: „Wilhelmsburg erlangte einen recht zweifelhaften Ruf durch die vielen 'Kohlenklauer' und ihre Abnehmer. Die auf dem großen Güterbahnhof haltenden Kohlenzüge wurden erbrochen. ... Die Berufskohlenklauer verkauften den Zentner Kohlen für 50 Reichsmark und mehr, oder sie tauschten dafür Zigaretten, Lebensmittel, Bekleidung und Wäsche ein.

---

[668] Gespräch vom 23. 11. 2004

[669] In der Chronik der katholischen Schule, Bonifatiusstraße 2, Seite 136, liest man zum Winter 1947: „In unserer Schule wurde auf Anordnung der Behörde ein öffentlicher Wärmeraum geschaffen, der dem Landesjugendamt Hamburg unterstellt war. Die Aufsicht von 8 Uhr morgens bis 10 Uhr abends führten die Lehrpersonen. Infolge der geringen Inanspruchnahme des geheizten Raumes durch die Bevölkerung wurde die Wärmehalle nach 14 Tagen wieder geschlossen." Nachdem die Schulen Ende Januar 1947 wieder geöffnet worden waren, mussten sie ab dem 8. Februar 1947 wegen Mangels an Heizmaterial erneut geschlossen werden.

[670] Vgl. www.welt.de / print-welt/ article 695805 / Trümmerstadt_im_ Kälteschock.html

[671] So formulierte es Max Brauer in seiner Rede vom 21. 3. 1947.

[672] Gespräch vom 7. 2. 2005

Im Reiherstiegviertel entstanden - wie in Hamburg - Tauschzentralen, in denen alles gegen alles getauscht wurde. Schließlich wurde das ganze Gelände des Güterbahnhofs mit einem zwei Meter hohen Drahtgeflecht umgeben. Mit starken Drahtscheren verschaffte man sich, wenn die Soldaten der Besatzungsmacht oder die Bahnpolizei nicht auf der Hut waren, doch wieder Zugang. Mehrfach passierten Unglücksfälle. So verloren mehrere Personen ein Bein durch anfahrende Züge, und wiederholt sind `Kohlenklauer´ tödlich verunglückt." [673]

Pastor Hellmold beschrieb in der Chronik seiner Kirchengemeinde, wie sich die Kältekatastrophe auf das kirchliche Leben in Harburg und Wilhelmsburg auswirkte: „Das Jahr beginnt mit einer ungewöhnlich starken Kälte. Die Kohlenzüge fahren durch deutsche Lande, aber nicht für die Deutschen. [674] Sie müssen frieren, und weil sie nicht erfrieren wollen, gehen sie auf `Kohlenklau´. Auch Kinder `organisieren´ sich Kohlen. Damit verwischen sich leider auch auf anderen Gebieten die Grenzen zwischen Mein und Dein. In kalten Räumen kann man schlecht unterrichten und Gruppenstunden halten. So fallen in den ersten drei Monaten dieses Jahres häufig Seelsorgestunden und Gruppenstunden aus. Der Besuch des Sonntag-Gottesdienstes geht aus demselben Grunde stark zurück. Die Fastenpredigten sind unregelmäßig. Hungernden und Frierenden lässt sich schwer predigen. Die ständigen Stromsperren erschweren überdies die Zusammenkünfte (der Jugendgruppen und kirchlichen Vereine; Anm. d. Verf.) ...." [675]

Wenn sich Brautleute im Winter 1946 / 1947 in der Bonifatiuskirche trauen lassen wollten, war es nötig, am Altar elektrische Heizöfen aufzustellen. Der Zeitzeuge Heinz Wellner berichtete: „Ich habe ja am 9. Februar 1947 geheiratet. Da war es sehr kalt, 16 Grad unter Null. Der Altar, der in der ersten Zeit nach dem Bombenangriff unter der Orgelempore aufgebaut gewesen war, stand schon wieder an alter Stelle. Vor dem Altar stand eine Betbank für das Brautpaar. Obwohl ich stundenlang vorher unterwegs gewesen war, um sechs Heizöfen zu besorgen und die am Altar aufzustellen, war es eiskalt. Meine Frau stand vorne im weißen Kleid und hat schrecklich gefroren." [676]

Erst Mitte März 1947 setzte wärmeres Wetter ein. Am 21. März sagte Bürgermeister Max Brauer im Nordwestdeutschen Rundfunk: „Seit einigen Tagen haben wir Tauwetter. Die Kraft des Winters ist gebrochen, und heute ist nach dem Kalender Frühlingsanfang. ... Harte Monate liegen hinter uns; Monate, in denen Hunderttausende von frierenden und hungernden Mitbürgern nahe daran waren, zu verzweifeln, als der klirrende Frost in die Schlafräume, Küchenwinkel und Wohnecken drang und alles Leben zu sterben drohte. Es hat viele gegeben, die nicht mehr wussten, ob sie diesen Winter des Grauens, der Arbeitslosigkeit und der Dunkelheit überstehen würden. Aber sie und wir alle haben ihn überlebt. Der Frost ist gewichen, die trostlose Dunkelheit ist vorbei. In unseren Wohnungen brennt wieder Licht, unsere Hausfrauen können wieder kochen, der Druck der vergangenen Wochen beginnt langsam zu weichen. Ich möchte in dieser Stunde der Bevölkerung Hamburgs für die Disziplin und für die Haltung, die sie bewahrt hat, und die mehr war als

---

[673] Keesenberg, Hermann, Wilhelmsburg während des 2. Weltkrieges und nach demselben, a. a. O., S. 328

[674] Sachlich richtig wäre es gewesen, wenn Pastor Hellmold geschrieben hätte: „...aber nicht für die deutschen Privathaushalte". Die von Pastor Hellmold gewählte Formulierung zeigt aber gut, dass in der deutschen Bevölkerung im Jahre 1947 noch starke Ressentiments gegenüber den Besatzungsmächten bestanden.

[675] Chronik der Kirchengemeinde St. Franz Josef, Bd. 1, S. 74.

[676] Vgl. das Gespräch mit Heinz Wellner vom 22. 11. 2004.

äußere Disziplin, den Dank des Senats aussprechen. Sie alle haben dazu beigetragen, die über uns hereingebrochene Katastrophe zu meistern.

Aber in diesem Augenblick wollen wir diejenigen nicht vergessen, die nicht mehr oder noch nicht genug Lebenskraft besaßen, um die Kälte zu überstehen. 85 Hamburger sind in diesen Monaten gestorben, weil sie mit ihren Kräften am Ende waren. Das ist bitter. ... Durch den nunmehr drei Monate währenden Stillstand ist unsere gesamte Industrie schwer zurückgeworfen. Das wird sich auf allen Gebieten und besonders leider im Bausektor auswirken. Trotzdem müssen wir alles daransetzen, im Laufe dieses Sommers die dringendsten Arbeiten und Reparaturen zu bewerkstelligen. ... Wir dürfen uns durch alle Rückschläge - und es werden deren noch manche kommen - niemals auf die Dauer entmutigen lassen. ... Lassen Sie uns unser eigenes Schicksal wieder fest in die Hand nehmen und mit aller Zähigkeit, die wir Hamburger immer besessen haben, Schritt für Schritt weiter den Ausgang ins Freie erkämpfen....“[677]

Der Schwarzmarkt und der Tauschhandel blieben bis zur Währungsreform im Juni 1948 überlebenswichtig. Besonders schlecht ging es den Flüchtlingen und den „Ausgebombten“. Sie besaßen kaum Sachwerte und mussten mit Geld bezahlen, doch die Reichsmark war fast nichts mehr wert. Die Schwarzhändler trieben die Preise in astronomische Höhen. Ein Kilogramm Kaffee ließen sie sich jetzt mit 1.500 Reichsmark bezahlen. Für eine Glühbirne verlangten sie etwa 50,- RM und für eine einzige Zigarette 6,- RM. Das Durchschnittseinkommen betrug aber nur 200,- Reichsmark!

Als im Frühjahr 1948 bekannt wurde, dass eine Währungsumstellung unmittelbar bevorstehe, horteten Hersteller und Großhändler hochwertige Waren und boten nur noch schlechte Waren zu den offiziellen Preisen an. Die meisten Deutschen litten bitterste Not.

7.11.3 Die Währungsreform [678]

Adolf Hitler und seine Regierung hatten die militärische Aufrüstung und den Krieg nicht mit Steuereinnahmen, sondern mit Hilfe der Banknotenpresse finanziert. Nach dem Krieg hätten die besiegten Staaten die deutschen Schulden bezahlen sollen. Zu allem anderen Elend, das Hitlers Diktatur bewirkt hatte, gesellte sich ein riesenhafter Überhang an Geld ohne Gegenwert. Jedermann, der sich mit den Gesetzmäßigkeiten von Wirtschaft und Finanzen auskannte, rechnete mit einer Währungsreform. Dechant Krieter wurde gewiss durch Paul Ulitzka und Finanzsenator Dr. Dudek unterrichtet.

Die Regierungen der Siegermächte waren an einer Neuordnung der deutschen Währung zunächst nicht interessiert. Sie behielten in den vier Besatzungszonen das Bewirtschaftungssystem und die Preisregulierung so bei, wie es in der NS-Zeit bestanden hatte. Wer etwas kaufen wollte, musste mit Reichsmark oder mit Geld der Alliierten bezahlen, das sie 1945 in Umlauf setzten. Dieses zusätzliche Geld erhöhte die umlaufende Geldmenge noch mehr und machte das deutsche Geld noch wertloser. Gehandelt wurde mit Naturalien. Der Grundstückstausch, den die Hansestadt Hamburg mit der Kirchengemeinde St. Bonifatius vornahm, um die Voraussetzung zum Bau des Wilhelmsburger Krankenhauses zu schaffen, ist ein Beispiel dafür, dass selbst staatliche Stellen den Tauschhandel bevorzugten. Wer es konnte, erwarb oder schuf Sachwerte. Schulden zu machen, war klug.

---

[677] Die Rede ist abgedruckt bei Lüth, Erich, Schrecken und Selbstbehauptung - Die Geschichte eines harten Winters. In: Neues Hamburg, 2. Folge 1948, a. a. O., S. 51 / 52

[678] Vgl. zum Folgenden: Informationen zur politischen Bildung Nr. 259, Deutschland 1945-1949 und Windmüller, Otto, Die Währungsreform 1948 - oder die Entnazifizierung des Geldes, Quellen für den Unterricht, 35, ferner: www.allgrund.com / top 10 / immoinfo / 4 – 1998

Unter diesem Aspekt müssen auch die Bauarbeiten gesehen werden, die Dechant Krieter in der Zeit vor der Währungsreform so intensiv vorantrieb.

Unternehmerisch handelte er richtig, wenn er so viel Geld seiner Gemeinde, wie irgend möglich war, in Baumaterialien und Aufträge für Baufirmen investierte. Dieser unternehmerischen Einsicht folgte Dechant Krieter auch als Privatmann. Gemeinsam mit seinem Bruder Otto baute er ab Mitte 1946 in Hilkerode ein kleines Haus, das später ihm selbst als Alterssitz und bis dahin der gesamten Verwandtschaft als Urlaubsstätte dienen sollte. Über diesen Hausbau wird im nächsten Kapitel mehr berichtet werden.

Wegen seiner Kontakte zu Dr. Dudek und Paul Ulitzka sah Dechant Krieter im Frühjahr 1948 der Währungsreform ohne allzu große Angst entgegen. Er wusste, dass Dr. Dudek zu dem kleinen Kreis von Personen gehörte, die im Auftrag der Militärregierung und des „Gemeinsamen Deutschen Finanzrates" an der Vorbereitung der Währungsreform arbeiteten. Bei Abwesenheit wurde Dr. Dudek sowohl in Hamburg, als auch beim „Gemeinsamen Deutschen Finanzrat" in Frankfurt von Paul Ulitzka vertreten. Der Senat der Freien und Hansestadt Hamburg hatte ihn mit Beschluss vom 29. 4. 1947 zum Vertreter des Dr. Dudek bestimmt.[679]

Abb.: 108: Paul Ulitzka (in der vorderen Reihe, rechts neben der einzigen Frau, die auf dem Foto zu sehen ist) im März 1947 als Vertreter des Dr. Dudek im „Gemeinsamen Deutschen Finanzrat" in Frankfurt.

Um darzustellen, inwieweit die Herren Dudek und Ulitzka Einsicht in die Vorbereitung der Währungsreform hatten, muss in der Berichterstattung weiter ausgeholt werden. Anfang September 1946 hatte der Außenminister der USA, Byrnes, den baldigen Zusammenschluss der amerikanischen und der britischen Besatzungszonen zu einem „Vereinigten Wirtschaftsgebiet" (Bizone) angekündigt. Der Zusammenschluss war am 2. 12. 1946 erfolgt.

---

[679] Nachlass von Paul Ulitzka, Privatarchiv Ulrich Krieter

Danach war der „Deutsche Wirtschaftsrat" gebildet worden, der zwar mit deutschen Politikern besetzt war, dessen Maßnahmen aber noch unter strikter britisch-amerikanischer Kontrolle standen. Am 5. Juni 1947 machte der amerikanische Außenminister George C. Marshall seinen Plan bekannt, mit dem er die Wirtschaft der europäischen Staaten und des besetzten Deutschlands beleben wollte. Sechzehn europäische Staaten stimmten dem Marshallplan zu. Die Sowjetunion nahm an der entscheidenden Konferenz in Paris nicht teil. Sie verhinderte auch die Teilnahme der osteuropäischen Staaten, die unter ihrem Einfluss standen. Dennoch sollte nach dem Willen der USA und Großbritanniens der Marshall-Plan verwirklicht werden. Für Deutschland bestand die entscheidende Voraussetzung darin, dass die nahezu wertlose Reichsmark in eine neue deutsche Währung umgewandelt würde. Als sich die Sowjetunion gegen eine einheitliche Währung sperrte, beschritten die USA und Großbritannien für die „Bizone" eigene Wege zur deutschen Währungsreform.[680] Die französische Regierung sah sich gezwungen, den beiden anderen Westmächten zu folgen. In einem Karnevalslied sangen die Bewohner der Westzonen mit Galgenhumor: „Wir sind die Eingeborenen von Trizonesien, hei tschinderassa, tschinderassa, bumm."

Das amerikanische State Department verlangte, dass auch deutsche Finanzexperten zur Vorbereitung der Währungsreform herangezogen würden. Vom Wirtschaftsrat der „Bizone" wurde daraufhin in Bad Homburg eine „Sonderstelle Geld und Kredit" des „Gemeinsamen Deutschen Finanzrates" geschaffen. [681] Ein sehr kleiner Kreis deutscher Finanzexperten - darunter Dr. Dudek - beriet unter dem Vorsitz des späteren Wirtschaftsministers und Kanzlers der Bundesrepublik Deutschland, Dr. Ludwig Erhardt, über einen deutschen Vorschlag zur Währungsreform. Nach dem „Homburger Plan" sollte die Geldmenge weniger radikal beschnitten werden, als es später wirklich geschah. Außerdem sollte parallel zur Währungsreform - und nicht erst nachträglich, wie später geschehen - ein Lastenausgleich erfolgen. Am 20. April 1948 wurden die wichtigsten Mitglieder des Homburger Arbeitskreises mit einem Militärbus, dessen Scheiben undurchsichtig gemacht waren, zu einem Ziel gebracht, das ihnen vollständig unbekannt war. Die Fahrt endete auf dem amerikanischen Militärflugplatz Rothwesten bei Kassel. Auf einem Gelände, das mit Stacheldraht und Wachposten umgeben war, warteten unwürdige Unterkunfts- und Arbeitsbedingungen auf die deutschen Finanzexperten. Sie blieben dort bis zum 8. Juni 1948 kaserniert. Bei guter Verpflegung - aber fast ohne Kontakt zur Außenwelt - durften die deutschen Experten Formulierungshilfe bei Gesetzestexten, Verordnungen und Durchführungsbestimmungen leisten, die von den Experten der Siegermächte beschlossen worden waren.

---

[680] Im Herbst 1947 ließen die USA in New York und Washington das neue deutsche Geld drucken. Es wurde nach Bremerhaven verschifft und von dort - unter strengster Geheimhaltung - mit Militär-Lastwagen nach Frankfurt geschafft. Das Geld lagerte dann im Keller der früheren Frankfurter Reichsbank-Hauptstelle bis zum streng geheimen Tag X, an dem die Währungsreform in Kraft treten sollte. Vom 11. bis 15. Juni 1948 wurde das neue deutsche Geld - militärisch bewacht und unter größter Geheimhaltung - zu den elf Landeszentralbanken der drei Westzonen gebracht.

[681] Eine Notiz am Rande, die ein Licht auf die wenig komfortablen Arbeitsbedingungen im „Gemeinsamen Deutschen Finanzrat" wirft, ist ein Brief, den der stellvertretende Vorsitzende am 27. 3. 1947 an Paul Ulitzka schrieb: „Soeben berichtet mir Herr Schulze von Ihrem hochherzigen Angebot über Fische, die Sie uns als Beitrag der Stadt Hamburg zu unserem Kasino evtl. liefern können. Ich bin hocherfreut über ein derartiges Angebot und wäre Ihnen sehr dankbar, wenn Sie die erforderlichen Schritte einleiten und mir mitteilen wollen, was wir veranlassen sollen, um in den Besitz dieser Kostbarkeiten zu kommen. Das Kasino soll Mitte April eröffnet werden. Mit den besten Grüßen und Empfehlungen bin ich Ihr sehr ergebener ... (Die Unterschrift ist unleserlich)" Nachlass von Paul Ulitzka.

Letztlich fanden die ausgearbeiteten Gesetze und Maßnahmen „nicht in allen wesentlichen Punkten die Zustimmung der deutschen Seite". Der folgende Brief, den Dr. Dudek am 3. 5. 1948 an Paul Ulitzka schrieb, gibt einen Einblick in die Arbeitsatmosphäre im „Konklave von Rothwesten":

„Lieber Herr Ulitzka! Das einzige, was mich in dieser Weltabgeschiedenheit unseres `Konzentrationslagers´ stört, ist der Gedanke an den Haushaltsplan der guten Stadt Hamburg. Ich hoffe aber zuversichtlich, ihn vor Ablauf des ersten Vierteljahres selbst noch in der Bürgerschaft vertreten zu können. Ich bin zu erreichen über die „Sonderstelle Geld und Kredit" in Bad Homburg, Promenade 107. Telefon: Homburg 2151 oder Frankfurt 53246. Herr Dr. von Lupin wird regelmäßig jede Woche Sie oder Herrn Dr. Meincke oder Fräulein Franzikowski anrufen. Sie können dann in Stichworten alles sagen, was (in Bezug auf den Haushaltsplan der Hansestadt; Anm. d. Verf.) wichtig ist, damit ich informiert bin. Hoffentlich befinden Sie sich wohl und ungebrochenen Mutes.
Ihr Dr. Dudek" [682]

Am 9. Juni 1948 gab Generalvikar Dr. Offenstein ein Schreiben zum Thema Währungsreform als vertrauliche „Sofortsache" heraus, die unter Zurückstellung aller anderen Arbeiten umgehend zu erledigen sei. Wie man im Folgenden lesen wird, irrte sich Dr. Offenstein in mehreren Details. Anscheinend glaubte er besonders gute Informanten zu besitzen, denn er schickte dasselbe Schreiben auch an die Evangelisch-lutherische Landeskirche in Hannover und an das Bischöfliche Generalvikariat in Osnabrück. In dem Schreiben hieß es:

Es verdichten sich die Anzeichen dahin, dass die Währungsreform um die Wende der 2. und 3. Dekade des Monats Juni erfolgen wird. ... Sofortmaßnahmen erscheinen daher dringlich geboten, da wahrscheinlich nicht damit zu rechnen ist, dass die Kirche in der ersten Zeit nach der Währungsreform über große Geldbestände verfügen kann. Man möge daher dafür sorgen, dass
   a) alle bestehenden Verbindlichkeiten sofort abgegolten werden, zum Beispiel Rechnungen, Steuern, und Abgaben beglichen werden,
   b) bis auf weiteres keine neuen Verbindlichkeiten eingegangen werden, die nach der Währungsreform zu begleichen sind.
2. Nach verschiedenen Pressemitteilungen rechnen wir damit, dass pro Kopf der Bevölkerung etwa 25 RM alter Währung gegen den gleichen Betrag neuer Währung eingetauscht werden kann. Um den Gehalts- und Lohnempfängern der Kirche diesen Umtausch zu ermöglichen, kann diesen auf Wunsch die erforderliche Summe auf das Juli-Gehalt im Bedarfsfall sofort gezahlt werden. Da dieser Betrag aller Voraussicht nach 1:1 ausgetauscht wird, dürfte sich kein Verlust dabei ergeben. Es ist ratsam, davon Gebrauch zu machen, da es zweifelhaft ist, ob die Kirche in der Lage ist, am 1. Juli des Jahres die neuen Gehälter sofort und in voller Höhe zu zahlen. Ganz unsicher scheint die vielfach bestehende Vermutung, dass der Betrag von 25 RM auf 50 RM erhöht wird.
3. Ferner ist nach ernstzunehmenden Pressemeldungen damit zu rechnen, dass alle übrigen Geldbestände (Bargeld, Bankkonten, Sparkassenkonten, Postscheckkonten usw.) auf einen geringen Bruchteil (vielleicht 5%) reduziert werden."[683]

---

[682] Der Begriff „Konklave" wurde in der zeitgenössischen Presse wirklich verwendet. (Mit „Konklave" wird normalerweise der streng bewachte und abgeschlossene Raum bezeichnet, in dem die Kardinäle zur Wahl eines neuen Papstes versammelt sind.) Der Brief des Dr. Dudek findet sich im Nachlass von Paul Ulitzka, Privatarchiv Ulrich Krieter.
[683] Bischöfliches Generalvikariat, Offenstein, Nr.10298, vom 9. 6. 1949 Archiv der Kirchengemeinde St. Bonifatius, Akte „Rundschreiben kirchlicher Behörden 1949-1960"

Ob Dechant Krieter den Anweisungen seines Generalvikars in allen Punkten gehorcht hat, lässt sich nicht mehr feststellen. Im Großen und Ganzen hatte er wohl längst getan, was vom Generalvikar empfohlen wurde.

Dechant Krieter hörte am Abend des 18. Juni, einem Freitag, gespannt die Ansprache von Ludwig Erhard, der die deutsche Bevölkerung um Vertrauen in die neue Währung bat. Am Samstag, den 19. Juni, hatten alle Zeitungen die Währungsumstellung zur Hauptüberschrift. Plakate informierten, wie die Auszahlung des neuen Geldes praktisch ablaufen würde. Am Montag, den 20. Juni 1948, erhielten die Deutschen ab 8 Uhr morgens über die Stellen, die normalerweise Lebensmittelkarten ausgaben, pro Kopf 40 Deutsche Mark gegen Abgabe von 60 Reichsmark. Zwei Monate später wurden pro Kopf noch einmal 20 DM ausgegeben. Am 26. Juni 1948 wurde bekannt gegeben, dass Guthaben, Schulden und Forderungen im Verhältnis 10 RM zu 1 DM umgerechnet würden. Die Hälfte der Barvermögen, die Geldbesitzer anschließend nach diesem Verhältnis umtauschten, wurde ihnen nicht ausgezahlt, sondern zunächst „eingefroren". Wer nach diesem Zwangseinzug noch immer mehr als 5.000 Deutsche Mark auf dem Konto hatte, brauchte eine Unbedenklichkeitsbescheinigung des Finanzamtes, um über dieses Geld verfügen zu können. Am 4. Oktober 1948 entschied das „Vierte Gesetz zur Neuordnung des Geldwesens", dass auch diese so „eingefrorenen Spar- und Bankeinlagen" um 70 Prozent entwertet wurden. Letztlich betrug die Währungsumstellung danach 100 RM zu 6,50 DM.

Dechant Krieter hatte als Privatmann von der Währungsreform wenige Nachteile. Er verlor keine Ersparnisse, weil er diese schon 1946 in den Bau des kleinen Hauses in Hilkerode investiert hatte. Er besaß kein Bankguthaben, sondern hatte die Hypothek abzubezahlen, die auf seinem Haus in Harburg - Reeseberg 16 - ruhte. Diese Hypothek wurde nun im Verhältnis 10 RM zu 1 DM verringert. Damit ergab sich für Dechant Krieter ein „Abwertungsgewinn", der allerdings durch das „Hypothekensicherungsgesetz vom September 1948" geschmälert wurde.[684] Als Besitzer eines Mietshauses hatte Dechant Krieter dennoch einen Vorteil von der Währungsreform: Die Mieten blieben in ihrem Wert erhalten. Wie bei den Löhnen wurde die Umstellung auf das Verhältnis 1 RM zu 1 DM festgelegt.

Die Finanzen der Kirchengemeinde St. Bonifatius nahmen durch die Währungsumstellung ebenfalls keinen allzu schweren Schaden. In der Sitzung des Kirchenvorstandes vom 2. 8. 1949 wurden zwar „die finanziellen Schwierigkeiten erörtert, die sich bei der Währungsumstellung am 21. 6. 1948 in jeder Hinsicht ergeben haben." Letztlich bestanden die Schwierigkeiten aber nur in einem Fehlbetrag von 10.588,55 DM für das Rechnungsjahr 1948, der in den nächsten Jahren ausgeglichen werden konnte.[685] Dagegen musste Dechant Krieter erleben, wie hart die „kleinen Leute" seiner Gemeinde von der Währungsreform betroffen waren. Besonders hart betroffen waren Alte, Behinderte, Kriegsverletzte, Witwen und Waisen. Ihre Renten hatten real einen geringeren Wert als vor der Währungsreform. Die Armut dieser Personengruppe wurde durch einen erheblichen Preisanstieg verstärkt, der sofort nach der Währungsumstellung einsetzte. Viele Mitglieder der Bonifatiusgemeinde waren bis in das Jahr 1954 hinein auf Lebensmittelspenden und andere karitative Hilfe angewiesen.[686]

---

[684] Hypotheken-Abwertungsgewinne waren ab dem 1. April 1949 in Raten (Laufzeit 30 Jahre) an einen Lastenausgleichsfonds zu zahlen.

[685] Archiv der Kirchengemeinde St. Bonifatius, Akte „Jahresrechnungen" Rechnungsjahr 1948

[686] Archiv der Kirchengemeinde St. Bonifatius, Akte „Caritas, Korrespondenz 1925-1958"

7.12 Die Verwandten während der ersten Nachkriegszeit

Obwohl ihm die Arbeit fast über den Kopf wuchs, blieb die Verbindung des Dechanten Krieter zu seinen Verwandten auch in den ersten Nachkriegsjahren bestehen. Daran hatte seine Schwester Therese das Hauptverdienst. Wenn es nötig war - und wenn sie es konnten - halfen die Geschwister mit allen Kräften. Die Schwestern Anna und Marie lebten als Ordensfrauen in gesicherten Lebensumständen. Als die deutsche Post wieder arbeitete, hielten die beiden Schwestern regelmäßigen Briefkontakt zum Pfarrhaus in Wilhelmsburg.

Abb. 110: Schwester Ludmilla = Anna Krieter, Vinzentinerin

Abb. 111: Schwester Dionysia = Marie Krieter Dominikanerin

Seine jüngste Schwester, Agnes (ehemals Schwester Mira, Vinzentinerin), war während der letzten Kriegstage über Halberstadt nach Hannover und - in der Nachkriegszeit - nach Hamburg gekommen. Sie hatte im Krankenhaus Heidberg eine Anstellung als Krankenschwester gefunden. Seit dem Frühjahr 1946 kam Agnes Krieter - so oft es ihr möglich war und sofern die maroden Verkehrsmittel Hamburgs es zuließen - zu Besuch ins Pfarrhaus St. Bonifatius. Therese Krieter sah die Besuche ihrer Schwester sehr gern, gewiss auch aus schwesterlicher Liebe, vor allem aber deswegen, weil Agnes bei jedem Besuch im Pfarrhaus fleißig „anpackte". Therese selbst war Anfang 1946 am Ende ihrer seelischen und körperlichen Kraft. Das sagte sie ihrem Bruder immer wieder. Gelegentlich „streikte" sie sogar und war nicht dazu zu bewegen, aus ihrem Bett zu steigen. Am liebsten hätte sie das Pfarrhaus in Wilhelmsburg für einige Zeit verlassen und in Hilkerode, beim Bruder Otto, Erholung gesucht.

Sie bedrängte ihre Schwester Agnes, die Arbeit im Krankenhaus Heidberg aufzugeben und sie im Pfarrhaus zu unterstützen. Dechant Krieter plante 1946 bereits den Bau des Krankenhauses Groß-Sand. Er war sich gewiss, dass er die Anstellung seiner Schwester Agnes als „weltliche" Krankenschwester leicht bewirken konnte. So hielt auch er es für gut, wenn Agnes vorübergehend Therese im Pfarrhaus ersetzen würde.

Es gab in diesem Zusammenhang ein Problem, dem Dechant Krieter aber wenig Gewicht zumaß. Die beiden „Vinzentinerinnen", die noch in der Gemeinde St. Bonifatius verblieben waren, würden einigen Gesprächsstoff finden, sollte die „abtrünnige Ordensschwester Mira" im Pfarrhaus einziehen. Gewiss würden sie den „Skandal" im Mutterhaus des Ordens melden. Therese Krieter erzählte später, ihr Bruder habe zu dieser Situation schmunzelnd bemerkt: „Ist der Ruf erst ruiniert, lebt es sich ganz ungeniert".

Weitere Beweggründe, seine jüngste Schwester Agnes im Pfarrhaus aufzunehmen, ergaben sich aus der Situation der Verwandten in Hilkerode. In Hilkerode trauerte die Familie des Bruders Otto um den Sohn Karl-Otto Krieter. Zunächst „in Russland vermisst", war er nun „für tot erklärt" worden. Wenn Karl-Otto hatte aus dem Krieg zurückgekommen wäre, hätte er die Nebenerwerbsstelle seines Vaters zu einem großen Bauernhof ausgebaut. So war es geplant, und aus diesem Grunde waren bereits zusätzliche Ländereien gepachtet worden. Diese mussten nun zurückgegeben werden, denn der Vater, Otto Krieter, konnte das Vorhaben seines Sohnes nicht verwirklichen; schon deswegen nicht, weil er aus dem Ersten

Weltkrieg eine schwere Beinverletzung „mitgebracht" hatte, die ihm täglich größte Schmerzen bereitete. Außerdem war er im Jahre 1945 schon 54 Jahre alt. Da mochte er nichts Neues beginnen. Er wollte sich mit seiner kleinen Landwirtschaftsstelle zufrieden geben und den Lebensunterhalt für seine Frau, seine beiden Töchter, für ein Enkelkind und für sich selbst in der Hauptsache mit seinem Lebensmittelgeschäft und dem Kohlenhandel bestreiten.

Er war zufrieden, dass seine Tochter Hedwig einen Verlobten hatte, der „geborener Hilkeröder" war. Der Verlobte - Ulrich Wollersen - war im Krieg als Militärmusiker eingesetzt gewesen. Jetzt sah er keine Möglichkeit, sich mit seinem Musiker-Beruf den Lebensunterhalt zu verdienen. Deswegen war er bereit, als Juniorpartner in den Lebensmittel- und Kohlenhandel seines Schwiegervaters einzusteigen und auch in der Landwirtschaft zu helfen. Ulrich Wollersen

Abb. 111: Agnes Krieter, Otto Krieter und seine Frau „Mariechen" (aus Sicht des Betrachters von links)

und Hedwig Krieter heirateten am 22. Oktober 1947. Sie wurden von Dechant Krieter getraut, der wegen der Hochzeitsfeier für einige Tage nach Hilkerode gekommen war. Der Tod des Sohnes war nicht der einzige Schicksalsschlag, den Otto Krieter und seine Familie zu ertragen hatten.Die Tochter Marianne hatte 1942 einen jungen Mann, namens Johannes Brämer, geheiratet. Er stammte aus dem Nachbardorf Brochthausen. Noch bevor Johannes Brämer erfuhr, dass er Vater geworden war, starb er als Soldat in Russland. Sein Sohn, Karl Brämer, wurde 1943 geboren. Marianne Brämer, geborene Krieter, war also im Jahre 1945 mit 23 Jahren Kriegerwitwe und Mutter eines zweijährigen Kindes. Sie wohnte mit ihrem Sohn bei den Eltern, gemeinsam mit ihrer Schwester Hedwig und - ab Oktober 1947 - auch mit deren Mann, Ulrich Wollersen.

Das Zusammenleben so vieler Menschen, von Jung und Alt, unter einem Dach brachte Reibereien mit sich, so dass Otto Krieter und seine Frau „Mariechen" oft den Wunsch hatten, sich zurückziehen zu können. Otto Krieter besaß ein Baugrundstück, das idyllisch am Rande eines Waldes lag, „im Holztal", außerhalb des Dorfes. Gegen Ende des Jahres 1946 beschlossen die beiden Brüder, Karl-Andreas und Otto, und die beiden Schwestern, Therese und Agnes, auf diesem Grundstück ein kleines Haus zu bauen. Hinter dem Bauvorhaben standen eine Reihe von Hoffnungen und Plänen: Therese und Dechant Krieter wollten das Haus als Alterssitz nutzen, sobald er in den Ruhestand eingetreten sei. Otto Krieter und seine Frau hofften, im Alter gemeinsam mit Therese und Karl-Andreas gemütliche Stunden „im Holztal" verbringen zu können.[687] In den Jahren, die den Geschwistern bis zum Eintritt in den Ruhestand noch fehlten, sollte das Haus für alle Verwandten als Urlaubsunterkunft und Treffpunkt nützlich sein. Daran war besonders Agnes Krieter interessiert.

Die Geschwister beauftragten den in Hilkerode wohnenden Bauingenieur und Architekten Schulze, den Bauplan zu zeichnen und die Bauleitung zu übernehmen. Unter den Geschwistern galt die folgende Absprache: Otto sollte das Grundstück zur Verfügung stellen, die Baumaterialien beschaffen und diese mit seinem Pferdefuhrwerk zum Bauplatz transportieren. Therese sollte während der Bauzeit - so oft und so lange wie irgend möglich - beim Bruder Otto in Hilkerode wohnen und „im Holztal" die Bauarbeiten beobachten. Während ihrer Abwesenheit im Wilhelmsburger Pfarrhaus sollte Therese durch Agnes ersetzt werden. Karl-Andreas und Therese sollten den Architekten, das Baumaterial und die Löhne der Bauarbeiter bezahlen.

Abb. 112: Das im Jahre 1947 fertig gestellte Haus der Geschwister Krieter in Hilkerode (im Holztal). Ein Foto aus dem Jahre 1952. Im Grundbuch war das Haus auf den Namen der jüngsten Schwester des Dechanten Krieter - Agnes Krieter - eingetragen.

---

[687] Vgl. das Gespräch mit Hedwig Wollersen vom 31. 3. 2004

Ob es Dechant Krieter gelungen ist, vor der Währungsreform für das Haus in Hilkerode ein privates Darlehen oder eine Hypothekenzusage zu bekommen, ist heute kaum noch zu klären und für die Biografie des Dechanten Krieter ohne große Bedeutung. Gesichert ist, dass sein „Urlaubs- und Alterssitz" noch vor dem 22. Oktober 1947 gebaut und - mit spärlichem Mobiliar - eingerichtet war.[688]

Mit dem Bau dieses Hauses konnten tatsächlich viele familiäre Probleme gleichzeitig gelöst werden. Nachdem Agnes Krieter zu ihm in das Pfarrhaus von St. Bonifatius gezogen war und dort den Haushalt führte, musste Dechant Krieter seine jüngste Schwester finanziell unterhalten und ihr Rentenalter absichern. Deswegen wurde das Haus auf den Namen Agnes Krieter in das Grundbuch eingetragen, allerdings mit der Auflage, dass Agnes das Haus an ihren Großneffen, Karl Brämer, vererben müsse.

Mit dieser Klausel zugunsten seines Enkels, verband Otto Krieter die Hergabe des Baugrundstückes. Auch Therese Krieter befürwortete diese Erbregelung, denn Marianne war

Abb. 113: Karl Brämer im Jahre 1948

ihre „Lieblingsnichte" und der kleine Großneffe „Kalle" war ihr Augenstern. Für sich persönlich sah Therese Krieter zwei Vorteile. Erstens gab ihr der Bau des Hauses den Anlass, monatelang das Pfarrhaus in Wilhelmsburg zu verlassen. (Dass sie in der Lage wäre, während der Bauarbeiten „die Aufsicht" zu führen, daran bestand kein Zweifel. Schon im Jahre 1930, als sie den Bau des Hauses Reeseberg 16 in Harburg „überwacht" hatte, war ihr Sachverstand bewundert worden.)

Zweitens konnte sich Therese Krieter während ihrer Anwesenheit in Hilkerode um den kleinen Großneffen kümmern und so für dessen Mutter die Möglichkeiten verbessern, eine Berufsausbildung zu beginnen.

Das Haus „im Holztal" war bereits im Herbst 1947 soweit fertig, dass es winterfest und zum Teil bewohnbar war. In den Jahren von 1947 bis 1961 wohnte Therese Krieter vom Frühjahr bis zum Herbst in diesem Haus. Sie legte einen schönen Garten an und machte sich das Vergnügen, auf der großen Wiese, die zum Haus gehörte, Hühner und Gänse zu halten. Der Großneffe „Kalle" war tagsüber - manchmal auch nachts - „bei Tante Therese" und fühlte sich bei ihr wohl.

Alle Verwandten in Hilkerode verbrachten am Wochenende gern erholsame Stunden „im Holztal". Das kleine Haus bot im Laufe der nächsten Jahre auch den Verwandten aus Münster, Berlin, Hannover und Hamburg - und auch den beiden Ordensschwestern Ludmilla und Dionysia - immer wieder Gelegenheit, in der schönen Landschaft des Eichsfeldes Urlaubstage zu verbringen. Das beweisen viele Fotos.[689]

---

[688] Dechant Krieter traute am 22. Oktober 1947 in Hilkerode seine Nichte Hedwig mit Ulrich Wollersen. Er war zur Hochzeitsfeier einige Tage nach Hilkerode gereist. Während dieser Tage wohnte er bereits „im Holztal". Vgl. das Gespräch mit Hedwig Wollersen vom 31. 3. 2004.

[689] Aus Münster verbrachten Angehörige der Familien Stadelmann und Karl-Gerhard Krieter Ferientage „im Holztal"; aus Berlin Angehörige der Familie Hans-Helmut Krieter; aus Hannover Anneliese Reckmann, geborene Krieter, und ihr Mann, Dr. Heinz Reckmann. Aus Hamburg fuhren regelmäßig zum Urlaub „ins Holztal": Agnes Krieter, Margret Krieter und Christa Kränkel.

In der kalten Jahreszeit kehrte Therese Krieter nach Wilhelmsburg in ihre Funktion als Pfarrhaushälterin zurück. Ihre Schwester Agnes, die seit 1950 im Krankenhaus Groß-Sand als Krankenschwester Nachtdienst hatte und zusätzlich die Haushälterinnenarbeit im Pfarrhaus erledigte, war froh, dass Therese Krieter wenigstens die Wintermonate in Wilhelmsburg verbrachte. [690]

In Hilkerode und Wilhelmsburg wendete sich das Leben der Verwandten im Laufe der ersten Nachkriegsjahre zum Guten. Niemand litt besondere Not. Das war bei den Verwandten in Münster anders. Die zweitjüngste Schwester des Dechanten Krieter, Hedwig, verheiratete Stadelmann, war nach Kriegsende mit ihren beiden halbwüchsigen Söhnen Heinz und Otto und der dreijährigen Tochter Brigitte aus der Evakuierung nach Münster-Mecklenbeck zurückgekehrt. Die Wohnung, in der die Familie schon vor dem Krieg gelebt hatte, war „heil geblieben", und der Vater hatte weiterhin seine Arbeit beim Umspannwerk in Münster-Mecklenbeck. Dennoch machten die typischen Nöte der Zeit auch der Familie Stadelmann das Leben schwer.

Abb. 114: Hedwig Stadelmann, geb. Krieter, und ihr Mann Georg.

Abb. 115: Die Kinder Stadelmann (aus Sicht des Betrachters von links) Otto, Heinz, Brigitte und Barbara

Besondere Not litt aber die Familie des Bruders Johannes. Sein ältester Sohn, Hans-Helmut, war noch kurz vor Kriegsende in Gefangenschaft geraten. Er kam erst am 22. September 1945 in die Familie zurück. Da war der Vater bereits so krank, dass er nur noch 19 Tage zu leben hatte. Wie oben schon geschildert, hatte Johannes Krieter im Herbst 1943 Frau und Kinder nicht begleiten können, als diese evakuiert worden waren. Er hatte Dienst im Luftschutz-Warnkommando Münster zu verrichten. Folglich war allein zurückgeblieben. Im Herbst 1944 hatte er erleben müssen, dass die Wohnung der Familie vollständig zerbombt worden war.

---

[690] Seit 1950 gab es im Pfarrhaus von St. Bonifatius eine fest angestellte Haushaltshilfe, so dass die Arbeit als Haushälterin von körperlichen Anstrengungen weitgehend befreit war und sich auf den organisatorischen und repräsentativen Bereich beschränkte.

Kurz darauf war er - bedingt durch Unterernährung - so schwer erkrankt, dass er „ins Lazarett" musste. Es war ihm gelungen, in ein Lazarett zu kommen, das in Bayrischzell eingerichtet worden war. So lebte er wenigstens in dem Ort, in den seine Familie evakuiert worden war. Als das amerikanische Militär Bayrischzell einnahm, war Johannes Krieter gerade erst aus dem Lazarett entlassen worden und noch immer sehr geschwächt. Die amerikanischen Soldaten beschlagnahmten in Bayrischzell viel Wohnraum. Deswegen musste die Familie Krieter die Räume verlassen, die sie bis dahin bewohnen durfte. Fortan diente der sechsköpfigen Familie ein Waschküchenanbau als Unterkunft.

Abb. 116: Johannes Krieter im Jahre 1944

Johannes Krieter glaubte, dieser Wohnungsnot entfliehen zu können, wenn die Familie nach Münster zurückkehren würde. Er bemühte sich bei der zuständigen Militärkommandantur um die Umsiedlung aus der amerikanischen in die britische Besatzungszone. Ende Juni 1945 erhielt er die Genehmigung. Mit dem Sohn Karl-Gerhard fuhr Johannes Krieter dem Rest der Familie nach Münster voraus. Vater und Sohn fuhren in einem offenen Güterzug. Bis zur Ankunft in Münster benötigte dieser Zug drei Tage. Die Reise der anderen Familienmitglieder von Bayrischzell nach Münster dauerte ebenfalls mehrere Tage. Sie erfolgte nur zum Teil per Eisenbahn, zum anderen Teil auf dem Laderaum eines Lastkraftwagens. Nachdem die Mutter, der dreijährige Ulrich und die beiden Töchter Margret und Anneliese endlich in Münster eingetroffen waren, fand die Familie bei einem Schwager der Mutter vorübergehend Unterkunft. Für sechs Personen stellte er ein Zimmer zur Verfügung. Betten waren nicht da; es musste auf dem Fußboden geschlafen werden. Die Wohnsituation war also noch miserabler als in Bayrischzell. Schließlich wies das Wohnungsamt Münster die Familie in die erste Etage eines Wohnhauses ein, das ehemals drei Etagen besessen hatte. Die zweite Etage, die dritte Etage und das Dach dieses Hauses waren ausgebrannt. Familie Krieter musste die neue Wohnung in Selbsthilfe erst regensicher machen, bevor sie einziehen konnte. Nach all diesen Mühen war Johannes Krieter am Ende seiner Lebenskraft. Sein Körper war mit Hungerödemen bedeckt. Durch die Unterernährung hatte er keinerlei Widerstandkraft, als er Ende September 1945 eine Lungenentzündung bekam. Er starb am 11. Oktober 1945 im Alter von 51 Jahren.

Bei der Beerdigung seines Bruders Johannes war Dechant Krieter nicht anwesend. Die Telefon- und Postverbindungen funktionierten im Oktober 1945 noch nicht so, dass die Todesnachricht leicht von Münster nach Hamburg hätte kommen können. Die Anreise zur Beerdigung wäre auch nicht möglich gewesen, weil man für längere Reisen einen Erlaubnisschein der Militärregierung benötigte. Genaue Nachricht vom Schicksal seines Bruders und von der Not, in die seine Familie geraten war, bekamen Dechant Krieter und seine Schwestern Agnes und Therese erst später durch Briefe ihrer Schwägerin, in denen diese ihr Leid klagte und um Hilfe bat. Anna Krieter musste nun allein für die Kinder Margret, Karl-Gerhard, Anneliese und Ulrich sorgen, denn ihr ältester Sohn, Hans-Helmut, war zu dieser Zeit - nach Aussage seines Bruders Karl-Gerhard - „an der Familie nicht sehr interessiert". Hans-Helmut bewarb sich Ende des Jahres 1945 erfolgreich bei der Landesversicherungsanstalt Münster. Er verlobte sich bald und heiratete im Jahre 1947. Ihr erstes Kind bekamen seine Frau Doris und er im Jahre 1948. Die Sorgen um die eigene Familie ließen nur wenig Hilfe für die Mutter und die Geschwister zu.

Anna Krieter hatte während der Jahre 1945 bis 1949 in ihrer Tochter Margret eine große Hilfe im Haushalt und besonders intensive Unterstützung bei der Sorge um den jüngsten

Sohn. Margret - im Jahre 1945 war sie 18 Jahre alt - kümmerte sich so liebevoll um ihren Bruder Ulrich, dass sie mehrmals als die Mutter des Kleinen angesehen wurde. Die Tochter Anneliese hatte es schwer. Als Zehnjährige war sie einerseits für besondere Liebeserweise zu alt und andererseits war sie zu jung, um von ihrer Mutter und von den älteren Geschwistern als Hilfe ernst genommen zu werden. Karl-Gerhard Krieter berichtete später über die ersten Jahre nach dem Tode des Vaters: „ … Mutter versuchte, ihre Existenzsorgen mit mir zu besprechen. Ich war damals 15 Jahre alt und konnte ihr vermutlich wenig helfen, obwohl es mir nichts ausgemacht hat, Gemüse, Kartoffeln und Heizmaterial zu klauen. Die Lebensmittelmengen laut offizieller Karte waren so gering, dass ohne Kauf auf dem Schwarzmarkt der Hunger unerträglich war. Nach Kriegsende haben wir mehr gehungert als in allen Kriegsjahren. Der Kauf von zum Beispiel einem halben Pfund Butter „befreite uns" von 100 Reichsmark. Es ist erkenntlich, dass unsere Ersparnisse ganz schnell aufgebraucht waren, so dass Mutter auf ihren erlernten Beruf zurückgreifen musste.

Abb. 117: Margret Krieter, 18 Jahre alt

Sie war Schneidermeisterin und Putzmacherin und hatte diese Berufe lange ausgeübt. Jetzt musste sie für die Familie Geld verdienen, indem sie für Gelegenheitskundschaft als Änderungsschneiderin arbeitete. Ihre etwa 1947 zuerkannte Kriegerwitwenrente und die

Halbwaisenrenten der Kinder reichten bei weitem nicht aus, den Lebensunterhalt zu decken. Ich selbst schleppte mich zunächst weiter zum „Paulinum", verließ das Gymnasium dann aber im Jahre 1950, um Mutter finanziell zu entlasten. Ich bewarb mich, wie Hans-Helmut es vorgemacht hatte, bei der Landesversicherungsanstalt Münster und wurde als Inspektorenanwärter angestellt. Die 100 DM, die ich verdiente, stellte ich Mutter zur Verfügung." [691]

Dechant Krieter und seine beiden Schwestern in Wilhelmsburg wussten, dass die Not in Münster groß war. Zu einer durchschlagenden Hilfe für die Schwägerin Anna waren sie aber nicht in der Lage. Ihre Hilfe beschränkte sich zunächst auf die gelegentliche Sendung von Lebensmittelpaketen.

Abb. 118: Anna Krieter und ihre beiden jüngsten Kinder - Anneliese und Ulrich - im Jahre 1942.

---

[691] Zitat aus einem Brief, den Karl-Gerhard Krieter seinem Bruder Ulrich am 14. 6. 2009 geschrieben hat.

Später - als das Reisen mit der Eisenbahn wieder leichter war - luden sie die beiden Nichten Margret und Anneliese ein, zu Besuch nach Wilhelmsburg zu kommen. Ihren „kleinen Bruder" Ulrich sollten die Schwestern mitbringen. Die Einladung wurde im Sommer 1950 gern angenommen, und der Besuch in Hamburg bewirkte eine weit größere Hilfe als in Münster erwartet werden konnte. Aufgrund seiner Beziehungen zum „Pastor primarius" Hamburgs, zum Prälaten Wintermann, dem das katholische Marienkrankenhaus in Hamburg unterstand, gelang es Dechant Krieter, für seine Nichte Margret eine Stelle als Schwesternschülerin zu beschaffen. Im Frühjahr 1951 begann sie mit der Ausbildung zur Krankenschwester. Im Schwesternhaus des Marienkrankenhauses konnte Margret während der Ausbildung auch wohnen.

8.   Jahre der Zufriedenheit und der Kontinuität

Nach der Eröffnung des Krankenhauses „Groß-Sand" wurde Dechant Krieter im Sommer 1950 ernstlich krank. Die Belastungen der Kriegs- und Nachkriegsjahre forderten ihren Tribut. Ein Erholungsurlaub von nur wenigen Wochen in Hilkerode - im „Haus im Holztal" - gab ihm neue Kraft. Anschließend - etwa bis zum Jahr 1958 - war sein Leben zwar von einer enormen Arbeitsfülle gekennzeichnet, aber auch durch Zufriedenheit, innere Ruhe und folgerichtige Kontinuität.

Hinsichtlich der Seelsorgearbeit in seiner Gemeinde legte Dechant Krieter in diesen Jahren Wert darauf, dass möglichst alles wieder so eingerichtet werde, wie es in der Vorkriegszeit gewesen war. Die Lehrkräfte der katholischen Schule Wilhelmsburgs unterstützten ihn darin. Praktisch bedeutete das für die Schulkinder die Wiedereinführung der Schulgottesdienste und des gemeinsamen Beichtens der Schulklassen. Dechant Krieter befand sich damit auf der Linie, die von den Kirchenoberen - bis hin zu Papst Pius XII. - vorgegeben war. Mit der Enzyklika „Mediator Dei" hatte der Papst im Jahre 1947 zwar vor Übertreibungen und Irrtümern gewarnt, aber doch die Veränderungen der Liturgie abgesegnet, die bereits in der Vorkriegszeit entstanden waren.[692] Die Neuerungen in der Liturgie des Osterfestes, die Papst Pius XII. einführte, waren eine Randerscheinung im religiösen Leben der Bonifatiusgemeinde.[693] Als Pius XII. im Jahre 1950 das Dogma verkündete, die Gottesmutter Maria sei mit Seele und Leib in den Himmel aufgenommen, war dies ebenfalls Ausdruck religiöser Restauration. Der Inhalt des Dogmas war nichts Neues, sondern uraltes Glaubensgut der Kirche, in der Ostkirche seit dem 5. und in der Westkirche seit dem 7. Jahrhundert. Mit Albert Goedde und Herbert Hölsken bekam Dechant Krieter im Juli 1951 und im April 1952 tüchtige Helfer für seinen „Weinberg des Herrn", mit denen er herzlich verbunden war. In ihrer religiösen Haltung und hinsichtlich der Organisation des Gemeindelebens ließen sich beide Kapläne von ihrem Vorgesetzten bereitwillig leiten. Seine beiden Jubiläen - das vierzigjährige Priesterjubiläum am 11. und das zwanzigjährige Ortsjubiläum am 28. Oktober - feierte Dechant Krieter am 11. Oktober 1954 an einem Tage.

---

[692]   Der Text der Enzyklika findet sich bei Rohrbasser, A. (Hrsg.), Heilslehre der Kirche, Dokumente von Pius IX. bis Pius XII., Freiburg in der Schweiz, 1953, S. 133-209

[693]   Der Bischof, Nr. 3948, vom 15. 3. 1951, Richtlinien und Texte für die in der Osternacht zu feiernde Liturgie der Ostervigil. „Um die Osternachtsliturgie mit seelsorglichem Erfolge feiern zu können, bedarf es einer Belehrung der Gläubigen über den Grund und Sinn der Verlegung (vom Karsamstagmorgen auf die Osternacht) und einer seelischen Einstimmung in den Gang der Liturgie. Der Priester selber muss sich den neuen Ritus gründlich aneignen und ihn mit Würde und Ehrfurcht vollziehen. (Die Ostervigilmesse durfte nicht vor 20 Uhr abends beginnen; Anm. d. Verf.) Archiv der Kirchengemeinde St. Bonifatius, Akte „Rundschreiben kirchlicher Behörden 1949-1960"

Anders als bei seinem silbernen Priesterjubiläum im Jahre 1939 lehnte er dieses Mal jeden größeren Aufwand ab. Er begab sich lieber zu einem dreiwöchigen Urlaub nach Hilkerode.[694]

8.1 Dechantentätigkeit

Bischof Joseph-Godehard forderte kurz nach Ende des Krieges seine Dechanten auf, die lange vernachlässigten Visitationen wieder aufzunehmen: „Die Gefahr, dass sich unvermerkt Missstände einschleichen, die bei frühzeitiger Aufdeckung und Unterweisung leicht, später sehr schwer zu beheben sind, macht die Visitationen zu einer Angelegenheit höchster Wichtigkeit und zur ernsten Gewissenspflicht, die im C.J.C. can. 343 ausdrücklich festgelegt ist." Diese Mahnung war in den ersten Nachkriegsjahren schwer zu befolgen. In seinem riesigen Dekanat konnte Dechant Krieter nur die Nachbargemeinden in Harburg leicht erreichen. Die Reisen zu den übrigen Gemeinden musste er bis zum Jahre 1950 mit der Eisenbahn unternehmen.[695] Er schrieb deswegen am 27. Mai 1946 an das Bischöfliche Generalvikariat:

„Um die Revisionen der Kirchen und andere Amtshandlungen in den Regierungsbezirken Lüneburg und Stade durchführen zu können, bin ich auf die Benutzung der Eisenbahn angewiesen. Von Hamburg benötigt man zum Erhalt einer Fahrkarte eine Bescheinigung der vorgesetzten Behörde, dass es sich um Dienstreisen handelt. Ich bitte daher, mir eine entsprechende Bescheinigung zukommen zu lassen. Die Bescheinigung bitte ich so auszustellen, dass es mir auch jederzeit möglich ist, zum Hochwürdigsten Herrn Bischof und zu seinem Generalvikar zu reisen. Da ich die Bescheinigung noch vor Pfingsten dringend benötige, wäre ich für recht baldige Zusendung dankbar. Gehorsamst, Krieter, Dechant". [696]
Er erhielt die gewünschte Bescheinigung am 1. Juni 1946.

Über das Ergebnis seiner Visitationsreisen hat Dechant Krieter im Archiv seiner Kirchengemeinde nur eine erwähnenswerte Nachricht aufbewahrt. Diese Visitation berührte indirekt auch die Bonifatiusgemeinde in Wilhelmsburg. Im Februar und März 1953 hatte der Pfarrer von „St. Maria" in Lüneburg, Josef Sprenger, seine Pfarrei aus Krankheitsgründen für längere Zeit verlassen müssen. Zu seinem Vertreter war durch das Generalvikariat Hildesheim der Kaplan Jünemann bestimmt worden. Ungeachtet dieser Entscheidung versuchten drei Patres, die eigentlich nur für den Seelsorgebezirk „Lüneburg-Land" zuständig waren, Einfluss auf die Pfarrei St. Maria zu gewinnen. Sie verweigerten einerseits dem Kaplan Jünemann ihre Hilfe, andererseits nahmen sie sich Rechte heraus, die ihnen nicht zustanden. Bischof Joseph-Godehard beorderte in dieser Situation den Kaplan von St. Bonifatius, Herbert Hölsken, zur Unterstützung des Kaplans Jünemann nach Lüneburg. Diese Entscheidung des Bischofs wollte Dechant Krieter nicht akzeptieren. Er fuhr nach Lüneburg und informierte sich vor Ort.

---

[694] Vgl. Bericht der Wilhelmsburger Zeitung vom 8. 10. 1954

[695] Nach Fertigstellung des Krankenhauses „Groß-Sand" stand dem Dechanten Krieter der VW-Käfer des Krankenhauses samt Chauffeur (Hausmeister Franz Müller) zur Verfügung. Im Jahre 1957 wurde für die Pfarrgemeinde St. Bonifatius für 1.000,-DM ein gebrauchter VW-Käfer als eigenes Gefährt angeschafft. Die Chauffeurdienste für Dechant Krieter übernahm der Küster Valentin Greschek.
Archiv der Kirchengemeinde St. Bonifatius, Akte „Jahresrechnungen" Rechnungsjahr 1957

[696] Schreiben an das Hochwürdigste Bischöfliche Generalvikariat Hildesheim vom 27. Mai 1946.
Bistumsarchiv Hildesheim, Eingang Nr.4517, Personalakte Krieter

Anschließend schrieb er an Bischof Joseph-Godehard:

„Hochwürdigster Herr Bischof, über d e Verhältnisse in Lüneburg bin ich bestens im Bilde. Es ist traurig, dass die drei Patres nicht genügend mitarbeiten in der Pfarrei. Nach der Rückkehr des Pfarrers, meines Studienfreundes Josef Sprenger, sind nunmehr sechs Geistliche in Lüneburg. Da die Patres die Kapelle des Bonifatiusstiftes als ihr Domizilium betrachten, bestehen schon noch Rangstreitigkeiten über die Reihenfolge der Hl. Messen in der Kapelle. Nach meiner Beurteilung ist der Herr Pater Müller keine führende Persönlichkeit. Möge dem sein, wie es wolle, ich sehne mich nach der Rückkehr meines Kaplans Hölsken noch vor Ostern. Ich war selbst einige Tage erkrankt und nehme alle Kraft zusammen, wie immer in all den Jahren. Ach, Hochwürdigster Herr Bischof, beordern Sie doch meinen Kaplan nach Wilhelmsburg zurück. Ich kann ihn nicht mehr länger entbehren. Es tut mir leid, wenn ich Ehrwürdige Exzellenz mit diesem Brief betrübt habe. Mit den besten und herzlichsten Grüßen, Ihr Krieter, Dechant"[697]

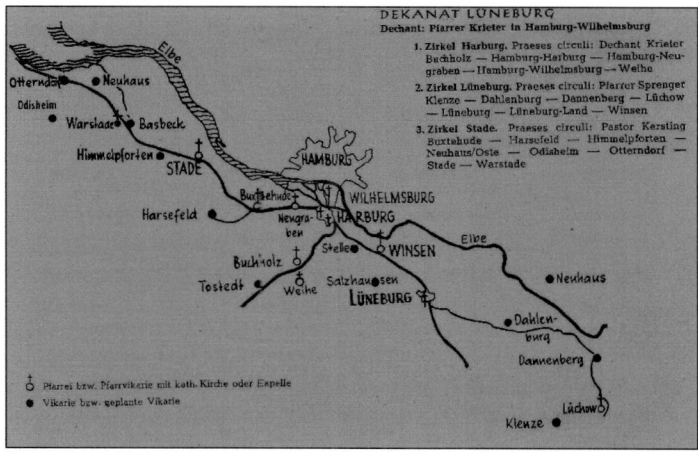

Abb. 119 : Das Dekanat Lüneburg. Die Karte ist dem „Führer durch das Dekanat Lüneburg" entnommen. Die Broschüre mit diesem Titel ließ Dechant Krieter im Jahre 1951 mit einem Kostenaufwand von 946,- DM veröffentlichen.

Im Jahre 1948 fand in Hildesheim eine Diözesansynode statt. Einer der Arbeitsschwerpunkte war die Neuorganisation der Dekanate des Bistums. Es wurde beschlossen, dass die Dekanate in Zirkel aufgeteilt werden sollten, mit einem Zirkelpräses an der Spitze.[698]
Das Dekanat Lüneburg wurde aufgeteilt in die Zirkel Harburg, Lüneburg und Stade. Zu den Präsides der Zirkel Lüneburg und Stade wurden Pfarrer Sprenger und Pastor Kersting ernannt. Damit blieb die Oberaufsicht über das gesamte Dekanat zwar immer noch bei Dechant Krieter, aber immerhin entfielen die besonders weiten Visitationsreisen.

697 Hamburg-Wilhelmsburg, den 6. 3. 1953, handgeschrieben von K. A. Krieter, Bistumsarchiv Hildesheim, Personalakte Krieter Vgl. auch Gespräch mit Herbert Hölsken vom 27. 7. 2004

698 Vgl. Kumm, Renate, Dissertation Phil., Das Bistum Hildesheim in der Nachkriegszeit, Verlag Hahnsche Buchhandlung, Hannover, 2002, S. 133 ff.

Zu seinem Zirkel gehörten neben St. Bonifatius in Wilhelmsburg nur noch St. Maria und St. Franz-Josef in Harburg, St. Peter in Buchholz, das Waisenhaus St. Josef-Stift in Weihe und die Pfarrvikarie „Unserer Lieben Frau vom hl. Herzen Jesu" in Hamburg-Neugraben.

Zum Zirkel Lüneburg gehörten die Pfarreien bzw. Pfarrvikarien Lüneburg, Klenze, Dahlenburg, Dannenberg, Lüchow, Lüneburg-Land und Winsen.

Zum Zirkel Stade gehörten: Buxtehude, Harsefeld, Himmelpforten, Neuhaus / Oste, Odisheim, Otterndorf, Stade und Warstade.

Im April 1951 machte Bischof Joseph-Godehard das Thema Visitationen noch einmal zu seinem besonderen Anliegen. Er schrieb: „Die schwierige Kriegs- und Nachkriegszeit hat vielfach die Visitationen in argen Verzug gebracht. Auch die starke Vermehrung der Kirchengemeinden durch die Ostvertriebenen nach dem Kriege hat dazu beigetragen, indem sie die Last der Visitationspflicht in manchen Dekanaten erheblich steigerte. Andererseits ist die Visitation von solcher Wichtigkeit, dass sie unter allen Umständen regelmäßig durchgeführt werden muss."

Der Bischof hob danach hervor, dass die Dechanten durch die Zirkelpräsides entlastet würden, und bestimmte: „Im laufenden Jahr 1951 sind sämtliche Seelsorgestellen zu visitieren, soweit sie nicht seit dem 1. Januar 1950 bereits visitiert sind. Der Visitationsbericht ist bis zum 31. Dezember 1951 einzureichen." [699] Mit einem weiteren Schreiben vom 22. 12. 1952 erinnerte der Bischof daran, dass die „Pfarreien der Dechanten von dem dienstältesten Dechant der Nachbardekanate zu visitieren ... " seien. Die entsprechenden Visitationsprotokolle waren bis zum 15. 2. 1953 in Hildesheim abzuliefern.

Für die Politiker und Behörden Hamburgs war Dechant Krieter der Ansprechpartner, wenn es um Belange der Katholiken ging, die zum Bistum Hildesheim gehörten. Oben ist schon über seine Arbeit als Mitglied der „Kirchenkommission für die Kirchengebäude" und bei der Wiedereinrichtung der katholischen Schulen berichtet worden. Eine besonders folgenträchtige Aufgabe hatte er wahrzunehmen, als er - zu Beginn des Jahres 1946 - dem neuen Hamburger Verfahren zum Einzug der Kirchensteuer zustimmen sollte. Ganz gewiss beraten durch Dr. Dudek und Paul Ulitzka und gewiss auch nach Rücksprache mit dem Generalvikariat Hildesheim, erklärte sich Dechant Krieter einverstanden, dass - zum Zwecke der Vereinheitlichung - die Erhebung der Kirchensteuer im Gebiet der Hildesheimer Gemeinden sich an die Kirchensteuerordnung anpassen solle, die von der Evangelisch-Lutherischen Landeskirche Hamburg und den römisch-katholischen Kirchengemeinden Althamburgs (= Bistum Osnabrück) geplant war. Die Kirchensteuer sollte in Höhe von 3,5% der Lohn- bzw. der Einkommensteuer erhoben werden. Bei Einkommensteuerpflichtigen sollte die Hebung der Kirchensteuer durch die Finanzämter erfolgen. Bei Lohnsteuerpflichtigen sollte der Kirchensteuerbetrag fortan durch den Arbeitgeber vom Lohn einbehalten und über die Finanzämter an die Kirchen weitergeleitet werden. Über den Schlüssel, nach dem die Einkünfte unter die Hildesheimer Kirchengemeinden verteilt werden sollten, hatte Dechant Krieter bereits Einvernehmen „mit allen beteiligten Kirchengemeinden" hergestellt.[700]

---

[699] Vgl. Schreiben des Bischofs Joseph-Godehard vom 27. 4. 1951. Archiv der Kirchengemeinde St. Bonifatius, Akten „Statistik, Visitationen" und „Rundschreiben kirchlicher Behörden 1949-1960"

[700] Die Neuordnung des Einzugsverfahrens und der Schlüssel zur Verteilung der Kirchensteuer erhielten durch Beschluss der betroffenen Kirchenvorstände und die „kirchenoberliche Genehmigung" Rechtskraft. Der Beschluss des Kirchenvorstandes von St. Bonifatius wurde am 24. Januar 1946 gefasst. Die „kirchenoberliche Genehmigung" wurde am 6. 2. 1946 durch Dr. Offenstein erteilt. Archiv der Kirchengemeinde St. Bonifatius, Akte „Protokolle über Kirchenvorstandssitzungen 1911-1959"

Weitere Dechantenaufgaben waren Gutachter-Tätigkeiten oder repräsentative Auftritte. Dechant Krieter hatte beispielsweise zum Entwurf des Hamburger Gesetzes über den Kirchenaustritt Stellung zu nehmen,[7C1] oder er musste Zahlenmaterial über die Katholiken der Hildesheimer Gemeinden an das Statistische Landesamt liefern. Interessanter waren die Repräsentationspflichten, weil Dechant Krieter bei solchen Gelegenheiten wichtige Persönlichkeiten Hamburgs kennen lernte. Zum Beispiel vertrat er den Bischof von Hildesheim, als der Staatsminister a. D., Dr. Grimme, das Amt des Generaldirektors des Nordwestdeutschen Rundfunks übernahm (1948).

Abb. 120 : Das Innere der wieder hergestellten Kirche St. Maria in Harburg im Jahre 1949

Als die theologische Fakultät der Universität Hamburg im Jahre 1954 eröffnet wurde, war Dechant Krieter ebenfalls Repräsentant des Bistums Hildesheim.[702]
Am liebsten übernahm Dechant Krieter die Vertretung des Bischofs im kirchlichen Bereich. Aus der Fülle an Aufträgen seien hier nur zwei erwähnt, die ihm besondere Freude bereiteten. Am Sonntag, den 28. August 1949, vertrat Dechant Krieter den Bischof Joseph-Godehard in Harburg bei der Einweihungsfeier der wieder hergestellten Kirche St. Maria. Er überbrachte die Segenswünsche des Bischofs und fand besonders herzliche eigene Worte für die Mitglieder der Mariengemeinde und deren Pfarrer, Edmund Mock.[703]

---

[701] Am 11. 6. 1955 stimmte er „für die römisch-katholischen Kirchengemeinden des Dekanates Lüneburg" dem Gesetzentwurf zu, später - im Jahre 1959 - noch einmal. Archiv der Kirchengemeinde St. Bonifatius, Akte „Rundschreiben weltlicher Behörden bis 1959"

[702] Vgl. Archiv der Kirchengemeinde St. Bonifatius, die Akten „Personalia", „Statistik,Visitation" und die Akte „Rundschreiben weltlicher Behörden bis 1959"

[703] Chronik der Kirchengemeinde St. Maria, Bd. 2, S. 11 ff.

In der Harburger St. Franz-Josef-Gemeinde wurde im November 1953 das 40jährige Kirchweihfest gefeiert. Das Levitenamt las Dechant Krieter unter Assistenz von Pfarrer Mock und Pastor Basch. 1956 wurde neben dem Pastoratshaus Reeseberg 16 ein Jugendheim gebaut. In der Chronik der Kirchengemeinde von St. Franz-Josef werden die „launigen Worte" und die Freude des „hoch verehrten Herrn Dechanten Krieter" anlässlich der Grundsteinlegung besonders hervorgehoben.[704]

Abb. 121 : Grundsteinlegung für den Bau des Jugendheimes der St. Franz-Josef-Gemeinde in Harburg-Wilstorf am 23. 8. 1956 zur Zeit des Pastors Bolik.

Die Geistlichen seines Dekanates „zu eifriger zeitgemäßer Seelsorge und gewissenhafter kirchlicher Verwaltung sowie nicht zuletzt zur Selbstheilgung des Priesters"[705] anzuregen, war ein Auftrag des Bischofs, den Dechant Krieter auf den Dekanatskonferenzen und - für seinen Zirkel - bei den monatlichen Zusammenkünften im Pfarrhaus von St. Bonifatius wahrnahm.

Seit das Krankenhaus „Groß-Sand" gebaut war, trafen sich die Geistlichen bei der monatlichen „Recollectio" nachmittags in der Kapelle des Krankenhauses zu einer Andacht. Danach gab es im Pfarrhaus Kaffee und Kuchen aus der Küche des Krankenhauses. Feste Tagespunkte der „Recollectio" waren der „Bericht aus den Gemeinden" und ein Referat zu einem religiösen oder pastoralen Thema. Die angenehme Arbeitsatmosphäre bei diesen Zusammenkünften förderte „das konfraternelle Leben", so wie es der Bischof von einem Dechanten verlangte. Dechant Krieter betonte niemals seine hervorgehobene Stellung. Sogar junge Kapläne durften untereinander über ihn sagen: „Unser Karl-Andreas".

---

[704] Chronik der Kirchengemeinde St. Franz-Josef, Bd. 1, S. 105 bis 107

[705] Der Bischof Heinrich-Maria , Nr. 1673 vom 20. 1. 1959, Akte „Personalia"

Entscheidungen, die seiner Amtsgewalt zustanden, ließ sich Dechant Krieter allerdings nicht wegnehmen, auch nicht von seinem Freund, Edmund Mock. Bei Gelegenheit soll er zu Pfarrer Mock gesagt haben: „Edmund, ich bin Dechant! Du wirst es erst noch werden!"[706]

Er hat es wohl nie ausgesprochen, doch Dechant Krieter war auf sein Amt stolz. Seit 1944 war es in seiner Gemeinde üblich, ihn mit „Herr Dechant" anzusprechen. Das ließ er sich gerne gefallen. Die Bezeichnung wurde so selbstverständlich, dass daraus die folgende humoristische Episode erwachsen konnte. Die Zeitzeugin und Tochter des Rektors Nolte, Margret Schwalfenberg, berichtete: „ … Meine Freundin (Renate Deinert / Bergmann) und ich haben immer viel Blödsinn gemacht. Wir waren ja immer im Bereich der Kirche beschäftigt. Wir haben da gespielt. Das war ja auch interessant. Damals gab es den fast eingebrochenen Turm der Kirche. Das war ein Spielparadies, obwohl wir da eigentlich nicht spielen durften. Auch auf den Kirchboden durften wir nicht, was wir aber doch gemacht haben. Da sagte dann der Dechant Krieter schon 'mal zu uns: 'Das müsst ihr nicht tun'! Aber er war immer ganz liebevoll mit uns, so väterlich. Einmal hat er zu uns gesagt: 'Ihr müsst nicht immer „Kalle" zu mir sagen'! (Kalle ist die in Hilkerode übliche Koseform des Namens Karl.) „Kalle-Dechant", das war so ein Begriff für mich, wahrscheinlich weil mein Vater zu Hause immer von „Kalle-Dechant" sprach. Das hatte ich also übernommen, und der Dechant hat das wohl irgendwann einmal von mir gehört. 'Ihr müsst nicht immer Kalle zu mir sagen', hat er uns ermahnt."[707]

Bischof Joseph-Godehard war am 24. 8. 1956 verstorben. Der neue Bischof, Heinrich Maria Janssen, verstärkte die Zusammenarbeit mit den Dechanten. Mindestens zweimal pro Jahr fanden Tagungen in Hildesheim statt. Die Dechantenkonferenzen am 16. / 17. Juni und am 1. Dezember 1958 brachten als Ergebnis eine neue Dekanatsverfassung. Die Anzahl der Dekanate wurde erhöht. Statt der früheren 19 Dekanate gab es seit dem 1. Februar 1959 im Bistum Hildesheim 32 Dekanate. Mit Schreiben des Bischofs Heinrich-Maria, vom 20. Januar 1959, wurde Karl-Andreas Krieter zum Dechanten des Dekanates „Hamburg-Harburg" bestellt. Die Dekanate „Bremen-Nord", „Bremerhaven", „Stade" und „Hamburg-Harburg" gehörten fortan zur „Nord-Region" des Bistums. Die Dekanate Celle, Lüneburg und Verden gehörten zur „Region Lüneburger Heide"[708]

8.2 Die Kapläne Rademacher, Goedde und Hölsken

Bei der Visitation einer Seelsorgestelle war der zuständige Dechant verpflichtet, unter Punkt IX. seiner Überprüfung die Frage zu stellen: „Machen Hilfsgeistliche ohne ausdrückliche Zustimmung des Pfarrers Familienbesuche?"[709] Wäre seine Pfarrei in den Jahren 1947 bis 1950 visitiert worden, hätte Dechant Krieter mehrere diesbezügliche Verfehlungen seines Kaplans Rademacher eingestehen müssen. Den Zeitzeugen Joachim Ernst hatte Dechant Krieter zu Zeiten des Kaplans Rademacher als Caritas-Helfer in der Bonifatiusgemeinde eingesetzt.[710] Er verstand sich gut mit dem Kaplan. In einem Gespräch mit dem Autor dieses Werkes erzählte Joachim Ernst über Kaplan Rademacher:

[706] Gespräch mit Militärpfarrer im Ruhestand, Herbert Hölsken, vom 27. 7. 2004

[707] Vgl. Gespräch mit Margret Schwalfenberg vom 28. 7. 2004

[708] Vgl. Kumm, Renate, a. a. O., S. 134

[709] Vgl. Formular für Visitationsberichte, Archiv der Kirchengemeinde St. Bonifatius, Akte „Statistik, Visitation". St. Bonifatius wurde am 25. September 1946 visitiert.

[710] Vgl. Schreiben des Dechanten Krieter an das Generalvikariat Hildesheim vom 12. 1. 1948. Archiv der Kirchengemeinde St. Bonifatius, Akte „Rundschreiben kirchlicher Behörden"

„ ... Dem ging es gesundheitlich miserabel. Der hatte schweres Asthma. Und dann waren die Scheiben in seinem Schlafzimmer kaputt. Es wurde nicht geheizt. Das war alles in der Zeit vor der Währungsreform, kurz nach dem Kriege. Der Kaplan Rademacher klagte dann manchmal. Dann zog er sich auch zu anderen Familien. Seine ganze Wäsche hat er (zum Waschen) zu einer Familie gegeben, die in der Gemeinde bekannt war. Wie diese Familie hieß, weiß ich nicht mehr. Die wohnte im Reiherstiegviertel. Ach ja, Kinne, hieß die Familie. Bei denen war er, und bei Pachowiaks war er oft zum Frühstück ... Ja, der Rademacher suchte ein „zu Hause", das er im Pfarrhaus nicht fand. Ich erinnere mich an eine Sache, die eigentlich eine Bagatelle ist. Es gab den Bäcker Ballhausen, der in der Gemeinde ganz groß war (und der auch das Pfarrhaus belieferte). Zu dem ist er einmal hingegangen und hat ihn gefragt: `Sagen Sie, haben Sie nur eine Sorte Brot´? `Nein, wir haben diese Sorte und die und die´, hat Ballhausen geantwortet. `Ja, ich frage, weil wir im Pfarrhaus immer nur eine Sorte Brot haben´. Sehen Sie, das sind so die negativen Dinge, die er erfahren hat. ... Er hat sich ja eigentlich nie richtig beschwert. Aber ich merkte das ja, wenn er sich - was damals ja gar nicht üblich war - einen „freien Tag" in der Woche genommen hat und dann nach Hamburg fuhr, um andere Luft zu bekommen. Da hatte ich so das Empfinden, dass man im Pfarrhaus wohl nicht das richtige Verständnis für einen Mann hatte, der so krank war. Die Krankheit war ja grauenhaft! Dauernd brauchte er das (Asthma-) Spray. Der (Kaplan Rademacher) war damals doch noch in den besten Jahren!"[711] Dechant Krieter hat sich über seinen Kaplan Rademacher weder offiziell beschwert, noch hatte er mit ihm persönliche Auseinandersetzungen. Doch weil Kaplan Rademacher so oft krank war, bemühte er sich seit 1949 beim Bischof darum, einen Ersatz zu bekommen.[712] Noch lieber wäre es ihm gewesen, die Bischöfliche Behörde hätte ihm einen zweiten Kaplan zugewiesen.

Im Mai 1951 erkrankte Kaplan Rademacher so schwer, dass er mehr als vier Wochen lang im Krankenhaus „Maria-Hilf" lag und anschließend einen Erholungsurlaub benötigte.[713] Nach der Rückkehr aus dem Erholungsurlaub wurde Theodor Rademacher zum 16. September 1951 versetzt. Er erhielt die Stelle eines Pfarrvikars bei St. Andreas in Mingerode auf dem Eichsfeld.[714]

Ende Juni 1951 hielt Dechant Krieter ein Schreiben des Domvikars Heinrich Pachowiak in den Händen:

„Sehr geehrter Herr Dechant, im Auftrage des Hochwürdigsten Herrn Bischofs darf ich Ihnen Folgendes mitteilen: Die Diözese Hildesheim hat einen neuen Geistlichen hinzubekommen, der aus Kanada kommt und vorläufig in Wilhelmsburg Kaplan sein soll. Der Name des Geistlichen ist Goedde. Er ist 41 Jahre alt und stammt aus der Diözese Gravenbourg / Kanada. Wegen der Jurisdiktion bekommt er eine Anstellung als Kaplan. Die Urkunde darüber wird Ihnen gesondert zugehen. Der Dienstantritt ist auf den 7. Juli 1951 festgesetzt. Mit ergebensten Grüßen, Ihr Heinrich Pachowiak, Domvikar."[715]

---

[711] Zitat aus dem Gespräch mit Pfarrer i. R., Joachim Ernst, vom 1. 4. 2004

[712] Der Bischof von Hildesheim, Nr. 14920, vom 22. 12. 1949 ‚Archiv der Kirchengemeinde St. Bonifatius, Akte „Kapläne"

[713] Dechant Krieter bat in einem Schreiben an den Bischof vom 15. 6. 1951 um finanzielle Hilfe für Kaplan Rademacher, „da Herr Kaplan Rademacher den Erholungsurlaub weder allein noch mit meiner Hilfe finanzieren kann." Archiv der Kirchengemeinde St. Bonifatius, Akte „Kapläne"

[714] Der Bischof von Hildesheim, Nr. 11045, vom 5. 9. 1951 Archiv der Kirchengemeinde St. Bonifatius, Akte „Kapläne"

[715] Schreiben vom 28. 6. 1951. Archiv der Kirchengemeinde St. Bonifatius, Akte „Kapläne"

Albert Goedde war am 3. 1. 1910 in Unna geboren und hatte nach seinem Theologiestudium das Priesterseminar in Paderborn besucht. Als im Jahre 1939 die kanadischen Bischöfe für ihre Diözesen Priester benötigten, und die Diözese Paderborn zur selben Zeit eine Überzahl an Priesteramtskandidaten besaß, konnten sich diese für einen Einsatz in Kanada melden. Das hatte Albert Goedde getan. Er war in Kanada zum Priester geweiht und in der Gegend von Vancouver eingesetzt worden. In Kanada hatte er auch das Pfarrexamen bestanden, war

aber nicht Pfarrer gewesen. Als er 1951 nach Deutschland zurückkam, beherrschte er die englische und die französische Sprache perfekt. Deutsch sprach er mit Akzent. Solange Albert Goedde die deutsche Staatsbürgerschaft nicht zurück erhalten hatte, musste Dechant Krieter jährlich die Aufenthaltsgenehmigung beim Polizeiamt Hamburg einholen und beim Landesarbeitsamt die Beschäftigungsgenehmigung.[716] Das war bis in das Jahr 1954 hinein nötig. Albert Goedde erwies sich schnell als ein tüchtiger, loyaler Helfer des Dechanten Krieter. Zu Beginn seiner Arbeit in Wilhelmsburg gab es nur eine einzige, kleine Schwierigkeit.

Abb. 122 : Albert Goedde von Juli 1951 bis August 1956 Kaplan in St. Bonifatius

Davon berichtete der Zeitzeuge Herbert Hölksen, der am 1. April 1952 in St. Bonifatius zweiter Kaplan wurde: „ … Als ich nach Wilhelmsburg kam, war dort bereits ein älterer Kaplan, der vorher in Kanada gewesen war. Er hätte gern gesehen, man hätte ihn `Pfarrer´

tituliert. Zwei Pfarrer in einer Gemeinde, das war kirchenrechtlich unmöglich! … Noch an meinem ersten Tag in Wilhelmsburg, nachdem wir in der Kirche gewesen waren, sagte Krieter zu mir. `Wissen Sie, da ist noch ein Geistlicher hier. Der ist älter als Sie. Der war in Kanada und möchte gern Pfarrer genannt werden. Das geht ja nicht! … Ja, wir nennen ihn `Father´. Na, und wenn Krieter sich „stur" stellte, dann war der auch „stur". Er sprach Goedde nicht mit dem Titel „Pfarrer" an." Kaplan Hölksen berichtete weiter: „Der Mitbruder war zufrieden. Im Pfarrhaus hieß Goedde dann bei Krieter und mir `Father´, in der Gemeinde hieß er „Pfarrer Goedde". Dabei blieb es dann auch. Krieter machte sich nichts daraus, dass die Leute in der Gemeinde Goedde als `Pfarrer´ anredeten."

Abb. 123: Herbert Hölksen, vom 1. 4. 1952 bis zum 15. 9. 1957 Kaplan in St. Bonifatius

Nachdem Dechant Krieter mit Herbert Hölksen einen zweiten Kaplan bekommen hatte, führte er die Arbeitsteilung wieder ein, die schon zu Zeiten seiner ersten Kapläne in seiner Pfarrei bestanden hatte.

---

[716] Vgl. Schreiben des Dechanten Krieter an das Polizeiamt Hamburg und an den Direktor des Landesarbeitsamtes. Archiv der Kirchengemeinde St. Bonifatius, Akte „Kapläne"

„Father" Goedde, war für die weiblichen Jugendgruppen und die Marianische Kongregation zuständig, der andere Kaplan für die Messdienerausbildung, die männlichen Jugendgruppen und vor allem für die Kolpingfamilie.

Sich selbst behielt Dechant Krieter - wie in alter Zeit - den Elisabethverein vor, den Hedwigverein und den Caritasverein. Besonders froh war er, dass seine beiden Kapläne ihn vom Religionsunterricht in der katholischen Schule fast vollständig befreiten. Es ist ein Glücksfall, dass der Autor dieses Werkes Gelegenheit hatte, den heutigen Militärpfarrer im Ruhestand, Herbert Hölsken, im Jahre 2004 bezüglich seiner Kaplanzeit in Wilhelmsburg zu befragen. Das Gespräch mit ihm und eine schriftliche Darstellung aus seiner Feder geben Einblick, wie Dechant Krieter mit seinen Kaplänen Hölsken und Goedde umging. Das Leben der drei Geistlichen wird so veranschaulicht, wie es nur einem `Insider´ möglich ist.[717]

Über seinen Dienstantritt in Wilhelmsburg schrieb Herbert Hölsken: „Am 1. April 1952 sitze ich im D-Zug Hannover-Hamburg und fahre nach Hamburg-Wilhelmsburg zu meiner ersten Stelle an der St. Bonifatius-Pfarrei. Nach Priesterweihe und Primiz beschäftigte mich vor allem ein Gedanke: Wie wird wohl dein Chef, Dechant Krieter, sein? Brieflich hatte er mich freundlich willkommen geheißen und mir mitgeteilt, ich müsse bis Harburg fahren. Dort würde ich von ihm abgeholt. Das war ausgesprochen nett und durchaus keine alltägliche Praxis zwischen Chef und Kaplan. Ich wuchtete meinen riesigen Koffer aus dem Koffernetz und schleppte ihn in Richtung Bahnhofshalle. In diesem Koffer befand sich mein ganzer damaliger Besitz. Ehe ich mich versah, stand ein Mann im Schlosseranzug neben mir: „Ich heiße Müller, man nennt mich Franz. Geben Sie mir Ihren Koffer!" Ich war sprachlos. Zum ersten Mal in meinem Leben wurde mir der Koffer abgenommen. Ja, und dann sah ich ihn, meinen ersten Chef, Dechant Krieter, eingehüllt in eine Wolke von Tabaksqualm, in der linken Hand eine anständige Zigarre. Blitzschnell schoss es mir erleichtert durch den Kopf. Dein Chef raucht ja! Spontan mein Urteil: Also muss er ein anständiger Mann sein, und auch als Priester Mensch geblieben sein. Damals gab es nämlich Pfarrer - wenn auch sehr wenige - die Nichtraucher waren und einem rauchenden Kaplan den Alltag nicht gerade verschönt haben. Gott sei Dank, so einen Chef hatte ich nicht! ... An der Bonifatius-Kirche angekommen, lautete die freundliche Aufforderung: „Zuerst gehen wir zu unserem gemeinsamen Herrn." Mein erstes Gebet in der Kirche, deren Gemeinde ich als Kaplan betreuen sollte, kam sicher aus ehrlichem Herzen. Die brennende Zigarre hatte der Dechant vorher in eine Mauerritze neben dem Kirchenportal abgelegt. Diese Praxis Zigarren rauchender Kirchenbesucher kannte ich, hatte sie aber noch nie von einem Geistlichen gesehen. Nach unserem Gebet standen wir beide auf, und Karl-Andreas Krieter erklärte mir in kurzen Worten die Kirche.Schwerpunkt der Erklärungen war das vor kurzer Zeit fertig gestellte Gemälde an der Wand hinter dem Hochaltar. Zwölf Apostel standen da nebeneinander, angetreten wie auf dem Kasernenhof. Da alle Apostel auf der Wand Platz haben mussten, waren es schmale Gestalten, wie ausgehungert. Kommentar des Dechanten: `Wir nennen sie die `KZ-ler´.[718]

---

[717] Vgl. Gespräch mit Herbert Hölsken vom 27. 7. 2004

[718] Auch auf Nachfrage blieb Pfarrer Hölsken bei seiner Aussage, die Apostelfiguren seien in der Gemeinde St. Bonifatius „KZ-ler" genannt worden. Dieser gedankenlose Sprachgebrauch verdeutlicht die mangelhafte Auseinandersetzung mit der nationalsozialistischen Vergangenheit, die zu dieser Zeit in Deutschland normal war. Vielen Deutschen ist es sogar heutzutage noch nicht bewusst, welchen grauenhaften Sprachgebrauch sie pflegen, wenn sie zum Beispiel gedankenlos daherreden, jemand habe sich „ bis zur Vergasung" angestrengt.

Mein Chef hatte einem jungen „modernen Künstler" finanziell helfen wollen und den Auftrag an den jungen Mann vergeben, ohne einen Entwurf gesehen zu haben. Hinter einem großen Vorhang arbeitend hatte der „Künstler" das Gemälde angefertigt. Die Ernüchterung des Dechanten und der ganzen Gemeinde kam, als der Vorhang fiel. Ich habe diesen ersten Kirchenbesuch nicht vergessen; nicht nur wegen des total misslungenen Gemäldes hinter dem Hochaltar, sondern wegen dieser Tatsache: da gibt ein alter, reifer Dechant vor seinem neuen, jungen Kaplan zu, dass er einen schwer wiegenden Fehler gemacht hat. Für mich war dies ein Zeichen stiller Größe und innerer Souveränität. Später habe ich nie wieder einen Pfarrer kennen gelernt, der von ihm angeschaffte moderne „Kunstwerke" nicht eisern verteidigt hätte, auch wenn die ganze Pfarrei über den Wert dieser „Kunst" nur den Kopf schüttelte."

Im Gespräch berichtete Pfarrer Hölsken über seinen Dienstantritt: „Wie ich gesagt habe, bin ich mit einem großen Koffer nach Wilhelmsburg gekommen. Darin war alles, was ich besaß. In meinem Zimmer fand ich dankenswerter Weise vor: ein Sofa, einen ovalen Tisch mit einer Tischdecke darauf, und zwei Stühle. In meinem „Schlafgemach" - so einer Nische - war fließend Wasser vorhanden. Das fand ich schon phantastisch. Die Möbel gehörten Krieter. Die hatte er in mein Zimmer gestellt. Ich sollte von meinem Onkel zur Primiz einen Schreibtisch geschenkt bekommen. Der war aber noch nicht da. Auch mit meinen Büchern wusste ich nicht wohin. Da hat Krieter als Erstes zu mir gesagt: `Also Kaplan, Sie gehen zu der Möbelhandlung Schulenburg in der Veringstraße und da kaufen Sie sich einen Schrank für Ihre Kleider und Bücher´! Ich hab gesagt: `Ja, ich habe aber kein Geld´! Die Antwort war: `Das lege ich aus, aus der Kirchenkasse, und Sie zahlen das dann langsam ab´! Ich ging also zu Schulenburg und habe mir einen Schrank gekauft. Das war für mich das erste eigene Möbelstück! Ich war ja Kriegsgefangener gewesen, ich hatte Nichts! Man war doch ein „armes Schwein"! Ich bin also bei Schulenburg hineingegangen und wollte 375 Mark zahlen. Das brauchte ich aber nicht. Krieter hatte bei Schulenburg angerufen, dass er das Geld überweisen werde. Jedenfalls habe ich mir einen dreitürigen Schrank gekauft. Diesen Schrank habe ich so geliebt! Bei allen meinen Versetzungen ist der mitgegangen. Zwei Teile des Schrankes waren für Kleider, in der Mitte war er ein Bücherschrank. So habe ich also angefangen. Und dann habe ich mir, so Schritt für Schritt, Regale gekauft und so weiter. ..."

Auf die Frage, ob Dechant Krieter in seiner Freizeit irgendeinem Hobby nachgegangen sei, antwortete Pfarrer Hölsken:
„Also für Hobbies hatte der bei all seiner Verwaltungsarbeit keine Zeit! Schließlich hat er ja auch noch die Seelsorgearbeit gemacht, und uns Kaplänen hat er manchmal die Arbeit abgenommen. Wir hatten in St. Bonifatius damals die Sonntag-Nachmittagsmesse. Die war um 17 Uhr. Wenn wir als Kapläne die ganze Woche gearbeitet hatten - auch die Sonntag-Morgenmesse gehalten hatten - dann war es uns nicht so sympathisch, auch noch am Sonntag-Nachmittag die Messe halten zu müssen. Viele Gemeindemitglieder besuchten diese Messe allerdings gerne, weil sie dann sonnabends bis tief in die Nacht feiern und am Sonntag ausschlafen konnten. Also diese Messe konnte man nicht abschaffen, obwohl sie eigentlich in der Kriegszeit eingerichtet worden war. Nach dem Krieg wäre sie vielleicht nicht mehr nötig gewesen. Also für diese Messe hat Krieter uns Kapläne ganz selten eingesetzt. Er war froh, dass ich ihm die Kindermesse um 9 Uhr abgenommen habe. Er hat uns aber auch ein bisschen Freizeit gönnen wollen. Wenn ich ausnahmsweise einmal zur Sonntag-Nachmittagmesse eingesetzt worden war und sich das Wetter dann plötzlich besonders gut zeigte, dann kam Krieter schon `mal zu mir und sagte:

Na, Kaplan, wollen Sie nicht ein bisschen mit dem Motorroller fahren? Ich übernehme die Nachmittagsmesse´. Er hatte also wirklich ein Herz für seine Kapläne. Er wusste, dass ich nicht zu meiner Freundin fuhr, sondern zum Beispiel nach Schleswig-Holstein, um da die Seen abzuklappern. Ich hatte eine Zündapp-Bella. Dieser Motorroller war ein ziemlich schönes Ding! Ich bin damit gern entweder in die Lüneburger Heide oder nach Schleswig-Holstein in die Natur gefahren."

Zu seiner eigenen Arbeit als Kaplan in St. Bonifatius erzählte Pfarrer Hölsken: „Ja, ich hatte in der Schule Religionsunterricht zu halten. Dann war ich Kolpingpräses. Da gab es viele Vorstandssitzungen. Ich musste die Programme mit dem Vervielfältigungsapparat abziehen. Dann waren die Gruppen der männlichen Jugend zu betreuen, auch die Messdiener. Montags um 15 Uhr zog Hölsken immer ins Krankenhaus. Ich ging durch die Zimmer. Nach einer Liste, die mir die Ordensschwestern hingelegt hatten, besuchte ich die Zimmer, wo Katholiken lagen. Ich habe immer ganz bewusst auch mit den Nichtkatholiken im Zimmer gesprochen. Ich habe alle mit Handschlag begrüßt, wenn ich da hinein ging. Da bin ich kaum auf Ablehnung gestoßen."

Auf die Frage, ob zu seiner Zeit Neuerungen im religiösen Leben der Gemeinde eingeführt worden seien, antwortete Pfarrer Hölsken: „Sie müssen bedenken, dass damals das Konzil noch nicht gewesen war. Es gab nur eine Neuerung, die Papst Pius XII. verfügt hatte, das war die Neuordnung der Osterliturgie. Bet-Singmessen gab es ja schon lange. Gemeinschaftsmesse der Jugend, Gemeinschaftsmesse von Kolping; die waren alle vier Wochen sonntags um 6 Uhr 45. In der Messe fand die gemeinschaftliche Kommunion statt. Das waren immer Bet-Singmessen. Anschließend traf man sich zum Kaffeetrinken im Pfarrheim oder im Kolpingheim. …

Krieter hat seinen Kaplänen große Freiheit gelassen, im Gegensatz zu manchen anderen Pfarrern, die man `Kaplanstöter´ nannte. Solche Pfarrer kontrollierten ihren Kaplan in seiner Freizeit, wälzten unangenehme Arbeiten auf den Kaplan ab und so weiter. Ich muss den Dechant lobend hervorheben und sagen, dass er das nie getan hat. Wissen Sie, ich war kein guter Prediger. Wenn es möglich war, habe ich mich gern vor Predigten gedrückt. Ich hatte den Eindruck, als habe der gute Krieter gemerkt: Hölsken, der tut sich schwer mit dem Predigen. Deswegen hat er mich meistens für die Kindermesse eingesetzt. Musste ich dann doch einmal das Hochamt halten, gut, dann hat man sich vorbereitet. So war es auch bei Beerdigungen. Ich mochte nicht bei jeder Beerdigung dasselbe sagen und habe deswegen meine Gedanken immer abgewandelt. Man musste sich darauf schon intensiv vorbereiten! Ich erinnere mich gerade daran, dass der Dechant einmal sagte: `Mensch, morgen sind drei Beerdigungen´. Dann hat er mir eine Beerdigung gegeben und er selbst hat zwei Beerdigungen übernommen. Bei Beerdigungen in Wilhelmsburg konnte man wirklich nicht einfach das immer Gleiche sagen. Die Angehörigen der Verstorbenen waren mit vielen Leuten aus der Gemeinde verwandt und verschwägert. Solche Verwandtschaftsverhältnisse kannte Krieter genau. Deswegen war das schon gut, dass er die Beerdigungen übernahm. Es war ja für mich als Kaplan auch nicht so einfach, erst drei Stunden Religionsunterricht in der Schule zu geben und anschließend um 11 Uhr 30 eine Beerdigung zu halten. Dem `Father´ hat er übrigens nur selten Beerdigungen übertragen!

Bei dem Stichwort Goedde fiel dem Pfarrer Hölsken ein: „ Goedde hatte einmal einen `Super-Fatima-Priester´, den Pater Ruf, nach Wilhelmsburg eingeladen. Das war ein Schwärmer. Der hat dann in St. Bonifatius eine Fatima-Mission gehalten. Eines Tages standen Krieter und ich im Eingang des Pfarrhauses, und dieser Pater Ruf hatte seine Statue der Fatima-Madonna gerade aufgestellt. Diese Fatima-Madonna hatte fast Menschengröße, so Glasaugen, na ja …! Der Pater Ruf sprach den Dechanten dann vor dem Pfarrhaus an:

`Meinen Sie nicht auch, Herr Dechant, diese Augen ... meinen Sie nicht auch´? Und ich sehe dieses Gesicht von Dechant Krieter heute noch. Der war alles andere als von dieser Marienfigur überzeugt. `Jahaa, Jahaaa´, hat er nur gesagt und mich dabei angeguckt. Ich wusste, dass ihm das Frömmigkeitsgeschehen um die so genannten Fatima-Prophezeiungen nicht behagte. Er war viel zu sehr Realist. Er liebte keine schwülstige, übertriebene Frömmigkeit. Einer seiner realistischen Aussprüche war: `Herr Kaplan, die Leute fangen an, uns zu loben, wenn wir fünf Jahre tot sind´. Ich finde, das ist tiefe Weisheit. Und von solchen Sprüchen hatte Dechant Krieter viele auf Lager. ...

Er besaß auch Humor. Ich saß zum Beispiel einmal mit ihm zusammen im „Empfangszimmer" des Pfarrhauses, gleich rechts von der Eingangstür. Von da aus konnten wir gut den Eingang der Kirche beobachten. Da kam eine Familie, von der ich wusste, dass sie jeden Sonntag zur Messe kam. Ich sagte: `Die kommen jeden Sonntag, zu jeder Messe sind die da, aber nicht ein einziges Mal kommen sie zu irgendeiner anderen Gemeindeveranstaltung! Die könnten doch wirklich `mal kommen´! `Ja, wssen Sie nicht, das sind die Für-Sich´, sagte Krieter darauf. `Was sind die´? fragte ich. Ich hatte `Pfirsiche´ verstanden `Das sind die Für-Sich, die sind lieber für sich allein´."

Über die polnischen Gottesdienste berichtete Pfarrer Hölsken: „Da kam immer ein polnischer Prälat aus Hamburg (Dechant Golniewicz). Meine Güte, hat der gepredigt! Der hat die Leute angedonnert, jedenfalls hörte sich das so an. Beeindruckend war auch, mit welch großer Begeisterung diese Gläubigen ihre polnischen Lieder gesungen haben. Polen sind ja die Gründer der Gemeinde   St. Bonifatius gewesen. ... Viele alte Leute sprachen noch polnisch und beteten polnisch. Ich habe Beichten auf Polnisch gehört, wobei ich natürlich nichts verstanden habe. Ich habe dann immer gesagt: `Wokuta´! das heißt `Buße´ und `Adin Eutschenasch´, das heißt `ein Vaterunser´, aber das war russisch! Ich habe gedacht, dass der liebe Gott die Beichte ja auch höre und es schon gut sei!"

Angesprochen auf das Schmücken der Bonifatiuskirche für Sonntage und besondere Festtage erzählte Pfarrer Hölsken: „ ... Ach ja, die Frau Kinne, das war eine treue Seele. Die war besessen vom Blumenschmücken. Die hat den Krieter - zusammen mit einer anderen Frau - manches Mal mit dem Blumenschmücken auf die Palme gebracht. Vor den Festen, da wurde von den beiden eine unglaubliche Blumenpracht entfaltet. Und der Dechant bekam dann eine Riesenrechnung! In dem Punkt war er ja so ein bisschen - ich will nicht sagen geizig - aber das war ihm einfach zu viel! Das hat er den Frauen auch gesagt. Und dann schimpfte die Frau Kinne: `Herr Kaplan, gucken Sie `mal, wenn wir hier so ein paar Nelken als Schmuck nehmen, dann soll das gleich zu viel sein´!"

Als Pfarrer Hölsken befragt wurde, ob er die Erzählungen einiger Gemeindemitglieder für wahr halte, Dechant Krieter habe seine eigenen Kleidungsstücke an Arme verschenkt, antwortete er: „Das kann ich mir bei ihm vorstellen! Auf persönlichen Besitz legte er keinen Wert. Die Frauen vom Elisabethverein wussten zum Beispiel zuerst nicht, was sie ihm zum vierzigsten Priesterjubiläum schenken sollten (11. 10. 1954). Da kam die Frau Kinne auf die Idee: `Wir schenken dem Dechant enen Sessel. Der hat keinen gemütlichen Lesesessel´. Krieter hatte zwar einen Sessel, aber nur einen alten, ungemütlichen Holzsessel. Ach, was hat der sich gegen ein persönliches Geschenk gewehrt! Das wollte er nicht: `Kommt gar nicht in Frage´! Trotzdem haben die Frauen gesammelt. Das wollte er schon gar nicht, dass für ihn gesammelt würde. Aber wir haben alle gern Geld gegeben. Und dann kamen die Frauen mit dem Sessel an. Also, das Geschenk haben wir alle gut gefunden. Und in diesem Sessel habe ich ihn später auch oft erlebt, wenn ich `mal nachmittags zu ihm in sein Arbeitszimmer musste, weil ich ihn im Büro nicht gefunden hatte. Da saß er dann im Sessel und betete den Rosenkranz. ... Auch an das tägliche Beten des Breviers hat er sich ziemlich streng gehalten.

Das Brevier lag immer aufgeschlagen auf dem Tisch. Wissen Sie, wenn man als Priester wirklich alle Aufgaben - auch das Beten und das Vorbereiten der Predigten - gewissenhaft erledigt, dann bleibt keine Zeit mehr für ein Hobby."

8.3 Verzicht auf die Privatsphäre und Kapitulation vor der Aufgabe, Pflegevater zu sein

Am 9. 9. 1952 gab Agnes Krieter ihrem Bruder Karl-Andreas einen Brief zu lesen, den die Schwägerin der Geschwister, Anna Krieter, geschrieben hatte. Dechant Krieter las: „Münster, den 7. 9. 1952. Liebe Agnes! Nun will ich Dir noch einige Zeilen schreiben. Zuerst vielen Dank für Alles, was Du Annelie Gutes getan hast. Auch für das Nachthemd vielen Dank! Ich kann es jetzt wohl gebrauchen. Nun habe ich noch zwei Tage Gnadenfrist. Hoffentlich geht alles gut. Ich habe ja doch Angst! - Wenn mir etwas passieren sollte, so bitte ich Dich, nimm Dich der Margret an! Es wird sie schwer treffen. Auch die beiden Kleinen lass etwas Deine Sorge sein. Annelie wird von ihren Brüdern so schlecht verstanden. Da wird sie es bestimmt nicht leicht haben. Die beiden Jungen sind so stur, und Annelie solch ein Sonnenschein. Sie ist bestimmt noch gut und unverdorben. Ulli ist noch so klein, für ihn wird sich ja wohl ein Plätzchen finden. Auch ihm wird oft die Mutter fehlen. Aber da bin ich unbesorgt. Margret wird ihm Mutter sein. Du siehst, liebe Agnes, ich habe mit Allem abgeschlossen. Wenn unser Herrgott mich haben will, ich bin bereit. Für mich gibt es doch nichts Schönes mehr auf der Welt. Dir wünsche ich nun alles Gute und Schöne. Viele herzliche Grüße, Deine Schwägerin Änne"[719]

Dechant Krieter war über den Hintergrund dieses Briefes informiert. Die Ärzte hatten bei der Schwägerin eine Krebserkrankung festgestellt. Sie musste operiert werden. In den sieben Jahren, die seit dem Tode ihres Mannes, Johannes Krieter, vergangen waren, hatten die in Hamburg wohnenden Geschwister Krieter der bedauernswerten Witwe Hilfe geleistet so gut sie konnten. Doch Änne Krieter war durch die Not der Kriegs- und vor allem der Nachkriegsjahre völlig erschöpft. Sie hatte die Freude am Leben verloren. Für den Fall, dass sie sterben würde, waren ihre jüngsten Kinder, Anneliese und Ulrich, hilflose Vollwaisen. Selbstverständlich versprach Dechant Krieter nach der Lektüre des Briefes seiner Schwester Agnes, dass er die Schwägerin Änne besonders in sein Gebet einschließen werde. Die beiden Geschwister kamen aber gemeinsam auch zu der Erkenntnis, dass die Hilfe aus Hamburg kommen müsse, wenn die Schwägerin sterben sollte. Andere Verwandte kamen als Helfer nicht in Frage. Anna Krieter starb nach einem vierwöchigen Krankenlager am 21. 11. 1952. Die Geschwister Agnes, Therese und Karl-Andreas Krieter hatten genug Zeit gehabt, sich mit den erwachsenen Kindern der Schwägerin Änne (Hans-Helmut, Margret und Karl-Gerhard) abzustimmen und zu entscheiden, was mit Anneliese und Ulrich geschehen solle. Für Anneliese wurde beschlossen, dass sie bis zu ihrem Mittelschulabschluss, der in 1 ½ Jahren zu erwarten war, in der Familie ihres ältesten Bruders leben sollte. Nach dem Schulabschluss sollte sie nach Hamburg geholt werden und im katholischen Marienkrankenhaus eine Ausbildung zur Bürokraft beginnen. Im Marienkrankenhaus sollte sie auch wohnen, zusammen mit ihrer Schwester Margret, die zu dieser Zeit - das wurde oben schon berichtet - im Marienkrankenhaus zur Krankenschwester ausgebildet wurde.

---

[719] Der Brief befindet sich im Privatarchiv Ulrich Krieter.

Dechant Krieter konnte durch seine guten Beziehungen, die er zur Leitung dieses Krankenhauses besaß, dafür sorgen, dass die Planungen Wirklichkeit wurden. Anneliese kam im Jahre 1954 nach Hamburg. Ihre Tante, Agnes Krieter, übernahm für sie die Vormundschaft, ebenso wie sie es für den Neffen Ulrich schon im Jahre 1952 getan hatte.

Der Neffe Ulrich war beim Tode seiner Mutter zehn Jahre alt. Er war Schüler der ersten Klasse des Hittorf-Gymnasiums in Münster und hatte noch eine lange Schulzeit vor sich. Für ihn hatten die Tanten und der Onkel in Hamburg beschlossen, dass er im Pfarrhaus von St. Bonifatius wohnen und das Pflegekind der Pfarrhausbewohner werden solle. Das Pfarrhaus war zu dieser Zeit mit Bewohnern überfüllt. Deswegen wurde eine Maßnahme ergriffen, die dem mittlerweile 62jährigen Dechanten ein persönliches Opfer abverlangte:

Von seinem großen Schlafzimmer, das zwei Fenster hatte, wurde die Hälfte abgeteilt und als Wohn- und Schlafzimmer für den Neffen eingerichtet. Die Einrichtung beschränkte sich darauf, ein Wandklappbett aufzustellen und an einer der fensterfreien Wände zwei Bücherregale und ein Brett anzubringen. Dieses Brett konnte von der Wand herabgeklappt werden, wenn es als Schreibtisch genutzt werden sollte. Ein Stuhl und ein Kleiderschrank - neben dem Waschtisch und dem Klappbett aufgestellt - vervollständigten die Einrichtung des „Jungenzimmers". Das Schlafzimmer des Dechanten und das „Jungenzimmer" waren durch eine dünne Sperrholzwand, die nicht an die hohe Decke des Raumes heranreichte, von einander getrennt. Den Zugang zum „Jungenzimmer" bildete ein Durchlass in der Holzwand. Er konnte durch einen verschiebbaren Vorhang aus grauem Leinenstoff geschlossen oder geöffnet werden. Zwischen dem Schlafzimmer des Dechanten und dem „Jungenzimmer" gab es also keine „Geräuschdämmung". Das nutzte der Dechant aus, seine Vorstellungen über Kindererziehung, Zucht und Förderung der Schulleistungen zu verwirklichen. Sobald er selbst wach geworden war, weckte er den Neffen mit dem Ruf: „Ulrich, wach werden!" Der Wecker im Zimmer des Dechanten war auf 5 Uhr 15 eingestellt, doch häufig war er früher wach. Während er selbst sich wusch und ankleidete, übte der Dechant mit dem Neffen -

ohne Sichtkontakt - lateinische Vokabeln und Sätze. Dann verließ er sein Schlafzimmer und hielt sich im angrenzenden Arbeitszimmer so lange auf, bis auch der Neffe mit dem Waschen und Ankleiden fertig war. Anschließend gingen die Zimmergenossen zur Kapelle des Krankenhauses. Dort las Dechant Krieter um 6 Uhr die heilige Messe für die Ordensschwestern. Zweimal pro Woche nahmen auch die weltlichen Schwestern und die Stationshilfen an der Messe teil. Der Neffe war sein Messdiener. Nach der Messe entschwand der Dechant dem Neffen für den Rest des Tages. Der Neffe begab sich dann in die Küche des Krankenhauses. Dort erhielt er - allein in einer Ecke sitzend - ein Frühstück. Danach ging er zurück zum Pfarrhaus und machte sich für die Schule bereit.

Abb.124: Pfarrer Goedde, das „Pfarrhauskind" Ulrich und der „Pfarrhaushund" Flocki

Die Einschulung brachte ein kleines Problem. In Hamburg war zu dieser Zeit der Besuch des Gymnasiums erst nach 6 Grundschuljahren möglich. Der Neffe konnte also noch nicht in das katholische Gymnasium St. Ansgar eingeschult werden. Er musste zurück in die Volksschule. Natürlich wurde er in die katholische Schule - Bonifatiusstraße 2 - eingeschult. Das war für ihn eine glückliche Fügung, denn dadurch war es nicht schwer, Freunde zu gewinnen, die zur Bonifatiusgemeinde gehörten. Die Rückschulung hatte einen weiteren Vorteil. Die geringen Anforderungen des Unterrichts in der Volksschule machten ihm keine Schwierigkeiten. Sehr schnell hatte er das Gefühl, zu den Klassenbesten zu gehören. Das tat seinem Selbstbewusstsein gut, und das war ein Ausgleich für die ansonsten nicht leicht zu bewältigende Situation, ohne die Geborgenheit einer normalen Familie leben zu müssen.

Der Pflegevater - Dechant Krieter - war für den Neffen so gut wie nie erreichbar, weil er immer mit Arbeit überlastet war. Im Übrigen fehlte dem Dechanten auch die Fähigkeit, ein Kind über längere Zeit auszuhalten. Es war die eine Sache, mit Kindern aus der Gemeinde, die er gelegentlich traf, lieb und freundlich umzugehen. Das konnte Dechant Krieter - laut Aussage vieler Zeitzeugen - durchaus. Es war die andere Sache, ein Kind als ständige Aufgabe neben sich zu haben und Zeit, Verständnis oder gar zärtliche Zuwendung aufzubringen. Das konnte Dechant Krieter nicht! Eigentlich wollte er das auch gar nicht. Er hatte sich für den Beruf des katholischen Priesters entschieden und damit für die Freiheit von allen Verpflichtungen, die einem Mann durch eine Familie entstehen.

Die Tante Agnes, seinen Vormund, sah der Zehnjährige ebenfalls wenig. Sie war hauptberuflich Nachtschwester im Krankenhaus „Groß-Sand". Tagsüber schlief sie notwendigerweise bis in den Nachmittag hinein. Anschließend hatte sie - zumindest während der warmen Jahreszeit - im Pfarrhaus als Haushälterin reichlich Arbeit, denn ihre Schwester Therese hielt sich während dieser Monate bekanntlich in Hilkerode - im „Haus im Holztal" - auf.

In den beiden ersten Jahren nach dem Tode seiner Mutter fühlte sich der Neffe oft allein gelassen. Die Personen, die ihm in dieser Zeit Wärme und Zuneigung spüren ließen, waren seine Schwester Margret, die an dienstfreien Tagen nach Wilhelmsburg kam, und - wenn der Junge es zuließ - seine Tante Agnes.

Wenig Wärme strahlte die Tante Therese aus. Der Neffe gewann mehr und mehr den Eindruck, dass diese Tante ihn nicht leiden konnte. Sie war sehr streng, gab dem Zehnjährigen Aufgaben, die körperlich an der Grenze des Erträglichen waren - zum Beispiel das tägliche Füllen und Schleppen der großen Kohleschütten für alle Öfen des Hauses - und vor allem verlangte sie von ihm absolut vorbildliches Verhalten in der Öffentlichkeit. Sie hatte gehört, wie böswillige Zungen das „Pfarrhauskind" als „de katholsche Paster sin Sohn" bezeichneten. Gegen diese Unterstellung konnte sie nichts tun, aber wenn dem schon so war, so sollte der Pflegesohn zumindest ohne Fehl und Tadel erscheinen. Kaplan Hölsken war derselben Meinung.

Die Begeisterung für das Fußballspiel, die der Neffe aus Münster - der Stadt des damaligen deutschen Vizemeisters - mitgebracht hatte, wurde Anlass eines pädagogischen Sturmlaufs, den Kaplan Hölsken unternahm, um das „Pfarrhauskind" zur Ordnung zu bringen: Der Junge war in der Bonifatiusschule auf Klassenkameraden gestoßen, die besonders talentierte und begeisterte Fußballspieler waren. Er hatte mit ihnen Freundschaft geschlossen, obwohl sie nicht den katholischen Jugendgruppen angehörten. Seitdem vertrieb er sich die Einsamkeit und Langeweile, die er im Pfarrhaus verspürte, durch täglich stundenlanges Fußballspielen mit seinen neuen Freunden; am Nachmittag, auf dem Hof der Bonifatiusschule oder auf einem von Trümmern geräumten Gelände am Veringkanal.

Schon das ausgiebige Fußballspielen ärgerte Kaplan Hölsken, weil der Neffe des Dechanten deswegen mehrmals die Ausbildungsstunde für Messdiener geschwänzt hatte. Zum Protest bei Dechant Krieter fühlte sich Kaplan Hölsken genötigt, als er erfuhr, dem Jungen sei es gelungen, seiner Tante Agnes die Erlaubnis zum Eintritt in den Fußballverein Wilhelmsburg 09 abzubetteln. Wie alle Jugendmannschaften spielten auch die Mannschaften von Wilhelmsburg 09 am Sonntagmorgen Fußball, zu einer Zeit also, die ein katholischer Junge dem Kindergottesdienst zu widmen hatte. Die Empörung des Kaplans führte dazu, dass sich Dechant Krieter einmal längere Zeit für seinen Neffen nahm. Er ließ sich erklären, warum der Neffe in den Fußballverein eingetreten war, warum der das Fußballspielen so liebe, und danach fragte er den Neffen, ob es im benachbarten Stadtteil Veddel auch einen Fußballverein gebe. Dann traf er seine Entscheidung: Der Neffe musste versprechen, niemals die Sonntagmesse zu versäumen. Um dieses Versprechen erfüllen zu können, durfte er aber die Frühmesse besuchen oder - noch besser - die Sonntagsmesse um 17 Uhr. Am Sonntagnachmittag bestand regelmäßig Bedarf an Messdienern. Da konnte der Neffe sich nützlich machen! Außerdem musste er den Verein Wilhelmsburg 09 verlassen und zum TSV Veddel wechseln, damit das Ärgernis aus den Augen des Kaplans und der Gemeinde verschwinde.

Im Laufe der nächsten Zeit bereitete der Neffe immer wieder kleinere „Erziehungsschwierigkeiten", die von Außenstehenden gerne zu Pfarrhaus-Katastrophen aufgebauscht wurden. Schließlich kapitulierte der Dechant vor der Aufgabe, Pflegevater zu sein. Er beschloss, seiner Schwester Agnes und ihrem Mündel sobald wie möglich eine Mietwohnung in der „Alten Schule" zuzuweisen. Christa Kränkel, die Freundin seiner Schwester Agnes, sollte ebenfalls in dieser Wohnung unterkommen. Die Maßnahme konnte als Vergabe einer „Schwesternwohnung" deklariert werden, weil beide Frauen im Krankenhaus tätig waren. Der Entschluss wurde zu Beginn des Jahres 1957 verwirklicht. Mittlerweile besuchte der Neffe das St. Ansgar-Gymnasium in Hamburg. Nachdem sein Klassenlehrer pädagogische Bedenken geäußert hatte, wurde das tägliche Messedienen in der Krankenhauskapelle aus dem Tagesplan des Neffen gestrichen. Obwohl er das Ansgar-Gymnasium besuchte und entsprechend viel Zeit in Hamburg war, verwurzelte der Neffe des Dechanten nach und nach in St. Bonifatius. Er spielte weiter im Sportverein Fußball. Ansonsten verbrachte er seine gesamte Freizeit aber unter den Jugendlichen der Gemeinde. Sehr bald übernahm er die Leitung einer Jungschargruppe. Seinen Onkel, den Dechanten Krieter, sah er selten und immer nur für kurze Zeit.

8.4   Die Bauvorhaben der Fünfziger Jahre

Wenn auch die Fünfziger Jahre im Vergleich zur vorhergehenden Zeit als ruhige Jahre im Leben des Dechanten Krieter angesehen werden dürfen, so bedeutet das nicht, dass er sich von Arbeit frei hielt. Jahr für Jahr beschäftigte er sich neben der Seelsorgearbeit und der Dechantentätigkeit mit wenigstens einem Bauprojekt. [720]
Im Jahre 1950 wurde das Krankenhaus fertig. Im selben Jahr ließ Dechant Krieter die Mauer rund um den „Wilhelmsburger Vatikan" neu errichten. Die Mauer wurde damals „Einfriedungsmauer" genannt. Ihren Bau kann man als Sinnbild sehen.

---

[720] Die Quellen für die Aussagen über die Bautätigkeiten des Dechanten Krieter, die im Folgenden aufgelistet werden, sind im Archiv der Kirchengemeinde St. Bonifatius die Akten: „Jahresrechnungen", „Kirchbau, Grundstückssache, Kirchplatz ab 1894", „Protokolle über Kirchenvorstandssitzungen 1911-1959" und die Chronik von St. Bonifatius zum Jahr 1949.

In dieser Zeit schirmte sich die katholische Kirche ab. Sie war auf Restauration ausgerichtet, nicht auf geistigen Neubeginn und Weltoffenheit. Das zweite Vatikanische Konzil war noch in weiter Ferne.

Den Kirchplatz erreichte man jetzt durch ein großes zweiflügeliges Tor an der Bonifatiusstraße, das sonntags zu den Gottesdienstzeiten geöffnet wurde, oder durch eine kleine Tür neben dem Vorgarten des Pfarrhauses. Die von der Firma Harriefeld durchgeführten Maurerarbeiten kosteten 5.984,70 DM, die Schlosserarbeiten mussten mit 581 DM bezahlt werden. 1951 / 1952 wurde die Sicherung der beiden Kirchtürme abgeschlossen. 1951 / 1952 wurde die Sicherung der beiden Kirchtürme abgeschlossen. Die Orgel wurde 1951 repariert. 1952 begannen intensive Aufräumarbeiten bei der Ruine des St. Willehadstiftes, weil Dechant Krieter schon zu dieser Zeit den Neubau des Gemeindehauses plante. 1953 erhielt die Kirche eine Blitzableiter-Anlage, und zu Ende des Jahres 1953 / Anfang 1954 wurde das Dach des Langhauses der Kirche neu und endgültig eingedeckt. Zum Jahr 1954 schreibt Dechant Krieter selbst in die Chronik von St. Bonifatius: „Am Peter- und Paulstag 1954 begannen nach langen Überlegungen die Arbeiten für den Wiederaufbau der im Jahre 1945 zerstörten Sakristei und des Seitenschiffes. Die Notsakristei wurde abgerissen." Schon im Oktober 1954 waren der südliche Seitenflügel der Kirche und eine neue Sakristei fertig. Gleichzeitig war das Hauptportal der Bonifatiuskirche erneuert und mit einem Windfang versehen worden.

Der Neubau des Gemeindehauses füllte die Jahre 1955 und 1956 aus. 1956 begannen auch die Bauarbeiten zur Erweiterung des „Wilhelmsburger Krankenhauses Groß-Sand". Sie wurden 1957 abgeschlossen. Über diese beiden Großprojekte wird anschließend berichtet

werden. Die Erneuerung des Pfarrhaus-Anbaues und der Bau einer Garage waren nebensächliche Kleinprojekte des Jahres 1957. 1958 erhielten die beiden Türme der Bonifatiuskirche ein Kupferdach. 1959 wurde das Kircheninnere neu ausgemalt. Die Apostelfiguren an der Wand hinter dem Hochaltar wurden übermalt, und die schlicht in Weiß gehaltene Wand mit einem Kreuz aus Mosaiksteinen geschmückt.

Abb.125: Das Innere der Bonifatiuskirche im Jahre 1960

8.4.1 Der Bau des neuen Gemeindehauses

Der Wiederaufbau des Gemeindehauses war von Dechant Krieter zugunsten des Krankenhauses „Groß-Sand" und zugunsten der endgültigen Restauration der Bonifatiuskirche zurückgestellt worden. Doch die aufblühenden kirchlichen Jugendgruppen und die Erwachsenenvereine hatten dringenden Raumbedarf. Der kleine Saal in der Ruine des ehemaligen Stiftes St. Willehad, die Notsakristei und ein Raum in der wieder hergerichteten Alten Schule waren völlig unzureichende Versammlungsorte. So traf Dechant Krieter im November 1952 bei der Kirchenvorstandssitzung auf bereitwillige Zuhörer, als er seine Pläne zum Wiederaufbau des Gemeindehauses vortrug. Diese Pläne hatte er mit seinem Finanzreferenten, Paul Ulitzka, dem Architekten Karl Sterra und auch mit Rektor Nolte abgesprochen. Den Rektor Nolte bedrückte die Raumnot der Bonifatiusschule. Er hatte für 750 Kinder nur 11 Klassenräume zur Verfügung. Der dadurch notwendige „Schichtunterricht" brachte für Schüler und Lehrkräfte Belastungen, die auf Dauer unzumutbar waren. Schon bei Beginn der Planungen für ein neues Gemeindehaus stand also der Gedanke fest, dass der Neubau sowohl der Gemeinde als auch der katholischen Schule Wilhelmsburgs nützlich sein solle. Unter diesem Aspekt hatte Karl Sterra Bauzeichnungen angefertigt und erste Kostenberechnungen angestellt. Er veranschlagte für das Projekt Baukosten in Höhe von rund 300.000 DM. Paul Ulitzka, der Oberverwaltungsdirektor in der Finanzbehörde, und dessen Chef, Finanzsenator Dudek, waren für Dechant Krieter die Garanten, dass der Gemeinde finanzielle Hilfen gewährt würden, wenn der Bau ein staatliches Interesse abdecken könnte. Auch deswegen war es sinnvoll, die Anliegen der Schule mit den Anliegen der Gemeinde zu verbinden.

Zum Osterfest des Jahres 1953 wendeten Dechant Krieter und seine beiden Kapläne sich mit dem folgenden Spendenaufruf an die Gemeinde:

„Liebe Gemeindemitglieder! ... Seit langem schon wissen wir von der unbedingten Notwendigkeit, das Gemeindehaus wieder aufzubauen, um wieder ein reges und lebendiges Pfarrleben zu gestalten. Der Kirchenvorstand hat in seiner Sitzung im November vergangenen Jahres sich eingehend mit dieser Angelegenheit befasst. Die einmütige Meinung aller war, dass der Wiederaufbau des Gemeindehauses nun endlich der Verwirklichung näher gebracht werden müsse. Wir haben inzwischen Pläne für ein neues Gemeindehaus anfertigen lassen, deren Ausführung uns ein allen Ansprüchen genügendes Gebäude geben würde. Wir würden e n Haus besitzen, welches für die Jugend ein wirkliches Heim und eine wahre Erziehungsstätte darstellen könnte. Ihr wisst ja alle, wie notwendig es ist, unsere so gefährdete Jugend an die Pfarrei und an die Kirche zu binden. Wir beabsichtigen wieder eine Nähstube einzurichten sowie Turn- und Bastelraum und eine Schulküche.

Gern würden wir sofort mit dem Bauvorhaben beginnen. Aber! - Ja, da ist ein ganz großes Aber! Die Finanzfrage! Der geplante Bau soll nach Voranschlag von Sachverständigen 300. 000 DM kosten. Soll nun der Plan an dem Fehlen der erforderlichen Gelder scheitern? Diese Frage, liebe Gemeindemitglieder, legen wir euch heute vor. Ohne Eure großherzige und opferwillige Mithilfe geht es nicht. Daher rufen wir Euch alle zu einer Spendenaktion auf. Enttäuscht uns bitte nicht! Zeigt durch Eure Opferfreudigkeit, dass Ihr von der Dringlichkeit des Wiederaufbaues unseres Gemeindehauses überzeugt seid. Wir werden natürlich länger als ein Jahr sammeln müssen, aber Eure Mithilfe wird es uns ermöglichen, in einiger Zeit ein Darlehen aufzunehmen, um die Ausführung des Bauplanes zu verwirklichen. In der Hoffnung, dass unser Aufruf bei Euch Verständnis und Opferbereitschaft findet, grüßen Euch dankend Eure Seelsorger Krieter, Dechant; Goedde, Pfarrer; Hölsken, Kaplan

Die beigefügte Spendenerklärung bitten wir auszufüllen und in der Sakristei oder im Kirchenbüro abzugeben.“[721]

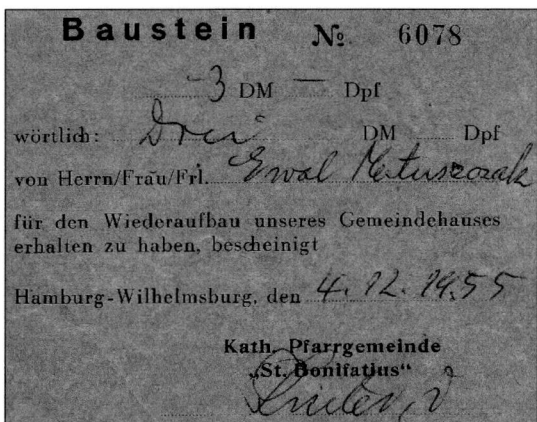

Abb. 126 : Spendenquittung über einen „Baustein"

Wie immer waren die Mitglieder der Bonifatiusgemeinde auch in diesem Fall sehr spendenwillig. Wer finanziell die Möglichkeit hatte, füllte eine Erklärung über den Betrag aus, den er monatlich spenden wollte. Wer für einen regelmäßigen Spendenbeitrag zu arm war, konnte bei Gelegenheit einen „Baustein" erwerben. Es war zu erwarten, dass die Bonifatiusgemeinde nicht genug Geld aufbringen würde, um den Abtrag eines Baudarlehens und die Zahlung der Zinsen aus eigenen Mitteln zu finanzieren. Dechant Krieter wandte sich also an die Schulbehörde der Hansestadt Hamburg. Er schrieb am 15. März 1954 den folgenden Brief:

„Die katholische Gemeindeschule in Hamburg-Wilhelmsburg, Bonifatiusstraße 2, umfasst 11 Klassenräume und einen kleinen Musikraum. Eine Turnhalle, Aula und anderweitige größere Räume sind nicht vorhanden. In den 11 Klassenräumen werden zur Zeit 750 Kinder in 18 Klassen unterrichtet. Dadurch muss ein fast zweischichtiger Unterricht durchgeführt werden. Wie aus dem beigefügten Lageplan ersichtlich, sind die Grundstücksverhältnisse derart beschnitten, dass eine Erweiterung des Schulhauses kaum möglich ist, ohne den schon jetzt unzureichenden Schulhof noch zu verkleinern. Der Kirchenvorstand der katholischen Kirchengemeinde hat sich daher nach langen Überlegungen entschlossen, das zerstörte Gemeindehaus, welches auf dem direkt neben dem Schulgebäude angrenzenden Grundstück stand, zweckdienlich für die Jugend wieder aufzubauen. ... Im Endzustand soll das neue Jugendheim im Hauptgeschoss vier geräumige Klassenräume und eine Turnhalle, die auch als Aula benutzt werden kann, erhalten. Im Untergeschoss sind neben den notwendigen Nebenräumen die Toiletten, eine große Lehrküche, Werkräume und die Heizung vorgesehen. Nach Fertigstellung des gesamten Bauvorhabens wäre es möglich, den zweischichtigen Unterricht aufzugeben, sowie einen gesunden Turn- und Werkunterricht, der jetzt wegen des Raummangels fast unmöglich ist, durchzuführen. ... Durch den Bau geht die Kirchengemeinde eine erhebliche finanzielle Belastung ein.

---

[721] Ein Exemplar des Spendenaufrufs ist in der Chronik der Kirchengemeinde St. Bonifatius aufbewahrt.

Diese Belastung könnte leichter getragen werden, wenn die Schulbehörde für die zu Schulzwecken benutzten Räume eine angemessene Miete zahlen würde. Da die Sachleistungen für die katholische Gemeindeschule von der Schulbehörde in voller Höhe getragen werden, bitten wir, auch die Kosten für die Einrichtungen der neuen Schulräume zu übernehmen. Über das Bauvorhaben fügen wir Zeichnungen bei mit der Bitte um Stellungnahme und grundsätzliche Zustimmung, dass für die genannten Räume eine entsprechende Miete gezahlt wird und die oben erwähnten Einrichtungskosten übernommen werden. Der Unterzeichnete steht zu weiteren Auskünften bei allen auftretenden Fragen gern zur Verfügung. Ihren diesbezüglichen Entscheidungen gern entgegensehend

zeichnet hochachtungsvoll, Krieter, Dechant."[722]

Der zuständige Oberschulrat Dressel bat drei Monate später darum, dass die Baupläne mit ihm besprochen würden.[723]   Das geschah am 30. 7. 1954. Der Architekt Sterra berücksichtigte die Änderungswünsche der Schulbehörde und berechnete den Gesamtkostenaufwand neu, der sich nun auf 358.800 DM belief. Mit einem Schreiben vom 9. 12. 1954 teilte die Schulbehörde mit, sie werde „für eine Anmietung der für Schulzwecke erforderlichen Räume eintreten". Das war das Signal, das Dechant Krieter abgewartet hatte, bevor er sich bei der Hamburger Sparkasse von 1827 um ein Darlehen bemühte. Unter Berücksichtigung des Grundstückswertes und des bisherigen Eigenkapitals der Bonifatiusgemeinde (= Spendeneinkünfte) war ein Darlehen von 270.000 DM nötig. Das Darlehen wurde zu einem Zinssatz von 6 ¼ Prozent, einem Auszahlungskurs von 95 Prozent und einer Tilgung von 1Prozent, zuzüglich ersparter Zinsen, angeboten. Anschließend legte Dechant Krieter seine Pläne dem Generalvikariat in Hildesheim vor. Diözesanbaurat Fehlig hatte nur wenige Änderungswünsche, die Architekt Sterra leicht berücksichtigen konnte.[724] Vor allem aber wurde die „kirchenoberliche Genehmigung" zur Aufnahme des Darlehens erteilt. Die staatsaufsichtliche Genehmigung der Darlehensaufnahme erreichte Dechant Krieter ohne Schwierigkeiten, obwohl Dr. Dudek seit 1953 nicht mehr Hamburger Finanzsenator war.[725]

Nun konnte mit dem Bau begonnen werden. Die Arbeiten gingen so zügig voran, dass schon für den November 1955 das Richtfest ins Auge gefasst wurde. Da ergaben sich Schwierigkeiten. Als Rektor Nolte seinen Kostenvoranschlag   seiner Schule für das Rechnungsjahr 1956 vorlegte, wurden Befürchtungen wahr, die seit einiger Zeit bestanden.[726]

---

[722] Archiv der Kirchengemeinde St. Bonifatius, Akte „Gemeindehaus, alte Bauakten"

[723] Die Quelle für die weitere Darstellung ist der Brief des Dechanten Krieter an die Schulbehörde der Freien und Hansestadt Hamburg vom 13. 10. 1955. Archiv der Kirchengemeinde St. Bonifatius, Akte „Gemeindehaus, alte Bauakten"

[724] Vgl. Schreiben des Bischöflichen Generalvikariates, Bauamt Fehlig, vom 11. 6. 1955. Archiv der Kirchengemeinde St. Bonifatius, Akte „Rundschreiben weltlicher Behörden bis 1959

[725] Durch die Wahlen zur Hamburger Bürgerschaft vom 1. 11. 1953 kam der „Hamburg-Block" an die Macht. Neuer Finanzsenator wurde Carl-Gisbert Schultze-Schlutius (1954 bis 1957) von der CDU. Neuer Bürgermeister wurde Dr. Kurt Sieveking.

[726] Vgl. Krieter, Ulrich, Die Katholischen Schulen in Harburg und Wilhelmsburg in ihrem rechtlichen Verhältnis zum Staat. Eine Quellensammlung von den Anfängen bis zum Jahre 1976, zusammengestellt und nach dem zeitlichen Ablauf der Geschehnisse geordnet; im Mai 2007, Quelle: Quelle 7. 11. : Zur Senatsberatung über den Haushaltsplanentwurf 1955 wurde eine Stellungnahme der Finanzbehörde - gez. Tobaben, -212 / 3 - zu Schul-Baumaßnahmen der Katholischen Kirche vorgelegt, die feststellte:

Ihm wurde mitgeteilt, dass nach einem Beschluss der Schuldeputation Hamburgs die katholischen Kirchengemeinden die Schulgebäude mit erster Inventareinrichtung künftig selbst zu stellen hätten und somit eine Anmietung und Mietzahlung seitens der Schulbehörde für die neuen Schulräume nicht in Betracht käme. In dem Voranschlag seien lediglich für Bewirtschaftungskosten 1.500 DM pro Rechnungsjahr und Unterrichtsraum vorzusehen. Als Rektor Nolte diese Nachricht an Dechant Krieter weitergab, erzeugte er große Aufregung. Die Bonifatiusgemeinde brauchte unbedingt eine Mietzahlung durch die Schulbehörde! Im Schuldendienst für das bei der Sparkasse von 1827 aufgenommene Darlehen war ein Betrag von jährlich 15.000 DM Mieteinkünfte fest eingeplant.

In dieser Lage riefen Dechant Krieter und Rektor Nolte selbstverständlich Oberverwaltungsdirektor Ulitzka zur Hilfe. Möglicherweise baten sie auch Finanzsenator a. D., Dr. Dudek, um guten Rat. Man entschloss sich, den folgenden Weg zu beschreiten. Rektor Nolte sollte - wie von der Schulbehörde gewünscht - eine Mietzahlung der Behörde für das Jahr 1956 nicht vorsehen. Er sollte diesen Kostenvoranschlag der Gemeindeschule aber unter Vorbehalt einreichen. Der Vorbehalt solle sich auf den Erfolg oder Nichterfolg eines Antrages beziehen, den Dechant Krieter im Namen der Kirchengemeinde St. Bonifatius gesondert einreichen werde. Der Antrag solle die Schulbehörde auffordern, entweder die neuen Schulräume im Gemeindehaus zu einem Betrag von jährlich 15.000 DM anzumieten oder aber bei der Finanzbehörde dafür einzutreten, dass der Bonifatiusgemeinde ein zinsloses Darlehen über 250.000 DM gewährt werde, das mit jährlich 3 Prozent getilgt werden könne. Gewiss haben die Herren Krieter, Nolte und Ulitzka die Begründung dieses Antrages wörtlich festgelegt, bevor er von Dechant Krieter abgeschickt worden ist. Zunächst betonten die Herren, dass nach ihrer Meinung der angesprochene Beschluss der Schuldeputation für die katholischen Schulen in Wilhelmsburg und Harburg nicht anzuwenden sei. Die rechtliche Situation der Gemeindeschulen in Wilhelmsburg und Harburg sei eine ganz andere als die Situation der Gemeindeschulen in Althamburg. Nach einem Rückblick auf den historischen Entwicklungsgang der katholischen Schulen in den ehemals preußischen Gebieten Hamburgs und nach einem speziellen Rückblick auf den historischen Weg der katholischen Schule Wilhelmsburgs nach dem Jahre 1945, kamen die Herren abschließend zu der Feststellung:

„Selbst wenn man für die katholischen Bekenntnisschulen staatsseitig nur ein System, und zwar das Althamburgische, anwenden will, sind wir der Meinung, dass der Staat die Kostenbeteiligung und die Bereitstellung der Schulräume in den ehemals preußischen Gemeinden gerechterweise nur ganz allmählich den althamburgischen Gepflogenheiten anpassen kann, zumal bei Erlass des Großhamburggesetzes (1937) immer wieder darauf hingewiesen wurde, dass Härten, die sich durch Auswirkung des Gesetzes ergeben würden, vermieden bzw. gemildert werden sollten." Dechant Krieter sandte seinen Brief, der diesen

---

„ ... Vor allen Dingen aber ist es in erster Linie Aufgabe der katholischen Kirche selber, von sich aus alles Erdenkliche zu tun, um möglichst ohne staatliche Mithilfe die erforderlichen katholischen Konfessionsschulen zu erbauen. Diese Forderung ist umso mehr berechtigt, als bekannt ist, dass die katholischen Gemeinden in Groß-Hamburg verschiedenen Bistümern angehören, die sich anscheinend keinerlei gegenseitige Hilfestellung gewähren. Sollte sich der Senat, trotz der ablehnenden Stellungnahme der Finanzbehörde und der im wesentlichen auch ablehnenden Stellungnahme der Schulbehörde, für eine Unterstützung des Wiederaufbaues katholischer Schulen entscheiden, so müssten die erforderlichen Mittel zu Lasten der für 1955 vorgesehenen Schulbaumittel bei der Haushaltsstelle 3090.820 bereitgestellt werden."

Antrag und dessen Begründung enthielt, am 13. Oktober 1954 an die Schulbehörde. Ungeachtet des „laufenden Verfahrens" fand das Richtfest für das neue Gemeindehaus wie vorgesehen im November 1954 statt. Die Schulbehörde nahm den Antrag der Kirchengemeinde St. Bonifatius zur Kenntnis, lehnte aber die Anmietung und Einrichtung der Schulräume im neuen Gemeindehaus ab, weil sie prinzipiell jedes Abweichen von der gesamthamburgischen Situation der katholischen Gemeindeschulen vermeiden wollte. Es sollte kein Präzedenzfall entstehen. Dennoch blieb der Antrag des Dechanten Krieter nicht ohne jeden Erfolg. Die Freie und Hansestadt Hamburg kam der Bonifatiusgemeinde entgegen, indem sie den Darlehensabtrag bei der Hamburger Sparkasse von 1827 durch staatliche Hilfe erleichterte.[727] Sie erstattete der Bonifatiusgemeinde jährlich 75% der Zinsen für das Darlehen und zwar bis zur gänzlichen Tilgung des ursprünglichen Darlehens.

So konnte die Einweihung des neuen Gemeindehauses am Sonntag, den 26. Februar 1956, doch noch in froher Stimmung erfolgen. Das Rahmenprogramm der Einweihungsfeier wurde von den Lehrkräften und Kindern der Bonifatiusschule getragen.[728] Zu Beginn der Feier sang der Chor der Jungen und Mädchen zwei feierliche Stücke. Anschließend trug ein Kind „den Vorspruch" vor: „Willkommen, Willkommen, hier im neuen Haus!" Danach ergriff Dechant Krieter das Wort: „Sehr verehrte Damen und Herren! Am 31. März 1945, so ziemlich am letzten Kriegstage, wurde hier auf diesem Grundstück, auf dem dieser Neubau sich erhebt, unser Gemeindehaus mit Gemeindesaal und Kindergarten und Kinderhort durch Bombenabwurf zerstört. Groß war damals die Trauer bei allen Gemeindemitgliedern über den Verlust des Hauses, denn das Gemeindehaus hatte unsere Gemeindemitglieder so oft zu ernster Arbeit und zu freudigen Anlässen versammelt. - Zudem war auch unsere Bonifatiuskirche durch den Abwurf von Bomben sehr stark beschädigt. Ein Seitenschiff der Kirche war weggerissen und das Kirchendach völlig abgedeckt. Diese Tatsache vermehrte oder vergrößerte noch die Trauer und den Schmerz der Gemeindemitglieder über den Verlust ihrer Versammlungsräume. Zuerst musste die Kirche instand gesetzt werden. Als das der Zeit entsprechend geschehen war, traten die Männer und Frauen und die Jugend - die Jungmänner und Jungmädchen - immer wieder an uns Pfarrgeistliche heran mit der großen Bitte, auch das Gemeindehaus wieder aufzubauen. Die Damen und Herren des Kirchenvorstandes haben mit ihrem Vorsitzenden (Dechant Krieter; Anm. d. Verf.) ernstlich und viel darüber beraten, wie ein Wiederaufbau ermöglicht werden könne, denn eine andere große Sorge war an die Mitglieder des Kirchenvorstandes herangetreten - die Schulraumnot - die Raumnot unserer großen Volksschule. Die Damen und Herren des Kirchenvorstandes, die ich heute hier begrüßen kann, könnten darüber Vieles von unseren Sorgen berichten. Ich danke den Kirchenvorstehern heute für ihre treue Mithilfe und Mitsorge und freue mich mit ihnen über den geschaffenen Neubau, der nun ein Mehrzweckbau geworden ist und in der Hauptsache Schulzwecken dienen wird.

---

[727] Am 23. Juli 1957 teilt die Schulbehörde - Aktz. - 13-C Ic2, gez. Birckholtz - der Kirchengemeinde St. Bonifatius mit, dass und zu welchen Terminen die Schulbehörde ihren Zuschuss in Höhe von 75% der Zinslasten des Darlehens für den Bau des Gemeindehauses direkt an die Haspa von 1827 zahlen wird. Vgl. Krieter, Ulrich, Die Katholischen Schulen in Harburg und Wilhelmsburg in ihrem rechtlichen Verhältnis zum Staat. …Quelle 7. 20. Vgl. auch: Protokoll der Übergabe der Pfarrei St. Bonifatius von Pfarrer Krieter an Pfarrer Großstück vom 30. Juli 1961. Archiv der Kirchengemeinde St. Bonifatius, Akte „Personalia"

[728] Vgl. den Brief des Zeitzeugen, des Lehrers Gerhard Gross in: Krieter, Ulrich, Ja, so war das damals, Die St. Bonifatiusgemeinde in Hamburg-Wilhelmsburg zu Zeiten des Pfarrers Krieter, 35 Zeitzeugen berichten aus den Jahren 1934 bis 1961, Diplomica

Ja, die Beschaffung von Räumen für die Schulkinder war für die Damen und Herren des Kirchenvorstandes eine wesentliche Triebfeder für den Wiederaufbau des Gemeindehauses. Von der Schulraumnot könnten auch vor allem unsere Lehrkräfte, die Damen und Herren des Lehrerkollegiums uns berichten; denn gerade unsere Lehrerinnen und Lehrer haben am meisten unter der Schulraumnot gelitten - ich weiß, dass sie sich über den Wiederaufbau dieses Hauses ganz besonders freuen und in dieser Mitfreude begrüße ich Sie, meine Damen und Herren aus dem Kollegium, und ihren Schulleiter, Herrn Rektor Nolte, hier in diesem Saale von ganzem Herzen. Meine Damen und Herren, viele Sorgen und Mühen haben die Mitglieder des Kirchenvorstandes auf sich genommen, weil die Schulraumnot sie dazu nötigte. Wir haben mit Herrn Oberschulrat Dressel, der in Angelegenheiten des Schulbaues der zuständige Berater und Helfer ist, durch unseren Architekten, Herrn Sterra, unsere Bauzeichnungen vorgelegt und seine Wünsche und Anordnungen für Licht und Luft, für Größe und Form der Schulklassen berücksichtigt. Mutig und im Vertrauen auf das Verständnis und die Mithilfe der Schul- und Finanzbehörde unserer Freien und Hansestadt Hamburg, zu der auch die Insel Wilhelmsburg gehört, haben wir den Bau begonnen und zur Vollendung geführt.

Es ist mir nun heute eine Freude und Ehre, dass ich die Herren von der Schulbehörde - den Herrn Landesschulrat Matthewes, Herrn Oberschulrat Dressel und - last not least - `unseren Schulrat´, Herrn Schulrat Frank, anlässlich der Einweihungsfeier hier begrüßen und mich für Ihr Erscheinen bedanken kann. Namens des Kirchenvorstandes begrüße ich ferner den Herrn Oberverwaltungsdirektor Ulitzka, der als Vertreter der Finanzbehörde von Herrn Senator Schultze-Schlutius zu uns entsandt ist. Zu unserer aller Freude ist auch Herr Senator a. D., Dr. Dudek, der als Finanzsenator und als Oberbürgermeister von Harburg-Wilhelmsburg kein Unbekannter und uns allen als Förderer des Schulwesens gut bekannt ist, zu unserer Feier erschienen. Namens der Kirchengemeinde begrüße ich Sie, Herr Senator, und heiße Sie in unserer Mitte herzlich willkommen. Vom Schulverwaltungsamt Harburg begrüße ich Herrn Regierungsinspektor Ahlers. Unser Ortsamtsleiter Strauß, der so gern zu dieser Feier erschienen wäre, ist in Urlaub und wünscht schriftlich einen guten Verlauf unserer Feier. Ich begrüße Herrn Rektor Borkert, den Schulleiter der Gemeindeschule in Harburg. Ferner begrüße ich die Ärzteschaft der Schulen, Herrn Medizinalrat Dr. Schreiter und unseren Schulzahnarzt Dr. Wasmuth. Frau Dr. Kuchenbuch ist in Urlaub und kann deshalb an unserer Feier nicht teilnehmen. Meine Begrüßung gilt auch dem Vertreter der Wilhelmsburger Feuerwache, Herrn Brandrat Spohn, und unserem Hausnachbarn von der Firma Shell, Herrn Dr. Amsel. Herzlich begrüße ich auch die Herren von der Hamburger Sparkasse von 1827, Herrn Boes, Herrn Meyer und Herrn Niebuhr. Nur durch die Gewährung eines großen Darlehens der Hamburger Sparkasse von 1827 war uns dieser Bau möglich.

Eine große Sorge bei der Einrichtung der Lehrküche haben uns die städtischen Electricitäts- und Gaswerke abgenommen, die uns die wichtigsten Einrichtungsgegenstände zur Verfügung stellten. Den Vertretern dieser Werke rufe ich ein herzliches Willkommen zu und bitte sie, ihrer Direktion mitzuteilen, dass wir ihre große Hilfe stets dankbar anerkennen werden. Von der Presse ist der Redakteur der Wilhelmsburger Ortszeitung, Herr von Thaden, hier erschienen. Auch ihn heiße ich herzlich willkommen.

Meine Damen und Herren, fröhlich in Sonne und Wind wehten und flatterten die bunten Bänder der Richtkrone, als die Richtfeier im November vorigen Jahres (1955) die Männer vom Bau - vom Architekten bis zum jüngsten Lehrling - zu einer fröhlichen Runde hier - bei Speis und Trank und Lied und Akkordeonklängen - vereinte. Heute, am 26. Februar 1956, haben auch die übrigen Handwerksmeister und Firmen alles getan, was in ihren Kräften stand, dass die Innenarbeiten unseres Gemeinde-, Jugend- und Schulhauses vorankamen und diesem Mehrzweckbau Inhalt und Form gaben. Darum möchte ich nicht versäumen, den Herrn Architekten Sterra und alle Handwerksmeister sowie die Vertreter der Firmen, die zu unserer großen Freude zur Einweihungsfeier erschienen sind, herzlich zu begrüßen. Ich danke Ihnen von ganzen Herzen, dass Sie trotz Frost und Schnee sich tatkräftig einsetzten, den Bau zu Ende zu führen und wir somit den Einweihungstag schon heute begehen können. Es würde zuviel Zeit in Anspruch nehmen, wenn ich noch alle Erschienenen aus unserer Gemeinde mit Namen nennen würde, die Vertreter der männlichen und weiblichen Jugend, der Kolpingfamilie, des Hedwigs- und Josefvereins und die Mitglieder des Kirchenchores. Meine Damen und Herren, 'Willkommen hier im neuen Heim' so rufe ich zum Schlusse allen zu und erteile nunmehr den Vertretern der Behörden gerne das Wort."[729]

Im Anschluss sprach Landesschulrat Matthewes. Seine Rede ist in ihren wichtigsten Passagen im Bericht erwähnt, den die Wilhelmsburger Zeitung in der folgenden Woche veröffentlichte. Dort war zu lesen: „Landesschulrat Matthewes brachte als Geschenk eine vollständige Klasseneinrichtung mit. In seinem Grußwort wies er auf den guten Gemeinschafts- und Arbeitsgeist der Bonifatiusschule hin, in dem immer noch der Gemeinde-Gedanke eine hervorragende Rolle spiele. Das, sagte er, sei auch ein Grund gewesen, dass sich die Schulbehörde so tatkräftig hinter den Wiederaufbau des Gemeindehauses gestellt habe, mit dem der Schule selber so manche Erleichterung gewonnen sei." [730] Der Lehrer der Bonifatiusschule, Gerhard Gross, trug danach ein von ihm selbst geschriebenes Gedicht vor:
„Das Werk ist vollendet!
Glück und Freude soll es schenken, Frohsinn sei fortan sein Gast!
Das Werk ist vollendet durch Menschen- und durch Gottes Hand.
Schwer war der Weg, mühvoll jede Arbeit, heute sei dies Haus geweiht!
Und Du, Gott, segne Heim und Land!
Das Werk ist vollendet, vollendet zum Leben, zur Liebe.
Aus grauen Trümmern verlorener Tage
wuchsen seine Mauern empor zum Licht.
Sie weisen hinauf zu dem, der alles gab und allein es erhält.
Sie weisen hinauf und rufen dich!
So schreite voran, vollendend, was deine Väter einst begannen,
und fülle das Haus mit liebendem Leben!"

Passend zu diesem frommen Gedicht ergriff der Vertreter der Bischöflichen Behörde, Generalvikar Dr. Offenstein, das Wort. Er überbrachte die Grüße des erkrankten Bischofs Joseph-Godehard und erinnerte daran, dass er selbst einst Pfarrer der St. Bonifatiusgemeinde gewesen war. Damals habe er die großen Möglichkeiten des Gemeindehauses St. Willehadstift in Dankbarkeit gegenüber seinem Vorgänger, dem Bauherrn des ersten Gemeindehauses, nämlich Pfarrer Algermissen, genutzt. Deswegen könne er die Freude verstehen, die Pfarrer Krieter jetzt empfinden müsse. Dr. Offenstein dankte danach besonders den Vertretern der Freien und Hansestadt Hamburg für die gute Zusammenarbeit mit der katholischen Kirche. Im Anschluss sprach der Pfarrjugendführer, Gerhard Wesolowski: „Hochwürdiger Herr Dechant, noch können wir es kaum fassen, dass wir heute das neue Jugendheim unser eigen nennen dürfen.

---

[729] Der Text der Rede findet sich in der Chronik der Kirchengemeinde St. Bonifatius.
[730] Wilhelmsburger Zeitung vom 3. 3. 1956

All` die Gruppenstunden in der Sakristei, in dem notdürftig hergerichteten Gemeindehaus, ja sogar in einer Bauhütte, sind jetzt vergessen. Hell begeistert sind wir von den modernen, lichten Räumen und den Möglichkeiten, die sie für unsere Gruppenarbeit bieten. Wir wissen, dass Ihnen, hochwürdiger Herr Dechant, dieser Bau viel Mühe und Arbeit gebracht hat und noch bringen wird. Wenn wir Ihnen auch Ihre Sorgen nicht abnehmen können, so sind wir uns darüber klar, dass wir alle Kräfte einsetzen müssen, dieses Heim zu einem Mittelpunkt des Jugendlebens werden zu lassen. ..." Es folgten ein Lied des Schulchores und ein Gedichtvortrag. Anschließend übergab Dechant Krieter symbolisch den Hausschlüssel an Rektor Nolte. Dieser sprach noch einige Worte. Dann wurde gemeinsam das Schlusslied „Lobet den Herren ..." gesungen und das Haus zur Besichtigung frei gegeben. Alle Besucher der Einweihungsfeier waren voll des Lobes für das gelungene Werk. Der Redakteur der Wilhelmsburger Zeitung fand für den Bericht von dieser Einweihungsfeier die Überschrift: „Schulaula, Turnhalle, Festsaal - Das katholische Gemeindehaus wurde ein Universal-Patentbau."

Abb. 127: Das neue Gemeindehaus auf einem Foto aus dem Jahre 1956

8.4.2 Die Erweiterung des Krankenhauses

Das „Wilhelmsburger Krankenhaus Groß-Sand" mehrte seit seiner Eröffnung im Januar 1950 das Ansehen der Katholiken - speziell der katholischen Ordensschwestern - in der Bevölkerung des Stadtteils Hamburg-Wilhelmsburg. Bischof Joseph-Godehard hatte die Eigenmächtigkeiten des Dechanten Krieter, die ihn 1949 / 1950 verärgert hatten, längst verziehen. Bei seinem letzten Besuch in Wilhelmsburg hatte der Bischof das Krankenhaus besichtigt und sich von der Notwendigkeit überzeugt, dass in Kürze ein Erweiterungsbau errichtet werden müsse. Der Bischof war mittlerweile überzeugt, dass dieses Projekt bei Dechant Krieter in guten Händen lag. Dieses Mal machte sich der Bischof wegen einer etwaigen Belastung der Bistumskasse keine Sorgen.

Abb. 128 (links): Bischof Joseph-Godehard verlässt nach der Besichtigung das „Wilhelmsburger Krankenhaus Groß-Sand".

Abb. 129 (rechts): Vor dem Krankenhaus „Groß-Sand". Die Personen (aus Sicht des Betrachters von links) sind: Bischof Joseph-Godehard, Dechant Krieter, Bischofskaplan Heinrich Pachowiak, Schwester Chlothilde, die erste Oberin der Katharinenschwestern im Krankenhaus „Groß-Sand", Chefarzt Dr. Benno Gebauer

Schon im Jahre 1952 war deutlich geworden, dass die Kapazität des Krankenhauses „Groß-Sand" nicht ausreichte. Mit der Aufwärtsentwicklung der Industrie im Stadtteil Wilhelmsburg war die Zahl der jährlich zu versorgenden Unfallopfer von 450 im Jahre 1952 auf 4.000 im Jahre 1956 angestiegen. Für die Erweiterung des Krankenhauses musste die Kirchengemeinde zuerst das herrschaftliche Haus mit Grundstück kaufen, das dem Pfarrhaus von St. Bonifatius direkt benachbart war: Bonifatiusstraße 3. Es gehörte Frau Käte Harriefeld, der Witwe des Inhabers der mittlerweile nicht mehr existenten Baufirma. Dechant Krieter konnte damit rechnen, dass Frau Harriefeld sich gegen die Kaufabsichten der Bonifatiusgemeinde nicht sperren würde.

Tatsächlich wurden Haus und Grundstück im Jahre 1955 zum Preis von 65.000 DM erworben. Gleichzeitig erreichte die Bonifatiusgemeinde das Vorkaufsrecht für 6.000 Quadratmeter des anschließenden Geländes, „jenseits der Wettern." Hier sollte später eine Grünanlage für gehfähige Patienten geschaffen werden. Nun war der Weg frei für den bewährten Architekten, Karl Sterra. Seine Bauzeichnungen sahen drei weitere Krankenhausstationen mit insgesamt 160 Krankenbetten in Zwei- und Dreibettzimmern vor, dazu Wohnungen für weltliche Krankenschwestern und Wohnungen für Schwestern-Schülerinnen.

Als Baukosten ermittelte Herr Sterra rund 2.000.000 DM. In dieser Höhe musste also die Bonifatiusgemeinde ein Darlehen bei der Hamburger Sparkasse von 1827 aufnehmen.[731] Natürlich konnte die Kirchenkasse der Bonifatiusgemeinde solch eine Belastung nicht tragen. In den Verhandlungen mit der Gesundheits- und mit der Finanzbehörde der Freien und Hansestadt Hamburg erhielt Dechant Krieter die Zusage, dass der Hamburger Staat den Darlehensabtrag vollständig übernehmen werde.

Die kirchenoberliche und die staatsaufsichtliche Genehmigung, das Darlehen aufzunehmen, erhielt Dechant Krieter am 31. Juli 1956 und am 7. 8. 1956. Danach konnten die Bauarbeiten beginnen. Das Richtfest wurde am 9. April 1957 gefeiert. Dechant Krieter sagte in der Feierstunde: „Zum Richtfeste versammelte Bau- und Zimmerleute und Handwerker, meine Damen und Herren! Ein Richtfest ist ein Tag der Freude, denn ein neues Gebäude geht seiner Vollendung entgegen. Hoch oben, auf dem offenen Dachgestühl, flattern im Winde die bunten Bänder des Richtkranzes und rufen allen Beschauern und allen Um- und Anwohnern zu: „Nun dauert es nicht mehr allzu lange Zeit, dann steht fix und fertig in eurer Mitte ein neues Haus, ein neues Gebäude, der Erweiterungsbau des Wilhelmsburger Krankenhauses. Meine Damen und Herren, im Rohbau ist dieser Erweiterungsbau von 51, 48 m Länge und 12, 92 m Tiefe in einem Abstand von 9,00 m senkrecht zum Altbau errichtet worden. Alle Krankenbetten erhalten somit reine Südsonne, haben den Blick auf die Grünanlagen des Gartens und sind vom Straßenlärm durch die Vorgebäude abgeschirmt. ... Beim ersten Bau am Groß-Sand war ein Geländetausch mit unserer Freien und Hansestadt Hamburg notwendig. Damals waren die großen Helfer Herr Senator Dr. Dudek[732] und Herr Senator Höhlein[733] als Bezirksamtsleiter von Harburg und Wilhelmsburg. ... Meine Damen und Herren! Auch diesen Erweiterungsbau hat Herr Senator Höhlein - wie alle Mitglieder des Kuratoriums - sehr gefördert und sich in den Sitzungen des Kuratoriums dafür eingesetzt ... Nun ist der Wunsch, der aus allen Kreisen der Bevölkerung an das Kuratorium des Krankenhauses und an die Mitglieder des Kirchenvorstandes herangetragen wurde, in Erfüllung gegangen.

---

[731] Die beiden folgenden Texte zitieren das Protokoll der Übergabe der Pfarrei St. Bonifatius von Pfarrer Krieter an Pfarrer Großstück vom 30. Juli 1961. Archiv der Kirchengemeinde St. Bonifatius, Akte „Personalia"
„Die Freie und Hansestadt Hamburg hat für den 1. Bauabschnitt laut Verträge vom 29. 12. 1949 / 12. 7. 1950 ein zinsloses Darlehen von 525.000 DM gewährt, das als Hypothek auf dem Krankenhausgrundstück eingetragen ist. Nach den Darlehensverträgen erlischt die Verpflichtung zur Rückzahlung des Darlehens von 525.000 DM nach Ablauf von 50 Jahren von Inbetriebnahme des Krankenhauses an gerechnet. Das Darlehen gilt alsdann als Staatszuschuss gewährt und die Hypothek ist im Grundbuch zu löschen. Da das Krankenhaus im Januar 1950 in Betrieb genommen wurde, hat die Löschung im Jahre 2000 zu erfolgen. Die Freie und Hansestadt Hamburg hat sich laut Schreiben der Gesundheitsbehörde vom 6. Juli 1956 verpflichtet, eine Schuldendienstbeihilfe bis zu 150.000 DM jährlich, und zwar bis zur gänzlichen Tilgung des bei der Hamburger Sparkasse von 1827 in Wilhelmsburg für den Erweiterungsbau aufgenommenen Hypothekendarlehens von ursprünglich 2.000.000 DM zu leisten. Der tatsächliche Zuschuss richtet sich Nach dem jeweiligen Jahresabschluss-Ergebnis des Krankenhauses.... (von 1956 bis zum 31. 12. 1960 Wurden 415.228,36 DM an Zuschüssen gewährt) Die Kirchenkasse hat für das Krankenhaus keine Barzuschüsse gezahlt und braucht auch künftig keine Zuschüsse zu zahlen. Die Jahresabschlüsse des Krankenhauses werden jeweils von einem Wirtschaftsprüfer geprüft. ..."
[732] Dr. Dudek war zum Zeitpunkt dieser Rede schon lange nicht mehr Finanzsenator der Freien und Hansestadt Hamburg, sondern Senator außer Dienst.
[733] Alfred Höhlein, Mitglied des Kuratoriums des Krankenhauses, war vor der Machtergreifung der Nationalsozialisten unter dem Oberbürgermeister Dr. Dudek Senator der Stadt Harburg gewesen. So erklärt sich, dass Dechant Krieter ihn in seiner Rede ebenfalls als „Senator" titulierte. Von 1946 bis zum Jahre 1954 war Alfred Höhlein Bezirksamtsleiter des Bezirkes Harburg-Wilhelmsburg.

Der Rohbau steht, und die Bauarbeiten werden im Spätsommer vollendet sein. Zum Richtfeste Versammelte! Es ist mir eine Freude und Ehre, heute, am Tage des Richtfestes eine große Anzahl hoher Persönlichkeiten der Hansestadt Hamburg begrüßen zu können. Dass Herr Ortsamtsleiter Strauß und Herr Bezirksleiter Stelly unter uns sind, ist selbstverständlich, denn diese Herren gehören zu uns Wilhelmsburgern. Es freut uns jedoch besonders, dass viele noch höher stehende Herren hier sind. Sie alle mit Namen zu nennen, ist nicht im Sinne der Erschienenen. Meine Damen und Herren! Unser Architekt, Herr Sterra, und die Bau- und Zimmerleute, insbesondere die Maurer und alle anderen Bauarbeiter der Baufirma Zeyn mit ihren fleißigen Pol eren … sind sehr glücklich und froh darüber, dass ihre bisherige Arbeit von allen hier Erschienenen anerkannt und bewundernd betrachtet werden kann. Wir wollen nun - das sei zum Abschluss gesagt - unser Richtfest mit einem gemütlichen Richtschmaus fortsetzen, beim Gastw rt Bachmann, Ecke Veringstraße / Neuhofer Straße, 10 Minuten von hier. Da wird dann Herr Senator Höhlein einige Worte an uns richten und sicherlich dem Bauprüfungsamt Wilhelmsburg, der Baubehörde in Harburg, der Gesundheitsbehörde, der Finanzbehörde und der Direktion der Hamburger Sparkasse Dank aussprechen, dass das Kuratorium und die Kirchengemeinde den Erweiterungsbau in Angriff nehmen konnten. Wohlan denn! Auf zum fröhlichen Mahle, bei Gastwirt Bachmann im Saale!"

Die restliche Bauzeit zog sich länger hin als erwartet. Erst zum Sonntag, den 15. Dezember 1957, konnte der Termin für die Eröffnungsfeier des Erweiterungsbaues festgesetzt werden. Dechant Krieter hatte Bischof Heinrich-Maria Janssen zur Feier eingeladen, doch der Bischof hatte wegen einer Firmungsreise nach Peine absagen müssen. Als seine Vertretung hatte er den Generalvikar Dr. Offenstein angeboten. Dechant Krieter war wegen der Absage des Bischofs nicht traurig. In seinen Augen war die Anwesenheit des   Dr. Offenstein sogar passender als die Anwesenheit des erst neu im Amt befindlichen Bischofs.[734] Generalvikar Dr. Offenstein kannte alle Vorgänge rund um den Krankenhausbau in Wilhelmsburg seit Jahren und - vor allem - er war einst selbst Pfarrer von St. Bonifatius gewesen.

Abb. 130: derErweiterrungsbau des Krankenhauses „Groß-Sand"

---

[734] Heinrich-Maria Janssen war am 28. Dezember 1956 vom Hildesheimer Domkapitel zum Bischof gewählt worden. Die päpstliche Ernennung erfolgte am 3. 12. 1957. Vgl. Kumm, Renate, a. a .O., S. 27

Am 4. Dezember bat Dechant Krieter Generalvikar Dr. Offenstein, doch schon am 14. Dezember anzureisen und an diesem Tage die „kirchlichen" Feierlichkeiten mit der Weihe der neuen Krankenhauskapelle zu beginnen. Er schrieb: „Reverendissime et carissime! Am Sonnabend, den 14. 12. 1957 hole ich Dich um 15 Uhr vom Hauptbahnhof Hamburg ab. Die Kapellenweihe wird um 17 Uhr beginnen, mit anschließender Heiliger Messe und Ansprache. Ich würde mich freuen, wenn Du die Heilige Messe mit kleiner Predigt übernehmen könntest. Herrn Caritasdirektor Adalbert Sendker habe ich auch eingeladen. Auf Wiedersehen! Viele Grüße!"

Die Antwort des Dr. Offenstein lautete: „Vielen Dank für Deine Zeilen vom   4. des Monats. Ich treffe also am nächsten Sonnabend wie vereinbart in Hamburg-Hauptbahnhof ein und bin auch gern bereit, die Heilige Messe mit Ansprache im Anschluss an die Kapellenweihe zu übernehmen. Bis dahin beste Grüße, Dein Offenstein." Die Kapelle des Erweiterungsbaues wurde am 14. 12. 1957 durch Dr. Offenstein geweiht und unter den Schutz „der heiligen Jungfrau und Märtyrerin Katharina gestellt ". Beim anschließenden Levitenamt assistierten dem Generalvikar die beiden Kapläne von St. Bonifatius, Johannes Schmidt und Karl-Heinz Kobold.

Abb. 131: Die neue Kapelle im Erweiterungsbau des „Wilhelmsburger Krankenhauses Groß-Sand"

Die „weltliche" Eröffnungsfeier des Erweiterungsbaues begann am Sonntag, den 15. Dezember 1957, im Festsaal des Krankenhauses um 10 Uhr 30. Mitglieder der Wilhelmsburger Orchestergemeinschaft von 1929 und der Kinderchor der Katholischen Gemeindeschule Wilhelmsburgs umrahmten die Feier musikalisch. Bemerkenswert war die politische Prominenz unter den 120 geladenen Gästen, die Dechant Krieter in seiner Begrüßungsansprache herzlich willkommen hieß.

Da waren der 1. Bürgermeister der Freien und Hansestadt Hamburg, Max Brauer, und der Präsident der Hamburger Bürgerschaft, Adolf Schönfelder[735]; ferner die Senatoren Walter Schmedemann (Gesundheitsbehörde) und Herbert Weichmann (Finanzbehörde); dann die ehemaligen Finanzsenatoren des Hansestadt Hamburg, Dr. Walter Dudek und Gisbert Schultze-Schlutius. Auch Bezirksamtsleiter Stelly, Ortsamtsleiter Strauß und viele Abgeordnete der Hamburger Bürgerschaft waren anwesend. Die große Zahl der prominenten Politiker verdeutlichte die Wertschätzung, die dem erfolgreichen Wirken des katholischen Gemeindekrankenhauses „Groß-Sand" auch von Nichtkatholiken entgegengebracht wurde. Auch sie fanden den Satz berechtigt, mit dem Dechant Krieter seine Ansprache eröffnet hatte: „Heute ist ein Tag der Freude für die Bewohner der Elbinsel Wilhelmsburg".

8.5 Freude über den Priesternachwuchs aus der Bonifatiusgemeinde

In den Fünfziger Jahren des 20. Jahrhunderts feierten vier junge Männer in Wilhelmsburg ihre Primiz.

Der erste Neupriester - Joachim Ernst - feierte seine Primiz im Juni des Jahres 1953. Nach Joachim Ernst folgte im Jahre 1956 Karl-Heinz Schulz. Er war in Wilhelmsburg aufgewachsen,

hatte aber nicht zur Bonifatiusgemeinde gehört, weil seine Eltern evangelischer Konfession waren. Als Soldat war er schwer verletzt worden und hatte ein Bein verloren. Nach dem Kriege hatte er zunächst Jura studiert. Dann war er vom evangelischen zum katholischen Glauben konvertiert und Mitglied der Gemeinde St. Bonifatius geworden. Die nächsten Neupriester waren Wolfram Trojok und Johannes Rataij. Beide waren in der Bonifatiusgemeinde aufgewachsen, Messdiener und Mitglieder in den Jugendgruppen gewesen. Sie feierten ihre Primiz in den Jahren 1957 und 1958.

Für Dechant Krieter waren diese Tage Anlass zur Freude. Geistliche, die mit den Primizianten verwandt oder mit ihnen in der Bonifatiusgemeinde aufgewachsen waren, reisten an und beteiligten sich an den Feierlichkeiten; ebenso die Geistlichen, die als Kapläne in St. Bonifatius gewirkt hatten.

Abb.132: Heinrich Pachowiak, Weihbischof der Diözese Hildesheim von 1958 bis 1992 (Emeritierung); verstorben am 22. November 2000

---

[735] Im Jahre 1949 war Adolf Schönfelder 1. Vizepräsident des Parlamentarischen Rates und Unterzeichner des Grundgesetzes der Bundesrepublik Deutschland.

Dechant Krieter hat es sich vermutlich nicht als persönliches Verdienst angerechnet, dass zu der Zeit, in der er Pfarrer von St. Bonifatius war, fünf junge Männer den Priesterberuf ergriffen haben. Er konnte aber zu Recht stolz darauf sein, dass seine Gemeinde den Rahmen für diese Berufungen gebildet hatte.

Persönlichen Stolz empfand er allerdings, als sein „geistiges Ziehkind", Heinrich Pachowiak, am 27. Mai 1958 durch Papst Pius XII. zum Weihbischof der Diözese Hildesheim ernannt wurde. Er hatte in den vergangenen Jahren genau verfolgt, wie Heinrich Pachowiak die Stufen der kirchlichen Hierarchie im Eiltempo empor gestürmt war, vom Bischöflichen Sekretär zum Domlektor, vom Domvikar zum Subregens am Priesterseminar; vom Dekanatsjugendseelsorger zum Leiter der sozialen Seminare.[736]

Abb. 133 (oben) : Primiz Joachim Ernst (1953);
Abb. 134 (unten): Primiz Karl-Heinz Schulz (1956)

---

[736] Vgl. Kumm, Renate, Das Bistum Hildesheim …, a. a. O., S. 31 ff.

Abb.135 (oben): Primiz Wolfram Trojok (1957) ; Abb. 136 (Mitte): Primiz Johannes Rataij (1958)   Abb.137: Fünf Priester aus der St. Bonifatiusgemeinde. Von links - aus der Sicht des Betrachters - sind zu sehen: Johannes Rataij, Heinrich Pachowiak, Wolfram Trojok, Karl-Heinz Schulz, Joachim Ernst; ein Foto aus dem Jahr 1958.

9. Schwere Prüfungen in den letzten Amtsjahren

Die letzten Jahre seines Wirkens in St. Bonifatius hielten für Dechant Krieter noch schwere Prüfungen bereit. Er musste mit der Tatsache leben, dass seine körperlichen Fähigkeiten nachließen, er bekam zwei „schwierige" Kapläne zugewiesen und er hatte den Tod des Rektors Nolte zu verkraften.

9.1 Körperliche Beschwerden

Nach der Einweihungsfeier des neuen Gemeindehauses war Dechant Krieter wieder einmal ernstlich krank geworden. Als er die Krankheit überstanden hatte, bat er das Generalvikariat um einen Erholungsurlaub. Am 5. Juni 1956 begab er sich zu einem vierwöchigen Urlaub nach Hilkerode. Als er im Juli 1956 nach Wilhelmsburg zurückkam, war er noch immer geschwächt. Sein Herzleiden machte ihm zu schaffen. Längeres Gehen fiel ihm schwer. Die Kniebeugen, die ihm die Liturgie vorschrieb, quälten ihn. Gegen Erkältungen musste er sich schützen, indem er nur mit Schal und Hut ins Freie ging. Beim Predigen versagte ihm oft die Stimme. Die Parkinson-Krankheit ließ seine rechte Hand zittern.

Diese körperlichen Schwächen besserten sich nicht. Wegen seiner Gebrechen und vor allem wegen der Fülle an Verwaltungsarbeit, die er sich aufgelastet hatte, war er in der Gemeinde nicht mehr so häufig zu sehen wie früher.

Abb. 138: Kaplan Hölsken spricht anlässlich seiner Verabschiedung aus St. Bonifatius - im September 1957 - zur Kolpingfamilie. Der Geistliche rechts von Dechant Krieter (aus Sicht des Betrachters) ist Kaplan Johannes Schmidt.

So entstand bei manch einem jungen Mann der Eindruck, Dechant Krieter sei über seine Gemeinde nicht mehr ausreichend informiert. Der Anschein täuschte. Das erlebte der Zeitzeuge Waldemar von Wantoch, nachdem er weltlicher Vorsitzender der Kolpingfamilie geworden war. Er berichtete: Das „ … war für mich ein richtiges Schlüsselerlebnis. …

Ich hatte bis dahin den Eindruck, dass die Kolpingfamilie den Dechanten gar nicht so sehr interessierte. Aber, nachdem ich Senior (= weltlicher Vorsitzender; Anm. d. Verf.) geworden war, da hat er es wohl so abgepasst, dass er mit mir alleine sprechen konnte. Ich ging gerade aus dem Gemeindehaus, da war der Dechant plötzlich an meiner Seite. Wir gingen weiter in Richtung Kirche und Pfarrhaus, und da sprach er auf einmal mit mir: `Pass `mal auf, Waldemar, du bist ja nun Senior, herzlichen Glückwunsch! Übrigens, ich würde dir raten, vor dem und dem dich in Acht zu nehmen. Das und dieses da, lass dich darauf `mal nicht ein´! Also, der Dechant hat mir wichtige Tipps und Ratschläge gegeben. … Er hat mir gesagt: `Also, über den ärgere dich nicht, der ist so, aufbrausend, ein Choleriker. Nimm das nicht so ernst´! … Ich weiß das alles nicht mehr im Einzelnen, aber ich war in diesem Moment über Dechant Krieter sehr erstaunt! … Damals habe ich zum ersten Mal erkannt, dass er jeden einzelnen (bei Kolping) vom Charakter her kannte. … Ich weiß das noch ganz genau, als wenn es heute wäre. Als er da so neben mir herging und mich so anguckte, da war er für mich ein ganz anderer Mann! … Ich habe das erst einmal so (wie er es gesagt hatte) von ihm angenommen und habe seine Ratschläge auch befolgt. Und, ich muss es zugeben, es war zutreffend, was er gesagt hatte. Er kannte wirklich alle aus dem Eff, Eff! Wahrscheinlich hat er sich da nie hineingesteigert oder sich auf Diskussionen eingelassen, aber er wusste, wie die Leute bei Kolping waren!"[737]

9.2 Zwei „schwierige" Kapläne

Die Urlaubstage im Sommer 1956 hatte Dechant Krieter sorgenfrei genießen können, weil er wusste, dass während seiner Abwesenheit die Bonifatiusgemeinde bei den Kaplänen Goedde und Hölsken in guten Händen war. Als er im Juli 1956 zurückkam, teilte Albert Goedde ihm mit, er werde Anfang August Wilhelmsburg verlassen. Der Bischof habe ihm eine Pfarrstelle zugewiesen. Der Nachfolger des Kaplans Goedde hieß Johannes Schmidt. Er trat am 16. 8. 1956 die Stelle in St. Bonifatius an. Schon bald stellte sich heraus, dass Hans Schmidt ein farbloser, in seiner Meinung leicht zu beeinflussender Mann war, zu dem Dechant Krieter menschlich wenig Zugang fand. Umso mehr stützte er sich in den nächsten Monaten auf seinen Kaplan Hölsken. Doch auch dieser Kaplan, den er so ins Herz geschlossen hatte, wollte nicht bis an sein Lebensende in Wilhelmsburg bleiben.

Zum 15. 9. 1957 wurde Herbert Hölsken Militärpfarrer in Munster bei Soltau, in der Lüneburger Heide. Sein Nachfolger hieß Karl-Heinz Kobold. Er war 32 Jahre alt, als er die Kaplanstelle in St. Bonifatius antrat. Mit einem aufbrausenden Temperament ausgestattet, tatendurstig und voller Ungeduld wollte er viele Dinge in der Bonifatiusgemeinde möglichst bald verändern. Er war schnell überzeugt, sein Vorgesetzter sei zu alt, zu kraftlos und ein Hemmschuh der Entwicklung.[738] Seinen Mitkaplan, Johannes Schmidt, machte sich Kaplan Kobold zum Verbündeten. Beide Kapläne begaben sich in Opposition zu ihrem Vorgesetzten. Es begannen wieder - wie zu Zeiten des Kaplans Rademacher - Hausbesuche der Kapläne, die mit Dechant Krieter nicht abgesprochen waren. Die Zeitzeugin Martha Swoboda erzählte: „ … Pastor Krieter hat zu seinen Kaplänen immer großes Vertrauen gehabt, obwohl das nicht immer berechtigt war.

---

[737] Gespräch mit Waldemar von Wantoch vom 4. 8. 2006

[738] Dem Neffen des Dechanten, der als Leiter einer Jungschargruppe mit Kaplan Kobold oft zusammenkam, sagte der Kaplan einmal mit vor Zorn gerötetem Kopf: „Dein Onkel ist viel zu alt. Es wird höchste Zeit , dass er in den Ruhestand geht".

Es gab auch ein paar Kapläne, die ihn und (seine Schwester) Therese geärgert haben. Die sind einfach im Pfarrhaus zum Mittagessen oder zum Frühstück nicht erschienen und stattdessen hier in die Nachbarschaft gegangen. Ich weiß, dass das oft passiert ist. ... Das ging so lange, bis der Rektor Nolte (zum Dechanten) gesagt hat: „Du musst `mal ein Machtwort sprechen! So geht das nicht weiter´! Nolte hat das zu ihm gesagt, weil der Dechant einfach zu gutmütig war. ...“

Besonders ärgerte sich Dechant Krieter, wenn Kaplan Kobold seine Besuche dazu nutzte, Gemeindemitglieder für seine Zwecke einzuspannen. Der Zeitzeuge Jonny Swoboda berichtete: „ ... Ich habe mich übrigens auch einmal von einem Kaplan gegen den Pastor Krieter vorschicken lassen. Da war ich als junger Kerl neu im Kirchenvorstand. Die Zusammenarbeit mit Pastor Krieter im Kirchenvorstand war eigentlich sehr gut. Aber da ist mir eine unangenehme Geschichte passiert. Man war ja jung und unerfahren ... Der Kaplan hatte sich hinter mich geklemmt, weil ihm in der Kirche eine Lampe gar nicht gefiel. Die war vorne bei den Tafeln der Liederanzeige angebracht worden, weil die Beleuchtung da so schlecht war. Da hat der Kaplan zu mir gesagt: `Sag´ doch im Kirchenvorstand `mal `was dazu! Das ist doch wohl unmöglich, so eine Karstadtleuchte zu montieren´! `Na gut´, hab` ich gesagt, `das mach` ich´! Im Kirchenvorstand habe ich das dann so ähnlich wiedergegeben. Da geht der Pastor Krieter aber hoch!! Der lief rot an! Den hatte ich damit tödlich beleidigt! Aber ich habe ihm dann nach der Sitzung gesagt: `Nehmen Sie das doch nicht so tragisch, das war ja von mir nicht so böse gemeint´! Jedenfalls war das ganz schnell wieder ausgebürstet. Wir haben uns dann wieder vertragen, und alles war wieder in Ordnung. ...“

Der Neffe des Dechanten - mittlerweile zum Jugendlichen herangewachsen - konnte seinen eigenen Beobachtungen und den gelegentlichen Bemerkungen des Onkels entnehmen, dass dieser wegen des angespannten Verhältnisses zu den Kaplänen Kobold und Schmidt unzufrieden und traurig war. Für ihn war es das erste und einzige Mal, dass es ihm nicht gelang, ein menschlich angenehmes Klima zwischen sich und seinen Kaplänen herzustellen. Selbst mit Kaplan Rademacher, der so oft aus dem Pfarrhaus „geflohen“ war, hatte es auf der menschlichen Ebene keine Differenzen gegeben. Jetzt war es anders! Entmutigt äußerte sich Dechant Krieter einmal bei seiner Schwester Agnes, er sei vielleicht wirklich zu alt und zu müde. Die Momente, in denen Dechant Krieter an sich selbst zweifelte, waren kurz - und nicht berechtigt.

In Wahrheit gab es für Kaplan Kobold keinen Grund zur Unzufriedenheit. Dechant Krieter ließ ihm alle Freiheiten, wenn er sie zum Wohle der Gemeinde einsetzte. Er sah den guten Willen des jungen Mannes und lobte ihn, wenn er es verdiente. Die Projekte des Kaplans fanden Gehör und wurden nötigenfalls aus Mitteln der Kirchenkasse - ohne große Einwände und Verzögerung - unterstützt. Zum Beispiel war Dechant Krieter sofort einverstanden, als Kaplan Kobold im Juli 1958 für die männliche Jugend der Gemeinde ein Zeltlager am Ratzeburger See veranstalten wollte.

Dechant Krieter stimmte auch zu, als Kaplan Kobold darauf drängte, für die Gemeinde einen „Katholischen Filmdienst“ einzurichten. Der Zeitzeuge Uwe Fittkau berichtete: „Das war während meines Studiums, zu Zeiten des Kaplans Kobold. Ich habe damals in der Gemeinde den so genannten `Filmdienst´ gemacht. Alle 14 Tage gab es nach der Abendmesse am Sonntag im Gemeindesaal eine Filmveranstaltung. Die Veranstaltungen waren sehr gut besucht, ein großer Erfolg. Wir hatten immer einen vollen Saal. Zuerst haben wir einen geliehenen Projektor benutzt. Weil die Sache aber so gut lief, haben wir bald darauf einen eigenen Projektor für die Gemeinde gekauft. Das habe ich zusammen mit dem Kaplan Kobold gemacht. Der Kaplan hatte das mit dem Dechanten besprochen.

Und der Dechant hatte sofort sein Einverständnis gegeben. Das ging „Ratz-fatz". Obwohl der Dechant zu dieser Zeit schon recht alt war, war er allen modernen Dingen gegenüber doch noch sehr aufgeschlossen." Uwe Fittkau wusste es nicht besser, aber in der Bonifatiusgemeinde war es weder etwas Neues, ein Zeltlager zu veranstalten, noch einen Filmdienst einzurichten. Dechant Krieter erinnerte sich, dass er für die Bonifatiusgemeinde schon Anfang der dreißiger Jahre einen eigenen Filmapparat angeschafft hatte.[739]

Abb 139: Während des Zeltlagers (8. bis 18. Juli 1958) begann jeder Tag mit einer Morgenmesse vor dem Ansverus-Kreuz.

Abb. 140: Eine Jungschar-Gruppe während des Zeltlagers für die männliche Jugend von St. Bonifatius oberhalb des Ratzeburger Sees

[739] Vgl. Archiv der Kirchengemeinde St. Bonifatius, Akte „Jahresrechnungen"

Abb. 141 : Eine Jungschar-Gruppe vor Ihrem Zelt am Ratzeburger See

Pfarrer Krieter erinnerte sich auch an die Aktivitäten der männlichen und der weiblichen Jugendgruppen auf der „Höpenwiese" und an ein Zeltlager, das von der Jugend der Gemeinde - im schrecklichen Jahr 1948! - veranstaltet und von Dechant Krieter finanziert worden war.[740] Dechant Krieter freute sich über das Wiederaufleben der guten Dinge aus alter Zeit. Seinen Kaplan Kobold, der das neu geschaffene Gemeindehaus so eifrig nutzte, beließ er in dem Glauben, er sei innovativer und tatkräftiger als sein Chef. Karl-Heinz Kobold verließ die Bonifatiusgemeinde am 30. 4. 1959. Er wurde an das Knabenkonvikt in Hildesheim versetzt. Johannes Schmidt verließ Wilhelmsburg am 30. 9. 1959 und wurde - innerhalb der Kuratie „ Heilige Agnes" in Lüchow - Pastor der Pfarrvikarie Klenze.

Abb. 142: Die Kapläne Karl-Heinz Kobold (links) und Johannes Schmidt und die „Führer" der weiblichen und männlichen Jugend (Renate Deinert, Gerd Wesolowski) bei einer Jugendversammlung im neuen Gemeindehaus. (Verabschiedung von Kaplan Kobold am 30. 4. 1959.)

---

[740] Vgl. Archiv der Kirchengemeinde St. Bonifatius, Akte „Jahresrechnungen" , Jahresrechnung 1948

9.3   Der Tod des Rektors Nolte

Die menschlichen Differenzen zu seinen Kaplänen Kobold und Schmidt waren für Dechant Krieter unangenehm und ermüdend. Wirklich schwer getroffen wurde er durch den Tod des Rektors Nolte, am 27. Juni 1959.

Die jüngste Tochter des Rektors Nolte erzählte im Jahre 2004 von den näheren Umständen beim Tode ihres Vaters: „Mit 57 Jahren ist er gestorben, da war ich 20 Jahre alt. Er kam aus der Schule, und meine Eltern wollten zur Hochzeit meines Cousins reisen. Da waren sie eingeladen. Sie konnten erst mittags reisen, weil damals sonnabends noch Schule war. Morgens hatte er schon einen Schüler losgeschickt, Tabletten von zu Hause zu holen. Er nahm immer Gallen-Tabletten. Mama hatte es mit der Galle, und deswegen war er überzeugt, dass er es auch mit der Galle habe. Dabei hatte er schon mehrere Herzinfarkte hinter sich, aber das hatte man nicht erkannt. Er ist also vom Mittagstisch aufgestanden und wollte sich für die Reise umziehen. Dabei ist er umgefallen."[741]

Dechant Krieter hatte nicht nur Mitleid mit Frau Nolte und den vier Töchtern des Verstorbenen. Er selbst war sehr traurig, denn Andreas Nolte war ihm ein Freund und ein herausragender Mitarbeiter gewesen. Im letzten Jahr - im August 1958 - war Andreas Nolte „Schulreferent" aller katholischen Schulen Hamburgs geworden und hatte in dieser Funktion endgültig erreicht, dass heutzutage „die Lehrer im katholischen Kirchendienst anstellungs-, beamten- und besoldungsrechtlich ihren Kollegen im Hamburgischen Staatsdienst vollkommen gleichgestellt sind."[742] Mit seiner herzlichen, zupackenden und verantwortungsvollen Art hatte Andreas Nolte das Wohlwollen der leitenden Personen in der Schulbehörde gewonnen.

Ebenso Großes wie im Bereich des Schulwesens hatte Andreas Nolte auf kommunalpolitischer Ebene geleistet. Noch am Dienstag vor seinem Tod hatte er in der Bezirksversammlung von Harburg-Wilhelmsburg große Zustimmung gefunden, als er als Fraktionssprecher der CDU die Verbesserung des schulärztlichen Dienstes gefordert hatte. Dechant Krieter erinnerte sich besonders dankbar an die Bildungs- und Erziehungsarbeit in der Kolpingfamilie von St. Bonifatius. Mindestens einmal im Monat hatte Andreas Nolte bei den Versammlungen der Kolpingbrüder über politische Tagesfragen referiert. Manch einen jungen Mann, der nach Kriegsende randständig gewesen war, hatten die Referate des Andreas Nolte dazu gebracht, wieder nahe an die Gemeinde heranzurücken. Ein Beispiel war der Zeitzeuge Jonny Swoboda, der mittlerweile sogar Kirchenvorsteher war. Er berichtete dem Autor dieses Werkes von seiner „Bekehrung": „Wir selbst haben uns ja damals nicht sehr für Politik interessiert. Wir hatten von Hitler her die Nase voll. Da hörten wir einmal: `Da ist der Rektor Nolte. Der ist von der CDU und spricht in der Bonifatiusgemeinde über Politik`. Da haben wir uns gesagt: `Ich gehe da `mal hin`. Wir waren fasziniert von dem Rektor Nolte. Das war ein ganz begabter Redner. Über ihn sind auch viele Evangelische zu CDU-Versammlungen in die Bonifatiusgemeinde gekommen, auch evangelische Geistliche, zum Beispiel Pastor Kunert. Und über diesen Weg kam ich dann auch wieder intensiv mit unserem Pastor Krieter in Berührung. .."[743]

---

[741] Gespräch mit Margret Schwalfenberg, geb. Nolte, vom 28.7.2004

[742] Zitat aus Dörnte, Günter, Katholische Schulen in Hamburg 1832 -1939, Diss. Phil., Hamburg 1984, S. 312

[743] Gespräch mit „Jonny" und Martha Swoboda vom 22. 3. 2004. Johann Swoboda wurde am 3. 11. 1957 in den Kirchenvorstand von St. Bonifatius gewählt. Archiv der Kirchengemeinde St. Bonifatius, Akte „Kirchenvorstandswahlen"

Als Dechant Krieter den folgenden Nachruf der Kolpingfamilie St. Bonifatius auf ihren verstorbenen Präses las, wurde ihm noch einmal schmerzlich bewusst, welch einen Verlust die Gemeinde am 27. Juni 1959 erlitten hatte.

Dort wurde über Andreas Nolte gesagt: „ ... In seinen Terminkalender gehörte fest hinein der Abend in der Kolpingfamilie unter dem Motto `Über aktuelle Tagesfragen´. Es würde hier zu weit gehen, auf den Inhalt dieser Abende im Einzelnen eingehen zu wollen. Er zeichnete das Bild der jüngsten Ereignisse in der Welt- und Landespolitik und bemühte sich um eine sachliche Darstellung der Ereignisse oder der schwebenden Fragen. Er liebte nicht die Sensationsmacherei mancher Zeitungen und wusste, Illusionen treffsicher zu zerstören. Es ging ihm um die Wahrheit. Diese allerdings verlangte er kompromisslos von seinen Gegnern wie von seinen Freunden. Er erzog seine Zuhörer dazu, tiefer und sorgfältiger sich mit den aktuellen Fragen auseinanderzusetzen und die vielen Einzelheiten in größeren Zusammenhängen zu betrachten. So verstand er es meisterhaft, die großen Linien aufzuzeigen und viele Dinge geordnet und übersichtlich darzustellen, schwierige Fragen zu erklären und somit auch dem Nichtfachmann das so notwendige Wissen über den `Kurs der Weltpolitik´ nahe zu bringen. Mancher junge Mann, der anfangs vielleicht noch den `Ohne-mich-Standpunkt´ vertrat, gewann das Einsehen, wie sehr doch das große Geschehen in der Politik gekoppelt ist mit dem scheinbar so isolierten Leben des kleinen Mannes. Mit welchem Nachdruck warb er dafür, sich selbst aktiv in der Öffentlichkeit einzusetzen! Wie entscheidend wichtig, dass genügend Männer da sind, die wissen, wie die Weichen gestellt werden; die aufpassen, dass unsere Belange als katholische Christen genügend respektiert werden! Hier sollten wir gleich unserem großen Vorbild Andreas Nolte uns bereit finden, über unseren kleinen persönlichen Kreis hinaus uns einzusetzen. Wir können glauben, dass die vielen Zuhörer, die ihn regelmäßig hörten, verstanden, wie sehr Andreas Nolte das Allgemeinwohl wie das Wohl des Einzelnen am Herzen lag.

Das wussten unsere Männer. Darum schenkten sie ihm ihr Vertrauen in persönlichen Gesprächen, die sich an die Diskussion anzuschließen pflegten. Wer Nolte persönlich kannte, der wunderte sich nicht darüber, dass der viel Beschäftigte noch Zeit fand, sich auch um die vielen persönlichen Sorgen - vertrauensvoll an ihn herangetragen - zu kümmern. Und dies trotz seiner so angegriffenen Gesundheit! Am 3. Juli wurde Andreas Nolte auf dem Friedhof Finkenriek zu Grabe getragen. Noch nie hatte diese Stätte eine so große Zahl Trauernder gesehen! Die Kolpingbanner des Bezirks Hamburg senkten sich über dem offenen Grabe. Ein großer Erzieher hat im Geiste Adolf Kolpings vorbildliche Arbeit an unserer Jugend geleistet. Wir haben sein Vermächtnis übernommen. Im Geiste des Heimgegangenen wollen wir weiter arbeiten zum Wohle für unser Volk und Vaterland und für eine bessere Welt im Geiste Jesu Christi."[744]

Angesichts der überragenden Persönlichkeit des Rektor Nolte, erschien es fast aussichtslos, einen gleichwertigen Nachfolger zu finden. Politischer Sachverstand und ein erfolgreiches Wirken auf kommunalpolitischer Ebene waren Qualitäten des Rektors Nolte, die für die Gemeinde St. Bonifatius von größtem Nutzen gewesen waren. Diese Qualitäten sollte sein Nachfolger zumindest mitbringen. Dem Dechanten wurde der CDU-Abgeordnete der Hamburger Bürgerschaft, Carl Damm, empfohlen. Nach zähen Verhandlungen - und mit einigem finanziellen Entgegenkommen der Gemeinde - gelang es, den Studienrat Damm für die Übernahme des Rektorenamtes an der Gemeindeschule zu gewinnen.

---

[744] Dieser Nachruf findet sich in der Chronik der Kirchengemeinde St. Bonifatius. Der Autor ist unbekannt.

In der Chronik der Schule Bonifatiusstraße berichtet der Konrektor Proksch: „Während der Sommerferien gab sich unser Herr Dechant Krieter große Mühe, einen würdigen Nachfolger für das verantwortungsvolle Amt eines Rektors zu finden. Er hatte nach Überwindung einiger Schwierigkeiten vollen Erfolg. Am 1. 10. 1959 übernimmt Herr Damm, ein Hamburger Kollege, das Rektorat an unserer katholischen Schule. Er ist mit den Hamburger Schulverhältnissen bestens vertraut und gegenwärtig Bürgerschaftsabgeordneter. So steht zu erwarten, dass er im Geiste unseres heimgegangenen Rektors Andreas Nolte die Geschicke unserer katholischen Gemeindeschule gut weiter leiten wird. Wir werden ihm dabei helfen und bringen ihm unser volles Vertrauen entgegen."[745]

Abb. 143 : Carl Damm im Jahre 1960

Die Rede, mit der Dechant Krieter am 9. Oktober 1959 den Kindern und Lehrkräften der Bonifatiusschule ihren neuen Rektor vorstellte, ist im handschriftlichen Entwurf erhalten. Sie lautete:

„Einige Tage vor den großen Ferien, am 27. Juni 1959, ging unvermutet von uns in die Ewigkeit - er hatte noch zwei Stunden vorher Unterricht erteilt - unser jahrelanger Schulleiter, Herr Rektor Andreas Nolte. Herr Rektor Andreas Nolte hat seit dem Jahre 1947 segensreich an und in unserer Schule gewirkt. Wir wollen heute bei der Amtseinführung seines Nachfolgers seiner in Dankbarkeit und Ehrfurcht gedenken und wollen ihm danken, dass er seine Kraft und seine Fähigkeiten in den Dienst unserer Wilhelmsburger Gemeindeschule gestellt hat. Liebe Kinder, liebe Schüler und Schülerinnen unserer Schule, liebe Ehrengäste und Lehrkräfte! Herr Nolte war nicht nur in unserer Gemeinde bekannt, nein, er war in unserem Stadtteil Wilhelmsburg und darüber hinaus als Lehrerpersönlichkeit bekannt und beliebt. Das hat auch die Trauerfeier bei seiner Beerdigung in Wilhelmsburg-Finkenriek bewiesen. Lasset uns in Erinnerung an ihn beten! - Vater unser - Gegrüßet seist Du, Maria, ... Liebe Schüler und Schülerinnen! Heute bekommt ihr einen neuen Schulleiter, einen neuen Rektor. Was Vater und Mutter in der Familie bedeutet, das ist in einer Schulklasse die Lehrerin oder der Lehrer. Mehrere Familien mit Kindern bilden eine Dorfgemeinde und viele, recht viele Familien bilden eine Stadtgemeinde. Was nun in einer Stadtgemeinde der Bürgermeister und Stadtdirektor ist, das ist in einer größeren Schule der Schulleiter oder der Schulrektor. Jetzt wollt ihr alle gern wissen, wie der neue Rektor heißt? Wie der neue Schulleiter oder Rektor heißt? - Das sage ich euch nicht! Das wird euch gleich Herr Proksch sagen. Aber etwas sage ich euch doch! Ich sage euch, wann er seinen Geburtstag hat. Geburtstag hat euer neuer Rektor jedes Jahr am 20. Februar und seinen Namenstag hat er am 4. November. Liebe Kinder! Das 4. Gebot Gottes lautet: `Du sollst Vater und Mutter ehren´. Die Eltern sind nach Gott eure größten Wohltäter. Außerdem seid ihr auch euren Lehrern und Lehrerinnen Ehrfurcht, Liebe und Gehorsam schuldig.

---

[745] Chronik der Schule Bonifatiusstraße, Schuljahr 59 / 60, S. 166

Zeigt durch euer gutes Betragen, dass ihr wirklich gute Kinder Gottes seid und erweist euren Lehrern und Lehrerinnen und eurem neuen Rektor - dem Schulleiter - Ehrfurcht, Liebe und Gehorsam, denn das bringt Gottes Segen!"[746]

Während der anderthalb Jahre, die dem Dechanten Krieter bis zu seinem Eintritt in den Ruhestand noch verblieben, erlebte er, dass Rektor Damm kein gleichwertiger Ersatz des Andreas Nolte war. Weil Carl Damm nicht in Wilhelmsburg wohnte, war es zu erwarten gewesen, dass er in der Bonifatiusgemeinde kein Ehrenamt - zum Beispiel in der Kolpingfamilie - übernehmen werde. Enttäuschend war aber, dass es Carl Damm nicht gelang, die Mehrzahl der Lehrkräfte seiner Schule für sich zu gewinnen. Das lag zum einen an den üblichen Schwierigkeiten, die ein Nachfolger zu überwinden hat, wenn ein außerordentlicher Vorgänger zu Vergleichen herausfordert. Das lag zum anderen daran, dass Carl Damm sehr viel Zeit und Engagement in seine politische Karriere investierte und das Kollegium den Eindruck gewann, es befinde sich an zweiter Stelle der Interessen ihres Schulleiters. Carl Damm wollte Bundestagsabgeordneter werden. Das gelang ihm schließlich, doch die großen Hoffnungen, die Dechant Krieter gerade auf den Politiker Damm gesetzt hatte, erfüllten sich im Hinblick auf die katholische Schule Wilhelmsburgs nicht.[747]

10. Zustimmung zur Wiedereinrichtung des Sportvereins DJK-Wilhelmsburg

Den Kaplänen Karl-Heinz Kobold und Johannes Schmidt folgten in der Bonifatiusgemeinde die Kapläne Albert Stechmann und Alfons Strzedulla.[748] Sie waren eifrige, bemühte Helfer des Dechanten Krieter. Er war für sie wie ein Vater, zu dem sie voller Respekt emporschauten. Beide Herren blieben im Leben der Gemeinde recht unauffällig. Aber zu ihrer Zeit ereignete sich etwas, das sie wohlwollend beobachteten und unterstützten, sofern das nötig wurde: Der Sportverein „Deutsche Jugendkraft", den die Nationalsozialisten aufgelöst hatten, wurde wieder lebendig.
Der Sportverein wurde für viele Jugendliche zum Weg, näher an die Bonifatiusgemeinde heranzurücken oder sogar ganz neu in die Gemeinde hineinzukommen.
Heutzutage rät Papst Benedikt seinen Geistlichen, das Internet mehr zu nutzen und dadurch die Glaubensinhalte der Kirche zu verbreiten. Damals war es sicher nicht falsch, die Sportbegeisterung der jungen Leute dazu zu nutzen, sie mit der Kirchengemeinde St. Bonifatius bekannt zu machen. Auslöser für die Wiederbelebung der DJK in Wilhelmsburg waren katholikenfeindliche Äußerungen und die blasphemische Verhöhnung alles Religiösen, die der Neffe des Dechanten während eines Fußballturniers seines Sportvereins TSV Veddel zu ertragen hatte. Er hatte daraufhin diesen Verein verlassen und - das ergab sich zufällig - diese Erlebnisse seinem Onkel geschildert. Dechant Krieter reagierte mit der Aufforderung:

---

[746] Chronik der Kirchengemeinde St. Bonifatius

[747] Vgl. bezüglich dieses Urteils die Seiten 167 / 169 in der Chronik der Bonifatiusschule. Carl Damm (geb. 20. 2. 1927, gest. 8. 12. 1993) gehörte von 1953 bis 1966 der Bürgerschaft der Freien und Hansestadt Hamburg an. In der dritten Wahlperiode (1953 - 1957) war er Mitglied der Bürgerschaftsfraktion „Hamburg-Block". Bei der Bundestagswahl 1965 wurde er über die Landesliste in den Deutschen Bundestag gewählt, dem er bis 1980 angehörte.

[748] Albert Stechmann wurde am 24. 11. 1926 geboren. Er trat seinen Dienst in St. Bonifatius am 1. 5. 1959 an. Alfons Strzedulla wurde am 11. 3. 1928 geboren. Er trat seinen Dienst in St. Bonifatius am 1. 10. 1959 an.

„Dann mach´ doch deinen eigenen Verein auf! Früher hatten wir in Harburg und in Wilhelmsburg den katholischen Sportverein DJK. Die Nazis haben ihn verboten. Es gibt in der Gemeinde bestimmt noch genug Leute, die früher bei DJK mitgemacht haben. Frag die doch `mal! Mach` das man `mal! Meine Unterstützung hast du.“ Wie der Autor dieses Werkes heute weiß, war das eine für den Dechanten Krieter typische Reaktion. Sie war kein Ausdruck mangelnden Interesses oder körperlicher und geistiger Müdigkeit, sondern Ausdruck des Vertrauens.

Abb. 144: (aus Sicht des Betrachters von links) Kaplan Stechmann, Dechant Krieter, Caritasdirektor Adalbert Sendker (später Generalvikar), Kaplan Strzedulla

Seine Zusage, die Vereinsgründung unterstützen zu wollen, war kein leeres Versprechen. Als der Neffe zu Beginn des Jahres 1960 anfragte, ob der Dechant die Sportausrüstung der Knabenmannschaft finanzieren könne, war die Antwort: „Du kannst die Sachen bei dem Sportgeschäft Johannsen bestellen. Ich bezahle das dann schon!“

Wie es mit der Neugründung der DJK-Wilhelmsburg weiterging, kann man in einem Bericht nachlesen, der in der Wilhelmsburger Zeitung unter der Überschrift veröffentlicht wurde: „Ein neuer Wilhelmsburger Sportverein - Schon über 100 Aktive - Nächste Saison auch Fußball.“ In dem Bericht hieß es: „Im November 1959 saß ein kleiner Kreis älterer Herren und einiger Jugendlicher beisammen. Man besprach die örtlichen Sportereignisse, und die Älteren erzählten von der guten alten Zeit: Dass in Wilhelmsburg früher ein DJK-Sportverein (Deutsche Jugendkraft) mit mehreren Abteilungen bestanden habe, dass auch in anderen Stadtteilen Hamburgs DJK-Vereine bestanden hätten, und man als ein eigener Sportverband untereinander so lange gespielt habe, bis die Nazis diese Vereine, wie so viele andere, verboten hätten. Dies wurde die Neugründungsstunde eines DJK-Vereins in Wilhelmsburg. Man muss wissen, dass in Hamburg schon ein DJK-Verein mit beträchtlicher Mitgliederzahl besteht. Die sportlich erfolgreichste Gruppe ist dort die Tischtennisabteilung ... Die DJK-Hamburg ist ... sämtlichen Hamburger Sportverbänden angeschlossen, als gleich berechtigtes und gleich verpflichtetes Mitglied.

In Wilhelmsburg beschloss man nun, zunächst als eine Abteilung von DJK-Hamburg anzufangen. Viel organisatorische Arbeit, viele Besprechungen und Verhandlungen wurden nun erforderlich. Am Beispiel der Fußballgruppe der neu gegründeten DJK-Abteilung in Wilhelmsburg soll das Bild dargestellt werden, das auch für die anderen Gruppen zutrifft. Die DJK hat zurzeit 26 Herrenfußballspieler aus Wilhelmsburg. Die Besten dieser Spieler verstärken die 1. Herren- und dieReservemannschaft von DJK-Hamburg. Die anderen werden in der nächsten Saison als untere Herrenmannschaft in Wilhelmsburg spielen. In der Jugendabteilung, wo bisher allerdings nur eine Knabenmannschaft besteht, werden die Jungen, wie die untere Herrenmannschaft, am Spielbetrieb im Harburg-Wilhelmsburger Raum teilnehmen.

Abb. 145: Die Knabenmannschaft der DJK-Wilhelmsburg im Jahre 1959

Abb. 146: Die Herrenmannschaft der DJK-Wilhelmsburg im Jahre 1961 Auf dem Foto fehlen die Gebrüder Manfred und Norbert Rapior und Gerd Wasmuth.

In den 5 bestehenden Gruppen: Fußball, Tischtennis, Kinderturnen, Frauengymnastik und Frauen- Geräteturnen hat die DJK in Wilhelmsburg rund 100 Mitglieder. Das Ziel der Vereinsarbeit: Wir wünschen durch unseren Verein zu einer sinnvollen Zusammenarbeit von Sport und Kirche zu gelangen und unseren Verein in sportlicher Eintracht und Kameradschaft neben die altehrwürdigen Sportvereine Wilhelmsburgs stellen, wie es früher schon einmal war." [749]

Abb. 147 : Einige Mitglieder der Gymnastikgruppe der DJK-Wilhelmsburg

Die DJK in Wilhelmsburg entwickelte sich unter ihrem Vorsitzenden Georg von Rymon in einem rasanten Tempo. 1962 hatte der Verein 230 Mitglieder. Der große Saal des Gemeindehauses wurde von den Gymnastik- und Turngruppen und von den Tischtennisspielern der DJK genutzt. Ein Raum im Kellergeschoss stand dem Verein für Sitzungen des Vorstandes und für das gesellige Beisammensein der Sportler nach dem Training zur Verfügung. Einmal pro Jahr - im Sommer - veranstaltete der Sportverein im Saal des Gemeindehauses ein Tanzvergnügen. Die Bild-Zeitung in Hamburg berichtete als Kuriosität davon, dass die Fußballspieler der DJK-Wilhelmsburg gemeinsam am Sonntagmorgen die heilige Messe um 6 Uhr besuchten und sich erst danach auf den Weg zum sportlichen Gegner begaben. [750]

Als Dechant Krieter 1961 in den Ruhestand ging, waren sich der Vorstand und die meisten anderen Mitglieder der DJK bewusst, dass sie einen stillen, aber effizienten Förderer verloren hatten. Der Vorsitzende überreichte eine Zusammenstellung von Fotos aus dem Vereinsgeschehen und das folgende Schreiben: „Sehr verehrter Herr Dechant! Wir alle möchten Ihnen noch einmal danken für Ihre Mühe und Ihre Hilfe. Wir wünschen Ihnen einen schönen, friedvollen Lebensabend bei guter Gesundheit. Dieses kleine Geschenk möge Sie

---

[749] Wilhelmsburger Zeitung im November 1959
[750] Bild-Zeitung vom 13. Januar 1961, Rubrik „Jan Stromer, Freund der Kleinen".

oft an uns erinnern, und wir bitten Sie, uns alle, Groß und Klein, dann und wann in Ihr Gebet einzuschließen. Ihre DEUTSCHE JUGENDKRAFT WILHELMSBURG, gez. Georg von Rymon" [751]

11.   Silbernes Ortsjubiläum und unerwartete Ehrungen [752]

Am Sonntag, den 1. November 1959, jährte sich zum 25. Mal der Tag, an dem Karl-Andreas Krieter die Gemeinde St. Bonifatius übernommen hatte. Es war der Allerheiligen-Tag. Die Feier des Jubiläums begann am Morgen mit einem Levitenamt, das Dechant Krieter mit seinen Kaplänen Albert Stechmann und Alfons Strzedulla zelebrierte. In seiner Festpredigt forderte Prälat Adalbert Sendker, der aus Hildesheim angereist war, den Jubilar selbst und seine Pfarrkinder auf, „dem Herrgott für die Gnade und das Geschenk dieses langjährigen, segensreichen Wirkens in Wilhelmsburg" zu danken. Neben den Verdiensten, die für jedermann in Wilhelmsburg sichtbar seien, lobte Prälat Sendker besonders das priesterliche und das karitative Wirken des Jubilars.

Abends um 18 Uhr veranstaltete der Kirchenvorstand im großen Saal des Gemeindehauses eine „Feierstunde". Für den musikalischen Rahmen sorgten der Katholische Gesangverein Wilhelmsburg und der Jugend-Singekreis der Bonifatiusgemeinde. Den wesentlichen Teil der Feier machten zunächst die Ansprachen der prominenten Festgäste aus.

Der `Bürgermeister von Harburg-Wilhelmsburg´, Bezirksamtsleiter Walter Mohr, betonte die gute Zusammenarbeit, die stets zwischen den staatlichen Behörden und dem Dechanten Krieter geherrscht habe. Äußerliches Zeichen dieses guten Einvernehmens sei auch, dass Ortsamtsleiter Strauss ebenfalls bei der Veranstaltung anwesend sei. Der Stadtdechant Bunte überbrachte aus den katholischen Kirchengemeinden Hamburgs die Glückwünsche der priesterlichen Mitbrüder und der Gläubigen. Pastor Kollhoff gratulierte dem Jubilar im Namen der evangelischen Gemeinden Wilhelmsburgs. Danach sprach Prälat Sendker. Er übermittelte in seiner Rede Grußworte des Weihbischofs Heinrich Pachowiak und des Generalvikars Dr. Offenstein, der aus gesundheitlichen Gründen nicht selbst anwesend sein konnte. Der Stellvertretende Vorsitzende des Kirchenvorstandes von St. Bonifatius, Wilhelm Unterhalt, übergab das Geschenk der Gemeinde: eine Urkunde über eine Spende in Höhe von 2.037, 25 DM für einen wertvollen Altarteppich, der die Bonifatiuskirche in Zukunft schmücken sollte. Die Urkunde war ausgestellt im Namen des Kirchenvorstandes, des Lehrerkollegiums der katholischen Schule Wilhelmsburgs, des Elisabethvereins, der Kolpingfamilie, des Katholischen Gesangvereins und der Pfarrjugend.

Die eigentliche Festansprache hielt der Freund des Dechanten, Pfarrer Edmund Mock. Er betonte besonders den Humor, der Dechant Krieter nie verlassen habe, auch nicht in der nationalsozialistischen Zeit, in der „Zeit des Ungeistes". Dechant Krieter habe - weit über den Kreis seiner Bonifatiusgemeinde hinaus - segensreich gewirkt.

---

[751] Privatarchiv Ulrich Krieter. Nachdem er die Pfarrei übernommen hatte, trat der Nachfolger des Dechanten Krieter, Pfarrer Großstück, den DJK-Sportlern bald feindlich entgegen. Er war der Überzeugung, der Sportverein sei angesichts der vielen anderen Gruppen und Vereine in der Bonifatiusgemeinde überflüssig. Er unterstellte, der Hauptzweck des DJK sei „das gemeinsame Saufen" und der Verein sei „von Evangelischen oder Nichtchristen unterwandert". Die Anfeindungen des Pfarrers brachten das schnelle Ende der DJK in Wilhelmsburg. Die Sportler gaben den Kontakt zur Bonifatiusgemeinde auf. Aus dem Verein SV DJK-Wilhelmsburg wurde 1964 der Verein Rot-Weiß Wilhelmsburg.

[752] Vgl. den Artikel der Wilhelmsburger Zeitung vom 3. 11. 1959 mit der Überschrift: „Bischof ehrte Dechant Krieter". Außerdem: Gillmann, Franz, Dechant Krieter 25 Jahre in Hamburg-Wilhelmsburg. Der Aufsatz findet sich in der Chronik der Kirchengemeinde St. Bonifatius. Wahrscheinlich war dieser Aufsatz für einen Bericht in der „Kirchenzeitung für das Bistum Hildesheim" gedacht.

Der Bau des Krankenhauses Groß-Sand sei auf Anregung des Dechanten erfolgt, die dann von den Industriebetrieben Wilhelmsburgs und von den Behörden aufgegriffen worden sei. Wie im Programm vorgesehen, übernahm Dechant Krieter anschließend das Schlusswort. Er dankte allen Anwesenden, besonders auch dem Gesangverein und dem Jugendsingekreis. Dann sagte er: „Es ist zuviel der Ehre, die mir erwiesen wird, es sei denn, dass es sich um die Ehre Gottes handelt." Unter den Personen, die ihm bei seinem Wirken in der Gemeinde geholfen hätten, hob Dechant Krieter besonders Andreas Nolte hervor, der viel zu früh verstorben sei. Er beendete seine Rede mit dem an die gesamte Gemeinde gerichteten Satz: „Dass ich euch aber mit meinen siebzig Jahren noch lange helfen kann, das will ich euch nicht mehr versprechen."

Abb. 148 : Dechant Krieter während seines Schlusswortes bei der Feier zum 25jährigen Ortsjubiläum. Vor dem Redner sitzen (aus Sicht des Betrachters von links): Prälat Sendker, Pfarrer Edmund Mock, Stadtdechant Bunte, Paul Ulitzka, die SPD-Bürgerschaftsabgeordnete Bertha Kröger, Dr. Gebauer, Bezirksamtsleiter Mohr;

In diesem Moment öffnete sich die Tür des Saales, und der Bischof von Hildesheim, Heinrich-Maria Janssen, stürmte laut rufend und lachend auf den überraschten Dechanten Krieter zu. Er schlug Dechant Krieter herzlich auf die Schulter und umarmte ihn. Dann wendete der Bischof sich an alle Anwesenden und erklärte, dass er nach einer Firmungsreise, die ihn in den Norden geführt habe, in Wilhelmsburg vorbeigekommen sei, um den Dechanten zu ehren.
Anschließend sagte er wörtlich: „Man kann bei einem abgeklärten Priester nicht viel abladen, um ihm zum Jubiläum eine Freude zu machen. Aber Rat kann man sich bei ihm holen. Und deshalb ernenne ich den Dechanten Krieter zu meinem `Geistlichen Rat´. Ich will ihn euch Wilhelmsburgern aber nicht wegnehmen. Dechant Krieter soll mich über den Hamburg-Harburger Raum beraten". Diese Ernennung war der unerwartete Höhepunkt der Feier. Sie fand ihren Abschluss in dem gemeinsam gesungenen Lied: Ein Haus voll Glorie schauet weit über alle Land …

Abb.149: Bischof Heinrich-Maria Janssen begrüßt den Dechanten Krieter

Abb. 150: Bischof Heinrich-Maria ernennt Dechant Krieter zu seinem „Geistlichen Rat"

Abb. 151: Jugendliche der Bonifatiusgemeinde bekommen Autogramme ihres Bischofs, Heinrich-Maria Jannssen.

Anlässlich des bevorstehenden 10jährigen Jahrestages der Eröffnung des Krankenhauses Groß-Sand kam eine weitere - ebenso nicht erwartete - Ehrung auf Dechant Krieter zu.

Er selbst machte davon so wenig Aufhebens, dass seine Gemeindemitglieder die Nachricht von der hohen Auszeichnung ihres Pfarrers aus den Zeitungen erfuhren. Am 9. 12. 1960 war in der Zeitung „Die Welt" zu lesen: „Der Bundespräsident hat dem Geistlichen Rat und Dechanten Karl-Andreas Krieter, Pfarrer der St. Bonifatiusgemeinde in Wilhelmsburg, für seine Verdienste um das Gesundheits- und Schulwesen in Wilhelmsburg das Verdienstkreuz Erster Klasse verliehen. Die Auszeichnung wurde ihm gestern von Senator Schmedemann überreicht."

Abb.152: Walter Schmedemann, der Gesundheitssenator der Freien und Hansestadt Hamburg, gratuliert Dechant Krieter.

Das „Hamburger Abendblatt" schrieb am selben Tag: „Der Bundespräsident hat dem Geistlichen Rat und Dechanten Karl-Andreas Krieter, Pfarrer der katholischen St. Bonifatiusgemeinde in Wilhelmsburg, das Bundesverdienstkreuz Erster Klasse verliehen. Der Dechant hat sich nach dem Kriege insbesondere um die Errichtung des Wilhelmsburger Krankenhauses Groß-Sand verdient gemacht."

In der Wilhelmsburger Zeitung lasen die Gemeindemitglieder am 9. 12. 1959: „Verdienstkreuz 1. Klasse. Dechant Karl-Andreas Krieter wurde gestern mit der Verleihung des Verdienstkreuzes 1. Klasse geehrt. Senator Schmedemann überreichte die Auszeichnung dem beliebten Geistlichen, der 71 Jahre alt ist und seit 26 Jahren in Wilhelmsburg amtiert."

Nachdem er die Auszeichnung empfangen hatte, legte Dechant Krieter den Orden und die Verleihungsurkunde in seinem Schreibtisch ab. Beide wurden erst nach seinem Tode wieder gesehen, als der Nachlass des Dechanten geordnet wurde.

12. Die Bitte um Versetzung in den Ruhestand

Am Sonntag, den 8. 1. 1961, war Dechant Krieter 71 Jahre alt geworden. Wie alle Jahre hatte er seinen Geburtstag nicht gefeiert.[753] Doch dieses Mal war ihm das Datum wichtig, weil er sich vorgenommen hatte, nach seinem Geburtstag Bischof Heinrich-Maria um die Versetzung in den Ruhestand zu bitten.

Am Freitag, den 10. 3. 1961, hätte Dechant Krieter Gelegenheit gehabt, dem Bischof seine Bitte persönlich vorzutragen, denn Bischof Heinrich-Maria war an diesem Tag nach Wilhelmsburg gekommen. Er wollte im Gemeindehaus eine Seelsorgekonferenz für die Geistlichen der Nordregion des Bistums Hildesheim abhalten. Inhaltliche Schwerpunkte der ganztägigen Konferenz sollten Fragen der Caritas und der Weltmission sein. Die Konferenz begann mit einer feierlichen Bischofsmesse, zu der alle Gemeindemitglieder und besonders die Kinder der katholischen Schule Wilhelmsburgs eingeladen waren.[754] Vielleicht hat Dechant an diesem Tag nicht die Zeit - oder auch nicht den Mut - gefunden, den Bischof wegen seines Wunsches anzusprechen. Im Übrigen musste der Wunsch, in den Ruhestand versetzt zu werden, sowieso schriftlich eingereicht werden. Vor allem aber wollte Dechant Krieter dem Bischof schriftlich vortragen, wem er die Nachfolge auf der schwierigen Pfarrstelle St. Bonifatius zutraue. So sandte Dechant Krieter am 31. März 1961 den folgenden Brief ab:

„Hochwürdigster Herr Bischof,

Ehrwürdigen Exzellenz zu bitten, mich in den Ruhestand zu versetzen, dazu habe ich mich nunmehr entschlossen. Meine Begründung sei klar. Es geht nicht mehr, wenn ich auch nach fast 27-jähriger Tätigkeit in der Wilhelmsburger Gemeinde mit meinem jetzt kranken Herzen an der Wilhelmsburger Gemeinde hänge. Nun ist es nicht meine Aufgabe, einen Nachfolger und damit auch den Vorsitzenden des hiesigen Kirchenvorstandes und des Kuratoriums des Wilhelmsburger Krankenhauses zu bestellen. Der besonderen Aufgaben wegen möchte ich aber einen Vorschlag gemacht haben. Mein Confrater Johannes Großstück in

---

[753] Dechant Krieter feierte seit seiner Kindheit nicht seinen Geburtstag, sondern seinen Namenstag (am Fest des heiligen Karl Borromäus, 4. November). Seit er Dechant geworden war, fand alljährlich eine kleine Namenstagsfeier bei der ersten Zusammenkunft der Geistlichen seines Dekanates nach dem 4. November statt.

[754] Chronik der Kirchengemeinde St. Bonifatius und Wilhelmsburger Zeitung vom 14. 3. 1961

Hamburg-Harburg kennt Wilhelmsburg und die Schwestern und Ärzte des Wilhelmsburger Krankenhauses und besonders auch die beiden katholischen Gemeindeschulen Wilhelmsburg und Harburg und ist nach meiner Überzeugung geeignet und bereit, die Pfarrei St. Bonifatius in Harburg- Wilhelmsburg zu übernehmen und zu verwalten. Die finanzielle Verwaltung der beiden katholischen Schulen gehört auch zu seinen Aufgaben. Monatlich sind durch die Kirchengemeinde die Gehälter an 44 Lehrpersonen, einschließlich der Ruhegehaltsempfänger, zu zahlen. Mit Zustimmung des guten Nachbarn, des Pfarrers Edmund Mock, habe ich oft mit Confrater Johannes Großstück über alle diese nicht leichten Aufgaben mich unterhalten. Bezüglich eines Nachfolgers in der neu errichteten Pfarrei St. Franz-Josef in Harburg schlage ich vor, die Angelegenheit mit Herrn Pfarrer Mock und Pfarrer Großstück zu überlegen. Meine Verzichtleistung auf die Pfarrei St. Bonifatius in Hamburg-Wilhelmsburg mache ich hiermit zum 1. August dieses Jahres 1961. Der Stellenwechsel kann mithin am 1. August 1961 stattfinden.

Ende Juli 1961 werde ich dann, ohne dass meine Pfarrei verwaist bleiben müsste, in meine Eichsfelder Heimat Hilkerode übersiedeln und ein Pfarrkind von Pfarrer Lewandowicz werden. Meine priesterlichen Nachbarn, Pfarrer Mock und Pfarrer Großstück, sind über den Inhalt dieses handgeschriebenen Briefes unterrichtet. Ich hoffe, Ehrwürdiger Exzellenz durch diesen Brief nicht allzu große Sorgen bereitet zu haben. Herzlich grüßend bin ich Ehrwürdigen Bischöflichen Gnaden ergebenster Karl-Andreas Krieter, Dechant und Geistlicher Rat" [755]

Bischof Heinrich-Maria bewilligte dem Dechanten Krieter den Eintritt in den Ruhestand. Er folgte auch dem Vorschlag, die Pfarrei St. Bonifatius zum 1. August 1961 an Johannes Großstück zu vergeben. So feierte Dechant Krieter am Weißen Sonntag 1961 (9.April), zum letzten Mal die heilige Erstkommunion in seiner Pfarrei.

Abb. 153 : Erstkommunionkinder am Weißen Sonntag 1961

---

[755]   Bistumsarchiv Hildesheim, Personalakte Karl-Andreas Krieter.

Am 14. Mai 1961 fand zum letzten Mal unter dem Pfarrer Krieter die Wahl des Kirchenvorstandes der Bonifatiusgemeinde statt und am 2. Juni 1961 beging er den letzten Fronleichnamstag in seiner Pfarrei.[756] Nach dem anstrengenden Levitenamt, das er mit seinen Kaplänen zelebrierte, brachte Dechant Krieter an diesem Tag noch einmal die Kraft auf, während der gesamten Prozession die Monstranz zu tragen. Allerdings sah man es ihm an, wie schwer ihm dieser „Dienst an der Heiligen Eucharistie" wurde. Er wirkte „zerbrechlich, hinfällig, mühselig, aber dennoch durchhaltend".[757]

Abb. 154: Dechant Krieter trägt - unter dem Baldachin schreitend - während der Fonleichnamprozession des Jahres 1961 die Monstranz.

Am 20. Juli 1961 beurkundete Generalvikar Sendker[758] im Auftrag des Bischofs die Übergabe der Pfarrei St. Bonifatius an Johannes Großstück. Zugleich mit der Abschrift dieser Urkunde erhielt Dechant Krieter am 20. Juli 1961 folgendes Schreiben des Generalvikars Sendker: „Gemäß Can. 1522 Ziffer 2 des Cod. Jur. Can. muss infolge der am 1. 8. 1961 stattfindenden Neubesetzung der Pfarrei St. Bonifatius in Hamburg-Wilhelmsburg die Vermögensabgabe der genannten Pfarrstelle zum hl. Bonifatius an Hand des Inventars vorgenommen und hierüber ein Protokoll in doppelter Ausfertigung angefertigt werden.

---

[756] Archiv der Kirchengemeinde St. Bonifatius, Akte „Kirchenvorstandswahlen".
[757] Vgl. Gespräch mit Uwe Fittkau vom 20. 3. 2004.
[758] Generalvikar Dr. Offenstein war am 1. 12. 1960 in den Ruhestand eingetreten.

Das Übergabeprotokoll muss ein genaues Verzeichnis sämtlicher beweglicher und unbeweglicher Vermögensstücke, sowie aktiver und passiver Kapitalien, Forderungen und ausstehender Rechnungen enthalten. Das Protokoll kann sich auch auf ein vorhandenes Inventarverzeichnis beziehen, falls dieses vollständig ist und sowohl von dem bisherigen Stelleninhaber als auch von dessen Nachfolger unterschrieben ist. Das in zwei Exemplaren auszufertigende Übergabe-Protokoll ist gleichfalls von dem bisherigen Stelleninhaber als Übergeber und auch von dessen Nachfolger als Übernehmer zu unterschreiben. Ein Exemplar ist uns bis spätestens 8. August d. J. einzusenden. Bevor das Protokoll nicht unterfertigt ist, wird der bisherige Stelleninhaber nicht aus der Verantwortung entlassen. Sendker“ [759] Natürlich war dieses Schreiben nicht außergewöhnlich. Dechant Krieter hatte sich seit Langem auf die „Vermögensabgabe“ vorbereiten können. Am Sonntag, den 30. Juli 1961, unterschrieben Johannes Großstück und er das Übergabeprotokoll. Die Abrechnung der Kassenbestände von St. Bonifatius wies gegenüber den Ausgaben ein Plus der Einnahmen in Höhe von 139.841,22 DM auf.[760]

Während die Übergabe des Pfarrbesitzes problemlos erfolgte, ergaben sich im privaten Bereich aus dem Eintritt in den Ruhestand einige Folgeprobleme. Sie beunruhigten Dechant Krieter selbst, seine Schwestern Therese und Agnes, die Pfarrgemeinde St. Franz-Josef in Harburg und letztlich auch das Generalvikariat in Hildesheim. Die Ursache aller auftretenden Unannehmlichkeiten lag darin, dass die Kirchengemeinde St. Franz-Josef im Jahre 1961 noch immer kein eigenes Pfarrhaus besaß. Das von der Gemeinde als Pfarrhaus genutzte Haus - Reeseberg 16 - war Privatbesitz der Geschwister Krieter. Nachdem Dechant Krieter in den Ruhestand eingetreten war, wurde dieses Haus nun privat benötigt. Erstens sollten Agnes Krieter, deren Freundin Christa Kränkel und der Neffe Ulrich auf Wunsch des neuen Pfarrers von St. Bonifatius ihre bisherige Mietwohnung in der „Alten Schule“ räumen. Sie wollten deswegen nach Harburg umziehen und im Haus Reeseberg 16 wohnen. Zweitens wollte Therese Krieter den Großteil ihrer privaten Möbel in ihrem Harburger Haus aufstellen, denn der „Alterssitz“ in Hilkerode bot dafür nicht genug Platz.

Auf diese Situation bezogen schrieb Werner Hahnel, der Nachfolger des Pfarrers Großstück, in die Chronik seiner Kirchengemeinde St. Franz-Josef: „Das Pfarrhaus war bei meinem Dienstantritt nicht vorhanden. Dafür aber eine Bauzeichnung mit der Baugenehmigung des Bischöflichen Generalvikariates. Die bisherige Pfarrwohnung im Krieterschen Hause - Reeseberg 16 - wurde dem neuen Pfarrer von acht auf vier Räume reduziert. Dazu wurde ihm beim Einzug (durch Therese Krieter; Anm. d. Verf.) gleich die Kündigung übergeben. Damit wurde die Dringlichkeit des Pfarrhausneubaues neu herausgestellt.“[761]

Dieses Zitat deutet an, welchen Kompromiss Dechant Krieter mit den Confratres Hahnel und Großstück aushandelte: Pfarrer Hahnel und seine Pfarrhaushälterin wohnten bis zur Fertigstellung eines neuen Pfarrhauses in der ersten Etage des Hauses Reeseberg 16. Die überschüssigen Möbel aus dem Pfarrhaus von St. Bonifatius wurden - provisorisch und gedrängt - im Erdgeschoss von Reeseberg 16 abgestellt.

---

[759] Bischöfliches Generalvikariat, Nr. 7878, Sendker, vom 20. 7. 1961, Archiv der Kirchengemeinde St.Bonifatius, Akte „Personalia“

[760] Übergabeprotokoll vom 30. Juli 1961. Archiv der Kirchengemeinde St. Bonifatius, Akte „Personalia“

[761] Chronik der Kirchengemeinde St. Franz-Josef, Bd. 2., S. 134

Das Erdgeschoss blieb unbewohnt. Agnes Krieter und ihre „Angehörigen" blieben so lange in ihrer bisherigen Wohnung, bis Pfarrer Hahnel in das neue Pfarrhaus Reeseberg 14 einziehen konnte. Das geschah am 1. Dezember 1962.[762]

Am Sonntag, den 30. Juli 1961, verabschiedete sich Dechant Krieter in allen Gottesdiensten von seiner Gemeinde. Die Wilhelmsburger Zeitung berichtete in der folgenden Woche ausführlich. Zu den Abschiedpredigten des Dechanten schrieb sie: „Unter großer innerer Bewegung erinnerte er an sein priesterliches Wirken im Dienste des Herrn. Er mahnte seine Pfarrkinder, von denen er selbst viele getauft und auch getraut hat, weiter den Weg der Gebote Gottes zu gehen". Für den Bericht von der Abschiedsfeier am Abend des 30. Juli 1961 wählte die Wilhelmsburger Zeitung die Überschrift: „Abschied von Dechant Krieter. Er war allen ein Vater und Vorbild - Aus seiner Gemeinde erwuchsen fünf Priester". Im weiteren Bericht hieß es: „ ... Am Abend bereiteten die Vereine und Verbände im Saal des Gemeindehauses dem Dechanten eine schöne Abschiedsfeier. Der Katholische Gesangverein Wilhelmsburg unter Leitung von Konrektor Proksch und ein Musikkreis sorgten für die musikalische Gestaltung. In einem Lichtbildervortrag schilderte Lehrer i. R., Alfred Beirowski, die Geschichte der katholischen Gemeinde Wilhelmsburgs von den Anfängen bis heute. Das Wirken des Pfarrers Krieter, der länger als alle anderen Geistlichen in der Pfarrei gewesen ist, fand eingehende Würdigung. Als Vertreter der Gemeinde sprach Kirchenvorsteher Franz Rapior den aufrichtigen Dank der Gemeinde aus. Er überreichte als Abschiedsgeschenk ein wertvolles Album, das alle im Lichtbildervortrag gezeigten Bilder enthält, außerdem ein Missale und Kanontafeln.[763]

Abb. 155: Kirchenvorsteher Franz Rapior spricht.

---

[762] Der Baubeginn des neuen Pfarrhauses war im Februar 1962, am 1. 12. 1962 wurde es von Pfarrer Hahnel bezogen. Damit wurde der Wunsch, den K.-A. Krieter seit Jahrzehnten gehegt hatte, dass nämlich St. Franz-Josef eine selbständige Pfarrei mit eigenem Pfarrhaus werde, noch zu seinen Lebzeiten wahr. Vgl. Chronik der Kirchengemeinde St. Franz-Josef, Bd. 2., S. 136 und Krieter Ulrich, Karl-Andreas Krieter – Pastor der katholischen Kirchengemeinde St. Franz-Josef in Harburg-Wilstorf, a. a. O. S. 87

[763] Das „Missale" ist das „Römische Messbuch". Herausgegeben durch Papst Pius V. (Konzil von Trient) war es seit 1570 für die gesamte abendländische „lateinische" Kirche verpflichtend. Die „Kanontafeln" sind kleine Tafeln aus Karton. Sie sind mit den feststehenden Texten für die Feier der heiligen Messe beschrieben. Sie wurden früher (als Gedächtnisstütze für den Priester) auf dem Altar aufgestellt.

Als Vertreter der Geistlichkeit sagte Dechant Golniewicz, der dienstälteste Geistliche der Gemeinde, dass Dechant Krieter auch den Priestern immer ein Vater und ein Vorbild gewesen sei. Ihm sei es besonders zu danken, dass fünf Priester aus der Gemeinde hervorgegangen seien. In seinem Schlusswort dankte der scheidende Dechant der Gemeinde, den geistlichen Mitarbeitern und allen, die ihm bei seiner Arbeit zur Seite gestanden hätten. Er bat die Gemeinde, seinem Nachfolger, Pfarrer Johannes Großstück, volles Vertrauen zu schenken. Dechant Krieter hatte diese Abschiedsfeier nicht gewollt, aber sich dann doch über diesen schönen Abschluss gefreut. Groß war die Zahl derer, die ihm zum Schluss die Hand zum Abschied drückten. Die Gemeinde hofft, dass ihr alter Pfarrer in drei Jahren noch sein 50jähriges Priesterjubiläum feiern kann."[764]

Abb. 156: Am Ende der Abschiedsfeier wurde gemeinsam das Lied „Ein Haus voll Glorie schauet ..." gesungen. In der ersten Reihe sind zu sehen (aus Sicht des Betrachters von links): Der Geistliche für die in Hamburg lebenden Spanier, Don Euquerio Bragado (seit Februar 1961 wohnhaft im Pfarrhaus von St. Bonifatius); Kaplan Strzedulla; der Geistliche für die Polen, Dechant Golniewicz; Dechant Krieter.

Am Morgen des 1. August 1961 wollte Dechant Krieter sich von den Ordensschwestern und der übrigen Belegschaft des Krankenhauses Groß-Sand verabschieden. Einige Frauen des Elisabethvereins und seine beiden Kapläne ließen es sich nicht nehmen, an diesem Morgen ebenfalls anwesend zu sein. Sichtlich gerührt und erfreut bedankte sich Dechant Krieter bei allen Anwesenden, dass sie gekommen waren. Er schüttelte jedem die Hand und fand für jedermann noch einige persönliche Worte. Danach bestieg er den VW-Käfer der Bonifatiusgemeinde. Der Küster Valentin Greschek chauffierte den Dechanten und seine Schwester - Therese - nach Hilkerode.

[764] Wilhelmsburger Zeitung, August 1961

Abb. 157 / 158 / 159 :

Abschied von einigen Frauen des Elisabethvereins, u. a. von Frl. Kraushaar (aus Sicht des Betrachters, die 3. Frau von links) und von den Schwestern des Krankenhauses am Morgen des 1. August 1961

13. Ruhestand in Hilkerode

Als der Küster Greschek, Dechant Krieter und seine Schwester Therese gegen Mittag des 1. August in Hilkerode ankamen, wurden sie freudig in Empfang genommen. Alle Verwandten, die in Hilkerode wohnten und beruflich abkömmlich waren, hatten sich im „Haus im Holztal" zur Begrüßung versammelt. In den ersten Wochen fiel es Dechant Krieter nicht leicht, sich an das Leben im Ruhestand zu gewöhnen. Da taten ihm die vielen Briefe, die er aus Wilhelmsburg und Harburg bekam, sehr gut. Es sei hier nur der Brief zitiert, den ihm Dr. Walter Dudek geschrieben hat:

„Lieber und verehrter Herr Dechant Krieter! Sie waren so liebenswürdig, sich durch einen Besuch bei mir von uns allen verabschieden zu wollen. Zu meinem aufrichtigen Bedauern war ich zu dieser Zeit im Urlaub. Ich hätte sehr gern Ihnen noch einmal gesagt, wie sehr ich mich mit Ihnen und Ihrer aufopferungsvollen Arbeit über die Jahre hinweg verbunden gefühlt habe und im Grunde immer noch fühle. Immer habe ich Ihre selbstlose Hingabe an die so große aber auch so undankbare Aufgabe der seelischen Sorge für Ihre Mitbürger geachtet, ja, bewundert. Immer wieder flößte mir Ihr bescheidenes Zurücktreten hinter der Aufgabe des Tages größte Achtung ein. Beim Rückblick auf meine Arbeit in Harburg und Wilhelmsburg rückt Ihre Gestalt immer mehr in den Vordergrund meiner Erinnerung. Lassen Sie mich, lieber Herr Dechant, Ihnen dafür herzlich und rückhaltlos danken. Möge ein gütiges Geschick Ihnen noch manches Jahr beschaulichen Ruhestandes schenken, möge Ihnen in Ihrer Erinnerung manchmal als Freund in herzlicher Verbundenheit begegnen, Ihr Dr. Dudek."[765]

Allmählich bildete sich ein gleichförmiger Ablauf der Tage und Wochen heraus.[766] An jedem Morgen gingen Karl-Andreas und Therese Krieter gemeinsam zur Pfarrkirche. Die Messdiener in Hilkerode stritten sich darum, bei Pfarrer Krieter die Messe dienen zu dürfen, weil er ihnen jedes Mal ein kleines Geldgeschenk machte. Bis Mitte Januar 1962 nahm Karl-Andreas Krieter dem Pfarrer von Hilkerode viel Arbeit ab, indem er sonntags eine Bet-Sing-Messe zelebrierte, allerdings predigte er nicht. Nach dem Alltagsgottesdienst besuchten Karl-Andreas und seine Schwester Therese ihre Verwandten oder andere Hilkeröder im Dorf. Alle freuten sich, wenn der „ehrwürdige Herr" zu ihnen ins Haus kam und mit ihnen plauderte. Das Mittagessen nahmen beide „zu Hause im Holztal" ein. Während Therese das Essen zubereitete, betete ihr Bruder das Brevier. Danach las er die Zeitung. Nachmittags machten die Geschwister einen kleinen Spaziergang auf den schönen Wald- und Feldwegen der Umgebung. Der Spaziergang durfte nicht zu anstrengend sein, denn Dechant Krieter war körperlich recht schwach.

Abends sahen sich die Geschwister - das war etwas ganz und gar Neues im Leben des Karl-Andreas Krieter - Sendungen des Fernsehens an, vor allem die Tagesnachrichten. So erfuhr Dechant Krieter eindrücklich von der Sturmflut, die Hamburg im Februar 1962 traf.

Als er die ersten Bilder der Katastrophe sah, machte er sich große Sorgen um das Krankenhaus. Von der Kirche, dem Pfarrhaus, und von der Alten Schule nahm er an, dass sie keinen großen Schaden erlitten hätten. Er wusste, dass sie relativ hoch über der normalen Bodenfläche der Elbinsel stehen.

---

[765] Aus dem Nachlass von Dechant Krieter im Privatarchiv von Ulrich Krieter

[766] Vgl. die Gespräche mit Marianne Müller und Hedwig Wollersen, beide geborene Krieter, vom 31.3. 2004

Das Gleiche galt für das Gebäude der katholischen Schule, Bonifatiusstraße 2. Diese Hoffnungen bestätigten sich, als ihm die telefonische Kontaktaufnahme mit seiner Schwester Agnes in den nächsten Tagen gelang. Agnes teilte ihrem Bruder aber auch schockierende Einzelheiten zur Situation des Krankenhauses mit. Sämtliche tief gelegenen Räume standen unter Wasser. Die Lebensmittelräume, die Waschküche mit den teuren Maschinen, die Heizung, die Handwerkerräume, die Röntgen-Abteilung, das Labor, die Apotheke, die Nähstube und die Hauswirtschaftsräume waren schwer betroffen. Die Fahrstühle funktionierten nicht.[767]

Abb. 160 : Das Krankenhaus „Groß-Sand" am 17. 2. 1962 (Flutkatastrophe)

Abb. 161: Am Morgen des 17. 2. 1962:
Der Wasserturm, und der Altbau des Krankenhauses Groß-Sand" stehen unter Wasser.

---

[767] Vgl. Seufert, Sieglinde, Daran erinnere ich mich! Erinnerungen an die Ereignisse im Wilhelmsburger Krankenhaus während der Sturmflut 1962, damals als Krankenschwester auf Station 1 beschäftigt. (nicht veröffentlicht) Privatarchiv Ulrich Krieter

Dechant Krieter machte sich in den Tagen nach der Katastrophe um seine Wilhelmsburger große Sorgen. Die vielen Todesopfer, von denen das Fernsehen berichtete, nahm er in sein Gebet auf. Pfarrer Großstück gab ihm keinerlei Nachricht. Angesichts der katastrophalen Situation Wilhelmsburgs fand Dechant Krieter das verständlich. Er erkundigte sich täglich per Telefon bei seiner Schwester Agnes nach den neuesten Entwicklungen. Zu seiner großen Erleichterung waren die Schäden im Krankenhaus „Groß-Sand" bald behoben.

Im Frühjahr und Sommer des Jahres 1962 wurden die Geschwister Krieter „im Holztal" sehr oft von Verwandten und auch von Mitgliedern der Bonifatiusgemeinde besucht. Hier seien der Besuch der gesamten Familie des Schulleiters der katholischen Schule Wilhelmsburgs, Carl Damm, erwähnt und der Besuch der Herren-Fußballmannschaft der DJK-Wilhelmsburg. Die jungen Fußballspieler bereiteten ihrem „Herrn Dechant" mit ihrem Besuch während der Ostertage 1962 eine außerordentliche Freude. Er ließ sich mit dem Auto zum Hilkeröder Sportplatz bringen, obwohl er gerade erst eine Bronchitis überstanden hatte. Warm angezogen, auf einem Stuhl am Spielfeldrand sitzend, beobachtete er die zweite Halbzeit des Fußball-Freundschaftsspieles zwischen FC Hertha Hilkerode und DJK-Wilhelmsburg. Nach dem Spiel begrüßte er alle Jungen aus Wilhelmsburg mit Handschlag. Wie zu erwarten war, äußerte er sich zu den sportlichen Leistungen nicht. Er bat vielmehr die Jungen, deren Eltern ihm besonders gut bekannt waren, - zum Beispiel Manfred und Norbert Rapior, Bernhard Rataij - zu Hause „schöne Grüße" zu bestellen.

Abb. 162 / 163: Das Foto rechts zeigt eine Szene aus dem Spiel FC Hertha Hilkerode gegen DJK-Wilhelmsburg am 22. 4. 1962.

Im Januar 1962 war Dechant Krieter so schwer an einer Bronchitis erkrankt gewesen, dass er nach seiner Genesung die heilige Messe nicht mehr in der Pfarrkirche von Hilkerode zelebrieren konnte. Er hatte deswegen bei seinem Bischof beantragt, in seinem Haus „im Holztal" zelebrieren zu dürfen. Der Bischof hatte seinen Generalvikar antworten lassen:

„Hochwürdiger, sehr geehrter Herr Dechant, auf Ihr an den Hochwürdigsten Herrn Bischof gerichtetes Gesuch, hat seine Exzellenz zugestimmt, dass Sie regelmäßig im Hause zelebrieren dürfen. Wir teilen Ihnen dieses mit und verbinden damit unsere besten Wünsche für Ihre Gesundheit".[768]

Daraufhin richteten Therese und Karl-Andreas Krieter einen kleinen Raum neben dem Wohnzimmer zur „Privatkapelle" her. Das Missale und die beiden Kanontafeln, die Dechant Krieter von seiner Gemeinde geschenkt bekommen hatte, waren jetzt nützlich. Im Frühjahr und Sommer 1962 traute sich Dechant Krieter wieder kleine Spaziergänge zu. Ende Oktober 1962 befiel ihn erneut eine starke Bronchitis. Am 4. November 1962 konnte er mit einer sehr kleinen Festtagsgesellschaft - im Sessel sitzend - seinen Namenstag begehen. Sein Zustand verschlechterte sich aber zusehends. Am Morgen des 12. November 1962 wollten der internistische Chefarzt des Krankenhauses Groß-Sand, Dr. Börner, und die Oberin der Katharinenschwestern den Dechanten in Hilkerode besuchen. Sie wussten von seinem schlechten Gesundheitszustand nichts. Als sie mit ihrem Auto im „Haus im Holztal" angekommen waren, ging es Dechant Krieter gesundheitlich so schlecht, dass Dr. Börner ihn sofort untersuchte. Anschließend bestand er darauf, den Dechanten noch am selben Tage in das Wilhelmsburger Krankenhaus zu bringen. So verließ Dechant Krieter im Auto des Dr. Börner sein Heimatdorf Hilkerode am 12. November 1962.[769]

14. Tod, Bestattung und Nachrufe

Obwohl er im Krankenhaus Groß-Sand medizinisch bestens behandelt wurde, verschlechterte sich der Zustand des Dechanten Krieter. In der zweiten Novemberhälfte des Jahres 1962 rechneten die Ärzte schon mit seinem Ableben.

Abb. 164: Dr. Benno Gebauer, der erste Chefarzt des Krankenhauses, war einer der vielen Besucher, die Dechant Krieter im Januar 1963 im Krankenhaus „Groß-Sand" empfing.

---

[768] Generalvikariat, Nr. 03668, Sendker, 6. 3. 1962, Hildesheim, mundiert am 6. 3. 1962, expediert am 6. 3. 1962, Bistumsarchiv Hildesheim, Personalakte Karl-Andreas Krieter

[769] Vgl. Bistumsarchiv Hildesheim, Personalakte Karl-Andreas Krieter, Bericht des Pfarrers Lewandowicz, Hilkerode, vom 1. März 1963 für den Domkapitular Schneider in Hildesheim. Dieser Bericht diente dem Domkapitular als Unterlage für seinen Nachruf auf den verstorbenen Dechanten Krieter in der „Kirchenzeitung des Bistums Hildesheim"

Erstaunlicherweise erholte sich Dechant Krieter im Dezember 1962 so weit, dass ihm der Wunsch, am Gottesdienst teilnehmen zu dürfen, erfüllt werden konnte. Er wurde mit einem Fahr-Bett in die Hauskapelle des Krankenhauses geschoben. Im Januar 1963 konnte er sogar Besuch empfangen.

In der zweiten Februarhälfte 1963 erkrankte Dechant Krieter an einer starken Grippe, die schließlich zu einer Lungenentzündung führte. In der Nacht zum 24. Februar 1962 mehrten sich die Anzeichen, dass er sterben werde. Seine Schwester Agnes saß zu dieser Zeit an seinem Krankenbett, seine Schwester Therese wurde aus Harburg herangeholt. Sie traf ihren Bruder noch lebend an. Er hatte aber bereits das Bewusstsein verloren. Während des Todeskampfes, der sich bis in die Morgenstunden des 24. Februar hinzog, waren fast alle Ordensschwestern des Krankenhauses in seinem Zimmer zum Sterbegebet versammelt.[770] Das Sakrament der letzten Ölung - heute Krankensalbung genannt - spendete der herbeigerufene Pfarrer Großstück. Dechant Krieter verstarb am Sonntag Quinquagesima, am 24. 2. 1963, morgens um 7 Uhr 30. Bis zu seinem Totenamt am Donnerstag, den 28. 2. 1963, wurde er in der Bonifatiuskirche aufgebahrt. „In den Tagen der Aufbahrung war das Gotteshaus von Betern niemals leer. Beim Requiem konnte die Kirche die Zahl der Trauernden nicht fassen".[771]

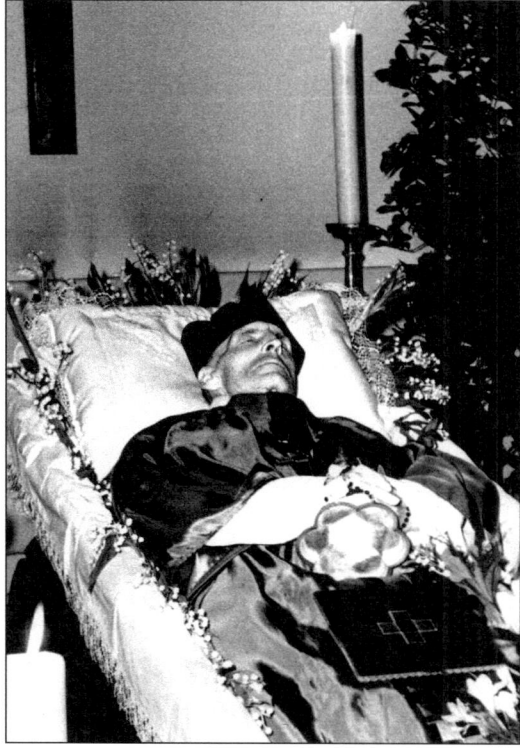

Abb. 165 : Dechant Krieter auf dem Totenbett in der Bonifatiuskirche

---

[770] Vgl. das Gespräch mit Christa Kränkel vom 7. 1. 2004

[771] Zitat aus dem Nachruf auf Dechant Krieter in der „Kirchenzeitung für das Bistum Hildesheim"

Zwei Bischöfe, der Weihbischof Heinrich Pachowiak aus Hildesheim und der Hamburger Weihbischof von Rudloff, Dechant Mock aus Harburg, Stadtdechant Prälat Bunte aus Hamburg und viele geistliche Mitbrüder des Heimgegangenen waren gekommen. Auch der evangelisch-lutherische Superintendent Stein vom Kirchenkreis Harburg nahm mit fünf Geistlichen der Evangelischen Kirche am Totenamt teil, das Pfarrer Großstück zelebrierte. Der Chor der Bonifatiusgemeinde sang die lateinische Messe und den ergreifenden Totengesang.

Die Predigt hielt Weihbischof Pachowiak. Er sagte: „ ...Verehrte Angehörige unseres lieben Verstorbenen, hochwürdige Mitbrüder und Konfratres, liebe Brüder und Schwestern in Christo! Nun ist unser lieber Dechant heimgegangen. Am vergangenen Sonntag in der Morgenfrühe hat er seine Seele dem Schöpfer zurückgegeben. Es ist jener Sonntag, wo wir in der Epistel das bestimmte Wort von der Liebe und ihren Eigenschaften hören, wie es uns der heilige Apostel Paulus aufgezeichnet hat. Wir dürfen das wohl heute so deuten: Glauben geht über in Schauen; geht über in seligen Besitz; und die Liebe endet in der Ewigkeit. Und das ist es, wozu dieser heimgerufen ist, dass auch seine Liebe sich entfalte zu letzten Größen und Tiefen. Und so wissen wir, dass über jedem nicht nur Trauer steht, sondern auch das Wissen um selige Auferstehung und ewiges Leben, wenn auch wir, wie der Verstorbene, treu unsere Pflicht tun. Wenn wir sein Leben `betrachten´, so sind es einige Jahreszahlen, die uns etwas aus seinem Leben erzählen. 1890 auf dem Eichsfeld im südlichen Teil unserer Diözese geboren, verbrachte er seine Schulzeit in Duderstadt und ging dann wie die meisten von uns nach Münster zum Studium. Im Kriegsjahr 1914 empfing er seine Priesterweihe und kam dann nach dem hohen Norden, nach Lehe, wo er seine ersten sieben Priesterjahre verlebte, bis ihn der Bischof in die St. Josef-Gemeinde nach Harburg rief. Dort ist er nach den harten Kriegsjahren gewesen (= Jahre nach dem 1. Weltrieg; Anm.d. Verf.), um dann 1934 hier in die Bonifatiusgemeinde zu kommen. Nur wenige Daten - und doch, was umspannt diese Zeit! ... Dass diese Priesterjahre gezeichnet waren von den großen Nöten beider Weltkriege, besonders des letzten Krieges, und der Sorge um seine Gemeinde, dürfen wir wohl alle wissen. Drei Dinge sind es, die hier besonders in die Augen fallen. Die Aufbauung der Kirche, der Bau der Schule und des Krankenhauses. Aber was sagt das für ein Priesterleben? Sicher bedeutet es viele Gänge, Schwierigkeiten und Sorgen, aber ein Priesterleben ist damit nicht gezeichnet. Wenn wir aber fragen, was ihn gezeichnet hat, so dürfen wir erstens sagen: Er war der VATER der Gemeinde! So ist er mir zuerst begegnet. Und wenn ich hier ein persönliches Erlebnis berichten darf. Er traf mich einmal und er war der erste, der mir das Geständnis entlockte, dass ich wohl das Zeug dazu hätte, in ein Priesterleben einzutreten. So kennen wir ihn, unseren Dechanten, mit einem leichten Anflug von Humor. Und so war es seine Art, immer VATER seiner Gemeinde. 1944 wurde er zum Dechanten ernannt. Aber er hat sein Amt nie als einer aufgefasst, der weit vorn auf dem ersten Platz sitzt, sondern er hat das Amt nur ausgeübt. Und dies ist bestimmt bezeichnend, nicht in einem objektiven, sondern in einem inneren Gegensatz, dass er 1959 durch den Bischof den Titel eines `Geistlichen Rates´ erhält und zur gleichen Zeit wird ihm das Bundesverdienstkreuz überreicht. Es ist dies eine Anerkennung seines Wirkens, aber er selbst hat nicht danach gestrebt.

Und zweitens ist wohl bezeichnend seine zurückhaltende Frömmigkeit. Sie finden wir nicht nur als er jung war, sondern bis in seine letzten Tage. Sie war nicht äußerlich, sondern tief im Herzen lag sie. Er war auch seinen Mitbrüdern gegenüber nicht der Dechant, sondern wieder der Vater. Das zeigt, dass sie ihn so gern beim Vornamen nannten. So hatte er die Liebe seiner Mitbrüder. Wie manches Mal hieß es da: „Unser Dechant Karl-Andreas"! Fünf junge Priester durfte er aus seiner Gemeinde an den Altar führen.

Aber das schrieb er nicht sich selbst zu, wie es ihm überhaupt nicht lag, die Dinge auf sich hinzulenken. Auch sein Verhältnis zur Gemeinde war gezeichnet von der Vaterliebe zu dieser Gemeinde.

Es gehörte schon etwas dazu, wenn er einmal etwas Negatives über sie aussagte. Er stand immer zu seiner Gemeinde und für seine Gemeinde. Wer ihm recht zuhören konnte, der merkte wohl, wie gut er seiner Gemeinde war. Meine lieben Brüder und Schwestern von Wilhelmsburg und Harburg, ihr wisst das, wie dies in so ganz kleinen Zeichen euch begegnen konnte. Vielleicht merkt ihr es erst jetzt, wie er euch allen begegnet ist.

Aber auch dann, wenn Menschen versagten, hat er nie den Stab über sie gebrochen. Er war immer der, der mit einem weiten und liebenden Herzen auch solche Menschen verstehen konnte. Er fand immer noch ein liebendes Wort, das nach vorn zeigte, das man aufgreifen konnte, das einen umgestalten konnte. VATER SEINER GEMEINDE, so stand er vor uns. Und so wollen wir sein Bild im Herzen bewahren. Vor acht Jahren hat er einmal gesagt: „Von Wilhelmsburg gehe ich nicht mehr weg." Doch wie anders sah es 1961 aus. Wer aber will sich erkühnen, wer kann alle Wege Gottes verstehen? Und doch, wie sollte sein Herzenswunsch dann doch in Erfüllung gehen! Gott lenkte seine Wege wieder hierher, so dass er wirklich hier gestorben ist, wie er es sich einst gewünscht hat, im Schatten dieser seiner Kirche. So stehen wir heute an seiner Bahre. Aber wir müssen hier einen Unterschied schauen. Wir haben soeben das Heilige Messopfer für den Verstorbenen gefeiert. Doch was hier ist, ist nicht der ganze Mensch. Ihm gilt das Wort, das wir heute gehört haben. Ihm gilt es! Dieses führt hinauf, das hier ist kein Ende: Den Gläubigen, Herr, wird das Leben nicht genommen, sondern eingepflanzt in der heiligen Taufe. Bei aller menschlichen Trauer wissen wir, dass die Seele über das Grab hinweg lebt, und dass ihm das ewige Licht aufleuchtet. `Ich bin die Auferstehung und das Leben´!

So steht überall noch die Freude hinter aller Trauer. Und wenn wir auch den Schmerz mit empfinden, so wissen wir doch, dass es eine Auferstehung gibt. Darum wollen wir uns heute das Wort in die Seele einprägen, das heute in der Messe gesagt wurde: „Ich bin die Auferstehung und das Leben." Der Herr hat es einmal in einem Gleichnis gesagt: `Du guter und getreuer Knecht, geh ein in die Freuden deines Herrn´!" [772]

Nach dem Totenamt begab sich die Trauergemeinde zum Friedhof Finkenriek. In der Wilhelmsburger Zeitung wurde am Tage nach der Beerdigung unter der Überschrift „Kolpingbrüder trugen ihn" berichtet: „…Vertreter des Bezirks- und Ortsamtes, des Senats, des Krankenhauses, dem Dechant Krieters besondere Fürsorge gegolten hatte, viele der Schwestern und Gemeindemitglieder alles in allem wohl an die 550 Leidtragende folgten dem Sarg in Bussen und Privatwagen zum entfernten Friedhof an der Süderelbe. Die Reichsstraße, die der lange Zug überqueren musste, war durch die Polizei abgesperrt worden. Dies war wahrscheinlich das einzige Mal, dass Dechant Krieter sich besondere persönliche Rücksichtnahme gefallen ließ. Hätte er noch gekonnt, würde seine Anspruchslosigkeit es wohl verhindert haben! Eine herrliche Sonne stand über der Feier am Grabe, wo Dechant Mock das Begräbnis hielt. Es war ein lichter Tag, als ob sich der Himmel freute, einen guten Sohn heimkehren zu sehen. Warum sollen wir traurig sein? Es liegt an uns, gleich dem Verstorbenen zur Freude des Schöpfers zu leben. Seinen Leib hat die Erde, sein Vorbild haben wir." [773]

[772] Bistumsarchiv Hildesheim, Personalakte Karl-Andreas Krieter
[773] Wilhelmsburger Zeitung vom 29.2. 1963

Abb. 166 : Das Grab des Dechanten Krieter auf dem Friedhof „Finkenriek" in Wilhelmsburg

Von den vielen Nachrufen zum Tode des Dechanten Krieter seien hier drei wiedergegeben: Der Bischof von Hildesheim, Heinrich Maria Janssen, schrieb an Pfarrer Großstück am 28. 2. 1963:„Ihnen möchte ich, zugleich für den Kirchenvorstand und die ganze Pfarrgemeinde St. Bonifatius, meine stille Anteilnahme am Heimgang des guten Herrn Dechanten Krieter bekunden. Der Hochwürdigste Herr Weihbischof hat heute Morgen am Begräbnis teilgenommen und unser aller Anteilnahme dadurch bekundet. Gott hat den guten Dechanten, der sich in Wilhelmsburg wirklich aufgearbeitet hatte, erlöst, und das Heimweh, das er nicht recht hier unten überwinden konnte, durch die Aufnahme in die ewige Heimat gestillt. Prälat Offenstein hat mir oft erzählt, wie Dechant Krieter in den schweren Kriegs- und Nachkriegsjahren unter härtesten Opfern den Gemeindedienst versah. Er war wohl auch darum so sehr mit St. Bonifatius verwachsen, weil er Jahre der Not und viel Sorgen mitgetragen hat. Ich habe in den vergangenen Tagen das Hl. Messopfer schon für den lieben Toten dargebracht und werde auch fernerhin seiner und Ihrer aller im Hl. Opfer gedenken. In der Liebe Christi, Ihr + Heinrich Maria, Bischof von Hildesheim."[774]

Dr. Walter Dudek schrieb am 27. Februar 1963 an die katholische Kirchengemeinde St. Bonifatius: „Mit allen Freunden, die dem Verblichenen nahe standen, beklage ich einen ungewöhnlichen Mann reinsten Charakters, unendlicher Menschengüte und unermüdlicher Hingabe an sein hohes Amt, dessen edle Herzensbildung jeden in seinen Bann zog, der ihm als Priester wie als Mensch näher treten durfte. Die Erinnerung an ihn wird uns allen teuer sein."[775]

---

[774] Der Brief des Bischofs findet sich in der Chronik der Kirchengemeinde St. Bonifatius.
[775] Privatarchiv Ulrich Krieter

In der Wilhelmsburger Zeitung war unter der Überschrift „Dechant Krieter ist tot" zu lesen: „Es ist immer schmerzlich, einem guten Menschen einen Nachruf zu widmen, wenn er uns verlassen hat. Dechant Krieter, der 27 Jahre Pfarrer in Wilhelmsburg war, ist ein guter Mensch gewesen. Er starb am Sonntag im Krankenhaus Wilhelmsburg, das wesentlich seine Schöpfung ist. Seit dem vergangenen November hatte er sich aus seinem Ruhesitz in Hilkerode / Eichsfeld hierher zur Behandlung seines Herzleidens begeben. Auch zur Heilung des Heimwehs nach unserer Insel, das ihn immer plagte. Jetzt ist auch sein letztes Heimweh gestillt. Trauer erfüllt nicht nur seine Gemeinde, sondern auch Wilhelmsburger anderer Konfession. Denn er war ein Christ im wahren Sinne, und die schönste Bestätigung seiner menschlichen Größe war sein stetes Bestreben um Ausgleich in Glaubensfragen. Eine Bemühung, die allen am Herzen liegen sollte. Sein Lebenslauf ist ein geschlossener Kreis. In Hilkerode, das er sich für sein Alter aussuchte, war er auch geboren, er studierte in Münster, empfing am 11. November 1914 die Priesterweihe in Hildesheim, kam dann über Peine und Bremerhaven 1923 nach Harburg und wurde am 1. November 1934 als Pastor nach St. Bonifatius berufen. Hier fand seine natürliche, offene Menschenliebe ein reiches Tätigkeitsfeld. Sein Hauptanliegen war die Kinderseelsorge. Nach dem letzten Kriege scheute er keine Wege, die Gemeinde wieder aufzubauen. Der rasche Wiederaufbau der Schule und der Bau des Krankenhauses Groß-Sand sind sein Werk. Dechant Krieters Größe waren Schlichtheit und Einfachheit. Er machte nicht viel Worte. Er war ein rechter Gärtner im Weinberg seines Herrn, und er hatte eine glückliche Hand im Umgang mit den Pflanzen und Pflänzchen, die ihm anvertraut waren. Über den Rahmen seiner Kirche hinaus wirkte er für ganz Wilhelmsburg zum Segen. Es ist schmerzlich, einen guten Menschen entbehren zu müssen. Das werden viele in Wilhelmsburg in diesen Tagen verspüren. Es wäre schwer, einen solchen zu ersetzen, wenn man nicht glauben dürfte, dass sein Vorbild eine Lehre gibt. Und so wollen wir hoffen, dass er in dieser Weise noch lange unter uns wirkt." [776]

Für die Menschen bestellt
in ihren Anliegen bei Gott.

✝

Zum frommen Gedenken
an den Priester des Herrn
Karl Andreas Krieter
Dechant und Geistlicher Rat
Pfarrer in Wilhelmsburg i. R.
geb. 8. 1. 1890
in Hilkerode
gest. 24. 2. 1963
in Hamburg-Wilhelmsburg
Zum Priester geweiht am 11. Okt. 1914
in Hildesheim.
Als solcher wirkte er in den
Gemeinden Peine, Wesermünde/Lehe,
Hbg.-Harburg St. Franz-Josef und
Hbg.-Wilhelmsburg.

Jesus, Maria und Josef!
Euch schenke ich mein Herz und
meine Seele.

Abb. 167 / 168 : Das Gedenkbildchens, das nach der Sterbemesse des Dechanten Krieter an die Besucher der Messe verteilt wurde.

---

[776] Wilhelmsburger Zeitung vom 29. 2. 1963; der Autor des Artikels ist unbekannt, Privatarchiv Ulrich Krieter

Quellen- und Literaturverzeichnis

1. nicht veröffentlichte Quellen

1.1. Amtliche Mitteilungen

Amtliches Schulblatt für den Regierungsbezirk Lüneburg, 30. Jg. 1933
Kirchlicher Anzeiger der Diözese Hildesheim, Nr. 13

Teil II des Hamburger Gesetz- und Verordnungsblattes; herausgegeben vom Senat der Freien und Hansestadt Hamburg, Staatliche Pressestelle, Nr. 26

Verwaltungsbericht des Magistrats von Harburg-Wilhelmsburg für die Jahre 1930 bis 1933, Nr. 4, vom 10. 3. 1933

1.2. Akten im Archiv der Kirchengemeinde St. Bonifatius in Wilhelmsburg

„Caritas –Korrespondenz,1925 bis 1958"
„Caritas-Rundschreiben"
„Diözesansteuer".
„Diözesansteuer und Kriegsabgabe 1925 bis 1934"
„Ehedispensen; Todeserklärung verschollener Soldaten"
„Fürsorgefälle"
„Gemeindehaus 1928 bis 1949"
„Gemeindehaus, alte Bauakten und Wiederaufbau"
„Gehalt der Kapläne".
„Jahresrechnungen 1910 bis 1912"
„Jahresrechnungen 1961-1980"
„Kapläne 1901 bis 1958"
„Kirchbau, Grundstücksache, Kirchplatz ab 1894"
„geplanter Kirchenneubau 1914, Grundstück Lessingstraße"
„Kirchenvorstandswahlen"
„Kirchenvorstandswahl 1909 bis 1957"
„Protokolle über Kirchenvorstandssitzungen 1911-1959"
„Kirchensteuer; Vorschuss auf Kirchensteueraufkommen ab 1936"
„Personalia"
„Pfarrbesoldung 1910 bis 1954"
„Polen, Pastorationen 1896 bis 1939"
„St. Raphaels-Verein 1952 bis 1960"
„Rekonziliationen"
„Rundschreiben des Bischöflichen Generalvikariates, 1961 bis 1971"
„Rundschreiben kirchlicher Behörden, 1920 bis 1944"
„Rundschreiben kirchlicher Behörden, 1945 bis 1948"
„Rundschreiben kirchlicher Behörden, 1949 bis 1960"
„Rundschreiben weltlicher Behörden bis 1933 bis 1959"
„Schriftwechsel bis 1968; Küster, Organist, Pfarrhelferin"
„Schriftwechsel zum Bau des Krankenhauses"

„Schule"
„Schule 1904 bis 1940"
„Oberschulinspektion"
„Statistik, Visitation".
„Stiftungen 1895 bis 1954"

1.3. Akten im Bistumsarchiv der Diözese Hildesheim

Ortsakten der katholischen Kirchengemeinden:
St. Bonifatius, Wilhelmsburg St. Franz-Josef, Harburg
St. Maria, Harburg

Personalakten:
Personalakte Robert Krell
Personalakte Karl-Andreas Krieter
Schriftverkehr des Generalvikariates der Diözese Hildesheim, Nr. 03155, Nr.1221

1.4. Chroniken katholischer Kirchengemeinden
St. Bonifatius, Wilhelmsburg
St. Franz-Josef, Harburg-Wilstorf
St. Maria, Harburg
St. Herz-Jesu, Bremerhaven - Lehe

1.5. Chroniken katholischer Schulen / Berichte aus Lehrerkonferenzen
Chronik der Schule Lindenstraße / Julius-Ludowieg-Straße 89 in Harburg, Bd. 1
Protokolle der Lehrerkonferenzen der Katholischen Schule Harburg I,
8.April 1930 bis 22. Oktober 1939

Chronik der Schule Bonifatiusstraße in Wilhelmsburg 1893 bis 1974
Konferenzberichte der Katholischen Schule Wilhelmsburg,31.5.1927 bis 8.4.1960

Mitgliederchronik des Vereins Katholischer Lehrer
und Lehrerinnen Harburg-Wilhelmsburg,
(aufbewahrt im Archiv Julius-Ludowieg-Straße 89 in Harburg)

1.6. Dokumente im Privatarchiv Ulrich Krieter

Anlagen zum Haushaltsplan der Gemeinde Wilhelmsburg
für das Rechnungsjahr 1919 im Nachlass von Paul Ulitzka;

Brief des Dr. jur. Walter Dudek, Senator der Finanzen a. D. vom 27. 2. 1963
an die Kirchengemeinde St. Bonifatius in Wilhelmsburg;

Nachlass von Paul Ulitzka

2. Internetseiten / Zeitungen

www.allgrund.com / top 10 / immoinfo / 4 – 1998.htm
www.alt-wilhelmsburg.de
www.bistum-hildesheim. de/ nachrichten/ archiv_nov. html
www.bundesarchiv.de Bearbeiter Georg Eckes, BArch, R 8111 / ...
www.hdg.de / lemo / html / Nachkriegsjahre / Entstehung Zweier Deutscher Staaten /
www.goldseiten.de / content / kolumnen / artikel.php?storyid=1131 .
www. kirchensite. de /downloads /Aktuelles / Predigt_Galen_Deutsch.
www.stjosef.at / dokumente/ mit_brennender_ sorge. htm
www.welt.de / print-welt/ article 699805 / Trümmerstadt_im_ Kälteschock.html
www.wetteronline.de
www.wikipedia.org/wiki/Wilhelm_Offenstein
www.wikipedia.org/wiki/Care-Paket

Bild-Zeitung vom 13. Januar 1961, Rubrik „Jan Stromer, Freund der Kleinen".
Harburger Anzeigen und Nachrichten, Kreisblatt, vereinigt mit Harburger Tageblatt,
Harburger Lokalanzeiger, Harburger Zeitung
Harburger Neueste Nachrichten und Niedersächsische Tageszeitung,
Katholische Kirchenzeitung für das Bistum Hildesheim
Volksblatt für Harburg-Wilhelmsburg und Umgegend,
Wilhelmsburger Zeitung,
Mitteilungsblatt der Jesuiten
    „Aus der Norddeutschen Provinz", 4 / 83 Oktober. Archiv Deutsche Provinz
    der Jesuiten, Prov. Germ. SJ. Abt. 73, Bd.4b.
Ordensinterne Zeitschrift „Jesuiten-Nachrufe,
    Deutsche Provinz, Österreichische Provinz 2005"
    Archiv der Deutschen Provinz der Jesuiten, München, Prov. Germ. SJ,

3. veröffentlichte Quellensammlungen

Becker, Josef und Ruth
    Hitlers Machtergreifung, Dokumente, dtv 2938, München 1983.
Engfer, Herrmann (Herausgeber),
    Das Bistum Hildesheim 1933 bis 1945, Eine Dokumentation, Lax, Hildesheim 1971
Hofer, Walter
    Der Nationalsozialismus, Dokumente 1933-1945,
    Fischer-Bücherei KG, Frankfurt a. M., 1957
Müller, Hans,
    Katholische Kirche und Nationalsozialismus,
    dtv dokumente, Deutscher Taschenbuch Verlag, München 1965
Rohrbasser, A. (Hrsg.),
    Heilslehre der Kirche, Dokumente von Pius IX. bis Pius XII.,
    Freiburg in der Schweiz, 1953, S. 133-209.

Volk, Ludwig (Bearb.)

>Akten deutscher Bischöfe über die Lage der Kirche, VI 1943-1945, S. 197.
Veröffentlichungen der Kommission für Zeitgeschichte bei der Katholischen
Akademie in Bayern, Reihe A, Quellen, Verlag Schöningh, Paderborn, 1983.

4. Nachschlagwerke

Bedürftig, Friedemann,

>Drittes Reich und Zweiter Weltkrieg, Das Lexikon, Piper, München-Zürich, 2002

Benz, Wolfgang, Graml, H., Weiß, H.,

>Enzyklopädie des Nationalsozialismus, dtv, 5. Aufl., München, 2007

Biographisch-Bibliographisches Kirchenlexikon,

>Verlag Traugott Bautz , Nordhausen, 2004.

Das 20. Jahrhundert in Wort, Bild und Ton,

>Coron - Verlagsgesellschaft, Stuttgart 2002

Der Große Brockhaus,

>18. Auflage, Brockhaus, Wiesbaden,1979

Gatz, Erwin, (Herausgeber)

>Die Bischöfe der deutschsprachigen Länder 1785/1805 bis 1945,
Ein biografisches Lexikon

Gatz, Erwin, (Herausgeber)

>Die Bistümer des Heiligen Römischen Reiches, Von ihren Anfängen bis zur
Säkularisation, Ein historisches Lexikon

Heim, Manfred,

>Kleines Lexikon der Kirchengeschichte, Becks`sche Verlagsbuchhandlung,
München 1998

Lexikon für Theologie und Kirche,

>2. Auflage, Herder, 1963

Manns, Peter

>Die Heiligen. Alle Biografien zum Regionalkalender für das deutsche Sprachgebiet,
herausgegeben von, Mathias-Grünewald-Verlag, Mainz, 1979

Wistrich, Robert,

>Wer war Wer im Dritten Reich, Harnack -Verlag, München 1983,

4. Festschriften

St. Bonifatius, Wilhelmsburg, 75 Jahre, 1898 - 1973
St. Bonifatius, Wilhelmsburg, 100 Jahre, 1898 -1998
St. Franz-Josef 50 Jahre, Harburg-Wilstorf 1913 - 1963
St. Franz-Josef 75 Jahre, Harburg-Wilstorf 1913 -1988
St. Ludwig 150 Jahre, Celle, 1838 - 1988
St. Maria 125 Jahre, Harburg, 1858 - 1983
Zu den heiligen Engeln, 125 Jahre, Peine, 1868 - 1993
Festschrift zur Eröffnung des Krankenhauses Groß-Sand im Januar 1950
Hrsg. Kuratorium des Krankenhauses, Autor Karl-Andreas Krieter

Festschrift zum 100jährigen Jubiläum des Krankenhauses Mariahilf, Hamburg-Harburg, 1900-2000, Hrsg. Krankenhaus Mariahilf , Mai 2000.

5. Darstellungen

Altmeyer, K.A.,
Katholische Presse unter NS-Diktatur, Berlin, 1962

Bake, Rita, (Hrsg.)
Neues Hamburg. Zeugnisse vom Wiederaufbau der Hansestadt. Ausgewählte Artikel aus 12 Heften der Jahrgänge 1947-1961

Benz, Wolfgang,
Geschichte des Dritten Reiches, Bundeszentrale für politische Bildung, München, 2000, ISBN 3-89331-449-0

Berger, Thomas (Hrsg.)
„Entdecken und Verstehen" Bd. 3, Cornelsen, 1991

Besier, Gerhard,
Die Kirchen und das Dritte Reich, Spaltungen und Abwehrkämpfe 1934-1937,Propyläen,Kevelaer,2001
Der Heilige Stuhl und Hitler-Deutschland, Die Faszination des Totalitären, München, 2004

Besier, Gerhard und Schmidt-Eppendorf, Peter (Hrsg.)
Hans Ansgar Reinhold, Schriften und Briefwechsel – eine Dokumentation, Aschendorff Verlag, Münster, 2011

Bracher, Karl-Dietrich,
Die Auflösung der Weimarer Republik. Eine Studie zum Problem des Machtverfalls in der Demokratie,3. Aufl., Villingen,1960
Demokratie und Machtergreifung: Der Weg zum 30. Januar 1933, in: Nationalsozialistische Diktatur 1933 –1945 Eine Bilanz, Schriftenreihe der Bundeszentrale für politische Bildung, Band 192, Bonn, 1983
Die Deutsche Diktatur, Entstehung, Struktur, Folgen des Nationalsozialismus Kiepenheuer&Witsch, Köln 1993

Bracher / Funke / Jacobsen (Herausgeber),
Nationalsozialistische Diktatur 1933 - 1945, Eine Bilanz, Schriftenreihe der Bundeszentrale für politische Bildung, Band 192, 1983

Brügmann, Klaus-Dieter; Dreibrodt, Margarete; Meyer, Hans-Joachim; Nehring, Otto,
„die anderen" - Widerstand und Verfolgung in Harburg und Wilhelmsburg, Zeugnisse und Berichte, 1933 bis 1945, Vereinigung der Verfolgten des Nazi-Regimes -Bund der Antifaschisten e.V. (Herausgeber) Selbstverlag, Hamburg, 1980

Brunswig, Hans,
> Feuersturm über Hamburg. Die Luftangriffe auf Hamburg im 2. Weltkrieg und ihre Folgen, Motorbuch-Verlag Stuttgart, 10. Aufl. 1994

Büttner, Ursula
> Hamburg zur Zeit der Weimarer Republik, Landeszentrale für politische Bildung, Hamburg,1996
> Errichtung und Zerstörung der Demokratie in Hamburg: Freie Gewerkschaften, Senatsparteien und NSDAP im Kampf um die Weimarer Republik, Landeszentrale für politische Bildung, Hamburg,1998
> Gomorrha und die Folgen. Der Bombenkrieg.
> in: Hamburg im Dritten Reich, a. a. O. , S. 677.

Clausnitzer, Jörn,
> Kriegsende in Harburg, Helms-Museum, Hamburg 1995

Denzler, Georg / Fabricius, Volker
> Die Kirchen im Dritten Reich. Christen und Nazis Hand in Hand? Bd.1, Darstellung Fischer-Verlag, Frankfurt a. M., 1984

Diedrich, Rudolf,
> Das Dorf Hilkerode. Eine historisch-politische und sozio-ökonomische Beschreibung, Duderstadt, 1999

Dörnte, Günter,
> Katholische Schulen in Hamburg 1832 bis 1939, Diss. Phil. Hamburg, 1984

Ebeling, Hans und Birkenfeld, Wolfgang,
> Die Reise in die Vergangenheit, Ausgabe N, Bd. 3, Westermann 1986

Ellermeyer, Richter, Stegmann u. a.,
> Harburg, Von der Burg zur Industriestadt, Beiträge zur Geschichte Harburgs 1288 bis 1938, Veröffentlichung des Helms-Museums Nr.52, 1987

Engfer, Herrmann (Herausgeber),
> Bischof Dr. Nikolaus Bares, in: Das Bistum Hildesheim 1933-1945
> Caritas, Kollekten und kirchliche Sammlungen",
> in: Das Bistum Hildesheim 1933-1945. Eine Dokumentation.,
> Die Seelsorge an polnischen Zivilarbeitern, in: Das Bistum Hildesheim 1933-1945.
> Die Aufhebung des Klosters Otzbergen, in: Das Bistum Hildesheim 1933- 1945.

Erdmann, Heinrich, (Hrsg.)
> Hamburg im Dritten Reich, Sieben Beiträge
> Landeszentrale für politische Bildung Hamburg, 1998

Eschenburg, Fraenkel, Sontheimer, Matthias, Morsey, Flechtheim, Bracher, Krausnick, Rothfels, Kogon,
> Der Weg in die Diktatur 1918-1933, Zehn Beiträge, Piper, 1962

Fetscher, Iring
   Joseph Goebbels im Berliner Sportpalast 1943, Europäische Verlagsanstalt, Hamburg,
   1998 ,2. Auflage

Fest, Joachim,
   Hitler. Eine Biografie, Neuausgabe 2002, Spiegel-Edition, 2006/ 20007,
   Das Gesicht des Dritten Reiches, Profile einer totalitären Herrschaft, Piper,1993
   Franz von Papen und die konservative Kollaboration, in: Das Gesicht
   des Dritten Reiches

Forschungsstelle für Zeitgeschichte,
   Hamburg im Dritten Reich, Wallstein, Göttingen, 2005

Flammer, Thomas,
   Migration und Milieu. Die Auswirkungen von Migration auf Kirche und Gläubige
   am Beispiel der Arbeit des `Katholischen Seelsorgedienstes für die Wandernde
   Kirche". in: Hummel, Karl- Joseph / Kösters, Christoph (Hrsg.)
   Kirchen im Krieg,. Europa 1939-1945, Schöningh, 2007
   Antonius Holling und die Gründungszeit der katholischen Gemeinde
   in der Stadt des KdF-Wagens, nicht veröffentlichter Vortrag

Flammer, Thomas / Wolf, H. (Hrsg.)
   Münster im Krieg. Bombenbilder 1943-1945 von Heinrich Börsting,
   Agenda-Verlag, Münster 2005, S. 11 ff..

Flemming, Jens,
   Zwischen Krise und Reform: Kommunalpolitik in Harburg 1918- 1933,
   in: Harburg, Von der Burg zur Industriestadt

Gabrielson, Peter,
   Zwischen Kapitulation und Senatsneubildung: Die hamburgische Verwaltung in den
   ersten Nachkriegstagen 1945, in: Hamburg nach dem Ende des Dritten Reiches:
   politischer Neuaufbau 1945 / 46 bis 1949.
   Landeszentrale für politische Bildung Hamburg, Hamburg 2000.

Garbe, Detlef,
   Institutionen des Terrors und der Widerstand der Wenigen
   in: Hamburg im Dritten Reich.

Gellately, Robert,
   Hingeschaut und weggesehen. Hitler und sein Volk,
   Aus dem Amerikanischen von Holger Flissbach,
   Deutsche Verlags-Anstalt, Stuttgart-München, 2. Aufl. 2002

Geschichtswerkstatt Wilhelmsburg, (Hrsg), Lehmann, Markert, Meinicke, Westphal
   Zerbrochene Zeit – Wilhelmsburg in den Jahren 1923 -1947
   Dölling und Galitz Verlag, Hamburg, 1993,

Goldhagen, Daniel Jonah,
Die katholische Kirche und der Holocaust. Eine Untersuchung über Schuld und Sühne,
Aus dem Englischen von Friedrich Griese, Siedler, Berlin,2002
Hitlers willige Vollstrecker, Siecler, Berlin 1996

Gillmann, Franz,
Dechant Krieter 25 Jahre in Hamburg-Wilhelmsburg. Der Aufsatz findet sich in der
Chronik der Kirchengemeinde St. Bonifatius. Wahrscheinlich war dieser Aufsatz für
einen Bericht in der „Kirchenzeitung für das Bistum Hildesheim" gedacht.

Gross, Gerhard,
Chronik der Kath. Kirchengemeinde St. Bonifatius in Hamburg-Wilhelmsburg
aus Anlass des 75. Jahrestages der Kirchweihe, 1973 (= Festschrift)

Haller, Winfried,
Die Aufhebung der katholischen Organisationen, Vereine und Verbände. in: Das
Bistum Hildesheim 1933-1945, Eine Dokumentation

Hauschildt, Elke,
Polnische Arbeitsmigranten in Wilhelmsburg bei Hamburg während des Kaiserreichs
und der Weimarer Republik, Diss. Phil. Veröffentlichungen der Forschungsstelle
Ostmitteleuropa an der Universität Dortmund, 1986 ISBN 3- 923293-17-8
Polen und Katholische Kirche in Wilhelmsburg, 1890 bis 1914,
in: Harburg, Von der Burg zur Industriestadt, a.a.O., S. 254 ff.

Henatsch, Hildebrand,
Zwischen Industrie und grünen Wiesen - Hundert Jahre Kirchengemeinde im
Reiherstieg auf der Elbinsel Hamburg - Wilhelmsburg, 1896 bis 1996,
E.B.-Verlag, Hamburg, 1996.

Heyl, Matthias,
Fragmente zum Schicksal der Juden von Harburg-Wilhelmsburg
1933-1945, in: Harburg, Von der Burg zur Industriestadt, a. a. O., S. 483 ff.

Hockerts, Hans-Günther,
Die Sittlichkeitsprozesse gegen katholische Ordensangehörige
und Priester1936 / 37, Mathias-Grünewald-Verlag, Mainz, 1971.

Hug, Wolfgang (Herausgeber)
Unsere Geschichte, Bd. 3, Diesterweg, 1984

Hugk, Beate,
„Schach dem Kapital", Aspekte der Arbeiterkultur in Harburg und Wilhelmsburg
vor 1933. in: Harburg, Von der Burg zur Industriestadt, a. a. O., S. 437 ff.

Hummel, Karl- Joseph / Kösters, Christoph (Hrsg.)
Kirchen im Krieg,. Europa 1939-1945, Schöningh, 2007

Hürten, Heinz,
    Deutsche Katholiken 1914 - 1918, Paderborn 1992

Informationen zur politischen Bildung , Nr. 259
    Deutschland 1945- 1949, überarbeitete Neuauflage 2005
    Bundeszentrale für politische Bildung

Keesenberg, Herrman u. a.,
    Wilhelmsburg in Wort und Bild, Christians-Verlag, Hamburg, 1971
    Wilhelmsburg während des 2. Weltkrieges und nach demselben,
     in: Reinstorf, E. Geschichte der Elbinsel Wilhelmsburg von Urbeginn bis zur
    Jetztzeit, Verlag Buchhaus Wilhelmsburg, Georg Romanowski, Hamburg, 1955,

Kempner, Benedicta Maria
    Priester vor Hitlers Tribunalen, Bertelsmann-Verlag, München 1996

Klemperer, Victor,
    Tagebücher 1933 - 1945, Aufbau Taschenbuch Verlag, 2. Auflage 1999,

Kluck, Alfons und Sauermost, Burkard (Herausgeber),
    75 Jahre Bistum Berlin, Glaube für die Zukunft, Spuren der Geschichte,
    Konturen des Lebens, SERVI Verlag, Berlin,2005

Krausnick, Helmut,
    Stationen der Gleichschaltung, in: Der Weg in die Diktatur 1918-1933,
    Zehn Beiträge, Piper, 1962

Krieter, Karl-Andreas
    „Führer durch das Dekanat Lüneburg", hrsg. Pfarr-Caritas Hbg.-Wilhelmsburg, 1951

Krieter, Ulrich,
    Ja, so war das damals: Die St. Bonifatiusgemeinde in Hbg.-Wilhelmsburg zu Zeiten des
    Pfarrers Krieter, 35 Zeitzeugen berichten.Disserta Verlag, 2014.

Krieter, Ulrich, Polnisch sprechende Migranten und die katholische Kirchengemeinde St.
    Bonifatius. Ein historisches Beispiel zum Thema `Integration von Ausländern´, in: Die
    Insel, Zeitschrift des Vereins Museum Elbinsel Wilhelmsburg, Ausgabe 2012

Krieter, Ulrich,
    Die Anfänge des Krankenhauses „Groß-Sand" in Hamburg-Wilhelmsburg

Krieter, Ulrich
    Ein Dokument im Archiv des Erzbistums hamburg liefert den Beweis: Dr. Walter
    Dudek war seit Dezember 1933 Katholik
    in: Verein für Katholische Kirchengeschichte in Hamburg und Schleswig-Holstein,
    Beiträge und Mitteilungen, Heft 10, Hamburg, 2013. S.231 ff.

Kumm, Renate,
    Das Bistum Hildesheim in der Nachkriegszeit, Diss. Phil. Hahnsche Buchhandlung,
    Hannover, 2002

Kurz, Helmut,
    Katholische Kirche im Nationalsozialismus. Ein Lese- und Arbeitsbuch für den
    Religionsunterricht, LIT-Verlag Dr. W. Hopf, Berlin 2008

Lüth, Erich,
    Walter Dudek - Erinnerungen an Harburgs letzten Oberbürgermeister,
    Vortrag zum Gedenken an Walter Dudek, gehalten am 16. Februar 1977
    Veröffentlicht in: Harburger Jahrbuch 1975-79 des Helms-Museums und
    des Museumsvereins 1980, S. 125-138
    Schrecken und Selbstbehauptung. Die Geschichte eines harten Winters
    in: Neues Hamburg. Zeugnisse vom Wiederaufbau der Hansestadt. Ausgewählte
    Artikel aus 12 Heften der Jahrgänge 1947-1961

Hermanns, Manfred,
    Weltweiter Dienst am Menschen unterwegs, Auswandererberatung und
    Auswandererfürsorge durch das Raphaels-Werk 1871 -2011,
    Palotti-Verlag,Friedber(Bayern), 2011

Meyer, Hans-Joachim,
    Terror unter dem Hakenkreuz,
    in: Harburg, Von der Burg zur Industriestadt, a. a. O., S. 473 ff.

Min, Martin (Redaktion)
    Festschrift zum 100jährigen Bestehen St. Bonifatius 1898-1998,

Missalla, Heinrich,
    Für Gott, Führer und Vaterland. Die Verstrickung der
    Katholischen Seelsorge in Hitlers Krieg., Kösel, München 1999

Morsey, Rudolf,
    Das Zentrum zwischen den Fronten, in: Der Weg in die Diktatur 1918-1933,
    Zehn Beiträge, Piper, 1962

Nellessen, Bernd,
    Das mühsame Zeugnis, Die katholische Kirche in Hamburg im zwanzigsten
    Jahrhundert, Hamburger Beiträge zur Sozial- und Zeitgeschichte,
    Bd.26, Christians - Verlag, Hamburg, 1992

Nowak, Josef,

Katholische Situation zwischen 1931 und 1934,
in: Das Bistum Hildesheim,1933-1945; Eine Dokumentation , Hildesheim 1971
Der Devisenprozess Dr. Seelmeyer - Ein Generalvikar ging unschuldig ins Zuchthaus.
in: Das Bistum Hildesheim 1933-1945, Eine Dokumentation
Die katholische Presse, a) Das katholische Kirchenblatt, in:
Das Bistum Hildesheim1933-1945. Eine Dokumentation

Ostermeyer, Elisabeth,

Erinnerungen an Walter Dudek, in Harburger Jahrbuch, 18, 1993

Pahl - Weber, Elke,

Das Groß-Hamburg-Gesetz von 1937 und seine landesplanerischen Folgen für
Harburg,in: Harburg. Von der Burg zur Industriestadt.

Prolingheuer, H./ Breuer, Th.,

Dem Führer gehorsam: Christen an die Front. Die Verstrickung der
beiden Kirchen in den NS-Staat und den Zweiten Weltkrieg,,
Eine Dokumentation, Oberursel, 2005.

Recker, K.-A.,

Wem wollt ihr glauben? Bischof Berning im Dritten Reich, Paderborn 1998

Reinstorf, Ernst

Geschichte der Elbinsel Wilhelmsburg von Urbeginn bis zur Jetztzeit, mit einem
Schlusskapitel von Rektor Hermann Keesenberg,
Buchhaus Wilhelmsburg - Georg Romanowski, Hamburg, 1955

Reutter, Lutz-Eugen,

Katholische Kirche als Fluchthelfer im Dritten Reich,
Paulus-Verlag, Recklinghausen- Hamburg, 1971

Rusinek, Bernd-A.

Kriegsende 1945, Verbrechen, Katastrophen, Befreiungen in nationaler und
internationaler Sicht, Dachauer Symposien zur Zeitgeschichte, Wallstein-Verlag,
Band 4, Göttingen 2004

Schildt, Axel,

Aspekte der Politik. Aspekte des Alltags, in: Hamburg im Dritten Reich

Schmitt, Arnold

„Gefangener in Fuhlsbüttel: Pfarrer Bernhard Goerge"
Vortrag, gehalten in der KZ-Gedenkstätte Neuengamme am 30. Juni 2009.

Scholder, Klaus,
> Die Kirchen zwischen Republik und Gewaltherrschaft, Gesammelte Aufsätze
> Herausgegeben von Karl Otmar von Arentin und Gerhard Besier, Ullstein-Buch,
> Nr.33148 Zeitgeschichte, Berlin, 1991
> Die Kirchen und das Dritte Reich. Band 2. Das Jahr der Ernüchterung 1934.
> Barmen und Rom. Propyläen Taschenbuch 2000, Econ-Ullstein- List-Verlag, München
> 1985

Schröter, Gustav (Herausgeber)
> Harburg, 1851-1937, Die Geschichte einer Stadt zwischen Königtum und Diktatur,
> Harburg, Lühmanndruck 1969; Festschrift anlässlich des 125jährigen Bestehens der
> Harburger Anzeigen und Nachrichten am 5. Okt. 1969

Schultz, Karl-Heinz,
> Das KZ-Außenlager Neugraben,
> in: Harburg, Von der Burg zur Industriestadt

Schulze, Hagen,
> Kleine Deutsche Geschichte, Beck, München, 1996

Seufert, Sieglinde,
> Daran erinnere ich mich! Erinnerungen an die Ereignisse im Wilhelmsburger
> Krankenhaus während der Sturmflut 1962, damals als Krankenschwester auf
> Station 1 beschäftigt. (nicht veröffentlicht, Privatarchiv Ulrich Krieter)

Siebenkorn, Kerstin,
> Der Volkssturm im Süden Hamburgs 1944/45, Verein für Hamburgische Geschichte,
> Hamburg, 1988,

Stegmann, Dirk,
> Aufstieg und Herrschaft der NSDAP in Harburg, 1922 –1937,
> in: Harburg, Von der Burg zur Industriestadt,
> Vom Kaiserreich zum „Dritten Reich: Die industrielle Entwicklung Harburgs
> 900 bis 1937, in: Harburg, Von der Burg zur Industriestadt,

Stein, Peter,
> Die Harburger Tagespresse 1750- 1943,
> in: Harburg, Von der Burg zur Industriestadt

Steinbach, Peter / Tuchel, Johannes,
> Widerstand gegen die nationalsozialistische Diktatur 1933-1945
> Bundeszentrale für politische Bildung, Schriftenreihe, Bd. 438

Szodrzynski, Joachim,
> Die Heimatfront zwischen Stalingrad und Kriegsende, in: Hamburg im Dritten Reich,

Tormin, Walter (Herausgeber),Krummacher, Prüfer, Freyh, Hillgruber,
Die Weimarer Republik, Zeitgeschichte in Text und Quellen,
Kuratorium für Staatsbürgerliche Bildung Hamburg,
Verlag für Literatur und Zeitgeschehen, 1962

Tormin, Walter,
Hamburg nach dem Ende des Dritten Reiches: politischer Neuaufbau in der
unmittelbaren Nachkriegszeit.
in: Hamburg nach dem Ende des Dritten Reiches: politischer Neuaufbau
1945 / 46 bis 1949. Landeszentrale für politische Bildung Hamburg, Hamburg 2000.

Windmüller, Otto,
Die Währungsreform 1948 - oder die Entnazifizierung des Geldes,
Quellen für den Unterricht, 35

Witt, Peter-Christian,
Walter Dudek - Oberbürgermeister in Krisenzeiten (1925 –1933),
in: Harburger Jahrbuch 18, 1993, S. 161 ff.

Wedig, E.
Die katholische Schule Wilhelmsburgs in den ersten 25 Jahren ihres Bestehens.
1. Oktober 1893 bis 1. Oktober 1918, gedruckt bei A.J. Schüthe, Wilhelmsburg, 1918

Personenregister

Abeler, Heinrich
Pater S. J. Kaplan in St. Bonifatius, S. 239,243,244,246

Algermissen, Franz
Pfarrer von St. Bonifatius von 1909 bis 1925, S.28,29,30,31

Ballhausen, Franz,
Bäckermeister, Kirchenvorsteher in St. Bonifatius, S. 22,56,298

Bank, Bernard,
Kaplan von St. Bonifatius, S. 14,33,41,42,44,74,76,78,90,91,96,100,101

Bank, Johannes,
Kaplan von St. Maria, S.14,78,79

Bares, Dr. Nikolaus
Bischof von Hildesheim von 1929 bis 1934, danach Bischof von Berlin, S. 10,74,75

Bartels, Ludwig
Mitglied der NSDAP; wurde am 23. Oktober 1933 offiziell in sein Amt als
Oberbürgermeister in Harburg-Wilhelmsburg eingewiesen, S. 88,89,131

Beirowski, Alfred
Lehrer der katholischen Schule Wilhelmsburgs, S. 44,251,344

Berning, Wilhelm
Bischof von Osnabrück, Sprecher der Deutschen Bischofskonferenz gegenüber
den Nationalsozialisten, S. 60,77

Bertram, Adolf
Bischof von Hildesheim, später Fürstbischof von Breslau, Vorsitzender der Deutschen
Bischofskonferenz, S. 28,55,137,138,183,237

Boland, Josef
Künstler, schuf 1939 das Wandgemälde hinter dem Hochaltar von St Bonifatius,
S. 131,133, 225

Borkert, Paul
Lehrer der Katholischen Schule I in Harburg, von 1946 bis 1957 Schulleiter an der
Katholischen Gemeindeschule in Harburg, Julius-Ludowiegstraße 89,
S. 184,185,252

Borkert, Hans-Joachim
Theologiestudent und Frater des Jesuitenordens, S. 184,185,186

Born, Kurt
Kirchenvorsteher von St. Bonifatius, S. 19,20

Bornewasser, Franz-Rudolph,
Bischof von Trier, S. 61,106

Brämer, Karl
Großneffe von K.-A. Krieter, S. 285,287

Brämer, Marianne, geborene Krieter; in zweiter Ehe: Müller, Marianne
Nichte von K.-A. Krieter, S. 34,39,101,285,287

Brauer, Max
Bürgermeister von Hamburg, S. 263,276,277,278,322

Bürgelin, Pater S.J.
Seelsorger für die internierten NS-Kriegsverbrecher, S. 211,274

Chlothilde, Schwester
Erste Oberin der Ordenschwestern von der hl Katarina zu Alexandrien im
Krankenhaus „Groß-Sand", S.318

Czys, Theodor,
Hausmeister in der Ruine des Stiftes St. Willehad, S. 227,235,236

Damm, Carl,
Rektor der katholischen Schule Wilhelmsburgs, Bundestagsabgeordneter,
S. 331,322,333,350

Dehne, Pater S.J.
hielt Vorträge in Wlihelmsburg, St. Bonifatius, S. 103,248

Doerner, August
Direktor der Priestervereinigung „Apostolat der Priester- und Ordensberufe",
Rosenburg, Bonn, S. 90,96

Dorenkamp, Konrad
Kaplan von St. Bonifatius, 1920 bis 1934,
S. 14,18,24,28,29,31,33,41,43,44,69,84,90,91,92,93,143

Dormeier, Heinrich
Lehrer der katholischen Schule Wilhelmsburgs, S. 66,250,253

Drescher, Wilhelm
NSDAP, Kreisleiter im Verwaltungsbezirk 8, S. 189,203,214,223,224,

Dudek, Dr. jur. Walter
Oberbürgermeister von Harburg bzw. Harburg-Wilhelmsburgs von 1925 bis 1933,
Bezirksamtsleiter in Harburg (Mai 1945 bis Februar 1946)
Finanzsenator Hamburgs (Februar 1946- 1953)
S.29,232,233,246,260,261,263,264,266,268,273,279,280,281,282,294,309,311,312,
314,318,321,347,354,

Ernst, Joachim
Priester aus der Gemeinde St. Bonifatius, S. 40,44,74,81,192,197,297,321,322,323

Engelhardt, Maria
Lehrerin der katholischen Schule Wilhelmsburgs,
Prüferin der Jahresrechnungen, S. 88

Erhardt, Ludwig
Wirtschaftsprofessor, Kanzler der BRD, S. 281,283

Fittkau, Paul
Chef der Schutzpolizei in Wilhelmsburg, S. 62,81,273,274,326

Franzikowski,
Küster in St. Bonifatius, S. 21,22

Freese,
Kaplan für die „Wandernde Kirche", S. 73

Galen, Clemens August von
Bischof von Münster, S. 173,174,175,176,177,206

Gebauer, Benno
1. Chefarzt des Wilhelmsburger Krankenhauses „Groß-Sand",
S. 260,266,268,317,318,337,350

Goedde, Albert,
Kaplan in St. Bonifatius, S. 291,297,298,299,300,302,309,325

Goerge, Bernhard
Pfarrer von Herz-Jesu in Wesermünde-Lehe, gefangen gesetzt durch die Gestapo,
S. 217,218

Golla, Gerhard
betrügerischer Küster, gab sich als Priester aus; S. 244,245

Golniewicz, Mieczyslaw,
polnischer Geistlicher in St. Bonifatius, später Dechant, S. 243,303,345

Greschek, Valentin
Küster in St. Bonifatius, S. 292,345,347

Groesser, Dr. Max - Joseph
> Pallotinerpater, Generalsekretär des St. Raphaelsvereins, S. 76,139,143,145

Großstück, Johannes
> Pastor der St. Franz-Josef-Gemeinde, 1957 bis 1961,
> S. 270,313,318,336,340,341,342,343,345,349,351,352,354

Hahnel, Werner
> Pfarrer von St. Franz-Josef von 1961 bis 1973, S. 343,344

Hasselberg, Albrecht-Maria
> Dominikanerpater, der im   Jahre 1938 seine Primiz feierte, S. 128,129,130

Hellmold, Johannes
> Pfarrer von St. Franz-Josef in den Jahren 1943 bis 1950,
> S. 128,129,157,207,208,211,214,219,220,223,224,239,249,253,278

Himstedt
> Mitglied der NSDAP; Schulrat in Harburg, S. 120,121,122

Höhlein, Alfred,
> Senator der Stadt Harburg-Wilhelmsburg, Bezirksamtsleiter in Harburg,
> S. 262,266,268,318,319

Honoria, Mater
> Oberin des Ordens der „Barmherigen Schwestern des Hl. Vinzenz von Paul",
> S. 112,113,114,267

Holling, Antonius
> Kaplan in St. Bonifatius, S. 90,96,101,120,134,151,159

Hölsken, Herbert,
> Kaplan in St. Bonifatius, S. 36,40,80,141,241,291,292,293,297,299,300,
> 301,302,303,306,307,309,324,325,

Hupe, Heinz,
> Rektor der Katholischen Schule Wilhelmsburgs, S. 18,47,53,91,92,120,123,125,201

Janssen, Heinrich-Maria
> Bischof von Hildesheim, S. 337,338,339,340,341,349,354

Jung, Wilhelm
> Pfarrer von Stade, Dechant des Dekanates Lüneburg, S. 152,208,217

Jussen, Wilhelm
> Pater S. J. , Kaplan in St. Bonifatius, S. 178,179,192,193,246

Krebs, Josef,
  Reichsbahnsekretär, Mitglied des Kirchenvorstandes der
  St. Bonifatius-Gemeinde in Wilhelmsburg, Mitglied im
  Bürgervorsteher-Kollegium in Harburg-Wilhelmsburg bis 1933,
  nach dem 2. Weltkrieg Vorsitzender des Bezirksausschusses von
  Harburg-Wilhelmsburg, S. 14,17,38,45,47,52,55,68
  89,90,103,124,131,143,181,182,268

Krieter, Agnes
  Schwester von K.-A. Krieter (als Ordensschwester: Mira),
  S. 88,145,209,210,270,284,285,286,287,304,305,343,344

Krieter, Anna,
  Mutter des Pfarrers Krieter, S. 58

Krieter, (Anna) Änne
  Schwägerin von K.-A. Krieter, S. 145,209,284,289,290,304

Krieter, Anneliese
  Nichte von K.-A. Krieter, S. 290,291,304

Krieter, Dionysia (Marie)
  Schwester von K.-A. Krieter, S. 143,144,145,284,287

Krieter, Karl-Gerhard
  Neffe und Patenkind von K.-A. Krieter, 287,290

Krieter, Hans-Helmut
  Neffe von K.-A. Krieter, S. 184,195,208,209,287,290

Krieter, Johannes
  Bruder von K.-A. Krieter, S. 145,201,208,288,289

Krieter, Karl-Otto
  Neffe von K.-A. Krieter, S. 144,145,184,195,199,285

Krieter, Ludmilla (Anna)
  Schwester von K.-A. Krieter, S. 143,144,145,210,284,287

Krieter, Margret,
  Nichte von K.-A. Krieter, S. 287,290,291

Krieter, Otto
  Bruder von K.-A. Krieter, S. 58,145,195,280,285,286,287

Krieter, Therese
  Haushälterin von K.- A. Krieter, S.33,34,35,36,37,38,39,45,58,85,127,
  145,149,205,209,275,277,284,285,287,288,343,347

Krieter, Ulrich
  Neffe von K.-A. Krieter, S. 304,305,306,325,326,332

Kruse, Heinz
  Pater S.J., Kaplan in St. Bonifatius, S. 193,198,205,210,211,215,224,228,234,235,
  237,239,243,246

Landahl, Heinrich
  Landesschulrat von Hamburg, S. 250,251

Liesiewicz, Siegfried
  Hausmeister der Katholischen Schule Wilhelmsburgs,
  S. 16,52,53,125,227,246

Machens, Dr. Joseph-Godehard
  Bischof der Diözese Hildesheim von 1934 bis 1956 ,
  S.10,13,18,19,41,66,102,104,105,117,118,134,152,160,175,178,179,206,207,224,248,
  262,265,268,269,316,317,

Matthewes,
  Landesschulrat von Hamburg, S. 314,315

Mecke, Heinrich
  Lehrer der katholischen Schule Wilhelmsburgs, Organist, S. 23,44

Mecke, Johannes,
  Lehrer der katholischen Schule Wilhelmsburgs, Kirchenvorsteher, Prüfer der
  Jahresrechnungen, S. 88

Mock, Edmund
  Bruder von Leonard Mock, von 1942 bis 1943 Pastor von St. Franz-Josef
    von 1943 bis 1968 Pfarrer von St. Maria, Dechant,
  S.193,194,201,204,205,207,208,211,218,220,223,230,237,239,295,297,336,337,341

Mock, Leonard
  Bruder von Edmund Mock, Pastor von St. Franz-Josef von 1934 bis 1942,
  S. 21,41,67,99,102,103,121,128,130,143,156,163,166,171,193,194

Mohr, Walter
  unter Dr. Dudek SPD-Senator im Magistrat von Harburg-Wilhelmsburg; wurde 1933
  wie   Dr. Dudek durch die Nationalsozialisten vom Dienst suspendiert; später
  Bezirksamtsleiter in Harburg,
  S. 336,337

Nathem, Wilhelm
   Pallotinerpater, 2 Vorsitzender des St. Raphaelsvereins,
   Verein zur religiösen Betreuung der Auswanderer in Hamburg;
   eng befreundet mit K-.A. Krieter, S. 76,77,145

Nolte, Andreas
   Rektor der katholischen Schule St. Bonifatius in Wilhelmsburg,
   S. 254,255,256,257,258,266,273,329,330,331,332,337

Nolte, Georg
   Pastor von St. Franz-Josef von 1919 bis 1923, Bruder von Andreas Nolte, S. 128,255

Offenstein, Dr. Wilhelm
   Pfarrer in St. Bonifatius in Hbg.-Wilhelmsburg von 1925 bis 1928; stimmte 1933 als
   Reichstagsabgeordneter der Zentrumspartei dem Ermächtigungsgesetz zu;
   Generalvikar des Bistums Hildesheim von 1936 bis 1960,
   S. 14,19,24,28,29,30,46,76,97,98,105,108,114,116,118,120,133,147,149,159,161,162,
   163,167,194,196,199,210,212,213,237,238,242,243,244,262,264,265,268,269,271,
   272,273,274,282,315,319,320,336,354

Pachowiak, Heinrich
   Weihbischof der Diözese Hildesheim, S. 156,157,158,298,317,321,322,323,336,352

Pachowiak, Karla
   Schwester von Heinrich Pachowiak, Pfarr-Referentin in St. Bonifatius,
   S. 52,56,157,196,197,231,245

Pachowiak, Paula,
   Erste Vorsitzende des Elisabethvereins, S. 14,56,159

Petersen, Rudolf
   Erster Bürgermeister Hamburgs nach dem zZweiten Weltkrieg, S. 233,251,252

Pius XI. , vorher Achille Ratti
   Papst von 1922 bis 1939, S. 10,12,67,115,116,136

Pius XII, vorher Eugenio Pacelli
   von 1920 bis 1929 päpstlicher Nuntius in Deutschland,
   danach Kardinalstaatssekretär in Rom; von 1939 bis 1958 Papst Pius XII.,
   S. 136,141,183,292,303,323

Prellwitz, Paul
   NSDAP, erster Ortsgruppenleiter in Harburg, später u. a. Bürgervorsteher in
   Harburg-Wilhelmsburg, S. 66

Prioni, Don ...
   Italienischer Geistlicher für italienische Zwangsarbeiter; im Dienst für die
   „Wandernde Kirche" des Bistums Hildesheim, S. 171

Probst, Adelbert,
  DJK-Führer, S. 11

Rademacher, Theodor,
  Kaplan von St. Bonifatius, S. 247,298,299,326,327

Rataij, Johannes
  Primiziant in St. Bonifatius, S.322,324,350

Rhein, Richard,
  Lehrer der katholischen Schule Wilhelmsburgs, Konrektor, Organist,
  S. 22,23,24,50,202

Riediger, Albert,
  Lehrer an der Katholischen Volksschule in Wilhelmsburg, S. 19,50

Rohde, Wilhelm
  Hilfsschullehrer, später erster Rektor der wieder eröffneten katholischen Schule
  Wilhelmsburgs, S. 229,252,254,256,257,258,275

Rust, Bernhard,
  NSDAP, seit 30.4.1933 Reichsminister für Wissenschaft, Erziehung und Volksbildung,
  S. 11,43,50,121

Rymon, Georg von
  Vorstzender der DJK-Wilhelmsburg, S.336

Schmedemann,Walter
  Gesundheitssenator Hamburgs, S. 269,322,340,341

Schmidt, Johannes
  Kaplan von St. Bonifatius, S. 325,326,329,333

Schmidts, Friedrich
  Pfarrer in St. Bonifatius von 1928 bis 1934,
  S. 13,14,20,21,22,23,24,25,29,31,32,37,47,53,65,88,90,153,154,155,160,194

Schönfelder, Adolf
  Präsident der ersten Bürgerschaft Hamburgs nach dem Zweiten Weltkrieg
  Vizepräsident des Parlamentarischen Rates, S.269

Schüller, Karl
  Pater S.J., Kaplan in St. Bonifatius, S. 245

Schulz, Karl-Heinz
  Primiziant in St. Bonifatius, S. 410,411,412

Schultze-Schlutius, Gisbert,
>Finanzsenator Hamburgs (1954- 1957) , S. 315

Sebastian, Ludwig
>Bischof von Speyer, S. 62

Seeland,
>Domkapitular in Hildesheim, S. 73,95,96

Seelmeyer, Otto, Dr. jur. can.
>Generalvikar der Diözese Hildesheim 1929 bis 1935,
>S. 10,19,21,64,65,66,76,77,93,96

Sendker, Adalbert,
>Caritasdirektor, Generalvikar, S. 268,321,337,343,344

Sommerwerck, Daniel-Wilhelm
>Bischof von Hildesheim, S. 135

Spartz, Dr. med.
>Arzt des katholischen Krankenhauses Maria-Hilf in Harburg, S. 156,220

Spiegel, Hedwig,
>Pfarrsekretärin in St. Bonifatius, S.38,47, 145,206, 253

Sprenger, Josef
>Pfarrer in Lüneburg, Studienfreund von K.-A. Krieter, S. 153,218,293

Springer, Josef
>Schuhmachermeister, Vertreter der Katholiken Hamburgs in der „ernannten
>Bürgerschaft, 1946, „Busenfreund" von Pfarrer Krieter, S. 234

Stadelmann, Georg
>Schwager von K.-A. Krieter, S. 146,210,289

Stadelmann, Hedwig, geborene Krieter,
>Schwester von K.-A. Krieter, S. 146,210,289

Stechmann, Albert
>Kaplan in St. Bonifatius, S. 333,334,337

Stelly, Werner
>Bezirksamtsleiter von Harburg-Wilhelmsburg, S. 320,322

Sterra, Karl
>Architekt, S. 263,267,269,310,312,315,316,318,319,320

Strauß, Wilhelm
>Ortsamtsleiter von Wilhelmsburg, S.315,320,322

Strzedulla, Alfons
Kaplan in St. Bonifatius, S. 333,334,337,346

Stysinski,
polnischer Geistlicher aus Krakau , Religionslehrer, S. 26

Surkemper, Johannes
Kaplan in St. Bonifatius, S. 152,154,156,158,159,162,164,166,172,179,180,181

Telschow, Otto
NSDAP, Gauleiter im Gau Ost-Hannover. Der ehemalige Verwaltungsbeamte wurde am 22.3.1925 von Gregor Strasser - als Bevollmächtigter Hitlers - beauftragt, in Harburg einen Gau der NSDAP zu gründen, S. 110

Todt, Fritz (Organisation Todt)
NSDAP, „Generalinspekteur für das deutsche Straßenwesen",Später Minister für Bewaffnung und Munition", S.187

Töttcher, Gustav,
Missionsvikar in St. Bonifatius, S. 26,29
Tomolek,
Kirchenheizer in St. Bonifatius, S.45,46

Trojok, Wolfram
Primiziant in St. Bonifatius, S. 198,322,324

Unverhau, Wilhelm
Caritasdirektor, S. 195,196

Ulitzka, Paul
zuletzt Oberverwaltungsdirektor; wichtiger Mitarbeiter Dr. Dudeks, sowohl in Dr. Dudeks Zeit als Oberbürgermeister von Harburg-Wilhelmsburg als auch in dessen Zeit als Finanzsenator der Freien und Hansestadt Hamburg in der ersten Regierung nach 1945. S.14,44,46,57,58,162,168,169,194,232,233,261,266,271,273,279,280,282, 309,312,314

Velthuysen, Hieronymus
Finanzsenator von Hamburg, S 232,246,247,248,254,261

Vering, Hermann,
Unternehmer und Gönner von St. Bonifatius, S. 25,26

Voß, Karl
Pfarrer in Hilkerode, S. 40,41

Wedig,Edmund
erster Rektor der kathlischen Schule Wilhelmsburgs, S. 26

Weichmann, Herbert (1957-1965)
Finanzsenator in Hamburg, S. 321

Wesolowski, Gerhard,
Pfarrjugendführer in St. Bonifatius, S. 315,328

Wintermann, Bernhard,
„Pastor primarius" von Hamburg, Dechant der katholischen Kirchengemeinden in
„Alt-Hamburg", S. 104,109,110,111,112,217,221,250,251,291

Wollersen, Hedwig, geborene Krieter
Nichte von K.-A. Krieter, S. 34,58,86,211,286,287,374

Wollersen, Ulrich
angeheirateter Neffe von K.-A. Krieter, S. 285,287

Woczniczak, Felix
polnischer Kaplan in St. Bonifatius, S. 241,242,243

Wosnitza, Johannes,
Kaplan in St. Bonifatius,
S. 42,43,90,93,95,96,97,98,101,120,123,140,141,145,151,155,158,159,160

Wucherpfennig, Kunigunde,
Pfarrhelferin in St. Bonifatius, S. 21,23,24,87

Wüstefeld , Alban
Pfarrer von St. Maria in Harburg von 1932 bis 1943,
S.13,41,66,67,69,73,76,79,99,110,121,126,142,146,147,148,152,155,167,171,181,198
203,207,208,209,217

Zagorski, Stanislaus
Küster in St. Bonifatius, S. 22,45

Abbildungsnachweis

Nr.	Seite	Titel	Quelle
1	10	Karl-Andreas Krieter im Alter von 46 Jahren ; ein Foto aus dem Jahre 1936	Privatarchiv Ulrich Krieter
2	11	Dr. Joseph-Godehard Machens, Bischof von Hildesheim	Privatarchiv Ulrich Krieter
3	13	Treueschwur	Harburger Anzeigen und Nachrichten, 20.8.1934
4	14	Konrad Dorenkamp - Kaplan in St. Bonifatius von 1920 bis 1935 - im Kreise der Marianischen Kongregation.	Archiv der Kirchengemeinde St. Bonifatius
5	14	Bernard Bank., Kaplan in St. Bonifatius von 1934 bis 1937	Privatarchiv Ulrich Krieter
6	15	Der „Wilhelmsburger Vatikan" auf einer Postkarte aus dem Jahre 1914.	Archiv der Kirchengemeinde St. Bonifatius
7	15	Die „Alte Schule" auf einem Foto aus dem Jahre 1933.	Privatarchiv Ulrich Krieter aus dem Besitz von Jürgen Czys
8	16	Siegfried Lisiewicz, Hausmeister in der katholischen Schule Wilhelmsburgs	Privatarchiv Ulrich Krieter aus dem Besitz von Albin Lisiewicz
9	16	Die sieben „Barmherzigen Schwestern" in der Eingangstür zum St. Willehad-Stift.	Privatarchiv Ulrich Krieter
10	17	„Stift St. Willehad"	aus: Sankt Bonifatius Wilhelmsburg 1898 bis 1973, Festschrift, S. 15
11	20	Friedrich Schmidts, vom 1. 3. 1928 bis zum 1. 9. 1934 Pfarrer von St. Bonifatius	Archiv der Kirchengemeinde St. Bonifatius
12	24	Die „Norddeutsche Wollkämmerei und Kammgarnspinnerei zu Reiherstieg- AG", eine Abbildung aus den 20er Jahren des 20. Jahrhunderts.	aus: Reinstorf, E. Geschichte der Elbinsel Wilhelmsburg, a. a. O., S.348
13	25	Gustav Töttcher, „Missionsvikar" in St. Bonifatius von 1892 bis 1897	Chronik der Kirchengemeinde St. Maria

14	26	Foto der Bonifatiuskirche 1898	aus: www.alt-wilhelmsburg.de
15	27	Foto der Bonifatiuskirche 1906	aus: www.alt-wilhelmsburg.de
16	27	Walzenmühle Plange	aus: www.alt-wilhelmsburg.de
17	28	Franz Klaus - von 1897 bis 1909 Pfarrvikar in St. Bonifatius- rechts mit Mitgliedern des polnischen Josefvereins .	Archiv der Kirchengemeinde St. Bonifatius
18	29	Pfarrer Franz Algermissen	Archiv der Kirchengemeinde St. Bonifatius
19	29	Dr. Wilhelm Offenstein, von 1925 bis 1928 Pfarrer in St. Bonifatius. Von 1935 bis 1961 Generalvikar der Diözese Hildesheim.	www.hildesheimergeschichtswerkstatt.de
20	31	Franz Klaus und Mitglieder des Stanislausvereins	Archiv der Kirchengemeinde St. Bonifatius
21	33	Dechant Carl Kopp, von 1910 bis 1940 Pfarrer an St. Ludwig in Celle, gestorben am 9. 4. 1940 in Celle.	Chronik der Kirchengemeinde St. Maria
22	34	Karl-Andreas und Therese Krieter	Privatarchiv Ulrich Krieter
23	35	Das Pfarrhaus von St. Bonifatius im Jahre 1909	Archiv der Kirchengemeinde St. Bonifatius
24	45	Der Küster, Herr Stanislaus Zagorski, im Jahre 1940.	Archiv der Kirchengemeinde St. Bonifatius
25	46	Die Pfarrhelferin , Frl. Hedwig Spiegel, im Jahre 1936.	Privatarchiv Ulrich Krieter
26	47	Vorschlagsliste zur Wahl des Kirchenvorstandes 1935	Archiv der Kirchengemeinde St. Bonifatius
27	47	Ergebnis der Kirchenvorstandswahl 1935	Archiv der Kirchengemeinde St. Bonifatius
28	50	Jugendliche aus der "Sturmschar" vor dem Holzhaus auf der Höpenwiese.	Privatarchiv Ulrich Krieter aus dem Besitz von Albin Lisiewicz

29	51	Reigentanz der Gruppe Lioba auf der „Höpenwiese".	Privatarchiv Ulrich Krieter aus dem Besitz von Erna Nowacki
30	51	Der Findling von der Höpenwiese".	Privatarchiv Ulrich Krieter
31	54	Das Innere der Bonifatiuskirche vor der Ausmalung 1939	Chronik von St. Bonifatius
32	57	Paul Ulizka und seine Frau Wanda auf einem Foto aus dem Jahre 1923.	Privatarchiv Ulrich Krieter aus dem Besitz der Familie Gittermann
33	58	Das letzte Bild der Mutter des Pfarrers Krieter	Privatarchiv Ulrich Krieter
34	61	Ludwig Sebastian, Bischof von Speyer von 1917 bis 1943	www.Wikipedia.org/ Ludwig Sebastian
35	61	Franz-Rudolf Bornewasser, Bischof von Trier von 1922 bis 1951	www.stadtnetz-radevormwald.de
36	62	Propagandabriefmarke der Deutschen Reichspost aus dem Jahre 1935: Die Saar kehrt heim.	Privatarchiv Krieter
37	67	Pfarrer Alban Wüstefeld	Chronik der Kirchengemeinde St. Maria
38	68	Werbeplakat der NSDAP für die Gemeinschaftsschule	aus: Besier, G., Die Kirchen und das Dritte Reich, a. a. O., Bildteil
39	72	Pfarrer Krieter mit der Marianischen Kongregation auf der „Höpenwiese"	Privatarchiv Ulrich Krieter
40	75	Dr. Nikolaus Bares, Bischof von Hildesheim (1929 bis 1934) und Berlin (1934 bis 1935)	Aus: 75 Jahre Bistum Berlin. Glaube für die Zukunft. Spuren der Geschichte. Konturen des Lebens. a .a. O., S. 69
41	75	Dr. Otto Seelmeyer, Generalvikar der Diözese Hildesheim von 1929 bis 1935; verstorben am 24. 1. 1942	aus: Das Bistum Hildesheim 1933-1945.Eine Dokumentation. ,a. a. O., S. 513

42	77	Ein Foto aus dem Jahre 1929 zeigt unter anderen Persönlichkeiten den damaligen Nuntius Eugenio Pacelli - später Papst Pius XII. - Bischof Berning von Osnabrück und die Patres Dr. Max Groesser und Wilhelm Nathem vom St. Raphaels-Verein vor der katholischen Kapelle der Auswanderer-Hallen in Hamburg -Veddel.	Chronik der Kirchengemeinde St. Maria
43	78	Fronleichnamsprozession im Jahre 1936	Privatarchiv Ulrich Krieter
44	88	Laienspielaufführung des Gesellenvereins	Privatarchiv Ulrich Krieter aus dem Besitz von Hilde Mlotek
45	94	Kaplan Johannes Wosnitza im Jahre 1937.	Privatarchiv Ulrich Krieter
46	101	Pfarrer Krieter mit seinen drei Kaplänen im Jahre 1936.	Privatarchiv Ulrich Krieter
47	102	Kaplan Holling	Privatarchiv Ulrich Krieter
48	104	Einkehrtag der Gruppe Jungkolping (über 17 Jahre alt) aus der Harburger Gemeinde St. Maria am 19. 9. 1937	Chronik von St. Maria
49	110	Staatsakt im Hamburger Rathaus am 31. 3. 1937	aus: Harburg. Von der Burg zur Industriestadt, a. a. O. S. 520
50	111	Bernhard Wintermann	aus: Hamburg im Dritten Reich, a. a. O. S.369
51	111	Einladung für B. Wintermann	Archiv des Erzbistums Hamburg, Nachlass Wintermann
52	115	Titelblatt der Enzyklika „Mit brennender Sorge".	Aus: Kurz, Helmut, Katholische Kirche im Nationalsozialismus, S.125
53,54,	128	Alten -und Krankentag und Erstkommunionkinder 1939	Privatarchiv Ulrich Krieter

55	129	Erstkommunionkinde⸱ 1939	Privatarchiv Ulrich Krieter
56	130	Karl-Andreas Krieter, seine Schwester Therese und Messdiener.	Chronik von St. Franz-Josef
57	130	Primiz von Johannes Hellmold, am 2. Weihnachtstag des Jahres 1938.	Chronik von St. Franz-Josef
58, 59	131	Bilder zu der Primizfeier Hasselberg	Chronik von St. Franz-Josef
60	133	Das Wandgemälde in der Bonifatiuskirche nach der Ausmalung 1939	Privatarchiv Ulrich Krieter, aus dem Besitz von Gertrud Matzat
61	135	Die Bonifatiuskirche im jahre 1939; Postkarte 1941	Privatarchiv Ulrich Krieter, aus dem Besitz von Gertrud Matzat
62	136	Pius XII	Chronik von St. Maria, S.175
63	137	Die erste Briefmarke mit dem Konterfei des Adolf Hitler.	aus: Das 20. Jahrhundert ...Die 30er Jahre, a. a. O., S. 82
64	139	Die Synagoge in Harburg	Aus Harburg. Von der Burg zur Industriestadt. a. a. O., S. 491
65	140	Pater Dr. Max Groesser	Ausstellungskatalog, Von Ansgar bis heute, Zwölf Jhdte. kirchl. Tradition im Erzbistum Hamburg, Hbg., 2012, S.30
66 / 67	144	Vorder- und Rückseite des Erinnerungsbildchens zum Priesterjubiläum	Privatarchiv Ulrich Krieter
68	145	Verwandte und Freunde beim 25jährigen Priesterjubiläum vor dem „St. Willehadstift".	Privatarchiv Ulrich Krieter
69	153	Kaplan Wosnitza mit den Kommunionkindern ces Jahres 1940	Chronik der Kirchengemeinde St. Bonifatius
70	156	Aufruf des Reichsstatthalters	Chronik der Kirchengemeinde St. Maria
71	159	Primiz Heinrich Pachowiak	Chronik der Kirchengemeinde St. Bonifatius

72	174	Clemens August Graf von Galen, Bischof von Münster vom 28.10. 1933 bis 22.3.1946	www.dhm.de/lemo/html/biografien/Galen Clemens August/index.html
73	180	Pater Wilhelm Jussen	Archiv der Jesuiten
74	184	Gedenkbildchen Hans-Joachim Borkert; Vorderseite	Chronik von St. Maria
75	185	Gedenkbildchen Hans-Joachim Borkert; Rückseite	Chronik von St. Maria
76	187	Die Zeitungsanzeige zum Tode des Joachim Borkert	Chronik von St. Maria
77	189	Der große Bunker	Privatarchiv Ulrich Krieter
78	190	Aufruf zur Verdunkelungspflicht	aus: Benz, Geschichte des Dritten Reiches, a. a. O., S. 186
79	194	Kaplan Kruse	Privatarchiv Ulrich Krieter aus dem Besitz von Bernhard Kinne
80	202	Erinnerungsbild an die Kommunion 1943	Privatarchiv Ulrich Krieter aus dem Besitz von Bernhard Kinne
81	209	Soldat Hans-Helmut Krieter auf Genesungsurlaub in Wbg.	Privatarchiv Ulrich Krieter
82	214	Die Raffinerien der Rhenania-Osag und der Ebano-Asphaltwerke brennen.	Aus Brunswig, H. Feuersturm über Hamburg, a. a. O., S.329
83	215	Die brennenden Ölwerke Julius Schindler, fotografiert in den Mittagsstunden des 20. 6. 1944.	Aus Brunswig, H. Feuersturm über Hamburg, a. a. O., S. 328
84	215	Ausgebrannte Gebäude der Wollkämmerei nach dem Angriff vom 6. 8. 1944	Aus Brunswig, H. Feuersturm über Hamburg, a. a. O., S. 337
85	216	Ausgebranntes Tankfeld der DEA, 6. 8. 1944	Aus Brunswig, H. Feuersturm über Hamburg,a. a. O., S. 338
86	219	Die Marienkirche nach dem Luftangriff vom 25. 10. 1944.	Chronik der Kirchengemeinde St. Maria, Bd. 2

87	220	Die Wilstorfer Straße im November 1944	Aus Brunswig, H. Feuersturm über Hamburg, a. a. O., S. 343
88	222	Die Marienkirche an der Danziger Straße in Hamburg	Aus Brunswig, H. Feuersturm über Hamburg, a. a. O., S. 359
89	226	Schäden an der Bonifatiuskirche nach dem Luftangriff vom 31.3.1945	Privatarchiv Ulrich Krieter aus dem Besitz von Albin Lisiewicz
90	227	Ruine des Stiftes St. Willehad	Privatarchiv Ulrich Krieter aus dem Besitz von Jürgen Czyss
91	239	Die Notkirche von St. Maria	Chronik St. Maria, Bd. 2
92	240	Bonifatiuskirche ohne den linken Seitenflügel, Foto 1951	Aus: Führer durch das Dekanat Lüneburg, in: Chronik St. Maria, Bd.2
93	241	Erstkommunion 1952. Apostel hinter dem Hauptaltar	Privatarchiv Ulrich Krieter
94	244	Pater Abeler, S. J.	Archiv der Jesuiten
95	244	Pater Schüller	Archiv der Jesuiten
96	246	Kaplan Rademacher	Totenbildchen, Privatarchiv Ulrich Krieter
97	253	Rektor Wilhelm Rohde	Privatarchiv Ulrich Krieter
98	256	Die Leichtathletikgruppe der DJK-Harburg im Jahre 1925	Privatarchiv Ulrich Krieter, aus dem Besitz von Franz Klimes
99	327	Rektor Andreas Nolte	Privatarchiv Ulrich Krieter aus dem Besitz von Margret Schwalfenberg
100	258	Die Kolpingfamilie von St. Bonifatius im Sommer 1948	Privatarchiv Ulrich Krieter
101	259	Das im Jahre 1948 gebaute Kolpingheim	Privatarchiv Ulrich Krieter

102	260	Das Betriebskrankenhaus der Wollkämmerei	Festschrift zur Eröffnung des Wilhelmsburger Krankenhauses, 1950, Archiv der Kirchengemeinde St. Bonifatius
103	261	Plakette des Dr. Dudek	aus: Harburger Jahrbuch 18 / 1993, S. 167
104	269	Das Krankenhaus Groß-Sand im Jahre 1950.	Privatarchiv Ulrich Krieter
105	270	Agnes Krieter und Christa Kränkel	Privatarchiv Ulrich Krieter
106	270	Paul Ulitzka an seinem Schreibtisch im Krankenhaus	Privatarchiv Ulrich Krieter aus dem Nachlass von Paul Ulitza
107	272	Urkunde zur Entnazifizierung des Dechanten Krieter	Privatarchiv Ulrich Krieter
108	280	Paul Ulitzka im Finanzrat / Währungseform	Privatarchiv Ulrich Krieter aus dem Nachlass von Paul Ulitza
109	284	Schwester Ludmilla	Privatarchiv Ulrich Krieter
110	284	Schwester Dionysia	Privatarchiv Ulrich Krieter
111	285	Otto Krieter, seine Frau Mariechen und Agnes Krieter	Privatarchiv Ulrich Krieter
112	286	Das Haus im „Holztal"	Privatarchiv Ulrich Krieter
113	287	Karl Brämer	Privatarchiv Ulrich Krieter
114	288	Hedwig und Georg Stadelmann	Privatarchiv Ulrich Krieter
115	288	Die Kinder Stadelmann	Privatarchiv Ulrich Krieter
116	289	Johannes Krieter	Privatarchiv Ulrich Krieter
117	290	Margret Krieter	Privatarchiv Ulrich Krieter

118	290	Anna Krieter und ihre jüngsten Kinder	Privatarchiv Ulrich Krieter
119	293	Das Dekanat Lüneburg.	Aus dem „Führer durch das Dekanat Lüneburg", in : Chronik der Kirchengemeinde St. Maria.
120	295	Das Innere der wieder hergestellten Kirche St. Maria in Harburg im Jahre 1949	Chronik der Kirchengemeinde St. Bonifatius
121	296	Grundsteinlegung für den Bau des Jugendheimes der St. Franz-Josef-Gemeinde in Harburg-Wilstorf am 23. 8. 1956	Chronik der Kirchengemeinde St. Maria
122	299	Albert Goedde von Juli 1951 bis August 1956 Kaplan in St. Bonifatius	Privatarchiv Ulrich Krieter
123	299	Herbert Hölsken, vom 1. 4. 1952 bis zum 15.9. 1957 Kaplan in St. Bonifatius	Privatarchiv Ulrich Krieter
124	305	Pfarrer Goedde, U. Krieter und der Pfarrhaushund Flocki	Privatarchiv Ulrich Krieter
125	308	Das Innere der Bonifatiuskirche im Jahre 1960	Chronik der Kirchengemeinde St. Bonifatius
126	310	Spendenquittung über einen „Baustein" für das neue Gemeindehaus	Privatarchiv Ulrich Krieter, aus dem Besitz von Ewald Matuczak
127	316	Das neue Gemeindehaus auf einem Foto aus dem Jahre 1956	Privatarchiv Ulrich Krieter
128 / 129	317	Bischof Joseph-Godehard verlässt nach der Besichtigung das „Wilhelmsburger Krankenhaus Groß-Sand".	Privatarchiv Ulrich Krieter
130	319	Erweiterungsbau Krankenhaus	Privatarchiv Ulrich Krieter
131	320	Die neue Kapelle im Erweiterungsbau	Privatarchiv Ulrich Krieter
132	321	Heinrich Pachowiak, Weihbischof der Diözese Hildesheim, von 1958 bis 1992	Chronik der Kirchengemeinde St. Bonifatius

133	322	Primiz Joachim Ernst (1953)	Chronik der Kirchengemeinde St. Bonifatius
134	322	Primiz Karl-Heinz Schulz (1956).	Chronik der Kirchengemeinde St. Bonifatius
135	323	Primiz Wolfram Trojok (1957)	Chronik der Kirchengemeinde St. Bonifatius
136	323	Primiz Johannes Rataij (1958)	Chronik der Kirchengemeinde St. Bonifatius
137	323	Fünf Priester aus der St. Bonifatiusgemeinde	Privatarchiv Ulrich Krieter
138	324	Kaplan Hölsken spricht	Privatarchiv Ulrich Krieter
139	327	Morgenmesse vor dem Ansverus-Kreuz. beim Zeltlager	Privatarchiv Ulrich Krieter
140	328	Zeltlager für die männliche Jugend von St. Bonifatius oberhalb des Ratzeburger Sees	Privatarchiv Ulrich Krieter
141	328	Eine Jungschar-Gruppe am Ratzeburger See	Privatarchiv Ulrich Krieter
142	328	Die Kapläne Karl-Heinz Kobold und Johannes Schmidt und die Pfarrjugendführung	Privatarchiv Ulrich Krieter
143	331	Rektor Carl Damm	Chronik der Schule Bonifatiusstraße
144	333	Kaplan Stechmann, Dechant Krieter, Caritasdirektor Adalbert Sendker (später Generalvikar), Kaplan Strzedulla	Privatarchiv Ulrich Krieter
145	334	Die Knabenmannschaft der DJK-Wilhelmsburg	Privatarchiv Ulrich Krieter
146	334	Die Herrenmannschaft der DJK-Wilhelmsburg im Jahre 1961	Privatarchiv Ulrich Krieter
147	335	Einige Mitglieder der Gymnastikgruppe der DJK-Wilhelmsburg	Privatarchiv Ulrich Krieter

148	337	25jähriges Ortsjubiläum	Privatarchiv Ulrich Krieter
149	338	Bischof Heinrich-Mar a begrüßt den Dechanten Krieter	Privatarchiv Ulrich Krieter
150	338	Bischof Heinrich-Mar a ernennt Dechant Krieter zu seinem „Geistlichen Rat"	Privatarchiv Ulrich Krieter
151	339	Autogramme des Bischofs	Privatarchiv Ulrich Krieter
152	339	Walter Schmedeman⁊ gratuliert Dechant Kr eter.	Privatarchiv Ulrich Krieter
153	341	Weißer Sonntag 1961	Privatarchiv Ulrich Krieter
154	342	Fonleichnamprozessi⊃n 1961	Privatarchiv Ulrich Krieter
155	344	Kirchenvorsteher Fra⁊z Rapior spricht	Privatarchiv Ulrich Krieter
156	345	Am Ende der Abschiedsfeier	Privatarchiv Ulrich Krieter
157	346	Abschied von Frauen des Elisabethvereins	Privatarchiv Ulrich Krieter
158	346	Abschied von den Schwestern des Krankenhauses	Privatarchiv Ulrich Krieter
159	346	Dechant Krieter besteigt den VW-Käfer	Privatarchiv Ulrich Krieter
160	348	Das Krankenhaus „Groß-Sand" am 17. 2. 1962 (Flut)	aus: Festschrift „Sankt Bonifatius Wilhelmsburg 1898 bis 1973", S. 21
161	348	Das Krankenhaus und der Wasserturm am 17. 2. 1962	Privatarchiv Ulrich Krieter
162	349	Plakat zum Spiel. FC Hertha Hilkerode gegen DJK-Wilhelmsburg.	Privatarchiv Ulrich Krieter
163	349	Spiel: FC Hertha Hilkerode gegen DJK-Wilhelmsburg.	Privatarchiv Ulrich Krieter

164	350	Dr. Benno Gebauer am Krankenbett von Dechant Krieter im Januar 1963	Privatarchiv Ulrich Krieter
165	351	Dechant Krieter auf dem Totenbett	Privatarchiv Ulrich Krieter
166	354	Das Grab des Dechanten Krieter	Privatarchiv Ulrich Krieter
167 / 168	356	Vorder- und Rückseite des Gedenkbildchens, das nach der Sterbemesse des Dechanten Krieter verteilt wurde.	Privatarchiv Ulrich Krieter